AF241050

LA

TRIBUNE JUDICIAIRE.

Paris — Imprimerie de L. MARTINET, rue Mignon.

LA
TRIBUNE JUDICIAIRE

RECUEIL

DES PLAIDOYERS ET DES RÉQUISITOIRES

LES PLUS REMARQUABLES

DES TRIBUNAUX FRANÇAIS ET ÉTRANGERS

PAR

J. SABBATIER,

Sténographe du Corps législatif, Directeur de la TRIBUNE JUDICIAIRE.

TOME DIXIÈME.

PARIS

AUGUSTE DURAND, LIBRAIRE,

LIBRAIRE DE LA BIBLIOTHÈQUE DE LA COUR IMPÉRIALE ET DE L'ORDRE DES AVOCATS,
rue des Grès, 7.
1861
1862

LA
TRIBUNE JUDICIAIRE.

AFFAIRE LEYMARIE.

Histoire d'une demande en autorisation de journal.

M. Leymarie, ancien rédacteur en chef de divers journaux, avait acheté l'année dernière le *Courrier de Paris;* mais M. le Ministre de l'intérieur ayant refusé l'autorisation sans laquelle aucun changement ne peut être opéré dans la propriété des journaux, M. Leymarie publia à ce sujet une brochure intitulée : *Histoire d'une demande en autorisation de journal.* Dans la séance du Corps législatif du 10 juillet 1860, M. Émile Ollivier, député de la Seine, interpella le gouvernement sur ces faits, et particulièrement sur le langage que la brochure en question prêtait à M. Billault, alors ministre de l'intérieur. A la suite de la réponse faite par M. le Président du Conseil d'État à M. Émile Ollivier, M. Leymarie adressa à tous les journaux qui avaient reproduit le discours de M. Baroche une lettre qu'on trouvera dans les plaidoiries. Aucun de ces journaux n'ayant consenti à insérer sa lettre, M. Leymarie les a fait tous assigner devant le tribunal à fin d'insertion. La demande de M. Leymarie devait être soutenue par MM^{es} Berryer et Andral ; Me Berryer, empêché, est remplacé par Me Baze. Le *Moniteur* est défendu par Me Chaix d'Est Ange ; la *Presse* par Me Caignet ; l'*Opinion nationale* par Me Malapert ; le *Siècle* par Me Henri Celliez ; le *Courrier de Paris* par Me Picard ; le journal des *Débats* par Me Falateuf ; et l'*Ami de la Religion* par Me du Teil.

Le siége du ministère public est occupé par M. Merveilleux-Duvignaux.

X.

PLAIDOIRIE DE Me ANDRAL.

Messieurs,

M. Leymarie, pour lequel j'ai l'honneur de me présenter devant vous, a été publiquement accusé de mensonge par M. le président du conseil d'État, et cette accusation si grave produite dans un débat solennel, au sein du Corps législatif, il l'a vue bientôt portée à la connaissance du monde entier par le *Moniteur* et par les principaux journaux de Paris. Ainsi atteint dans son honneur, il a cru devoir adresser une réponse aux feuilles qui avaient publié le discours de S. E. M. Baroche. Un texte formel de loi et une jurisprudence qui, depuis quarante ans, n'ont pas varié, ordonnaient aux journaux de lui ouvrir leurs colonnes, et cependant aucun ne l'a fait. Sans méconnaître son droit, les uns lui ont dit qu'il n'était pas permis de répondre à un personnage aussi éminent que M. le président du conseil d'État, les autres que M. le ministre de l'intérieur avait défendu de publier sa lettre, et que le premier devoir des journaux était l'obéissance. Le procès qui vous est soumis soulève donc deux questions. Y a-t-il en France des hommes, ministres, fonctionnaires ou députés, qui aient le droit de diffamer, d'outrager, de calomnier leurs concitoyens, sans que ceux-ci puissent, je ne dirai pas se plaindre, mais seulement se défendre ? M. le ministre de l'intérieur peut-il, s'érigeant en juge des contestations privées, dicter aux journaux ce qu'ils doivent dire ou ne pas dire, et suspendre, au gré de ses convenances, l'exercice d'un droit formellement garanti par la loi ?

Vous le voyez, messieurs, si la cause est capitale pour M. Leymarie, car il défend son honneur, elle touche au plus haut point l'intérêt public ; dans le débat sont engagés les deux principes les plus sacrés qui soient au monde : la liberté de la défense et l'égalité de tous devant la loi.

M. Leymarie est honorablement connu dans la presse ; il a toujours servi, avec une égale fidélité, les principes également essentiels de l'ordre et de la liberté. Rédacteur en chef et propriétaire du *Courrier du Dimanche*, il a récemment vendu cette feuille pour acheter le *Courrier de Paris*. Aux termes de la législation de 1852, il dut soumettre, à l'approbation de M. le ministre de l'intérieur, le traité qui le rendait acquéreur du *Courrier de Paris*. Ses antécédents ne laissaient prévoir aucune difficulté, cependant il rencontra des objections inattendues qui le déterminèrent à s'adresser directement à M. le ministre de l'intérieur. Dans une brochure (1) distribuée au tribunal, M. Leymarie a raconté les curieux incidents de cette affaire, et l'édifiante conversation qu'il eut avec M. Billault. Je dois être sobre sur ce point, et je

---

(1) *Histoire d'une demande en autorisation de journal*, par M. Leymarie, avec une lettre de M. le comte d'Haussonville et des consultations par MM^{es} Berryer, Odilon Barrot, Marie et Paul Andral. Chez H. Dumineray, 78, rue de Richelieu.

me contenterai de rappeler au tribunal les paroles qui ont amené le procès. M. le ministre dit à mon client que : « dans sa pensée, un journal d'opposition, patronné par des hommes considérables, qui grouperaient, sans distinction de partis, des talents consacrés par la faveur publique, acquerrait par cela même une influence inquiétante : *plus il se montrerait constitutionnel, plus il serait attentif à ne pas sortir de la légalité, en un mot, plus il serait modéré, plus il serait incommode.* »

Je n'ai pas à apprécier ces paroles ; le régime que subit la presse appartient à l'histoire dont je n'ai pas la prétention de devancer la justice.

M. Leymarie, ne pouvant prendre possession du journal qu'il avait acheté, le revendit à l'honorable M. Blavoyer, ancien membre des assemblées constituante et législative. Mais celui-ci ne fut pas plus heureux, ainsi que le constate la lettre suivante, qui n'est pas sans intérêt au procès, car elle confirme les dires de mon client :

« Paris, 1er mai 1860.

» Monsieur,

» J'ai enfin reçu la réponse officielle du ministre de l'intérieur. Elle confirme ce qui m'avait été annoncé dans les bureaux. Le Ministre refuse de me reconnaître comme propriétaire et rédacteur en chef du *Courrier de Paris*.

» Ce refus n'est pas motivé.

» Mais je ne puis me méprendre sur le motif qui a dicté la décision du Ministre. « *Ce journal, m'a-t-il dit, est dans des mains gouvernementales, et il n'y serait plus !* » il ne veut pas qu'il passe dans des mains indépendantes.

» Après la conversation que j'ai eue avec le Ministre, il est évident pour moi que toute tentative pour obtenir de lui une libérale interprétation de la loi de la presse serait parfaitement inutile. Toute démarche nouvelle près de lui ne me paraîtrait pas digne.

» Je renonce donc à l'acquisition que j'ai faite, et je désire que nous puissions le plus tôt possible, résilier la vente conformément à l'article 3 de notre traité.

» Pour vous dire toute ma pensée, je crois que vous ne pourrez pas vendre le *Courrier de Paris*, et que vous êtes condamné par l'étrange application que le Ministre fait de la loi à rester propriétaire *in partibus* de votre journal.

» Agréez, monsieur, l'expression de mes sentiments très distingués.

» Signé J. Arsène BLAVOYER. »

Ainsi, M. Leymarie qui, depuis vingt ans, vit de sa plume, et n'a jamais subi aucune condamnation ni même aucune poursuite, ne peut plus écrire ; bien mieux, il ne peut pas revendre le journal qu'il a acheté ; exposé à s'en voir réclamer le prix, cent mille francs, il reste, malgré lui, propriétaire d'un journal dont il ne peut disposer, ni pour le diriger ni pour l'aliéner : ce journal est même un de ceux contre lesquels nous plaidons, un de ceux qui l'attaquent sans lui permettre de se défendre.

Dans cette étrange situation, il consulta. On lui dit qu'il ne pouvait appeler de l'abus de pouvoir, dont il était victime, qu'à l'opinion publique ou au Sénat par voie de pétition. M. Leymarie craignit qu'une pétition ne mourût dans le silence, qui enveloppait alors les délibérations du Sénat, et il fit la brochure dont j'ai parlé.

On n'est pas encore habitué à croire que les gens les plus honnêtes et les plus modérés sont les plus suspects, et M. Leymarie tenait à bien constater qu'aucun motif d'indignité personnelle ne motivait la mesure dont il venait d'être l'objet. Il poursuivait aussi, il l'avoue, un but plus élevé, et il voulait montrer à la nation ce que deviennent ses droits, lorsqu'elle les abdique.

Un de nos confrères les plus honorables et les plus distingués, un de ces trop rares députés que des électeurs indépendants ont envoyés au Corps législatif, sans qu'ils aient subi l'examen préalable de l'administration, M. Émile Ollivier...

M. LE PRÉSIDENT. — Me Andral, la question que vous plaidez est grave et excite au plus haut point l'intérêt du tribunal ; ce serait altérer le débat que d'y mêler des allusions politiques, et pour les éviter, le tribunal compte sur votre tact ordinaire et sur votre respect habituel des convenances.

Me ANDRAL. — Le tribunal va au-devant de ma pensée. Je sais que je suis à la barre et non à la tribune. Je plaide une question de droit, et ne veux pas faire de politique. Si, dans l'ardeur de la discussion, il m'échappait quelque parole qui trompât mes intentions, je la démens, je la rétracte à l'avance.

M. LE PRÉSIDENT. — Le tribunal ne laisserait pas dégénérer le débat, continuez.

Me ANDRAL. — Dans la séance du 10 juillet, M. Émile Ollivier dénonça donc au Corps législatif la conversation que je viens de rapporter au tribunal. M. Billault, qui avait encore son portefeuille, n'assistait pas à la séance. M. le président du conseil d'État représentait seul le gouvernement devant le Corps législatif ; il ignorait ce qui s'était passé ; mais il nia sans hésiter le propos rapporté par M. Leymarie. Il le nia dans les termes qu'il importe de placer sous vos yeux, d'après l'analyse qu'en a donnée le *Moniteur*, et qu'ont reproduite les journaux assignés devant vous :

» Si l'on indiquait un fait que les avocats signataires de la consultation déclareraient connaître personnellement et dont ils affirmeraient la réalité sous leur garantie personnelle, M. le président du Conseil d'État serait, pour sa part, parfaitement disposé à répéter le mot connu au Palais et si honorable pour le Barreau : « Croyez-le, parce qu'un tel l'a dit. » Mais ici, c'est un individu qui se plaint d'avoir reçu du Ministre de l'intérieur certaine réponse verbale qu'il articule dans un Mémoire. Les avocats, auteurs du Mémoire, racontent ce qui leur a été rapporté par la partie intéressée ; de telle sorte que les honorables signataires de la consultation ne peuvent pas être considérés comme les témoins du fait rapporté. C'est donc sur un simple propos de la partie intéressée qu'on accuse ici, non pas un ministre seulement, mais, tout le monde le sait, un homme de beaucoup de bon sens et d'esprit, d'avoir répondu que plus un journal se maintiendrait dans les limites de la légalité, plus il serait modéré, plus il serait incommode. Qui admettra qu'une pareille réponse ait pu être faite ? — M. le Président du Conseil d'État croit pouvoir affirmer et il affirme, pour employer le mot qui arrive à son oreille, qu'elle est trop stupide pour avoir été faite par qui que ce soit, surtout par M. le ministre de l'intérieur.

» Ainsi, dans le cas particulier dont il s'agit, l'interpellation sur la prétendue réponse du Ministre de l'intérieur serait facile à réfuter. Cette réponse n'est pas vraie, parce qu'elle est impossible ; elle n'est attestée par aucun témoin digne de foi. »

Ainsi, c'est un *individu* qui se plaint ! ce qu'il dit est *stupide !* il n'est point *un témoin digne de foi !* Il est difficile de concevoir une accusation plus blessante ; et cette accusation, portée du haut de la tribune, retentit par la voix du *Moniteur* et de la presse dans toute la France, dans l'Europe entière.

Je n'ai point à intervenir dans le jugement porté par M. le président du conseil d'État sur le langage de M. le ministre de l'intérieur ; je n'ai point à m'expliquer sur une appréciation qui serait sévère, si par hasard M. le ministre avait réellement tenu les propos qui lui ont été prêtés.

Le démenti infligé à M. Leymarie par M. le président du conseil d'État, était-il fondé ou non ? Ce n'est pas non plus la question du procès ; cependant le tribunal comprendra que l'honneur de mon client exige, sur ce point, un mot d'explication. M. Leymarie maintient avec la plus grande énergie la scrupuleuse exactitude de ce qu'il a écrit. Quant à moi, je n'ai pas eu l'honneur d'accompagner mon client dans le cabinet de M. le ministre ; et, dans tous les cas, je ne pourrais pas me transformer en témoin. Mais, au sortir de son audience, M. Leymarie est venu chez moi, comme son avocat. Il est venu me raconter ce qui s'était passé, avec une émotion, avec une sincérité évidentes ; il ne songeait pas alors à faire une brochure, il voulait me consulter sur ses intérêts les plus graves, sur son avenir mis en question. Eh bien ! moi qui l'ai entendu alors, j'en ai la certitude, et je l'atteste, ce qu'il a écrit est vrai, incontestablement vrai.

Quand M. Leymarie lut dans les journaux le langage tenu à son égard par M. le président du conseil d'État, il attendit les explications de M. le ministre de l'intérieur.

De deux choses l'une, pensait-il, ou M. le ministre reconnaîtrait l'exactitude de ce qu'avait affirmé M. Leymarie, et alors il devait, par un aveu loyal, venger un citoyen honorable de l'injustice involontaire de M. le président du conseil d'État ; ou bien M. Leymarie avait altéré les paroles du ministre, et alors le ministre devait au pays de se justifier en rétablissant le sens vrai de sa conversation.

Quoique les ministres soient aujourd'hui peu soucieux de l'opinion publique, de laquelle ils prétendent ne plus relever, M. Leymarie attendait une explication, ou même une saisie, qui eût été une réponse comme une autre. Il attendit huit jours, mais ce fut en vain.

Le 17 juillet il écrivit à M. le président du conseil d'État, et comme il lui importait que sa justification fût connue de tous ceux qui avaient lu l'attaque dont il avait été l'objet, il adressa, le 19 juillet, la lettre suivante aux journaux qui avaient reproduit le discours de M. Baroche :

« Paris, le 19 juillet 1860.

» Monsieur le Gérant,

» Je vous prie et vous requiers au besoin d'insérer dans votre plus prochain numéro la lettre suivante que j'ai eu l'honneur d'adresser à M. le Président du Conseil d'État.

» Recevez, monsieur, mes salutations empressées.

» Signé LEYMARIE. »

A Monsieur le Président du Conseil d'État.

« Paris, le 17 juillet 1860.

» Monsieur le Président,

Dans la séance du Corps législatif du 10 courant, M. Émile Ollivier a cité un passage de la brochure récemment publiée par moi sous ce titre : *Histoire d'une demande en autorisation de Journal.* Voici, d'après le *Moniteur*, comment l'honorable M. Émile Ollivier s'est exprimé sur l'incident qui me concerne :

» En décembre 1859, un rédacteur de journal aurait demandé au ministre de l'intérieur de confirmer l'acquisition qu'il venait de faire d'une feuille déjà existante et nommée le *Courrier de Paris*. Le ministre aurait refusé. Le journaliste aurait insisté et aurait affirmé qu'il voulait rester dans les limites d'une discussion constitutionnelle, qu'il acceptait la constitution et ne voulait pas sortir de la légalité ; qu'il ne voulait donc nullement élever une tribune pour défendre des opinions soi-disant sociales et faire de la propagande mauvaise.

» L'orateur trouve dans une consultation signée d'honorables avocats, la réponse du ministre, M. le ministre de l'intérieur aurait répondu que plus le journal se montrerait constitutionnel et modéré, plus il serait attentif à ne pas sortir de la légalité, plus il serait incommode ; et qu'en conséquence l'autorisation ne serait pas donnée ;

» Tel est le fait sur lequel M. Émile Ollivier a prié votre Excellence de vouloir bien donner quelques explications en sa qualité de Président du Conseil d'État.

» Votre Excellence, toujours d'après le *Moniteur*, a demandé par qui la répons· du Ministre de l'intérieur est attestée ?

(Suit le passage du discours de M. Baroche que nous avons cité.)

» Ce démenti, donné par un fonctionnaire aussi haut placé dans le gouvernement que l'est Votre Excellence, est trop net pour que celui qu'il atteint n'ait pas le droit de le relever, avec tout le respect dû au Président du Conseil d'État, au membre du conseil privé, mais aussi avec toute la fermeté d'un homme qui défend l'honneur de son nom. Notre honorabilité, à nous autres écrivains politiques et hommes de la presse libérale, nous coûte trop cher et nous rapporte trop peu, pour que nous ne soyons point jaloux de la conserver intacte : par cela même qu'elle est un titre qu'aucun pouvoir ne peut donner, il ne saurait appartenir à personne de nous la retirer.

» Vous voudrez donc bien souffrir, M. le Président, qu'après avoir attendu, huit jours, la saisie de l'*Histoire d'une demande en autorisation de journal*, à laquelle pouvait faire croire le démenti opposé par vous au passage qu'en a extrait M. Émile Ollivier, j'adresse aux journaux qui ont reproduit vos paroles cette protestation, que je dois à moi-même, que je dois à mes amis, que je dois aux avocats qui ont pris sous leur haut patronage la cause que je défends.

» Les paroles citées par M. Émile Ollivier, avez-vous dit, Monsieur le Président, ne sont attestées « par aucun témoin digne de foi. » Quelque modeste qu'ait été la place que j'ai tenue dans le monde politique, comme je n'en ai jamais changé, on a bien voulu la considérer comme honorable, et personne, avant Votre Excellence, n'a douté de ma parole.

» Mais s'il fallait des preuves, je pourrais en donner. Je vous rappellerai seulement ici, Monsieur le Président, que M. le comte d'Haussonville et moi nous avons répété, devant M. de la Guéronnière, ces paroles de M. le Ministre de l'intérieur, sans que le haut fonctionnaire qui connaît mieux que personne sa pensée sur la question de la presse, ait cru devoir protester. J'ajouterai que M. Blavoyer, ancien membre des assemblées constituante et législative, a eu avec M. Billault une conversation sur le même sujet ; et qu'après une longue discussion, M. le ministre de l'intérieur résuma les raisons qu'il avait de refuser à M. Blavoyer l'autorisation de rédiger en chef le *Courrier de Paris*, par cette dernière phrase qui confirme si bien la conversation que j'ai rapportée : « Aujourd'hui, le journal est dans des mains gouvernementales et il n'y serait plus. »

» L'absence de tout motif de refus exprimé dans les lettres par lesquelles M. le ministre de l'intérieur nous a signifié, à M. Blavoyer et à moi, sa volonté de ne pas nous reconnaître comme propriétaires du *Courrier de Paris*, suffisait peut-être à rendre, non pas « impossible » et « stupide » mais tout au moins vraisemblable le langage que m'a tenu M. Billault.

» Mais, permettez-moi de le dire, si vous aviez pu prévoir les interpellations de M. Ollivier, si vous aviez eu le loisir de consulter M. le Ministre que vous aviez peut-être dans votre loyauté défendu autrement qu'il n'eût désiré l'être, renseigné par lui, vous n'auriez certainement pas nié l'exactitude des paroles que j'affirme de nouveau m'avoir été dites par M. Billault et que pour plus de sûreté j'ai écrites en sortant de son cabinet.

» Je suis avec respect, monsieur le Président, de Votre Excellence, le très humble et très obéissant serviteur,

» Signé A. LEYMARIE. »

A défaut de la loi, la loyauté faisait aux journaux une obligation rigoureuse de publier la lettre de M. Leymarie, cependant aucun ne la publia. M. Leymarie s'expliquera, sans amertume, sur la conduite de ses adversaires ; homme de presse, il compâtit à leurs misères : que M. le ministre de l'intérieur fronce le sourcil, ils sont morts ; c'est bien là une circonstance atténuante, il faut en convenir.

M. Leymarie suivit de près, dans les bureaux de la plupart des journaux, l'huissier chargé de leur signifier sa réclamation, partout il reçut le meilleur accueil et la plus affectueuse protestation de bon vouloir ; mais, sans contester son droit, on lui dit qu'un agent de M. le ministre de l'intérieur était venu défendre de publier sa lettre, et qu'on ne pouvait s'exposer à déplaire à M. le ministre. Ce fait incroyable qui perce dans les conclusions embarrassées du *Siècle* et de quelques autres défendeurs est formellement articulé par le *Courrier de Paris*, il est constaté de la manière la plus authentique par la lettre ci-jointe de deux de mes honorables confrères, MM. Ferry et Roulleaux :

« Paris, 12 août 1860.

» Monsieur,

» Nous étions, comme on vous l'a dit, présents l'un et l'autre dans le cabinet de M. Clément Duvernois, rédacteur principal du *Courrier de Paris*, lorsqu'on y a apporté l'injonction ministérielle que votre lettre a motivée.

» C'était un peu de temps avant la signification qui est le point de départ du procès que vous avez intenté aux journaux, la veille au plus, ou même, ce nous semble, le jour même.

» Un monsieur, de manières bienveillantes et d'une mise irréprochable, s'est présenté comme envoyé par M. le Ministre de l'intérieur. Il venait prévenir le journal de l'arrivée très prochaine d'un huissier, porteur d'une lettre de M. Leymarie à M. le Président du Conseil d'État, en réponse aux publications que l'interpellation de M. Émile Ollivier avait soulevée dans le sein du Corps législatif. M. Leymarie voulait sommer régulièrement les journaux d'insérer sa réponse, et M. le Ministre de l'intérieur leur faisait dire que l'insertion était interdite de la manière la plus absolue.

» Cette communication fut reçue avec toute la gravité qu'elle méritait. On objecta seulement que M. Leymarie allait naturellement assigner pour obtenir, par les voies judiciaires, la publication de sa réponse.

» Le journal, répliqua le représentant de M. le Ministre de l'intérieur, pourra alors se retrancher derrière la défense ministérielle. Le garde des sceaux vient d'être consulté, et il a décidé que l'insertion ne pouvait être exigée.

» Puis il ajouta que le *Courrier de Paris*, dans la situation actuelle, devait y regarder à deux fois avant de s'exposer à des désagréments pour une affaire de ce genre (cette observation paternelle était évidemment une allusion aux deux avertissements du journal); que, du reste, M. Leymarie attaquait tout le monde, qu'il s'en était pris récemment au *Courrier* et à M. Duvernois lui-même.

» Et comme on répondit de suite que c'était une autre question, il partit, en répétant encore une fois qu'il n'y aurait qu'à se retrancher derrière l'injonction de M. le Ministre de l'intérieur.

» Nous pouvons affirmer l'exactitude, presque textuelle, de cette conversation.

» Ce personnage bienveillant, très connu, nous a-t-on dit, à tous les étages de la maison rue Coq-Héron, n° 5, serait M. Dronsard ou de Ronsard, employé supérieur du bureau de l'esprit public au ministère de l'intérieur.

» Nous vous autorisons, monsieur, à faire de cette sincère déclaration l'usage qui vous paraîtra convenable.

» Signé Jules FERRY et Marcel ROULLEAUX. »

Je m'expliquerai tout à l'heure sur cette intervention de M. le ministre.

Le tribunal connaît les faits de la cause, et il me rendra cette justice que j'ai scrupuleusement obéi à son désir de conserver au procès un caractère purement juridique. J'ai maintenant à m'expliquer sur les principes.

Le droit de réponse est régi par les dispositions des articles 11 de la loi du 25 mars 1822 et 13 de la loi du 27 juillet 1849.

Ces articles sont ainsi conçus :

Article 11 de la loi du 25 mars 1822 :

« Les propriétaires ou éditeurs de tout journal ou écrit périodique sont tenus d'y insérer, dans les trois jours de la réception, ou dans le plus prochain numéro, s'il n'en était pas publié avant l'expiration des trois jours, la réponse de toute personne nommée ou désignée dans le journal ou écrit périodique, sous peine d'une amende de 50 fr. à 500 fr., sans préjudice des autres peines et dommages-intérêts auxquels l'article incriminé pourrait donner lieu. Cette insertion est gratuite et la réponse peut avoir le double de la longueur de l'article auquel elle est faite. »

Article 13 de la loi du 27 juillet 1849, § 2 :

« L'insertion sera gratuite pour les réponses et rectifications prévues par l'article 11 de la loi du 25 mars 1822, lorsqu'elles ne dépasseront pas le double de la longueur des articles qui les auront provoquées : dans le cas contraire, le prix d'insertion sera dû, pour le surplus seulement. »

Le texte est précis et formel, loin de le restreindre, la doctrine et la jurisprudence l'ont plutôt étendu, si c'est possible; aucune exception n'est admise; il suffit qu'une personne ait été nommée ou désignée, d'une manière quelconque, dans un journal, pour qu'elle ait le droit de faire insérer dans ce journal une réponse dont ni les journalistes, ni les tribunaux, eux-mêmes, n'ont à apprécier l'opportunité. Une seule réserve a été admise par la jurisprudence, c'est que la réponse dont l'insertion est réclamée n'attaque pas la loi ni les tiers, et n'outrage pas le journaliste lui-même.

Voilà les principes, ils sont tellement incontestables et si connus, que je ne m'arrête pas à les développer davantage; je veux seulement mettre sous les yeux du tribunal quelques considérants empruntés à divers arrêts de la Cour de cassation, pour lui rappeler de quel respect la jurisprudence entoure le droit de réponse :

« Que le droit de réponse tient au droit de défense, qu'il doit être étendu plutôt que restreint.....

» Que l'individu nommé ou désigné est seul juge de l'opportunité de la réponse ;....

» Que les tribunaux ne peuvent s'en constituer juges ;....

» Que quelle que fût la forme ou le sujet de l'article dans lequel la personne qui entendait user du droit de réponse ait été nommé ce droit, subsistait..... »

On ne trouverait pas dans les recueils une seule exception à cette rare et énergique unanimité de jurisprudence. La Cour de Paris a été jusqu'à juger qu'une personne louée dans un journal, avait le droit de répondre aux éloges dont elle était l'objet.

La doctrine n'est ni moins formelle, ni moins unanime que la jurisprudence, je citerai seulement Chassang, p. 984 et suiv.

Sommes-nous dans les conditions qu'exigent la loi et la jurisprudence ? Poser cette question c'est la résoudre. Dans le discours qu'ont reproduit les journaux, M. Leymarie est aussi clairement qu'injurieusement désigné ; on ne le conteste pas. D'un autre côté sa lettre est modérée, irréprochable : elle ne contient pas un mot qui attaque la loi ou les tiers, pas un mot qui soit offensant pour les journalistes, pas un mot qui ne soit respectueux pour M. le président du Conseil d'État et M. le ministre de l'intérieur.

Suivant le droit commun, la lettre de M. Leymarie devait donc être insérée. M. Leymarie est-il hors du droit commun ? Y a-t-il dans la cause quelque texte spécial ou quelque loi d'ordre public qui déroge à ce droit de réponse que la jurisprudence vient de nous montrer si absolu et si sacré ?

Et d'abord notre prétention viole-t-elle le principe de l'inviolabilité des débats parlementaires ? Non ! non ! ce n'est pas nous qui contesterons ou énerverons jamais ce grand principe ! Si modestes, si réservées qu'aient été jusqu'à ce jour les discussions du Corps législatif, l'écho qui nous vient de ce palais où s'élevaient jadis tant de voix libres et glorieuses, où retentirent ces généreuses discussions qui ont été pendant trente ans l'orgueil et la vie de la France, cet écho nous est cher et sacré comme le

plus pieux des souvenirs, la plus salutaire des traditions, la plus ardente
des expériences. Nous respectons donc l'inviolabilité des débats parlementaires jusque dans l'ombre qui nous en est laissée. Mais ce grand principe est désintéressé dans le débat. Nous n'incriminons en rien le discours
de M. le président du Conseil d'État ; non-seulement nous ne songeons pas à
poursuivre en diffamation ce haut fonctionnaire, ou à l'actionner d'une
manière quelconque, mais nous ne disons même pas qu'il ait eu tort de dire
ce qu'il a dit, nous demandons simplement à lui répondre ; la distinction est
bien simple et le tribunal la retiendra.

Ceci dit, trouve-t-on dans la législation un texte qui déroge à la règle
générale posée dans l'art. 11 de la loi du 25 mars 1822 ? Cette exception ne se
rencontre ni dans les lois récentes, ni dans les lois anciennes qui portaient si
loin le respect du parlement, ni dans aucune des législations si diverses qui se
sont succédé depuis quarante ans. Non-seulement cette exception n'est pas
dans la loi, mais elle ne peut pas y être. Ce que le législateur de 1822 a voulu,
c'est étendre à tous la liberté de la presse ; c'est assurer au plus obscur
citoyen, pour se défendre, les moyens de publicité que de plus puissants
avaient pour l'attaquer. Lorsque l'injure descend de la tribune et que, reproduite par les journaux, elle est portée à la connaissance de l'univers entier,
elle a tout à la fois plus d'autorité et plus de retentissement que si elle est confi-
née dans un article de je ne sais quel journaliste ; la nécessité de la réponse
n'est donc que plus flagrante, et le législateur de 1822 eût déshonoré son
œuvre éminemment morale et libérale, il eût méconnu le principe suprême de
l'égalité devant la loi, s'il eût admis que dans un cas, dans un seul, un citoyen
pût être attaqué sans pouvoir se défendre et s'il eût précisément créé cette
exception en vue des attaques les plus redoutables qui puissent atteindre
l'honneur individuel. La loi ne pouvait pas instituer, elle n'a pas institué cette
monstrueuse iniquité, et ici encore la jurisprudence est d'accord avec la loi.

Trois arrêts doivent particulièrement vous être signalés, messieurs, ce sont
d'abord un arrêt de la Cour de Rouen du 16 décembre 1839 et un arrêt de
la Cour de cassation du 29 janvier 1842. Ces deux arrêts admettent le droit
de réponse au compte rendu des débats et des décisions judiciaires ; sans
doute ce n'est pas notre espèce, mais on ne contestera pas l'analogie. Si les
débats parlementaires sont inviolables, vos jugements ne le sont pas moins. Si
l'on peut discuter avec la justice et répondre aux arrêts, je ne comprendrais
pas qu'on ne pût pas discuter avec le parlement et répondre à ses orateurs.
Mais j'arrive à un arrêt qui juge notre espèce.

M. de Ségur d'Aguesseau, membre de l'Assemblée législative, avait prononcé au sein de cette assemblée, un discours que le *Siècle* et le *National*
avaient reproduit avec inexactitude, selon l'honorable membre. M. de Ségur
d'Aguesseau, usant du droit de réponse, avait envoyé au *Siècle* et au *National*
son discours tel qu'il l'avait prononcé, tel du moins qu'il avait été reproduit
par le *Moniteur*. Les deux journaux se refusèrent à l'insertion en opposant à
M. de Ségur cette double exception que l'art 11 de la loi de 1822 ne s'appli-
quait pas aux comptes rendus du Corps législatif et que, d'un autre côté, l'insertion d'un discours d'après le *Moniteur* n'était point une réponse dans le
sens de la loi ; mais cette double exception fut rejetée par jugement de ce tri-

bunal et par arrêt confirmatif de la Cour. Sur le pourvoi des journaux, intervint à la date du 1er février 1850, l'arrêt suivant, rendu sur les conclusions conformes et énergiques de M. l'avocat général Plougoulm.

« La Cour, sur le premier moyen, pris de ce que l'arrêt attaqué aurait admis le droit de répondre à un article du *National*, qui serait un compte rendu d'une séance de l'Assemblée législative, et aurait, par là, violé la disposition de l'art. 22 de la loi du 17 mai 1819, qui interdit, à raison d'un pareil compte rendu, toute action autre que celle pour infidélité et mauvaise foi ;

» Attendu que l'art. 22 de la loi du 17 mai 1817 a eu pour objet de mettre les propriétaires ou gérants de journaux qui auraient rendu un compte fidèle et de bonne foi des séances publiques de la Chambre des députés à l'abri des actions pénales autorisées par la législation répressive des délits de la presse, et même des actions civiles en dommages-intérêts, à raison de ce compte rendu ; — Attendu que la faculté postérieurement introduite par l'art. 11 de la loi du 25 mars 1822, pour toute personne nommée ou désignée dans un journal, de répondre dans la même feuille, n'a rien de commun avec les dites actions..... »

Me CHAIX D'EST ANGE. — Cet arrêt ne peut plus être invoqué sous la constitution nouvelle.

Me ANDRAL. — Pourquoi donc ? Nous verrons tout à l'heure si la constitution de 1852, qui a changé tant de choses, a encore sur ce point limité, restreint, anéanti vos droits. Mais écoutez d'abord la suite de l'arrêt. Je reprends :

« ..... Attendu que l'exercice de cette faculté, qui se rattache au droit de la défense personnelle, doit toujours trouver place là où l'attaque s'est fait jour, et obtenir, par la même voie, le bénéfice de la publicité, qui ne peut être le privilége de l'attaque, parce que celle-ci s'est produite dans un compte rendu des séances de l'Assemblée ou des audiences des tribunaux. »

L'espèce n'est point identique avec la nôtre ; mais l'arrêt, s'élevant au-dessus de l'espèce, a posé un principe général, formel, absolu, dont j'invoque le bénéfice. La Cour suprême n'a pas rejeté le pourvoi par ce moyen de fait subsidiairement plaidé par M. de Ségur, que l'article auquel il demandait à répondre n'était pas à proprement parler un compte rendu, mais une attaque déguisée. Elle a voulu juger la question de principes, et elle a décidé dans les termes les plus précis que le droit de réponse s'étend aux *comptes rendus des séances de l'Assemblée ou des audiences des tribunaux.*

La constitution de 1852 a-t-elle, comme l'indiquait en m'interrompant un de mes honorables adversaires, dérogé à la loi et à la jurisprudence ? On commet souvent vis-à-vis de la constitution une injustice, dont Me Chaix d'Est Ange lui-même vient de se faire l'écho et dont je ne veux pas me rendre coupable. Aujourd'hui, quand un citoyen revendique un droit quelconque, on s'écrie tout d'abord que ce droit ne doit plus exister, et tant de biens nous ont été ravis qu'on est porté à croire qu'il ne nous en reste plus. C'est aller trop loin.

Le droit de réponse établi dans la loi de 1822 n'a été aboli ni par la constitution ni par le décret du 17 février 1852. Cela est incontestable, et chaque jour les tribunaux appliquent l'article 11 de la loi du 25 mars 1822, que nous invoquons.

Si la loi n'a pas été abrogée, une exception nouvelle a-t-elle été créée en faveur des comptes rendus législatifs ? On ne pourrait citer en ce sens aucun texte.

A défaut de dérogation formelle au droit commun, peut-on invoquer une dérogation implicite ? La seule disposition qui puisse influer sur notre question est l'article 42 de la constitution, ainsi conçu :

« Le compte-rendu des séances du Corps législatif par les journaux ou tout autre moyen de publication ne consistera que dans la reproduction du procès-verbal dressé, à l'issue de chaque séance, par les soins du président du Corps législatif. »

Antérieurement à la constitution de 1852, les journaux composaient à leur gré et publiaient à leurs risques et périls le compte rendu des débats parlementaires. Sous l'empire de cette législation, les intéressés avaient un double droit : le droit de poursuivre tout compte rendu infidèle et de mauvaise foi, le droit de répondre à tout compte rendu fidèle ou non. C'est, messieurs, ce que constate l'arrêt que j'ai eu l'honneur de vous lire. Sous la constitution qui nous régit, les journaux ne peuvent plus reproduire que le compte rendu officiel qui leur est communiqué au nom d'une commission spéciale du Corps législatif. Il en résulte qu'ils ne peuvent être accusés d'infidélité ou de mauvaise foi, et dans ce sens, mais dans ce sens seulement, on a raison de dire qu'ils ne peuvent être responsables d'un compte rendu dont ils ne sont pas les auteurs. Le compte rendu officiel, qu'a institué l'article 42 de la constitution, est protégé par une présomption légale, non-seulement de bonne foi, mais d'exactitude, et nul ne peut en contester la fidélité.

Ainsi, des deux droits qui existaient avant 1852, l'un, celui qui consistait à poursuivre un compte rendu pour infidélité ou mauvaise foi, n'a plus sa raison d'être et ne subsiste plus ; mais le droit de réponse n'est pas énervé. Je me reporte à l'arrêt de 1850, et j'y vois que la Cour suprême admet le droit de réponse à tout compte rendu, même exact et fidèle. Or, le compte rendu auquel je demande à répondre est précisément ce compte rendu exact et fidèle auquel la Cour de cassation a réservé, en termes si formels, le droit de répondre.

Si la constitution ne permet pas d'incriminer les comptes rendus actuels du Corps législatif, elle ne permet même pas de les rectifier ; elle les déclare légalement infaillibles. Si donc nous venions dire au *Moniteur* : M. Baroche n'a pas dit ce que vous lui faites dire ; il n'a pas dit que M. Leymarie, qu'il ne connaissait pas, fût un témoin indigne de foi, et que ses paroles fussent absurdes, le journal officiel aurait raison de refuser l'insertion de notre réponse, parce que cette réponse constituerait une rectification, et que la loi ne permet pas de faire, sous forme de rectification, un compte rendu autre que celui qu'elle a institué. Nous proclamons l'exactitude parfaite du compte rendu ; nous l'avons reproduit avant d'y répondre ; nous contestons si peu sa fidélité, que c'est son texte que nous invoquons comme l'origine, comme la base de notre droit.

Dira-t-on que répondre c'est discuter, et qu'il n'est pas permis de discuter les séances du Corps législatif? Nous savons que telle est l'opinion des bureaux du ministère. Nous savons que deux journaux ont été *avertis* pour avoir discuté des séances du Corps législatif; mais, dans cette enceinte où règne la loi, nous n'avons pas à nous préoccuper de l'opinion des bureaux ministériels et des avertissements qu'on y distribue. La loi ne défend pas de discuter les séances du Corps législatif; donc la discussion, qui est de droit commun, est permise. La rectification seule serait interdite. Mais, de même qu'on peut répondre sans incriminer, on peut discuter sans rectifier; c'est précisément ce que fait la lettre dont nous demandons la publication.

Ainsi, messieurs, la législation de 1852 n'a abrogé, ni dans son texte ni dans son esprit, l'article 11 de la loi du 25 mars 1822; elle n'a pas davantage créé une exception au droit de réponse en faveur des comptes rendus législatifs.

Certains de nos adversaires nous disent qu'une disposition spéciale n'était pas nécessaire, que le compte rendu des séances législatives, publié par le *Moniteur*, est un acte officiel, et que le droit de réponse n'existe pas en face des actes officiels.

C'est là étrangement méconnaître la loi de 1822 et la grande époque qui l'a vue naître. Il ne s'agit pas d'un décret de 1852 qu'on doive dans le doute interpréter contre la liberté; nous invoquons une de ces lois larges et généreuses qui ont si magnifiquement fondé parmi nous la liberté après le despotisme de l'empire. Alors le pays jouissait avec amour de ces trois biens suprêmes : le droit, la lumière et la liberté. Le gouvernement, qui avait foi en lui-même et honorait la nation, appelait volontiers la discussion sur ses actes; les ministres et tous les fonctionnaires livraient leur conduite et leurs personnes à l'examen, non-seulement des grands corps de l'État, mais encore de la presse, c'est-à-dire de la nation. On songeait moins à mettre les agents du pouvoir à l'abri de tout contrôle qu'à protéger les citoyens contre les abus possibles de l'autorité. Ah! les illustres auteurs de la loi de 1822 seraient étrangement surpris s'ils entendaient dire qu'ils ont refusé le droit de réponse à tout acte émanant d'un fonctionnaire, et qu'ils ont créé dans la société une classe d'hommes auxquels il est permis de diffamer sans contradiction leurs concitoyens. Pour donner un pareil sens à la loi de 1822, nos adversaires ont oublié sa date et se sont trop laissé dominer par les préoccupations des temps actuels.

Il faut d'ailleurs s'entendre sur ces mots *actes officiels*. Sans doute dans le langage de tous les jours on donne ce nom à tout ce qui émane des agents du pouvoir, mais, dans le sens propre du mot, les actes officiels sont seulement ceux qui, émanant de l'autorité souveraine, s'imposent à notre obéissance. Les déclarations, les avis, les récits, les comptes rendus que publie le gouvernement se recommandent, par leur origine, à notre attention, à notre respect, à notre confiance, si l'on veut; mais quoique souvent on les nomme ainsi, ces pièces ne constituent pas des actes officiels dans le sens rigoureux du mot. Le *Moniteur* lui-même nous enseigne cette distinction; il a une partie *officielle*, dans laquelle figurent les lois, les décrets et les actes diplomatiques; il a une partie *non officielle*, dans laquelle il publie tous les jours des communications auxquelles on croit ou on ne croit pas, mais qui ne constituent pas des actes souverains et ne commandent pas l'obéissance. Comment le *Moniteur* pourrait-il nous donner, comme officiel, un document que lui-même publie sous cette rubrique : *Partie non officielle?* Or, c'est le cas des comptes rendus législatifs.

Le *Moniteur* peut d'autant moins prétendre qu'il soit interdit de publier une réponse aux communications contenues dans sa partie non officielle, que lui-même, il a plus d'une fois accueilli des réponses de ce genre. Je n'en veux citer qu'un exemple. Le tribunal se rappelle peut-être qu'au mois d'août dernier, au milieu des graves et tristes préoccupations que faisaient naître les événements d'Italie, le prince Murat publia un manifeste pour dire qu'il prendrait aussi volontiers qu'un autre la couronne de Naples. Le gouvernement crut devoir désavouer les prétentions du cousin de l'Empereur ; il le fit dans une note insérée, le 30 août, en tête de la partie non officielle du *Moniteur*. C'était là une communication officielle, dans le sens que nos adversaires donnent aux mots, communication d'autant plus grave, qu'elle intéressait la politique extérieure de la France, et devait rassurer l'Europe contre un retour impossible aux errements du premier empire. Cependant, dans son numéro du 2 septembre, le *Moniteur* n'hésita pas à publier la lettre suivante :

A Monsieur le rédacteur du Moniteur.

« Monsieur,

» Je viens réclamer contre l'interprétation donnée à ma lettre par le *Moniteur* d'hier. Je n'ai jamais eu la prétention d'engager à l'avance ni la politique de l'Empereur ni l'alliance de la France. Mais je pense et j'ai voulu dire que si, en dehors de toute influence étrangère, le suffrage universel se manifestait en ma faveur, le vœu des populations ne serait sans doute pas moins respecté pour Naples qu'il ne l'a été pour les autres parties de l'Italie.

» Recevez, monsieur, l'assurance de ma considération distinguée,

» L. Murat.

« 1er septembre 1860. »

Je ne pense pas qu'on revendique pour le signataire de cette lettre un droit que n'auraient pas les autres citoyens, et je ne connais pas d'article de la constitution qui place les cousins de l'Empereur au-dessus du reste des mortels. On peut donc répondre dans le *Moniteur* même aux communications qui émanent du gouvernement, sans violer aucune loi, ni même aucune convenance.

Soit, me dit-on, le *Moniteur* pouvait insérer votre réponse, mais il n'y était pas obligé. Je ne saurais admettre cette distinction ; si l'insertion de notre lettre était licite, elle était obligatoire.

En effet, la seule condition imposée à l'exercice du droit de réponse, c'est, je l'ai démontré, que la réponse dont l'insertion est demandée ne constitue pas un délit : si donc ni la loi ni l'usage n'interdisaient aux journaux, et particulièrement au *Moniteur* de publier la lettre de M. Leymarie, ils étaient tenus de la publier.

Je ne voudrais pas m'arrêter aux objections particulières faites par chaque défendeur, cette tâche sera plus utilement remplie après leurs plaidoiries, et elle est réservée à une voix plus puissante, qu'une longue fidélité et l'exil, noblement porté, ont autorisée à parler haut au nom de la liberté. Cependant je dois encore dire un mot de certaines théories que je trouve consignées dans les conclusions des adversaires.

Le *Moniteur*, qui communique avec les ministres et vit entouré de grandeurs, se croit volontiers au-dessus du droit commun. Ainsi déclare-t-il nettement que la loi de 1822 n'est pas faite pour lui. Nous ne connaissons cependant pas de texte qui dispense le *Moniteur* d'obéir à la loi. Il est sujet au timbre, il a comme tout autre journal un gérant responsable, il doit moins son succès à l'intérêt de sa rédaction qu'à l'importance des communications qu'il reçoit. Si ces communications, dont il a le privilége, l'exposent parfois à des réponses, je cherche en vain une raison juridique qui le dispense d'insérer ces réponses.

Au reste, messieurs, ce n'est pas la première fois que le *Moniteur* affecte d'aussi superbes prétentions. Déjà l'un de ses rédacteurs ayant offensé la famille de Pelleport, vous avez condamné le *Moniteur* à publier la réponse de cette honorable famille. L'article en question figurait dans la partie non officielle, tout comme le compte rendu auquel nous prétendons répondre aujourd'hui. Les distinctions que l'on chercherait à établir entre telle ou telle colonne de la partie non officielle seraient arbitraires. Je n'accorde pas, quant à moi, que la partie officielle, elle-même, soit à l'abri du droit de réponse ; mais en ce qui touche la partie non officielle dont nous avons seule à nous occuper aujourd'hui, je ne comprendrais pas qu'il fût possible d'établir aucune distinction juridique, et ce que je demande au tribunal, c'est de persister dans sa jurisprudence, et de juger pour nous ce qu'il a jugé pour la famille de Pelleport.

Certains autres journaux, le *Siècle* notamment, prétendent qu'ils n'étaient pas libres d'insérer ou de ne pas insérer le compte rendu dont il s'agit, et qu'ils ne peuvent être contraints de publier une réponse à un article dont ils ne sont pas responsables. Il y a là tout à la fois une erreur de fait et une erreur de droit.

Les journaux ne sont pas obligés de publier le compte rendu des séances législatives ; la meilleure preuve, c'est que tous n'ont pas publié le compte rendu de la séance du 10 juillet. Ainsi, le *Constitutionnel*, le *Pays*, la *Patrie*, qui rendent ordinairement compte des séances du Corps législatif, ont passé sous silence la séance du 10 juillet. Est-ce par égard pour le ministre ou pour M. Leymarie ? Ces journaux ont-ils pensé qu'un débat sur la presse ennuyerait leurs lecteurs ou les pervertirait, ou leur révélerait des choses qu'ils ne doivent pas connaître ? Je ne sais ; mais du silence de ces journaux, j'ai le droit de conclure que la publication du compte rendu de cette séance, qui ne leur était pas imposée par la loi, n'était même pas désirée par l'administration dont ils connaissent les pensées intimes. En le publiant volontairement, spontanément, nos adversaires se le sont donc approprié et en ont assumé la responsabilité.

D'ailleurs, et en droit, la question de responsabilité n'a rien à voir ici. Si nous incriminions le compte rendu de la séance du 10 juillet, si nous accusions les journaux de diffamation, si nous demandions contre eux des dommages-intérêts, nos adversaires pourraient répondre qu'ils ne sont point responsables d'un article qui n'est pas leur œuvre. Mais nous ne plaidons ni le délit, ni le quasi-délit ; nous disons, qu'en nous désignant dans leurs colonnes, nos adversaires ont, par cela même, contracté l'obligation d'insérer notre réponse ; en un mot, nous invoquons un quasi-contrat ; or, le quasi-contrat peut naître de l'acte le plus innocent, de celui qui engage le moins la responsabilité de son auteur.

J'ai épuisé les objections juridiques qui peuvent être proposées par nos adversaires ; j'ai démontré avec le texte et avec l'esprit de la loi, avec la doctrine et avec la jurisprudence que le droit invoqué par nous est certain et absolu, qu'il ne souffre aucune restriction ni aucune exception. Il me reste à répondre à une objection qui, pour n'être pas juridique, n'en est pas moins la plus grave, la seule vraie, la seule qui ait empêché les journaux de déférer à notre légitime réclamation, je veux dire la défense qui leur a été signifiée au nom de M. le ministre de l'intérieur. Un mot sur ce point et j'ai fini.....

M. LE PRÉSIDENT. — L'audience est suspendue.

Le tribunal se retire dans la chambre du conseil, et au bout d'un quart d'heure rentre en séance.

M. LE PRÉSIDENT. — M⁰ Andral, continuez votre plaidoirie.

Mᵉ ANDRAL. — Messieurs, j'avais l'honneur de dire au tribunal que la démarche faite auprès des journaux par un agent de M. le ministre de l'intérieur.....

M. LE PRÉSIDENT. — Après avoir consulté le tribunal : Mᵉ Andral, vous n'avez pas à discuter les actes de M. le ministre de l'intérieur.

Mᵉ ANDRAL. — Cependant, monsieur le président, cet acte du ministre est la seule raison que nos adversaires aient produite à l'appui de leur refus quand M. Leymarie s'est présenté dans leurs bureaux, et dans les conclusions mêmes qui sont prises devant le tribunal, l'un des défendeurs n'oppose pas d'autre motif à notre demande ; il faut donc bien que je discute ce moyen.

M. LE PRÉSIDENT. — Si ce moyen est plaidé, vous répondrez. Mais le tribunal qui n'a pas à s'occuper des injonctions administratives alléguées, ne peut vous laisser porter la discussion sur ce point.

Mᵉ ANDRAL. — Loin de me plaindre de cette interdiction, j'en prends acte et je m'en félicite. Je ne me trompais pas en pensant que l'intervention abusive et illégale de l'administration serait écartée par vous, messieurs. Ainsi, non-seulement vous ne reconnaissez pas au ministre le droit qu'il s'est arrogé de prescrire aux journaux ce qu'ils doivent dire ou ne pas dire, mais vous ne permettez même pas qu'on plaide devant vous sur ces faits ; et quand nos adversaires, pour se soustraire à l'exécution de la loi, invoquent la volonté du ministre, vous leur fermez la bouche et vous leur apprenez que, dans l'enceinte des lois, on n'est pas même admis à articuler de pareils moyens. Le silence que vous m'imposez, messieurs, est la plus éclatante satisfaction que vous puissiez me donner, et vous confirmez ainsi une fois de plus cette belle parole de Bodin : « Le pouvoir de tout faire n'en donne pas le droit. »

Alors j'ai fini. J'ai établi le droit de M. Leymarie, permettez-moi de résumer en un mot la cause.

M. Leymarie a été attaqué dans son honneur ; il a été accusé de mauvaise foi et de mensonge dans les termes les plus formels et les plus outrageants ; l'inviolabilité parlementaire protége contre toute plainte de sa part l'orateur qui l'a publiquement accusé ; il n'a pour se défendre d'autre moyen que d'invoquer le droit de réponse. Si vous repoussez sa demande, il faudra donc qu'il reste sans protester, sans se défendre, sans répondre, livré à la diffamation. Voyez, messieurs, où conduirait la décision qu'on sollicite de vous.

Si dans une discussion à propos d'une concession de chemin de fer ou de toute autre disposition législative, un orateur porte contre un citoyen une accusation qui affecte son honneur ou ruine son crédit, il ne pourra ni réclamer, ni répondre ; il faudra qu'il se laisse, en silence, ruiner, déshonorer. Autrefois, à défaut même du droit créé par la loi de 1822, un honnête homme trouvait toujours un journal qui ouvrait ses colonnes à des plaintes légitimes ; aujourd'hui, sous l'empire du régime qui pèse sur la presse, aucun journal ne s'exposera à publier volontairement un mot qui puisse déplaire au plus infime agent du pouvoir, et l'exemple de M. Leymarie vous prouve qu'on ne peut même pas acheter un journal pour se défendre dans ses colonnes. Si donc vous imposiez au droit de réponse les restrictions que prétendent lui apporter les adversaires, la nation, comme je l'ai dit, serait divisée en deux grandes classes : l'une, composée de députés et de hauts fonctionnaires, aurait le droit d'accuser, de diffamer, de calomnier les citoyens à son gré et sans contradiction ; l'autre, formant l'immense majorité, serait condamnée à tout entendre, à tout subir, sans pouvoir élever la voix. Que deviendraient, dans cet odieux système, les principes de 1789, à l'ombre desquels s'est placée la constitution de 1852, et qui apparemment comprennent la liberté de la défense et l'égalité de tous devant la loi ? Messieurs, vous ne consacrerez pas un système qui méconnaît les règles les plus chères de la raison et les protestations les plus énergiques de la conscience autant que les principes les plus certains de la législation et de la jurisprudence.

Messieurs, au cours du procès, il s'est produit un grand fait dont il me sera permis de dire un mot pour y applaudir de toute mon énergie. Depuis près de dix ans, nos oreilles étaient attristées des sottes injures et des méprisables déclamations qu'on proférait dans certaines régions contre la liberté, contre la parole, contre la discussion, contre la lumière, contre tout ce qui fait la grandeur et la dignité de l'homme. On nous prêchait le sommeil, le silence, et pour tout dire en un mot, l'heureuse indifférence des brutes. Le souverain a confondu ses imprudents amis ; il a relevé la tribune, grâces lui en soient rendues. Non, la France n'était pas morte comme le disaient ces détracteurs de notre temps et de notre pays ! Non, cette nation qui pendant trente ans a goûté avec tant d'amour les généreuses magnificences du gouvernement représentatif, n'a point perdu à jamais l'honneur et la vie morale ! j'en atteste la joie qu'a éveillée de toutes parts le décret du 24 novembre ; j'en atteste l'émotion qui en ce moment même agite le cœur de tous ceux qui m'écoutent, comme le mien, au souvenir du passé, à l'espérance de l'avenir.

Sans doute nous n'avons pas encore reconquis nos anciennes et chères

X.   2

institutions ; la tribune est émancipée, ou à peu près ; la presse, qui est la tribune de tous, n'est pas encore affranchie, mais elle le sera, elle le sera parce que ses droits sont imprescriptibles. Oui, messieurs, la liberté peut bien sommeiller, mais tôt ou tard elle se réveille ; quoi qu'on fasse, l'empire du monde lui appartient, et ce qu'on ne nous a pas rendu, nous pouvons l'attendre avec une confiance qui ne sera pas trompée de son action irrésistible et bienfaisante.

Messieurs, en attendant ce développement pacifique et heureusement inévitable de nos libertés, attachons-nous fermement à la loi, et, suivant l'énergique expression d'un de nos vieux chanceliers (Du Vair), « fichons-nous au droit. » Les journaux habitués à vivre sous le régime de l'arbitraire.....

M. LE PRÉSIDENT. — Me Andral, je ne peux pas vous laisser dire que les journaux vivent sous le régime de l'arbitraire.

Me ANDRAL. — Je ne tiens pas au mot, et je le retire volontiers, monsieur le Président. Habitués à vivre de tolérance, les journaux ont pour unique souci de ne pas mécontenter le tout puissant bureau de l'esprit public. Nous croyons que les journaux, que certains de nos adversaires surtout, exagèrent singulièrement la prudence. Cela les regarde. Mais lorsqu'un tiers, lésé par eux, revendique son droit, il ne leur est pas permis d'immoler ce droit à leurs craintes aveugles ou intéressées. Nous lisions naguère dans le *Journal des Débats* ces lignes douloureuses :

« En matière de presse, il n'y a pas de droit strict, et les lois savent dormir un jour pour se réveiller le lendemain. »

L'honorable et excellent écrivain s'est trompé, et les yeux trop fixement tournés vers les régions administratives, il a oublié l'auguste enceinte où vous siégez. Ici la loi veille toujours. Les dispositions que nous invoquons sont formelles, et la condamnation que vous prononcerez apprendra à tous que, sous tous les régimes et en dépit de toutes les constitutions, il y a une chose que les magistrats mettent au-dessus des convenances et des humeurs ministérielles : c'est la loi.

PLAIDOIRIE DE Me GUSTAVE CHAIX D'EST ANGE.

Messieurs,

Je suis bien heureux de voir que ce procès, autour duquel on avait peut-être fait un peu trop de bruit jusqu'ici, ait été jusqu'à un certain point ramené par mon adversaire à ses véritables proportions; je suis heureux de voir qu'on ait compris qu'il n'y avait pas autre chose dans cette affaire qu'une question de droit, que nous devons discuter avec calme, avec modération, sans chercher à y introduire des éléments complétement étrangers, sans apporter enfin aux pieds de la justice des passions qui ne sont pas faites pour cette enceinte, et qui ne doivent pas y trouver place; c'est donc une question de droit seulement que j'ai à discuter devant vous, et je vous demande la permission de le faire aussi brièvement que possible.

Vous connaissez, messieurs, les faits qui ont donné lieu à ce procès.

A une date que vous savez, un sieur Leymarie demanda au ministre de l'intérieur à devenir le propriétaire reconnu par l'administration du journal le *Courrier de Paris*.

Le ministre refusa, et il est difficile de ne pas reconnaître que c'était son droit.

M. Leymarie demanda alors ce que, dans sa brochure, il appelle un honneur, ce qu'on peut appeler une faveur : une audience du ministre; il espérait sans doute le faire revenir sur sa détermination.

M. le ministre accorda l'audience, et il crut, il avait le droit de croire, en présence de gens qui sont des gens du monde, qu'il pourrait loyalement converser, dans son cabinet, sans que sa conversation fût divulguée et travestie.

Il se trompait, et après l'audience du ministre, son interlocuteur trouva bon et probablement convenable de le mettre en brochure, et de révéler à la publicité une conversation intime et qui avait eu lieu dans le silence du cabinet; c'est là un procédé que sans doute les adversaires approuvent, et sur lequel chacun est libre d'avoir son opinion.

Quel fut le récit de M. Leymarie; vous le connaissez, et il faut avouer qu'il est invraisemblable, et qu'il fait tenir à M. le ministre de l'intérieur un langage qui n'est guère conforme à ce que vous savez du bon sens et de l'esprit si fin de l'homme que nous avons eu l'honneur de compter dans les rangs de notre ordre.

Quoi qu'il en soit, la plus grande publicité fut donnée à cette brochure, et il faut ajouter que rien ne lui manqua pour faire sensation. Elle était accompagnée d'une consultation signée par l'habile avocat que vous venez d'entendre, des adhésions de Mes Berryer, Marie et Odilon Barrot, et du récit qu'on faisait d'un jugement rendu par le tribunal de Sens dans une autre affaire.

Je me figure, et, il faut bien le dire, beaucoup de personnes pensent comme moi, que cette brochure eut un tort aux yeux des adversaires, ce fut de ne pas attirer assez l'attention de M. le ministre de l'intérieur, qui ne s'occupa pas le moins du monde du bruit qu'on faisait autour de sa conversation. C'est alors qu'on pensa que cette conversation qui était déjà devenue prétexte à brochure, comme elle devait devenir plus tard prétexte à procès, pourrait bien encore devenir prétexte à interpellations ; on résolut donc de la porter au Corps législatif.

A propos du budget......

   On ne s'attendait guère.....

  De le trouver en cette affaire.....

..... un des orateurs de la Chambre, M. Ollivier, trouva moyen de placer la brochure et d'adresser des interpellations à M. le président du conseil d'État sur la conversation qu'elle relatait et sur la prétendue réponse du ministre. M. le président du conseil d'État crut qu'il pouvait, usant de la même liberté qui avait été laissée à l'interpellation, répondre ce qu'il pensait, et, avec l'approbation du bon sens de l'Assemblée, employant une expression qu'il entendait répéter autour de lui, il répondit ce que tout le monde, je parle de ceux qui connaissaient la brochure, s'était dit en la lisant, ce que peut-être beaucoup de pécheurs endurcis s'obstinent à penser encore aujourd'hui : « Ces paroles ne sont pas vraies parce qu'elles sont impossibles..... Elles ne sont attestées par aucun témoin digne de foi..... C'est un individu qui se plaint d'avoir reçu certaine réponse verbale qu'il articule dans un mémoire. C'est donc un simple propos de la personne intéressée..... » Cela suffisait à M. Leymarie, il avait ce qu'il cherchait, c'est-à-dire une occasion nouvelle de recommencer le bruit autour de sa brochure ; on décida que cette fois on procéderait par une voie nouvelle, la voie du procès.

Un procès ! mais lequel ? c'était assez difficile à trouver.

M. Leymarie aurait bien voulu, quelle bonne fortune ! pouvoir attaquer M. le président du conseil d'État personnellement ; mais il y a dans la loi du 17 mars 1819 un certain article 21 en présence duquel la tentative a vraiment paru trop forte.

« Ne donneront ouverture à aucune action les discours tenus dans le sein de l'une des deux Chambres, ainsi que les rapports ou toutes autres pièces imprimées par ordre de l'une des deux Chambres. »

Il n'y avait donc pas moyen ; un procès aux journaux qui avaient reproduit la discussion ? Le même obstacle existait dans l'article 22 de la même loi :

« Ne donnera lieu à aucune action le compte fidèle des séances publiques de la Chambre des députés, rendu de bonne foi par les journaux. »

Ce procès-là n'était pas possible plus que le premier : c'est alors qu'on inventa, messieurs, le moyen que vous savez et qu'on lança l'assignation dont vous êtes saisis, et par laquelle on vous demande d'ordonner que le *Moniteur* sera tenu d'insérer une lettre écrite par M. Leymarie en réponse aux explications données à la tribune, par M. le président du conseil d'État, et voilà comment nous sommes aujourd'hui devant vous.

Ceci dit, j'arrive immédiatement à la discussion. Sur quoi se fondent les adversaires pour réclamer cette insertion ? Sur l'article 11 de la loi du 25 mars 1822 ; sur l'article 17 de la loi du 9 septembre 1835 qui par malheur est abrogé depuis longtemps, c'est-à-dire depuis le 6 mars 1848, sous le gouvernement provisoire ; enfin sur l'article 13 de la loi du 27 juillet 1849.

C'est en vertu de ces articles qu'ils prétendent avoir le droit de répondre à ce qui est contenu *au compte rendu officiel* de la séance du Corps législatif.

Je viens soutenir au nom du *Moniteur* que c'est là une prétention inadmissible ; elle est inadmissible parce qu'avant tout le bon sens le dit, et qu'enfin le bon sens, c'est cependant bien quelque chose ; elle est inadmissible en outre pour trois raisons de droit, dont il me suffirait certainement d'indiquer une seule.

La première, c'est que jamais la loi n'a entendu accorder le droit de réponse à une personne nommée dans un document officiel ; qu'elle ne l'a accordé qu'à la personne nommée ou désignée dans un article de journal, c'est-à-dire dans l'œuvre du journaliste, fût-ce même un compte rendu, mais si ce compte rendu émane du journal lui-même ou de sa propre rédaction.

La seconde, c'est qu'il est constant et reconnu que le journal n'est pas tenu d'insérer une réponse, lorsque l'insertion de cette réponse constituerait un délit, et l'insertion de la réponse de M. Leymarie serait un délit prévu et puni par l'art. 14 du décret du 17 février 1852.

La troisième, c'est que le gérant du *Moniteur* est tenu, par l'art. 10 du décret du 28 mars 1852, de publier les documents officiels à lui adressés par l'administration, notamment le procès-verbal des séances du Corps législatif ; que ce procès-verbal, il l'insère en outre en vertu de l'ordre donné par le président du Corps législatif, en exécution de l'art. 78 du décret sur le Corps législatif ; que c'est donc là un document officiel qu'il est tenu de publier comme il est tenu de publier les lois, décrets et autres documents officiels à lui adressés par l'administration.

Tels sont, messieurs, les moyens sur lesquels s'appuie le *Moniteur* pour résister à la demande de M. Leymarie ; peut-être suffit-il de les indiquer et ne devrais-je pas insister davantage ; en tous cas je vous demande la permission de les développer en très peu de mots.

J'ai dit que la loi n'avait jamais entendu accorder à personne le droit de répondre à un document officiel ; que ce droit n'était accordé qu'à la personne nommée ou désignée dans un article, c'est-à-dire dans ce qui est l'œuvre personnelle du journal et qui émane de sa rédaction, fût-ce même un compte rendu.

Et en effet, messieurs, il faut bien se rendre compte des motifs qui ont fait édicter la loi de 1822, des dangers qu'elle a voulu prévenir, des abus qu'elle a voulu réprimer, et il ne faut pas, comme voudraient le faire les adversaires, l'appliquer à des espèces pour lesquelles elle n'est pas faite, et que le législateur n'a jamais eues en vue.

Qu'a donc voulu le législateur ? Contre qui donc a-t-il édicté l'article 11 de la loi et le droit de réponse qu'il accorde ? Contre le journalisme et les jourlistes, contre leurs œuvres, contre tout ce qui émane de la rédaction même du journal? Ce que la loi a voulu, c'est qu'un citoyen seul, isolé, sans défense, ne pût devenir la victime de leurs attaques, de leurs violences et des entraînements d'une polémique ardente, passionnée, et souvent peut-être injuste ; ce que la loi a voulu, c'est qu'entre l'individu attaqué et le journal qui l'attaque, la lutte pût être égale, que celui-là pût disposer pour sa défense des mêmes moyens et des mêmes forces que celui-là aurait employés pour l'attaque ; qu'en un mot l'individu dans sa faiblesse ne fût pas à la merci du journalisme et de sa puissance ; voilà ce qu'a voulu le législateur de 1822, et si un doute pouvait s'élever sur ce point, il suffirait de se reporter, pour le dissiper, à tous les discours prononcés lors de la discussion de la loi.

N'est-ce pas ainsi d'ailleurs qu'elle a toujours été comprise et interprétée ; n'est-ce pas là la véritable portée que lui ont toujours donnée tous ceux qui ont eu à rechercher les intentions du législateur ?

Voyons d'abord quel est le langage des commentateurs :

Un écrivain démocrate, Eugène Bareste, dans un ouvrage sur le droit de réponse dans les journaux, s'exprimait ainsi :

« Sans ce droit, il n'y aurait plus aujourd'hui de liberté pour les individus non journalistes ; les 33 millions de Français dont notre pays s'honore seraient à l'heure qu'il est gouvernés despotiquement par une centaine de rédacteurs en chef, non d'après telle ou telle loi votée par la nation, mais selon le bon plaisir de ces messieurs, comme au bon temps de la féodalité..... »

Un autre auteur, M. Cabet, et vous voyez que je prends des noms dont le libéralisme ne sera pas, je l'espère, suspecté des adversaires, M. Cabet, plaidant contre le *National*, explique ainsi la portée de la loi :

« La liberté de la presse, dit-il, existe pour les journalistes comme pour tous les citoyens, mais il faut aussi qu'on puisse se défendre contre les abus du journalisme. »

Voulez-vous l'opinion d'un auteur plus habituellement cité devant les tribunaux, M. Chassan : *Le droit de réponse*, dit-il, n° 948, *est accordé à celui qui lutte avec ses moyens individuels contre la puissance collective du journal, et quelquefois contre la coalition de la presse périodique tout entière.*

Ainsi, tel est donc le vrai sens de la loi, telle est sa véritable portée ; mais, pour la comprendre ainsi, était-il d'ailleurs nécessaire de recourir aux commentateurs, et les textes eux-mêmes ne sont-ils pas parfaitement clairs pour quiconque ne cherche pas à les obscurcir ? En effet, examinons ce que disent les textes :

La loi de 1822 parle *de l'article incriminé ;* la loi de 1835 parle *de l'article auquel réponse sera faite ;* la loi de 1849 parle *des articles qui auront provoqué les réponses,* c'est-à-dire que toutes les trois, employant toujours la même expression, expriment toujours une même idée, l'idée *d'un article* auquel il s'agit de répondre, c'est-à-dire l'idée d'une œuvre émanant du journal, et composée par le journaliste.

Ainsi, et par l'examen du texte, et par l'examen des commentaires, voilà qui est devenu bien certain ; ce que la loi a voulu encore une fois, c'est protéger le public contre la puissance du journalisme ; c'est rendre la lutte égale entre les citoyens et le journal ; c'est réprimer, enfin, les écarts et les abus dans lesquels peut tomber le journaliste. Mais vouloir reculer au delà les limites du droit de réponse et supposer que le législateur a voulu donner ce droit à quiconque est nommé dans un document officiel, dans une ordonnance royale, dans une loi, n'est-ce pas en vérité tomber dans une exagération que la passion seule peut expliquer, mais que la raison repousse et que les tribunaux n'admettront jamais ?

Je dis que les tribunaux n'admettront jamais une pareille doctrine, et ceci m'amène à l'examen des documents de la jurisprudence. Ici, messieurs, permettez-moi d'adresser un remercîment à mes adversaires ; c'est évidemment pour abréger ma tâche qu'ils ont apporté dans la discussion des décisions que j'aurais été forcé de vous faire reconnaître, s'ils n'avaient bien voulu prendre la peine de le faire pour moi. En effet, les décisions qu'ils ont citées sont précisément celles que je veux invoquer devant vous à l'appui du système que je viens de développer et de l'opinion que je soutiens. J'ai dit que le droit de réponse appartient à quiconque a été nommé ou désigné *dans un article*, c'est-à-dire dans ce qui émane de la rédaction même du journal, et qui est l'œuvre personnelle du journaliste. Voyons donc si les décisions dont je parle ne rentrent pas dans cette théorie, et si elles n'en sont pas la meilleure démonstration.

Dans la première, je veux parler de l'arrêt Ségur d'Aguesseau, il s'agissait bien d'un compte rendu, ainsi qu'on vous l'a dit, et d'un compte rendu des séances d'une Assemblée délibérante ; mais de qui donc émanait ce compte rendu, et par qui avait-il été fait ? Était-il donc la reproduction du compte rendu officiel ? Il était, les adversaires le savent aussi bien que moi, l'œuvre du journaliste ; il émanait de la rédaction personnelle du journal ; il était, en un mot, un article, pour me servir des expressions de la loi ; et cela est si vrai que, pour répondre à cette œuvre, à cet article du journaliste, à ce compte rendu inexact et malveillant émané de la rédaction même du *National*, M. de Ségur ne demandait pas autre chose, en vertu du droit de réponse, que l'insertion dans les colonnes du journal et en regard de l'œuvre du journaliste, du compte rendu officiel publié par le *Moniteur*.

Et les comptes rendus des journaux judiciaires, dont on vous a parlé aussi, et à l'égard desquels le droit de réponse a été admis par la jurisprudence, ne savons-nous pas tous aussi comment ils sont faits, et ne les voyons-nous pas se faire pour ainsi dire sous nos yeux ? Ne savons-nous pas tous que, tout comptes rendus qu'ils sont, ils sont l'œuvre du journal, qu'ils émanent de sa rédaction personnelle, et que, par conséquent, ils sont de véritables articles auxquels il faut qu'on puisse répondre, contre lesquels il faut qu'on puisse se défendre ?

Ainsi, vous le voyez, messieurs, les adversaires n'ont pas eu la main heureuse dans le choix des décisions qu'ils invoquent devant vous, car ces décisions sont précisément la consécration de la théorie que j'ai soutenue et du système qu'ils combattent.

J'arrive maintenant à une objection dont les adversaires ont fait grand état, qui est, je le reconnais, spécieuse au premier abord, qui peut frapper l'esprit et troubler la conscience du juge, mais qui disparaît bientôt si l'on veut aller au fond des choses.

Supposez, vous a-t-on dit, que du haut de la tribune tombe sur un citoyen honnête et paisible une parole de calomnie ou de diffamation ; supposez qu'au milieu de l'ardeur de la lutte et de l'entraînement de la parole il devienne l'objet des accusations les plus injustes et les plus violentes, faudra-t-il qu'il reste désarmé à la merci de ses adversaires? Faudra-t-il que les imputations calomnieuses dont il aura été l'objet puissent se répandre partout avec le compte rendu de la séance, et que ce malheureux se trouve ainsi perdu , déshonoré? Lui refuserez-vous ce droit de réponse, qui est son seul moyen de défense, et lui fermerez-vous ainsi la seule porte de salut qui lui reste?

Voilà, messieurs, ce qu'on vous a dit , beaucoup mieux assurément que je ne puis le répéter ; mais vous voyez du moins que je ne cherche pas à affaiblir l'objection, et que je vous la traduis sans chercher à lui rien enlever de sa force ; voilà, je le répète, comment on a essayé de troubler vos consciences de magistrats, et par quels fantômes, si je puis m'exprimer ainsi, on a espéré vous faire prendre le change.

A cette objection, en supposant qu'elle fût fondée, je pourrais répondre deux choses : la première , c'est que si la loi est telle que j'ai essayé de le démontrer tout à l'heure, bonne ou mauvaise, il faudrait l'appliquer, parce qu'elle est la loi, et que tant qu'elle existe, tant qu'elle est debout, on peut la critiquer sans doute, mais il faut la respecter et s'incliner devant elle ; la seconde, c'est que la loi, même avec les dangers qu'on lui suppose et les incon-vénients qu'on vous signalait, serait encore une loi nécessaire qu'il faudrait maintenir avec soin, qu'il faudrait créer, si elle n'existait pas encore. Et en effet, est-ce donc à moi de rappeler à mes adversaires, qui semblent les oublier, quelles sont les franchises et les libertés nécessaires à l'orateur qui parle du haut de la tribune législative? Est-ce donc à moi de leur rappeler qu'il faut craindre de compromettre l'indépendance dont sa parole a besoin, et ont-ils donc oublié comment M. de Serres s'exprimait à cet égard lors de la discus-sion de la loi ?

« Le principe d'après lequel nos opinions sont soustraites à la juridiction de tous les tribunaux ordinaires, disait monsieur le garde des sceaux, réside dans la souveraineté du peuple que la Chambre exerce dans ses fonctions ; les délibérations perdraient leur liberté et leur indépendance, si elles pouvaient être soumises à un juge pris hors de son sein..... »

Voilà, messieurs, ce que je pourrais répondre à mes adversaires, si en effet leur objection avait une base sérieuse ; mais non , elle n'est pas fondée, et ce n'est pas ainsi que la loi veut être défendue ; non, leurs craintes ne sont pas légitimes, les dangers qu'ils signalent ne sont pas réels, et tout cela doit dis-paraître sans laisser de traces dans vos esprits.

Non, non, ne craignez pas ces abus de parole qui pourraient frapper un citoyen hors d'état de se défendre. Qui donc supposera que ces violences auxquelles on a voulu vous faire croire pourront impunément se produire au sein d'une assemblée? Et si vous pouvez admettre que l'injure et la diffamation pourront faire entendre leur voix du haut de la tribune et tomber sur un citoyen sans défense, qui n'est pas là pour répondre, pour se justifier, pour confondre son adversaire, si vous pouvez l'admettre, admettrez-vous aussi que l'assemblée tolèrera de pareils excès, et ne se lèvera pas tout entière pour protester et imposer silence? Ici encore, messieurs, permettez-moi de donner à mes paroles l'autorité qui leur manque, en vous rappelant ce que disaient les hommes éminents qui prirent part à la discussion de la loi de 1819 :

« Songez que votre privilége, disait M. de Serres, ne s'exerce point en affranchissement de toute police, de toute juridiction ; cette liberté absolue de parler qui appartient à chacun de vous, vous ne l'avez que sous la police, sous la juridiction de la Chambre, et la juridiction de la Chambre est la condition inséparable de ce privilége..... »

M. Courvoisier, dans son rapport, exprimait la même pensée :

« Supposez qu'un pair ou qu'un député pût se livrer à des imputations pénibles à l'honneur ou à la considération d'un corps, d'un fonctionnaire ou d'un citoyen, si le devoir ne les lui arrache, ce serait, messieurs, lui faire outrage ; mais enfin, si l'on ne veut admettre la supposition comme impossible, les membres d'une Chambre ne sont justiciables que d'elle seule pour les opinions qu'ils y émettent, et sur ce point le réglement est leur loi pénale ; s'ils livrent à la presse une opinion que la Chambre n'ait pas jugée à la tribune ou dont elle n'a point ordonné l'impression, il n'a plus alors la sanction tacite de la Chambre, il reste soumis au droit commun..... »

Voilà, messieurs, les garanties que le citoyen trouvera dans la chambre même contre les attaques qu'on a supposées possibles ; la police de l'assemblée et sa juridiction ne lui feront jamais défaut, et il est injuste de dire qu'il demeurera isolé et sans défense contre les imputations injurieuses qui pourraient tomber sur lui du haut de la tribune. Je crois donc inadmissibles les suppositions des adversaires ; je crois, pour me servir des paroles de M. Courvoisier, que de pareilles suppositions sont outrageantes pour les assemblées législatives ; mais je crois surtout que, si l'on veut les admettre comme possibles, on ne saurait du moins les regarder comme dangereuses, et que l'assemblée tout entière se chargerait de venger le simple citoyen des paroles injurieuses ou violentes dont il aurait été l'objet.

Certes, une pareille garantie doit paraître suffisante à tous et rassurer toutes les inquiétudes. Je le répète donc encore, l'objection des adversaires, saisissante au premier abord, ne supporte pas l'examen ; leurs craintes sont imaginaires, les dangers qu'ils vous signalent sont chimériques, et ces fantômes ne troubleront pas vos consciences.

Permettez-moi, messieurs, de me résumer sur ce premier moyen, que j'ai peut-être développé trop longuement devant vous ; j'ai essayé de vous démontrer que le droit de réponse n'avait été créé par le législateur de 1822 que

contre *les articles* de journaux, c'est-à-dire contre ce qui émane de la rédaction même du journal, contre ce qui est l'œuvre personnelle du journaliste;
mais qu'il n'était jamais entré dans sa pensée d'accorder à quelqu'un le droit
de répondre à une loi, à un décret, à une ordonnance publiés dans les journaux; j'espère vous avoir prouvé que là était le véritable sens de la loi, celui
que lui assignaient tous les commentateurs, qu'on retrouvait écrit dans les
textes, que la jurisprudence avait partout et toujours adopté; je vous ai montré, enfin, comment une objection, à laquelle les adversaires attachent une
grande importance, ne reposait sur aucun fondement, et comment les dangers
qu'ils vous signalent n'existent que dans leur imagination; et maintenant
j'arrive à l'examen du second moyen que j'invoque devant vous.

Ce second moyen, vous le connaissez déjà : on n'a pas le droit d'exiger d'un
journal l'insertion d'une réponse, quand cette insertion constituerait un délit.
Or, l'insertion de la réponse de M. Leymarie constituerait un délit dont le
Moniteur, pas plus que les autres journaux, ne devait se rendre coupable, et
dans ces conditions, le tribunal lui-même ne peut ordonner l'insertion.

Qu'un journal ne soit pas tenu d'insérer une réponse lorsque cette insertion
constituerait un délit, c'est là un point que je n'ai pas à discuter devant vous,
d'abord parce qu'il est consacré par une jurisprudence constante, ensuite
parce qu'il est reconnu par les adversaires dans le mémoire qu'ils ont dis-
tribué; je n'ai donc qu'une chose à démontrer ici, c'est que l'insertion de la
réponse de M. Leymarie aurait constitué un délit de la part du *Moniteur*,
aussi bien que des autres journaux.

Or, il ne s'agit pas de savoir, et nous n'avons pas à examiner, Dieu merci,
si le décret organique sur la presse est bon ou mauvais, ni quels sont ses inconvénients ou ses avantages; nous avons à nous demander seulement si l'interprétation de ce décret peut être un instant douteuse, et si l'on peut hésiter
sur le sens qu'on doit lui donner :

« Toute contravention à l'art. 42 de la constitution (dit l'article 14, paragraphe 2
du décret organique sur la presse), sur la publication des comptes rendus officiels
des séances du Corps législatif, sera punie d'une amende de 1000 à 5000 francs. »

Voilà le texte de l'article 14, et je suppose que je n'ai pas besoin de démontrer qu'il prévoit et qu'il punit un délit, c'est-à-dire la contravention à l'article 42 de la constitution.

Mais quel est ce délit, et en quoi consiste cette contravention? C'est ici
l'article 42 de la constitution qui va nous répondre :

« Le compte rendu des séances du Corps législatif par les journaux ou tout
autre moyen de publication ne consistera que dans la reproduction du procès-
verbal dressé à l'issue de chaque séance, par les soins du président du Corps
législatif. »

Eh bien ! de ces deux textes et de leur rapprochement la volonté du législateur ne résulte-t-elle pas clairement? N'est-il pas évident que ce qu'il a voulu,
c'est que, sous aucun prétexte, sous quelque forme que ce fût, directement

ou indirectement, on ne pût, soit discuter les comptes rendus officiels des séances, soit en faire un compte rendu spécial et particulier, soit enfin répondre aux comptes rendus? Et c'est l'infraction à cette prescription qu'il a punie d'une amende de 1000 à 5000 francs.

Cette interprétation du décret organique sur la presse et de l'article 42 de la constitution, est-elle donc une interprétation forcée, inadmissible, qui fasse tenir au législateur un langage qui n'est pas le sien? Sur ce point, je m'en rapporterai à une circulaire que les adversaires eux-mêmes ont invoquée dans leur mémoire, dont les termes sont caractéristiques et qui ne permet pas l'hésitation :

« On peut se demander si, en dehors de ce procès-verbal, il sera permis, suivant un procédé déjà employé, d'insérer dans une autre partie du journal soit la relation, *soit l'appréciation plus ou moins hostile* de l'ensemble des séances, *ou même de quelque incident particulier.*

» Il faut ici que la pensée de l'art. 42 de la constitution et de l'art. 14 du décret du 17 février vous soit nettement révélée, afin de prévenir les erreurs, de déjouer les calculs, d'éviter les surprises. . . . .

. . . . . Si le compte rendu était remplacé ou commenté *par des discussions, des appréciations* qui enlèveraient en tout ou en partie à une séance du Corps législatif sa véritable physionomie..... Alors, les sévérités de la justice seraient encourues. »

» *En un mot,* monsieur le procureur général, *on ne peut faire indirectement ce que l'art. 42 de la constitution empêche de faire directement.* »

Ainsi, voilà qui est bien entendu, voilà le sens de l'article 42 de la constitution bien nettement fixé : on ne pourra faire indirectement ce qu'on ne pourrait faire directement, c'est-à-dire que, sous aucun prétexte, sous quelque forme et par quelque procédé que ce soit, on ne pourra discuter le compte rendu officiel du Corps législatif, soit dans son ensemble, soit dans quelques-uns des incidents particuliers.

Je me figurais qu'en présence de textes si précis et surtout de l'interprétation qui leur est si formellement donnée par la circulaire, les adversaires se trouveraient découragés et que toute discussion devenait impossible ; il n'en a pas été ainsi et vous venez d'entendre dans quelle distinction, j'allais dire dans quelle subtilité ils sont obligés de se jeter pour tourner cette difficulté. Forcés de reconnaître qu'il était interdit de discuter le compte rendu officiel des séances, ils en ont été réduits à vous dire : Nous ne discutons pas, nous répondons ; la lettre de M. Leymarie n'est pas une discussion, elle est une réponse. En vérité, est-ce pour nous livrer à de pareilles querelles de mots que nous sommes ici et que nous venons prendre le temps si précieux de la justice ; vous dites que la lettre de M. Leymarie répond, et vous en concluez qu'elle ne discute pas ; et moi, je me contente de vous dire au contraire : M. Leymarie répond, M. Leymarie réfute ; donc il discute, et je crois que ma réponse, à moi, discute suffisamment l'inconcevable distinction dans laquelle vous êtes réduits à vous jeter. Voilà, messieurs, ce qu'il me suffit de

dire sur ce second moyen, et maintenant j'arrive à l'examen du troisième,
que je vous ai déjà signalé.

Le *Moniteur*, journal officiel de l'Empire, est tenu, par l'article 10 du
décret du 28 mars 1852, d'insérer tous les documents qui lui sont adressés
par l'adminisiration et notamment le compte rendu des séances du Corps
législatif ; cet article, vous le connaissez, messieurs, mais vous me permettrez
de le remettre sous vos yeux :

« Tout gérant sera tenu d'insérer en tête du journal et en caractères semblables
à celui du journal, les documents officiels, relations authentiques, renseignements,
réponses et rectifications, qui lui seront adressés soit par l'autorité militaire, soit
par l'autorité administrative. »

Je n'ai pas besoin de démontrer qu'il s'applique au compte rendu des
séances ; ce compte rendu, le *Moniteur* l'insère en outre en vertu de l'ordre
qui lui est donné par le président du Corps législatif, conformément aux termes
de l'article 78 du décret du 31 décembre 1852 ; de telle sorte qu'à un
double titre, et par deux textes différents, le journal officiel doit · publier le
compte rendu des séances du Corps législatif et qu'il n'a pas la liberté de l'insérer ou de ne pas l'insérer. Ce n'est pas là un document qu'il s'approprie,
qu'il fasse sien, qui devienne, en paraissant dans ses colonnes, un article de
journal dans lequel on puisse trouver la source d'une responsabilité, c'est un
document officiel, communiqué par le gouvernement, dont la publication
n'est pas libre, et de la publication duquel, par conséquent, le journal ne
saurait être responsable.

Et ici, je rencontre une objection de mes adversaires, et une distinction par
laquelle ils espèrent échapper à ce raisonnement ; le raisonnement en effet,
ils l'admettent et le reconnaissent fondé toutes les fois qu'il s'agit d'un document officiel, inséré dans la partie officielle ; mais, disent-ils, le compte rendu
des séances du Corps législatif n'est pas un document officiel, car il n'est
pas inséré dans la partie officielle ; il faut donc l'assimiler à tout ce qui émane
de la rédaction même du journal, à un article ordinaire traitant de matières
quelconques et signé de quelque nom que ce soit, et dès lors le droit de
réponse ne saurait être refusé à quiconque s'y trouve nommé ou désigné.

Certes, messieurs, c'est là encore une distinction subtile, et il me semble que
ce serait se payer de mots que de consentir à l'admettre. Quoi donc ! Est-ce
qu'un document n'est un document officiel que parce qu'il a été inséré dans
la partie officielle du *Moniteur* ? Ce serait là le caractère, le seul auquel on
reconnaîtrait qu'il émane de l'administration et du gouvernement, et parce
que telle note, telle communication, tel compte rendu ne seront pas insérés
dans la partie officielle, on pourra en conclure que le *Moniteur* les insère
sous sa propre responsabilité et comme un article ordinaire, ce qui suppose,
pour être logique, qu'il serait libre de les insérer ou de ne pas les insérer. —
En vérité, il est permis de se demander si c'est bien sérieusement qu'on tient
un pareil langage ; pour moi, je maintiens que les comptes rendus des séances
du Corps législatif, quelle que soit d'ailleurs la place qu'on leur donne, la
partie dans laquelle on les insère, je maintiens que ces comptes rendus

sont eux-mêmes et par eux-mêmes des documents officiels en ce sens qu'ils émanent du gouvernement, qu'ils sont envoyés au *Moniteur* par l'administration, en ce sens aussi qu'ils émanent d'une commission qui fonctionne en vertu d'un texte de loi et qui les rédige dans les conditions légales que vous savez. Vouloir comparer ce document que le journal est tenu d'insérer, qu'il reçoit de l'administration, qui lui est communiqué en outre par le président du Corps législatif, vouloir le comparer à un article de journal, et cela, parce qu'il n'est pas inséré dans la partie officielle, c'est, je le répète, vouloir se payer de mots et soutenir une insoutenable thèse ; je ne crains pas, messieurs, de la voir triompher devant vous.

Ainsi, pour résumer ces trop longues observations, le *Moniteur* ne doit pas insérer la réponse de M. Leymarie, d'abord parce que le droit de réponse existe seulement contre ce qui émane de la rédaction même du journal, contre ce qui est l'œuvre personnelle du journaliste ; il ne doit pas insérer la réponse de M. Leymarie, parce que cette insertion constituerait un délit et que la loi ne permet pas qu'on discute directement ou indirectement les comptes rendus des séances ; il ne doit pas l'insérer enfin, parce que le droit de réponse n'existe pas quand il s'agit d'un document officiel, inséré dans le journal officiel de l'Empire, c'est-à-dire d'un document que le *Moniteur* est tenu d'insérer de par la loi et de par l'administration, et de l'insertion duquel, par conséquent, n'étant pas libre, il ne saurait être responsable.

Je persiste donc dans mes conclusions.

PLAIDOIRIE DE Me HENRI CELLIEZ.

Messieurs,

Je n'ai qu'un seul mot à dire pour expliquer les motifs qui engagent le journal le *Siècle* à conclure en s'en rapportant à justice. Je n'aborderai en rien les questions politiques qui ne se rattachent pas directement à la question de droit.

Il y a un mot qui n'a pas encore été prononcé dans cette discussion ; on a beaucoup parlé de liberté, on n'a pas prononcé le mot de responsabilité. La responsabilité est le corrélatif nécessaire de la liberté.

On intente contre nous une action en insertion d'une réponse à un écrit, publié par le journal. C'est un mot de recours à la responsabilité qui incombe au journal. L'exercice de ce droit de recours à la responsabilité du journal est réglé par la loi de 1822, dont l'art. 2 a dit qu'un journal sera *tenu* d'insérer la réponse de toute personne nommée ou désignée dans un de ses articles. Si vous entrez dans le domaine de la vie privée, si vous touchez à un homme, d'une manière quelconque, vous serez responsable. La première conséquence de cette responsabilité sera l'*obligation* de publier la réponse qui vous sera adressée par cet homme que vous êtes allé chercher pour le désigner sans son consentement.

Eh bien, la question à juger est la question de savoir si je suis *responsable* quand je ne suis *pas libre*. Tout à l'heure l'avocat du *Moniteur* a démontré avec beaucoup d'art et de talent, qu'en matière de compte rendu les journaux ne sont pas libres. La loi de 1822 a été faite en vue de l'œuvre personnelle du journaliste, qui donne ouverture à la réponse du citoyen nommé ou désigné. Mais quand je publie un article qui n'est pas mon œuvre personnelle, qui est forcément l'œuvre d'un pouvoir institué par la constitution, quand je copie un procès-verbal dressé par une commission composée des présidents, des sept membres des bureaux de la chambre, quand il m'est interdit de publier tout autre compte rendu, il est clair que je ne suis pas libre quant à l'expression insérée dans mon journal ; donc, si une des expressions que j'ai reproduites a pu blesser quelqu'un, je n'en suis pas responsable.

Il y a plus ; dans le droit commun, il n'est pas nécessaire pour donner ouverture à la responsabilité que le journal ait *blessé* ou *attaqué* l'homme qui revendique le droit de réponse. Il suffit, aux termes de la loi, qu'il ait été désigné. Il n'y a pas de tribunal qui puisse lui dire : Vous ne ferez pas insérer de réponse, parce qu'il n'est pas démontré que vous ayez été blessé. Il est seul juge de son intérêt. Il a été nommé ou désigné, il peut infliger au journal sa réponse comme acte de responsabilité. Pourra-t-il exercer ce droit absolu quand le journal n'a pas été libre de choisir son expression, et de s'abstenir de la désignation d'une personne en publiant un compte rendu ?

On a fait passer sous vos yeux les textes qui règlent la publication des comptes rendus des séances du Corps législatif dans le *Moniteur*, et leur reproduction par les journaux. Que le tribunal me permette d'ajouter à ces citations quelques lignes de l'exposé des motifs et du rapport sur le sénatus-consulte du 25 décembre 1852, modificatif de la constitution.

25 décembre 1852 (promulg. 30). — *Sénatus-consulte portant interprétation et modification de la Constitution du 14 janvier 1852.*

« **Art. 13.** — Le *compte rendu prescrit* par l'art. 42 de la Constitution est soumis, avant sa publication, à une *commission composée du président du Corps législatif et des présidents de chaque bureau.*

» En cas de partage d'opinions, la voix du président du Corps législatif est prépondérante.

» Le procès-verbal de la séance, lu à l'assemblée, constate seulement les opérations et les votes du Corps législatif. »

Exposé des motifs par les trois commissaires du gouvernement, MM. J. BAROCHE, E. ROUHER, DELANGLE.

« En vertu de l'art. 42 de la Constitution, les rapports les plus ordinaires du Corps législatif avec le pays s'établissent par la *communication aux journaux* et la publication quotidienne du résumé des séances préparé par les soins du Président.

» Jusqu'à présent ce résumé a été confondu avec le procès-verbal des séances.

Il est nécessaire de revenir à la saine application de la Constitution. Pour atteindre ce but, il suffira de ne plus confondre désormais deux choses bien distinctes : le procès-verbal des opérations et des votes qui sera seul soumis à l'approbation du Corps législatif, et *l'analyse sommaire des discours qui sera faite sous la surveillance du Président.* Pour faciliter cette tâche et donner à ce travail les plus grandes garanties d'impartialité, le projet vous propose d'adjoindre au président du Corps législatif une commission composée des sept présidents des bureaux. »

Rapport au Sénat par M. le premier président TROPLONG.

« L'article 13 a voulu donner une garantie de plus de la fidélité et de l'impartialité de ce compte rendu ; il le soumet en conséquence, non plus à l'appréciation souveraine du président du Corps législatif, mais à une commission composée du président et des présidents de chaque bureau. Cette garantie est d'autant plus efficace qu'à l'avenir les présidents des bureaux ne seront plus très probablement les doyens d'âge et qu'ils seront élus par les membres de chaque bureau. C'est du moins ce que les commissaires du gouvernement nous ont permis d'espérer. Il paraît qu'un décret se prépare en ce sens ; il pourrait être publié aussitôt que vous aurez voté l'art. 5 du présent sénatus-consulte. » [Loi et décret impérial (conforme) du 31 décembre 1852, art. 47.]

Il est bien certain qu'il n'y a aucune espèce de liberté, que je ne peux prendre le compte rendu que dans la publication qui a été faite avec le caractère officiel, puisqu'elle émanait du Corps législatif, assisté d'une commission des sept présidents des sept bureaux. Je ne suis donc pas libre dans ma publication.

On fait une objection, on dit : Vous pouviez ne pas publier ; il y a trois journaux qui n'ont pas publié, le *Constitutionnel*, le *Pays* et la *Patrie* ; vous pouviez faire comme eux, vous abstenir de publier le compte rendu.

Ce n'est pas de cela qu'il s'agit, je suis libre, *peut-être*, de publier ou de ne pas publier tel ou tel compte rendu ; mais une fois le sujet adopté, je ne suis pas libre de la rédaction ; il faut que je publie tout ou rien. Et je ne sais pas même jusqu'à quel point un gouvernement qui userait du pouvoir discrétionnaire dont il dispose, supporterait un journal qui choisirait certaines matières, certaines séances, qui publierait celles-ci et ne publierait pas celles-là. Il pourrait bien trouver là matière à avertissements.

Quoi qu'il en soit, quand je publie les comptes rendus, je ne puis rien y changer ni modifier ; c'est ce qui résulte de la loi, c'est ce qui a été nettement formulé dans les circulaires ministérielles des 27 mars et 3 avril 1852. Je ne puis rien ajouter à un compte rendu, je ne puis rien en retrancher. Il faut que je le publie tout entier. Si je ne publiais qu'un fragment d'une séance ou d'un discours, je m'exposerais à l'atteinte de la loi. Quand j'ai commencé un compte rendu ou un discours, il faut que je le continue jusqu'à la fin, dussé-je y rencontrer une injure, un outrage pour des tiers, ou simplement le nom ou la désignation d'une personne quelconque.

Quelle sera donc la conséquence de cette situation ? Que je serai dans l'obligation de répondre à tous ceux qui seront nommés dans ces comptes rendus. On pourra aller jusqu'à dire que tout député qui aura été nommé dans un compte rendu, parce qu'on aura publié son discours, pourrait adresser une lettre au journal (comme cela a eu lieu dans l'espèce citée de l'arrêt Ségur d'Aguesseau), quand il aura trouvé que l'analyse faite par le président ou, sous sa surveillance, par la commission, n'aura pas reproduit fidèlement le discours qu'il aura prononcé. Évidemment, si on admet que l'article 11 de la loi de 1822 soit encore applicable sous la Constitution de 1852, on ne pourra pas lui refuser le droit de répondre, et faire insérer dans le *Moniteur* et dans tous les journaux, toute sorte de discussion à l'occasion de la citation de son nom. Je ne redouterais pas cette conséquence; mais le législateur l'a-t-il entendu ainsi, quand il a limité la liberté en matière de compte rendu?

On a fait une autre objection; on a dit : Il s'agit d'un droit sacré, du droit de défense. Un homme ne peut pas être attaqué sans avoir le moyen de répondre.

Sans contredit, on a parfaitement raison. La désignation qu'on a faite peut être compromettante, le droit de défense est sacré. Et il est désirable qu'il soit d'autant plus respecté, que l'attaque sera partie de plus haut et aura eu plus de retentissement. Mais il s'agit ici d'appliquer la loi, de la discuter.

Sans doute, la restriction à la liberté des journaux va entraîner une restriction à la liberté des citoyens. Les citoyens vont souffrir de l'impossibilité de répondre aux comptes rendus des journaux, de la même manière que les journaux souffrent de ne pouvoir pas rendre compte des séances comme ils l'entendent. Si le législateur a cru nécessaire d'apporter cette restriction à la liberté des journaux, les citoyens vont en ressentir les effets.

Le *Siècle*, placé entre ces deux restrictions, et obligé de conclure dans le procès qui lui est intenté, ne peut que s'en rapporter à justice. Il n'a point de décision à indiquer au tribunal.

Mais il ne regrette pas que la question ait été soulevée. Quelle qu'elle soit, en effet, la décision du tribunal profitera toujours à la liberté.

Si vous décidez, comme le demandent ceux qui nous ont assignés, que le droit absolu de réponse appartient à toute personne nommée ou désignée dans un écrit publié par un journal, alors même que cet écrit est un compte rendu des débats du Corps législatif, et quoique ce compte rendu soit un procès-verbal officiel, alors il deviendra certain que chacun est libre d'apprécier, en ce qui le touche, les discours prononcés à la tribune; et la discussion verra s'ouvrir devant elle un assez vaste champ, dans lequel il y aura une certaine liberté.

Si, au contraire, vous décidez que, sous la Constitution de 1852, comme sous les législations précédentes, le compte rendu, à raison du caractère officiel qui lui est attribué par la constitution et le sénatus-consulte, est à l'abri de toute discussion, même de l'appréciation des personnes intéressées; alors, comme je vous le disais, chacun sentira que la restriction constitutionnelle imposée aux journaux dans la reproduction des débats de la tribune, emporte une restriction analogue dans l'exercice du droit individuel; qu'en un mot, il y a solidarité entre la liberté de chaque citoyen et la liberté de la presse. La solennité même de votre jugement aura pour résultat, surtout dans les circonstances actuelles, que ce sentiment se répandra rapidement, de proche en proche; le vœu d'une liberté plus étendue se formulera dans les esprits;

l'opinion publique se fortifiera dans le désir et l'espoir d'une réforme législative; et la liberté en profitera, car, pour répéter un mot célèbre, l'opinion publique finit toujours par avoir raison.

PLAIDOIRIE DE M⁰ MALAPERT.

Messieurs,

Je me bornerai à une simple observation. Je désirerais vivement que M. Leymarie gagnât son procès. Comme on le disait tout à l'heure pour le *Siècle*, il est certain que, si M. Leymarie gagnait son procès, la liberté gagnerait le sien.

Deux journaux ont été avertis pour avoir discuté les séances du Corps législatif. C'est donc une question qui vous est soumise, et que les journaux ont un grand intérêt à faire résoudre. Nous désirons perdre notre procès ; et si nous avons cette bonne fortune, nous accueillerons la lettre de M. Leymarie et nous l'insérerons.

Nous y gagnerons autre chose. Nous pourrons discuter les actes du Corps législatif, dont la discussion nous a été interdite par l'article 42 de la Constitution et par l'article 14 de la loi organique sur la presse. Nous aurons ainsi occasion de développer nos opinions.

Je n'admets pas, comme on le plaidait tout à l'heure, au nom du *Moniteur*, qu'on doive s'incliner toujours devant un acte officiel, et ne le contrôler jamais. Aucune loi n'a dit cela. La loi de 1822, sur le droit de réponse, a posé un principe général, et ce principe général ne peut être restreint que quand à côté de lui il y a un droit spécial.

Une loi spéciale a été faite ; nous la trouvons dans l'article 14 de la loi organique qui punit le journal qui publie un compte rendu autre que le compte rendu officiel, et nous n'avons pas cru qu'il nous fût permis d'admettre une réponse à un discours prononcé. Voilà pourquoi nous n'avons pas inséré la lettre de M. Leymarie. Mais en examinant cette affaire avec soin, vous verrez si notre interprétation a été bonne, nous désirons que vous la trouviez mauvaise.

Et qu'on n'aille pas jusqu'à dire, comme je l'ai entendu plaider, il y a un instant, que les citoyens qui seraient outragés dans leur considération, dans leur honneur du haut de la tribune du Corps législatif, ne pourront jamais trouver le moyen de se défendre, de se faire rendre justice. Je ne veux pas croire qu'il y ait en France un pouvoir ainsi organisé qu'il lui soit possible de porter atteinte à une personne, sans que cette personne ait le droit de se faire rendre justice. D'abord, dans une première consultation, on a dit à M. Leymarie qu'il pouvait s'adresser au Sénat par voie de pétition. Il pouvait mieux, ayant des amis au Corps législatif, il y a soulevé une interpellation; il pouvait de même faire répondre à l'accusation dont il a été l'objet. Je suis convaincu, par conséquent, qu'on trouve toujours, quand on veut, le moyen de se défendre.

Mais la question n'est pas là, la question est dans l'interprétation, qui nous interdit de répondre, d'une manière formelle, à ce qui se fait au Corps législatif, ou du moins au compte rendu que la loi nous autorise à publier, et dont la publication est seule permise. Ce que nous ne pouvons pas faire directement, pouvons-nous le faire indirectement? Voilà ce que nous demandons que vous décidiez, c'est à vous que nous demandons de nous indiquer la mesure de nos droits.

Nous persistons dans nos conclusions.

PLAIDOIRIE DE M° PICARD.

Messieurs,

Je n'ai pas besoin de prévenir le tribunal que je ne puis, d'aucune manière, me rallier à la plaidoirie que vous venez d'entendre de mon honorable confrère, M° Chaix d'Est Ange. Il a dit, dans tout le cours de sa plaidoirie, le contraire de ce que je pense, et aussi, je le crois, le contraire de ce que pensent mes confrères, chargés de défendre les autres journaux. Le tribunal n'a donc pas à craindre de redites, et j'en suis heureux pour ma part, car je ne saurais, à coup sûr, redire ce qu'il a plaidé avec autant d'esprit, et surtout avec autant d'autorité que lui. Je viens plaider pour le *Courrier de Paris*. Le journal le *Courrier de Paris* est dans une situation particulière, il n'existe plus; il renaîtra sans doute, mais en ce moment il a cessé de paraître. Et que le tribunal me permette de lui dire très sérieusement avec toute la réserve et le respect que je lui dois, cette situation de journal est essentiellement favorable pour discuter la cause avec une entière franchise. En effet, le *Courrier de Paris* est le seul journal qui puisse parler de ce qui s'est passé, sans rien craindre pour le présent ou pour l'avenir. Sur le fond du droit ses conclusions sont très simples. Il accepte le principe développé par mon honorable confrère, M° Andral, au nom de M. Leymarie, que le droit de réponse est un droit supérieur; il reconnaît qu'il est, en effet, édicté contre le journaliste, mais quand le droit de publier est dans les mains du gouvernement, quand, en matière de presse, le gouvernement règne et gouverne. C'est précisément en vertu des considérations qu'a fait valoir mon confrère, M° Chaix d'Est Ange, que je soutiens le droit de réponse en général, et celui de M. Leymarie en particulier. Je ne crois pas le moins du monde qu'un journal commette un délit en insérant une réponse, qui est le droit commun à un compte rendu du Corps législatif. Je m'étonne d'avoir trouvé dans la bouche de mon honorable contradicteur une confusion entre deux choses distinctes : l'appréciation d'une séance du Corps législatif, et une réponse à une parole ou à un fait publié dans une séance du Corps législatif. Est-ce que nous ne voyons pas tous les jours discuter les faits, les paroles et les textes, qui ont fait l'objet d'une séance? En effet, les lois se font publiquement, elles peuvent être discutées ; elles le sont, elles pourraient l'être plus souvent dans la presse, sans que personne vît un délit dans ces discussions.

Au point de vue du droit, M. Leymarie ne veut pas autre chose. Il ne devait pas y avoir d'hésitation à insérer sa réponse. Pourquoi ne l'a-t-on pas fait ? Je suis très embarrassé. M. le président a fait une observation que je trouve juste, et sur laquelle je ne demanderais pas mieux que de m'expliquer. Les injonctions administratives, qui ne sont contestées par personne, ne doivent exercer aucune influence sur le sort de la réponse, et le journal doit l'insérer à ses risques et périls. Si le journal n'était soumis qu'à une législation ordinaire, et à la justice ordinaire du pays, rien ne serait plus juste. Mais aux termes du décret du 17 février 1852, vous savez qu'après deux avertissements il peut être supprimé, et qu'en présence de deux maîtres, l'un qu'il aime, la loi, l'autre qu'il subit, l'administration, il n'est pas libre de choisir. J'ai en mains des documents officiels, signés de M. le ministre de l'intérieur lui-même, qui constatent que, quand il désobéit à ce second maître, qui est l'administration, il est frappé. Les injonctions administratives ont donc, en fait, sinon en droit, une influence directe sur le sort du journal ; il est condamné à obéir, puisqu'il ne peut vivre qu'en obéissant. Je prends en effet un arrêté qui émane de M. le ministre de l'intérieur.....

M. LE PRÉSIDENT. — Comme vous l'avez fort bien dit, le journal peut insérer ou ne pas insérer. S'il n'insère point, c'est à ses risques et périls. Ce qui se passe de la part de l'administration doit rester complétement étranger au tribunal. Par conséquent, en ce qui concerne le *Courrier de Paris*, qui d'ailleurs offre d'insérer, la cause est entendue.

Me PICARD. — Les procès n'ont pas seulement un intérêt accidentel, ils intéressent encore l'avenir en indiquant à la presse la route qu'elle a à suivre. Qu'il me soit permis de le dire : Il y a deux côtés, l'un que le tribunal, pas plus que moi, n'a plaisir à regarder.....

M. LE PRÉSIDENT. — Nous n'avons point à examiner cette question ; la cause est entendue, en ce qui concerne le *Courrier de Paris*.

PLAIDOIRIE DE Me CAIGNET.

Messieurs,

Après tout ce qui vient d'être dit sur la question de droit, je ne prolongerai pas la discussion ; je ne le pourrais pas d'ailleurs en présence des conclusions de Me Rouy, qui, au nom de la *Presse*, s'en rapporte à la sagesse du tribunal ; je viens seulement, par un mot, expliquer le refus antérieur d'insertion.

Le journal la *Presse* a toujours été favorable au droit de réponse, et il l'a pratiquée largement ; jamais il n'a eu à subir un procès pour refus d'insertion. Si, pour la première fois, il s'est cru obligé de refuser la publication de la lettre de M. Leymarie, c'est que son insertion dans un journal, en réponse à un compte rendu officiel qui n'est pas l'œuvre d'un journal, soulevait une grave question de droit, et qu'une erreur d'interprétation entraînait de grands dangers pour l'existence de la *Presse*. M⁰ Rouy a préféré laisser au tribunal le soin de faire cette interprétation, et, quelle qu'elle soit, la *Presse* s'y conformera; elle s'empressera d'insérer la réponse de M. Leymarie si le tribunal décide qu'elle doit le faire; je m'en rapporte donc à justice.

M. du Teil déclare adhérer aux observations de ses confrères.

RÉPLIQUE DE M⁰ BAZE.

Messieurs,

Au moment de commencer cette réplique, une chose me frappe, et je ne puis m'empêcher de vous la faire remarquer. Lorsque M. Leymarie, usant d'un droit que la loi lui donne, demanda aux journaux aujourd'hui présents à votre barre d'insérer dans leurs colonnes sa réponse à des expressions blessantes pour lui, prononcées par M. le Président du Conseil d'État dans le sein du Corps législatif, et reproduites dans le compte rendu officiel de la séance, tous lui répondirent par un refus formel. Tous ces journaux, venus des points les plus opposés de la politique, le *Siècle*, comme l'*Ami de la Religion*, le *Journal des Débats*, comme l'*Opinion nationale*, tous, enfin, furent unanimes dans leur refus d'insérer la réponse de M. Leymarie.

Qu'est-ce donc qui avait pu opérer ce merveilleux accord entre des journaux ordinairement si différents d'opinion et de conduite, si divisés entre eux dans leur polémique quotidienne? Comment, en l'absence d'un texte de loi qui leur interdît cette publication, car la question est uniquement de savoir s'il n'y en a pas un qui la leur commande, comment, dans une situation semblable, ne s'est-il pas trouvé un journal, un seul, qui ait consenti à *insérer* la réponse de M. Leymarie, et comment, au contraire, ont-ils été unanimes pour s'y refuser?

C'est qu'il est évident, messieurs, que ces journaux étaient dominés par une force supérieure; c'est qu'ils ne se sentaient pas libres de prendre un parti, et qu'ils savaient parfaitement qu'il y allait du plus grand danger pour eux à adopter, par exemple, celui qui, sans aucun doute, aurait été le plus conforme à leurs sentiments d'équité et à leurs instincts de loyale indépendance.

En fait, messieurs, il est positif que des défenses d'insérer la réponse du sieur Leymarie avaient été intimées à tous les journaux. Il est impossible de le nier : nous en avons la preuve par la déclaration de nos honorables confrères, MM⁰ˢ Jules Ferry et Marcel Roulleaux, deux témoins qu'assurément personne ne voudra récuser; nous en avons la preuve par les conclusions déposées au nom du *Courrier de Paris*, l'un des journaux cités; et cette preuve d'ailleurs n'est-elle pas ici palpable, vivante et pour ainsi dire faite homme à cette audience?....

Mais quel spectacle différent, et qui est pour nous, messieurs, un sujet de

consolation bien grande, se produit aujourd'hui dans l'enceinte de la justice !
Devant vous, messieurs, à votre barre, cette unanimité de la peur a cessé
d'exister, et chacun des journaux, rendu à ses sentiments personnels, a repris
le rôle qui lui est propre, et reconquis la pleine possession de son libre arbitre. Dans cette atmosphère sereine de la justice, où l'on se sent respirer à
l'aise, le poids qui oppressait les consciences s'est allégé tout à coup, les liens
qui enchaînaient les volontés se sont brisés, et la variété des attitudes et des
systèmes de défense a été aussi grande que celle des personnalités diverses
que nous avons mises en cause. L'un, le grave *Moniteur*, a présenté une défense dont le ton dogmatique et l'allure magistrale auraient suffi pour déceler
un organe officiel, même alors que son titre ne nous l'aurait pas assez fait
connaître. D'autres s'en sont rapportés à votre justice, avec des commentaires
qui donnaient à ces conclusions le sens des aspirations les plus libérales; un
autre, en couvrant les intérêts de sa cause de la même réserve, vous a néanmoins supplié de lui faire perdre son procès, avec les mêmes instances que
l'on emploie ordinairement pour vous demander tout le contraire ; un autre,
enfin, le *Courrier de Paris*, tout en vous dénonçant les défenses administratives qui lui ont été faites, vous demande acte de son consentement à insérer
la réponse de M. Leymarie. Il est vrai que celui-là n'existe plus en ce
moment : les *avertissements* l'ont tué, et c'est du fond de la tombe que nous
arrive ce tardif et stérile hommage à la légitimité de notre droit.

Quoi qu'il en soit, messieurs, il y a dans cet affranchissement des journaux,
par le fait seul de leur appel devant la justice, le sujet d'un grave enseignement, et je le regarde comme d'un bon augure pour ma cause.

Ne craignez pas, messieurs, que, dans une réplique que je m'efforcerai de
rendre aussi brève que possible, j'aille répéter, avec la seule chance de l'affaiblir, ce qui a été si bien dit par mon honorable confrère, Mᵉ Andral, à qui
j'ai l'honneur d'être associé dans cette défense. La tâche que j'ai acceptée est
uniquement de répondre aux arguments qui nous ont été opposés avec un si
remarquable talent par les honorables défenseurs des journaux, et particulièrement par celui d'entre eux qui, le premier dans l'ordre du débat, a fait
entendre, au nom du *Moniteur*, une défense où je reconnais, à bon droit,
notre principal et je pourrais presque dire notre seul adversaire.

Un mot de réponse d'abord à des considérations introduites dans le débat
par le même orateur, et qui pourraient avoir pour résultat, si elles étaient
accueillies, de faire naître une prévention imméritée contre M. Leymarie et
sa cause.

M. le Ministre de l'intérieur, a dit l'honorable Mᵉ Chaix d'Est Ange, en
recevant en audience particulière M. Leymarie, lui a accordé *une faveur;* et
comment M. Leymarie a-t-il reconnu cette faveur? En violant le secret d'un
entretien confidentiel. Bien plus, on a lancé dans le public une brochure destinée à exciter du bruit autour de cette affaire, qui est devenue ensuite, on
ne sait pourquoi, le prétexte d'une interpellation dans le sein du Corps législatif, à propos du budget.

Est-ce bien, messieurs, au nom du journal le *Moniteur* que sont proposées
des observations de cette nature? Que font, en effet, au journal le *Moniteur*

une audience accordée à un citoyen, une brochure publiée, une discussion
dans l'enceinte législative, et en quoi ces faits-là peuvent-ils intéresser aujour-
d'hui sa défense ? Mon honorable contradicteur ne craint-il pas de faire supposer que derrière l'intérêt et la cause du *Moniteur* se cachent et un autre
intérêt et une autre cause ?

Mais, quelque autorité que puissent avoir ou non des suppositions semblables, je me permettrai de faire remarquer à mon honorable confrère qu'il s'est
bien éloigné ici d'une exacte appréciation des faits.

Si M. le ministre de l'intérieur a reçu M. Leymarie à son audience, c'est
que M. le ministre accomplissait un acte de juridiction, à raison d'une
demande que, dans l'exercice d'un droit résultant de la loi, M. Leymarie lui
avait adressée, et je ne vois pas ce qu'il pouvait y avoir de confidentiel, le
secret n'ayant pas été d'ailleurs recommandé, ni dans les résolutions déclarées, ni dans les motifs énoncés de ces résolutions.

Voyez, messieurs, où nous mènerait cette susceptibilité étrange qui s'effa-
rouche de toute publicité, à propos de tout. M. Leymarie se pourvoit
auprès du ministre, aux termes de l'article 1er du décret organique sur la
presse du 17 février 1852, à l'effet d'être reconnu propriétaire d'un journal
qu'il a acheté, au prix de cent mille francs, par un contrat régulier, et il lui
serait interdit de faire connaître, je dirai même par la voie d'une brochure
répandue dans le public, l'usage que le ministre a cru devoir faire du pouvoir
qui lui est attribué par la loi, et d'apprendre à ceux qui ont intérêt à le
savoir, et ceux-là c'est tout le monde, comment est entendu dans son esprit,
et appliqué dans les faits, un décret qui est devenu une loi organique de l'État !
En vérité, de telles prétentions sont inadmissibles.

Quant aux *interpellations*, si la chose ou le nom existe encore, qui auraient
été faites dans le sein du Corps législatif, le tribunal comprend que nous
n'avons pas à nous en occuper, et encore moins à les défendre. Disons seulement que les observations de notre honorable contradicteur à ce sujet nous
ont paru un véritable anachronisme après un récent décret dont nous avons
entendu, il n'y a qu'un instant, de si magnifiques apologies ; et, quant à moi,
je ne fais assurément aucune difficulté de reconnaître que la pensée souveraine a été cette fois bien inspirée, surtout si, continuant son œuvre, elle
rend à la nation le complément de ses libertés qui lui ont été si fatalement
retirées.

Or, cela étant, et même en restant dans les simples termes du décret du
24 novembre, cette liberté de discussion à laquelle mon honorable contradicteur faisait tout à l'heure une chagrine allusion, sera assurément bien
dépassée lors des débats sur l'adresse, et je pense que nous n'aurons tous qu'à
nous en féliciter.

Après avoir écarté du procès ces points préliminaires qui allaient peut-
être au delà de sa portée, j'examine ce que mon honorable contradicteur nous
a opposé de plus directement applicable aux questions agitées devant vous. Il
a fait, touchant les motifs qu'a eus M. Leymarie pour demander l'insertion de sa réponse dans les journaux, une objection qu'il ne nous est pas
permis de négliger. Suivant l'honorable avocat du *Moniteur*, M. le président
du Conseil d'État, appelé à s'expliquer sur un fait jeté inopinément dans le

débat législatif, se serait borné à répondre *que c'était un simple dire de la partie intéressée*. Je m'empresse de reconnaître que, si là s'était borné en effe. le langage de M. le président du conseil d'État, M. Leymarie aurait pu ne pas se croire obligé, et n'aurait peut-être pas été autorisé à lui adresser une réponse. M. le président du conseil d'État n'avait pas été présent à l'entretien qui avait eu lieu entre M. le ministre de l'intérieur et M. Leymarie, et, comme le débat l'a prouvé, il n'en avait non plus rien appris de l'éminent interlocuteur de mon client. M. le président du conseil d'État était parfaitement le maître de croire ou de ne pas croire, et aussi de le dire ; mais il a été beaucoup plus loin. Non content d'exprimer son opinion sur le fait allégué, il a cru pouvoir aussi porter un jugement sur la personne, et, après un compliment plein de courtoisie adressé au barreau, mais qui ne sert qu'à rendre plus amer le trait lancé contre M. Leymarie, « cette réponse, » a ajouté M. le président du conseil d'État, n'est pas vraie, parce qu'elle » est impossible ; ELLE N'EST ATTESTÉE PAR AUCUN TÉMOIN DIGNE DE FOI. ›

C'est à ces expressions blessantes, injurieuses au suprême degré, que M. Leymarie a cru avoir le droit de répondre. Il a cru, s'est-il trompé ? que sous un régime de publicité, même officielle et restreinte, il était permis à un citoyen atteint dans son honneur et sa considération par une parole outrageante, d'autant plus capable de blesser qu'elle tombe de plus haut, de protester dans le même organe de publicité où avait été publiée l'attaque, et, dans une réponse, mon Dieu ! bien modeste, respectueuse même, en tenant compte, comme il le devait, de la différence des situations, d'en appeler d'un jugement injuste et précipité au jugement impartial de ses concitoyens et à la souveraine appréciation de l'opinion publique. Voilà dans quelles conditions et dans quels termes M. Leymarie a eu recours au droit de réponse tel que nous le comprenons suivant le texte et l'esprit de la loi du 25 mars 1822.

Le *droit de réponse* établi par cette loi, son nom l'indique assez, messieurs, est la faculté accordée à tout individu *nommé ou désigné dans un journal* d'y faire insérer *sa réponse*. Droit essentiellement défensif et de protection personnelle, il n'a rien de commun avec aucune des actions pénales auxquelles peut donner lieu *la responsabilité* des éditeurs et rédacteurs des journaux. Dans la pensée qui a présidé à l'introduction de cette disposition nouvelle dans le Code de la presse, les journaux sont envisagés comme un terrain de publicité qui ne peut pas être ouvert à l'attaque qu'il ne le soit en même temps à la défense. On avait tant dit et répété que la presse est comme la lance d'Achille qui guérissait les blessures qu'elle-même avait faites, qu'on a voulu que cette généreuse fiction devînt une réalité dans la pratique.

La jurisprudence, qui est entrée dans une merveilleuse entente de cette loi, s'est toujours appliquée à fortifier et à étendre le droit de réponse, comme un droit de défense qui est essentiellement légitime et sacré. Elle n'a laissé passer aucune occasion de marquer ses tendances à cet égard :

« Le droit de répondre *est général et absolu*. Celui qui l'exerce, qui est fondé à l'exercer, dès là qu'il a été nommé et désigné, est seul juge de l'opportunité, de

l'étendue, de la forme, de la teneur de sa réponse . . . . »
(Arrêt de la Cour de cassation du 26 mars 1841.)

» Si le refus du journaliste nécessite l'intervention de la justice, cette intervention doit avoir surtout pour résultat d'assurer la stricte exécution de la loi, de garantir à celui qui répond la plénitude de ses droits.

» Et s'il convient de reconnaître à l'autorité judiciaire une faculté d'examen refusée au journaliste, *l'exercice circonspect d'une telle faculté doit se réduire aux seuls cas où l'ordre social, la morale publique, l'intérêt d'un tiers, l'honneur du journaliste, réclameraient cet exercice.* » (Même arrêt.)

Le droit de réponse s'étend à tous les cas sans exception, même à celui d'un compte rendu des débats judiciaires ou des discussions législatives :

« Attendu que l'exercice de cette faculté, qui se rattache au droit de défense personnelle, *doit toujours trouver place là où l'attaque s'est fait jour, et obtenir, par la même voie, le bénéfice de la publicité qui ne peut être le privilége de l'attaque, parce que celle-ci s'est produite dans un compte rendu des séances de l'Assemblée ou des audiences des tribunaux.* » (Arrêt de la Cour de cassation du 8 février 1850, dans la cause de M. de Ségur d'Aguesseau contre le *National.*)

Ainsi, la jurisprudence a toujours pris à tâche de protéger le droit de réponse contre toutes les restrictions qu'on a tenté de lui opposer. Nos adversaires, au contraire, ont imaginé d'en créer ici une nouvelle.

Suivant l'honorable avocat du *Moniteur*, suivant aussi quelques autres de nos adversaires, le droit de réponse ne peut pas être exercé à raison de la publication dans les journaux du compte rendu des séances du Corps législatif. Les journaux sont tenus de publier ce document officiel. Le *Moniteur* y est plus particulièrement obligé. Il fait cette insertion en vertu d'un ordre du président de l'Assemblée.

Les journaux étant entièrement passifs dans la publication du compte rendu qu'ils ne peuvent modifier en aucune manière, n'ont pas leur responsabilité engagée par cette publication ; et non-seulement ils échappent par là au devoir d'accueillir la réponse des personnes intéressées, mais ils n'ont pas même la faculté de l'insérer. Publier cette réponse, ce serait se rendre coupable du délit prévu par l'article 14, § 2 du décret du 17 février 1852, ajoute l'honorable avocat du *Moniteur*, qui nous paraît avoir poussé jusqu'à ses dernières limites l'exagération de la thèse qu'il soutient.

En résumé, obligation de publier le compte rendu, affranchissement de toute responsabilité quant à ce délit, même de la part des journaux qui accueilleraient une réponse, tels sont, messieurs, les arguments qui appartiennent à la défense proprement dite des journaux. Discutons-les successivement et dans leur ordre.

Que les journaux, dans l'intérêt de leur publicité, que le *Moniteur*, par suite d'engagements contractés envers l'administration, insèrent dans leurs colonnes le compte rendu officiel des séances du Corps législatif, il n'y a certainement là rien que de très convenable, et il serait même étrange qu'il pût en être autrement. Mais en quoi, je vous prie, ces convenances des journaux, ces engagements même, s'il en existe, pourraient-ils affecter le droit de réponse des tiers intéressés, droit qui subsisterait encore comme corollaire de l'obligation elle-même, et par la seule conséquence du fait de la publicité donnée au compte rendu ?

Répondons d'abord à l'objection particulière au *Moniteur* qui prétend se placer dans une situation à part. Tout journal officiel qu'il est, n'est-il pas soumis aux mêmes lois que les autres journaux ? Comme eux, il a un cautionnement, un gérant responsable et des abonnés. S'il a, de plus qu'eux, un traité avec l'administration pour ce qui concerne certaines publications, ce traité ne constitue qu'une obligation purement privée, de même que celui qu'il fait avec le Corps législatif pour la publication du compte rendu des séances. En somme, il vend sa publicité à l'administration et au Corps législatif qui la payent en même temps qu'ils l'alimentent; et si M. le président du Corps législatif, dont on a fait intervenir ici les actes bien mal à propos, signe l'ordre d'insertion pour le compte rendu, cet ordre n'a d'autre objet que d'en constater purement et simplement l'authenticité.

Mais quant aux journaux autres que *le Moniteur*, par exemple, comment pourraient-ils soutenir avec quelque fondement qu'ils sont obligés de reproduire le compte rendu des séances du Corps législatif? Où est donc le texte de loi qui leur impose cette obligation ? Veut-on une preuve au contraire qu'ils jouissent à cet égard d'une entière liberté? nous n'irons pas la chercher bien loin, car c'est la cause elle-même qui nous la fournit. En effet, ni *le Constitutionnel*, ni *le Pays*, ni *la Patrie*, ni un grand nombre d'autres journaux que nous pourrions citer, n'ont inséré dans leurs feuilles le compte rendu de la séance du 10 juillet 1860. A quels dangers cette omission les a-t-elle donc exposés, et quelle crainte auraient pu concevoir plus qu'eux les journaux défendeurs au procès, s'ils avaient voulu s'abstenir de même ?

La liberté légale des journaux est, à cet égard, si manifeste, que l'un de nos honorables adversaires nous disait tout à l'heure qu'elle existait sans aucun doute, mais qu'en en usant trop fréquemment, les journaux devaient appréhender de se rendre suspects, et de donner de l'esprit dans lequel ils sont rédigés une opinion compromettante pour leur sûreté; triste langage, messieurs, qui est à lui seul une révélation.

Certes, il est pénible d'avoir à faire cette comparaison, mais le principe que l'on voudrait accréditer aujourd'hui, que la publication du compte rendu des séances des assemblées législatives est un fait de gouvernement, auquel les journaux doivent se plier passivement, n'est pas une chose nouvelle. A une époque avec laquelle on a bien soin cependant de repousser tout rapprochement quelconque, des voix imprudentes, qui servaient mal un pouvoir qui fut assez heureux pour triompher alors de ses compromettants amis, avaient essayé, mais sans succès, de l'ériger en doctrine d'État. C'était en 1817, pendant qu'on discutait à la chambre des députés une loi suspensive de la liberté de la presse. Voici comment l'honorable M. Duvergier de Hauranne, dans son remarquable ouvrage, qui est l'histoire du gouvernement parlementaire en France, et qui mérite à coup sûr d'en devenir un jour le code, nous a conservé ce souvenir :

« Du côté opposé, il y eut de la part de trois ou quatre orateurs, de M. Delamalle, commissaire du roi, notamment, quelques efforts malheureux pour démontrer que la liberté des journaux n'était ni dans la liberté de la presse ni dans la Charte, et *que le droit de publier soit des nouvelles extérieures ou intérieures, soit les actes du gouvernement et de l'administration,* SOIT LES DISCOURS DES DÉPUTÉS *et les débats judiciaires, appartenait, non aux journalistes, mais au gouvernement seul ou aux personnes intéressées, avec l'autorisation du gouvernement.* Mais ces doctrines, dignes du Corps législatif de l'Empire..... »

M⁰ Baze, s'interrompant : Il ne s'agit ici, bien entendu, que du Corps législatif du premier Empire.

« ..... Mais ces doctrines, dignes du Corps législatif de l'empire, ne trouvèrent point crédit, et ce fut, en général, en proclamant les mérites de la liberté des journaux, qu'on engagea la Chambre à la suspendre (1). »

Voilà, messieurs, ce qui se passa en 1817. Mais alors, au moins, ce n'étaient pas les journaux eux-mêmes qui proclamaient leur abdication dans les mains du pouvoir ; la chambre des députés ne la voulut pas consacrer non plus, et, tout en suspendant temporairement la liberté des journaux, elle avait soin de parer de fleurs la victime.

Aujourd'hui, messieurs, les journaux sont libres, comme ils l'étaient alors, comme ils l'ont été dans tous les temps, de publier ou non, suivant leur gré, le compte rendu des séances du Corps législatif. Qu'ils cessent donc de chercher dans une absence de liberté faussement alléguée un refuge contre les conséquences légales de cette publication.

Mais nous l'avons déjà reconnu, messieurs, tout en restant libres de publier ou de ne pas publier le compte rendu, les journaux, lorsqu'ils le publient, ne sont pas responsables de ce qui s'y trouve énoncé. Ils ne sont pas les auteurs de ce compte rendu. Ils sont obligés de l'accepter tel qu'il est, et ils ne peuvent y faire aucun changement quelconque. Il serait souverainement injuste dès lors, absurde même, de vouloir les rendre responsables, à l'égard des tiers, des énonciations contenues dans le compte rendu : aussi cela est-il bien éloigné de notre prétention.

Ce n'est pas en effet, messieurs, une action motivée sur *la responsabilité* de tout ou partie du compte rendu que nous avons intentée contre les journaux cités devant vous, c'est une action ayant uniquement pour cause le refus d'insérer une réponse, et qui n'engage par conséquent que la seule question du *droit de réponse,* droit consacré par l'article 11 de la loi du 25 mars 1822, entièrement différent de celui qui a pour base la responsabilité du journaliste. Il n'y a pas ici, messieurs, nous ne saurions trop le préciser, une question de *responsabilité,* mais une question *de publicité due* en vertu de la loi à un citoyen nommé ou désigné dans un journal.

Cette distinction entre l'action dérivant de la responsabilité du journaliste et le simple droit de réponse est-elle une distinction arbitraire, et est-ce nous

---

(1) *Histoire du gouvernement parlementaire en France,* par M. Duvergier de Hauranne, t. IV, p. 82.

par hasard qui l'avons faite ? Non assurément, messieurs ; c'est la loi qui l'a créée et la jurisprudence qui la proclame. Rappelez à votre souvenir ce mémorable arrêt que nous vous citions tout à l'heure, rendu dans la cause de M. de Ségur d'Aguesseau contre le *National*, et qui tient pour ainsi dire condensées dans son autorité souveraine les décisions unanimes des trois degrés de notre hiérarchie judiciaire : tribunal de première instance, cour d'appel, cour de cassation. Dans cette espèce aussi, le journaliste qui refusait d'acquitter la dette de la publicité en accueillant la réponse de la personne nommée dans le compte rendu des débats législatifs, faisait reposer tout le pivot de sa défense sur la confusion qu'il voulait faire entre les deux actions, celle de la responsabilité du journaliste et celle du droit de réponse de la personne intéressée, et c'est cette confusion que l'arrêt repousse dans les termes suivants :

« Attendu que l'art. 22 de la loi du 17 mai 1819 a eu pour objet de mettre les propriétaires ou gérants des journaux qui auraient rendu un compte fidèle et de bonne foi des séances publiques de la Chambre des députés à l'abri des actions pénales autorisées par la législation répressive des délits de la presse, et même des actions civiles en dommages-intérêts à raison de ce compte rendu.

» Attendu que la faculté postérieurement introduite par l'art. 11 de la loi du 25 mars 1822, pour toute personne nommée ou désignée dans un journal, de répondre dans la même feuille, *n'a rien de commun avec lesdites actions.* »

Si donc nous vivions encore aujourd'hui sous l'empire des lois et règlements qui, avant 1852, constituaient et régissaient la forme du compte rendu des séances des assemblées législatives, le droit de M. Leymarie ne pourrait pas être sérieusement contesté. Un compte rendu sténographié, fidèle comme l'image que reproduit un miroir, complet jusqu'à la minutie, laisserait ce droit entièrement debout ; comment le changement introduit dans la forme du compte rendu a-t-il pu le faire périr aujourd'hui ? La loi de 1822, qui édicte un droit formel, n'est-elle donc pas une de ces lois dont l'autorité, indépendante de tous les changements apportés dans la forme ou la procédure des actes auxquels elles s'appliquent, se maintient jusqu'à dérogation expresse ? Chose étrange ! une reproduction intégrale et fidèle des débats législatifs me donnait un droit reconnu, une reproduction moins complète quoique non moins fidèle me l'enlève, sans qu'on puisse apercevoir le rapport qui existe entre ce changement de forme et le droit privé des citoyens qui n'est pas moins affecté dans un cas que dans l'autre !

Messieurs, on n'a pas encore dit le vrai mot du système que nous combattons, et le voici. Ce procès, pour quelques-uns au moins de nos adversaires, n'est pas un procès de journaux ; il va plus loin et plus haut, parce qu'il leur plaît de placer l'intérêt qu'ils y attachent, avec un grand danger, selon nous, pour ce qu'ils croient protéger, dans une espèce de sanctuaire qu'ils veulent rendre inaccessible même à la plainte la plus légitime. Suivant eux, le compte rendu des débats législatifs, rédigé comme il l'est à présent par une Commission du Corps législatif, ce compte rendu, disons-nous, abrite et sauvegarde, même à l'égard des tiers qui pourraient se trouver lésés, toutes les imputations quelconques, toutes les attaques dont, par suite d'un entraînement trop facile à concevoir, ou d'une erreur involontaire de la part d'un orateur, ils pourraient avoir été victimes, et ne leur laisse pas même ouverte la simple voie à la rectification ou à la plainte dans le journal qui a propagé l'injure par la publication du compte rendu.

Mais ce ne peut pas être, par exemple, par le motif que nous en donnait tout à l'heure notre honorable contradicteur, M⁰ Chaix d'Est Ange, lorsqu'il soutenait qu'en accueillant une réponse dans un cas semblable, les éditeurs de journaux se rendraient coupables du délit prévu et puni par l'article 14 du décret du 17 février 1852.

Aux termes des dispositions de cet article, les journaux ne peuvent pas publier d'autre compte rendu des séances que le compte rendu officiel rédigé par la Commission ; ils ne peuvent y rien ajouter, en rien retrancher, l'altérer ou le modifier en quoi que ce soit. Il est même douteux qu'ils puissent se livrer à une appréciation personnelle des débats législatifs. Ils ont fait au moins jusqu'ici de vains efforts pour obtenir qu'on leur fît connaître ce qui, à cet égard, leur était défendu ou permis, et, ne recevant aucune réponse à des questions qui ne pouvaient pas cependant paraître bien indiscrètes, ils ont pris le parti le plus prudent, sinon le plus courageux : ils se sont abstenus de toute appréciation.

Oui, messieurs, nous sommes bien forcés de le reconnaître, tel est, au moment où nous avons l'honneur de parler devant vous, le régime de la presse en France, en ce qui concerne la reproduction des débats législatifs ; mais quelle influence peuvent avoir ces dispositions exceptionnelles et spéciales sur le droit de réponse dont il s'agit uniquement dans le procès actuel ?

. Sans doute, le compte rendu officiel de la séance du Corps législatif qui reproduit les paroles prononcées par M. le président du Conseil d'État contre M. Leymarie, ne peut être soumis à aucun débat ; il fait pleine foi de tout ce qui y est contenu. Comme récit de ce qui a été dit ou fait dans l'enceinte législative, il est matériellement inattaquable.

Mais est-ce donc attaquer la foi due à ce compte rendu que de publier, par la voie des journaux, une réponse de M. Leymarie à une imputation outrageante prononcée contre lui par un orateur, et qui s'y trouve textuellement reproduite ? Est-ce la vérité du compte rendu que M. Leymarie révoque en doute, et, tout au contraire, ne se fonde-t-il pas sur la fatale certitude de la fidélité de ce compte rendu pour motiver sa réponse, qui s'adresse, non au compte rendu, pour le démentir ou le rectifier, mais aux paroles qui ont été prononcées à la Chambre contre lui, et auxquelles le compte rendu donne une incontestable authenticité ? Le bon sens suffit pour faire justice du sophisme étrange dans lequel le *Moniteur* a placé le principal boulevart de sa défense.

Ah ! le compte rendu de la séance, dans lequel M. Leymarie trouve consignée une cruelle injure qui attaque sa considération et son honneur, n'est que trop fidèle, et s'il commandait moins la croyance, si le doute sur le fait de cette imputation outrageante était possible et permis, M. Leymarie n'éprouverait pas au même degré la nécessité de se défendre. Mais aucun refuge n'est laissé, sous ce rapport, ni à l'opinion des autres ni à la sienne; et, admirez la contradiction ! c'est alors que la foi due au compte rendu est précisément le motif impérieux qui l'oblige à répondre, c'est alors qu'on ose lui reprocher d'attaquer, en répondant, cette autorité du compte rendu elle-même.

Que l'on cesse de se jouer dans une confusion qui ne peut plus faire illusion à personne! M. Leymarie, dans sa réponse dont la teneur est sous vos yeux, ne conteste aucune des assertions du compte rendu; il s'y fonde au contraire, et c'est de là qu'il part pour établir son droit de repousser une injure dont ce compte rendu lui fournit la preuve. Il ne prétend pas que M. le président du Conseil d'État n'a point prononcé les paroles qui y sont consignées, mais c'est parce que le compte rendu fait pleine foi que M. le président du Conseil d'État les a en effet prononcées, qu'il se croit autorisé à y répondre, et cela par la voie même des journaux qui les ont fait entrer dans leur publicité, en imprimant le compte rendu. Après sa réponse comme auparavant le compte rendu reste ce qu'il était, sans que rien en ait altéré la teneur ni la substance; il y a seulement de plus une protestation d'un honnête homme, pour la défense de son honneur outragé, une réponse tout à fait extrinsèque au compte rendu, et qui n'attaque ni n'affaiblit aucune des constatations qu'il renferme.

Ainsi, messieurs, rien dans les arguments qui appartiennent à la défense des journaux, qui puisse être opposé avec quelque avantage contre la prétention de M. Leymarie de les obliger à insérer sa réponse à des imputations auxquelles ils ont prêté, bien volontairement eux-mêmes, le grand jour de leur publicité. Mais cette défense, nous l'avons déjà dit, n'est pas le côté sérieux du procès; elle sert comme de voile à des intérêts d'un autre ordre, fort mal compris, nous le croyons, et auxquels on serait bien aise de donner, quoique indirectement, une consécration judiciaire, à l'occasion de ce procès soutenu en apparence dans le seul intérêt des journalistes. On voudrait vous faire décider, et il ne faut pas se dissimuler que telle serait en effet la conséquence de votre jugement si vous rejetiez notre demande, on voudrait vous faire décider que le droit de réponse n'existe pas en faveur des citoyens nommés ou désignés dans des discours prononcés dans le sein du Corps législatif, nous pouvons généraliser aujourd'hui la proposition, dans le sein du Corps législatif et du Sénat, par les membres de ces assemblées ou par les orateurs du gouvernement, et portés ensuite à la connaissance du public par l'insertion du compte rendu dans les journaux. Voilà, messieurs, ce qu'il s'agirait de juger dans ce procès, et vous en apercevez facilement toute la gravité.

Ainsi, en nous séparant de l'espèce actuelle, indifférente pour l'intérêt de la discussion, un citoyen, quel qu'il soit, aura été l'objet d'une attaque inconsidérée dans le sein de l'une des deux Chambres, soit que cette attaque vienne d'un côté ou de l'autre de l'assemblée : parti du gouvernement, opposition; une parole imprudente, une allégation fausse ou inexacte, capable de compromettre son honneur, de porter atteinte à son crédit, de plonger dans la désolation toute une famille, aura été lancée dans un discours, et, par là, jetée, au moyen du compte rendu officiel, dans toutes les voies de la publicité, en France et à l'étranger; il suffirait de l'explication la plus simple, il suffirait d'un mot pour faire tomber à l'instant cette imputation dangereuse et fatale; mais il s'agit d'un discours prononcé dans l'enceinte des Chambres, inséré dans le compte rendu des séances et ensuite dans tous les journaux : cette explication, ce mot, qui pourraient tout réparer et conjurer les plus grands malheurs, ne pourront pas être accueillis ! Le droit de réponse n'existe pas dans ce cas :

« L'exercice de cette faculté qui se rattache au droit de la défense personnelle qui doit toujours trouver place là où l'attaque s'est fait jour, et obtenir, par la même voie, le bénéfice de la publicité, qui ne peut être le privilége de l'attaque parce que celle-ci s'est produite dans un compte rendu des séances de l'assemblée... » (Arrêt de la Cour de cassation du 28 février 1850.)

Ce droit, encore une fois, le droit de réponse n'existe pas !

Ce serait là, messieurs, il faut en convenir, la plus intolérable oppression qui se puisse imaginer.

Pour compléter le tableau de ce que serait une situation semblable, nous ne pouvons mieux faire que de citer les paroles de nos honorables confrères MM^{es} Édouard Delprat et Ferdinand Duval, dans la remarquable consultation qui vous a été distribuée, et qui doit les placer bien haut dans l'opinion du barreau et dans la vôtre :

« Imagine-t-on qu'il puisse exister une loi qui, à raison du lieu où les attaques se sont produites, permettrait de leur donner la publicité la plus grande, et ne tolérerait aucune publicité pour la réfutation qu'elles ont rendue nécessaire ? Une loi qui donnerait à quelques personnes l'effrayant privilége d'apprécier, sans contradiction possible, la vie, les actes, la moralité des citoyens réduits à l'impuissance de se justifier ? »

A ces dangers frappants, dont il leur était bien impossible de méconnaître la réalité, quels sont les préservatifs qu'ont opposés nos honorables adversaires ? En premier lieu, la haute sagesse des hommes politiques et la modération des orateurs : vaine utopie à laquelle les faits de la cause ont donné par avance un éclatant démenti. En second lieu, la prudente intervention de la Commission chargée de la surveillance du compte rendu ; mais déjà même cette Commission a cessé d'être : le décret du 24 novembre a marqué le terme de son existence, et, indépendamment de l'insuffisance démontrée de ce moyen, il est certain que, désormais, la reproduction des débats législatifs sera intégrale et absolue, comme il convient à la dignité des Assemblées et à la légitime attente de la nation.

Faut-il que je parle du droit de police de l'Assemblée, souvent distraite, inattentive, n'ayant pas la connaissance des faits, se reposant volontiers sur la responsabilité personnelle de l'orateur ? Vous parlerai-je aussi des amis que l'on ne manquera pas d'avoir, nous dit-on, parmi les membres de l'Assemblée, et qui se montreront empressés à prendre la défense de l'absent ; car, messieurs, j'ai vu le moment où l'on allait nous conseiller de nous ranger tous, comme autrefois dans Rome patricienne, dans la clientèle d'un sénateur ou d'un député ? Tout cela n'est pas sérieux, et il n'en demeure pas moins certain et évident que le danger signalé continue toujours de subsister.

Or, en présence d'un pareil état de choses, est-il juste de retirer au droit individuel la protection qu'il ne peut trouver qu'en lui-même, au moyen des lois qui ont eu pour but de le garantir? Et telle est précisément la disposition qui a consacré le droit de réponse. Nous cherchons vainement le motif raisonnable qui pourrait faire excuser un pareil abandon.

Sans doute il est des documents, il est des actes dont la nature spéciale doit faire interdire aux citoyens qui y sont nommés ou désignés, d'y répondre. Ces actes sont les actes d'un pouvoir ou d'une autorité ayant compétence et juridiction, et qui commandent d'une manière absolue l'obéissance et le respect. Ainsi, lorsque ayant rendu un jugement vous en ordonnez la publication dans les journaux, à la charge de la partie condamnée, il serait contraire à votre autorité que cette partie pût formuler une réponse, et contraindre les journaux à la publier, comme l'aura été votre jugement lui-même; cette révolte contre la majesté de la justice ne pourrait être un seul instant tolérée. De même, à l'égard des décrets et ordonnances du pouvoir exécutif, des décisions de l'autorité administrative, dans les limites de leur compétence, aucune protestation ne peut être reçue, et le même silence est péremptoirement obligatoire. Il y en a une raison bien simple : c'est que, dans tous les cas semblables, les décisions n'ont été rendues qu'après que la partie intéressée a été appelée à s'expliquer ou à se défendre, et qu'ayant été entendue avant qu'elles fussent prises, elle n'a rien à leur opposer ensuite.

Mais est-il possible d'appliquer le même principe à des discours prononcés dans le sein des assemblées législatives et publiés dans le compte rendu des débats de ces assemblées? Le compte rendu? Il n'est pas autre chose qu'un procès-verbal qui peut bien rendre le discours authentique, mais qui n'ajoute rien à son autorité légale : recueil passif et inerte des choses les plus diverses et les plus contraires. Le discours? Il n'est que l'opinion individuelle de l'orateur qui l'a prononcé et dont la chambre n'assume pas la responsabilité ; car autrement il lui faudrait en même temps affirmer et nier, louer et blâmer, condamner et absoudre : autant de rôles contradictoires qui n'appartiennent qu'à l'individualité parlementaire. L'acte collectif seul, *la loi, la résolution*, voilà où se trouve l'autorité qui commande, et devant laquelle tous doivent s'incliner et se taire.

Mais, s'écrie alors l'honorable avocat du *Moniteur*, que faites-vous de l'inviolabilité parlementaire? et il ajoute, avec une modestie bien capable de nous toucher, « est-ce à moi de rappeler à mes adversaires, qui semblent les oublier, les franchises et les libertés nécessaires à l'orateur qui parle du haut de la tribune législative? » Non, messieurs, non, nous ne l'avons pas oublié. LA TRIBUNE EST INVIOLABLE !........ L'orateur parlementaire et le discours sont également inviolables ; aucune poursuite ne peut être intentée à raison des votes émis ou des discours prononcés dans le sein de la représentation nationale. Mais c'est précisément à cause de cette impossibilité d'une poursuite quelconque, qu'il faut laisser au droit individuel et privé, puisqu'il ne lui en est pas accordé d'autre, le recours à la plainte, à la simple rectification par la voie des journaux, le droit de réponse en un mot qui n'est pas une attaque mais une défense.

Lorsque les de Serre, les Courvoisier, dont on a fort improprement invoqué l'autorité, lorsque les illustres fondateurs du gouvernement représentatif en France, stipulaient la garantie de l'inviolabilité parlementaire, ils n'avaient en vue que l'affranchissement *de toute action, de toute recherche*, comme une égide nécessaire pour la liberté et l'indépendance des mandataires de la nation exerçant, en son nom, les fonctions de sa souveraineté. C'est dans ce sens que M. de Serre, garde des sceaux, disait : « *Nos opinions sont sou-* » *straites* A LA JURIDICTION DE TOUS LES TRIBUNAUX ORDINAIRES....... les » délibérations perdraient leur liberté et leur indépendance *si elles pouvaient* » *être soumises à un juge pris hors de la chambre.* » C'est dans le même sens que M. Courvoisier, entrant dans la supposition « qu'un député peut se » livrer à des imputations pénibles à l'honneur ou à la considération d'un » citoyen » disait à son tour : « que les membres d'une chambre ne sont » JUSTICIABLES que d'elle seule, pour les opinions qu'ils y émettent »

Mais ces doctrines, ces déclarations, émises en l'année 1819, dans la discussion de la loi *sur la répression des crimes et délits commis par la voie de la presse, ou par tout autre moyen de publication,* et qui ont déterminé l'adoption de l'article 21 de la loi portant : « NE DONNERONT OUVERTURE A AUCUNE » ACTION *les discours tenus dans le sein de l'une des deux chambres,........*° n'ont trait qu'aux poursuites que des tiers auraient pu se croire autorisés à exercer *devant les tribunaux, par la voie répressive,* et sont sans application au *droit de réponse* qui n'a été introduit dans la législation que trois ans plus tard, par la loi du 25 mars 1822. Le droit de réponse, le seul dont il soit question dans ce procès, ne saurait donc en recevoir aucune atteinte.

En vérité, messieurs, ce débat serait puéril, si un état de choses exceptionnel, et heureusement passager, nous l'espérons du moins, ne venait lui donner sa raison d'être, en le marquant en même temps d'une teinte sombre et triste, bien faite pour affliger tous les honnêtes gens amis du droit et de l'équité. Si la liberté de la presse existait en réalité, tranchons le mot, si les journaux n'étaient pas sous la main de l'autorité, qui dispose de leur sort à son gré et comme il lui plaît, nous n'aurions pas eu de motifs pour recourir à la justice des tribunaux. Ce n'est pas en effet un journal seulement, mais dix journaux que nous aurions trouvés prêts à accueillir la réponse de M. Leymarie, et à la publier ; et nous défions bien notre honorable adversaire de citer un texte de la loi en vertu duquel on aurait pu condamner, comme coupables d'attentat à l'inviolabilité de M. le président du Conseil d'État, M. Leymarie qui aurait signé cette réponse, et les journaux qui l'auraient publiée.

Mais telle n'est pas la situation, messieurs. Les journaux, qui ne manquent pas d'éprouver un vif désir d'être délivrés de la peur qui les empêche de publier la réponse de M. Leymarie, ne veulent néanmoins la publier que sous la garantie de la justice, et si elle leur commande de le faire. De là la nécessité pour nous d'intenter ce procès, et d'invoquer le bénéfice du droit qui nous est ouvert par l'article 11 de la loi du 25 mars 1822.

Mais ce droit, objecte-t-on encore, le droit de réponse, n'a été établi que contre les journalistes, et implique un cas de responsabilité personnelle et directe de leur part. Non ! répéterons-nous à notre tour : ce droit n'a pas été établi exclusivement en vue de la responsabilité des éditeurs et rédacteurs de journaux ; il n'a pas été établi principalement contre *les journalistes,* mais contre *les journaux.* Il a eu pour but essentiel d'empêcher ou de rompre ce blocus de la presse que l'on peut resserrer autour d'un homme publiquement attaqué, dont on étouffe la plainte en le réduisant à l'impossibilité de se faire entendre; et pour tous les cas où ce mal existe, la loi a créé le remède.

Et qu'a donc, au surplus, de si effrayant ce droit de réponse, qu'il semble que l'on n'ose pas même l'envisager en face? Il se réduit à permettre à un homme attaqué de se défendre, à un citoyen publiquement outragé de répondre publiquement à l'outrage; à obliger les journaux qui ont publié l'attaque à insérer une réponse qui ne juge pas le procès, mais qui l'instruit et le complète, laissant ensuite à chacun la liberté de ses appréciations. Il a pour limites quatre intérêts supérieurs qu'il lui est ordonné de respecter, comme condition préalable et absolue de son existence : *l'ordre social, la morale publique, l'intérêt d'un tiers, l'honneur du journaliste.* (Arrêt de la Cour de cassation du 26 mars 1841.) Enfin, il a pour censeur ce journaliste lui-même, et pour modérateurs et pour juges les tribunaux.

Je vous le demande, messieurs, n'y a-t-il pas là assez de garanties, et plus qu'il n'en faut, pour les intérêts généraux de la Société, et maintenant, ne sommes-nous pas excusables de demander à notre tour un peu de cette protection, si libéralement et si largement accordée, d'en demander une part bien minime pour l'intérêt individuel et privé qui, lui aussi, a droit d'être respecté? Voilà cependant tout le procès.

Et en effet, messieurs, il ne s'agit pas d'autoriser, sous prétexte de répondre, une immixtion quelconque dans les discussions agitées à la tribune. La question politique réservée du droit de discussion, qui ne s'impose pas aux journaux par voie de contrainte, il ne s'agit ici d'autre chose que d'obliger les journaux à publier une réponse bornée au seul intérêt du fait personnel et privé, et qui, si elle sortait de ces étroites limites, y serait sévèrement ramenée, après examen, par le tribunal saisi de la contestation.

Car, messieurs, c'est votre pouvoir que l'on attaque, en attaquant le droit individuel dont la loi vous a constitués les protecteurs et les gardiens. C'est vous que l'on veut dépouiller d'une de vos prérogatives les plus précieuses, et qui est en même temps notre plus cher patrimoine, puisqu'on peut dire qu'elle renferme en elle tous nos intérêts d'honneur, de considération, de dignité publique et privée : Voilà, messieurs, l'entreprise que l'on poursuit, et dans quel but! Pour créer, au profit des corps politiques, un effrayant privilége dont on ose à peine mesurer l'étendue et les conséquences; qui, confondant les diverses natures des droits, exagère le principe d'autorité en le déplaçant : présent funeste que ces corps ne voudraient pas accepter, car il aurait pour résultat d'établir entre eux et les citoyens une barrière monstrueuse d'impopularité : situation la plus antipathique à tous les instincts de notre nation, la plus contraire aux sentiments de fraternité et de concorde que nous voudrions voir toujours régner entre tous les citoyens.

C'est à la magistrature française qu'il appartient de sauver le pays d'un si grave danger. C'est en vous, messieurs, que nous espérons; et nous persistons avec confiance dans nos conclusions.

———

CONCLUSIONS DE M. L'AVOCAT IMPÉRIAL
MERVEILLEUX DUVIGNAUX.

Messieurs,

On l'a parfaitement compris, et le débat s'en est heureusement ressenti : le vif intérêt qui s'attache à la délicate question que vous allez juger n'est pas un intérêt de parti, c'est un intérêt de pur principe, et nous n'en voulons d'autre preuve que l'attitude prise à cette audience par la plupart des journaux défendeurs, qui viennent de s'en rapporter à votre justice. Pourtant, jamais peut-être il n'a été plus nécessaire aux magistrats de s'élever au-dessus des considérations d'espèce pour demeurer dans les hautes régions du droit : les plus puissants motifs de susceptibilité et de défense personnelles vous ont été présentés avec toute l'autorité d'une discussion très habile et des plus honorables adhésions. Il faut, messieurs, savoir se soustraire à ces influences, et n'éclairer ce procès que des lumières de la loi.

Il s'agit de l'exercice du droit de réponse. Après tout ce que vous venez d'entendre, nous considérons comme superflu de proclamer une fois de plus combien ce droit est précieux et pour les intérêts privés et pour l'ordre public : c'est le droit naturel de la légitime défense; c'est une indispensable sauvegarde offerte aux citoyens contre les trop faciles écarts de la presse périodique; c'est une lutte juste et loyale sur le terrain même et devant le public témoins de l'attaque. Je souhaite hautement, avec la jurisprudence et la doctrine, la plus large extension de ce droit et la plus rigoureuse restriction de cet autre droit, moralement si contestable, que le premier venu s'arroge de parler d'autrui.

Mais, pas plus que le droit de défense corporelle, le droit de réponse n'est sans limites, et ce sont ces limites qu'il faut préciser, ou plutôt, ce qu'il importe ici de faire, ce n'est pas à proprement parler de restreindre, c'est surtout de bien définir.

Vous connaissez l'histoire de l'article 11 de la loi du 25 mars 1822. Proposé sous forme d'amendement à la Chambre des députés, il fut en quelque sorte voté d'enthousiasme. Il n'en fut pas de même à la Chambre des pairs, qui ne l'adopta qu'après une assez vive discussion, et sur l'assurance donnée par les orateurs qui l'appuyaient, que de sages et indispensables ménagements seraient gardés dans l'application du principe. C'est là que la voix la plus autorisée, celle de M. le garde des sceaux, posa les règles qui depuis ont été développées par la jurisprudence, et qui se réduisent à ceci : il y a raison suffisante de refuser l'insertion lorsque la réponse est de nature à engager la responsabilité personnelle du journaliste envers des tiers ou envers les défenseurs de l'ordre public. Les arrêts, quelque favorables qu'ils aient toujours été au droit de réponse, ont décidé que, lorsque la réplique pouvait donner lieu à des poursuites publiques ou privées, et même lorsqu'elle désignait des tiers et leur donnait ainsi occasion de répondre à leur tour, le journaliste avait la faculté de ne pas l'insérer.

Ces principes sont bien évidemment applicables à la demande qui vous est soumise : il suffit de lire la lettre de M. Leymarie pour voir que le journal où elle sera insérée est exposé à recevoir des rectifications officielles ou des réponses de particuliers; je ne rappelle pas les noms propres, mais il y en a assez pour que les pages de tous ces journaux se remplissent de réponses à la réponse même. En présence d'une pareille situation, ne vous appartient-il pas d'apprécier, comme l'ont souvent fait d'autres juges, non pas sans doute le plus ou moins de fondement de la réclamation du demandeur, mais ce que M. Chassan appelle si justement *la légalité de la réponse?*

Mais je passe rapidement. Là n'est pas pour nous le véritable nœud de la question. L'heure qui fuit et les longs développements que vous avez entendus me commandent d'ailleurs de resserrer la discussion le plus possible, et j'ai hâte de pénétrer au vif du débat. Allons au fond des choses, étudions l'essence du droit qu'on réclame, et nous trouverons dans cette étude la raison claire et juridique de décider.

Le caractère essentiel du droit de réponse se compose de deux éléments inséparables, dont le second est trop aisément oublié peut-être : *réparation* accordée à l'offensé, mais aussi *peine* infligée à l'offenseur. C'est une peine, puisqu'une contrainte est imposée, puisqu'un dommage matériel et une certaine souffrance morale en résultent, puisqu'enfin, en cas de refus, la sanction nécessaire est une amende correctionnelle.

Il est donc absolument indispensable que la réclamation s'adresse à un fait personnel du journaliste. La publication des paroles auxquelles on veut répondre est-elle ou non le fait propre du journal, ou bien une responsabilité plus haute ne vient-elle pas couvrir celle du défendeur ? Voilà où est véritablement la question.

Cette haute responsabilité, nous en pourrions citer de nombreux exemples. Je n'entends pas par là, veuillez bien le remarquer, que toute parole prononcée par un personnage revêtu d'un caractère officiel puisse être impunément répétée. Quelque autorité que puisse avoir la conversation plus ou moins publique d'une personne investie d'un pareil caractère, elle n'en est pas moins une conversation. Il faut que la parole ait été officiellement prononcée, officiellement publiée; c'est alors qu'elle tombe dans le domaine public.... Ah ! je sens combien ce terrain est brûlant, et combien l'appréciation sera parfois difficile. Mais elle peut et elle doit se faire. Supposons qu'un jugement régulièrement rendu parle, comme on en voit d'assez fréquents exemples, d'un tiers qui n'est pas directement en cause, et dont cependant les nécessités du procès veulent qu'il soit ainsi question. Comment! le journal judiciaire, qui donnera purement et simplement cette décision, sans y rien changer, sans y ajouter aucune réflexion personnelle, sera exposé aux réclamations du tiers mécontent, et obligé de répondre lui-même à ce qu'ont prononcé des juges ? Que des particuliers soient désignés dans une proclamation, dans un discours de l'autorité publique (et vous pouvez les supposer émanés de bien haut), la susceptibilité de ces tiers pourra ainsi être fort justement éveillée. Mais quoi ! pour satisfaire cet intérêt privé, vous obligerez le journal qui a reproduit le discours à couvrir de son nom et à payer de ses deniers la réponse faite, à qui, en définitive? à une parole officielle qu'il n'avait pas le droit de contrôler? Où est la faute, où est l'imprudence, où est le quasi-délit que veut la loi pour que l'insertion soit imposée? Condamner l'écrivain téméraire à réfuter lui-même le jugement qu'il a osé porter sur autrui, rien de mieux; condamner celui qui reproduit infidèlement le texte officiel ou qui le commente, rien de mieux encore. Mais ici la voix du journal, écho irresponsable, est couverte par celle de l'autorité : c'est à celle-ci, et à elle seule, qu'on peut répondre; nous verrons tout à l'heure de quelle manière on peut le faire.

Suivons la gradation, et supposons maintenant qu'il s'agisse de la plus officielle, de la plus indépendante, de la plus irresponsable des paroles, celle qui tombe de la tribune législative. Celle-là est inviolable par excellence : le député est protégé contre toute espèce d'atteintes, à raison de ses discours, et l'on peut aller jusqu'à dire qu'il est protégé contre lui-même par la loi de 1849, qui lui interdit d'être gérant responsable d'un journal. Eh bien ! cette parole souverainement indépendante, prononcée au nom du pays, pour être entendue du pays, il faut, il est de l'essence de nos institutions, qu'elle soit librement répétée. Le journal qui la reproduit n'est que la continuation et comme le complément de la tribune, il participe à son inviolabilité, et, de même que pour répondre à un discours qui le blesse, un particulier ne peut forcer l'entrée de l'enceinte législative, de même il ne peut introduire, par contrainte, sa défense dans les colonnes du journal.

On vous a parlé, messieurs, d'un arrêt de 1850. Je ne m'y arrêterai pas : on l'a discuté complétement. Je me borne à vous faire remarquer deux choses : la première, c'est que, dans l'espèce de 1850, il s'agissait, non pas, comme aujourd'hui, d'une réclamation contre la reproduction d'un document officiel, mais tout au contraire de la plainte portée devant les tribunaux par l'orateur, dont la parole officielle avait été infidèlement reproduite. La seconde, c'est que les considérants de l'arrêt contiennent une formule que l'on peut se permettre de trouver un peu trop absolue. Je ne crois pas, je vous l'avoue, que le principe de l'article 22 de la loi du 17 mai 1849 soit ici inapplicable. Le compte fidèle des séances publiques du Corps législatif, rendu de bonne foi dans les journaux, ne donne lieu à aucune action, pas plus à la réclamation judiciaire du droit de réponse qu'à une poursuite pour diffamation ou injure. L'immunité est entière, et la règle posée par la loi n'est que l'application du système que je viens de m'efforcer de développer.

Mais je parle de la bonne foi et de la fidélité du compte rendu ! Il en pouvait être question en 1850, et l'infidélité de l'analyse dont se plaignait M. de Ségur d'Aguesseau suffisait pour justifier l'arrêt de 1850. Aujourd'hui, s'agit-il de rien de semblable, et n'est-il pas vrai de dire que la disposition de la loi de 1822 est elle-même devenue superflue sous le régime créé par la Constitution? Les procès-verbaux des séances législatives, officiellement rédigés et régulièrement adoptés, deviennent un texte inaltérable, auquel il n'est plus permis de rien ajouter, duquel on ne peut rien retrancher. Quelle que soit l'impression du journaliste, elle n'a pas à se manifester, elle ne doit pas se manifester : il reproduit, rien de plus, rien de moins. Sans doute, en dehors du compte rendu, il est libre de faire ses réflexions personnelles, c'est lui qui parle alors, et c'est à lui qu'on peut répondre. Mais sa personnalité est effacée dans l'analyse du débat : ne lui demandons pas compte de ce qu'il n'a ni fait ni pu faire ; voilà, messieurs, le dernier mot du procès.

Mais on fait deux objections, auxquelles nous allons répondre en quelques mots :

Vous étiez, dit-on, libre de ne pas publier, et en donnant place dans votre journal à ce compte rendu qui n'était pas votre œuvre, vous vous en êtes fait l'éditeur responsable. Ceci, d'abord, ne peut s'appliquer au *Moniteur*, dont la situation spéciale a, tout à l'heure, été nettement exposée. Quant aux autres journaux, est-il bien exact de dire qu'ils aient la liberté dont on parle ? S'il n'y a pas pour eux nécessité administrative , il y a quelque chose d'aussi impérieux peut-être : on a peine, il en faut convenir, à concevoir un journal judiciaire ne pouvant librement publier les décisions de justice, ou une feuille politique refusant à ses lecteurs l'histoire des débats législatifs. Le public a ses exigences , desquelles dépend la vie du journal dont l'autorité a permis la naissance. Je me trompe, car ceci ne suffirait pas : il ne s'agit pas ici de la curiosité du public, il s'agit du pays, à qui la loi reconnaît le droit de savoir les paroles dites pour lui, et à qui on a le droit absolu de les redire.

Mais, ajoute-t-on, voilà les citoyens sans défense contre ce qui se dit à la tribune, où tout peut se dire, et la plus retentissante des attaques est celle qui les trouve le plus désarmés. Non, non, messieurs, gardons-nous de cette exagération qui vient d'échapper au sentiment de l'intérêt personnel. A défaut de cette voie de réponse exceptionnelle, on ne peut trop le répéter, le droit commun garde son empire. En vain vous disait-on à l'instant, que publier une rectification à des allégations portées à la tribune, c'est encourir les peines prononcées par l'article 14 du décret du 17 février 1852. Cet article ne punit que les contraventions à l'article 42 de la Constitution sur le compte rendu des séances. Reste le droit de libre réponse, par les moyens ordinaires et dans les formes légales. Le demandeur a déjà montré ce qu'il était possible de faire à cet égard, et vous avez sous les yeux des imprimés, où la pensée de l'auteur se manifeste sans entraves, et dont personne n'a cherché à arrêter la circulation. Je sais bien que tout le monde n'a pas le talent et les autres ressources de M. Leymarie, et à Dieu ne plaise que dans nos paroles se glisse même l'apparence d'une ironie : non certes, je ne veux pas dire que la réparation légale ait toujours, pour tout le monde, une efficacité proportionnée à la gravité de la blessure. Mais ici nous ne voyons plus que la loi. Nous cherchons, dans le fait qu'on vous invite à condamner, cette faute, ce jugement personnel et téméraire que demande l'équité, et que veulent l'esprit et la lettre du texte de 1822, et nous ne pouvons l'y trouver. Nous apercevons un dommage, mais aucun agent responsable : dès lors, pas de condamnation possible. Il reste ceci, messieurs : c'est qu'au-dessus des intérêts privés, que dis-je ? c'est que la plus sûre et la plus réelle garantie des intérêts privés, est le ferme maintien des principes d'ordre public.

Nous estimons que la demande ne peut être accueillie.

Audience du 7 décembre 1860.

JUGEMENT.

« Attendu que Leymarie fonde l'action par lui intentée sur l'article 11 de la loi du 25 mars 1822 ; que cette disposition a eu pour objet de remédier aux abus pouvant résulter de la liberté de la presse, et d'opposer au droit de critique et d'attaque ce droit de réponse et de défense ;

» Attendu que le sens de la loi ressort directement, soit des discussions auxquelles sa rédaction a donné lieu, soit de son titre même, soit enfin des termes dans lesquels est conçue la disposition dont Leymarie se prévaut, et qui suppose un article, c'est-à-dire un écrit émané du journaliste, qu'il s'approprie et dont il est responsable ;

» Attendu dès lors que la faculté dont le demandeur prétend user n'est consacrée qu'au profit de la personne sur laquelle l'attention publique est appelée par le fait purement spontané de l'écrivain ;

» Et attendu que le compte rendu des séances du Corps législatif est l'œuvre d'une commission légalement constituée qui en surveille la rédaction ; que la reproduction qui en est faite, et qui ne peut être qu'intégrale, n'implique pas l'assentiment du journaliste ; que ce dernier use d'un droit, obéit aux exigences de la presse, et n'encourt aucune responsabilité en livrant à la publicité ce document officiel ;

» Attendu, en conséquence, que les défenseurs ont pu refuser une insertion à laquelle aucune loi ne les obligeait.

» Par ces motifs,

» Déclare Leymarie mal fondé en sa demande, l'en déboute, et le condamne aux dépens envers toutes ces parties, dont distraction aux avoués qui l'ont requise. »

PRÉSIDENCE DE M. LE PREMIER PRÉSIDENT DEVIENNE.

Audience du 16 février 1861.

AFFAIRE CARTAULT DE LA VERRIÈRE.

Rectification d'acte de naissance.

Un jugement du 13 septembre 1860 a autorisé M. Justin Cartault à faire rectifier son acte de naissance par l'adjonction du nom de la Verrière. Le ministère public ayant interjeté appel de ce jugement, l'affaire vient à l'audience de la 1re chambre du 16 février. M. le procureur général CHAIX D'EST ANGE, assisté de M. le premier avocat général CHARRINS, doit soutenir l'appel qui sera combattu dans l'intérêt de l'intimé par Me Paul ANDRAL. L'intérêt des questions soulevées et l'intervention personnelle de M. le procureur général dont on a si rarement l'occasion d'entendre la voix puissante, attirent un public nombreux de magistrats et d'avocats.

M. LE PREMIER PRÉSIDENT. — Me Andral, persistez-vous dans les fins de non-recevoir soulevées par vous contre l'appel ?

Me ANDRAL. — Oui, monsieur le premier Président.

M. LE PREMIER PRÉSIDENT. — Vous avez la parole pour développer les exceptions.

PLAIDOIRIE DE Me ANDRAL.

Messieurs,

Le grand-père de mon client s'appelait Cartault; son père a reçu à sa naissance le nom de Cartault; mais je le soutiens et je le prouverai, ce dernier a légitimement acquis et publiquement porté, avant 1789, le nom de la Verrière, emprunté par lui à un fief acquis en 1771 : il s'est marié sous ce nom ; sous ce nom, il a fait inscrire ses deux fils aînés, avant 1789. Quant à l'intimé, né le 24 germinal an VIII, il est désigné, cela est vrai, dans son acte de naissance, sous le nom de Cartault, parce que les lois et les usages de l'époque proscrivaient les distinctions nobiliaires. Dans le désir légitime de porter le même nom que son père et que ses frères, il a demandé au tribunal civil de Melun de rectifier son acte de naissance et de lui restituer le nom de la Verrière. Sa requête a été accueillie par un jugement du 13 septembre dernier, rendu sur les conclusions conformes du ministère public et dont cependant le ministère public s'est rendu appelant.

A cet appel nous opposons une première fin de non-recevoir, tirée de ce que M. le procureur impérial n'était en première instance que partie jointe. En supposant qu'il eût pû se porter partie principale, il ne l'a pas fait ; or, nul ne peut interjeter appel d'un jugement auquel il n'était pas partie. Sans insister davantage sur cette première fin de non-recevoir à laquelle nous attachons une importance secondaire, nous nous contenterons de signaler à la Cour deux arrêts conformes : Montpellier, 10 mai 1859, et Dijon, 11 mai 1860. La question déférée à la Cour de cassation a été réservée par elle dans son arrêt du 21 novembre 1860.

Nous soutenons en second lieu, et surtout, que le ministère public ne peut, au civil, agir par voie d'action principale que dans les cas où ce droit lui a été formellement conféré par le législateur, et nous prétendons que les rectifications d'actes de l'état civil ne rentrent dans aucun de ces cas.

Cette question est l'une des plus importantes qui puisse être soumise à la Cour ; elle divise profondément la jurisprudence, elle intéresse au plus haut degré l'intérêt social, gravement compromis, suivant M. le procureur général, si son action est repoussée ; plus gravement compromis, suivant nous, si elle est admise. M. le procureur général invoquera les droits de la loi dont il faut assurer la respectueuse observation ; nous invoquons les droits des citoyens dont il faut respecter le foyer domestique. M. le procureur général vous parlera des nécessités du pouvoir ; nous vous parlerons des intérêts non moins urgents et non moins sacrés de la liberté individuelle ; pour tout dire, en un mot, nous nous plaçons sous l'égide de la loi du 24 août 1790, qui appliqua à l'organisation de la magistrature les principes de 1789. On nous opposera une loi de 1810, destinée, suivant les adversaires, à accommoder ces principes aux idées et aux besoins de l'empire.

Avant de discuter, je mettrai sous les yeux de la Cour, dans leur ensemble et dans l'ordre chronologique, les textes qui peuvent être invoqués de part ou d'autre.

L'ancienne législation ne nous fournit aucun renseignement utile sur la matière. L'antique institution des gens du roi différait trop du ministère public actuel pour qu'on puisse raisonnablement tirer argument de leurs attributions. Je constaterai seulement que ces grands magistrats qui se sont, à travers les siècles, montrés les défenseurs si fermes, si constants, si jaloux de la loi, jusqu'à lutter contre l'autorité royale elle-même, ne se sont jamais arrogé le droit exorbitant qu'on revendique aujourd'hui.

La loi organique de la magistrature du 16 août 1790 règle ainsi les attributions du ministère public, titre VIII, article 2.

« Au civil, les commissaires du roi exerceront leur ministère non par voie d'action, mais seulement par celle de réquisition dans les procès dont les juges auront été saisis. »

Je passe la période révolutionnaire ; grâce à Dieu, le ministère public n'a rien à voir avec ces accusateurs publics qui ont ensanglanté la France et déshonoré l'œuvre de la justice.

Quand l'ordre commença à renaître, le gouvernement se préoccupa des moyens d'assurer la tenue régulière des registres de l'état civil, et le conseil d'État, consulté par lui sur les droits qu'on pourrait, en cette matière, donner au ministère public, répondit, le 13 nivôse an X, par un avis ainsi conçu :

« Le conseil est d'avis que les principes sur lesquels repose l'état des hommes s'opposent à toute rectification des registres, qui n'est pas le résultat d'un jugement *provoqué par les parties intéressées* à demander ou à contredire la rectification ; que ces principes ont toujours été respectés comme la plus ferme garantie de l'ordre social ; qu'ils ont été solennellement proclamés par l'ordonnance de 1667 qui a abrogé les enquêtes *d'examen à futur ;* qu'ils viennent encore d'être consacrés dans le projet de la 3ᵉ loi du Code civil ; qu'on ne pourrait y déroger *sans porter le trouble dans les familles et préjudicier à des droits acquis.* »

Remarquez, messieurs, qu'on était alors sous l'empire de la constitution de l'an VIII, dont l'esprit n'était assurément pas d'énerver le pouvoir. Cependant la loi de 1790, juste dans son principe, était peut-être trop absolue dans ses termes. Pendant dix ans la guerre, guerre glorieuse, avait ravagé nos frontières, et à l'intérieur des désordres sans nom avaient désolé nos provinces. Dans nombre de communes les registres de l'état civil avaient été détruits ; dans d'autres, il n'en avait pas été tenu ; partout il existait des lacunes. Pour rétablir l'état civil si essentiel à l'ordre social, on ne pouvait compter sur le zèle des parties : on le pouvait d'autant moins que les pères, en inscrivant leurs fils, les vouaient à la conscription. Mais les nécessités de la conscription qui effrayaient les familles pressaient le gouvernement, et les ministres, sans cesse occupés de pourvoir les armées, s'adressèrent de nouveau au conseil d'État. Cette sage compagnie sut maintenir le principe de non-intervention du ministère public, et en même temps pourvoir aux urgents besoins du moment. C'est dans cet esprit qu'est évidemment rendu l'avis du conseil d'État du 12 brumaire an XI :

« Le conseil d'Etat qui, d'après le renvoi des consuls, a entendu le rapport de la section de législation sur ceux des ministres de la justice et de l'intérieur relatifs aux questions de savoir :

» 1° Si l'officier de l'état civil peut rédiger et inscrire d'après les déclarations des parties les actes de l'état civil non inscrits sur les registres dans les délais prescrits par la loi, ou s'il est nécessaire que cette inscription soit autorisée par jugement ;

» 2° Si, *dans ce cas,* il ne conviendrait pas que les commissaires du gouvernement près les tribunaux intervinssent d'office pour requérir les jugements, *afin d'en éviter les frais aux parties.*

« Est d'avis,

» Sur la première question, que les principes qui ont motivé l'avis du 13 nivôse an X, sur la rectification des actes de l'état civil, sont, à plus forte raison, applicables au cas de l'omission de ces actes sur les registres, puisque la rectification n'a pour objet que de substituer la vérité à une erreur dans un acte déjà existant, et que, lorsqu'on demande à réparer une omission d'acte, il s'agit évidemment de donner un état; que, s'il était permis de donner à l'officier de l'état civil le pouvoir de recevoir, sans aucune formalité, des déclarations tardives et de leur donner de l'authenticité, on pourrait introduire des étrangers dans les familles, et que cette faculté serait la source des plus grands désordres; que les actes omis ne peuvent être inscrits sur les registres qu'en vertu de jugements rendus en grande connaissance de cause de l'omission, contradictoirement avec les parties intéressées, ou elles appelées, et sur les conclusions du ministère public; et que ces jugements peuvent même être attaqués, en tout état, par toutes les parties qui n'y auraient pas été appelées;

» Sur la deuxième question : qu'il est plus convenable de laisser aux parties intéressées à faire réparer l'omission des actes de l'état civil, le soin de provoquer les jugements, sauf le droit qu'ont incontestablement les commissaires du gouvernement d'agir d'office en cette matière dans les circonstances qui intéressent l'ordre public. »

Ainsi le conseil d'État, persistant dans sa jurisprudence, refuse en principe au ministère public l'action directe, et ne lui accorde qu'exceptionnellement le droit de provoquer non point jamais la rectification d'un acte existant, mais seulement l'inscription d'actes qui n'auraient pas existé.

Si la pensée du conseil d'État était douteuse, elle apparaîtrait dans les travaux préliminaires du Code qui s'élaborait alors, et dans le Code lui-même. Quand le législateur, dérogeant aux principes trop absolus de la loi de 1790, veut donner au ministère public le droit d'action directe au civil, il le dit expressément. Ainsi l'article 114 du Code Napoléon charge le parquet de veiller aux intérêts des personnes présumées absentes; ainsi l'article 184 lui permet d'attaquer les mariages entachés de bigamie ou d'inceste, ou contractés par un impubère; ainsi l'article 491 lui donne le droit de provoquer l'interdiction du fou furieux qui n'a point de parents. En dehors de ces cas et des autres ainsi formellement spécifiés par la loi, l'article 83 du Code de procédure accorde au ministère public non le droit d'agir, mais seulement celui de conclure dans les matières d'ordre public, et c'est parmi ces matières, qui ne sont que *communicables*, que le second paragraphe indique précisément « les causes qui concernent l'état des personnes. »

Rapprochons-nous de notre espèce: l'article 53 du Code Napoléon, qui donne au parquet la surveillance des registres de l'état civil, est ainsi conçu :

« Le procureur du roi au tribunal de première instance sera tenu de vérifier l'état des registres lors du dépôt qui en sera fait au greffe; il dressera un procès-verbal sommaire de la vérification, dénoncera les contraventions ou délits commis par les officiers de l'état civil, et requerra contre eux la condamnation aux amendes. »

Si donc le procureur du roi découvre des irrégularités ou des inexactitudes, d'après le code, il ne pourra pas en provoquer la rectification, mais seulement poursuivre la répression des délits, et encore aux termes d'un avis du conseil d'État du 31 juillet 1806, ne devra-t-il le faire qu'en vertu d'une autorisation spéciale du grand juge.

J'arrive à l'article 99 qui s'occupe des rectifications. Le projet primitif donnait au ministère public le droit de rectifier lui-même les inexactitudes qu'il découvrirait ou qui lui seraient signalées par les parties. A la demande de Bigot de Préameneu, cette proposition fut unanimement repoussée et l'article renvoyé à la section. (Locré, t. III, p. 98.) A la séance du 12 brumaire an X, Thibaudeau rapporta une nouvelle rédaction, qui est l'article 99 actuel :

« Lorsque la rectification d'un acte de l'état civil sera demandée, il y sera statué, sauf l'appel, par le tribunal compétent, et sur les conclusions du procureur du roi. Les parties intéressées seront appelées, s'il y a lieu. »

Voici en quels termes Thibaudeau justifiait la rédaction nouvelle :

« M. Thibaudeau dit que les auteurs du projet avaient adopté deux sortes de rectifications, *l'une faite d'office par le tribunal, sur la réquisition du commissaire,* et l'autre, contentieuse, sur la demande des parties intéressées. *La section n'a pas cru qu'on dût adopter la rectification d'office.* On ne conçoit pas comment elle pourrait être faite sans donner lieu aux plus graves inconvénients. Les registres de l'état civil sont *un dépôt sacré ;* nulle autorité n'a le droit de rectifier ou de modifier les actes qui y sont inscrits. Les erreurs, les omissions et tous les vices qui peuvent se rencontrer dans ces actes, ouvrent des droits à des tiers. *S'il y a lieu à rectification, il faut donc qu'elle ne soit ordonnée que sur la demande des parties,* et contradictoirement avec tous les intéressés. » (Fenet, t. VIII, p. 64.)

Ces lignes sont importantes, parce qu'elles détruisent une confusion qui s'est glissée dans certains arrêts et dans certains auteurs : on a dit que le conseil d'État avait seulement entendu refuser au ministère public le droit de rectifier sans jugement les actes de l'état civil ; c'était en effet le projet primitif. Mais lors de la discussion de la rédaction définitive, on voit clairement que le législateur entend refuser au ministère public non-seulement le droit d'opérer, mais celui de demander les rectifications, cela résulte du passage que je viens d'avoir l'honneur de lire à la Cour, et de ceux que je vais encore placer sous ses yeux :

« Il y a peut-être, dit Cambacérès, plus d'inconvénient à rechercher des irrégularités dont personne ne se plaint qu'il n'y en a à les laisser subsister. Ce mode sera utile pour quelques cas, et sera un principe de troubles dans beaucoup d'autres. » (Loiré, t. III, p. III.)

A son tour, Chabot s'exprime ainsi :

« Le commissaire du gouvernement, qui est chargé de vérifier l'état matériel des registres, ne pourra pas, même lorsqu'il reconnaîtra qu'il y a erreur, défaut d formalités ou simple omission dans un acte, en requérir de son propre mouvemen la rectification. Le projet de loi ne lui donne à cet égard que le droit de requérir une peine contre les auteurs de la contravention ; c'est un droit de police et non pas un droit de réformation. »

Puis, c'est M. Siméon :

« Cette rectification, que des erreurs, des négligences, quelquefois même des délits, peuvent rendre nécessaire, ne dépendra jamais de ceux qui dressent les actes ni de ceux qui les conservent. Ce qui est écrit est écrit. Il ne leur est pas permis de toucher au dépôt qui leur est confié. Les tribunaux seuls, en grande connaissance de cause, *à la réquisition des parties*, après avoir appelé tous ceux qui y ont intérêt et *entendu* le commissaire du gouvernement pour l'intérêt public, peuvent ordonner la rectification. »

Lorsque l'article 99 est porté au corps législatif, Thibaudeau s'exprime ainsi, non plus en son nom personnel, mais dans l'exposé des motifs :

« *On a pensé que rien ne justifiait cette rectification d'office requise par le commissaire et ordonnée par le tribunal* ; on ne conçoit pas comment elle pourrait être faite sans donner lieu à de graves inconvénients. Les registres de l'état civil sont, comme nous l'avons déjà dit, un dépôt sacré ; nulle autorité n'a le droit de modifier ou de rectifier d'office les actes qui y sont inscrits. Si le commissaire près le tribunal est tenu de vérifier l'état des registres lorsqu'ils sont déposés au greffe, ce ne peut être que pour constater les contraventions ou les délits commis par les officiers de l'état civil, et pour en requérir la punition. C'est une vérification de police qui ne doit nullement influer sur la validité des actes : c'est ainsi que la loi de 1752 l'avait décidé. Les erreurs, les omissions et tous les vices qui peuvent se rencontrer dans les actes de l'état civil acquièrent des droits à des tiers. *S'il y a lieu à rectification, elle ne doit être ordonnée que sur la demande des parties*, contradictoirement avec tous les intéressés. » (Locré, t. III, p. 148.)

Enfin, un estimable auteur, M. Rieff, résume ainsi toutes les discussions préparatoires des articles 53 et 99 :

« Cette idée, qu'aucun changement, aucune modification, aucune rectification ne peut être apportée aux actes de l'état civil autrement que sur la demande judiciaire des parties intéressées, a été rejetée dans tous les discours, dans tous les rapports qui ont été faits sur la partie de la loi qui nous occupe. » (Actes de l'état civil, n° 110.)

Après avoir ouvert aux intéressés le droit de faire rectifier les actes de l'état civil, le législateur règle, dans les articles 855 et suivants du Code de procédure, le mode suivant lequel ce droit pourra s'exercer.

Article 855, promulgué le 2 mai 1806, postérieurement à l'avis de brumaire an XI :

« Celui qui voudra faire ordonner la rectification d'un acte de l'état civil, présentera requête au président du tribunal de première instance. »

Article 856 :

« Il sera statué sur le rapport et sur les conclusions du ministère public... »

Le législateur ne prévoit évidemment pas que le ministère public puisse agir comme partie principale, mais sa pensée est encore mieux précisée dans l'article 858 :

« Dans le cas où il n'y aurait d'autre partie que le demandeur en rectification, et où il croirait avoir à se plaindre du jugement, il pourra, dans les trois mois depuis la date de ce jugement, se pourvoir à la Cour royale, en présentant au président une requête, sur laquelle il sera indiqué un jour auquel il sera statué à l'audience sur les conclusions du ministère public. »

Si le ministère public était l'adversaire, même éventuel, du demandeur en rectification, c'est contre lui que l'appel serait dirigé, et notre article n'eût pas été obligé de créer cette forme exceptionnelle d'appel par voie de requête au premier président.

Ainsi, l'économie de la loi et la pensée du législateur sont bien claires. Dérogeant à la loi de 1790 en ce qu'elle avait d'excessif, le Code accorde au ministère public le droit d'action directe dans certains cas exceptionnels et spécifiés. Dans tous les autres cas, et notamment en ce qui concerne les actes de l'état civil, le Code lui refuse formellement l'action directe.

C'est dans cette disposition des esprits, dans cet état de la législation qu'intervient, le 20 mai 1810, la loi qui règle l'organisation intérieure de la magistrature et les attributions respectives de ses membres. L'article 46 qu'on nous oppose à tort n'innove rien, j'espère le démontrer, et ne fait que résumer la sage et constante pensée du législateur, telle que j'ai eu l'honneur de la révéler à la Cour. Cet article est ainsi conçu :

« En matière civile, le ministère public agit d'office dans les cas spécifiés par la loi.

» Il surveille l'exécution des lois, des arrêts et des jugements ; il poursuit d'office cette exécution dans les dispositions qui intéressent l'ordre public. »

Le 18 juin 1811 paraît le tarif criminel ; les articles 121 et 122 règlent les frais dans les actions civiles intentées par le ministère public :

Art. 121. « Les frais des actes et procédures faits sur la poursuite d'office du ministère public, dans les cas prévus par le Code civil et notamment par les articles 50, 53, 81, 184, 191 et 192, relativement aux actes de l'état civil, seront payés, taxés et recouvrés ainsi qu'il est dit au chapitre précédent. »

Art. 122. « Il en sera de même lorsque le ministère public poursuivra d'office les rectifications des actes de l'état civil, en conformité de l'avis de notre conseil d'État du 12 brumaire an XI, comme aussi au sujet des poursuites faites en conformité de la loi du 25 ventôse an XI sur le notariat, et généralement dans tous les cas où le ministère public agit dans l'intérêt de la loi et pour assurer son exécution. »

Si la loi de 1810 avait innové, comme on le prétend, si elle avait donné au ministère public le droit d'action dans tous les cas où l'ordre public lui semblerait intéressé, le tarif de 1811 eût au moins visé cette loi ; il n'aurait pas énuméré toutes les dispositions spéciales et anciennes pour omettre la disposition générale et récente. Le tarif a passé sous silence la loi de 1810, parce que la loi de 1810 ne crée aucun droit nouveau et ne fait que constater, confirmer les droits résultant de dispositions antérieures.

Il y a mieux : la loi des finances de 1817 dispense du timbre les procédures suivies par le ministère public en matière d'actes de l'état civil. Quelles sont les actions que cette loi prévoit devoir être exercées par le ministère public ? Celles qui, en vertu de l'avis de brumaire an XI, auront pour objet de suppléer aux registres qui n'existeraient pas, et puis les rectifications qu'en vertu d'un décret spécial de 1802 ou 1803, le ministère public poursuivrait *dans l'intérêt des indigents;* article 75 :

« Seront visés pour timbre et enregistrés gratis les actes de procédure et les jugements à la requête du ministère public, ayant pour objet : 1° de réparer les omissions et faire les rectifications sur les registres de l'état civil d'*actes qui intéressent les individus notoirement indigents* ; 2° de remplacer les registres de l'état civil perdus ou incendiés par les événements de la guerre, et de suppléer aux registres qui n'auraient pas été tenus. »

Pourquoi les faveurs de l'article 75 ne sont-elles pas étendues aux actions analogues à celles qu'exerce aujourd'hui M. le procureur général ? Sans doute, parce que dans la pensée du législateur, le ministère public ne doit pas les exercer. L'identité entre notre espèce et les cas prévus par l'article 75 de la loi de 1817 est si parfaite que M. le procureur général a fait viser pour timbre, et enregistrer gratis tous les actes de la procédure. Je ne m'en plains assurément pas. J'en conclus seulement que si le ministère public avait pour faire rectifier les actes de l'état civil les mêmes droits qu'il a pour suppléer leurs lacunes, la loi, en réglant et en assurant l'une de ces deux actions, eût également réglé et assuré l'autre.

Partout, après comme avant la loi de 1810, vous allez voir le législateur fidèle à sa pensée. Ainsi, le 8 décembre 1823, une ordonnance royale prescrit dans le plus grand détail les devoirs qu'impose au ministère public la vérification des registres de l'état civil. L'article 3 est ainsi conçu :

ART. 3. « Aussitôt que cette vérification aura été terminée, nos procureurs adresseront aux officiers de l'état civil de leur arrondissement des instructions sur les contraventions qui auront été commises dans les actes de l'année précédente et sur les moyens de les éviter.

» Ils enverront copie de ces instructions à nos procureurs généraux. »

Les procureurs généraux doivent à leur tour transmettre ces rapports au garde des sceaux qui leur envoie en réponse ses instructions. Surveillance, poursuites correctionnelles, admonitions, mesures à prendre pour éviter les irrégularités dans l'avenir, tout est prévu, et il n'est pas question de l'action que le ministère pourrait intenter aux fins de rectification.

Enfin intervient la loi de 1858 sur les usurpations de nom. Ni dans le texte, ni dans l'exposé des motifs, ni dans les rapports, ne se rencontre un mot sur la question : nous verrons l'argument qu'on peut tirer de ce silence; quant à présent je constate le fait.

J'ai dû mettre sous les yeux de la Cour l'ensemble de ces textes pour lui permettre d'en saisir l'esprit. N'est-il pas, dès à présent, démontré pour elle avec la clarté du jour que les procureurs impériaux n'ont qu'exceptionnellement au civil l'action directe et principale?

Si j'avais besoin d'un texte pour justifier ma fin de non-recevoir, j'invoquerais la loi de 1790, qui n'a jamais été abrogée et dont les dispositions diverses sont chaque jour appliquées; mais je n'en ai pas besoin. Création et, si je puis ainsi parler, mandataire de la loi, le ministère public n'a d'autres pouvoirs que ceux que lui a formellement conférés la loi. Je n'ai donc pas à produire de texte qui refuse au ministère public le droit que je lui conteste; je n'ai qu'à discuter les dispositions que peut invoquer M. le procureur général pour justifier l'appel interjeté par lui.

Deux systèmes ont été tour à tour soutenus : dans l'un, on prétend que le ministère public a le droit d'action dans tous les cas qui intéressent l'ordre public; dans l'autre, on reconnaît qu'une disposition spéciale est nécessaire et l'on cherche cette disposition dans l'avis de brumaire an XI et le tarif de 1811.

Le premier système repose tout entier sur la loi de 1810, dont on invoque l'esprit et le texte. L'expérience, dit-on, avait démontré les vices de la loi de 1790 qui laissait la société désarmée en face de scandaleux abus; déjà le Code avait rendu, pour certains cas, le droit d'action directe au ministère public. En 1810, la réaction contre la loi de 1790 était complète, et le législateur, obéissant aux tendances du gouvernement impérial, a évidemment voulu conférer aux parquets les pouvoirs les plus étendus.

Il est vrai, je l'ai dit, que la loi de 1790 était trop absolue et que la jurisprudence avait dû en atténuer la rigueur. Ainsi, deux arrêts avaient reçu l'appel dirigé par des procureurs généraux contre deux jugements qui avaient, sans motif suffisant, prononcé la nullité de deux mariages. Mais le Code, sous ce rapport, avait accordé pleine satisfaction aux exigences de l'ordre public, et le législateur avait donné au ministère public le droit d'action dans tous les cas où il convenait de le faire, notamment dans les cas qu'avaient signalés Merlin et la jurisprudence, mais il n'avait pas entendu aller plus loin, ainsi que l'attestent le texte et les discussions du Code, et dérogeant, pour certains cas, à la loi de 1790, il avait toujours expressément maintenu et confirmé le principe.

La réaction qu'on signale existait dans les esprits; mais le Code avait satisfait avant la loi de 1810 à tout ce qu'elle avait de légitime et de sérieux; depuis la promulgation de l'article 184 du Code Napoléon, les plaintes dont la loi de 1790 avaient été antérieurement l'objet avaient complètement cessé : il n'y avait donc plus rien à réformer.

Sans doute nous sommes loin de 1790, de cette grande et généreuse époque où la France se montrait ardemment libérale, sans être encore révolutionnaire, et je ne méconnais pas la tendance qu'on avait en 1810 à sacrifier les libertés et les intérêts individuels, et à prodiguer au pouvoir tous les droits qu'il voulait s'arroger; mais si le législateur avait entendu apporter à l'économie de nos lois un changement si radical, s'il avait entendu abroger l'article 99 du Code

Napoléon, et les articles 83 et 858 du Code de procédure promulgué, non en 1790, mais en 1806, on trouverait dans l'exposé des motifs la trace de cette pensée, et dans la loi même une disposition précise et formelle. L'exposé des motifs est muet, et, de l'aveu de tous, le texte est au moins obscur, et ce n'est que par de subtiles déductions qu'on en fait ressortir le sens qu'on lui prête.

Je pourrais dire, avec la Cour de cassation, que l'article 46 est mal rédigé, cela n'est pas nécessaire : selon moi, les deux paragraphes s'expliquent et se concilient à merveille. Dans le premier le législateur pose le principe, dans le second il caractérise et définit la mission qu'il vient de donner au ministère public. Les deux paragraphes indiquent ainsi la double condition qui sera exigée pour que le ministère public puisse agir. Il faudra d'abord qu'il soit dans un des cas spécifiés par la loi ; il faudra ensuite que, *dans l'espèce*, l'ordre public soit engagé. Voulez-vous dire que le second paragraphe était inutile et qu'il n'ajoute rien au premier ? Ce ne serait pas la seule redondance qu'on trouverait dans nos lois, et je suppose plus volontiers une redondance qu'une contradiction. Or, le sens qu'on donne à l'article, dans le système que je combats, le ramènerait à ces termes : « Le ministère public agit dans les cas spécifiés par la loi et, en outre, dans les cas non spécifiés. » C'est faire injure au législateur que de lui prêter un pareil non-sens.

On répond que l'ordre public n'est pas intéressé dans tous les cas où la loi donne au parquet l'action d'office, et on cite l'article 114 du Code Napoléon ; c'est le seul exemple qu'on invoque. Je pourrais dire que le législateur n'a pas songé à ce cas unique, mais il n'est pas vrai que l'hypothèse prévue par l'article 114 ne touche pas à l'ordre public. La société est intéressée à ce qu'il n'y ait pas de biens vacants et à ce qu'il soit pourvu à l'administration de la fortune des absents comme des mineurs et des interdits.

Interrogé isolément dans son texte ou dans son esprit, l'article 46 de la loi de 1810 ne donne donc pas à M. le procureur général le droit qu'il revendique. Si le sens de cet article était obscur, il serait éclairci et précisé par les lois qui ont suivi. Vous l'avez vu, messieurs, le tarif de 1811 énumère tous les cas où le ministère public agira d'office ; il vise tous les textes, notamment l'avis de l'an XI, et il ne parle pas de la loi de 1810, qu'il eût évidemment visée en première ligne, si cette loi avait donné au ministère public l'action directe en dehors des cas spécifiés. Je le répète, le tarif n'eût pas réglementé les cas les plus rares pour omettre le plus général et le plus fréquent ; il n'eût pas négligé le principe pour s'arrêter aux exceptions.

Ce n'est pas tout, vous avez vu le Code indiquer avec soin tous les cas où il entendait investir le ministère public du droit d'action directe. Après comme avant la loi de 1810, toutes les fois que le législateur veut conférer au ministère public l'action d'office, il le dit expressément . S'agit-il d'arracher au supplice d'une détention arbitraire un malheureux enfermé sans motif dans une maison de fous, ou bien de pourvoir à l'administration de la personne et des biens d'un pauvre aliéné ? Les articles 29 et 31 de la loi de 1838, portent : « Le procureur du roi pourra se pourvoir d'office. » S'agit-il d'annuler un brevet contraire à l'ordre, aux bonnes mœurs et à la sûreté générale et aux lois ? Aux termes de l'article 37 de la loi du 5 juillet 1844, « le procureur du roi pourra se pourvoir directement par action principale pour faire prononcer la nullité. » Dans tous les autres cas, et aux termes du même article, « il pourra se rendre partie intervenante et prendre des réquisitions pour faire prononcer la nullité ou la déchéance absolue du brevet. » Conçoit-on des faits qui intéressent plus vivement l'ordre public ? Si la loi de 1810 donnait au ministère public le droit d'agir toutes les fois que l'ordre public est intéressé, la disposition spéciale que je viens d'indiquer serait superflue, elle n'aurait pas trouvé place dans la loi.

Ainsi, la prétention de M. le procureur général est contraire au texte comme à l'esprit de la loi de 1810 ; elle méconnaît la loi de 1790, dont le principe est toujours resté en vigueur, malgré les dérogations partielles qu'il devait subir et qu'il a subies, elle est démentie par toutes les lois spéciales soit antérieures soit postérieures à 1810.

Voyons maintenant ces conséquences du système : sans doute, au premier aspect, il semble que personne ne puisse se plaindre de voir des magistrats éminents qui sont la voix et comme le bras de la loi, étrangers et supérieurs aux passions, se porter partout où l'ordre public serait troublé, réparer les négligences ou déjouer les combinaisons frauduleuses des parties, pour assurer de toutes parts le respect et le triomphe du droit. Mais, prenons-y garde, l'ordre public n'est nulle part défini et il ne peut pas l'être. Suivant l'expression de l'un des plus éminents magistrats de la Cour de cassation, M. Renault d'Ubexi, c'est le mot le plus élastique et le plus indéfinissable. Eh quoi ! contrainte par corps, inscription de faux, compétence, jeux de bourse, séparation de corps, désaveu de paternité, interdiction, réclamations d'état, dans toutes ces matières, dans toutes celles énumérées à l'article 83 du Code de procédure, dans bien d'autres encore, le ministère public pourra interjeter appel des décisions rendues contrairement ou même conformément à ses conclusions ? Renversant sur la foi d'un paragraphe incident et obscur toute l'économie de nos lois et toutes les traditions de la justice, de partie jointe il se fera partie principale chaque fois qu'à tort ou à raison il croira l'intérêt social engagé ? Que deviendra la sûreté des conventions ? Par respect pour les mystères et les douleurs du foyer domestique, la loi interdit au parquet de poursuivre d'office l'adultère : est-ce pour lui permettre de reprendre d'office une instance en séparation ou en désaveu que les parties auront abandonnée par une pieuse crainte de scandale ?

Où s'arrêter ? où distinguer ? Sans doute, on peut compter sur la sagesse et la modération des magistrats : mais l'amour du bien, la passion de la loi ont leurs ardeurs et leurs entraînements, et je me demande avec effroi, quand l'ordre public sera suffisamment dégagé, s'il est intéressé à ce que M. Cartault s'appelle ou ne s'appelle pas de la Verrière. L'ordre des juridictions et des compétences ne peut être remis à l'appréciation des hommes, et la loi seule peut régler de si graves intérêts. Non, à aucune époque, fût-ce en 1810, le législateur n'a pu livrer ainsi les intérêts, les droits, les secrets des familles !

La théorie subsidiaire est encore plus fragile. Dans ce système on admet que le parquet n'a pas, d'une manière générale, le pouvoir d'agir dans tous les cas qui intéressent l'ordre public, mais on prétend qu'il trouve dans des textes spéciaux le droit d'action directe en matière de rectification d'acte

X.   5

de l'état civil, et on invoque principalement l'avis du 22 brumaire an XI.

La Cour se rappelle les circonstances dans lesquelles a été rendu l'avis du 22 brumaire. J'ai dit qu'il avait eu surtout pour objet de pourvoir à la conscription, qui était la principale occupation et la plus urgente nécessité du gouvernement d'alors. J'en ai pour témoin le grand juge lui-même, qui, prescrivant aux procureurs généraux l'exécution de cet avis du conseil d'État, ne parle absolument que de la conscription.

« ..... Les funestes effets de la mauvaise tenue des registres de l'état civil dans plusieurs départements se font principalement sentir dans les embarras que l'on trouve pour la désignation des jeunes gens que la loi appelle au service militaire... La patrie ne doit pas souffrir de cette négligence ou de ces prévarications. D'après un avis du conseil d'État en date du 22 brumaire an XI, les procureurs près les tribunaux de première instance doivent intervenir d'office, pour la rectification des actes de l'état civil, dans les cas qui intéressent l'ordre public. Il n'en est aucun où l'intérêt public se montre plus que dans celui de la conscription. Vous devez donc requérir d'office le rétablissement ou la rectification des actes de naissance des jeunes gens qu'on présume faire partie de la conscription... Vous ne pouvez donner au gouvernement un gage plus certain de votre dévouement pour lui et une preuve plus efficace de votre zèle à remplir les fonctions qui vous sont confiées. » (Circulaire du grand juge du 22 brumaire an XIII.)

En tout cas, que la conscription ait été ou non le seul objet qu'ait eu en vue le gouvernement, en provoquant l'avis de brumaire an XI, il est certain que cet avis ne s'applique pas aux rectifications, et que dans la circulaire même que je viens de lire, le grand juge en étend arbitrairement la portée. Son titre même l'indique suffisamment ; j'ouvre en effet le Bulletin des lois, et j'y lis :

« Avis du 12 brumaire an XI, concernant les formalités à observer *pour inscrire sur les registres de l'état civil des actes qui n'y ont pas été portés dans les délais prescrits.* »

Pour savoir ce qu'a décidé le conseil d'État, il faut d'abord chercher ce qu'on lui demande ; or, la question posée par le gouvernement, et insérée également au Bulletin des lois, parle uniquement « *des actes de l'état civil non inscrits sur les registres dans les délais prescrits par la loi.* » Enfin, le conseil d'État vise et confirme expressément l'avis du 13 nivôse an X, que j'ai lu à la Cour, et qui refuse au ministère public l'action en matière de rectification. L'avis du 22 brumaire s'applique donc uniquement aux lacunes à combler, et non aux rectifications à opérer dans les registres de l'état civil.

Si cette disposition législative avait un sens plus étendu, elle aurait été virtuellement abrogée par l'article 99 du Code Napoléon, promulgué le 30 ventôse an XI. De deux choses l'une en effet : ou l'avis de brumaire an X est inapplicable en matière de rectification d'actes de l'état civil, ou il est abrogé ; car le sens qu'on lui prête est absolument inconciliable avec les discussions du conseil d'État sur l'article 99, et le texte même de cet article, ainsi que des articles 855 et suivants du Code de procédure, promulgués en 1806.

Sur ce point spécial, messieurs, sur l'interprétation de l'avis de l'an XI, permettez-moi d'invoquer l'opinion d'un grand jurisconsulte, qui a pu mieux que nous en connaître la portée, de Merlin :

« A toutes les époques de notre législation, il a été tenu pour maxime constante que les officiers de l'état civil ne pouvaient, de leur propre autorité, en réparer les erreurs ni les omissions ; qu'il ne leur était permis d'y toucher qu'en vertu de jugements rendus par les tribunaux, et que ces jugements ne pouvaient être provoqués que par les parties intéressées... »

Après avoir reproduit l'avis du 8 brumaire an XI, Merlin ajoute :

« A quel effet les commissaires du gouvernement peuvent-ils agir d'office en cette matière ? Pour faire rectifier les registres de l'état civil ? Non. C'est uniquement pour faire punir conformément à ce qu'ont réglé postérieurement les articles 50 et 51 du Code, les auteurs des négligences, erreurs, omissions et faux qui peuvent se produire dans les registres. » (Merlin, Rép., v° État civil, 54.)

Dira-t-on qu'il faut appliquer, par analogie à notre espèce, l'avis de brumaire an XI ?

Lorsqu'il s'agit d'une dérogation aussi grave au droit commun et d'une aussi périlleuse atteinte aux intérêts privés, on ne saurait raisonner par analogie. Il n'y a d'ailleurs aucune analogie. Si la société a un incontestable intérêt à ce que les actes de l'état civil ne couvrent pas d'usurpation de nom, l'ordre public est bien plus sérieusement intéressé à ce qu'il n'y ait dans ces actes aucune lacune, et l'on conçoit que le législateur ait donné au ministère public, pour combler ces lacunes, des pouvoirs qu'il n'a pas entendu lui conférer lorsqu'il s'agit de simples rectifications. De plus, lorsqu'il veut faire inscrire d'office des citoyens qui n'ont pas d'état, le ministère public ne blesse aucun intérêt légitime ; s'il provoque une rectification, il porte atteinte à un droit acquis ; suivant l'énergique expression de Siméon, il viole un dépôt.

Je n'ai plus qu'à dire un mot du tarif de 1811 et de la loi des finances de 1817. Il serait téméraire de chercher une loi de compétence dans un tarif et dans une loi de finance. Je veux bien cependant examiner ces deux monuments législatifs qu'on invoque à tort contre nous. Le tarif de 1811 se réfère purement et simplement à l'avis de brumaire an XI, se sert des mêmes termes, et n'y ajoute rien. Je ne m'y arrête pas. La loi de 1817 prévoit deux cas spéciaux : l'absence de tout registre, et les actions intéressant les indigents. Loin de confirmer le droit revendiqué au nom du ministère public, je l'ai dit déjà, cette loi le lui dénie par son silence même : *qui dicit de uno negat de altero*; cette maxime, dont on a parfois abusé, je le reconnais, est surtout vraie, lorsque le silence du législateur se continue dans une suite d'actes. Or, si l'avis de brumaire an XI, si le tarif de 1811, si la loi de 1817 sont muets sur le droit revendiqué par M. le procureur général, l'ordonnance du 26 novembre 1823 est également muette. J'ai le droit de dire qu'un silence si prolongé ne vient point d'un oubli. Ainsi, loin que le tarif de 1811 et la loi de 1817, en leur supposant quelque valeur, témoignent contre moi, ces actes démontrent la constance et la fidélité inébranlables avec lesquelles le législateur maintient sa pensée d'interdire au ministère public toute action en dehors des cas spécifiés par la loi, et de lui refuser notamment cette action, en matière de rectification d'actes de l'état civil.

Il en est de même de la loi récente de 1858. Certains auteurs et certains arrêts ont prétendu que notre système était inconciliable avec cette loi, suivant eux on ne saurait, sans énerver la loi, refuser au ministère public le droit d'appeler de jugements qui pourraient couvrir des usurpations qu'il a mission de réprimer. Il y a là une confusion. La loi de 1858 ne s'applique qu'aux cas « où l'erreur et l'illusion sont impossibles. » Cela est constant ; cela a été notamment déclaré dans ces termes mêmes par le savant rapporteur M. Duvergier. Or, dans le cas où un tribunal aurait prononcé, même à tort, une rectification, pourrait-on contester la bonne foi, l'illusion, l'erreur des parties?

Il y a plus. Dans l'exposé des motifs, dans les rapports au Corps législatif et au Sénat, dans la discussion enfin, tout le monde a été d'accord pour proclamer qu'on voulait atteindre de scandaleuses usurpations, presque toujours mises au service de l'escroquerie ; mais qu'il ne pouvait s'agir de procéder à une révision des titres et des noms, et c'est une véritable révision de ce genre que le ministère public voudrait s'arroger le droit d'entreprendre.

Si le législateur de 1858 avait entendu que le ministère public pût agir au civil par voie d'action principale, en présence d'une jurisprudence constante qui lui refusait ce droit, il le lui eût expressément conféré. La nécessité d'une disposition formelle eût été d'autant mieux sentie que l'éminent rapporteur de la loi, M. Duvergier, a soutenu dans ses commentaires sur Toullier que la loi de 1810 et l'avis de brumaire an XI étaient inapplicables. Dans l'exposé des motifs, M. Duvergier a présenté un historique complet de la législation sur la matière. Si son opinion s'était modifiée ou avait dû céder devant celle de la majorité, après avoir établi la nécessité de créer l'action correctionnelle pour les cas où il y aurait délit, il aurait ajouté que dans les autres cas où il n'y aurait pas lieu de mettre en mouvement l'action pénale, la société ne serait point encore désarmée, et que le ministère public provoquerait au civil la rectification de mentions qui seraient erronées et abusives, sans être défectueuses.

Si donc la loi de 1810 ne donne pas en général au ministère public le droit d'agir au civil, en dehors des cas spécifiés, il est encore plus impossible de trouver un texte spécial qui lui confère ce droit, en matière de rectification d'actes de l'état civil.

L'intérêt social n'est point pour cela en péril ; s'il se produit quelqu'un de ces abus scandaleux qui troublent l'ordre, le ministère public déférera les usurpateurs aux tribunaux correctionnels, et en vertu de la loi de 1858, il requerrera devant cette juridiction la rectification des actes sur lesquels se seront produites les usurpations. Quand il n'y aura pas lieu à l'action pénale, il n'y aura ni troubles ni scandales publics, et l'action privée des parties intéressées pourra et devra seule être admise.

En supposant que la doctrine que je combats soit fondée, elle ne serait pas applicable à l'espèce. Je conçois encore dans ce système que le ministère public agisse pour faire rectifier un acte qui changerait le sexe d'un individu ou contiendrait une mention adultérine. Il y a là une infraction grave à l'ordre que les parties ont intérêt à cacher, et dont les tribunaux ne connaîtraient pas sans l'intervention du ministère public. Mais s'il s'agit d'une particule ou d'un nom à ajouter à un autre, s'il s'agit d'un jugement rendu par un tribunal au rapport d'un juge, et sur les conclusions du ministère public, sans méconnaître que l'intérêt social ne soit engagé, comme il l'est après tout dans la plupart des procès, je nie que l'ordre public soit compromis.

La chancellerie elle-même a reconnu que les rectifications d'actes de l'état civil n'intéressent pas toujours l'ordre public. Je lis en effet dans une circulaire du 22 brumaire an XIV :

« Encore que la rectification des actes de l'état civil ne puisse pas être provoquée d'office, cette disposition cesse dans ce qui intéresse l'ordre public. »

Toutes les rectifications n'intéressent donc pas l'ordre public. Or, je le demande, quelle espèce peut être plus indifférente que la nôtre à l'ordre général de la société? Mais alors dans quels cas l'ordre public sera-t-il assez troublé pour que le ministère public ait le droit d'agir? J'avoue que je ne saurais préciser les cas, et j'ose dire que mon illustre adversaire ne le saurait pas davantage. Cela prouve une fois de plus que, lorsqu'on abandonne les prescriptions claires et précises du droit pour se livrer à des déductions et à des interprétations arbitraires, on tombe dans l'incertitude, dans le doute et la contradiction, et c'est pour cela que je ne veux confier qu'à la loi, et non point aux hommes, la protection des droits individuels.

J'arrive à la doctrine et à la jurisprudence. Plusieurs auteurs recommandables, je dois le reconnaître, ont admis l'action du ministère public dans tous les cas où l'ordre public est intéressé ; mais la plupart l'ont fait incidemment à propos de la question bien différente de savoir si le ministère public peut s'opposer au mariage, dont il aurait le droit de demander la nullité ; d'autres, M. Chauveau, par exemple (question 2896), admettent en principe l'action du ministère public, mais ils la restreignent à cinq cas, où elle est autorisée par des textes spéciaux, et dans lesquels ne rentre pas notre espèce ; M. Pigeau va moins loin encore, il ne reconnaît au ministère public le droit d'agir que pour assurer l'exécution de la loi sur le recrutement ; un seul auteur, M. Bertin, s'est nettement prononcé dans des articles récents pour les prétentions du ministère public, telles qu'elles sont formulées devant vous. A son autorité, nous opposons celle de M. Massabiau, de Dalloz (répertoire *verbis*, actes de l'état civil et ministère public); Toullier (t. I, n° 340); M. Duvergier (sur Toullier, *loco cit.*); Zachariæ (t. III, p. 240). Enfin, et surtout, j'invoque et je voudrais lire à la Cour le rapport de M. Renault d'Ubexi sur l'arrêt du 21 novembre 1860. Mais je ne pourrais, sans la dénaturer, rien extraire de cette vigoureuse et savante discussion, que son étendue me défend de placer en ce moment sous ses yeux. La Cour, dans son délibéré, lira ce lumineux travail.

Quant à la jurisprudence, il y a une distinction essentielle à faire ; on peut nous opposer quatre arrêts de Cours impériales, rendus en 1860, et qui s'appliquent à des espèces pareilles à la nôtre. Je ne discute pas ces arrêts, dont je crois avoir réfuté les motifs. On nous oppose, d'un autre côté, un arrêt de cette chambre de 1851, et un arrêt de la chambre civile de la Cour de cassation de 1856. Ces deux arrêts ont été rendus dans des espèces différentes de la nôtre ; ils ont admis le ministère public, non point à intervenir en matière de rectification d'actes de l'état civil, mais à s'opposer à des mariages, dont il eût pu demander la nullité. Sans doute, ces arrêts visent incidemment la loi de 1810, comme donnant au ministère public le droit d'agir dans tous les cas où l'ordre public est intéressé. Mais il s'appuie principalement sur l'article 184 du Code Napoléon : devant des magistrats aussi éminents que vous, messieurs, je n'ai pas besoin de faire ressortir l'influence décisive que l'espèce exerce légitimement et inévitablement sur la solution de droit.

Quant à nous, nous invoquons les arrêts suivants : Paris, 26 avril 1833 ; Dijon, 11 mai 1860 ; Bordeaux, 28 août 1860 ; Amiens, 11 décembre 1860 ; et enfin les arrêts de la Cour de cassation du 1er août 1820, du 5 mars 1821, du 5 juillet 1824, du 3 avril 1826, du 28 décembre 1829, du 26 août 1831, du 29 février 1831, du 28 février 1832, du 23 mars 1839, du 2 décembre 1851, du 21 novembre 1860, ce dernier arrêt, rendu au rapport de M. Renault d'Ubexi, et sur les conclusions conformes d'un magistrat éminent, dont la Cour a pu apprécier le savoir, M. l'avocat général de Peyramont. Je ne crois pas, messieurs, qu'il existe une autre question sur laquelle on puisse citer une jurisprudence aussi constante, aussi uniforme, aussi énergique.

Parmi ces arrêts, je ne veux en citer que deux qui se distinguent par la vigueur de leur motif :

« Attendu que c'est un principe de notre ancienne comme de notre nouvelle législation, principe écrit dans l'article 2, titre 8 de la loi du 24 août 1790, dans l'article 46 de la loi organique du 20 avril 1810, et consacré par la jurisprudence constante de la Cour de cassation, que le ministère public ne peut agir au civil que par voie de réquisition et comme partie jointe ; qu'il n'a le droit d'agir d'office et par voie d'action que dans le cas où ce droit lui est spécialement confié par quelque loi ; que ce principe, qui tient à la liberté civile, doit être soigneusement maintenu, et qu'on ne saurait s'en écarter sans donner au ministère public un pouvoir inquisitorial qui lui permettrait de s'ingérer dans les intérêts privés et de troubler la paix des familles ; que, par ce même motif, la loi n'a pas voulu que, hors certains cas exceptionnels, le ministère public pût provoquer d'office la rectification des actes de l'état civil ; qu'on trouve cette règle nettement posée dans un avis du Conseil d'État du 22 nivôse an X ; qu'on y lit :

« Que les principes sur lesquels repose l'état des hommes s'opposent à toute » rectification des registres qui n'est pas le résultat d'un jugement *provoqué par* » *les parties intéressées à demander ou à contredire la rectification ;* »

» Que, loin qu'il y soit dérogé par l'avis du Conseil d'État du 8 brumaire an II, le dernier se réfère, au contraire, expressément au premier ;

» Qu'il pose en principe que les actes omis sur les registres « ne peuvent y être inscrits qu'en vertu de jugements rendus en grande connaissance de cause de l'omission, contradictoirement avec les parties intéressées, où elles sont appelées, et *sur les conclusions du ministère public,* » ce qui montre que le ministère public ne peut agir que comme partie jointe ; que si on lit un peu plus loin : « sauf le droit qu'ont incontestablement les commissaires du gouvernement d'agir d'office en cette matière dans les circonstances qui intéressent l'ordre public, » que cette réserve, toute pareille à celle qui termine l'article 46 de la loi du 20 avril 1810, ne peut, pas plus que celle-ci, être entendue, en ce sens que le législateur ait voulu rétracter dans la dernière partie le principe posé dans la première ;

» Qu'il faut donc la restreindre au cas où le ministère public a, d'après les lois, le droit d'agir par action principale, par exemple, s'il y a omission frauduleuse d'un acte de mariage (article 198 et 199 Code Napoléon), falsification, lacération, enlèvement des registres et autres cas pareils, où la rectification est la conséquence de l'exercice de l'action publique, et à ceux où l'action découle des principes généraux du droit, par exemple, s'il s'agit d'omissions, d'énonciations erronées sur les registres des naissances, ayant pour but ou pour effet de soustraire des jeunes gens au service militaire, parce que c'est alors l'État qui est la partie intéressée ; que, hors ces cas et ceux qui peuvent résulter de dispositions spéciales et exceptionnelles, telles que celles de l'article 75 de la loi du 25 mars 1817, il n'appartient pas au ministère public de requérir d'office la rectification des actes de l'état civil ;

» Que décider autrement, ce serait lui donner un droit sans limite, et qui absorberait complétement le principe posé dans les deux avis précités du Conseil d'État ;

» Que tout ce qui concerne l'état des personnes et les actes qui en sont le fondement est en effet d'ordre public, et c'est pourquoi ces questions ne peuvent être jugées sans que le ministère public soit entendu ; que vainement on voudrait distinguer les cas où l'ordre public ne serait intéressé que secondairement et ceux où il le serait d'une manière principale ;

» Que cette distinction serait absolument arbitraire, et les tribunaux ne sauraient où s'arrêter ;

» Attendu que l'article 122 du tarif criminel ne peut évidemment rien ajouter à l'avis du Conseil d'État du 8 brumaire an XIV, auquel il se rattache ; qu'il ne prouve qu'une chose, c'est qu'il est des cas où le ministère public peut faire rectifier d'office des actes de l'état civil, ce qui n'est pas contesté ;

» Attendu, au surplus, que tous les doutes sont tranchés par les dispositions des articles 33 et 93 du Code Napoléon, promulgués postérieurement à l'avis du Conseil d'État du 8 brumaire an XI ; que l'article 33 charge le ministère public de vérifier l'état des registres, de signaler, dans un procès-verbal, les irrégularités qui ont pu se glisser dans les actes de l'état civil, les vices dont ils peuvent être infectés ; que c'était le lieu de l'autoriser à en provoquer, selon les cas, la vérification, mais qu'il ne lui donne d'autre droit que d'en dénoncer les contraventions ou délits commis par les officiers de l'état civil, et de requérir contre eux les peines portées par la loi ;

» Que, d'un autre côté, le projet présenté au Conseil d'État établissait deux modes de rectification : « l'une, disait M. le conseiller d'État Thibaudeau dans la séance du 3 novembre 1801, faite d'office par le tribunal, sur la réquisition du commissaire ; l'autre, contentieuse, sur la demande des parties intéressées ; » la première fut rejetée ; « s'il y a lieu à rectification, ajoute M. Thibaudeau, elle ne doit être ordonnée que sur la demande des parties, contradictoirement avec les intéressées, » paroles qu'il répéta devant le Corps législatif, dans l'exposé des motifs de la loi : « Dans tous les cas, et pour toutes les rectifications quelconques, disait M. Siméon dans son rapport au tribunat, il faudra la réquisition préalable de l'une des parties intéressées ; »

» Qu'en un mot, on fut unanimement d'accord de retrancher la disposition qui autorisait le ministère public à provoquer d'office la rectification des actes de l'état civil, pour laisser exclusivement ce soin aux parties intéressées ;

» Qu'il y a là, en effet, des questions qui touchent non-seulement aux intérêts matériels, mais au repos et à l'honneur des familles, et qu'il y aurait plus d'inconvénient que d'avantage à livrer, sans leur aveu, aux investigations judiciaires ;

» Attendu que la loi du 28 mai 1858 est une loi répressive qui ne touche point à la législation civile ; que, si elle ne suffit pas pour atteindre toutes les usurpations que le législateur a voulu réprimer, il lui appartient de la compléter ; que ce qui importe, c'est que le ministère public n'ait, en matière de rectification des actes de l'état civil, que des droits bien définis, et non le pouvoir illimité qu'on veut faire découler d'un simple avis du Conseil d'État donné pour un cas spécial... » (Bordeaux, 28 août 1860.)

« Sur le moyen unique du pourvoi tiré d'une prétendue violation de l'avis du Conseil d'État du 12 brumaire an XI et de l'article 46 de la loi du 20 avril 1810, en ce que l'arrêt attaqué aurait dénié au procureur général le droit d'interjeter appel d'un jugement qui, sur la requête de la partie intéressée, avait ordonné, contrairement aux conclusions du ministère public, la rectification d'un acte de naissance :

» Attendu, sans qu'il soit besoin d'examiner la valeur de la fin de non-recevoir accueillie par l'arrêt, et tirée de ce qu'en première instance le ministère public n'était que partie jointe, que le droit d'appel n'appartiendrait en tout cas au ministère public qu'autant qu'en matière de rectification d'actes de l'état civil, l'initiative de l'action lui serait attribuée, soit par une disposition spéciale de la loi, soit, comme le prétend le pourvoi, par une disposition générale autorisant son intervention directe dans toutes les matières qui touchent à l'ordre public ;

» Attendu, sous le premier rapport, que l'article 2 du titre 8 de la loi du 24 août 1790 refusait au ministère public toute action au civil, et ne lui donnait que le droit de réquisition dans les causes où les juges avaient été saisis par les parties ;

» Qu'à la vérité l'expérience n'avait pas tardé à démontrer que ce principe, appliqué dans tout ce qu'il avait d'absolu pouvait, dans certains cas, compromettre l'intérêt social, et laisser le ministère public désarmé en présence de scandales qui profitaient aux parties, et que l'on ne pouvait raisonnablement espérer voir cesser sur leur initiative ;

Que pour ces cas exceptionnels et à mesure que la nécessité s'en faisait sentir, la loi, par des dispositions spéciales, a successivement élargi le cercle des attributions du ministère public en lui conférant au civil l'initiative que d'abord elle lui avait refusée ; mais que ce sont là des exceptions qui confirment la règle, et qui, comme toutes les exceptions, doivent être strictement renfermées dans leur objet ;

Attendu que l'on ne rencontre nulle part une disposition spéciale qui, dérogeant au principe posé dans la loi de 1790, donne au ministère public le droit de poursuivre directement et d'office la rectification des actes de l'état civil ; que le demandeur prétend vainement la rencontrer dans l'avis du Conseil d'État du 12 brumaire, an II ; que cet avis, comme son titre l'indique, a pour unique objet de régler le mode à suivre pour l'inscription aux registres de l'état civil des actes qui n'y ont pas été portés dans le délai légal ; que c'est pour ce cas seulement qu'il reconnaît au ministère public le droit d'agir d'office au civil toutes les fois qu'un intérêt général et d'ordre public réclame son intervention ; que l'on pourrait d'autant moins étendre ce droit par analogie à la rectification d'actes existants déjà, que, par un avis précédent du 13 nivôse de l'an X, le Conseil d'État avait réglé tout ce qui concernait cette rectification, et n'avait reconnu qu'aux parties intéressées le droit de provoquer les jugements qu'il déclarait nécessaires pour l'opérer ;

« Attendu que, loin d'avoir innové sous ce rapport, le Code Napoléon confirme, dans toutes ses dispositions, le principe généralement admis dans l'ancien droit, que les actes de l'état civil sont la propriété des citoyens qu'ils concernent, et qu'à eux seuls il appartient d'en poursuivre la rectification s'ils les croient erronés ; que c'est là ce qui résulte de l'article 99, qui suppose l'action introduite par les parties, et n'appelle le ministère public qu'à donner ses conclusions ; qu'il en est de même du Code de procédure, qui, dans les articles 855 et suivants, ne parle jamais que des parties intéressées, et ne fait intervenir le ministère public que pour donner ses conclusions ;

» Attendu que le pourvoi ne trouve pas une base plus solide dans l'article 122 du tarif criminel de 1811, qui prévoit le cas où le ministère public poursuivra d'office la rectification des actes de l'état civil, et règle le mode à suivre pour la taxe et le recouvrement des frais auxquels la poursuite aura donné lieu ; que l'avis du Conseil d'Etat de l'an II, auquel se réfère cet article, est trop clair pour avoir besoin d'être interprété, et qu'il serait dangereux d'ailleurs de chercher dans un tarif l'interprétation d'une loi de compétence ;

» Attendu, surabondamment, que l'article 75 de la loi de finances du 25 mars 1817, viendrait au besoin expliquer, pour en restreindre la portée, l'expression trop large et trop absolue du décret de 1811, puisqu'à l'occasion des registres de l'état civil il ne prévoit que deux cas dans lesquels pourra s'exercer l'action du ministère public, celui où la rectification à poursuivre intéresserait des individus notoirement indigents, et celui plus spécialement prévu par l'avis du conseil d'État de l'an II, où il s'agirait de suppléer aux registres qui n'auraient pas été tenus ;

» Attendu qu'à un autre point de vue la prétention du demandeur n'est pas mieux justifiée, et qu'en l'absence d'une disposition spéciale il tente inutilement de faire sortir de l'article 46 de la loi du 20 avril 1810, une disposition générale qui, en lui conférant l'action directe dans toutes les matières qui touchent à l'intérêt public, l'autoriserait à prendre l'initiative pour la rectification des actes de l'état civil ;

» Qu'en effet, interpréter comme le fait le demandeur la dernière partie de cet article 46, et supposer avec lui qu'il est entré dans la pensée du législateur de 1810, en chargeant le ministère public de poursuivre l'exécution des lois, des jugements et des arrêts intéressant l'ordre public, de lui conférer d'une manière générale un pouvoir jusqu'alors restreint dans des limites si étroites, ce serait annihiler le premier paragraphe dans lequel la loi pose nettement le principe que le ministère public n'a d'action au civil que dans les cas spécifiés par elle ;

» Qu'une pareille interprétation qui placerait ainsi le législateur en contradiction flagrante avec lui-même, peut d'autant moins être admise, qu'un droit aussi large reconnu au ministère public n'assignerait à sa compétence qu'une limite trop incertaine pour n'être pas souvent arbitraire, et pourrait parfois trop facilement justifier son intervention dans les intérêts privés des parties ;

» Attendu que rien dans l'exposé des motifs qui a précédé la loi de 1810 ne révèle de la part du législateur l'intention d'ajouter aux attributions du ministère public, et que l'on ne concevrait pas qu'une innovation aussi radicale dans son principe, et aussi grave dans ses conséquences, ait passé inaperçue et se soit glissée subrepticement dans l'article 46, à la faveur d'une rédaction tout au moins obscure et ambiguë ;

» Attendu que la dernière partie de l'article 46 ne peut raisonnablement s'interpréter que par son rapprochement avec la première, dont elle est le complément et la confirmation, et qu'elle n'attribue au ministère public le droit de poursuivre d'office l'exécution des lois, jugements et arrêts qui intéressent l'ordre public, que dans les cas pour lesquels une disposition spéciale lui confère l'initiative de l'action ;

» Attendu que la loi du 28 mai 1858, en édictant des peines correctionnelles contre ceux qui, sans droit, prendraient un nom et des titres que ne leur donneraient pas les actes de l'état civil, n'a rien ajouté aux attributions du ministère public en matière civile, et qu'on y chercherait vainement cette disposition spéciale nécessaire pour lui conférer l'action en pareille matière ;

» Que cette action tout exceptionnelle ne pourrait résulter pour lui que d'un texte précis et formel, et qu'on ne saurait l'induire par voie de conséquence des nécessités de la poursuite dont il est chargé ;

» Que ces nécessités, d'ailleurs, sont au moins fort contestables ; qu'en effet le délit qu'entend atteindre la loi de 1858 manque de son élément essentiel et ne saurait exister dès l'instant où un jugement, rendu conformément à la loi sur la requête de la partie intéressée, a déclaré la possession légitime, en ordonnant la rectification d'un acte de l'état civil avec lequel elle était en contradiction ;

» Attendu que ce jugement offre toute garantie à l'intérêt social que la loi nouvelle a voulu sauvegarder, et que, rendu d'ailleurs sur les conclusions du ministère public, il a vis-à-vis de lui la même autorité que celle qu'aurait incontestablement un jugement intervenu sur une exception préjudicielle, quoiqu'il n'y eût pas été partie principale ;

» Attendu que l'arrêt attaqué, loin d'avoir violé les dispositions de loi précitées, en a fait au contraire une juste et saine application ;

» Rejette. » (Cassation, 21 novembre 1860.)

Je ne veux rien ajouter à ces deux arrêts, qui résument mieux que je ne saurais le faire, et avec une autorité à laquelle je ne saurais atteindre, tous les arguments de ma cause sur la question de forme.

Au fond, je suis intimé, et j'attendrai pour mieux m'expliquer les critiques que M. le procureur général compte diriger contre le jugement que j'ai à défendre, à moins que la Cour n'en ordonne autrement.

M. LE PROCUREUR GÉNÉRAL. — Il serait préférable que l'avocat complétât sa défense.

M. LE PREMIER PRÉSIDENT. — Me Andral, expliquez-vous sur le fond.

Me ANDRAL. — Je suis aux ordres de la Cour ; mais je désire ne pas perdre les bénéfices que m'assure mon rôle d'intimé, et je demanderai à la Cour de m'accorder, en ce cas, la réplique.

M. LE PREMIER PRÉSIDENT. — Eh bien ! la Cour entendra d'abord M. le procureur général.

RÉQUISITOIRE DE M. LE PROCUREUR GÉNÉRAL CHAIX D'EST ANGE.

Messieurs,

Sur le registre de l'état civil de Melun, à la date du 24 germinal an VIII, se trouve l'acte de naissance de Justin Cartault, fils d'Étienne Cartault et de Jeanne-Françoise Lescure. Le 12 septembre 1860, le sieur Cartault présentait requête au président du tribunal civil de Melun pour obtenir qu'il fût statué sur la rectification de son acte de naissance, en ce sens qu'on ajoutât à son nom de Cartault celui de *de la Verrière*. Un juge est nommé par le président pour faire son rapport ; l'affaire est communiquée au ministère public qui donne des conclusions conformes à la demande, et le lendemain même de la présentation de la requête, le 13 septembre, intervient un jugement qui ordonne la rectification.

L'examen, vous le voyez, avait été rapide ; nous avons pensé qu'il n'avait pas été assez sérieux : nous avons provoqué de nouvelles vérifications, nous avons acquis la conviction que le nom de Cartault est le véritable et seul nom de celui qui avait présenté la requête, et, conformément aux instructions de la chancellerie, nous avons prescrit à notre substitut de Melun d'interjeter appel du jugement, afin que la Cour fût saisie de la question de savoir si véritablement le sieur Cartault a droit au nom de la Verrière.

Contre cet appel, se présentent deux fins de non-recevoir qu'il faut que nous examinions. La première est celle-ci : le ministère public, partie jointe, en première instance, peut-il changer son rôle et devenir partie principale en interjetant appel ? La question ne fait pas difficulté, et, sans entrer à ce sujet dans un examen approfondi, nous vous demanderons la permission de vous lire seulement ce qu'en dit Merlin :

« Le ministère public intervient toujours, et nécessairement comme *partie jointe*, dans les instances où la validité du mariage est mise en question entre deux parties privées ; car il faut toujours, d'après l'article 183 du Code de procédure, que la cause lui soit communiquée et qu'il y donne ses conclusions, soit pour, soit contre la demande en nullité.

» Et il est, par cette raison, extrêmement rare qu'il intervienne comme *partie directe*, peut-être même n'en y a-t-il pas d'exemple.

» Mais ne peut-il pas en se constituant *partie directe*, attaquer le jugement qui, sur les conclusions qu'il a données, comme *partie jointe*, a déclaré le mariage nul ?

» Et d'abord, résulterait-il contre lui une fin de non-recevoir de ce qu'il aurait conclu, comme *partie jointe*, en faveur de la nullité ?

» Non, et la raison est simple : c'est que, même dans le cas où, ayant qualité pour se constituer *partie directe*, il a figuré dans le jugement en cette qualité, les conclusions qu'il a données en faveur de l'opinion adoptée par le jugement, ne lui ôtent pas la faculté, ou pour parler plus juste, ne le dispensent pas du devoir de prendre, s'il y a lieu, les voies de droit pour le faire réformer. Ce principe, qu'il n'est pas de notre sujet d'approfondir ici, a été consacré par cinq arrêts de la Cour de cassation, des 18 ventose an VIII, 18 avril 1806, 20 novembre 1811, 2 janvier et 25 février 1813. »

On peut citer dans le même sens le rapport sur lequel a été rendu l'arrêt de la Cour de cassation de novembre 1860 ; on y trouve l'abandon à peu près formel de cette fin de non-recevoir, sur laquelle la Cour n'a pas jugé à propos de se prononcer. Sur ce premier chef, nous n'en dirons pas davantage.

Le sieur Cartault oppose une seconde fin de non-recevoir plus sérieuse, plus grave, divisant, je ne dirai pas les auteurs, mais la jurisprudence. Elle est fondée sur la loi du 24 août 1790, qui a organisé l'ordre judiciaire en France. Cette loi, en effet, est formelle ; elle refuse au ministère public toute action directe, en toute espèce de cause, dans les termes les plus absolus. Elle porte, au titre VIII, *Du ministère public :*

« ART. 1ᵉʳ. — Les officiers du ministère public sont agents du pouvoir exécutif auprès des tribunaux. Leurs fonctions consistent à faire observer, dans les juge-

ments à rendre, les lois qui intéressent l'ordre général, et à faire exécuter les jugements rendus. Ils porteront le titre de *Commissaires du roi.*

« ART. 2. — Au civil, les commissaires du roi exerceront leur ministère, non
par voie d'action, mais seulement par celle de réquisition dans les procès, dont
les juges auront été saisis.»

Je le répète, le langage de la loi ne saurait être plus absolu. Il y a là, contre
l'action du ministère public, une sorte de méfiance qui n'est pas dissimulée
et que l'esprit du temps explique, du reste, à merveille. Cette loi était empreinte des idées qui régnaient alors, et malheureusement, au lieu d'être une
loi judiciaire, c'était une loi politique. Un décret avait décidé que les officiers
du ministère public seraient nommés par le roi; l'Assemblée constituante
était inquiète et ne voulait pas leur accorder une trop grande puissance. Le
rapporteur de la loi, Thouret, le disait, et je vous demande la permission de
mettre sous vos yeux un passage de son discours :

« Qu'il reste aux commissaires du roi assez de fonctions, sans celle d'accuser,
pour qu'ils soient encore des officiers utiles. Je finis par ce mot, seul digne du patriotisme et des lumières de cette assemblée : c'est qu'en général et en toute hypothèse, quelque réservée que puisse être la fonction d'un agent du pouvoir exécutif,
ce ne peut jamais être une raison de déléguer au roi une fonction populaire, pour
qu'il en accroisse le pouvoir et l'influence de son agent. »

Aussi, il s'agissait d'un agent du roi ; on ne voulait pas accroître son pouvoir et son influence, on voulait au contraire les resserrer dans les limites les
plus étroites. Tel fut l'esprit de la loi de 1790 ; tel fut l'esprit qui dicta l'article 2 du titre VI dont j'ai eu l'honneur de vous donner lecture. Aussi ceux
qui rapportent cette loi en simples annotateurs, ne manquent pas de le remarquer : ce fut une loi politique plutôt qu'une loi judiciaire.

Voilà donc les termes formels de la loi de 1790. Il est incontestable que si
nous étions encore sous l'empire de cette loi, si elle avait été maintenue et
conservée, il n'y aurait pas de discussion possible ; le ministère public n'aurait
pas d'action directe au civil, et, quels que fussent les scandales qui pussent
se produire, il faudrait qu'il s'inclinât et gardât le silence. Mais nous prétendons que cet état de choses n'existe plus et que la loi de 1790 a été modifiée
et transformée par la loi de 1810 ; c'est ce que nous espérons vous démontrer
en peu de mots.

En effet, messieurs, en 1810, il s'agissait de refaire l'organisation judiciaire
en France, d'en coordonner toutes les dispositions dans un autre sens, dans
un autre esprit, dans d'autres intentions que celles qui avaient présidé à l'organisation judiciaire de 1790. Or dans cette loi, il y a un paragraphe intitulé :
Du ministère public, qui contient un article 46 que je vous demande la permission de vous lire :

« En matière civile le ministère public agit d'office dans les cas spécifiés par
la loi.

» Il surveille l'exécution des lois, des arrêts et des jugements ; il poursuit
d'office cette exécution dans les dispositions qui intéressent l'ordre public. »

N'est-il pas évident qu'il y a une énorme différence entre la loi de 1790 et celle de 1810? Comparons leurs dispositions. Dans la loi de 1790, prohibition absolue; jamais, sous aucun prétexte, au civil, le ministère public n'aura d'action; jamais il n'aura le pouvoir d'agir directement. Et on ajoute :

« Il pourra agir seulement, par voie de réquisition, dans les procès dont les juges auront été saisis. »

Dans la loi de 1810, au contraire, en matière civile, le ministère public agira d'office dans les cas spécifiés par la loi; le ministère public aura l'action, mais seulement lorsqu'elle lui aura été attribuée par une loi spéciale.

Si on en était resté là, rien au monde de plus clair, de plus simple, de plus facile à appliquer. Au lieu de placer le ministère public devant une prohibition absolue, comme sous l'empire de la loi de 1790, on l'aurait enfermé dans des limites qu'il n'aurait pu dépasser : en sorte que pour exercer l'action directe, il aurait toujours été forcé de montrer un texte qui l'y autorisât d'une manière expresse. Mais on ne s'est pas arrêté là, et dans un second alinéa, on a pris le soin d'élargir le cercle de ses attributions.

« Il surveille, porte la loi dans ce second paragraphe, l'exécution des lois, des arrêts et des jugements; il poursuit, en matière civile, l'exécution des dispositions qui intéressent l'ordre public. »

Eh bien! messieurs, est-ce là une disposition claire, précise, facile à comprendre? Il me semble qu'il n'en est pas de plus précise, de plus formelle, et qui souffre moins de commentaires. Ou la loi veut dire quelque chose, ou elle ne veut rien dire, et dans ce dernier cas, ce n'était pas la peine de la faire. Si elle veut dire quelque chose, c'est qu'elle apporte deux changements, deux extensions au principe qui avait été posé dans la loi de 1790; si elle veut dire quelque chose, c'est d'abord que le ministère public aura l'action toutes les fois qu'une loi spéciale la lui aura donnée; c'est, en outre, que, quand une loi spéciale ne la lui aura pas attribuée, si l'ordre public y est intéressé, l'action lui appartiendra. Je répète que rien au monde n'est plus clair, plus précis, plus impératif que ces dispositions, et il me serait difficile de trouver une formule plus nette, plus naturelle, plus significative, pour exprimer l'idée que je viens de vous exposer.

Il s'est rencontré cependant un document judiciaire émanant des plus graves autorités, qui déclare que cette rédaction est au moins obscure et ambiguë; que le second paragraphe a le même sens que le premier, qu'il n'y ajoute rien, qu'il n'en est que le complément et la confirmation.

Je reconnais qu'il est arrivé quelquefois que le législateur, croyant ne pas s'être expliqué assez clairement dans un texte, le répète dans un autre en des termes plus positifs et plus précis. Cela arrive quelquefois dans des lois différentes ou dans des dispositions isolées. Mais pourquoi dire deux fois la même chose dans des textes qui se touchent et se tiennent? Pourquoi, dans le même article, formuler deux fois la même prescription? C'est, dit-on, pour compléter une disposition qui n'a pas été clairement exprimée. N'est-ce pas, au contraire, le moyen de rendre la pensée de la loi ambiguë et douteuse?

Qu'est-ce donc, d'ailleurs, qu'un complément? Dans toutes les langues, dans le langage exact de la science comme dans le langage du monde, en logique, en grammaire, qu'est-ce qu'un complément? Le complément, c'est l'achèvement d'une chose qui, sans cela, resterait inachevée et imparfaite. J'entends bien le complément d'une disposition qui n'est pas claire. Mais quoi! quand il y a un paragraphe qui dit : « le ministère public agit dans les cas spécifiés par la loi, » il est besoin d'un complément! Il faut, pour le seul plaisir de se répéter, en l'exprimant deux fois, obscurcir cette idée, la diviser par paragraphes et fatiguer ainsi l'attention du lecteur et la mémoire du jurisconsulte !

Non, cela est impossible. En présence d'une disposition aussi claire, aussi nette, il est impossible de se tromper sur les intentions du législateur et de lui attribuer le besoin de donner un second paragraphe, sans lequel le premier n'aurait pas suffi.

On dit encore que c'est la confirmation du premier. Comment, la confirmation ? Oui, je l'entends; il y a des lois, en effet, et j'en comprends mieux la nécessité, il y a des lois qui en confirment d'autres; ce sont surtout les lois d'organisation qui, embrassant une vaste série de dispositions importantes et destinées à régler d'une manière complète tout un ordre de choses, sont obligées de rappeler et de confirmer les dispositions précédentes ; car si elles les omettaient dans l'ensemble qu'elles forment, on pourrait croire que ces dispositions sont abrogées. Je comprends donc qu'il y ait des confirmations de dispositions déjà écrites dans d'autres lois, et j'en trouve un exemple dans la loi même qui nous occupe. Quand le législateur, rappelant l'action du ministère public, déclare « qu'il aura l'action directe toutes les fois qu'elle lui sera donnée par une loi spéciale, » il rappelle et confirme des lois antérieures, des lois qui suivront peut-être et qui ont attribué au ministère public ou lui attribueront dans l'avenir l'action civile, dans tels et tels cas spécialement déterminés.

Mais comment? la confirmation du paragraphe premier qui se trouve dans le deuxième? le législateur dans la nécessité de confirmer dans le deuxième paragraphe ce qu'il vient de dire dans le premier? C'est impossible à expliquer et à comprendre.

Et puis, voyons donc cette confirmation : « Vous aurez l'action dans tous les cas qui ont été spécifiés par la loi, » voilà le premier paragraphe. « Vous aurez l'action dans tous les cas qui intéressent l'ordre public, » voilà le second. Ici le législateur restreint l'action, la renferme dans des limites précises : au contraire, là il en élargit le cercle, il l'étend à tous les cas qui intéressent l'ordre public ; et ce serait là une confirmation ! Mais ce serait plutôt, comme on l'a dit, une contradiction ! Non, il n'y a là ni une confirmation ni un complément également inutiles en face d'une disposition aussi claire, et il est impossible d'admettre que le législateur, pour l'unique plaisir de se répéter, ait employé des mots qui n'ont aucun sens, aucune valeur, et qui, pour confirmer sa pensée, l'auraient dénaturée.

Qu'est-il besoin de vous le rappeler? Quand on interprète les conventions des parties, rédigées quelquefois avec négligence et contenant des dispositions prolixes et verbeuses, on ne suppose pas qu'une clause n'a aucun sens et doit être considérée comme n'existant pas ; à plus forte raison, ne peut-on pas le supposer, quand il s'agit d'interpréter la loi, c'est-à-dire ce langage ferme, sévère, resserré, qui dit ce qu'il veut dire, et ne dit jamais que ce qu'il veut dire ; c'est le cas d'appliquer plus que jamais la maxime qui devrait être appliquée à toutes les actions des hommes : *In omni dispositione hoc est regulare quod omne verbum quantumvis modicum debet de aliquo operari.* (Dumoulin, art. 42 de l'*Anc. cout. de Paris.*)

Eh bien ! je vous demande d'appliquer ici cette maxime, et quand je vois deux dispositions différentes par le texte, différentes par l'esprit, différentes par les conséquences, je vous demande d'y voir, en effet, deux dispositions distinctes et séparées par le sens, comme elles sont séparées par l'intervalle d'un alinéa, pour donner force à l'une comme à l'autre, et de ne pas dire qu'il y a là une seule disposition obscure et ambiguë, une seule disposition dont les deux parties, se confondant entre elles, ne veulent dire et signifier que la même chose.

On objecte, il est vrai, que donner au deuxième paragraphe le sens que nous lui donnons, c'est annuler le premier, ou bien les mettre l'un avec l'autre dans une contradiction flagrante.

Est-ce bien vrai, et avons-nous donc si mal saisi le sens de ces dispositions? Oui, dit-on. Dès lors qu'on donnait au ministère public le droit d'action directe dans toutes les causes qui intéressent l'ordre public, il était inutile de lui maintenir l'action directe dans tous les cas qui sont spécifiés par les lois intéressant l'ordre public. Il suffisait de dire : « le ministère public aura l'action directe, au civil, dans tous les cas qui intéressent l'ordre public. »

Cela serait vrai, ce serait là la conséquence du deuxième paragraphe d'annuler, en effet, le premier, que cette conséquence ne m'effrayerait pas beaucoup ; je comprendrais que le législateur n'eût pas recherché, dans la vaste étendue de nos lois, *in gurgite vasto*, toutes les dispositions spéciales qui se sont glissées dans tel ou tel article d'une loi, d'un décret, d'une ordonnance, quelquefois tout à fait spéciale ; je comprendrais qu'il eût voulu donner au ministère public le droit d'agir toutes les fois que l'ordre public sera intéressé, mais, en même temps, lui maintenir le droit d'agir toutes les fois qu'une loi spéciale le lui aurait conféré. Parmi les lois existantes, en effet, ou parmi celles qui seraient faites, il était possible qu'il y en eût qui ne touchassent pas à l'ordre public. Il n'y en a, dit-on, qu'un seul exemple ; mais cet exemple constaté, je crois, qu'on en trouverait d'autres.

L'article 114 du Code Napoléon confère au ministère public le droit d'action toutes les fois qu'il s'agit d'un absent. C'est là sans doute un intérêt grave, ce n'est pas cependant un intérêt d'ordre public.

Pour ne pas sortir du Code Napoléon, l'article 1057 déclare que le grevé qui n'aura pas fait nommer, dans un délai déterminé, un tuteur à la substitution, sera déchu du bénéfice de la disposition, et que dans ce cas le droit pourra être ouvert au profit des appelés à la diligence soit des appelés, s'ils sont majeurs, soit de leur tuteur ou curateur, s'ils sont mineurs ou interdits, *ou même d'office, à la diligence du procureur impérial près le tribunal de première instance du lieu où la succession est ouverte.*

Dans ce cas, le ministère public intervient par voie d'action directe. Pourquoi? Parce que la société est troublée, parce qu'il s'est commis un délit? Non, mais uniquement parce qu'il y a un grevé de substitution qui ne remplit pas son devoir, et un appelé qui n'est peut-être pas présent.

Évidemment il s'agit là d'un intérêt purement privé, qui ne touche en rien à l'ordre public. Il est donc inexact de dire, ce qui me toucherait peu d'ailleurs, que le deuxième paragraphe annule le premier, et que donner au ministère public le droit d'action dans toutes les affaires où l'ordre public se trouve intéressé, c'est nécessairement confirmer les lois spéciales qui lui donnent l'action directe.

On prétend enfin que les deux paragraphes sont en contradiction flagrante, parce qu'ils ne disent pas la même chose. Et en quoi donc y a-t-il contradiction? où est-elle? comment est-il possible de la voir? Quoi ! dire au ministère public : « Vous avez l'action quand les lois spéciales vous l'accordent, » c'est se mettre en contradiction flagrante avec la disposition qui suit? Mais il y a tant d'exemples de pareilles rédactions qu'il n'est pas besoin d'insister ; mais il s'en trouve à chaque page dans le Code.

L'article 319 dit que la filiation (et c'est là une disposition des plus graves et des plus importantes), que la filiation se prouve par les actes de naissance. Et l'article qui suit : « À défaut de ce titre, la possession constante de l'état d'enfant légitime suffit. » Est-ce qu'il y a là une contradiction ? Pas le moins du monde, c'est une disposition différente. Il y a un cas prévu, qui est la règle générale ; il y en a un autre, qui est l'exception. Quoi ! en matière de tutelle, le tuteur est obligé, aux termes de l'article 469, de rendre compte : quand cela ? Quand finit sa gestion. Et l'article 470 porte « que tout tuteur, autre que le père ou la mère, peut être tenu, même durant la tutelle, de remettre au subrogé-tuteur des états de situation de sa gestion, aux époques que le conseil de famille aurait jugé à propos de fixer, etc. » Est-ce une contradiction ? Non, évidemment ; c'est une extension de la règle qui précède. Il en est de même dans l'article 46 de la loi de 1810 qui prévoit deux cas et qui accorde également dans l'un et dans l'autre l'action directe au ministère public. Il n'y a pas là, même en apparence, la moindre contradiction.

Peut-être devrions-nous nous arrêter ici ; il y a dans la loi de 1810 deux dispositions si nettes, si tranchées et si impératives l'une et l'autre, que peut-être ferions-nous mieux de terminer ici cette discussion. Mais nous ne devons pas oublier que la question qui vous est soumise est une des plus graves qui puissent se présenter, puisqu'elle a soulevé les plus sérieuses controverses. Nous avons, contre l'opinion que nous soutenons ici, la plus imposante autorité ; nous devons donc, sans nous borner à la comparaison de ces textes, entrer plus profondément dans l'examen de la question et la considérer sous toutes ses faces.

Lorsqu'on veut interpréter une loi, il faut d'abord étudier son histoire ; c'est l'histoire même de la loi qui en est le meilleur commentaire, et il en faut chercher la véritable signification dans l'esprit du temps où elle a été faite, dans les circonstances qui l'ont provoquée, dans les besoins qu'elle avait à satisfaire. C'est là ce qui indique le vrai sens de la loi ; le législateur eût-il été obscur, ambigu dans sa rédaction, quand vous vous reportez au temps où la loi a été faite, quand vous interrogez les circonstances qui l'ont provoquée, quand vous savez dans quel esprit, dans quel sens large ou restrictif la loi a été conçue, vous savez comment elle doit être appliquée. Voyons donc l'histoire de la loi de 1810.

On n'avait pas tardé à dire que la loi de 1790 était une loi incomplète et mauvaise; qu'elle avait beaucoup trop restreint le pouvoir du ministère public, qu'elle ne lui avait pas laissé la liberté qui lui est nécessaire et qu'il était impossible de ne pas accorder des exceptions, dans certains cas, à la règle trop absolue qu'elle avait posée. Ces exceptions, en effet, furent consacrées notamment par le Code Napoléon, qui, dans une foule de cas, accorde l'action directe au ministère public. Ainsi le principe de la loi de 1790 avait été successivement battu en brèche par des dispositions particulières et spéciales que je n'ai pas besoin d'énumérer devant vous. Le principe de la loi de 1790 était donc détruit dans ce qu'il avait d'absolu, car il refusait toute action, et on en avait accordé un grand nombre, à tel point que l'exception tendait à devenir la règle.

On était dans cette situation lorsque se produisirent des faits qu'il importe de connaître pour expliquer la loi, en rendre le texte plus clair, l'intention plus évidente, la portée plus manifeste. Un père avait marié sa fille aînée, c'était dans le département de la Dyle. Quelque temps après il demande la nullité du mariage, contracté, dit-il, sans son consentement. Le tribunal de Bruxelles, sans contradiction, prononce la nullité du mariage et nous verrons tout à l'heure les garanties qu'il y avait pour l'ordre public dans l'examen de la question par le tribunal et par le ministère public. Ce cas n'est pas unique, je pourrais citer vingt exemples; les fraudes les plus déplorables se sont consommées avec l'assentiment des tribunaux, par des surprises faites à leur religion. Le tribunal de Bruxelles annula donc le mariage sans discussion; mais son jugement était à peine prononcé qu'on vit annoncer le mariage du même gendre avec la fille cadette du même père.

Il y eut une grande émotion quand on découvrit cette fraude, quand elle devint patente par l'audace même de celui qui l'avait commise. Le procureur général de Bruxelles écrivit alors au grand juge et lui demanda ses instructions. Le grand juge consulta; le cas lui semblait délicat, la loi de 1810, en effet, n'était pas encore faite. Merlin fut appelé; je suis porté à le croire, car Merlin dit dans son répertoire : « Je parle de science, personnellement certaine. » Il avait donc été appelé à donner son avis malgré son opinion bien connue en faveur de la loi de 1790. Il soutenait que cette loi était dans toute sa force, dans toute sa vigueur et qu'on n'avait pas le droit d'y porter atteinte; que sans doute elle était incomplète et dangereuse, mais qu'elle était la loi et qu'en conséquence le ministère public ne pouvait avoir l'action qu'elle lui refusait expressément.

Le grand juge envoya l'ordre au procureur général de Bruxelles de se pourvoir. Le procureur général usa de l'action directe et saisit la Cour qui reçut l'appel et déclara par infirmation que le mariage était valable, que c'était abusivement qu'on en avait prononcé la nullité, et mit fin ainsi au scandale qui

X. 6

allait se commettre et dont le pays était inquiet. Voilà le premier fait qui eut un immense retentissement.

Bientôt après, c'était en 1808, il s'en passa un autre plus audacieux encore s'il est possible. C'était dans le département des Basses-Pyrénées. Un homme avait contracté mariage; il y avait vécu quelque temps; il éprouve le besoin de se dégager de ces liens et il demande la nullité de son mariage, en se fondant non-seulement sur des allégations mensongères, mais sur des pièces fausses. La religion d'un petit tribunal, assez voisin de Pau et dont on a bien voulu cacher le nom, est trompée, il prononce la nullité du mariage; dès le lendemain on s'aperçoit que les pièces sont fausses; le procureur général de la Cour criminelle de Pau se saisit alors de l'affaire. Que va-t-il faire? Il écrit au grand juge. Le grand juge lui donne des instructions qui ont été conservées et lui enjoint, comme au procureur général de Bruxelles, d'interjeter appel de l'affaire. L'appel, en effet, est interjeté. La Cour de Pau juge par infirmation, comme avait jugé la Cour de Bruxelles, et, malgré les objections formelles et les fins de non-recevoir qu'on faisait valoir, répond que l'action directe appartient au ministère public dans une matière qui touche à l'ordre public, et déclare que le mariage annulé, sur la production de pièces fausses, est bon et valable, et qu'il doit être confirmé et maintenu.

Voilà ce qui se passait en 1808, au moment même où on préparait la loi sur l'organisation judiciaire; voilà ce qui se passait en présence d'une jurisprudence qui n'était pas bien sûre, et que Merlin condamnait amèrement, de même que la loi de 1790. Mais en même temps, Merlin disait :

« Je le dis, sans hésiter, juger autrement dans ces espèces (celles de Bruxelles et de Pau) c'eût été un scandale affligeant pour l'ordre public. A qui en eût été la faute ? A l'imperfection de la loi qui était faite. »

Je le demande ici et je le demande avec confiance, lorsque de pareils scandales se produisent, lorsqu'ils frappent tous les yeux, lorsque les magistrats demandent conseil et s'assemblent pour savoir ce qui reste à faire, lorsque les avis sont partagés, lorsque, d'un côté, on trouve l'autorité du grand juge, et de l'autre l'autorité de Merlin, que faut-il faire? C'est une situation dont il faut à tout prix sortir, c'est évident; le législateur le plus imprévoyant, le plus insensé du monde ou le ministre de la justice le plus insouciant, peuvent-ils fermer les yeux à la lumière en face de tels abus? Non, il faut y pourvoir, il faut changer la loi de 1790 et donner au ministère public, en matière civile, toutes les fois que l'ordre public s'y trouvera intéressé, l'action directe qui ne lui appartient pas, qui ne lui appartient que dans des cas spéciaux prévus par la loi. Non, il lui faut une autorité plus large, afin qu'il puisse lutter contre la fraude quand elle vient, par mille moyens, s'attaquer à l'ordre public. Il faut qu'il ait la faculté et le pouvoir de faire exécuter les lois conservatrices de l'ordre social. Ce sont là, messieurs, les réflexions qui ont été faites et qui n'ont pas pu n'être pas faites. En douter, ce serait accuser les chefs de la magistrature de l'indifférence la plus aveugle et la plus immorale.

Voilà, messieurs, quand on a éclairé la loi par le flambeau de l'histoire, si j'ose ainsi parler, quand on a consulté son esprit, les circonstances au milieu desquelles elle est née, les causes qui ont provoqué son action, voilà la vérité qui se dégage et la lumière qui se fait sur la portée véritable de la loi. Jusqu'alors on avait bien senti les inconvénients de la loi de 1790, mais on avait vécu au jour le jour et fait ce qu'on avait pu pour réparer partiellement et en détail le mal que faisait son principe trop absolu. A mesure que la nécessité s'en faisait sentir, la loi élargissait le cercle des attributions du ministère public : elle faisait des progrès, mais lentement et au hasard des circonstances, portant remède au mal d'aujourd'hui, sans songer à celui qui devait se produire demain.

Mais tout à coup éclatent des fraudes sans exemple ; des tribunaux sont surpris, des scandales inouïs sont sur le point de se consommer, et un des chefs de la justice, le plus imposant par sa science et par sa réputation, déclare qu'il n'y a rien à faire qu'à gémir de l'impuissance de la loi.

Eh bien ! le législateur alors apporte un remède non pas partiel, local, qui ne prévoit qu'un cas spécial, mais un remède général qui prévoit toutes les fraudes et les étouffe d'avance dans leur germe, et il déclare que toutes les fois que l'ordre public sera intéressé, l'action directe appartiendra au ministère public.

Ainsi, en 1790, la loi s'était montrée jalouse, ombrageuse, elle avait resserré l'action du ministère public, elle semblait se méfier des gens du roi, c'est-à-dire de ceux-là mêmes qui avaient la mission de la faire respecter. En 1810, au contraire, sous un gouvernement ferme, qui est dans tout son éclat et dans toute sa gloire, sous un pouvoir devant lequel l'univers se courbe, on restitue au ministère public son autorité légitime.

On dit que cette loi de 1810 n'a pas donné lieu à controverse ; on ajoute qu'une si grande transformation ne pouvait se faire sans discussion, sans explications et en quelque sorte d'une manière clandestine et subreptice. Mais la controverse n'était-elle pas impossible ? mais dans ce sénat si éclairé, si un membre s'était levé contre le projet de loi, si malgré l'esprit du temps qui rétablissait toutes choses, *restituit rem*, et donnait à tous les agents du pouvoir toute l'étendue de leur autorité, il était venu contester celle du ministère public, n'aurait-il pas été accablé ? C'était si clair d'ailleurs, si simple, si urgent que personne n'aurait voulu ni osé contester le principe de la loi de 1810.

Eh bien ! messieurs, j'irai plus loin, Merlin disait en 1809 :

« L'action directe n'appartenait pas au ministère public, pas même dans les cas où l'ordre public se trouvait intéressé, c'était un scandale dont il fallait gémir. »

Avec toute la réserve que nous devons y mettre, avec tout le respect qu'un si grand nom commande, il faut bien que nous le disions, nous sommes plutôt de l'avis du grand juge qui envoyait ses instructions et ses ordres aux procureurs généraux de Pau et de Bruxelles, et nous pensons que même avant la loi de 1810, si nette et si précise, la législation avait été modifiée, et déjà en 1808 autorisait l'action directe du ministère public. En effet, messieurs, la loi de 1790, nous avons eu l'occasion de vous le dire déjà, n'est pas une loi judiciaire, c'est une loi politique, née sous le souffle des idées du moment, et portant profondément l'empreinte des passions qui l'ont inspirée.

Eh bien ! ces sortes de lois qu'on pourrait appeler des lois d'exception, n'ont pas ce caractère de dignité tranquille et majestueuse qui convient à la législation d'un grand peuple. Ces lois, filles des passions politiques, n'ont qu'une durée passagère. C'est pour cela que vous avez vu l'œuvre du législateur de 1790 rencontrer en naissant des difficultés et des entraves. Elle avait nié le pouvoir du ministère public ; elle avait nié les conditions essentielles de cette grande institution que Montesquieu appelle une loi admirable, et qui consiste, comme le dit Henrion de Pansey, dans l'établissement d'un fonctionnaire obligé par le titre de son office de surveiller les actions des citoyens et de dénoncer aux tribunaux tout ce qui pourrait troubler l'harmonie sociale ; on avait méconnu l'importance de cette grande fonction ; on avait refusé au ministère public l'action directe, et l'action directe revenait de tous côtés ; elle était indispensable dans une foule de cas, et dans une foule de cas elle était rétablie par des lois spéciales et par le Code Napoléon lui-même. Le titre des absents par exemple, qui a été voté par le conseil d'État, le 14 novembre 1802, c'est-à-dire le 11 vendémiaire an XI, accorde l'action directe. Le titre du mariage qui l'accorde également avait été voté par le conseil d'État, à la date du 28 octobre 1802, c'est-à-dire le 26 brumaire an XI. Eh bien ! six jours après, à la date du 10 brumaire (2 novembre 1802), intervient un avis du conseil d'État, que nous devons placer sous vos yeux. Pourquoi le rappelons-nous ici ? Est-ce qu'il est fait pour l'espèce ? Non, en aucune façon. Mais il importe peu : voyons ce qu'il dit et s'il n'est pas, même à propos d'espèces différentes, applicable à la question qui nous occupe.

« Avis au conseil d'État (le titre seul va nous montrer combien il était étranger à cette question) concernant les formalités à observer pour inscrire sur les registres de l'état civil des actes qui n'y ont pas été portés dans les délais prescrits. »

Un enfant est né ; au bout d'une année on s'aperçoit qu'il n'a pas été inscrit. Faut-il l'inscrire purement et simplement, ou bien faut-il obtenir un jugement ? Voilà la question qui est posée ; elle ne concerne en aucune façon la nôtre. Le conseil d'État répond que dans ce cas-là il faut un jugement, que l'officier de l'état civil ne peut pas rédiger et inscrire ainsi les actes d'après les déclarations des parties, qu'il doit y être autorisé par un jugement. On demande en second lieu si dans ce cas il ne conviendrait pas que les commissaires du gouvernement près les tribunaux intervinssent d'office pour requérir le jugement, afin d'éviter les frais aux parties. Non, cela ne convient pas, parce que si le ministère public a le droit de surveiller les actes de l'état civil, en définitive ils appartiennent aux parties.

« Sur la seconde question il est plus convenable de laisser aux parties intéressées à faire réparer l'omission des actes de l'état civil, le soin de provoquer les jugements, sauf le droit qu'ont incontestablement les commissaires du gouvernement d'agir d'office, en cette matière, dans les circonstances qui intéressent l'ordre public. »

Ainsi dès l'an XI, le conseil d'État rétablissant les vraies principes, restituait la véritable autorité au ministère public, et lui donnait le droit d'intervenir, toutes les fois que l'ordre public était intéressé.

Voilà ce qui nous faisait dire que, même avant la loi de 1810, le principe ancien, fondamental de cette grande institution, avait été dégagé des nuages dont on l'avait obscurci. La prohibition absolue de la loi de 1790 était vaincue, et désormais dans tous les cas où l'ordre public était intéressé, le ministère pulic intervenait, la justice était saisie de ses réclamations et de ses doléances.

Cet avis du conseil d'État, il ne faut pas croire qu'il n'ait pas eu de retentissement, il en a eu beaucoup, au contraire, et partout on l'a rappelé comme une loi.

C'est d'abord dans une circulaire du grand juge, datée de 1805, qui ordonne le redressement dans les registres de l'état civil, des erreurs ou des omissions commises pour soustraire des jeunes gens à la conscription. A la date du mois de novembre 1808, le grand juge, qui n'était autre que M. Portalis, écrit une nouvelle circulaire dans le même esprit et le même sens, et enfin il y a le décret du 18 juin qui contient, il est vrai, le tarif en matière criminelle, mais qui parle aussi des matières civiles et dans lequel se trouve la consécration la plus formelle de l'avis de l'an XI. Voici en effet le chapitre de ce décret, intitulé : *Des poursuites d'office en matière civile.*

« ART. 121. Les frais des actes et procédures faits sur la poursuite d'office du ministère public, dans les cas prévus par le Code civil, et notamment par les articles 50, 53, 81, 184, 191 et 192, relativement aux actes de l'état civil, seront payés, taxés et recouvrés ainsi qu'il est dit dans le chapitre précédent.

» ART. 122. Il en sera de même lorsque le ministère public poursuivra d'office les rectifications des actes de l'état civil, en conformité de l'avis du conseil d'État, du 12 brumaire an XI ; comme aussi, au sujet des poursuites faites en conformité de la loi du 25 ventôse an XI, sur le notariat, et généralement dans tous les cas où le ministère public agit dans l'intérêt de la loi et pour assurer son exécution. »

Veuillez remarquer ces termes : « *Toutes les fois que le ministère public agira.* » Dans quel but ? Pour la rectification des actes de l'état civil. En vertu de quel principe ? En vertu du principe posé ou rappelé par l'avis du conseil d'État, de brumaire an XI. Ainsi, de tout temps cet avis avait reçu sa complète exécution. Il était en vigueur lorsque se passaient ces scandales qui soulevaient Merlin, et nous pensons, quant à nous, qu'il contenait des armes suffisantes pour les réprimer.

Et, permettez-moi de vous le dire, ceci répond à une objection qui a été faite, et sur laquelle on a insisté à l'occasion des discussions qui ont précédé le Code Napoléon. Sur l'art. 99, la section du conseil d'État avait proposé deux sortes de rectification, l'une à la requête des parties, l'autre officieuse, à la requête du ministère public. On fit observer que les actes appartiennent aux parties et non au ministère public, et la rectification officieuse fut abandonnée.

A merveille, et nous ne le contestons pas, c'est là un intérêt privé dans lequel le ministère public n'a pas à intervenir, il n'a d'action que quand l'intérêt public est engagé. C'est au reste ce qui est reconnu par tous les auteurs, Demolombe, Rieff, Zacharie, Valette, Ducaurroy, Marcadé, Desclozeaux. Vous avez l'opinion de Coin (de l'Isle), l'un des plus savants hommes que je connaisse. Vous avez encore celle d'un homme qui, dans ces derniers temps, s'est courageusement jeté dans cette controverse, et qui, malgré la grande autorité de la Cour de cassation, a discuté ses arrêts avec une liberté que nous n'avons pas toujours, mais aussi avec un respect que nous devons toujours conserver.

Voilà ce que nous avions à dire sur ces questions auxquelles nous avons donné de bien longs développements ; vous nous les pardonnerez, l'état de la jurisprudence nous les commandait. Si quelque chose, en effet, peut étonner dans ce procès, c'est la jurisprudence. Il nous semblait que sur un point aussi simple et aussi net, elle n'aurait pas dû varier, et si la lumière qui nous a frappé à mesure que nous avons examiné davantage cette question ne les a pas frappés au même degré, assurément, c'est notre faute. Voyons donc la jurisprudence.

Pour l'action du ministère public, nous avons des arrêts des Cours d'Agen, de Metz, d'Orléans, de Toulouse, de Paris, contre des arrêts de Dijon, d'Amiens, de Douai, de Bordeaux. En présence de ces contradictions de la jurisprudence, nous avons contre nous, il ne faut pas nous le dissimuler, la Cour de cassation. La Cour de cassation est contraire au droit du ministère public, contraire à son action directe en matière civile, même dans les cas où l'ordre public est intéressé. Sur cette question elle a rendu des arrêts géminés en 1820, en 1821, en 1824, par lesquels elle a refusé toute action directe au ministère public en matière de mariage. Or la matière du mariage et celle de la rectification des actes de l'état civil se touchent ou plutôt se confondent quant au point qui nous occupe. Mais il faut aussi le reconnaître, la Cour de cassation a fait depuis un pas important. Et quand j'entends dire qu'elle a marché toujours et sans incertitude dans la jurisprudence qu'elle avait d'abord consacrée, je ne peux m'empêcher de faire observer qu'elle a plus d'une fois hésité. Ainsi, contre l'autorité de ses arrêts de 1820, 1821 et 1824, on peut opposer un arrêt important rendu en 1856. Dans quelles circonstances ? Il faut vous le dire.

La Cour de Paris avait rendu un arrêt qui avait une double portée. Il avait été rédigé, je ne dirai pas avec une extrême habileté, le magistrat ne veut pas être si habile, mais avec un grand soin, par le grand magistrat qui préside aujourd'hui la Cour de cassation. Il avait été rendu dans une espèce fameuse qui a laissé des souvenirs au palais et qui a été un grand enseignement. Tout à l'heure, vous m'avez entendu parler de scandales qui s'étaient passés au loin, dans quelque petite commune du département de la Dyle et dans un petit tribunal des Basses-Pyrénées où on pouvait penser que la fraude était plus facile à commettre. La fraude est facile partout, et, quelle que soit l'attention du juge, elle triomphe souvent dans ses voies ténébreuses. C'est ce qui s'était passé dans l'affaire Vergniolle. Le sieur Vergniolle, qui s'était récemment marié, n'avait pas été content de son mariage ; il faut dire qu'il en a été satisfait depuis. Il était donc venu demander au tribunal de la Seine la nullité de cet acte, comme ayant été clandestinement contracté. On surprit la religion du tribunal de la Seine, dans ce grand centre, au milieu de cette publicité, de cette lumière, de cette habitude immense des affaires, et on obtint une décision qui prononçait la nullité du mariage. On apprit bientôt que c'était une surprise, une fraude insigne, que le mariage était valable. Le ministère public se pourvut en appel. Comme aujourd'hui le procureur général vint soutenir l'appel, sans doute mieux qu'aujourd'hui, car c'était un homme d'un talent élevé, d'une parole honnête et sûre, d'un caractère qui inspirait la confiance. M. de Royer vint soutenir son droit, et son droit fut consacré par cet arrêt qui est sans doute présent à vos souvenirs, mais que je ne puis cependant m'empêcher de vous relire :

« La Cour,
» Considérant que la loi qui consacre l'inviolabilité du mariage intéresse l'ordre public dans ce qu'il a de plus essentiel ; que les bonnes mœurs exigent qu'une union régulièrement contractée ne soit pas détruite par le caprice et la collusion, qu'il n'y aurait pas de scandale plus grand pour l'honnêteté publique et de mépris plus coupable de la loi que des dissolutions de mariage concertées par la fraude des époux et surprises à la justice par leurs dissimulations ;
» Considérant que l'art. 46 de la loi du 20 avril 1810 charge le ministère public d'agir d'office dans les cas spécifiés par la loi, de surveiller l'exécution des lois, arrêts et jugements, de poursuivre d'office cette exécution dans les dispositions qui intéressent l'ordre public ; que ce texte est clair et positif ; que, rapproché de ce qui vient d'être dit, il établit manifestement que le ministère public et le droit d'agir d'office pour le maintien d'un mariage valable ; ou, en d'autres termes, pour l'exécution de la loi d'ordre public qui s'oppose à la dissolution volontaire de l'union conjugale ; qu'entendre la loi de 1810 dans un autre sens ; ce serait enlever au ministère public l'une de ses attributions les plus utiles à la société ; qu'en comparant cette loi avec l'art. 2 du titre VIII de la loi du 24 août 1790, on demeure convaincu que le législateur de 1810 a voulu étendre le cercle de l'action du ministère public au delà de la limite tracée en 1790, sous l'influence d'autres idées ; que, tandis que la loi de 1790, restrictive dans ses termes, ne donne au ministère public, dans les matières civiles, que le droit de poursuivre d'office l'exécution des jugements dans les dispositions qui intéressent l'ordre public, la loi de 1810, rédigée avec des expressions plus larges, le charge expressément d'agir d'office, non-seulement pour l'exécution des jugements, mais encore pour l'exécution des lois intéressant l'ordre public, que cette addition a été mise dans l'art. 46 avec intention et prévoyance ; qu'il ne suffisait pas pour le but que le législateur voulait atteindre, que le § 1er dudit article rappelât que le ministère public a le droit d'agir d'office dans les cas spécifiés par la loi ; que ce n'était là que le maintien des dispositions particulières où l'on voit l'action d'office du ministère public mise en mouvement, tantôt pour certaines matières d'intérêt public précisément définies, tantôt même pour des matières d'intérêt privé (art. 114, 1057 et 2145, Code civil), mais qu'indépendamment de ces textes, il était nécessaire d'investir le ministère public d'un droit absolu, découlant de la nature des choses et fondé sur la nécessité de faire exécuter en général les lois intéressant l'ordre public ; que tel est l'objet du § 2 de l'art. 46 de la loi du 20 avril 1810, lequel complète le

§ 1er, et achève de développer la pensée du législateur ; que dans de telles circonstances, réduire l'art. 46 à la portée beaucoup moindre de la loi de 1790, serait de la part du juge un abus d'interprétation aussi contraire à la lettre qu'à l'esprit de cet article ; que d'ailleurs, s'il existait un doute, ce qui n'est pas dans l'espèce, il faudrait se prononcer pour le sens le plus favorable à la morale et à l'intérêt public, et non pour celui qui autoriserait la violation possible du plus sacré des contrats.

» Que, d'un autre côté, l'art. 46 ainsi interprété, s'adapte sans difficulté à l'ordonnance et à l'esprit général du Code civil, qui, en donnant au ministère public le droit de faire annuler d'office des mariages contraires à la décence ou infectés du vice de clandestinité (art 184, 190 et 191), doit vouloir, à plus forte raison, qu'il puisse empêcher, par son intervention, l'annulation collusoire des mariages valablement et solennellement contractés. Considérant enfin qu'il est constant qu'en 1810, l'attention du législateur avait été éveillée sur ce point si grave par la jurisprudence ; que des scandales, sagement réprimés par des arrêts, lui avaient fait comprendre que, loin de désarmer le ministère public, il était indispensable de rendre son action plus incontestable et mieux assurée ; que c'est là ce qui a motivé en partie la différence qui existe entre la loi de 1790 et celle de 1810 ; qu'il n'en résulte pas que le ministère public ait le droit de s'immiscer arbitrairement dans les intérêts de la famille ; qu'il suffit de lire l'art. 83 du Code de procédure civile pour voir qu'il ne faut pas confondre les matières où les intérêts privés se trouvent mêlés à l'intérêt public, avec celles où l'intérêt public domine exclusivement et qui seules autorisent l'action d'office du ministère public, etc. »

Quoique cet arrêt allât évidemment contre la jurisprudence de la Cour de cassation, et avec une énergie d'expression qu'il n'était pas besoin de lui signaler, il était impossible qu'elle l'annulât. D'ailleurs il ne lui fut pas déféré ; mais je puis dire qu'il fut le signe d'un temps d'arrêt dans la jurisprudence.

Deux mois après, c'était en 1851, il s'agissait devant cette Cour de savoir si le ministère public avait le droit de s'opposer à un mariage que, par action directe, il aurait le droit de faire annuler. La Cour de cassation avait jugé trois fois que l'action du ministère public n'existait pas : elle la lui avait refusée notamment en 1821 et 1822. En 1851 elle la lui accorde ; seulement quand elle se détourne ainsi de sa jurisprudence, elle s'en détourne, non pas en vertu de la loi de 1810, mais en vertu de l'art. 184 du Code Napoléon. Elle trouve que si l'art. 184 donne le droit de demander la nullité d'un mariage consommé, le même article donne l'action directe pour s'opposer au mariage qui n'est pas encore célébré.

C'était aller déjà contre sa jurisprudence ; mais en 1856 il y eut une variation bien plus considérable, et la chambre civile jugea sur le rapport de M. le conseiller Grandet, et sur les conclusions confirmées de M. l'avocat général Nicias Gaillard, dans les termes que je vais placer sous vos yeux.

« Attendu que l'art. 46 de la loi du 20 avril 1810 charge le ministère public de surveiller l'exécution des lois et de poursuivre d'office cette exécution dans les dispositions qui intéressent l'ordre public ;

» Que la disposition de la loi qui défend de contracter un second mariage avant la dissolution du premier intéresse l'ordre public au plus haut degré ;

» Que le ministère public qui, aux termes de l'article 184 du Code Napoléon, a le droit d'agir pour faire prononcer en justice la nullité du second mariage, doit avoir, à plus forte raison, le droit de s'opposer à l'accomplissement de ce mariage, et de prévenir ainsi la consommation d'un crime dont il pourrait être obligé plus tard de poursuivre la répression devant les tribunaux criminels; *qu'en décidant le contraire l'arrêt a formellement violé l'art. 46 de la loi du 20 avril* 1810 *et les* articles 147 et 148 du Code Napoléon,

» Casse. »

Voilà donc, messieurs, cette jurisprudence que nous avions à vous rappeler. Après cet examen il ne nous reste plus qu'à examiner la question de savoir si l'ordre public est intéressé dans l'espèce qui nous occupe. Je sais bien qu'on a un peu tourné ce point en ridicule et qu'on a dit : Mais qu'importe à l'ordre public que l'intimé s'appelle Cartault tout court ou Cartault de la Verrière? La Société n'en sera pas troublée, c'est vrai ; mais l'ordre public sera troublé si vous permettez à chacun de modifier son nom, de le changer et d'obtenir des tribunaux surpris la consécration de son usurpation.

Un homme présente devant le tribunal civil de Melun, le 12 septembre 1860, une requête pour faire modifier son acte de naissance ; sur le rapport d'un juge et sur les conclusions conformes du procureur impérial, intervient le 13 septembre un jugement ordonnant la rectification. Le lendemain, 14 septembre on s'aperçoit qu'on s'est trompé. Tout sera fini ! tout sera consommé ! Et au ministère public agissant en vertu de la loi de 1858 sur les noms usurpés, on pourra répondre en produisant un jugement ainsi obtenu ! Cela est évidemment impossible.

Ne nous préoccupons donc pas de la question de savoir s'il y aura trouble en France parce que M. Cartault s'appellera Cartault de la Verrière, mais disons que dans un ordre social bien réglé, chacun doit conserver son nom, que le nom est une propriété particulière qui ne tombe pas dans le domaine public, que ce sont là des matières d'ordre public et régies par des lois qui sont en vigueur.

Ce point, au reste, n'a jamais fait aucun doute. Le tribun Challant, dans son discours prononcé au corps législatif sur la loi du 13-21 germinal an XI, sur les prénoms et changements de noms, disait que c'était une loi d'ordre public, essentielle à l'ordre public. Ce principe, nous le répétons, est incontestable, et consacré par la jurisprudence la plus ancienne, par le vœu des états généraux de 1614 et de 1615, qui s'élevèrent entre ceux des nobles qui signaient du nom de leur fief au lieu de signer de celui de leur famille ; par l'art. 211 de l'ordonnance de 1629, et par le décret du 19 juin 1790, qui déclare qu'aucun citoyen français ne pourra prendre que son nom de famille. Si un usage contraire a quelquefois prévalu, la confusion que cet abus a fait naître dans un grand nombre de successions a dû convaincre de la nécessité de remettre en vigueur l'ordonnance d'Amboise qui défendait de changer de nom sans lettres du prince.

Le nom tient essentiellement de l'état des personnes, il a le même caractère, la même imprescriptibilité ; il touche également à l'ordre public ; c'est ce qui a été reconnu par tous les jurisconsultes, et c'est ce qui ne peut faire un doute sérieux.

Ainsi, messieurs, nous vous avons démontré, nous l'espérons du moins, nous vous avons démontré, contre l'opinion de Merlin, que depuis l'avis du conseil d'État de brumaire an XI, l'action directe appartient au ministère public pour la rectification d'office des actes de l'état civil. Nous avons démontré que de l'aveu de tout le monde, sans exception, je parle des auteurs, l'action directe appartient au ministère public, dans les matières d'ordre public, depuis la loi de 1810. Vous avez vu enfin ce qui n'a jamais été contestable, ce qui l'est moins encore depuis qu'on a fait un délit de l'usurpation des noms, que la question soulevée par le procès actuel est une question d'ordre public.

Ici M. le procureur général discute le point de fait et s'attache à démontrer que la demande de **M.** Cartault est mal fondée. Il termine en ces termes :

Sans doute, il ne faut pas, comme le disent des arrêts qui ne semblaient pas destinés à donner de pareilles leçons au ministère public, il ne faut pas, qu'oubliant ses devoirs, il pénètre dans les familles et exerce un pouvoir tracassier et inquisitorial; mais il faut aussi que la loi s'exécute, il faut que l'ordre public soit respecté. A la vérité l'ordre public est sans bornes, sans limites, il n'est point défini par la loi et il ne peut l'être par personne ; il est abandonné à la conscience de chacun. Ce n'est pas une raison pour le rayer du dictionnaire. Il faut l'interpréter comme vous l'interprétez tous les jours. Ce n'est pas pour rien que l'art. 6 du Code Napoléon s'en rapporte à votre libre et souveraine appréciation.

Lorsque le législateur vous a donné le droit d'annuler les actes contraires aux bonnes mœurs et à l'ordre public, il sentait que vous en aviez la définition au fond de vos consciences, non pas écrite, mais née avec vous, et en vous armant du pouvoir souverain et sans limites de souffler sur les œuvres de la fraude et de les anéantir, il a été parfaitement tranquille. En remettant ce pouvoir dans vos mains le législateur savait bien que ce n'était pas l'arbitraire qu'il y plaçait. Quant à nous, nous ne jugeons pas. Notre souffle n'emporte pas les actes, notre parole ne décide pas des intérêts et des droits les plus sacrés des citoyens. Nous venons vous apporter nos doléances, nous venons vous faire part de nos appréciations, les soumettre à votre sagesse. La barrière dont nous aurions besoin, s'il en fallait une à notre conscience, nous la trouverions ici devant vous, et votre prudence saurait modérer l'ardeur de notre zèle.

RÉPLIQUE DE M° ANDRAL.

Messieurs,

Pour justifier son intervention, M. le procureur général vous a fait le plus sombre tableau des fraudes et des collusions qui assiégent les *petits*, et même les *grands* tribunaux, et surprennent chaque jour à leur religion non point par centaines, mais par milliers (ce sont les propres expressions de mon adversaire) des sentences contraires aux principes les plus élémentaires du droit. Il a même raconté à la Cour, avec cette verve merveilleuse qui caractérise son talent, des procès dans lesquels on avait trompé les magistrats, en produisant des pièces fausses. Le 13 septembre, vous a-t-il dit, un jugement est rendu sur les conclusions du ministère public, et le lendemain, le 14, le ministère public s'aperçoit qu'il a été indignement abusé. Ce triomphe de la fraude, s'il durait, serait une injure à la loi, à l'ordre public, à la morale ; il faut rendre à la vérité, odieusement offensée, son légitime empire, et pour cela il faut que le ministère public puisse déférer à la juridiction supérieure ces décisions scandaleuses qui déshonorent déjà en trop grand nombre nos fastes judiciaires.

Messieurs, j'entendais avec quelque étonnement ce langage sortir de la bouche de M. le procureur général, et j'attendais avec une anxiété, que je ne saurais dissimuler, l'exposé des faits de la cause : je me demandais si, comme le *petit tribunal des Basses-Pyrénées*, je n'avais pas été la dupe de quelque fraude abominable qui allait nous être révélée. Je respire maintenant, et je cherche dans le réquisitoire même de M. le procureur général où sont les faux, où est la fraude, où est le péril, où est le scandale public, qui ont provoqué et qui justifient l'appel interjeté au nom de l'ordre social. « Peu m'importe, vous a dit M. le procureur général lui-même, que vous vous appeliez Cartault ou de la Verrière ; assurément, le jugement de Melun et les prétentions de M. Cartault n'ont troublé l'ordre public ni à Melun, ni à Paris, ni nulle part en France. » Mais alors, et dans la doctrine même du ministère public, où est le droit pour lui d'intervenir dans la cause ? Ici, que mon illustre adversaire me permette de le dire, mieux que je n'aurais su le faire, l'ironie oratoire a ruiné la théorie juridique.

Non, il n'y a dans l'espèce ni fraude, ni scandale qui intéresse l'ordre public ; et, s'il ne se fût agi que de l'intimé, M. le procureur général ne serait pas intervenu. Mais il faut prévenir l'abus qui pourrait résulter de semblables demandes, si elles se multipliaient ; et ainsi un homme honorable, on a bien voulu le reconnaître, un homme honorable et inoffensif, qui ne troublait en rien l'ordre public, a été saisi et amené à votre barre pour servir d'exemple. Messieurs, aucune hypothèse, imaginée à plaisir, ne ferait aussi bien saisir les dangers du système que j'ai combattu, et sur lequel je ne reviens pas. Les citoyens, vous dit M. le procureur général, n'ont rien à redouter, car si le ministère public entreprend des poursuites téméraires, à la Cour seule appartient la décision. Soit ! et j'attends avec la plus absolue confiance votre arrêt. Mais les frais ? et le péril, l'amertume de se voir l'objet de mordantes railleries, impitoyablement déversées par cette parole toujours si vive, qui fait de M. le procureur général le plus redoutable des adversaires ?

Dans la cause, messieurs, ces railleries sont injustes. Mon client ne cherche pas à allonger son nom « d'un tronc pourri de quelque métairie, » péché bien véniel, à en juger par le nombre de ceux qui le commettent. Il a réclamé le droit de porter le nom de son père ; rien est-il plus naturel, plus légitime, et moins fait pour provoquer le sourire ?

J'accepte, sans réserve, la distinction proposée par M. le procureur général, entre la juridiction gracieuse et la juridiction contentieuse. Devant vous je ne peux pas venir dire : Voilà un nom que mon père a porté, sous lequel j'ai toujours été connu ; nous n'aurions peut-être pas dû le prendre, mais nous avons été de bonne foi, et nous demandons à le conserver. Si nous tenions ce langage, c'est à la juridiction gracieuse que nous devrions nous adresser. La Cour ne dispense pas de faveurs si légitimes qu'elles soient ; elle ne crée pas, elle reconnaît les droits ; aussi, est-ce un droit formel, incontestable, que nous venons revendiquer devant elle.

Mon grand-père s'appelait Cartault, et mon père a reçu, en naissant, le nom de Cartault, cela est certain. Mon père a-t-il légitimement acquis le nom de la Verrière : telle est l'unique question du procès. En effet, si ce nom était celui de mon père, c'est mon nom ; on ne le conteste pas, on ne saurait le contester, et il importe peu que, dans un acte de naissance de l'an VIII, j'aie reçu le nom de Cartault, si le nom de la Verrière m'était précédemment acquis ; les qualifications de citoyens et de citoyennes, données dans cet acte à mon père et à ma mère, indiquent assez pourquoi ce nom qui rappelle l'ancien régime ne m'a pas été donné.

Quels étaient les principes avant 1789 ? Suivant M. le procureur général, il n'a jamais été permis en France de changer de nom sans l'autorisation du roi ; cela est attesté par les édits de 1553 et 1629. Sans doute, il y a eu des abus et des tolérances, on a même dirigé quelques critiques contre ces édits ; mais ils sont restés debout, et jusqu'en 1789, ils étaient la loi.

Messieurs, cette doctrine a été soutenue, mais elle est aujourd'hui universellement abandonnée. Les édits de 1553 et de 1629 n'ont pas été enregistrés ; en tous cas, ils n'ont jamais été exécutés. Les règles sur les noms n'avaient pas, sous l'ancien régime, la même certitude et la même précision qu'elles ont aujourd'hui ; cependant, les meilleurs auteurs enseignent qu'on suivait le droit romain :

« Le parlement de Paris, dit Merlin, n'ayant pas enregistré l'ordonnance du 26 mars 1555, ne la reconnaissait pas pour loi. A défaut d'enregistrement de cette

ordonnance, il ne trouvait dans la condition de changer de nom rien qui blessât
l'ordre public, et il la regardait encore comme régie par les lois romaines qui permettaient les changements de noms toutes les fois qu'il n'en résultait ni fraude ni
préjudice pour des tiers. » (Merlin, rep., vᵒ Promesse de changer de nom.) »

Voici, en effet, ce que dit la loi romaine :

« *Mutare itaque nomen, vel prænomen, sive cognomen sine aliquá fraude, licito
jure, si liber es, secundum ea, quæ sæpe statuta sunt minime prohiberis : nullo
ex hoc præjudicio futuro.* » (C. IX., t. 25, L. *unica de mutatione nominis.*) »

Sur ce point, je voudrais m'arrêter là ; mais les principes ont été tellement
méconnus par M. le procureur général, que pour résister à l'autorité de sa
parole, je ne dois rien négliger. Après Merlin, écoutez le vénérable M. Henrion
de Pansey, dans le savant article qu'il a ajouté au répertoire :

« Le changement de nom n'était répréhensible que lorsqu'il était motivé par
quelque intention frauduleuse. »

Le président Chassneux : *Sed mutatio est licita quæ fraudem et damnum alteri
non infert.* »

» La mutation du nom n'est pas punissable, dit à son tour Brillon (t. 1ᵉʳ, p. 523),
si elle n'est faite par fraude ou pour nuire à quelques-uns. » Ainsi jugé à l'audience
de la Tournelle, le samedi 15 juin 1556. »

Brillon cite en outre Camdos, et un arrêt du 28 mai 1559 rapporté au
Journal des audiences. Enfin Denyzart, au mot *nom*, après avoir rapporté les
ordonnances de 1553 et de 1629, ajoute qu'elles n'ont jamais été suivies.

On pouvait donc, sous l'ancienne jurisprudence, changer de nom, pourvu
qu'on ne prît pas le nom d'un tiers, *nullo ex hoc prejudicio futuro.* Mais
il y avait un principe encore plus certain, s'il est possible : c'est que tout
homme noble avait le droit de prendre le nom du fief qu'il possédait.

Pour justifier ce droit, on a dit qu'il ne résultait point d'un fait simple de
la volonté puisqu'il fallait posséder un fief ; on a dit encore que tous ces changements de noms étaient couverts par l'autorisation tacite du roi. Bon ou mauvais, cet usage était ancien, constant, universel, né de la féodalité, inhérent
à l'ancien régime. Ce n'était pas une tolérance, c'était un usage ayant acquis
force de loi ; j'en atteste vos souvenirs, j'en atteste tous les anciens auteurs :
jurisconsultes, historiens ou moralistes. Loiseau, que citait M. le procureur
général, constatait l'usage en le frondant, et, peu d'années après l'édit de 1553,
en 1580, Montaigne se plaignait « de cette grande liberté en fait de muta-
tions. » Merlin (*Répertoire*, vᵒ. Promesse de changer de nom), après
avoir constaté que le parlement de Paris ne reconnaissait pas les édits de
1553 et de 1629, et ne les avait jamais appliqués, cite d'innombrables exemples de noms pris ou changés sans l'autorisation du prince. Savez-vous, messieurs, à qui Merlin emprunte surtout ces exemples ? A vos ancêtres, à ces

grandes et austères familles du parlement, dont les noms, usurpés pour la plupart, selon la doctrine de M. le procureur général, sont peut-être la gloire la plus pure de notre vieille France.

La jurisprudence a confirmé ces principes. En 1824 la Cour suprême avait reconnu et appliqué les édits de 1553 et de 1629 ; mais dès le 4 novembre 1832, elle est revenue sur cette jurisprudence, et depuis cette époque, elle a constamment consacré les principes que je viens d'avoir l'honneur de défendre devant la Cour. Je citerai seulement son arrêt du 15 décembre 1845, auquel j'emprunterai cet unique considérant :

« Attendu qu'il est constant qu'on pouvait, sous l'ancienne législation, ajouter, sans autorisation du roi, à son nom patronymique le nom du fief que l'on avait acquis. »

Soit ! nous dit M. le procureur général, l'usage se transformait en droit, quand il était couvert par une possession immémoriale qui se perdait dans la nuit des temps, parce qu'alors, « il doit être impossible de saisir l'usurpation. » Et à l'appui de cette théorie, on vous citait notamment un arrêt La Fare, du 7 juillet 1829. La thèse de M. le procureur général est réfutée par l'exemple même qu'il a choisi. Le 9 mai 1719, nous ne nous perdons pas dans la nuit des temps, Jean Cabot achète la terre de La Fare, et l'un de ses descendants invoque ce fait pour justifier sa prétention de s'appeler Cabot de La Fare ; il ne produit pas un seul acte de l'état civil, et la Cour lui maintient le nom de La Fare, sur le vu d'un brevet de pension militaire, qui ne devait pas être bien ancien, car celui qui l'avait obtenu était né en 1765. J'avoue que la doctrine de cet arrêt me paraît critiquable, et je ne l'aurais pas invoquée ; mais on m'accordera qu'elle ne donne aucun soutien au système de M. le procureur général, qui l'a mise à tort dans le débat.

La date de la possession a souvent une grande importance, et les auteurs, Merlin notamment, discutent longuement la question de savoir s'il faut s'attacher à la possession immémoriale, ou se contenter de la possession centenaire. Cela est vrai, mais c'est seulement quand le débat s'agite entre deux familles qui prétendent chacune avoir le droit exclusif de porter un certain nom. Je l'ai dit à la Cour, les changements de noms n'étaient permis que sauf les droits des tiers, et le prince lui-même ne pouvait pas alors plus qu'aujourd'hui autoriser à prendre un nom qui était déjà l'objet d'une propriété privée. Si donc un tiers me conteste l'usage d'un nom qui lui appartient, il faut que je prouve que je possédais ce nom avant lui, ou que tout au moins je suis protégé par une possession immémoriale, suivant les uns, centenaire, suivant les autres ; mais jamais personne, avant M. le procureur général, n'avait enseigné qu'on fût tenu de faire cette preuve aux regards de la partie publique. Il est vrai que Merlin et les auteurs ne prévoyaient certainement pas que le parquet revendiquerait l'action directe en cette matière.

Quand personne ne revendique la chose que je possède, si je justifie l'avoir légitimement acquise, peu importe la date ; cela est vrai, en toute matière : on est réduit à invoquer la prescription quand on n'a ni titres, ni droits. Lorsqu'on a un titre, lorsqu'on excipe d'un droit, quelle que soit la date du titre, le droit est aussi sacré que s'il était immémorial ; tout le monde n'a pas cette longue suite d'aïeux dont parlait si éloquemment M. le procureur général, et il n'est pas nécessaire de descendre des croisés pour pouvoir porter le nom de son père.

L'arrêt de la Cour de Metz, dont M. le procureur général a invoqué l'autorité sur la fin de non-recevoir, fait à ce sujet une distinction fort juste : en matière de noblesse, les preuves n'ont de mérite que par leur ancienneté ; mais en matière de noms, les actes les plus récents valent les plus antiques, pourvu qu'ils soient antérieurs à 1789.

Ainsi, avant 1789, les changements de noms étaient permis en principe ; spécialement, les hommes nobles avaient le droit de prendre le nom des fiefs qu'ils possédaient, et les noms, ainsi pris, sont devenus partie intégrante du nom de la famille, pourvu qu'ils aient été pris et publiquement portés avant 1789.

Voulez-vous écarter le droit ancien, et le taxer d'incertitude et d'obscurité ? La législation moderne nous fournit un texte formel, dont M. le procureur général a oublié de vous parler. La loi du 6 fructidor an II porte, article 2 :

« Il est également défendu d'ajouter aucun surnom à son nom propre, *à moins qu'il n'ait servi jusqu'ici à distinguer les membres d'une même famille*, sans rappeler les modifications féodales ou nobiliaires. »

Ce texte n'a pas besoin de commentaire. En supposant qu'il y ait eu usurpation, la loi de fructidor couvre aussi formellement les usurpations passées, qu'elle interdit les usurpations à venir. La jurisprudence et la doctrine sont unanimes pour déclarer que cette loi est encore en vigueur, et doit être ainsi interprétée. M. le procureur général vous a complaisamment cité les oncles de mon client qui gardaient le nom de Cartault, tandis que son père devenait de la Verrière. Eh bien ! c'est précisément pour nous distinguer des autres branches de notre famille que nous avons pris ce nom : nous sommes donc bien dans le cas prévu par la loi de fructidor an II.

Il me reste, messieurs, à appliquer aux faits de la cause ces principes certains du droit ancien et du droit moderne.

M. de la Verrière est devenu noble, comme tant d'autres, en achetant une charge. En 1785, quand il s'est marié, il était noble ; il possédait la terre de la Verrière, ainsi que le constate l'acte d'acquisition de 1771. La Verrière était un fief noble. Cela résulte de quatorze actes authentiques, remontant au commencement du XVIe siècle, notamment d'aveux et de quittances de droits de francs fiefs. — C'était, vous dit-on, un petit domaine, avec une petite vigne, et le tout avait coûté 14,000 livres. — De bons gentilshommes possédaient moins, et, quant à moi, je suis heureux de voir M. de la Verrière acheter un si modeste héritage, après avoir, pendant vingt ans, rempli des offices de finances en France et au Canada. — Mais en 1508, et même en 1620, ce fief s'appelait Guyon, et puis la Verrerie, et, dans les derniers temps seulement, la Verrière. — Qu'importe ? bien des choses et bien des gens ont changé de nom depuis moins longtemps ! Parlons sérieusement.

Noble et propriétaire d'un fief noble, M. Cartault avait le droit de prendre le nom de ce fief.

En fait, l'a-t-il pris et publiquement porté ? Prenez garde, nous dit M. le procureur général, la jurisprudence n'admet d'autres preuves que celles résultant d'actes de l'état civil. — Ainsi posée, la thèse est trop absolue ; quand le réclamant ne peut invoquer d'autre titre que sa possession, quelques arrêts ont dit, en effet, que les actes de l'état civil pouvaient seuls établir suffisamment le fait de la possession ; mais je répéterai ici ce que j'ai soutenu à propos de la possession immémoriale. Quand j'excipe, non de la possession, mais du droit par moi acquis, à une date que je précise, les actes de l'état civil perdent leur intérêt, et l'on ne peut pas m'opposer le nom que m'assignent ces actes, quand un fait postérieur m'en a légalement donné un autre. Supposez, qu'en 1785, des lettres patentes nous aient autorisé à prendre ce nom de la Verrière, la question ne naîtrait pas, et l'on ne songerait pas à placer en regard de ces lettres patentes des actes antérieurs. Or, j'ai démontré que le propriétaire d'un fief noble pouvait prendre le nom, et, dans ce cas, l'acquerrait aussi régulièrement que si le roi lui-même le lui eût conféré. Pour établir que nous avons pris le nom de la Verrière, nous ne sommes donc astreints à aucun genre particulier de preuves, et vous êtes, messieurs, dans vos consciences et dans votre sagesse, les souverains appréciateurs de celle que nous produisons.

Au reste, nous ne sommes pas aussi dénués d'actes de l'état civil qu'a semblé le croire M. le procureur général. Voici l'acte de mariage du père de l'intimé, en 1785 ; il y est dénommé Cartault, écuyer, seigneur de la Verrière, et il signe Cartault de la Verrière. C'est bien là un acte de l'état civil. Ce n'est pas tout. En 1786 et en 1787, dans l'acte de naissance des frères aînés de l'intimé qui, en vertu de cet acte, se sont toujours appelés de la Verrière, leur père est dénommé Cartault, écuyer, seigneur de la Verrière. — Cela ne prouve rien, nous dit M. le procureur général, la qualification noble de seigneur de la Verrière, ajoutée au nom de Cartault, ne constitue pas une prise de possession du premier de ces noms : Vous êtes seigneur de la Verrière, mais vous vous appelez Cartault ; pour que le surnom de la Verrière soit devenu partie intégrante de votre nom patronymique, il faudrait qu'il fût incorporé à votre nom primitif. — C'est là, messieurs, une théorie dont je ne trouve la consécration dans aucun auteur ni aucun arrêt. Permettez-moi de le dire : la distinction appartient en propre à M. le procureur général ; elle a été inventée et produite, pour la première fois, dans le célèbre procès Clermont-Tonnerre, et je dois dire qu'elle n'a été accueillie ni par le tribunal, ni par la Cour.

Tantôt le surnom nobiliaire était incorporé au nom primitif, tantôt il en restait distinct ; mais dans un cas, comme dans l'autre, le titre de fief faisait partie du nom de famille, à la seule condition qu'il fût toujours et publiquement porté. Je ne voudrais pas, messieurs, écraser mon client par de trop illustres exemples, et les exemples obscurs, ignorés, dont la modestie conviendrait à la cause, ne prouveraient rien ; je me contenterai d'en appeler sur ce point à l'histoire et à vos souvenirs. Laissez-moi seulement emprunter à l'arrêt de la Cour de cassation du 15 décembre 1845 un considérant qui confirme implicitement ce que j'ai l'honneur de soutenir devant vous : « Attendu que ledit arrêt établit... que la qualification purement nobiliaire de Falletans, ou seigneurs de Falletans, ajoutée par les sieurs Garnier à leur nom de famille, a été portée par eux, etc. » La Cour, vous le voyez, ne fait aucune distinction entre la qualification de Falletans et celle du seigneur de Falletans, pas plus que je ne veux distinguer entre les mots de la Verrière et seigneur de la Verrière.

Non-seulement M. de la Verrière a pris ce nom, mais il l'a publiquement reçu et publiquement porté. Voici la liste des secrétaires du roi, imprimée en 1790 : le père de l'intimé y figure sous le nom de Cartault de la Verrière ; le même nom lui est donné par l'almanach royal de 1789 et l'almanach royal de 1790, qui passeront sous les yeux de la Cour.

Les actes postérieurs à 1789 ont peu d'importance ; je passe des actes de décès qui donnent, en 1828 et en 1837, au père et à la mère de mon client le nom de la Verrière, pour citer deux pièces qui ne sauraient, comme les actes antérieurs à 1789, donner naissance à un droit, mais qui constatent le droit acquis. En 1814, le père de mon client ayant reçu des lettres de noblesse du roi Louis XVIII, le maître des requêtes, commissaire du roi près la commission du sceau, lui écrit officiellement pour lui annoncer cette nouvelle, et il l'appelle Cartault de la Verrière. Le commissaire du roi près la commission du sceau savait apparemment quel nom appartenait à chacun.

En 1816, intervient un arrêt de la Cour royale de Paris, rendu en audience solennelle pour l'entérinement de ces lettres de noblesse. Ce n'est point une affaire ordinaire dans laquelle les parties puissent, sans que personne le remarque, usurper un nom qui ne leur appartienne pas. Ici, l'attention du magistrat est éveillée ; or, l'arrêt donne au père de mon client le nom de Cartault de la Verrière, et cet arrêt est signé de M. le premier président Séguier. On redit encore, au Palais, les vertes leçons infligées par cet illustre magistrat aux nobles de fraîche date qui, s'enivrant de leur grandeur naissante, prenaient des noms, des qualifications, des particules auxquelles ils n'avaient pas droit. Jamais, j'ai le droit de le dire, et j'en atteste ces murs, jamais M. Séguier n'aurait consacré par un arrêt un nom usurpé.

Permettez-moi, messieurs, de rapprocher de ces faits, l'arrêt de la Cour royale de Paris du 15 avril 1837, l'arrêt Camusat, et l'amusante histoire que vous a si bien racontée M. le procureur général. L'espèce, vous a-t-il dit, était bien plus favorable ; depuis plus d'un siècle, les Camusat portaient le nom de Mauroy, que leur donnaient tous les actes, et cependant la Cour interdit à M. Camusat de le porter à l'avenir. — D'abord, le nom de Mauroy n'était pas celui d'un fief, c'était le nom de la grand'mère de M. Camusat, et si l'on a parfois pris le nom de sa grand'mère ou de sa femme ; si l'abus n'a pas toujours été réprimé, le droit n'a jamais été reconnu. Ensuite M. Camusat ne produisait pas un seul acte de l'état civil, antérieur à 1789, mais seulement un brevet d'officier de 1772 ; enfin, et surtout le nom était revendiqué par la famille de Mauroy, qui disait avec raison que tous les gens qui avaient épousé des demoiselles de Mauroy ne pouvaient avoir par là acquis leur nom. Vous le voyez, messieurs, l'espèce n'était pas plus favorable que la nôtre, comme l'a cru M. le procureur général, auquel avaient échappé les détails de l'affaire.

A vrai dire, et à aucun point de vue, il n'y a entre les deux causes aucune analogie.

Le nom de la Verrière n'est réclamé par personne ; il nous était régulièrement acquis avant 1789, suivant le droit d'alors. En tous cas, nous l'avons publiquement porté avant la loi du 6 fructidor an II, et l'article 2 de cette loi a transformé en droit notre possession, légitime ou non.

Si j'étais né avant 1789, comme mes frères aînés, j'aurais été inscrit sous le nom de la Verrière , et j'aurais porté ce nom. Le désordre et le malheur des temps ont empêché qu'on me donnât, dans mon acte de naissance, le nom qui aurait dû m'être donné. Dans quel cas y a-t-il lieu à rectifier un acte de l'état civil ? Évidemment, dans le cas où un acte a été rédigé autrement qu'il aurait dû l'être, et qu'il l'aurait été sans des circonstances exceptionnelles et de force majeure. Je ne dis pas : « J'ai toujours été connu sous le nom de la Verrière ; que j'aie eu ou non le droit de le porter, je vous supplie de me le conserver. » Je dis : « C'est le nom qui aurait dû m'être donné, parce qu'au moment de ma naissance, c'était le nom de mon père. » C'est donc avec raison que nous nous sommes adressés au tribunal de Melun , c'est avec raison que ce tribunal a accueilli notre demande, et c'est à tort que M. le procureur général nous renvoie à nous pourvoir devant la juridiction gracieuse.

Mon père a vécu, il s'est marié, il est mort sous le nom de la Verrière ; mes frères portent ce nom, que leur donnent les actes de l'état civil ; on n'intentera pas contre eux une poursuite d'office en rectification de leur acte de naissance ; on ne le pourrait pas faire sans manquer à cette modération, à cette prudence, à cette réserve, dont M. le procureur général revendique le mérite pour le ministère public. Me condamnerez-vous à porter un autre nom que celui qu'ont porté mon père et ma mère, que portent mes frères ? Me placerez-vous au milieu d'eux comme un étranger, comme un intrus, comme un bâtard, auquel on veut bien abandonner la moitié du nom de la famille ?

Est-ce donc ainsi qu'il faut entendre l'ordre public ? Pourquoi les noms ont-ils été institués ? pourquoi la loi veille-t-elle avec tant de sollicitude à ce qu'ils ne soient pas arbitrairement changés ? Pour conserver à la famille son unité, et relier, par la communauté du nom , à travers toutes les distances et toutes les fortunes, à travers les siècles eux-mêmes, ceux que rattachent le même sang et la même origine. Donner à un fils un autre nom que celui de son père, imposer à deux frères l'obligation de porter deux noms différents, c'est briser l'unité de la famille, c'est aller contre la nature des choses, contre la loi, contre l'ordre public, et j'ai le droit de dire que, dans la cause, c'est moi qui défends l'intérêt social contre vous.

Je résume toute ma défense dans un mot, par lequel M. le procureur général terminait une de ces magnifiques plaidoiries, qui étaient l'orgueil du barreau : « Appelez-vous comme votre père : voilà le droit sur les noms ! » A mon tour, je dis à M. le procureur général : « Laissez-moi m'appeler comme mon père, comme mes frères : voilà le droit sur les noms ! »

Audience du 22 février 1861.

ARRÊT.

« La Cour,

» Considérant qu'on présente contre l'appel des fins de non-recevoir, tirées, l'une de ce que le ministère public n'a pas d'action dans la cause, aucune loi spéciale ne la lui donnant ; l'autre, de ce qu'il n'a pas été partie en première instance, et de ce qu'il y a même conclu en faveur du jugement ;

» Sur la première fin de non-recevoir :

» Considérant que l'article 46 de la loi du 21 avril 1810 dispose, § 1er : « En matière civile, *le ministère public agit d'office dans les cas spécifiés* » *par la loi.* — § II : *Il poursuit d'office l'exécution des lois dans les dispo-* » *sitions qui intéressent l'ordre public ;* »

» Que si cette loi venait à application pour la première fois, il y aurait lieu uniquement d'examiner si le ministère public, agissant dans la cause en matière civile, se trouve dans l'un des cas prévus par cet article, c'est-à-dire s'il poursuit en vertu d'une loi spéciale ou pour l'exécution d'une disposition de loi intéressant l'ordre public ;

» Mais il faut reconnaître que la jurisprudence ne l'a point ainsi décidé, que pendant très longtemps elle a été unanime et se trouve encore à cette heure en grande partie d'accord pour refuser toute exécution au paragraphe 2 de l'article 46 de la loi de 1810, n'admettant l'action du ministère public en matière civile que dans les cas prévus par le paragraphe 1er dudit article ;

» Considérant qu'une telle jurisprudence, qui semble mettre à l'écart une disposition légale, doit être scrupuleusement examinée ; notre droit admettant difficilement que l'interprétation même la plus longue et la plus autorisée puisse prévaloir contre le texte de la loi ;

» Considérant que le décret de 1810, né sous un gouvernement qui voulait étendre l'action à l'autorité publique, n'est arrivé à interprétation devant les tribunaux que vers 1820, lorsque la tendance à restreindre l'action du pouvoir était dominante. La loi restrictive du 24 août 1790 qui enlevait en principe toute action civile aux commissaires du roi, répondait mieux alors à la pensée générale que le décret de 1810 qui semblait étendre considérablement l'action du ministère public ; aussi voit-on les jurisconsultes chercher dans la loi de 1790 l'interprétation de celle de 1810. La loi postérieure qui, dans les dispositions de son article 46, abrogeait virtuellement et remplaçait au moins l'ancienne législation, est appréciée par le principe de celle-ci, et les interprètes n'admettent pas que le législateur impérial ait pu vouloir autre chose que celui de 1790. C'est ainsi que l'article 46 du décret de 1810 reste une lettre morte et ne reçoit aucune exécution de 1820 à 1851. C'est seulement à partir de la dernière de ces dates que cette disposition légale semble retrouvée et commence à prendre dans les décisions des tribunaux une place qui s'est constamment agrandie.

» Considérant qu'une telle marche, suivie dans l'appréciation et l'application d'une loi, n'a rien qui doive surprendre, les mouvements de l'esprit public conduisent les jurisconsultes à leur insu, et les variations de la jurisprudence ne sont autre chose que les résultats inévitables de la domination souveraine qu'exercent sur les esprits les faits généraux au milieu desquels vivent les interprètes de la loi ; qu'il suffirait, pour démontrer le pouvoir de cette influence, d'examiner les arguments à l'aide desquels on est arrivé, dès 1820, à annuler l'art. 46 de la loi de 1810. Ces raisonnements se réduisent à trois. On a dit : 1° Le paragraphe 2 de cet article ne fait que répéter le premier ; 2° s'il ne le répétait pas, il le contredirait ; 3° s'il avait un sens particulier et pratique, il serait inexécutable ou au moins dangereux ;

» Considérant qu'ainsi la loi contiendrait des dispositions ou inutiles ou contradictoires, ou exorbitantes ; qu'il est d'abord peu admissible que le législateur de 1810, dont rien ne venait troubler ou déranger l'œuvre, ait gratuitement répété deux fois de suite la même chose ; surtout quand il s'agit d'une proposition ayant si peu besoin d'être représentée sous plusieurs formes que celle-ci : « En matière civile le ministère public agit dans les cas spécifiés » par la loi » ;

» Il est impossible de comprendre pourquoi l'on ajouterait à ces mots, si l'on ne voulait rien ajouter à la pensée qu'ils expriment ; mais il suffit de lire ce qui suit sans préoccupation de principes ou de lois antérieures contraires, pour voir que le législateur, après un premier paragraphe qui rappelle pour ordre ce qui existe, comme le fait toujours une loi générale, en place un second qui contient une disposition toute nouvelle : « Le ministère public » surveille l'exécution des lois, arrêts, jugements ; il poursuit d'office cette » exécution dans les dispositions qui intéressent l'ordre public » ;

» La première disposition est la constatation de ce qui est, la seconde est une réglementation nouvelle; la première est spéciale par les mots, par les choses : *les cas spécifiés ;* la seconde est générale autant qu'il est possible, elle embrasse les lois, les arrêts, les jugements ; la première ne mentionne pas l'intérêt de l'ordre public, la seconde en fait une condition indispensable ;

» Rien n'est moins identique et rien n'est moins contradictoire, les deux dispositions naissent de la même pensée, celle d'étendre l'action publique. Des lois spéciales autorisent déjà, d'autres pourront autoriser encore l'action du Parquet dans des causes civiles où l'ordre public sera plus ou moins manifestement engagé, où même il ne le sera pas ; mais toutes les fois que cet intérêt souverain sera compromis, *le ministère public poursuivra,* expression plus énergique que celle du premier paragraphe, il poursuivra d'office l'exécution des lois ;

» Considérant qu'en disposant ainsi, le législateur de 1810 ne s'est ni répété, ni contredit : il a dicté deux volontés distinctes complétement en harmonie avec le sentiment général qui avait abandonné depuis longtemps les règles posées par la loi de 1790 ;

» Tellement que déjà le Conseil d'État, donnant son avis, le 13 brumaire an **XI**, alors que la loi de 1790 semblait en pleine vigueur, déclarait, comme étant de plein droit, l'action du Parquet en matière d'actes de l'état civil quand l'intérêt public était engagé ; plus tard cette conditon même était supprimée dans un amendement proposé dans la discussion du Code civil ; amendement rejeté sans doute avec raison, mais qui, allant ainsi bien au delà de l'avis du Conseil d'État et du décret de 1810, témoigne de la disposition des esprits et montre combien on était loin alors des intentions restrictives et franchement hostiles au pouvoir qui avaient inspiré la loi de 1790 ;

» Considérant que si l'art. 46 de la loi du 21 avril, qui contient deux dispositions distinctes, ne mérite point ainsi le reproche de s'être contredit ou répété, il n'encourt pas davantage celui d'être inexécutable ou dangereux. La qualification de cause intéressant l'ordre public se trouve ailleurs dans nos lois civiles, et jamais il n'est venu à la pensée de personne que cette expression fût embarrassante pour le juge, ni qu'elle prêtât à des interprétations périlleuses ;

» Considérant que, loin d'offrir des dangers dans l'application, l'action du ministère public, spécialement en ce qui touche les actes de l'état civil, est l'unique moyen de prévenir les fraudes que l'intérêt privé tend à introduire ; que c'est la nécessité de cette action contre les annulations de mariages concertées entre les parties dans d'autres cas analogues qui a ramené par la force des choses au décret de 1810, en sorte que ce n'est pas la loi qui s'est imposée aux faits, mais ceux-ci qui l'ont rappelée et tirée de l'oubli où la jurisprudence l'avait placée ;

» Considérant qu'on oppose encore à l'exécution de l'art. 46 de la loi de 1810 que, depuis sa promulgation, plusieurs lois ont donné au ministère public des actions spéciales, dispositions inutiles s'il avait un droit général puisé dans une loi antérieure ; mais que l'application faite par une loi d'une règle générale n'a pas pour résultat d'abroger celle-ci ;

» Que d'ailleurs le paragraphe 1 de l'article 46 a prévu de telles dispositions ; qu'enfin quand la loi précise une action confiée au ministère public, d'une part, elle lui impose un devoir plus étroit, et, d'autre part, elle rend inutile l'examen de la question de savoir si l'ordre public est engagé ;

» Hors de ces cas, elle laisse cette question à l'appréciation du magistrat qui poursuit et à la décision de celui qui juge. Armé d'une loi spéciale, le ministère public a une action recevable de plein droit; à défaut de cette disposition, il doit prouver que son action intéresse l'ordre public ;

» Considérant, en résumé, que, quelles que soient la valeur et la force du principe négatif de la loi de 1790, il est impossible d'effacer au profit de cette loi les dispositions légales postérieures. Le Conseil d'État, le 12 brumaire an **XI**, a déclaré : « Les commissaires du Gouvernement ont incontestablement le droit d'agir d'office en cette matière (celle des actes de l'état civil), dans les circonstances qui intéressent l'ordre public ; » la loi générale du 21 avril 1810 a disposé : « Le ministère public poursuit directement l'exécution des lois dans les cas qui intéressent l'ordre public » ;

» En présence d'une volonté deux fois manifestée dans les mêmes termes, il n'y a pas lieu d'interpréter, mais d'exécuter et de vérifier seulement en fait si la condition que la loi impose se trouve remplie ;

» Considérant à cet égard que les modifications ou additions de noms étant réservées à l'autorisation du pouvoir souverain, il importe évidemment à l'ordre que les tribunaux ne s'attribuent pas cette part d'autorité qui ne leur est point dévolue ;

» Que la justice, appelée seulement à rétablir la vérité dans les actes de l'état civil, ne peut s'attribuer une juridiction gracieuse en modifiant lesdits actes arbitrairement ;

» Considérant qu'en articulant que tel serait cependant le résultat de la décision des premiers juges, le procureur général signale un trouble réel à l'ordre public et justifie par là même la recevabilité de son action ;

» Sur la deuxième fin de non-recevoir :

» Considérant que, s'agissant d'une action fondée sur l'ordre public, les conclusions de l'officier du Parquet, en première instance, n'ont pu ni l'abandonner ni la compromettre ;

» Qu'il n'était naturellement pas partie dans un jugement de la Chambre du Conseil, et que l'appel est l'unique moyen d'action que le ministère public puisse exercer contre telle décision ;

» Qu'ainsi la deuxième fin de non-recevoir opposée par l'intimé n'est pas admissible ;

» Au fond :

» Considérant que si, avant 1789, l'usage d'ajouter à son nom celui d'un fief était de la part des personnes nobles un abus aux termes des lois, il résulte de l'ensemble des documents de la jurisprudence que cette usurpation pouvait être maintenue alors qu'un long temps l'avait consacrée ;

» Que dans la cause l'intimé possède ainsi depuis près d'un siècle par lui ou ses auteurs le nom qui lui est contesté ; que, spécialement, il a, sous ce nom, reçu du roi Louis XVIII des lettres de noblesse enregistrées en cette Cour ;

» Que ces faits et l'ensemble de ceux de la cause justifient la demande qu'il a formée, afin de mettre son acte de naissance, reçu pendant la période révolutionnaire, en harmonie avec tous les actes de l'état civil de sa famille ;

» Par ces motifs,

» Sans s'arrêter aux fins de non-recevoir opposées à l'appel, lesquelles sont reconnues mal fondées, et statuant au fond, confirme le jugement frappé d'appel ;

» Compense les dépens. »

TRIBUNAL CIVIL DE LA SEINE.

(4ᵉ CHAMBRE.)

PRÉSIDENCE DE M. BIENAYMÉ.

Audience du 4 mai 1861.

AFFAIRE CRIADO.

Demande en réintégration de domicile conjugal.

Cette affaire contient de piquants détails; elle est surtout intéressante parce qu'elle soulève une question de droit extrêmement importante et qui n'a encore jamais été soumise aux tribunaux. Il s'agit de savoir si un mari étranger peut assigner sa femme, étrangère comme lui, en réintégration du domicile conjugal.

Mᵉ ANDRAL est chargé de soutenir la demande formée par M. Criado, sujet espagnol, né à la Havane.

Au nom de madame Criado, l'illustre bâtonnier de l'ordre des avocats, dont on se montre toujours si justement avide d'entendre l'incomparable parole, Mᵉ Jules FAVRE, soulève l'exception d'incompétence tirée de la qualité d'étranger des époux.

Le siége du ministère public est occupé par l'avocat impérial ISAMBERT.

Audience du 4 mai 1861.

EXPOSÉ DE Mᵉ ANDRAL.

Messieurs,

En l'absence de Mᵉ Jules Favre qui devrait plaider le premier pour justifier l'exception d'incompétence soulevée par lui, je demanderai au tribunal la permission d'exposer très brièvement l'affaire, sauf à répondre quand j'aurai entendu mon éminent adversaire.

M. Criado, pour lequel j'ai l'honneur de me présenter devant vous, appartient à une riche et honorable famille de la Havane; il est venu en France pour y faire ses études médicales qu'il a récemment terminées. Vers la fin de l'année 1859 il fut introduit dans la famille d'un artiste italien, M. Polonini.

Appelé à se faire entendre sur les principaux théâtres d'Europe, M. Polonini est presque toujours absent: madame Polonini habite à Croissy avec sa mère et ses filles. A peine présenté à ces dames, M. Criado devint éperdument amoureux de mademoiselle Julia Polonini, en qui sont réunies toutes les grâces de l'esprit et de la beauté : M. Criado mit dans cette passion toute l'ardeur de son âge et de sa race ; ses désirs furent bientôt accueillis et madame Polonini qui l'avait reçu avec les plus gracieuses prévenances, lui accorda sans difficulté la main de sa fille. Dès le mois de janvier 1860, M. Criado vint demeurer chez elle, et le 5 juillet il devint son gendre: ses vœux étaient comblés, mais son bonheur ne fut pas de longue durée. Dès le jour du mariage, madame Polonini qui s'était montrée jusque-là affectueuse et même empressée, laissa percer d'étranges préoccupations que n'expliquaient pas suffisamment les sollicitudes naturelles d'une mère. Le soir, les deux époux étaient à peine réunis depuis une heure dans la chambre nuptiale quand elle appela sa fille à grands cris et vint tout en larmes l'arracher tremblante des bras de son époux. Depuis, madame Criado a été gardée à vue, et il n'a pas été donné à son mari de la revoir un seul instant sans témoins. Comprenez, messieurs, les tortures qu'a souffertes mon client, brusquement séparé de cette femme si belle, qu'il aimait si follement et qu'il avait à peine possédée. Pendant six semaines il dévora en silence ses larmes et les humiliations qu'on lui prodiguait : plaintes, supplications, désespoir, rien ne put vaincre l'inflexible jalousie de madame Polonini, et comme M. Criado menaçait d'user à la fin de ses droits et d'emmener sa femme, le 27 août on le chassa. Sept mois se passèrent en négociations et en espérances toujours trompées. Enfin, messieurs, le soin de sa dignité aussi bien que de son amour, lui commanda d'agir, et après avoir épuisé tous les moyens de conciliation, le 27 mars dernier il fit sommation à madame Criado de réintégrer le domicile conjugal, établi à Paris, rue de Verneuil, n° 6, et comme cette sommation était restée sans résultat, le 5 avril il dut assigner sa femme devant vous.

Jusqu'à la veille du procès il a reçu d'elle les plus tendres protestations. Il croit fermement qu'il en est aimé ; si c'est une illusion, laissez-la-lui. Quant à moi, en vous demandant d'enjoindre à madame Criado de venir habiter avec cet homme bon et loyal qui l'aime et veut lui consacrer sa vie, j'ai la conviction qu'elle n'est pas moins intéressée que mon client à ce que je gagne mon procès. Égarée par l'excès de son amour filial, elle craint d'affliger sa mère en la quittant; vous lui apprendrez, messieurs, que le devoir et le bonheur pour une femme, c'est de suivre son mari, c'est de s'attacher à lui, fût-ce au prix de douloureux sacrifices.

A la demande principale, nous avons joint une demande accessoire en délivrance de la dot qui est restée jusqu'à ce jour dans les mains de la famille Polonini; dans notre pensée, vous l'avez compris, messieurs, c'est là un moyen de coercition et pas autre chose.

A notre double demande on oppose une exception d'incompétence tirée de la qualité d'étrangers des parties.

En principe, messieurs, vous êtes incompétents pour connaître des différends qui s'élèvent entre étrangers, cela est incontestable. Le temps des magistrats est dû aux nationaux, et votre dignité veut qu'on ne vous appelle pas à appliquer des lois étrangères qui vous sont peu familières et sur le sens desquelles on pourrait surprendre votre religion.

Mais ce principe certain souffre de nombreuses exceptions. C'est, je crois, la première fois qu'une demande en réintégration de domicile conjugal est formée devant les tribunaux français par un étranger. Mais la doctrine et la jurisprudence nous fournissent de telles analogies que la solution de la question ne me paraît pas douteuse.

En effet la doctrine et la jurisprudence sont maintenant unanimes pour vous autoriser à prononcer la séparation provisoire entre époux étrangers. Je ne puis comprendre comment, à fortiori, vous ne seriez pas compétents pour statuer sur une demande en réintégration de domicile conjugal.

Aux termes du paragraphe 1 de l'art. 3 du titre préliminaire du Code, les étrangers sont soumis aux lois de police et de sûreté ; les jurisconsultes les plus autorisés et la plupart des arrêts enseignent que ces mots : *lois de police et de sûreté* doivent s'entendre de toutes les lois qui intéressent l'ordre public. Or, on ne me paraît pas pouvoir contester que l'ordre public est essentiellement intéressé à ce que la femme habite avec son mari.

D'un autre côté, cette obligation pour la femme dérive évidemment du droit naturel, et devant le droit naturel les distinctions de nationalités s'effacent. C'est ainsi que la doctrine et la jurisprudence proclament votre compétence à l'égard des étrangers en matière d'aliments, parce que, dit-on avec raison, le devoir de fournir des aliments tient au droit naturel.

Ici, messieurs, votre compétence est d'autant plus certaine que les parties se sont mariées en France, devant un officier public français, sous l'empire et sous la protection de la loi française.

A tous les titres vous êtes donc compétents pour statuer sur la demande principale dont vous êtes saisis par nous.

En ce qui touche la remise de la dot, pour établir votre compétence, nous nous fondons sur ce que le contrat de mariage a été reçu en France. Or, aux termes de l'art. 420 du Code de procédure, le demandeur peut assigner devant le tribunal « dans l'arrondissement duquel la promesse a été faite ». Sans doute cet article a été édicté en vue des contestations commerciales. Mais la plupart des auteurs, Félix, Vattel, Martens, M. Demolombe, M. Massé, enseignent que cet article doit être étendu, même en matière civile, aux étrangers qui n'ont pas de domicile en France. La loi qui leur permet de contracter ne peut en effet, sans une flagrante iniquité, leur refuser le moyen d'assurer l'exécution des conventions qu'ils ont pu former.

En l'absence de mon contradicteur, je ne crois pas utile d'insister davantage. Je demande au tribunal de remettre à huitaine pour entendre M. Jules Favre, et de vouloir bien me permettre d'attendre, qu'il ait développé ses arguments pour y répondre.

M. LE PRÉSIDENT. — A huitaine, à l'ouverture de l'audience.

PLAIDOIRIE DE Mᵉ JULES FAVRE.

Messieurs,

M. Rafaël-Isidor-José Criado, qui se dit médecin, a fait, à la date du 27 mars 1861, sommation à sa femme madame Julia Polonini, résidant chez sa mère à Croissy, d'avoir à réintégrer le domicile conjugal. Quel est ce domicile conjugal ? C'est là ce que tout d'abord il est très difficile, je ne dirai pas de préciser, mais de deviner. En effet, M. Rafaël-Isidor-José Criado qui se dit docteur en médecine, ajoute dans son exploit : « Demeurant en Espagne et résidant actuellement à Paris, rue de Verneuil, n° 6, pour lequel domicile est élu à Paris, rue d'Alger, n° 9, chez Mᵉ Hervel, avoué, etc., etc. » Demeurant en Espagne, c'est assurément une qualification extrêmement vague qui ne peut apprendre quel est le véritable domicile de M. Criado.

Le lendemain, 28 mars 1861, M. Criado signifie à sa femme un acte extrajudiciaire par lequel il révoque une procuration qu'il lui avait donnée le 10 septembre précédent, à l'effet de toucher les revenus de la dot qui avait été constituée à sa femme, et dans cet exploit M. Rafaël-Isidor-José qui, demeurait la veille en Espagne, déclare demeurer à Croissy (*Seine-et-Marne*). M. Rafaël Criado peut être, jusqu'à un certain point, excusable de connaître si mal la géographie française et de mettre dans Seine-et-Marne ce qui est dans Seine-et-Oise, à côté de Paris ; mais enfin il ne demeure pas en Espagne, mais à Paris ou à Croissy (*Seine-et-Marne*). Le 27 mars 1861, M. Rafaël-Isidor-José Criado assigne sa femme, en réintégration du domicile conjugal et en restitution des titres de rente qui forment sa dot et dont elle est en possession.

Cette demande en réintégration de M. Criado se disant domicilié en Espagne et résidant à Paris, rue de Verneuil, n° 6, cette demande que je ne suis pas dans la nécessité d'examiner au fond, a causé à madame Criado un très grand embarras, car enfin si elle ne sait pas où son mari est domicilié, comment peut-elle le rejoindre ? Cet embarras n'est pas diminué par les termes mêmes de l'exploit introductif de l'instance. Voici, en effet, je passe, bien entendu, tout ce qui ne se rapporte pas au domicile, ne voulant pas toucher au fond du procès, voici comment M. Criado fait connaître le domicile qu'il offre à sa femme : « Qu'au mois d'octobre il fit une tentative de rapprochement au moment où il allait partir pour Madrid à l'effet de s'y installer ; qu'à la suite de ces dernières démarches madame Criado promit de rejoindre son mari aussitôt après son retour ; que le requérant est venu à Paris uniquement pour y chercher sa femme. »

Madrid est en Espagne, je le reconnais, il n'est point à Croissy, département de Seine-et-Marne ; mais enfin, dire qu'on est parti au mois d'octobre

1860, pour aller s'installer à Madrid, ce n'est pas dire qu'on y soit domicilié, et M. Criado ne fait pas connaître qu'il ait, dans cette capitale de l'Espagne, un établissement quelconque.

« Voir ordonner madame Criado qu'elle sera tenue de réintégrer le domicile conjugal à peine d'y être contrainte par toutes les voies de droit. »

Le dernier chef de la demande et le seul véritable objet de l'action intentée par M. Rafaël-José Criado, c'est qu'il veut mettre la main sur la fortune de sa femme. Quant à sa personne, malheureusement, j'ai toutes sortes de raisons écrites de croire qu'il s'en soucie excessivement peu, et c'est ce qui va encore justifier mon exception d'incompétence.

Mon exception d'incompétence est très simple. Vous avez à juger deux époux étrangers qui se sont mariés en France, mais qui n'y ont pas perdu leur nationalité, qui n'y ont jamais eu de domicile, qui n'y ont aucune espèce de résidence, et qui, par conséquent, ne se rattachent à la France par aucun lien qui puisse vous donner juridiction sur eux.

Ceci est-il exact? Vous allez en juger par quelques détails, dont j'offre la preuve.

Mademoiselle Julia Polonini, pour laquelle je me présente, est la fille d'un artiste, de M. Polonini et de madame Fernandez, son épouse. M. et madame Polonini sont venus faire un voyage en France et y ont acheté une maison de campagne, à Croissy (Seine-et-Oise). La santé des époux Polonini et de leurs enfants exigeant quelque temps de séjour en France, ils ont jugé à propos de se fixer dans ce site charmant de la vallée de Bougival, que le tribunal connaît ; cette famille a donc acheté, à Croissy, une maison de campagne où elle vit. Elle se compose du père, de la mère et de trois filles. Elle habitait Croissy en 1858 et 1859, lorsque M. Rafaël-José Criado lui fut présenté. M. Rafaël-José Criado se dit docteur médecin. Je crois qu'il escompte un peu l'avenir. En 1859, il était encore simplement étudiant en médecine. Il appartient à une famille espagnole ; son père, qui est négociant, est fixé à la Havane. M. Rafaël-José est venu à Paris faire ses études médicales ; il a habité Paris, uniquement pour y faire ses études, sans y acquérir aucun domicile, devant, bien entendu, retourner ensuite dans sa famille. Il a noué des relations du monde avec M. et madame Polonini. Il est entré dans cette famille, il a été touché des grâces, de l'esprit, de la beauté de mademoiselle Julia ; une inclination très vive lui a été inspirée pour cette jeune fille, et il a demandé sa main. M. Criado ne possède absolument rien que sa personne et ses espérances. M. Criado était, en 1860, âgé de vingt-sept ans. Mais comme la situation de M. et de madame Polonini est excellente, ils ont pensé que ce jeune homme pourrait faire le bonheur de mademoiselle Julia, ils lui ont accordé sa main.

J'ai le contrat de mariage qui constate quels ont été les apports respectifs des époux. Ceux de M. Criado n'étaient ni longs ni difficiles à énumérer. Quant à ceux de mademoiselle Julia Polonini, ils avaient plus d'importance. Les hardes et bijoux sont estimés 40 000 francs; elle reçoit 103 800 et quelques francs de dot; et cette dot, elle est garantie par la précaution très nécessaire vis-à-vis de M. Criado, du régime dotal. Le contrat de mariage est du 2 juillet, le mariage civil du 4 et la bénédiction nuptiale à l'église du 5.

Je n'ai pas besoin de dire au tribunal que M. Criado a quitté sa chambre d'étudiant pour venir s'installer chez son beau-père et sa belle-mère, dans leur maison de campagne de Croissy. C'est là qu'il a passé environ six semaines avec sa femme. Nous affirmons qu'elles ont été déplorables, qu'à peine marié, M. Criado a donné cours au caractère le plus despotique, je pourrais dire, sans rien exagérer, le plus empreint de sauvagerie, à tel point que ces six semaines ont été pour la malheureuse femme une véritable série de tortures et de supplices. Au surplus, je l'ai dit, M. Criado ne s'en est pas caché, il a écrit à sa femme des lettres dans lesquelles il reconnaît ses torts, se met à ses genoux, et lui demande pardon de son inexcusable conduite. Enfin, messieurs, madame Criado et sa mère se sont trouvées sous l'empire d'émotions répétées non-seulement intolérables, mais qui ont été pour elles une cause de perpétuelle maladie. Elles ont jeté madame Criado dans un état que les médecins ont décrit; j'ai leurs certificats dans mon dossier.

Le 27 août, à six heures du matin, six semaines après le mariage, M. Criado a disparu, sans donner aucune espèce de nouvelles à sa femme, et c'est tout à fait incidemment qu'on a appris, non par lui, mais par des étrangers, qu'il était venu se fixer à Paris, qu'il était descendu dans l'hôtel garni, qu'il appelle son domicile, hôtel garni, situé dans la rue de Verneuil, n° 6. Il est resté du 27 août au 27 octobre, c'est-à-dire deux mois, non-seulement sans retourner à Croissy, mais encore sans écrire à sa femme qui ignorait complétement ce qu'il était devenu.

Le 27 octobre, il s'est embarqué pour la Havane, il sentait le besoin très légitime d'aller embrasser M. son père. Je ne contredis pas de pareils sentiments, mais enfin il a abandonné sa femme et complétement oublié son mariage que sa femme aurait voulu pouvoir oublier aussi ou dont elle n'aurait voulu se souvenir que comme d'un mauvais rêve qu'elle pût effacer de son souvenir.

M. Criado reste à la Havane un temps plus ou moins long, madame Criado n'entend pas parler de lui. Il revient à Paris, au mois de mars 1861, et il annonce son retour à sa femme par cette violente et très inconvenante sommation qu'il lui adresse en réintégration du domicile conjugal, domicile conjugal tout à fait imaginaire et fantastique, car jusqu'ici il a été tout à fait impossible de le déterminer; madame Criado ne sait pas si son mari a fixé sa résidence en Espagne ou à la Havane. Dans cette situation, elle ne peut mieux faire que d'opposer à la demande une exception d'incompétence, demande dont vous ne pouvez pas connaître. Je me borne à rappeler, à cet égard, les principes que tous les jours vous appliquez. Le point de départ est une jurisprudence qui repose sur la saine interprétation de la loi. Il est certain que tous les procès qui touchent au statut personnel, et notamment ceux qui mettent en cause le mariage, c'est-à-dire l'union de l'homme et de la femme contractée, non suivant la loi du pays qu'ils habitent, mais suivant la loi du pays auquel ils appartiennent, il est certain que ces contestations ne peuvent être vidées que devant les tribunaux du pays auquel les deux époux se rattachent, et que par conséquent vous ne pouvez pas vider les contestations qui sont relatives à des mariages contractés par des étrangers. C'est là ce que vous avez jugé et ce qu'ont jugé la Cour impériale et la Cour

de cassation un si grand nombre de fois, que je croirais abuser de votre
patience en mettant les documents de cette jurisprudence sous vos yeux.

Mᵉ ANDRAL. — Je ne conteste pas le principe admis par la jurisprudence.

Mᵉ JULES FAVRE. — La jurisprudence ne sera pas attaquée par mon adversaire et ce n'est pas le point sur lequel porteront les efforts de M. Criado
pour repousser l'incompétence qui lui est opposée. Je ne pense pas qu'il
veuille exciper d'une circonstance particulière qui se présente dans l'affaire.
Les deux époux sont étrangers; la femme est Italienne, le mari est Espagnol;
mais le mariage a été contracté en France. Quoique le mariage ait été contracté en France, le statut personnel des époux est soumis à l'empire de la loi
qui les régit et dont ils n'ont pas pu se dépouiller. Ce statut personnel les oblige
et les protége, il ne leur est pas possible de l'abandonner. Le mariage est valable, contracté en pays étranger, c'est-à-dire en France, quand il l'a été
d'après les formes observées dans le pays qui leur donne une hospitalité
momentanée, mais, en ce qui touche les droits du mari sur la femme et
les obligations de la femme vis-à-vis du mari, ces graves questions ne
peuvent être résolues que par le statut personnel. Et pour n'en donner
qu'un seul exemple qui touchera la conscience du tribunal, dans un pays
où le divorce est établi, si ce divorce était justifié en France (bien entendu il ne pourrait pas l'être), les motifs de justification pourraient être
différemment appréciés par la législation des divers pays. Or, comme la
séparation peut porter atteinte au mariage, vous ne pouvez pas connaître d'une
séparation d'époux étrangers, même mariés en France. Je rapporte, à l'appui
de cette opinion, deux arrêts de la Cour de Bordeaux des 27 avril 1860 et du
16 janvier de la même année qui ont décidé que la femme d'un étranger ne
peut provoquer devant les tribunaux français sa séparation de corps, bien
que le mariage ait été célébré en France.

Je tiens ce point de départ pour constant et je veux en tirer les conséquences. Il est incontestable qu'un tribunal français est incompétent pour
connaître d'une contestation touchant le mariage d'étrangers. Si un tribunal
français ne peut pas prononcer la séparation, d'après cette raison capitale que
la séparation doit être gouvernée par des règles qui ne sont pas celles de la
France, et par cette autre raison tirée de la dignité des tribunaux français et
des obligations qui leur sont imposées, qu'ils ne doivent juridiction qu'aux
nationaux et ne connaissent que des matières qui touchent aux lois de police
et de sûreté, ou des matières qui se rattachent aux nécessités du droit des
gens et du commerce, il faudra convenir que non-seulement toutes les causes
qui auront pour objet la séparation de corps, mais toutes celles qui toucheront
au mariage et pour lesquelles il sera nécessaire de connaître et d'appliquer le
statut personnel des époux, que toutes ces causes, dis-je, ne peuvent être
retenues par vous.

Je sais bien qu'on a fait cette distinction qu'il pouvait, au moment où un
procès en séparation venait d'éclater, se présenter certaines questions de nature
à nécessiter un jugement, une solution, et que, par conséquent, les tribunaux
de la localité qu'habitaient les époux devaient être déclarés compétents. On
l'a décidé en ce qui touche la garde et l'intérêt des enfants. Ici vient se placer

l'application de la règle que j'indiquais tout à l'heure, c'est-à-dire qu'il importe à une bonne administration, au respect des règles de la morale et à la paix publique, que le sort des enfants ne soit pas abandonné à des discussions privées. En effet, si la justice n'intervenait pas, si elle ne plaçait pas sa décision, qui est réputée la sagesse même, entre les prétentions des parties, permettez-moi de le dire, ce n'est pas une expression trop forte, on en viendrait aux mains pour trancher une question insoluble. Lorsque des enfants sont placés dans la maison du père et de la mère, lorsque le père et la mère sont en proie à la discorde, il faut bien que les tribunaux de la localité interviennent pour dire quel sera le sort des enfants. Il y a cette nécessité d'ordre public, il y a cette loi de sûreté qui saisit les tribunaux dès l'instant que l'intérêt des faibles se trouve engagé.

Est-ce qu'il en est de même en ce qui touche la réintégration par la femme du domicile conjugal? Je sais bien que mon adversaire peut dire que l'essence du mariage est la cohabitation des époux ; quel que soit le statut personnel qui les régisse, la femme doit habiter avec son mari. Je ne discute pas de semblables principes. Mais ce que nul ne pourra contester, c'est qu'il se rencontre des dispositions particulières à telle et à telle législation ; c'est qu'il peut y avoir des cas prévus à l'avance par le législateur, qui autorisent la femme à repousser l'action du mari, lorsque celui-ci, ayant quitté le domicile, veut contraindre sa femme à le suivre dans celui qu'il a choisi. Si vous vous déclariez saisis en pareil cas, vous seriez obligés de viser l'art. 214 du Code Napoléon. Il ne vous serait pas possible de statuer sans vous appuyer sur cet article qui veut que la femme suive son mari partout où il veut résider. Eh bien! cette loi qui touche le statut personnel ne peut pas être appliquée à madame Criado, parce qu'elle est étrangère par sa naissance, étrangère par son mariage. Vous ne pouvez pas lui appliquer l'art. 214, et vous ne pouvez pas deviner quelles sont les règles de la législation espagnole, savoir si une femme placée dans la situation où est madame Criado, abandonnée par son mari, n'est pas en droit de résister à une demande aussi singulière que celle qui est formée contre elle, et qui, en définitive, n'a pour objet que d'obtenir la restitution de sa dot.

Et prenez garde, la demande de M. Criado a ces deux objets : il veut que sa femme le suive dans un domicile qu'il n'indique pas, et il révoque la procuration qu'il lui a donnée pour toucher les revenus de sa dot. La compétence de la juridiction française qu'il invoque ne tend pas à moins qu'à lui permettre de requérir la force armée pour vaincre la résistance de sa femme. Êtes-vous compétents pour statuer aussi sur un mariage contracté en France, c'est vrai, mais entre étrangers ? Évidemment non, car il s'agit de savoir si le mari qui a délaissé sa femme a le droit non-seulement de la forcer par autorité de justice à le suivre partout où il lui plaira d'aller, mais encore à lui rendre la dot dont il lui a abandonné les revenus par une procuration. Il faut que vous appréciiez les dispositions du contrat de mariage et celle de l'article du Code civil qui donne au mari l'administration des biens. Vous voilà en plein dans le régime dotal sous l'empire duquel la femme n'a pas le droit de conserver cette administration. Mais il s'agit d'époux étrangers dont la loi, par conséquent, peut contenir des dispositions qui peuvent je ne dis pas diamétralement contredire, mais au moins modifier celles du Code Napoléon, en des points importants qu'il vous est interdit d'apprécier. L'incompétence réside donc dans la double nature de la demande qui vous est soumise : la demande en réintégration du domicile conjugal touche essentiellement aux droits de la femme, à l'appréciation que vous avez à faire des obligations qu'elle a contractées vis-à-vis de son mari. Nous ne rencontrons rien dans cette demande qui touche aux exceptions prévues pour les cas où il s'agit de pension alimentaire, de mesures provisoires pour les enfants. Il est incontestable que si le mari est en droit, d'après la législation française, d'exiger que sa femme habite avec lui, l'inexécution par la femme de cette obligation, n'est pas de nature à causer un trouble en France. Il peut être pénible à M. Criado, c'est lui qui le dit, d'être privé des douceurs de la vie conjugale, privation que madame Criado considère comme un soulagement, un bonheur. Mais enfin ce sont là des intérêts particuliers, ce sont là des intérêts concernant des personnes qui peuvent et doivent se défendre, comme bon leur semble ; mais le tribunal, arrêté par une exception d'extranéité, ne peut pas franchir la barrière qu'elle oppose à sa juridiction.

En ce qui concerne les rentes, la raison est plus forte encore. Il s'agit d'un débat touchant la fortune des époux, touchant la suprématie du mari, qui peut ne pas exister en Espagne, et sur laquelle, par conséquent, vous ne pouvez pas rendre une sentence. Et j'ajoute à ces considérations une raison plus forte qui doit impressionner le tribunal. Non-seulement il n'y a pas de raison pour le saisir de la contestation soulevée par M. Criado, mais il n'y a pas même de prétexte. Je ne pourrais comprendre une demande de ce genre qu'autant que les époux se rattacheraient par un lien quelconque à la loi française, et ce lien ne peut être que celui de la résidence ; alors pourraient être invoquées ces considérations tirées de la nécessité de maintenir le bon ordre et d'accorder protection à tous ceux qui se trouvent sur le territoire français. Mais pour ceux qui n'y sont pas, qui ne font qu'y passer, et y passer c'est n'y être point, il est évident que ces considérations sont sans intérêt ; ce sont des nomades qui n'ont posé le pied sur le territoire que pour le franchir, selon leur plaisir ou leur intérêt.

Telle est la situation de M. Criado. M. Criado n'a pas de domicile en France, il n'y réside même pas. J'ai eu l'honneur de dire au tribunal qu'il y était venu pour faire ses études médicales. Il les a terminées, il s'est marié au mois de juillet 1860 ; et il a quitté Paris le 27 octobre 1860, après avoir quitté Croissy le 27 août. Il a fait des voyages, il est allé à la Havane, il est revenu à Paris. Est-ce qu'il est domicilié à Paris? Il ne le dit point. Est-ce qu'il y réside? Pas davantage. Il est descendu dans un hôtel garni, comme un voyageur qui n'a en France aucun établissement. Il n'y a aucun intérêt, il n'y a pas même ce droit de pied posé dont je parlais tout à l'heure. M. Criado est reparti, il n'est point en France à l'heure où je parle, il est retourné je ne sais où, et peut-être son honorable défenseur serait-il fort embarrassé pour dire où il est. Est-il en Espagne, dans ce royaume si vaste dont on a dit qu'il ne voyait jamais coucher le soleil? Est-il retourné à la Havane? S'il est à la Havane, il est encore en Espagne, conséquemment il n'a pas de domicile en France. Il ne se rattache à la France par rien, car il ne peut pas dire qu'il est domicilié tout à la fois en Espagne, à Croissy, à Paris. Il faut être domicilié quelque part ; quant à lui, il n'a aucun domicile, si ce n'est ceux que crée son imagination. Il dit qu'il s'est installé à Madrid, nous n'avons aucune connaissance de cette installation ; si madame Criado la connaissait, le juge de Madrid serait déjà saisi d'une assignation. Et en effet, quelle est la situation de madame Criado ? Dans de pareilles conjectures, ordinairement la femme immédiatement saisit le juge du lieu du domicile de son mari, d'une demande régulière en séparation et immédiatement aussi les tribunaux français, en présence de cette demande, se démettent de toutes les actions qui sont accessoires. C'est là ce qui a été bien des fois jugé. Voici un arrêt du 2 décembre 1859, dans lequel il est dit que les tribunaux français sont incompétents pour statuer sur les mesures provisoires en séparation de corps entre étrangers résidant en France, lorsque la juridiction du pays auquel appartiennent ces étrangers a été saisie de la contestation. Comment voulez-vous que depuis le mois de mars madame Criado ait pu saisir un tribunal quelconque de sa demande en séparation ? Ses griefs sont nombreux, puissants, et il me serait facile de justifier de leur énormité. Mais cependant pour faire un procès, il ne suffit pas d'avoir un adversaire, il faut un juge et madame Criado ne peut pas être forcée de suivre son mari dans toute l'Espagne. Il faut que M. Criado puisse dire dans quelle partie de l'Espagne il est domicilié, madame Criado commencera alors contre lui un procès en séparation.

J'ai entendu dire que mon adversaire, à l'audience de huitaine, trompé par les renseignements qui lui avaient été donnés, affirmait que ce procès n'était pas sérieux, que madame Criado adorait son mari....

M⁰ ANDRAL. — Je n'ai pas dit précisément cela.

M⁰ JULES FAVRE. — Si vous n'avez pas dit cela, je n'ai pas à insister. Il est certain qu'il faudrait un amour obstiné pour adorer un mari qui, étant parti au bout de six semaines de mariage, n'aurait annoncé son retour que par une sommation par huissier en réintégration du domicile conjugal. Il est donc bien entendu entre nous que les époux ne s'aiment point et vous avez bien raison de le dire.

M⁰ ANDRAL. — Je n'ai pas dit tout à fait cela non plus.

M⁰ JULES FAVRE. — J'ai des lettres qui, si la justice vient à délibérer, jetteraient un triste jour sur la conduite de cet homme. Écoutez :

« Maman me parle de mon procès, et je suis dans le ravissement de savoir que Jules Favre, etc. Que Dieu lui touche le cœur et lui fasse porter toute son ardeur à défendre cette pauvre infortunée qui lui portera dans son cœur une reconnaissance éternelle. S'il peut me délivrer des griffes de cet homme que je hais de toute la force de mon âme, et que je préfère la mort à être obligée de le suivre. Tu sais bien, chère petite sœur, que j'en suis capable, tu peux te rappeler très bien que déjà j'ai été sur le point de le faire, quand maman par ses bonnes paroles voulait me forcer à le suivre. Non, non, jamais ! Cette pensée seule me rend folle. Si tu savais comme, depuis que je suis loin de Paris, je suis tranquille ; ma santé commence à se rétablir, etc. »

M⁰ ANDRAL. — Je demande acte de cette lettre que je ne connaissais pas, je demande qu'elle soit enregistrée.

Mᵉ **Jules Favre**. — Très volontiers, je vous fournirai tous les documents de cette nature que vous pourrez désirer, puisque vous voulez bien payer les droits d'enregistrement.

Je mets cette lettre sous les yeux du tribunal, mon adversaire peut donner à son client le plaisir de la faire enregistrer, nonobstant les choses assurément fort désagréables qu'il y trouvera.

Mᵉ **Andral**. — Votre langage me fait prévoir de tristes luttes en vue desquelles il faut bien que j'assure à mon client des moyens de défense.

Mᵉ **Jules Favre**. — Ce que je maintiens, c'est que madame Criado a l'intention de faire aussitôt qu'elle sera en mesure le procès en séparation contre son mari, dont elle fera connaître la conduite inqualifiable. A l'action actuelle j'ai opposé l'incompétence, je persiste dans mes conclusions.

PLAIDOIRIE DE Mᵉ ANDRAL.

Messieurs,

J'ai écouté, je l'avoue, avec un sentiment pénible mon illustre contradicteur. Il y a huit mois à peine que madame Criado est mariée et vous avez entendu avec quels dédains, quelle ironie, quelle amertume elle parlait du mari que, il y a si peu de temps, elle jurait d'aimer ; je ne sais quant à moi, rien de plus triste que le spectacle d'une jeune femme qui semble mettre son honneur à bien prouver qu'elle n'a dans le cœur que sécheresse, haine et mépris.

Je n'ai pas dit, à la dernière audience, que madame Criado adorât son mari : hélas ! elle ne le lui a pas prouvé tout à l'heure ; mais, lui, il l'aime ; malgré les offenses qu'elle lui prodigue, il l'aime avec toute l'ardeur du ciel sous lequel il est né et du sang dont il est issu. Voilà ce que j'ai dit, et le tribunal me rendra cette justice qu'il ne m'est pas échappé un mot dont puisse s'offenser madame Criado. Si cela me fût arrivé, j'aurais blessé les sentiments les plus intimes et les plus chers de mon client. Pourquoi madame Criado prend-elle au contraire à tâche de creuser l'abîme que son imprudence met entre elle et son mari ?

Pourquoi, au tendre appel qui lui était adressé par ma bouche, répond-elle avec ce fiel et cette aversion qui perçaient sous toutes les paroles de mon honorable adversaire ?

Mon client s'appelle en effet Rafaël-Isidor-José, trois noms ! c'est bien modeste pour un Espagnol, et je ne vois pas, en vérité, ce que peut reprocher à ces trois noms Mᵉ Jules Favre plaidant pour mademoiselle Julia-Celestina-Josefa-Flora Polonini. — Qu'est-ce que M. Criado ? On vous l'a représenté comme un homme *se disant médecin*, n'ayant rien et devant se trouver très heureux d'avoir été accueilli par la famille Polonini ; comme une espèce de vagabond sans domicile, comme un sauvage, le mot a été dit. Se disant

X.   8

médecin ? Vous avez sa thèse et son diplôme. Un vagabond sans domicile et sans fortune ? Ah ! s'il eût été tel, vous ne l'auriez pas pris pour gendre. Quand vous l'avez attiré près de votre fille, quand six mois avant le mariage vous lui avez ouvert votre porte au point qu'il n'avait pas d'autre demeure que la vôtre, vous saviez apparemment qui il était et ce qu'était sa famille ; vous saviez surtout que son père a une fortune considérable.

Si M. Criado n'a pas eu de dot, c'est que son père désapprouvait l'union qu'il a contractée malgré les conseils de sa famille et de tous ses amis. Oui, M. Criado père, plus clairvoyant que son fils, a tout fait pour empêcher ce mariage fatal et il n'a cédé que parce que son fils, follement épris, menaçait de se tuer ; mais, en cédant, il n'a pas voulu donner une dot qui lui eût semblé dans la circonstance un acte de faiblesse et qu'eussent d'ailleurs bien vite dissipée les luxueuses habitudes de la maison Polonini. M. Polonini est un chanteur qui parcourt les divers théâtres de l'Europe ; c'est sans doute un homme fort honorable ; mais enfin sa situation est de celles qui ne conviennent pas à toutes les familles. Et puis d'autres objections bien plus graves sur lesquelles je n'entends pas m'étendre, préoccupaient l'esprit et le cœur du père de famille....

En voilà assez sur ce point. J'ai rétabli la vérité sur la position et la fortune de chacun : c'est tout ce que je voulais.

Mon illustre adversaire vous a cité deux ou trois actes extra-judiciaires qui indiquent la résidence ou le domicile de mon client, tantôt à Croissy, tantôt rue de Verneuil, tantôt à Madrid : il s'est même fort amusé de l'erreur géographique du clerc d'huissier qui a placé Croissy dans le département de Seine-et-Marne, et il a sérieusement demandé comment madame Criado pourrait, au milieu de cette variété de domiciles, découvrir la demeure réelle de son mari. En vérité ces arguments, dignes de sa cause, sont indignes de son talent.

Tous les actes de la procédure sont fort clairs et ne se contredisent nullement. Sauf l'erreur fort indifférente du clerc d'huissier qui a mis Croissy en Seine-et-Marne, ces actes indiquent fort bien que le domicile de M. Criado est en Espagne, et que sa résidence est rue de Verneuil, n° 6, à Paris.

On a pris soin de constater par huissier que la maison rue de Verneuil, n° 6, est une maison meublée ; nous ne songeons pas à le contester. Est-ce qu'un mari n'a plus le droit de demeurer dans une maison meublée, fort convenable d'ailleurs, et d'y appeler sa femme ?

M. Criado a voyagé ? — Comment madame Criado qui se rend invisible, qu'aucun officier ministériel n'a pu découvrir, auprès de laquelle M. le juge de paix de Saint-Germain n'a pas pu pénétrer, est-elle si bien renseignée sur tout ce qu'a fait son mari depuis six mois ? J'ignore et je ne veux pas chercher à qui elle s'est adressée pour en savoir si long, beaucoup plus long que moi. — On vous a dit que M. Criado était parti le 27 octobre pour la Havane et on lui en a fait un crime : je ne sais si le fait est exact : mais j'en doute beaucoup, et je crois me rappeler qu'il a simplement passé en Italie quelques semaines. Ce que je puis affirmer, c'est qu'il est parti à la prière de sa femme qui le suppliait, par l'intermédiaire d'un officieux ami, de prendre patience et de lui donner le temps d'adoucir sa mère : ce que je puis affirmer, c'est qu'à cette époque j'ai vu, j'ai lu des lettres dans lesquelles madame Criado, au nom de la paix, au nom de l'avenir, au nom de son amour, engageait son mari à faire ce voyage qu'elle lui reproche aujourd'hui. En vérité je ne sais ce qu'il y a dans le cœur de cette malheureuse jeune femme; mais, je l'atteste, ces lettres respiraient une tendresse dont les vives et touchantes ardeurs contrastent étrangement avec les déplorables paroles qui maintenant se rencontrent sous sa plume.

Encore une fois, qu'à cette époque M. Criado ait été à la Havane, sans le savoir, je crois pouvoir le démentir. Je l'ai vu au mois d'octobre, je l'ai vu au mois de février, et je serais étonné que dans cet intervalle il eût pu aller à la Havane, y séjourner et en revenir. Qu'importe d'ailleurs? N'avait-il pas le droit d'aller embrasser son père et lui demander des forces pour supporter les douleurs dont on l'abreuve?

En ce moment même il est, dit-on, en Espagne, à Barcelone. — Mon adversaire paraît beaucoup mieux édifié que moi et je ne puis répondre ; mais mon client aspire avec une si ardente passion après le jour qui lui rendra sa femme que ce jour-là, vous pouvez en être convaincus, il sera ici pour la recevoir.

J'en ai fini sur tous ces reproches dont je ne comprends pas la portée et j'arrive à des griefs plus sérieux. Mᵉ Jules Favre vous a fait, messieurs, un tableau très abrégé et, qu'il me permette de le dire, très dangereusement incomplet de la vie commune des époux pendant six semaines. « Ces six semaines, vous a-t-il dit, ont été affreuses pour la jeune femme, j'en ai la preuve. » — La preuve résulterait d'une correspondance qu'on ne m'a pas communiquée, dont on a lu seulement de courts extraits et qui seraient peut-être de ma part l'objet de fort utiles observations, si je la connaissais. Mais vous comprenez que je ne puis accueillir ni même discuter comme des preuves sérieuses des lettres écrites par madame Criado depuis le procès, à sa sœur ou à son défenseur, qui peut-être lui ont été dictées et qui diffèrent tellement de celles si récentes que j'ai lues.

Ce qu'on a dit du caractère violent de M. Criado et de ses mœurs « empreintes de sauvagerie » m'étonne encore plus. Avant le mariage, on a habité six mois avec lui ; on devait connaître et son caractère et ses mœurs.

J'ai le droit de dire que je ne crois à aucune de ces accusations accumulées contre mon client, puisque j'ai tenu dans mes mains, puisque j'ai lu des lettres postérieures à tous les faits allégués, dans lesquelles madame Criado proclame qu'elle n'a absolument aucun tort à reprocher à son mari et le remercie de son amour.

Savez-vous, messieurs, ce qui est arrivé? Mon client ne m'a pas écrit de lettres, mais il m'a chargé de transmettre au tribunal de loyales affirmations. Deux jours après son mariage, — j'avais dit le soir même et en cela je m'étais trompé, — il était depuis une heure avec sa jeune femme dans la chambre conjugale, quand des cris affreux se font entendre et des coups redoublés ébranlent la porte. Reconnaissant la voix de sa mère, madame Criado se précipite et la trouve en proie à une violente attaque de nerfs. — « Ma fille, ma fille ! s'écrie madame Polonini, tu n'es plus à moi ; tu aimes un autre plus que moi, j'en mourrai ! » Et madame Criado éperdue s'enfuit avec sa mère. — Depuis cette scène, madame Criado n'est pas rentrée dans la chambre de son mari. M. Criado n'a pas pu revoir un instant sa femme sans témoins, et quand madame Polonini a dû s'absenter, chaque nuit des domestiques ont par ses ordres veillé à la porte qui dérobait la jeune femme aux légitimes empressements de son époux. Pendant six semaines, M. Criado, comme un coupable, comme un malfaiteur, a épié sur les escaliers et dans les couloirs les occasions où lui serait permis de serrer à la dérobée la main de sa femme ou de lui dire bien bas qu'il l'aimait. Tourmentée de je ne sais quelle inexplicable jalousie, madame Polonini se dressait comme un obstacle toujours présent entre les deux époux.

M. Criado aurait pu, aurait dû peut-être mieux faire respecter ses droits ; mais dominé, désarmé par l'excès de son amour, il dévora tous ces affronts et subit toutes ces tortures dont on lui faisait chaque jour espérer le terme prochain. Pour peindre tout ce qu'il a souffert, pour raconter ces étranges et lamentables scènes, je voudrais avoir les ressources de ce talent merveilleux que mon adversaire consacrait naguère à raconter, avec tant d'éclat et de charme, les malheurs, désormais immortels, d'un mari dont la situation ressemblait si fort à celle de mon pauvre client. L'éloquence n'est point ici nécessaire, et le simple exposé des faits a suffi pour faire comprendre au tribunal la douleur, la honte, le désespoir de ce jeune homme qui venait d'épouser une femme admirablement belle et douée de toutes les grâces de l'esprit ; enflammé sans cesse et comme irrité à sa vue ; se croyant aimé et ne pouvant pas se jeter dans ses bras.

Que pendant ces six semaines de mortels tourments, M. Criado ait parfois perdu patience, qu'il ait laissé échapper quelques mots de plainte, qu'il ait reproché à sa belle-mère le coupable aveuglement de son affection, je n'en sais rien : mais cela est très possible, et c'est probablement à ces plaintes fort légitimes que fait allusion cette lettre d'excuses dont on vous a parlé. Oui, accablé, désolé, exaspéré tour à tour, M. Criado a dû se plaindre, et puis, comme rien ne pouvait lui coûter pour reconquérir la femme qu'il aimait, il écrivait les lettres qu'on lui dictait ; il avouait les torts qu'il n'avait pas eus ; il demandait pardon dans l'espoir qu'on lui donnait de fléchir son intraitable belle-mère.

Je ne veux pas croire qu'on le trompait et qu'on préparait de longue main des armes contre lui : j'aime mieux croire qu'on se trompait ; mais le 27 août on a perdu tout ménagement et on l'a chassé.

M. Criado ne s'est pas découragé ; il a continué de prier et d'espérer. Un ami commun venait lui apporter, au nom de sa femme, d'affectueuses paroles ; on lui répétait que madame Criado l'aimait, qu'elle souffrait autant que lui, qu'elle était retenue par la crainte de faire du mal à sa mère, qu'elle demandait un peu de temps et qu'elle triompherait de tous les obstacles. Ces faits, j'ai le droit de les attester, car j'en ai été presque chaque jour le confident. C'est au milieu de ces espérances et, comme je vous l'ai dit, à la prière de sa femme, que M. Criado a fait au mois d'octobre le voyage qu'on ose présenter aujourd'hui comme un acte d'abandon. Mais, au retour de ce voyage, qui devait dissiper toutes les difficultés, quand il a demandé sa femme, et qu'il lui a rappelé ses promesses, elle n'a même pas daigné répondre et lui a refusé désormais ces rapports indirects qui jusque-là l'avaient consolé et soutenu.

A-t-il alors grossièrement débuté par lui envoyer un huissier, comme on vous l'a dit ? Heureusement cette injuste accusation est démentie par le dossier même de mon contradicteur ; je veux parler des lettres qu'il invoquait tout à l'heure sans les lire, et dans lesquelles il nous montrait mon client s'excusant, pleurant et suppliant sa femme de revenir. Vous voyez bien qu'il a tout épuisé avant de recourir aux mesures légales : il a obtenu de M. le président, par une mesure tout exceptionnelle, une commission rogatoire qui chargeât M. le juge de paix de Saint-Germain de faire entendre à sa femme de paternelles exhortations : on n'a pas même voulu recevoir cet honorable magistrat. Aussi bien qu'a d'offensant cette sommation qu'on nous a si amèrement reprochée ? Je savais bien que le refus fait par la femme d'habiter avec son mari constituait la plus grave des injures, mais j'avais toujours entendu citer comme une marque d'amour et non comme une offense l'effort fait par le mari pour ramener la femme dans le domicile conjugal, le mari prît-il un huissier pour interprète de ses désirs. La loi et la jurisprudence françaises ne lui donnent pas d'autre moyen. Ah ! si l'on peut faire un reproche à mon client, dans l'horrible situation que lui faisait sa femme égarée par de détestables conseils, ce n'est pas d'avoir manqué d'égards, c'est plutôt d'avoir manqué de fermeté, et d'avoir poussé jusqu'à la faiblesse la patience que lui inspirait son amour.

Voilà ce que j'avais à dire sur les faits : j'arrive au droit.

En principe, je reconnais que les tribunaux français sont incompétents pour connaître des différends entre étrangers : cette incompétence est d'ordre public et peut être déclarée d'office ; mais aux principes il y a des exceptions, et j'espère établir que ma cause offre la plus incontestable et j'ose dire la plus sacrée de ces exceptions.

Ainsi, aux termes de l'art. 3 du titre préliminaire de nos codes, les lois de police et de sûreté obligent tous ceux qui habitent le territoire, et les étrangers sont soumis pour les immeubles qu'ils possèdent en France à la loi française. Ainsi, par l'application de l'art. 420 du Code de procédure, on reconnaît votre compétence, pour connaitre des différends entre étrangers, quand il s'agit d'actes commerciaux passés ou exécutés en France. En dehors de textes formels, la jurisprudence et la doctrine étendent votre juridiction aux mesures provisoires en matière de séparation de corps, de tutelle et d'aliments.

Le mois dernier, une compagnie anglaise poursuivait contre un Espagnol l'exécution d'un jugement rendu en Angleterre : Me Jules Favre soutenait avec la même conviction et la même ardeur qu'aujourd'hui l'incompétence du tribunal et, pour justifier le déclinatoire, il invoquait les mêmes raisons qu'il vient de développer tout à l'heure. Je n'entends pas dire que la décision qui a été rendue soit directement applicable à notre espèce ; mais je veux prouver combien le principe de l'incompétence rencontre d'exceptions. J'ajoute que les motifs relevés par le tribunal s'appliquent à fortiori à ma cause.

Voici, messieurs, le jugement rendu le 23 mars, sur les conclusions conformes du ministère public :

« Attendu qu'aux termes des art. 546 du Code de procédure civile et 2123 du Code Napoléon, les jugements rendus par les tribunaux étrangers sont susceptibles d'exécution en France lorsqu'ils ont été déclarés exécutoires par un tribunal français ;

» Attendu que ces dispositions sont générales et ne permettent pas de distinguer les cas où les jugements ont été rendus entre Français et étrangers, et ceux où ils ont été rendus entre étrangers de la même nationalité ou entre étrangers de nationalités différentes ;

» Qu'il est évident que, à quelque nationalité que les parties appartiennent, elles ne peuvent s'adresser qu'aux tribunaux de France pour demander l'exécution, en France, des décisions rendues à l'étranger, et que ces tribunaux ne pourraient, sans dénier la justice qui leur est due, se déclarer incompétents ;

» Par ces motifs, se déclare compétent, retient la cause et la renvoie à quinzaine pour être plaidée au fond. »

Mon honorable confrère vous disait tout à l'heure : — « Vous ne pouvez pas retenir la cause ; car vous ne pourriez pas la juger sans viser l'art. 214 du Code Napoléon. Or, le Code Napoléon est inapplicable aux étrangers. » — Le jugement que je viens d'avoir l'honneur de lire au tribunal fait justice de cet argument.

Le procès soulève deux questions. M. Criado demande que la dot lui soit remise, conformément aux stipulations du contrat de mariage, et que sa femme soit condamnée à réintégrer le domicile conjugal.

La question d'intérêt est fort secondaire et je n'en dirai qu'un mot. — On a indignement calomnié M. Criado, quand on a prétendu que ce qu'il poursuivait devant vous, c'était la dot et non point la femme. — C'est le 27 août que M. Criado a dû quitter la maison de Croissy, et le 10 septembre suivant il donnait volontairement procuration à sa femme pour administrer sa dot et toucher ses revenus. Si depuis il a révoqué cette procuration, c'est seulement le 27 mars, à la veille du procès, sur l'avis de ses conseils, et comme un moyen légitime de coercition pour ramener sa femme à l'accomplissement de ses devoirs. Un trimestre de revenus est échu le 1er avril, M. Criado n'avait qu'à se présenter pour le toucher : il ne l'a pas voulu. — Il y a mieux : madame Polonini a fait offrir à M. Criado de lui abandonner entièrement la dot, s'il voulait renoncer à user de ses droits de mari et M. Criado a refusé avec indignation. Voilà l'homme que les adversaires, instruits comme moi de ces faits, osent accuser de fonder sur le scandale de ce procès une honteuse spéculation !

Pour établir votre compétence sur ce premier point de notre demande, j'invoque l'art. 420 du Code de procédure qui doit, par analogie, être étendu aux matières civiles aussi bien qu'aux matières commerciales. Le contrat de mariage a été reçu en France, devant un officier public français ; les époux ont déclaré « adopter le régime dotal, tel qu'il est établi par le Code Napoléon, » et sur tous les points ils s'en sont référés à la loi française.

Permettre aux étrangers de contracter en France et leur interdire tout moyen d'assurer l'exécution des conventions qu'ils ont formées sous la protection de nos lois, c'est tomber dans une contradiction souverainement déraisonnable ; c'est commettre une véritable iniquité. Aussi, de tout temps, les meilleurs auteurs ont-ils admis pour ce cas la compétence des tribunaux français. Ecoutez ce que dit Vattel au point de vue du droit international :

« Les différends qui peuvent s'élever *entre étrangers* doivent être terminés par les *juges du lieu et suivant les lois du lieu*. Et comme le différend naît proprement par le refus du défendeur qui prétend ne pas devoir ce qu'on lui demande, il suit du même principe que tout défendeur doit être poursuivi par-devant son juge qui seul a le droit de le condamner et de le contraindre..... Le juge du défendeur est le juge du lieu où ce défendeur a son domicile, ou *celui du lieu où le défendeur se trouve à la naissance d'une difficulté soudaine.* » (Martens, § 92 et 93.)

Ces principes étaient enseignés sous l'ancienne législation, si hostile aux étrangers : voici en effet comment s'expliquait l'avocat général Omer-Talon dans un réquisitoire du 14 août 1632 :

« Comme nos rois ouvrent et prêtent l'oreille à tous ceux qui implorent leur autorité et invoquent leur justice qu'ils font administrer également et indifféremment tant à leurs sujets qu'aux étrangers....., lorsque deux étrangers qui ont contracté ensemble, pour raison de leur contrat, plaident en ce royaume, on leur rend justice tout ainsi que s'ils étaient sujets du roi. »

Sous le droit nouveau la question est implicitement résolue en notre faveur par M. Demolombe :

· « Devant quel tribunal devra être traduit l'étranger défendeur en matière personnelle ? S'il réside en France, devant le tribunal de sa résidence. (Art. 59, Proc.) Dans le cas contraire et en l'absence de textes, il serait naturel si l'obligation a été contractée en France, de l'assigner *devant le juge du lieu où elle a été contractée.* » (Art. 420, Proc.)

L'un des chefs éminents de ce tribunal, l'un de nos jurisconsultes assurément les plus autorisés, M. Massé, est plus explicite :

« Tout étranger *domicilié ou non domicilié* en France est justiciable des tribunaux français *pour les obligations qu'il a souscrites en France, sans distinction aucune entre les obligations purement civiles et les obligations commerciales.* » ..... Admettre les étrangers dans l'État, leur permettre d'y faire tous les contrats du droit des gens et néanmoins leur refuser la faculté de poursuivre devant les tribunaux français l'exécution de ces contrats, c'est ne leur accorder qu'un droit illusoire et sans sanction..... Si les étrangers peuvent faire en France tous les contrats du droit des gens, c'est parce que la loi ne le leur interdit pas ; les leur permettre, c'est leur garantir tacitement les moyens d'en assurer l'exécution.....
» Toutes les législations étrangères admettent la compétence des tribunaux du pays pour connaître des contestations entre étrangers ; et loin que cet état de choses ait soulevé des conflits d'attribution entre les tribunaux de nationalité diverse ou amené quelques désordres dans les relations internationales, c'est au contraire la jurisprudence exceptionnelle suivie en France qui crée des embarras aux étrangers en France et aux Français en pays étranger, en provoquant des mesures de rétorsion dont l'objet est de refuser aux Français le droit qu'en France on refuse aux étrangers. » (Massé, *Droit commercial dans ses rapports avec le droit des gens*, t. II, n° 178 sq.)

On peut citer dans le même sens Félix, *droit international*, D. I, n⁰ˢ 158-163; Legat, p. 302 et enfin par analogie des arrêts de cassation des 4 septembre 1811, 30 novembre 1814, 27 novembre 1822, 25 janvier 1825 ; un arrêt de la Cour royale de Caen du 5 janvier 1846 et *a contrario* un arrêt de la cour d'appel de Paris du 13 mars 1849.

Ces principes, suivant moi certains, doivent d'autant mieux être appliqués à l'espèce que, aux termes du contrat de mariage, la dot, objet du litige, ne peut être employée qu'en rentes françaises ou en immeubles situés en France. A ce point de vue, je ne demande au tribunal que d'appliquer la théorie de mon adversaire. Il vous a dit en effet qu'il admettrait votre compétence, s'il s'agissait, non d'un *nomade*, mais d'une personne réellement établie en France : or, les dispositions contractuelles dont je viens de parler établissent, au point de vue des biens tout au moins, que les époux ont entendu faire une sorte d'élection de domicile en France.

J'ai hâte d'arriver au second point de la demande. C'est, vous l'avez bien compris, c'est le point essentiel, capital, et je consentirais volontiers à perdre mon procès sur la première question pour le gagner sur la seconde. Êtes-vous compétents pour enjoindre à madame Criado de réintégrer le domicile conjugal établi rue de Verneuil, n° 6, à Paris ?

On vous a dit, messieurs, que vous étiez incompétents, parce que la demande s'appuyait sur un article du Code Napoléon et que jamais les dispositions de ce Code ne pouvaient être appliquées à des étrangers. — J'ai réfuté cet argument avec l'autorité de la deuxième Chambre du tribunal ; mais je vais plus loin. Il ne s'agit ici ni du Code Napoléon, ni d'aucune autre législation civile : il s'agit d'une question de droit naturel et d'ordre public.

On prétend qu'il y a ou qu'il pourrait y avoir dans la législation espagnole des dispositions que blesserait votre jugement. Cela est facile à dire : pour que l'objection fût sérieuse, il faudrait citer la loi espagnole qui dispense la femme non séparée d'habiter avec son mari. Si on le faisait, vous devriez vous arrêter; car nous sommes en matière personnelle ; mais on ne produit pas et l'on ne peut pas produire de loi semblable.

En effet, chez tous les peuples, comme dans tous les siècles, la première loi de la famille et par conséquent de la société, c'est que la femme habite avec son mari. Remarquez que nous ne soulevons pas la question de savoir si la femme doit suivre son mari par de là les mers et en tous pays : cette question peut être diversement réglée par les diverses législations. Ce que nous demandons, c'est que madame Criado, mariée en France et résidant de fait en France, soit condamnée à réintégrer la résidence de son mari en France. Il n'y a pas au monde de législation qui élève d'exception contre une demande ainsi formulée; il n'y a pas au monde de loi qui permette à la femme de quitter arbitrairement son mari ; une telle loi serait monstrueuse : elle briserait, elle nierait le mariage dans ce qu'il a d'essentiel. Non une telle loi n'existe pas et ne peut pas exister.

Nous sommes donc sous l'empire du droit naturel, qui, d'accord avec la foi religieuse, prescrit à la femme de quitter ses parents pour suivre son mari. Or, messieurs, vous êtes compétents pour appliquer aux étrangers le droit naturel.

D'ordinaire on oppose à votre compétence entre étrangers deux objections, tirées, l'une de ce que la loi civile et la justice française sont instituées pour les Français, l'autre de ce que, en jugeant un différend entre étrangers, vous vous exposeriez à violer les lois étrangères qui peuvent n'être qu'imparfaitement connues de vous. Ni l'une ni l'autre de ces objections ne portent, lorsqu'on agit en vertu du droit naturel que vous connaissez à merveille, messieurs, que tout le monde peut invoquer et dont personne ne peut renier l'empire.

C'est en se fondant sur ce caractère incontestable du droit naturel que la jurisprudence a reconnu la compétence des tribunaux français pour condamner un étranger à servir à un autre étranger une pension alimentaire.

« Attendu, dit un jugement du tribunal, que l'obligation des époux de se fournir des aliments *dérivant du droit naturel et du droit des gens*, l'action qui en résulte est *dans l'intérêt de l'ordre public, de la compétence des tribunaux de la résidence des parties.*

Sur l'appel :

« La Cour, considérant que l'obligation de la part du mari de fournir des aliments à sa femme est *une obligation du droit naturel* dont l'exécution peut être réclamée devant le tribunal du domicile du défendeur. » (Paris, 19 décembre 1833.)

« Attendu que les aliments dus par l'aïeul à ses petits-enfants et à leur mère sont *une obligation de droit naturel* et que la connaissance des contestations qui s'élèvent à ce sujet *appartient de droit aux tribunaux du lieu de la résidence des parties, même étrangères.* » (Bastia, 11 avril 1833.)

Dalloz, v° Droit civil, n° 304, se prononce dans le même sens, et la question n'est plus controversée.

Or, si c'est pour les parents une obligation sacrée et universellement admise de fournir des aliments à leurs parents infirmes, l'obligation pour la femme de suivre son mari n'est ni moins sacrée ni moins universellement admise. Dans un cas comme dans l'autre, l'action civile prend sa source, non dans tel ou tel Code, mais dans la loi suprême, écrite au cœur de chacun et consacrée par la conscience du genre humain, *non scripta sed nata lex;* dans un cas comme dans l'autre vous êtes compétents.

Veut-on qu'un texte formel soit nécessaire? Nous trouvons ce texte à l'art. 3 du titre préliminaire du Code, ainsi conçu : « Les lois de police et de sûreté obligent tous ceux qui habitent le territoire ». Cet article s'applique-t-il seulement à la loi pénale? On ne saurait le soutenir; car, s'il en était ainsi, le législateur l'eût placé dans le Code d'instruction criminelle et non dans le titre préliminaire qui domine tout l'ensemble de nos lois. L'art. 3 soumet donc les étrangers aux lois civiles qui intéressent l'ordre public aussi bien qu'aux lois criminelles; c'est ce qu'enseigne M. Demolombe :

» *L'article 3 doit s'entendre... de tout ce qui concerne l'ordre public. (Articles 3 et 6.)* L'appréciation devient alors, comme toujours en ce cas, plus délicate, mais la règle ne m'en paraît pas moins vraie... De même on a encore jugé que le mari étranger pouvait être forcé, même en France, de fournir des aliments à sa femme, *dans l'intérêt de l'ordre public*..... De même, il pourrait être nécessaire de pourvoir à la tutelle d'un mineur étranger... Ce sont là des mesures conservatoires, des mesures d'urgence, pour lesquelles l'humanité et par conséquent *l'ordre public et la bonne police du pays exigent que les magistrats du lieu soient toujours compétents.* » (*Titre préliminaire*, n° 70.)

Conçoit-on, je le demande, une action tendant plus essentiellement à l'ordre public que l'action aujourd'hui déférée au tribunal? A quoi donc sera intéressée la Société, si elle ne l'est pas au respect du lien conjugal? Valideriez-vous une convention par laquelle un mari dispenserait sa femme d'habiter avec lui? — Tout ce qui touche au mariage est sacré, et les sociétés qui se déclareraient indifférentes aux devoirs des époux, se déshonoreraient et ruineraient elles-mêmes leur fondement, c'est-à-dire la famille.

C'est l'art. 3 et l'ordre public qu'invoquent la doctrine et la jurisprudence pour établir la compétence des tribunaux français en matière de saisie-arrêt pratiquée par un étranger sur un étranger. (Demolombe, n° 261 ; Dalloz, *Droit civil*, n° 332 et sq. ; Demangeot, p. 392; Legat, p. 384; Aix, 6 janvier 1831 ; Paris, 5 août 1832; Paris, 18 avril 1846.)

Si l'ordre public exige qu'un étranger ne puisse pas se soustraire en France au payement de dettes contractées envers un étranger, *même en pays étranger*, l'ordre public exigera-t-il moins impérieusement que la femme exécute les obligations qu'elle a contractées, non-seulement envers son mari, mais envers la société tout entière en se mariant devant un officier public français et sous la protection de la loi française ?

Je me rapproche de l'espèce et j'arrive à la jurisprudence en matière de séparation de corps. Il est certain que les tribunaux français sont incompétents pour prononcer une séparation de corps entre les étrangers, lors même que le mariage a été contracté en France ; mais il est également certain que ces tribunaux sont compétents pour statuer sur les mesures provisoires concernant le sort des enfants et le règlement des aliments. Je citerai notamment, en ce sens, un arrêt de la Cour de cassation du 30 juin 1823, et les arrêts de la Cour de Paris des 23 avril 1822, 28 avril 1823 et 23 juin 1836; j'invoquerai également Dalloz, *Droit civil*, n° 328. Au reste, ce point n'est pas contestable et n'a point été contesté par mon honorable adversaire. Je ne m'y arrêterai donc pas, et je citerai seulement au tribunal deux exemples pour lui montrer jusqu'où va la jurisprudence en matière de séparation provisoire.

Un arrêt de la Cour de Paris, dont la date m'échappe, mais que connaît mon adversaire, car il a été rendu dans sa plaidoirie, a autorisé une Anglaise à quitter le domicile de son mari et à se rendre à l'île Maurice pour y former une demande en séparation de corps. L'arrêt a fixé la pension que le mari devrait servir à sa femme, et il a même réglé la voie par laquelle la femme se rendrait à Maurice aux frais du mari.

En 1859, la chambre devant laquelle j'ai l'honneur de plaider a été plus loin dans un jugement que je vous demande la permission de placer sous vos yeux :

« Attendu que Milo étant étranger, c'est devant le juge de son pays que doit être portée la demande en séparation de corps formée contre lui par sa femme ;

» Mais attendu qu'en raison du domicile des époux, il appartient au tribunal de la Seine de prescrire les mesures provisoires concernant la garde des enfants et la subsistance de la femme ;

» Attendu que la femme Milo ne fournit quant à présent aucune preuve des faits qu'elle reproche à son mari, mais qu'elle-même a été surprise en flagrant délit d'adultère ;

» Qu'elle s'est ainsi rendue indigne de conserver son enfant, et qu'il y a lieu, malgré le jeune âge de cet enfant, de maintenir dans toute son étendue le principe de l'autorité paternelle ;

» Attendu que l'inconduite de la femme Milo donne à son mari le *droit d'exiger qu'elle se retire dans une maison religieuse* et que c'est là seulement qu'il sera tenu de pourvoir à sa subsistance ;

» Attendu que la femme Milo a besoin d'entreprendre un voyage en Portugal pour soutenir sa demande ; que son mari doit en supporter les frais et lui fournir dans ce cas une pension alimentaire de 1200 francs par an ;

» Par ces motifs,

» Se déclare incompétent sur la demande en séparation de corps formée par la femme Milo, en conséquence renvoie les parties à se pourvoir devant les juges qui doivent connaître de cette demande ;

» Ordonne que l'enfant sera confié à la garde de Milo, qui sera tenu de l'envoyer deux fois par semaine à la femme Milo ;

» *Ordonne que la femme Milo se retirera dans une maison religieuse qui sera choisie par son mari et en cas de contestation sera désignée contradictoirement entre les époux par le président du tribunal ;*

» Dit que Milo payera tous les frais de ladite pension et remettra en outre à sa femme tant qu'elle continuera à résider dans la maison qui lui aura été consignée, 155 francs par mois ;

» Ordonne que dans le cas où la femme Milo entreprendrait un voyage en Portugal, son mari en payera tous les frais à l'administration chargée de son transport, et en outre lui servira une pension de 1200 francs. »

Notez-le, messieurs, j'invoque le § 1ᵉʳ de l'art. 3 du titre préliminaire : je soutiens qu'il est applicable aux matières civiles ; or, c'est précisément sur cet article que s'appuient les arrêts et les auteurs pour prononcer les mesures provisoires en matière de séparation de corps, et ils consacrent ainsi en principe la doctrine que je m'efforce de faire prévaloir devant vous.

L'analogie me paraît évidente. Compétents pour séparer provisoirement deux époux, compétents, je ne dirai pas pour dissoudre le lien conjugal, car il est indissoluble, mais du moins pour le relâcher, je ne concevrais pas que vous ne fussiez pas également compétents pour le maintenir et le resserrer. La cause du mariage n'est-elle donc pas la plus favorable de toutes ? L'ordre public ne permet pas que la femme soit contrainte de rester chez le mari qui l'outrage, et il permettrait qu'elle-même l'outrageât en refusant sans motif de vivre avec lui ! Vous pouvez obliger le mari à rendre la liberté à la femme qui se plaint d'être maltraitée, et vous ne pourriez l'autoriser à rappeler près de lui celle qui l'a quitté sans motif légitime ! Vous pouvez, en un mot, ouvrir la porte du domicile conjugal pour séparer deux époux, et vous ne pourriez pas l'ouvrir pour les réunir !

Ce serait là, messieurs, une théorie contraire à tous les principes du droit et de la morale; elle n'a jamais été enseignée, elle est au contraire formellement condamnée par les auteurs :

« Si la femme ne poursuit pas sa demande devant les tribunaux de son pays, les juges français pourront rapporter la mesure qui a permis à la femme de prendre un domicile séparé *et la condamner* A RÉINTÉGRER LE DOMICILE MARITAL. » (Dalloz, v° *Droit civil*, n° 330.)

Mais, dit mon adversaire, les mesures prescrites par la jurisprudence sont essentiellement conservatoires et provisoires; la loi ne peut pas plus refuser son secours à la femme dont les jours sont en danger qu'à l'enfant ou au vieillard qui manque de pain. — Messieurs, les souffrances et les misères morales ne sont-elles pas aussi intéressantes que les douleurs ou les privations physiques? Quant à moi, je ne connais pas de spectacle plus touchant et plus digne de pitié que celui de ce jeune mari vous redemandant sa femme. Et cette femme elle-même contre laquelle je plaide, mais que je crois défendre contre elle-même, n'a-t-elle pas à craindre pour elle d'autre danger que celui d'être injuriée ou battue? Ces droits de la faiblesse qu'invoquait si éloquemment Me Jules Favre, vous commandent de retenir madame Criado sous la tutelle salutaire du guide et du protecteur que lui donnent les lois divines et humaines. Messieurs, croyez-moi, il serait aussi contraire à l'intérêt d'une imprudente jeune femme qu'à l'ordre public de la laisser seule en France, livrée à de mauvais conseils et peut-être à de mauvais exemples!

Mon éminent adversaire me paraît s'être trompé lorsqu'il vous a dit que les mesures provisoires de séparation étaient essentiellement conservatoires et ne préjugeaient rien. Vous n'autorisez pas une femme, même étrangère, à quitter le domicile conjugal sur sa simple demande et sans qu'elle justifie d'aucun grief; les arrêts que j'ai cités établissent que vous examinez les faits, et ainsi vous faites peser un grave préjugé sur celui contre lequel vous prononcez provisoirement la séparation. Ici, au contraire, je ne vous demande pas de rien préjuger, mais seulement de déclarer que la loi du mariage oblige la femme à habiter avec son mari. Si donc on doit mesurer votre compétence au caractère purement conservatoire des mesures provoquées, vous êtes plus incontestablement compétents en notre matière qu'en matière de séparation provisoire.

J'ajoute que le jugement que nous sollicitons de vous n'a et ne peut avoir aucun caractère définitif, et ne peut par conséquent léser aucun droit. Si madame Criado a contre son mari des griefs légitimes, il lui est facile de former une demande en séparation de corps : le jour où elle justifiera qu'elle a formé cette demande, la nôtre deviendra non recevable. La demande en séparation de corps, tel est l'unique motif qui, devant la loi, vous dispense d'habiter avec votre mari. Tant que vous n'avez pas formé cette demande, que vous êtes à chaque instant libre d'introduire, aucune raison, aucun prétexte ne peut vous dispenser d'accomplir la première obligation du mariage.

Ainsi, d'une part, le jugement qui ordonne la réintégration du domicile conjugal est toujours provisoire et conservatoire, et ne peut blesser aucun intérêt légitime ; car l'époux qui a pour se soustraire à son exécution un juste motif, peut à l'instant même former une demande en séparation de corps ; d'autre part, tant que cette demande n'est pas formée, rien ne peut soustraire l'un ou l'autre des époux au devoir de la vie commune.

Le progrès des mœurs et les liens étroits qui rapprochent de plus en plus tous les peuples tendent chaque jour à abaisser les barrières que les nations prenaient autrefois plaisir à élever autour d'elles. L'étranger n'est plus parmi nous ce barbare, cet ennemi auquel on refusait jadis le droit même de posséder ; les sentiments les plus élevés et les pressantes nécessités qu'ont créées dans la société moderne les développements de l'industrie, se réunissent pour effacer successivement tous les obstacles qui entravaient les rapports des hommes entre eux ; la réciprocité est la grande loi de ce progrès : il vous appartient de donner un salutaire exemple aux magistrats étrangers en ouvrant libéralement l'accès de votre justice à tous ceux qui invoquent devant vous, non point une législation étrangère que vous craindriez de ne pas assez bien connaître, ou la loi française que vous n'avez pas le droit d'imposer à des étrangers, mais ces principes certains du droit naturel qui obligent tous les hommes, que tous les tribunaux sont compétents pour appliquer et qui doivent partout trouver une sanction.

Sans doute, messieurs, vous ne pouvez pas vous prêter à toutes les demandes que porteraient devant vous les étrangers nomades qui traversent la France ; mais vous ne pouvez pas non plus permettre qu'on vienne s'établir parmi nous pour y violer impunément les règles les plus certaines de la famille et de la société. Si la doctrine de mon honorable adversaire était admise, il faudrait qu'un mari fût bien sûr de l'affection de sa femme pour oser l'amener en France ; car il suffirait qu'elle eût mis le pied sur ce sol trop hospitalier pour échapper à son autorité, et braver en paix nos lois comme celles de son propre pays. Autrefois on avait fait des temples un lieu d'asile inviolable pour les criminels ; vous ne voudrez pas faire de la France un lieu d'asile où les femmes qui méconnaissent leurs devoirs viennent se réfugier et fouler ouvertement aux pieds les plus saintes prescriptions des lois divines et humaines. Une telle doctrine ne peut être la vôtre, messieurs, car elle ne peut être celle de la loi. Je persiste dans mes conclusions.

RÉPLIQUE DE Mᵉ JULES FAVRE.

Messieurs,

Les réflexions pleines de justesse par lesquelles mon honorable adversaire a terminé sa plaidoirie, me paraissent bien peu s'appliquer à la cause que le tribunal doit juger. Je suis de son avis, il ne faut pas souffrir que la France puisse devenir le lieu d'asile du désordre, quoique cependant cela soit difficile à empêcher. En effet, mon adversaire serait probablement très embarrassé pour trouver une législation qui pût rendre impossible cette sorte d'invasion de tous les mauvais ménages qui franchissent la frontière, afin de trouver un abri contre la douleur qui est venue les assaillir chez eux. Mais il ne s'agit point ici d'un fait de cette nature. Est-ce que c'est madame Criado qui a cherché à se soustraire à l'autorité de son mari ? Est-ce qu'il ne résulte pas de toutes les explications qui ont été données que M. Criado a déserté le domicile conjugal, et que le seul signe de vie qu'il ait donné à sa femme, a été le procès sur lequel nous sommes forcés aujourd'hui d'appeler votre attention ?

S'il en est ainsi, les protestations que M. Criado fait entendre à votre barre sont assurément bien étranges, et doivent vous paraître peu sincères. Qu'elles aient fait illusion à son honorable défenseur, je le comprends ; mais qu'elles puissent séduire le tribunal, en présence de cette vérité si éloquente des faits, c'est là assurément ce qui me paraît de tout point inadmissible.

En effet, messieurs, M. et madame Criado se sont mariés en juillet 1860. A quelle époque ont-ils cessé de cohabiter ? Au mois d'août. On m'a reproché d'avoir été trop laconique, je pourrais faire à mon adversaire le reproche contraire. Le tribunal n'est pas, à l'heure qu'il est, appelé à juger les griefs des époux. Mais mon adversaire n'a pas voulu différer de présenter au tribunal des récits d'autant plus intéressants en faveur de son client qu'ils sont plus contraires à la vérité.

Il vous a dit qu'à peine marié avec mademoiselle Julia Polonini, M. Criado avait rencontré des résistances qui avaient brisé son cœur et détruit sa félicité conjugale. Ah ! messieurs, si de pareilles suppositions étaient maintenues, combien il faudrait reconnaître que les tristes exemples dont certains procès éclatants sont pleins, deviennent dangereux pour la morale publique, et combien ces palinodies sans dignité, comme sans vérité, sont des outrages, non-seulement aux tribunaux qui les entendent, mais encore et surtout, aux épouses innocentes qui sont victimes de semblables accusations.

Quoi ! madame Criado n'a pas accompli ses devoirs ! Vous avez été, pour me servir d'une de vos expressions, chassé du domicile conjugal, et vous qui êtes tout à la fois créole, Espagnol et Mexicain, vous qui sentez dans vos veines ce sang trois fois brûlant, vous avez gardé le silence ! Vous allez dévorer vos affronts dans cette maison garnie de la rue de Verneuil, où vous vous êtes réfugié, sans que votre femme pût connaître votre domicile. Heureusement, quelle que soit cette histoire romanesque, cette fable que vous avez fait raconter au tribunal, heureusement j'ai là des écrits qui la démentent énergiquement et qui prouvent par un seul mot que M. Criado a placé dans la bouche de son défenseur de détestables calomnies.

Mon adversaire a dit qu'il était sûr des sentiments et des douleurs de son client....

M⁰ ANDRAL. — Il y a six mois que j'en suis le confident.

M⁰ JULES FAVRE. — Je ne vous ai point interrompu, mon cher confrère, accordez-moi la même faveur, et permettez-moi de vous dire que, connaissant aussi la jeune femme dont je suis le défenseur, j'ai pu connaître les faits, comme vous avez pu les connaître, et quand j'ai entendu le récit de ces faits et qu'à l'appui on m'en a fourni les preuves, j'ai pu déclarer que j'étais certain de ce que je disais. Voici un fragment d'une lettre que M. Criado écrivait à sa belle-mère, mon adversaire peut en demander l'enregistrement. Elle est adressée à madame Polonini et commence par ces mots :

« J'ignore les causes qui vous ont fait supposer mon peu d'affection pour vous; si les choses étaient vraies, il faudrait me considérer l'homme le plus ingrat et le plus méprisable du monde, car si aujourd'hui j'ai le bonheur d'être uni à ma Juliette bien-aimée, c'est à vous que je le dois, oui, c'est vous qui avez le plus contribué à la réalisation de mes désirs. Ainsi, chère maman, faites disparaître complétement ces idées fausses, et croyez que vous aurez en moi un fils qui vous aimera et respectera toute sa vie. »

Ah ! messieurs, que le temps a été court, et il a suffi à M. Criado pour lui faire oublier ces témoignages de reconnaissance prodigués à madame Polinini. Devrait-elle s'attendre à ce que celui qui la bénissait, qui la priait de ne point s'arrêter aux préventions qui assaillaient son cœur, viendrait un jour en audience publique, la faire considérer comme une mère insensée, allant par une scène scandaleuse troubler la première cohabitation de ces jeunes époux et porter le désordre et la fureur où devaient être l'union et tendresse de la mère ! M. Rafaël-José Criado était devenu l'époux de mademoiselle Julia Polonini, parce que madame Polonini mère avait écarté toutes les objections, aplani tous les obstacles.

On vous a dit que M. Criado était le fils d'un négociant de la Havane qui avait vu avec déplaisir l'union de son fils avec la fille d'un artiste. Je n'ai point l'honneur de connaître M. Criado père, négociant à la Havane, et je ne veux pas plus parler de lui que n'en a parlé le contrat de mariage de son fils, mais ce silence, tous les pères seront de mon avis, me paraît assez inconciliable avec la cause que mon adversaire lui a donnée. S'il avait été véritablement animé de ces sentiments généreux, il aurait pu s'opposer au mariage, mais le mariage une fois décidé, il n'aurait pas voulu que son fils, docteur en médecine, fît insérer au contrat cet article où l'on dit qu'on ne décrit pas les hardes, les bijoux ou le mobilier du futur époux parce que cela est sans valeur, tandis que la future épouse, cette fille d'un artiste lyrique, dont on réclamera plus tard la dot, apporte 103 000 et quelques francs et des hardes pour 40 000 francs.

J'ai voulu d'un mot répondre aux calomnies qu'on a placées sur les lèvres égarées de mon adversaire. Non, il n'est pas vrai que M. Criado père ait repoussé l'idée d'une pareille union. La famille Polonini y a résisté précisément parce que M. Rafaël-José Criado était sans aucune ressource, parce que son avenir était encore obscur, parce que la fortune de son père n'était pas aussi brillante, aussi certaine qu'on voulait bien le dire, parce que, parce que.... il y avait peut-être encore d'autres raisons.

Quelle que soit la position du père, le contrat constate que M. Criado n'a rien voulu faire pour son fils et qu'il l'a laissé livré à toutes les chances incertaines de l'avenir. Le père et la mère de famille Polonini qui sont pleins de tendresse, mais d'une tendresse éclairée, qui voulaient le bonheur de leur enfant et qui n'étaient pas assez oublieux de leur devoir pour ne pas assurer son avenir, ont fait ce que vous savez. Rien de plus simple, et il n'y avait rien d'offensant pour M. Criado à être pauvre. Mais il est mal à lui de travestir les faits, de se faire représenter à cette audience comme ayant été admis dans cette famille avec un empressement qu'on n'a jamais éprouvé, et comme ayant rencontré de la part de son père une opposition que j'ai le droit de taxer de chimérique.

Les époux sont mariés. Quelle a été la conduite de M. Criado envers sa femme? J'ai parlé d'une lettre adressée à sa belle-mère, postérieure de deux jours au mariage. Je demande si M. Criado se serait ainsi exprimé vis-à-vis de sa belle-mère, s'il l'aurait appelée ma mère chérie, s'il aurait fait appel à cette tendresse, s'il aurait béni la main qui avait placé la main de sa Juliette dans la sienne, si madame Polonini s'était rendue coupable de cette espèce de violence de mélodrame par laquelle sa fille aurait été arrachée de la chambre nuptiale pour n'y plus rentrer. Voici une autre lettre :

« ..... Juliette, je suis prêt à partir, et qui sait si cette séparation n'est pas éternelle ? Je viens protester à genoux avec les larmes de la douleur et du repentir le plus sincère pour les moments que je t'ai fait passer à toi ainsi qu'à ta famille ; si Dieu me conduit au bonheur, j'irai au Mexique ; la distance est bien grande, mais je me croirai heureux si un jour viendra dans lequel tu me rappelles près de toi. »

Voici ce qui émane de la correspondance. Ceci n'est point un récit imaginaire inventé pour le besoin de la cause, ce sont des faits racontés par M. Criado lui-même, et qui prouvent que si, quand il est devenu intolérable par sa faute, par ses violences et ses excès, il a rompu avec tout le monde, c'est qu'il sentait à merveille qu'il avait outragé non-seulement sa femme, mais encore la mère et la grand'mère de celle-ci, et qu'il lui était impossible de demeurer plus longtemps dans la maison. Le voilà parti.

Mon honorable adversaire dit que nous ne pouvons pas être mieux renseignés que lui sur la conduite de son client, qu'il n'est pas exact qu'il ait quitté Paris pour aller à la Havane, qu'il l'a vu en février et qu'il est matériellement impossible qu'il ait franchi en si peu de temps une aussi grande distance et être de retour en février. Assurément, nous n'avons pas l'intention ici d'engager une question géographique, mais mon adversaire sait à merveille qu'avec les moyens dont la civilisation dispose, il n'y a pas cette impossibilité matérielle dont il parle. Et qu'importe que M. Criado soit allé à la Havane ? le fait capital au procès, c'est que sa femme ignorait sa résidence. Mon adversaire le nie, mais ses dénégations même sont une affirmation. Les époux se sont-ils vus depuis la séparation ? Ce domicile de la rue de Verneuil est un hôtel garni. C'est à l'hôtel du Pavillon que M. Criado est allé chercher un refuge. M. Criado a-t-il même annoncé à sa femme qu'il était rue de Verneuil, à l'hôtel du Pavillon ? Je soutiens que non, et mon honorable adversaire n'aura pas une seule lettre qui le prouve.

C'est donc à l'hôtel du Pavillon que M. Criado est allé se réfugier le 27 octobre ? A-t-il quitté Paris ? J'avais dit qu'il avait fait le voyage de la Havane, mon adversaire le conteste ; il dit que M. Criado est allé en Italie, mais en même temps il nous montre un acte qui prouve que son client n'a pas dit la vérité. Il est possible qu'il ne soit pas allé à la Havane et qu'il soit allé en Espagne. En effet, voici un bail que M. Criado passe à Madrid, par lequel M. Antonio Carriero, officier en retraite, inspecteur de vigilance, lui loue un appartement dans la rue du Charbon. Ce bail, je remercie mon adversaire de me l'avoir communiqué, car il jette sur le procès un jour décisif. Qu'il me permette d'insister sur ce point, en écartant ce qui touche au fond de la contestation, dont le tribunal ne peut pas connaître. Il ne s'agit que d'une question accessoire qui sera appréciée précisément par la raison que mon adversaire a mise dans mes mains.

J'ai envisagé la discussion à deux points de vue : j'ai dit que vous étiez incompétents à raison de la nature de la demande, parce que, soit qu'il s'agisse de faire réintégrer le domicile conjugal par sa femme, soit qu'il s'agisse d'obtenir l'exécution du contrat de mariage sur les biens apportés par sa femme, il est impossible que cette question soit résolue, sans l'appréciation du statut personnel. J'ai repoussé les observations que mon adversaire faisait valoir tout à l'heure avec tant de talent et qu'il tirait de ces principes d'ordre public, de cette nécessité pour les tribunaux français de protéger tous les intérêts qui se trouvent compromis sur le territoire ; j'ai dit que les tribunaux, dans ces cas, peuvent s'écarter du statut personnel, j'ai cité des exemples, les cas où le droit des gens, l'intérêt des enfants, les transactions commerciales sont engagés. J'ai ajouté, et cette dernière partie de ma démonstration me semble la plus forte parce qu'elle s'appuie sur des faits irrécusables ; j'ai ajouté que dans ces cas il était indispensable que vous prononciassiez. Mon adversaire me semble très près de mon opinion, quand il dit que si madame Criado avait formé une demande en séparation au domicile de son mari, il vous serait impossible de statuer sur la réintégration du domicile conjugal. Eh bien ! c'est à ce peu de mots que je veux réduire la défense de madame Criado.

Si l'on pouvait dire que madame Criado avait pu intenter une demande en séparation devant le juge compétent, c'est-à-dire le juge étranger, et ne l'avait pas fait, je comprendrais que le défenseur de M. Criado eût l'espérance de faire réussir son action en réintégration du domicile conjugal, Mais est-il vrai que madame Criado puisse user de la faculté dont il parlait tout à l'heure ? Et vraiment je m'étonnais qu'il allât jusqu'à dire que madame Criado pourrait donner à son mari une citation à son domicile, son mari lui ayant indiqué le sien rue de Verneuil. Mais pour qu'un exploit soit régulier, il ne suffit pas de trouver un défenseur, il faut trouver un juge. Ce juge, quel sera-t-il ? M. Criado est né, dit-on, en Espagne, il a été élevé à la Havane, il a résidé Paris et à Croissy. Peut-on saisir un de ses domiciles ? Cela n'est pas sérieux. Je comprends qu'on puisse assigner au domicile d'origine quand il n'y en a pas d'autre, mais le tribunal sait que c'est au domicile effectif qu'il faut assigner ; d'ailleurs, je serais fort embarrassé pour trouver même le domicile d'origine. Est-il à la Havane où M. Criado a été élevé ? Mon adversaire connaît bien peu la situation de son client, puisqu'il ne sait pas, au moment où il plaide, s'il est à Paris ou en Espagne. Il dit qu'il est à Paris, où il l'a vu, il y a quelques jours : je peux soutenir qu'il n'est pas à Paris, puisque j'ai dans mes mains une dépêche datée de Barcelone, et qu'à moins qu'il ait le don d'ubiquité, il est certain qu'étant à Barcelone, il n'est pas à Paris. Il n'est pas à Paris, son absence de l'audience le prouve surabondamment, et mon adver-

X.9

saire en convient un peu, puisqu'il demande le renvoi à quinzaine pour pouvoir faire des recherches.

Mᵉ ANDRAL. — Vous savez bien que les vacances commencent demain et je ne puis pas demander une plus prochaine audience.

Mᵉ JULES FAVRE. — Ce n'est pas tout, j'en viens à l'acte de mariage et je vois que M. Criado est né à Melida (Mexique). C'est donc à Melida (Mexique) que nous devons aller frapper précisément parce que les institutions qui régissent ce pays ne sont pas les mêmes que celles qui régissent le nôtre. Vous voulez que nous allions plaider à la Havane? La Havane n'est pas le domicile d'origine, puisque M. Criado est né au Mexique. Il nous faudra donc franchir toutes les provinces, toutes les cités du Mexique. Et puis quel juge saisirons-nous? Celui de Mexico, apparemment, parce qu'il faudra prendre la capitale. Mais on nous répondra que jamais M. Criado n'a demeuré à Mexico, quoique né au Mexique. Devant quelle juridiction faudra-t-il le poursuivre? C'est ce que nous ne savons pas. Nous sommes par conséquent dans l'impossibilité de saisir le domicile d'origine.

Si nous abandonnons le domicile d'origine, trouverons-nous un domicile d'élection auquel nous puissions nous arrêter? Mon adversaire me reproche d'avoir été chercher dans la sommation des arguments qui ne sont pas dignes de fixer l'attention du tribunal. Je lui en demande pardon, le domicile doit être soigneusement indiqué dans une assignation. Eh bien! c'est en interrogeant les exploits que j'ai trouvé que M. Criado se disait tantôt domicilié en Espagne, sans indiquer quelle partie de l'Espagne, tantôt domicilié à Paris, rue de Verneuil, tantôt à Croissy. Voilà trois exploits et trois domiciles différents. Où madame Criado doit-elle aller frapper? Ce n'est pas à Paris, car le domicile que M. Criado y occupe est un hôtel garni. Ce n'est pas à Croissy, car dans ce cas ce serait le tribunal de Versailles qui devrait être saisi. Ce n'est pas à Madrid non plus où il ne réside pas. Le bail dont je vous ai donné lecture, vous démontre surabondamment que M. Criado est nomade par excellence, que jusqu'ici il n'a eu aucune espèce de fixité dans ses résidences et qu'il ne peut en avoir aucune. Quand mon adversaire m'a parlé d'un bail, j'ai cru en effet que M. Criado, médecin de la Faculté de Paris, voulait aller faire en Espagne un établissement, puisqu'il y avait loué un appartement, et que, puisqu'il y avait loué un appartement, il voulait y emmener sa femme; mais il ne m'a pas été permis longtemps de conserver cette espérance promptement détruite par la citation que je vais mettre sous vos yeux du bail passé par Antonio Corriéro, principal locataire du deuxième étage de la maison de la rue du Charbon à Madrid. Il est dit dans cet acte :

« Je suis convenu avec M. Rafaël Criado de lui sous-louer la partie de l'appartement principal ayant deux balcons sur la rue et la chambre à lit de ladite partie d'appartement, toutes deux meublées, laquelle sous-location devra durer six mois, pour le prix de 500 réaux de veillon par mois, M. Rafaël Criado devant verser un mois pour garantie et un autre d'avance pour le premier mois. »

Ce qui ne prouve pas qu'à Madrid M. Rafaël-José Criado, le docteur médecin, fils du millionnaire de la Havane, jouisse d'un grand crédit, puisqu'on ne veut pas lui louer une chambre garnie, sans qu'il paye un mois d'avance de location de cette chambre, située au deuxième étage de la rue du Charbon, et qu'il la loue seulement pour six mois. Le bail est passé le 10 février 1861, ce qui prouve que le 10 février 1861, M. Criado était à Madrid et qu'il n'a pas dit la vérité à son défenseur. Il n'était pas à la Havane, c'est vrai, je me suis trompé ; il n'était pas à la Havane, il était en Italie, a dit mon adversaire. Vous n'aviez pas le droit de dire qu'il était en Italie, car vous rapportiez les paroles de votre client et votre client vous a induit en erreur. Aujourd'hui la vérité se montre par les pièces qu'il nous apporte, il est certain que le 10 février il était à Madrid.

Je demande au tribunal s'il est possible que cette malheureuse femme, dans l'état des choses, puisse former une demande en séparation. Est-ce que la résidence qui serait constatée par ce bail d'une chambre garnie peut être considérée comme la preuve d'un domicile ? Est-ce que si madame Criado saisit le juge de Madrid, son mari ne répondra pas par une exception d'incompétence ? Est-ce qu'avec cet esprit de mobilité qu'on lui connaît, il n'apportera pas un bail établissant qu'il a loué une chambre au deuxième étage de telle rue de Saragosse ou de Pampelune ? Est-ce que madame Criado sera dans la nécessité de le suivre de résidence en résidence pour trouver un juge ? Si nous avions à nous expliquer au fond, je n'aurais pas de peine à démontrer qu'un mari qui se présente dans de telles conditions ne peut pas forcer sa femme à réintégrer le domicile conjugal, par la plus excellente de toutes les raisons, qu'il n'y a pas de domicile conjugal dans la situation d'une sorte de vagabond qui demeure ainsi en hôtel garni.

Mon adversaire disait qu'un hôtel meublé pouvait être regardé comme un domicile conjugal. Oui et non : oui, lorsque cet hôtel est une résidence honnête et convenable, mais la jurisprudence que vous appliquez tous les jours, a consacré ce principe que si le droit est absolu, cependant il doit s'exercer avec ce tempérament que le législateur lui-même a ordonné, et ce n'est pas sans raisons qu'il a énoncé que le domicile que le mari doit fournir à la femme doit être conforme à son état. Eh bien ! M. Criado qui prétend recevoir de la Havane les trésors qui découlent de la main paternelle, M. Criado qui appartient à une honorable et riche famille, M. Criado qui a trouvé une jeune héritière, pourvue de toutes les grâces de l'esprit et du corps et élevée de manière à accomplir ses devoirs, qui aurait été heureuse d'être une épouse fidèle et dévouée, ne peut pas comprendre que jamais tribunal n'obligera cette femme à le suivre de taudis en taudis, dans tous les hôtels garnis qu'il lui plaira de hanter ; M. Criado ne peut pas comprendre qu'il faut qu'il donne à sa femme un domicile conforme à son rang, à sa situation, à ses habitudes ; M. Criado ne comprend pas qu'il ne doit pas ajouter à tous les mauvais procédés qu'il a eus pour sa femme, l'injure de la faire loger dans un appartement où elle ne rencontrerait pas la protection qui lui est due ; mais nous n'avons pas à nous occuper de ces choses.

Je suis assisté de l'officier ministériel qui affirme qu'au mois d'octobre, alors que M. Criado avait déserté le domicile conjugal, c'est-à-dire la maison où il avait reçu la plus généreuse et la plus maternelle des hospitalités, on s'est demandé où l'on pourrait former la demande en séparation, mais comme

M. Criado avait disparu, et qu'il n'est pas très commode de plaider contre une ombre ou un mari qui cache sa résidence, on a pensé qu'il fallait attendre.

Aujourd'hui cette femme dont la vie a été brisée après six semaines de mariage est, en face du procès qui lui est intenté, exactement dans la même situation. Elle est donc obligée de dire qu'il faut attendre encore, qu'il faut attendre que son mari soit retourné en Espagne et qu'il ait converti une location de six mois, qui ne saurait établir une résidence, en une location de plus de durée. Dans tous les cas, le tribunal n'a pas de mesure d'ordre public à prendre, il n'a pas devant lui, comme on nous l'a dit, un mari emporté par la tendresse, cherchant par tous les moyens à reconquérir l'objet de son amour, mais un mari errant et vagabond, de chambre garnie en chambre garnie, tantôt à Madrid, tantôt à Paris, ce mari n'a pas le droit de contraindre sa femme à réintégrer un domicile conjugal qui n'existe pas.

Le tribunal jugera très certainement que l'ordre public n'étant en rien intéressé dans le débat, il doit maintenir sa jurisprudence et repousser la demande M. Rafaël-José Criado.

<hr>

RÉPLIQUE DE Me ANDRAL.

Messieurs,

Je ne veux répondre ni aux injustes accusations qu'on a mises dans la bouche de mon honorable adversaire, ni aux ironies dont il les a parées : la cause n'est pas là ; nous ne plaidons pas en séparation. A cette heure avancée de l'audience, je ne peux reprendre une à une les allégations qu'on a jetées dans le débat, sans profit pour la cause, et pour le seul plaisir de calomnier. Je leur oppose un démenti formel et je maintiens les loyales explications que j'ai données.

Je reviendrai encore moins sur le voyage fait par mon client au mois d'octobre. Qu'il ait été à la Havane, en Italie ou en Espagne, peu m'importe et peu importe au procès : je n'en reparle que pour constater que j'ai dit sur ce point au tribunal ce que je supposais ou ce que je croyais me rappeler sans rien affirmer au nom de mon client. Si donc je me suis trompé, mon adversaire a eu tort d'attribuer l'erreur sans importance qui a pu m'échapper à la mauvaise foi de M. Criado, absent de l'audience.

J'arrive au procès. M. Criado maintient avec énergie qu'il n'a point abandonné sa femme, mais qu'il a été chassé par madame Polonini, et maintenant, s'il demeure en hôtel garni, s'il a loué à Madrid un appartement meublé pour six mois, c'est qu'il est toujours prêt à tout sacrifier aux désirs, aux caprices mêmes de sa femme ; c'est qu'il espère toujours la ramener et qu'avant de se fixer nulle part, il attend qu'elle lui dise où elle veut demeurer. Désireux d'aller à la Havane, il est disposé, si elle le préfère, à aller à Madrid ou à rester à Paris ; mais il ne faut pas qu'on abuse contre lui de cette inépuisable condescendance et qu'on parle des *taudis* où il prétend mener sa femme. J'accorde volontiers à mon adversaire que le mari doit à sa femme un domicile convenable ; mais j'affirme que l'hôtel de la rue de Verneuil, nº 6, est confortable et bien famé. Sur ce point mon honorable adversaire a été prodigue de récriminations et de sarcasmes ; mais je constate qu'il n'a produit ni une preuve ni une allégation qui justifient le nom de *taudis* infligé par lui à la maison qu'habite mon client.

Quant à la maison de Madrid, M. Criado a payé deux mois de loyer d'avance, parce que tel est l'usage dans les maisons meublées ; et il faut en vérité qu'une cause soit bien pauvre pour chercher un argument dans un fait aussi naturel.

J'avais dit qu'à l'action formée par nous une seule défense était possible, c'était une demande en séparation de corps ; mon éminent adversaire a compris la valeur décisive de l'argument et il a consacré le principal effort de sa réplique à établir que madame Criado n'avait pas pu former une demande de ce genre, parce qu'elle ne savait devant quel tribunal l'introduire, M. Criado n'ayant ni domicile ni résidence connus. — Peu de mots me suffiront pour ruiner en fait et en droit cette injustifiable prétention.

En fait, mon adversaire a plaidé que M. Criado n'avait pas son domicile en France où il était venu seulement pour faire ses études ; cela est vrai ; mais il en résulte, non qu'il est sans domicile, mais que, n'ayant pas acquis de nouveau domicile, il a conservé son domicile d'origine à la Havane. — On a objecté que M. Criado était né au Mexique. — Mon adversaire sait parfaitement que le lieu de la naissance n'influe pas sur la nationalité ; né de père et mère espagnols, mon client est Espagnol, et comme, de l'aveu de mon adversaire, il ne s'est pas constitué, depuis sa majorité, de domicile personnel, il a conservé, je l'ai dit, son domicile d'origine ; or, son domicile d'origine c'est celui qu'a eu pendant sa minorité et qu'a encore son père. Il suffit à madame Criado de se reporter à son acte de mariage pour apprendre, si elle l'ignore, que le domicile de son beau-père et par conséquent le domicile d'origine de son mari sont à la Havane.

La loi espagnole donne, je crois, aux tribunaux de Madrid juridiction sur tous les sujets espagnols. Madame Criado pouvait donc à son choix former la demande, soit devant les tribunaux de Madrid, soit devant ceux de la Havane.

En droit, il n'y a personne qui ne puisse être assigné devant aucun tribunal : aux termes de notre Code de procédure, celui qui n'a pas de domicile et qui a une résidence, doit être assigné devant le juge de sa résidence : celui qui n'a ni domicile ni résidence est valablement assigné au parquet. Des dispositions analogues existent dans toutes les législations.

Le tribunal a sans doute été comme moi péniblement affecté d'entendre plaider au nom de madame Criado que son mari était une espèce de vagabond et qu'elle ne savait pas d'où il sortait. Mais prenez-y garde : si ce que vous avez allégué, contre la vérité aussi bien que contre la convenance, est exact, le tribunal est compétent, non-seulement pour statuer sur une mesure provisoire, mais pour connaître de toute espèce de contestation s'élevant entre M. et madame Criado. Celui qui est sans domicile et dont la nationalité même est inconnue ou douteuse, n'est point un étranger, mais ce qu'on appelait en droit romain un *vagus* et il est justiciable des tribunaux dans le ressort desquels il se trouve. Si donc M. Criado est un vagabond, sans domicile et sans patrie connus, s'il est un *vagus*, il est justiciable en toutes matières des tribunaux du lieu où il se trouve, c'est-à-dire du tribunal de la Seine. Madame Criado qui ne peut avoir ni plus de patrie ni plus de domicile que son mari, vagabonde comme lui, est également votre justiciable, et tout l'effort de mon adversaire, s'il avait porté sur ce point la conviction dans vos esprits, aurait pour unique et pour inévitable conséquence d'établir votre compétence sur les mesures définitives et à fortiori sur les mesures provisoires.

Mais je ne veux pas emprunter à mon adversaire un moyen favorable à ma cause, mais contraire à la vérité des faits. M. Criado a son domicile à la Havane; il a à Madrid et à Paris une double résidence, et, je l'affirme, sa femme a toujours su où il demeurait. On dit encore que le temps eût en tous cas manqué pour former une demande à la Havane et même à Madrid. — La jurisprudence invoquée par mon honorable adversaire lui-même lui fournissait un moyen facile et sûr de parer à cette difficulté. Les tribunaux français sont, de son aveu, compétents pour prononcer entre étrangers une séparation provisoire : si madame Criado avait un motif légitime de séparation de corps, elle pouvait nous assigner dans cette maison de la rue de Verneuil, n° 6, dont son huissier connaît le chemin, et former devant vous une demande qui eût à l'instant anéanti la nôtre; elle le peut encore aujourd'hui.

Si elle ne l'a pas fait, si elle ne le fait pas, c'est qu'il n'y a rien de sérieux, c'est qu'il n'y a rien de vrai dans toutes les accusations injurieuses dirigées contre mon client, et cela seul suffit pour le venger des indignes calomnies dont il a été l'objet à cette audience.

En cet état, messieurs, lorsque madame Criado ne forme pas une demande qu'il lui est si facile d'intenter et que par là elle reconnaît elle-même qu'elle n'a contre son mari aucun motif légitime de séparation, vous ne pouvez pas ne pas nous adjuger nos conclusions ; vous ne pouvez pas encourager et consacrer la coupable résistance de madame Criado au premier de ses devoirs ; vous ne pouvez pas couvrir ses caprices ou plutôt, je le maintiens, ceux de sa mère.

———

Audience du 18 mai 1861.

OBSERVATION DE Me ANDRAU.

Mon honorable contradicteur a soutenu, au nom de sa cliente, qu'au moment où nous plaidions, M. Criado n'était même plus en France. Ma réponse est bien simple : M. Criado est présent à l'audience.

Mon honorable contradicteur a soutenu ensuite avec beaucoup d'insistance que si madame Criado n'avait pas formé une demande en séparation de corps, c'est que, ignorant le domicile de son mari, elle ne savait où l'assigner. Or, j'ai trouvé dans le dossier de mon adversaire une note datée du mois d'octobre et ainsi intitulée :

Exposé des faits pour servir dans la demande en séparation de corps et de biens que madame Criado veut introduire contre son mari *devant les tribunaux de la Havane où est domicilié son beau-père, chez qui M. Raphaël Criado a conservé son domicile.* »

Madame Criado sait donc parfaitement et depuis longtemps en quel lieu une demande en séparation de corps pouvait être formée par elle ; elle savait également qu'une assignation pouvait trouver son mari rue de Verneuil, n° 6. Si donc elle n'a introduit ni une demande définitive devant les tribunaux espagnols, ni une demande provisoire devant vous, c'est qu'elle n'a pas un grief sérieux et vrai à alléguer contre lui.

CONCLUSIONS DE M. L'AVOCAT IMPÉRIAL ISAMBERT.

Messieurs,

Toutes les questions qui touchent à l'ordre des juridictions ont une importance considérable. Celle-ci, notamment, est extrêmement grave, en doctrine et en jurisprudence. Nous n'avons trouvé ni dans les auteurs ni dans les recueils des jugements des tribunaux, aucune décision qui s'applique d'une manière complétement spéciale à la cause qui vous est soumise. Ce sont deux étrangers qui se présentent devant la justice française et dont l'un, le mari, demande à la femme la réintégration du domicile conjugal et la remise des valeurs mobilières qui composent sa dot. A cette demande, la femme, étrangère par sa nation, étrangère par son mariage, répond par une exception d'incompétence.

Avant d'aborder la question de droit, disons quelques mots des faits, de quelques faits seulement, car les questions de compétence et de droit ne se résolvent en définitive que par les principes. Mais comme il est impossible de bien appliquer les principes sans bien connaître les faits, il est nécessaire de faire une courte excursion dans le domaine des faits, ainsi qu'ont cru devoir le faire les honorables défenseurs des parties. Ces faits, d'ailleurs, peuvent se résumer en des termes bien simples.

M. Criado est un jeune Espagnol qui est venu à Paris faire ses études de médecine. Il a suivi les cours de notre faculté ; il a obtenu son diplôme de docteur. A cette époque, et après avoir obtenu ce titre, il a été admis à la campagne, à Croissy, dans l'intimité d'une famille d'artistes, de la famille Polonini. Séduit par les charmes de la fille aînée de M. et de madame Polonini, il l'a demandée en mariage, et bien qu'il n'eût pas encore exercé sa profession de médecin et qu'il ne justifiât d'aucune fortune personnelle ni dotale de son père, il a été admis et le mariage a été célébré.

Qu'il nous soit permis de faire une observation sur la légèreté avec laquelle se contractent certaines alliances. Ainsi, voilà une famille qui fait plaider que M. Criado est une espèce de vagabond, n'ayant ni métier, ni profession, n'ayant rien reçu de sa famille pour supporter les charges du mariage ; ce sont les parents de la femme qui font plaider ce système, par conséquent, on peut bien leur dire qu'il fallait avant de consentir à cette union, savoir si le gendre qui se présentait ainsi avait des chances d'avenir. C'est quelque chose de singulier, après avoir abandonné au hasard le bonheur de la fille de famille, de venir faire plaider que celui auquel on l'a livrée est un homme sans aveu.

Cette observation faite, entrons dans le récit des faits :

Pendant six semaines les jeunes époux ont habité la maison et vécu sous le toit de M. Polonini, et puis au mois d'août (ils s'étaient mariés en juillet), le mari a quitté le domicile conjugal. Quelle a été la cause de cette séparation de fait? Est-ce de la part du mari, son inconduite? sont-ce des torts, des brutalités exercées vis-à-vis de sa jeune femme? C'est ce qu'on prétend. Le mari soutient, au contraire, que c'est par suite de l'intervention de madame Polonini, que la jeune femme, partagée entre la tendresse qu'elle avait pour sa mère et ses obligations d'épouse, a méconnu ces dernières tout en conservant de l'affection pour son mari. A cet égard, il y a dans le dossier de Mᵉ Jules Favre une correspondance qui ne peut pas laisser de doute sur les véritables sentiments de madame Criado. Ainsi, elle a écrit à sa jeune sœur des lettres que le tribunal pourra lire et qui témoignent d'une profonde aversion pour son mari. Il est bien difficile d'admettre que cette jeune femme ait conçu une haine si grande pour son mari si celui-ci ne s'était pas permis à son égard des actes qui auraient allumé les dissensions dont nous voyons le triste résultat. Toujours est-il qu'il apparaît, d'après cette correspondance que c'est bien de son plein gré que madame Criado refuse de retourner auprès de son mari.

M. Criado a fait des voyages. Il est allé, dit-on, à la Havane; on l'a nié, le fait reste incertain. Mais il s'est absenté de France plusieurs mois; puis au commencement de cette année, il est venu loger rue de Verneuil; il a révoqué la procuration qu'il avait donnée à sa femme et fait sommation à celle-ci d'avoir à réintégrer le domicile conjugal. Telle est la demande sur laquelle vous avez à statuer, au moins quant à la compétence.

La compétence doit se résoudre par les principes du droit. Le principe de droit est que les tribunaux français n'ont pas à connaître des contestations entre étrangers; ils n'ont compétence que pour des matières spéciales. Ainsi, le principe général, c'est l'incompétence.

Examinons rapidement les exceptions. Quelles sont les exceptions admises par la loi et la jurisprudence? La première et la plus naturelle c'est l'exception qui concerne les questions immobilières. Il est évident que, lorsque des étrangers possèdent des immeubles en France, il y a nécessité, par la force même des choses, d'appliquer la loi territoriale. La seconde exception est l'exception en matière de commerce. Lorsque des étrangers pratiquent le commerce en France, lorsque des contrats ont été échangés entre eux, la jurisprudence admet que la compétence est celle du pays où le contrat a été passé.

En troisième lieu, la jurisprudence et le Code civil ont admis la compétence pour les pensions alimentaires. Cela se comprend encore, il y a là une question de droit naturel, un intérêt et un devoir d'humanité, le devoir de ne pas laisser mourir de faim ceux auxquels nous sommes attachés par les liens du sang; la doctrine et la jurisprudence admettent la compétence.

En quatrième lieu, aux termes du Code Napoléon, les lois de police et de sûreté obligent tous ceux qui habitent le territoire. Il est évident que l'étranger doit se soumettre aux lois de police française, et que, lorsque l'étranger se rend coupable d'un attentat vis-à-vis des personnes ou des propriétés, il est justiciable des tribunaux français, de même que les tribunaux français lui doivent protection s'il est lésé par un Français dans sa personne, dans ses biens. Voilà, si nous ne nous trompons, la seule interprétation de l'art. 3 du Code Napoléon.

Enfin, en dernier lieu, la jurisprudence a également admis la compétence pour les mesures provisoires qui concernent la séparation de corps, tout en reconnaissant que pour le fond du litige, c'est le statut personnel qui doit être appliqué et le tribunal de l'étranger qui doit juger. Cependant par tempérament de la jurisprudence, on a admis que les mesures provisoires, c'est-à-dire le séjour de la femme, la garde des enfants, les provisions alimentaires, pourront être prises par les tribunaux français.

Ceci expliqué, et cette énumération faite, examinons si ces catégories d'exceptions sont applicables à la cause.

En premier lieu, s'agit-il d'une question immobilière? Évidemment non, les époux n'ont pas de biens en France; la dot de madame Criado est purement mobilière.

En second lieu, s'agit-il d'une question commerciale? Les époux Criado font-ils le commerce? Pas le moins du monde. Il faut encore écarter cette deuxième exception.

En troisième lieu, s'agit-il d'une question alimentaire? En aucune façon, on ne demande pas pour le procès de provision alimentaire.

S'agit-il d'appliquer les lois de police et de sûreté générale? Ici on a fait un effort pour rattacher le maintien de l'union conjugale aux lois de police et de sûreté générale, à une sorte de mesure d'ordre public. Cela nous paraît impossible. Quel est le véritable sens de l'art. 3 du Code Napoléon? Les lois de police sont évidemment les lois qui règlent le bon ordre en général; mais il ne peut venir à la pensée de personne de dire que les lois de police et de sûreté s'appliquent au mariage.

On a voulu tirer un argument de la place où se trouve cet art. 3; on a dit : Il est placé en tête du Code civil, il doit donc s'appliquer en matière civile. L'art. 3 est compris au titre préliminaire, qui est applicable, non pas seulement au Code civil, mais à tous les codes qui suivent. Il suffit pour s'en convaincre de lire l'art. 1er.

« Art. 1er. Les lois sont exécutoires dans tout le territoire français en vertu de la promulgation qui en est faite par l'Empereur.....

» Art. 2. La loi ne dispose que pour l'avenir, elle n'a point d'effet rétroactif. »

Ce sont là des principes généraux qui ne s'appliquent pas seulement au droit civil, mais au droit pénal, commercial, etc. En conséquence, on ne peut pas tirer un argument de la place qu'occupe l'art. 3, pour dire qu'il peut être appliqué en matière de mariage.

Maintenant y a-t-il dans l'établissement de l'harmonie conjugale une question d'ordre public? Évidemment non, il n'y a uniquement qu'une question de droit privé. Que cette harmonie soit souhaitable, à la bonne heure, mais ce n'est pas une question d'ordre public.

Y a-t-il ici des mesures provisoires que les tribunaux admettent en matière de séparation de corps? On a tiré de cette jurisprudence un argument qui est véritablement spécieux, on vous a dit : mais s'il est permis aux tribunaux d'ouvrir la porte du domicile conjugal, pour en faire sortir la femme opprimée, pourquoi ne leur serait-il pas permis de l'ouvrir pour y faire rentrer la femme récalcitrante et rebelle? N'y a-t-il pas parité de raison? Pourquoi les tribunaux compétents dans un cas ne le seraient-ils pas dans l'autre? Pourquoi ne le seraient-ils pas pour le maintien de l'union? Ce serait le complément des mesures provisoires en matière de séparation. La différence est pourtant saisissante.

Quel est le motif qui fait que les tribunaux français prennent des mesures en matière de séparation? C'est une sorte d'application de l'art. 3 du Code Napoléon, c'est une mesure d'ordre et de sécurité pour les époux. Quelle est en effet la situation d'une femme qui plaide en séparation? Elle vient dire à la justice : Mon mari me maltraite, il m'accable d'injures, de sévices, et je viens invoquer la protection des tribunaux. On comprend que dans cette situation la justice française, sans prononcer au fond, se préoccupe de la situation de la femme dont la vie ou la santé est compromise par les sévices du mari ; on comprend très bien que la justice française lui donne provisoirement le calme dont elle a besoin, on le comprend également dans l'intérêt des enfants qui ne sont pas coupables. On comprend également que les tribunaux statuent sur la résidence de la femme et lui assurent des aliments pendant le procès et, dans ces cas, ces mesures provisoires sont une sorte d'application de l'art. 3 du Code Napoléon. Mais dans l'espèce, au contraire, où nous sommes en présence d'un procès qui n'est pas né, mais qui va naître, si le tribunal ordonnait à la femme de réintégrer le domicile conjugal, est-ce qu'il prendrait une mesure qui serait d'ordre public et de sûreté personnelle? Prenez-y garde. Cette décision aurait probablement un résultat tout différent. Elle ferait renaître au sein du ménage les discussions, les querelles, elle pourrait faire péricliter la santé de la femme. Ainsi, vous le voyez, les raisons qui font que les tribunaux français prennent des mesures provisoires envers des époux qui plaident en séparation, ces raisons, bien loin de s'appliquer au cas actuel, s'opposent, au contraire, à ce que vous statuiez au fond sur la demande en réintégration du domicile conjugal.

On s'est fondé encore sur un jugement de la deuxième chambre du tribunal rendu entre des étrangers qui, ayant plaidé devant les tribunaux de leur nation, demandaient que la sentence rendue par ces tribunaux fût exécutoire en France. Nous ne voyons pas en quoi on pourrait faire à la cause actuelle l'application de ce jugement, Les étrangers dont il s'agit avaient soumis au juge compétent la querelle qui les divisait. Porteurs d'une sentence régulière, ils en demandent l'exécution en France. Quelle analogie y a-t-il entre cette situation et celle sur laquelle on veut vous faire statuer? S'agit-il de rendre exécutoire un jugement prononcé par les tribunaux espagnols? En aucune façon. Vous le voyez, messieurs, en examinant toutes les objections, tous les raisonnements par lesquels on a prétendu établir votre compétence, nous voyons qu'ils se réfutent d'eux-mêmes et ne peuvent pas s'appliquer à la cause actuelle.

On disait encore qu'ordonner la réintégration du domicile conjugal, ce n'était pas préjuger le fond. Comment, ce n'est pas préjuger le fond, lorsque la femme se préoccupe du lieu où elle peut faire assigner son mari en séparation! Évidemment c'est le préjuger, et ce n'est pas là une mesure provisoire. En examinant rapidement toutes les raisons qu'on a fait valoir pour invoquer la juridiction française, nous trouvons qu'aucune de ces raisons n'est juridique, que le principe de l'incompétence reprend toute sa vigueur et que toutes ces objections ne peuvent l'ébranler.

Mais nous allons plus loin et nous voulons nous demander si, en admettant même que la juridiction française fût compétente, le tribunal de la Seine serait régulièrement saisi. En effet, admettons un instant que ce soient deux Français qui plaident à votre barre, que ce soit un mari français qui demande à sa femme la réintégration du domicile conjugal, il faudra se demander si le domicile conjugal appartient à la juridiction du tribunal de la Seine. A cet égard, les faits nous éclairent. Le mariage a eu lieu en juillet 1860, à Croissy. Le mari était un étudiant en médecine qui venait de recevoir son diplôme. Il n'avait pas encore fixé son domicile en France. En conséquence, se mariant à Croissy, y venant demeurer sous le toit du père et de la mère de sa femme, il est évident que si le domicile conjugal est quelque part, il est à Croissy, c'est-à-dire dans le département de Seine-et-Oise.

Que se passe-t-il après? le mari quitte le domicile conjugal, il fait des voyages; il s'en va peut-être à la Havane, à coup sûr en Espagne, et puis il revient à Paris. Est-ce que ces voyages ont eu pour résultat de transporter ailleurs le domicile conjugal qui était à Croissy? Non certainement, pour constater un changement de domicile, il faut un fait et une intention, c'est-à-dire qu'il faut que ce changement résulte de circonstances, il faut que M. Criado, après avoir déserté le domicile conjugal de Croissy, ait eu l'intention de se fixer dans d'autres lieux. A-t-il eu cette intention? Nous le lui demandons à lui-même, a-t-il eu l'intention de se fixer à la Havane ou en Espagne? Vous savez ce qu'on a produit à cet égard. Il a été à Madrid, il y a loué dans une maison meublée deux pièces. Il a fait cette location pour six mois, il l'a faite dans des conditions telles et avec un crédit si douteux, que le propriétaire qui lui a loué ces deux pièces a exigé le payement d'avance de deux mois.

Est-ce que vous admettez que cette location de six mois dans cette circonstance ait pu constituer pour M. Criado un changement de domicile établissant un domicile certain à Madrid?

Il est venu ensuite à Paris et il s'est établi où? Rue de Verneuil, n° 6, dans un hôtel garni. Il y est venu pour le besoin de ce procès, provisoirement. Est-ce que le tribunal trouvera qu'il y a encore là translation de domicile de

M. Criado ? Évidemment non; et, dans ces circonstances, vous voyez que le tribunal, s'il s'agissait même de juger deux Français, serait dans un singulier embarras et qu'il se demanderait où est le domicile conjugal. Il devrait dire qu'il n'a été établi qu'à Croissy et que, depuis un an, on ne voit pas qu'il ait été fixé sérieusement ailleurs. En conséquence, le tribunal de la Seine ayant à prononcer entre deux Français, ne trouverait pas le motif de sa propre compétence, il ne pourrait pas l'asseoir sur un domicile certain.

Ainsi, sous quelque rapport qu'on examine la question de compétence, soit qu'il s'agisse des limites qui excluent les étrangers de la juridiction française, soit même que, se plaçant au regard de Français, on examine où est le domicile conjugal des époux Criado, il est évident que vous êtes incompétents. Vous l'êtes, premièrement parce qu'il s'agit d'étrangers ; vous l'êtes, secondement parce que, s'agît-il de Français, le tribunal de la Seine n'aurait aucun motif d'être saisi.

Par ces motifs et sans entrer davantage dans l'examen de la cause, nous estimons qu'il y a lieu pour le tribunal de se déclarer incompétent.

JUGEMENT.

Le tribunal,

« Attendu que Criado n'est pas Français ;

» Attendu que son mariage avec la demoiselle Polonini, étrangère comme lui, ledit mariage contracté devant l'officier de l'état civil français, n'a rien changé à la qualité d'étranger ;

» Attendu que Criado ne s'est pas fait non plus naturaliser Français ;

» Attendu que la personne de Criado et celle de sa femme, tous deux étrangers résidant en France, ne sont obligés qu'aux lois de police et de sûreté, que conséquemment ils ne peuvent ni l'un ni l'autre demander aux tribunaux français l'application de la loi civile française ;

» Attendu que la demande de Criado contre sa femme à fin de réintégration du domicile conjugal et en remise de titres et valeurs, constitue une action civile dérivant du fait du seul mariage qui ne peut être jugé par la loi française ;

» Attendu que l'on ne peut attribuer à cette demande un caractère provisoire ayant pour objet d'assurer l'existence ou la sécurité de l'un des époux, caractère qui seul pourrait rendre la demande justiciable des tribunaux français ;

» Par ces motifs ,

» Se déclare incompétent et condamne Criado aux dépens. »

M⁰ ANDRAL. — Le tribunal se rappelle que j'ai pris des conclusions pour demander acte des lettres produites par mon adversaire et injurieuses pour mon client. Le tribunal peut statuer comme il l'entendra , mais je le prie de statuer d'une manière quelconque sur les conclusions que j'ai prises.

M. LE PRÉSIDENT. — Le tribunal s'étant déclaré incompétent, ne peut statuer sur rien.

Mᵉ ANDRAL. — Il y a trois lettres, une dont mon adversaire vous a lu un passage dans lequel madame Criado déclare qu'elle hait son mari ; deux autres lettres qui n'ont pas été lues en entier par Mᵉ Jules Favre, mais qui, ayant été communiquées à M. l'avocat impérial, font partie du débat. Je demande qu'il me soit donné acte de ces productions.

M. L'AVOCAT IMPÉRIAL. — C'est la question du fond. Nous ne comprenons pas qu'à propos de la question de compétence on demande acte de pièces qui intéressent le fond du débat. Il faut réserver cela pour plus tard.

Mᵉ ANDRAL. — Encore une fois, le tribunal statuera comme il l'entendra, mais je demande que le fait soit constaté.

M. LE PRÉSIDENT. — Le tribunal vous donne acte des citations faites à l'audience par votre adversaire, mais de ces citations seulement.

Mᵉ ANDRAL. — Très bien ! c'est tout ce que je demande.

TRIBUNAL CIVIL DE SAINT-ÉTIENNE.

Présidence de M. RAVIER DU MAGNY.

Audience du 15 avril 1861.

TESTAMENT DE M. JOVIN-BOUCHARD.

Demande en nullité.

MM. HENRI JORDAN, HUMANN, BOUTAREL, JOVIN,

et autres héritiers de droit de M. Georges-Victor Jovin-Bouchard,

CONTRE

MM. DE PRANDIÈRE, LES ENFANTS BERNE ET AUTRES.

M. Jovin-Bouchard, ancien directeur de la manufacture d'armes de Saint-Étienne, est décédé à Lyon, le 23 octobre 1835, laissant une fortune considérable.

Le 7 octobre 1835, il avait, par un testament authentique, institué MM. de Prandière, Royet et Fénéon, ses légataires universels.

Cinq jours après, le 14 octobre, il dictait à M. Rostain, notaire à Lyon, des instructions par lesquelles il faisait divers legs particuliers et invitait ses légataires universels à consacrer, sur l'excédant, le plus qu'il leur serait possible à accroître l'émolument des enfants Berne.

Ces instructions furent remises, par le notaire, à M. de Prandière qui les communiqua aussitôt à MM. Royet et Fénéon, ses co-légataires. Ceux-ci, ayant promis de s'y conformer, prirent possession, sans inventaire, des biens composant la succession.

Dès l'origine, ces instructions secrètes reçurent leur exécution ; les legs particuliers qu'elles contenaient furent acquittés et l'engagement de restituer l'excédant aux enfants Berne fut pris solennellement. Mais, lorsqu'il s'agit d'opérer la restitution, MM. Royet et Fénéon élevèrent des difficultés par suite desquelles un procès s'engagea devant le tribunal de Saint-Étienne (1).

Ce procès, qui a eu un assez grand retentissement, s'est terminé par un arrêt de la Cour de Lyon, dont la lecture est nécessaire pour l'intelligence de la contestation actuelle.

(1) Voyez *La Tribune judiciaire*, tome IX.

Voici le texte de cet arrêt, qui porte la date du 1er août 1860 :

« La Cour, joignant les appels à raison de la connexité et sans opposition des parties,

» En ce qui touche la prétention des consorts Berne au reliquat de la succession de Jovin-Bouchard :

» Considérant que par son testament authentique du 7 octobre 1835, Jovin-Bouchard, après avoir fait divers legs particuliers, a institué ses légataires universels de Prandière, Royet-Vernadet et Fénéon ;

» Qu'on produit une lettre, par lui adressée, sous la date du 14 octobre 1835, à ses légataires universels, et se rattachant aux dispositions contenues dans son testament ;

» Qu'il s'agit avant tout de déterminer le caractère juridique de cet écrit, et d'apprécier s'il constitue un codicille ou un acte testamentaire ;

» Considérant, sur ce point, que, par la lettre du 14 octobre, Jovin-Bouchard déclare des volontés qui se rapportaient à la transmission de ses biens après son décès, et qui modifient à cet égard les dispositions contenues dans son testament ;

» Qu'en effet, il y réduit à une simple fiducie le legs universel fait par son testament au profit de de Prandière, Royet-Vernadet et Fénéon ;

» Qu'il y fait diverses dispositions qui n'existaient pas dans son testament, à savoir :

» Celle par laquelle il entend qu'il soit alloué au docteur Escoffier, pour indemnité de ses peines et soins, une somme de 15,000 fr., et en outre une action dans l'entreprise du chemin de fer de Saint-Étienne à Lyon ;

» Celle par laquelle il impose à ses légataires universels la charge suivante : « Ils voudront bien remettre au domestique Jean Berne, qui a toute ma confiance, une somme de 1,500 fr., à titre de gratification ; »

» Celle par laquelle il les engage à n'exiger de Maurice Berthon que la moitié des intérêts de son obligation pour la première année ;

» Celle qui concerne Julie Roussel et qui est rédigée en ces termes : « Je désire que mes héritiers veillent à ce qu'elle soit, jusqu'à sa majorité, entretenue chez une institutrice ou mère de famille honnête, et qu'ils lui remettent, dans la suite, un capital de 15 à 16,000 fr., ou lui assurent, s'ils le jugent plus à propos, une pension annuelle et viagère de 800 fr. ; »

» Celle enfin ainsi conçue : « Après l'acquittement de mes divers legs particuliers, j'invite mes légataires universels à consacrer, sur l'excédant, le plus qu'il leur sera possible à accroître l'émolument des enfants Berne ; »

» Considérant que si, dans ces diverses clauses, en s'adressant à ses légataires universels, Jovin-Bouchard a usé de simples termes d'invitation, de recommandation, d'expressions d'intention ou de désir, il faut néanmoins décider, d'après le sens général de l'acte et surtout d'après la phrase qui le termine, que l'acte renfermait, sous ce rapport, des ordres précis, de véritables dispositions ;

» Que cette interprétation se justifie par les lignes finales : « La présente instruction contient mes volontés expresses ; »

» Qu'il suit de tout ce qui précède que la lettre du 14 octobre doit être considérée comme un codicille ou acte testamentaire ;

» Considérant que ce codicille écrit par un tiers, sous la dictée de Jovin-Bouchard, qui s'est borné à le signer et à en confirmer par quelques lignes de son écriture le contenu, est, il est vrai, vicié de nullité pour n'avoir point été écrit en entier par le testateur, ainsi que l'exige l'article 970 du code Napoléon, déterminant les formes essentielles du testament olographe ;

» Mais qu'il échoit de rechercher si, comme le prétendent les consorts Berne, d'accord en cela avec de Prandière, l'un des légataires universels chargés de la fiducie, la nullité du codicille n'aurait pas été couverte par l'exécution volontaire donnée à cet acte, selon l'article 1338 du code Napoléon ;

» Qu'à ce sujet il faut établir : 1° que Royet-Vernadet et Fénéon, légataires universels dissidents, ont exécuté volontairement le codicille du 14 octobre ; 2° qu'ils l'ont fait avec connaissance du vice opérant la nullité du codicille ;

» Sur le premier point :

» Considérant que Royet-Vernadet et Fénéon se sont unis à de Prandière pour exécuter le codicille dans toutes ses dispositions, excepté une seule, la dernière, qui reste inaccomplie et qui concerne les consorts Berne, auxquels, prélèvement fait de tous les legs particuliers, l'émolument de la succession doit parvenir :

» Qu'ainsi,

» L'indemnité de 15,000 fr. et l'action du chemin de fer de Saint-Étienne à Lyon ont été remises au docteur Escoffier ;

» Le payement de 1500 fr. a été fait au domestique Jean Berne ;

» La remise d'une portion de sa dette a été consentie au débiteur Berthon ;

» La rente de 800 fr. a été servie à Julie Roussel ;

» Considérant qu'indépendamment de ces acquittements de charges ou de legs, les trois légataires universels ont accompli toutes les dispositions du codicille qui se référaient à l'acceptation pure et simple de la succession, à l'omission d'inventaire, à la liquidation dont le testateur investissait de Prandière, au choix du caissier Rodet pour tenir la comptabilité, au devoir de consulter le docteur Escoffier dans le cours de toute la liquidation, et au vœu que la tutelle fût confiée à de Prandière et Escoffier ;

» Considérant qu'à tous ces faits s'ajoute celui-ci concluant, que Fénéon a retiré la demi-action de la Béraudière dont le codicille disposait en sa faveur et l'a ensuite aliénée ;

» Considérant que tous ces faits, qui n'ont pu avoir lieu que d'un commun accord entre les trois légataires universels, sont constants au procès et établissent de la manière la plus probante l'exécution par eux donnée au codicille ;

» Sur le second point :

» Considérant que vainement Royet-Vernadet et Fénéon soutiennent qu'ils n'avaient point connaissance de la lettre ou écrit codicillaire du 14 octobre ; qu'ils n'ont pu, par conséquent, avoir l'intention d'en effacer le vice ; qu'ils n'avaient fait dans les divers actes susénoncés, que suivre la foi de de Prandière et Escoffier, se prévalant d'instructions reçues du testateur ;

» Considérant que des allégations aussi invraisemblables ne sauraient, comme l'ont reconnu les premiers juges, être accueillies ;

» Qu'effectivement on ne comprendrait pas que, pendant vingt-trois ans, Royet-Vernadet et Fénéon eussent laissé se développer la liquidation d'une succession si opulente, sans se faire représenter le titre en vertu duquel on y procédait ;

» Qu'on ne s'expliquerait pas mieux qu'ils eussent omis de faire un inventaire régulier, eux qui se considéraient comme de simples administrateurs de la succession, s'ils n'avaient pas connu la lettre du 14 octobre qui couvrait leur responsabilité en les invitant à ne pas dresser d'inventaire ;

» Que l'accomplissement ponctuel, par eux, des nombreuses prescriptions du codicille, doit faire croire que connaissance de cet écrit leur avait été donnée ;

» Que de Prandière, resté dépositaire de la pièce, affirme leur en avoir fait, dès le décès de Jovin-Bouchard, la communication ;

» Que tout démontre de la sorte qu'ils ont vu et lu, au temps de l'ouverture de la succession, le codicille ; .

» Que l'état matériel de cet acte, écrit sous la dictée de Jovin-Bouchard, et manquant ainsi de la condition bien connue requise pour la validité du testament olographe, avait évidemment dénoncé à leurs yeux la nullité qui l'entachait;

» Que c'est donc avec une entière connaissance du vice de forme qui rendait le codicille inefficace et nul, que les trois légataires universels ont ratifié ce codicille par l'exécution volontaire qui a suivi;

» Considérant que Royet-Vernadet et Fénéon ne sont pas fondés à prétendre que l'exécution volontaire qu'ils auraient partiellement donnée au codicille n'impliquerait pas, de leur part, une ratification totale, et laisserait subsister la nullité dans la disposition relative aux consorts Berne, vis-à-vis desquels le codicille n'aurait pas été exécuté;

» Considérant à ce sujet que l'exécution partielle suffit pour produire une complète ratification, l'article 1338 du code Napoléon attachant aux faits d'exécution volontaire la conséquence d'emporter renonciation aux moyens et exceptions qu'on aurait pu faire valoir contre un acte, et voulant qu'à cette condition l'acte, avec tous les engagements qu'il contient, obtienne une validité inattaquable;

» Considérant que dès-lors les consorts Berne peuvent invoquer à bon droit le codicille du 14 octobre 1835 contre les trois légataires universels, et que ceux-ci doivent être tenus, suivant la clause codicillaire susénoncée, de leur relâcher le reliquat de la succession Jovin-Bouchard, toutes charges et tous legs acquittés;

» En ce qui touche la prétention des consorts Delorme, au même reliquat de la succession Jovin-Bouchard;

» Considérant que les consorts Delorme se prétendent appelés par un fidéicommis à recueillir, à l'exclusion des consorts Berne, l'actif net de la succession liquidée;

» Qu'ils ne peuvent avoir d'action en justice pour prouver l'existence et réclamer le bénéfice d'un pur fidéicommis, lequel, à supposer qu'il existât, n'entraînerait pour le légataire universel, secrètement grevé de fidéicommis, qu'une obligation morale de rendre, dépourvue de liens juridiques.

» Considérant que, quelles que fussent dans la cause les déclarations des trois légataires universels au sujet du prétendu fidéicommis réclamé par les consorts Delorme, il ne pourrait dépendre d'eux de détruire, par leurs déclarations, la fiducie dont le codicille du 14 octobre les charge au profit des consorts Berne, et d'anéantir par là les droits testamentaires positivement acquis à ces derniers;

» Que les consorts Delorme sont donc irrecevables et mal fondés dans leur demande;

» Que, spécialement, ils ne peuvent déférer à de Prandière, l'un des légataires universels, le serment décisoire sur le fait du prétendu fidéicommis, de Prandière n'ayant point, à raison de la fiducie écrite dans le codicille du 14 octobre, la libre disposition de ce qui forme, avec les consorts Delorme, l'objet du litige;

» Que les diverses circonstances dont les consorts Delorme demandent subsidiairement acte à la Cour, ne pouvant se rapporter qu'à la question même du procès qui est tranchée contre eux, il n'y a lieu de satisfaire à cette partie de leurs conclusions qui est sans convenance et sans intérêt;

» En ce qui touche le compte à rendre de la succession, par suite de la fiducie:

» Considérant qu'il est sans difficulté que de Prandière, Royet-Vernadet et Fénéon, légataires universels chargés de la fiducie, doivent venir à règlement définitif des comptes de la succession Jovin-Bouchard, pour le reliquat en être délivré, ainsi qu'il a été dit plus haut;

» Que, sous ce rapport, le compte doit être présenté par de Prandière, qui a eu la manutention générale des documents ainsi que l'administration des valeurs de la succession;

» Que le seul point litigieux, à cet égard, est relatif à l'opération sur les mines

X.   10

du Treuil et de la Chana, dont il va être parlé ; que la Cour aura à déterminer quelle est la part qui, dans cette opération, doit revenir à la succession et être comprise, par conséquent, dans la fiducie ;

» En ce qui touche l'opération faite sur les mines du Treuil et de la Chana, en même temps que la question de savoir si Escoffier doit être participant dans cette opération ;

» Considérant que de Prandière, Royet-Vernadet et Fénéon ont lié une affaire accessoire de spéculation personnelle à la vente qu'ils pouvaient avoir à effectuer, en leur qualité de légataires universels du tiers de la mine du Treuil et des trois dixièmes de la mine de la Chana ;

» Qu'ils avaient acheté, pour leur propre compte, les deux tiers restants du Treuil et trois autres dixièmes de la Chana, et qu'ils ont revendu à la fois, avec grand bénéfice, leurs droits propres, mêlés à ceux de la succession dans les mines dont il s'agit ;

» Considérant qu'il n'y a point, par la Cour, à rechercher si, dans le compte à faire avec la succession pour cette opération commune, les trois légataires universels ne doivent pas, non-seulement lui rembourser avec intérêts son apport sur le pied de la valeur estimative d'un tiers du Treuil et de trois dixièmes de la Chana, mais encore venir à partage avec elle des bénéfices obtenus ;

» Que la Cour n'a pas pouvoir de prononcer au delà des limites des conclusions prises par les parties ;

» Que les consorts Berne, seuls intéressés comme ayant droit au reliquat de la succession, concluent principalement à ce qu'une transaction intervenue entre les parties, en 1850, sur cette affaire des mines, soit exécutée, et subsidiairement à ce que la succession reçoive, pour toute part, le prix du tiers du Treuil, évalué à 300,000 francs et le prix des trois dixièmes de la Chana, évalués à 225,000 francs, en deux sommes, avec intérêts légitimes ;

» Qu'il y a ainsi accord manifeste entre les consorts Berne et les légataires universels, ainsi qu'Escoffier, pour laisser, entre les mains de ceux-ci, l'intégralité du bénéfice que la spéculation sur les mines a produit :

» Qu'il n'y a plus dès lors qu'à examiner si la transaction prétendue de 1850 existe, ou si cette transaction étant rejetée, il y a lieu de fixer la part de la succession conformément aux conclusions subsidiaires des consorts Berne, agréées en ce cas par toutes les parties ;

» Considérant qu'il est allégué par de Prandière et Escoffier, dont les consorts Berne acceptent les assertions, qu'en 1850, une transaction serait intervenue entre les parties sur le règlement de l'opération des mines, et que cette transaction, fixant cinq parts égales au produit de de Prandière, Royet-Vernadet et Fénéon, la succession et Escoffier, aurait attribué à chacun des co-partageants trois cents actions des mines de la Loire et 50,000 francs ;

» Considérant que Royet-Vernadet et Fénéon nient absolument l'existence de cette transaction ;

» Que de Prandière et Escoffier n'en apportent d'autre preuve qu'une note ou projet de répartition de la main de Royet-Vernadet où les trois légataires universels sont désignés comme ayant droit chacun à trois cents actions des mines de la Loire, et à 50,000 fr., et qu'ils invoquent à l'appui diverses présomptions résultant de payements de dividendes faits à Escoffier, pour cent actions laissées dans les mains de Royet-Vernadet, et deux cents actions mises dans celles de de Prandière ;

» Considérant que ladite preuve est insuffisante ;

» Que la note en question ne peut valoir comme commencement de preuve par écrit, en ce qu'elle ne rend pas vraisemblable, comme il le faudrait, le fait allégué ;

» Que cette note ou projet pouvait se rapporter éventuellement à l'accession d'Escoffier dans l'affaire, accession à laquelle se prêtaient de Prandière et Royet-Vernadet et que Fénéon déclare n'avoir point consentie ;

» Qu'il ne peut donc en sortir aucune induction à laquelle il y ait à s'attacher avec quelque confiance, pour autoriser un complément de preuves par de simples présomptions, au sujet d'un contrat qui roulerait sur une valeur de plus d'un million ;

» Considérant que la transaction prétendue de 1850 étant écartée, c'est le cas d'ordonner qu'il sera tenu compte à la succession des sommes convenues entre toutes les parties pour représenter l'aliénation faite des mines du Treuil et de la Chana ;

» Qu'il ne reste plus qu'à décider si Escoffier devra être admis par de Prandière, Royet-Vernadet et Fénéon, comme participant ;

» Considérant sur cette question, que de Prandière et Royet-Vernadet reconnaissent avoir consenti à l'accession d'Escoffier, comme leur associé dans l'opération, que Fénéon seul soutient n'avoir jamais donné un consentement semblable ;

» Qu'en cet état, Escoffier, demandeur, est tenu de prouver contre Fénéon l'existence du contrat de société dont il se prévaut ;

» Qu'il n'administre à cet égard, ni preuve écrite, ni commencement de preuve par écrit émané de Fénéon ;

» Que les divers faits par lui articulés sont, dès lors, sans valeur, ces faits pouvant d'ailleurs se rapporter à son admission incontestée d'associé par de Prandière et Royet-Vernadet et manquant de signification précise par rapport à Fénéon ;

» Qu'il s'ensuit que Escoffier n'a point la qualité d'associé au regard de Fénéon ;

» Qu'il a seulement cette qualité au regard de de Prandière et de Royet-Vernadet qui, d'après l'article 1681 du code Napoléon, ont pu se l'associer relativement aux parts respectives qu'ils avaient dans la société ;

» Que ceux-ci ayant donné un consentement définitif à ce qu'il fût leur associé, en souffrant en sa faveur une diminution de leur part du troisième au quart, sont censés se l'être associé chacun pour un quart de sa part ;

» En ce qui touche la nullité de l'interrogatoire sur faits et articles subi par de Prandière :

» Considérant que Fénéon et Royet-Vernadet font à tort résulter une nullité de ce que l'interrogatoire de de Prandière aurait été par lui subi, sans avoir été précédé du délai de vingt-quatre heures, à partir de l'ordonnance du juge, qui est prescrit par l'article 329 du code de Procédure civile ;

» Que ce délai n'a été établi que dans l'intérêt de la personne soumise à l'interrogatoire, et qu'il lui est loisible par conséquent d'y renoncer ;

» Qu'aucun point n'est d'ailleurs signalé qui doive donner lieu à un interrogatoire nouveau ;

» Par ces motifs,

» Statuant sur les appels interjetés du jugement du tribunal de première instance de Saint-Etienne, du 9 mars 1860 ;

» Met à néant ledit jugement ;

» Décharge de Prandière de la disposition qui le soumet à la délation du serment décisoire ;

» Déclare non-recevable et mal fondée, la demande introduite par les consorts Delorme, en leur intervention ;

» Renvoie, en conséquence, toutes les autres parties des conclusions prises par les consorts Delorme, contre elles ;

» Statuant sur les appels tant principaux qu'incidents interjetés du jugement du même tribunal du 23 mars 1860 ;

» Réforme ledit jugement, et prononçant par décision nouvelle ;

» Ordonne que, sur la présentation qui devra être faite par de Prandière, de son compte d'administration de la succession Jovin-Bouchard, il sera procédé, entre les trois légataires universels, à l'établissement du compte général de la succession dans le délai de trois mois ;

» Commet, pour recevoir le compte, M. le conseiller Marilhat ;

» Ordonne que le reliquat résultant de l'apurement dudit compte sera délivré aux consorts Berne ;

» Dit et prononce que, relativement à l'opération faite sur les mines du Treuil et de la Chana, de Prandière, Royet-Vernadet et Fénéon auront à tenir compte à la succession Jovin-Bouchard : 1° de la somme de 300,000 fr., avec intérêts du jour de la vente, formant le prix du tiers de la concession de mine du Treuil, qu'ils ont aliéné ; 2° de la somme de 225,000 fr., formant le prix des trois dixièmes de la concession de la Chana, qu'ils ont également aliénés, ladite somme portant intérêts depuis le mois de février 1838, époque à laquelle de Prandière, Royet-Vernadet et Fénéon ont fait entrer cette part de concession dans une opération traitée pour leur propre compte ;

» Dit que ces valeurs devront en conséquence être comprises dans le compte de la succession Jovin-Bouchard et servir à déterminer le reliquat qui doit être attribué aux consorts Berne ;

» Renvoie Fénéon de la demande formée contre lui par Escoffier, au sujet de sa participation prétendue dans l'opération traitée par les trois légataires universels, relativement aux mines du Treuil et de la Chana ;

» Déclare Escoffier, associé pour un quart, aux parts personnelles qui appartiennent à de Prandière et à Royet-Vernadet, dans ladite affaire ;

» Dit en conséquence que le compte à établir pour la liquidation de cette société devra avoir lieu d'abord entre de Prandière, Royet-Vernadet et Fénéon, intéressés chacun pour un tiers, et qu'ensuite, sur les parts revenant à de Prandière et à Royet-Vernadet, il sera retranché de chacune un quart pour le sous-lotissement qui doit revenir à Escoffier ;

» Renvoie à cet effet de Prandière, Royet-Vernadet, Fénéon et Escoffier devant Mᵉ Germain de Montozon, notaire à Saint-Etienne, qui demeure chargé de dresser leurs comptes pour, en cas de difficulté, en être rédigé procès-verbal, référé à la Cour et être plus tard, par elle, statué ce qu'il appartiendra ;

» Dit que les consorts Delorme supporteront tous leurs dépens de première instance et d'appel, ainsi que les frais du jugement du 9 mars 1860, et sont condamnés à l'amende de leur appel ;

» Dit que tous les autres dépens seront tirés en frais privilégiés de succession et les autres amendes restituées. »

Quelques jours avant que cet arrêt fût rendu, le 27 juillet 1860, MM. Jordan, Humann, Boutarel, Jovin et autres héritiers de droit de M. Jovin-Bouchard, formèrent contre MM. de Prandière, Royet et Fénéon une demande en nullité du testament de 7 octobre 1835.

C'est sur cette demande que le tribunal de Saint-Etienne est appelé à statuer.

Ce procès, par l'importance des intérêts engagés, la position sociale des parties et les souvenirs auxquels il se rattache, était de nature à appeler l'attention publique. Aussi, une foule nombreuse se presse-t-elle dans la salle d'audience.

Mᵉ Marie, du barreau de Paris, se présente pour les héritiers de droit de M. Jovin-Bouchard.

MM. Royet et Fénéon ont chargé de la défense de leurs intérêts Mᵉ Leroyer, du barreau de Lyon.

Mᵉ Théodore Bac, du barreau de Paris, assisté de Mᵉ Pété, avoué, plaide pour M. de Prandière.

Mᵉ Meunier, du barreau de Saint-Etienne, se présente pour les enfants Berne.

Le siége du ministére public est occupé par M. le substitut du procureur impérial Naudin-Marchand.

PLAIDOIRIE DE Mᵉ MARIE.

Messieurs,

Vous connaissez déjà le testament de Jovin-Bouchard. Ce testament a donné lieu à un premier procès qui a eu un grand retentissement, le retentissement qu'il devait avoir, et en raison des personnes entre lesquelles il s'agitait, et en raison des questions qu'il soulevait, et je le dirai encore, à raison du talent des défenseurs qui discutaient ces questions. Je n'ai pas, quant à moi, l'intention de revenir sur ces tristes débats ; je n'ai pas, pour la situation actuelle, à rentrer dans l'examen des faits qui ont été posés et examinés ; ils sont tous étrangers à la discussion que j'ai l'honneur de vous soumettre. Cependant, messieurs, dans ce débat entre les légataires, où des paroles très amères ont été échangées, où des démentis ont été tour à tour donnés et reçus, dans ce débat il y a quelques faits qui se sont précisés et qui ont dû attirer l'attention des héritiers légitimes. En effet, messieurs, ce que l'on ignorait jusqu'alors a éclaté tout à coup dans la discussion qui s'est engagée. On avait pu croire et on avait cru pendant vingt-cinq ans, en examinant le testament du 7 octobre 1835, que les légataires universels étaient bien ceux qui avaient été indiqués dans ce testament, que les légataires universels, après les legs particuliers acquittés, devaient bien prendre ce qui resterait de la succession, on avait considéré ces légataires universels comme des personnes sérieuses ; les héritiers légitimes n'étaient donc point engagés dans le débat.

Aujourd'hui, messieurs, ce qui est résulté de plus manifeste de toute la discussion que vous avez entendue, c'est ceci : de la part des légataires la déclaration sinon très franche et très nette, au moins la déclaration assez claire, sous certains rapports, que le legs universel qui leur avait été fait n'était pas un legs sérieux ; que, quant à eux, ils n'avaient ni l'intention ni la prétention de garder quoi que ce soit de la succession qui, en apparence, leur était dévolue. À côté de cette affirmation, d'une part, affirmation générale et qui laisse debout dans le procès actuel un fait incontestable, à savoir que les légataires ne sont pas des légataires sérieux, un autre fait s'est produit. On s'est demandé si, les légataires n'étant pas sérieux, il y avait un fidéicommis, si, ce fidéicommis existant, il y avait un bénéficiaire certain, indiqué, à qui, à défaut de légataires universels, la succession dût appartenir. Or, sur ce point-là des dissidences profondes se sont engagées entre les légataires ; les uns soutenant qu'en effet il y avait un fidéicommis et disant, en même temps, que ce fidéicommis avait eu pour objet d'instituer les enfants Berne ; les autres disant, au contraire, que les enfants Berne n'étaient pas les véritables bénéficiaires et que la succession devait aller aux enfants Delorme, ou mieux encore, à des personnes qu'ils se réservaient de choisir. Le langage qui a été tenu alors, soit dans les interrogatoires, soit dans les plaidoiries, soit dans les mémoires publiés, a laissé encore beaucoup de vague, beaucoup d'incertitude même sur la personne des bénéficiaires définitifs.

C'est, messieurs, dans cette situation que les héritiers légitimes se sont demandé à qui la succesion avait été dévolue. Assurément, entre l'hérédité légitime qui a pour principe la loi et l'hérédité testamentaire qui a pour principe la volonté de l'homme, la volonté de l'homme est prédominante. C'est là, comme le disait une loi romaine, la loi suprême, c'est encore la loi suprême dans notre législation française. Mais cette loi ne peut recevoir son exécution qu'à une condition, c'est que la volonté qui s'est manifestée, se soit manifestée librement d'abord, et qu'ensuite cette volonté manifestée librement, ait désigné d'une façon certaine, incontestable, la personne à laquelle l'hérédité devra être transmise. On comprend que, dans ce cas-là, la loi du père de famille doit l'emporter sur la loi générale ; mais on comprend aussi que la loi du père de famille ne peut pas faire céder la loi générale, si elle n'a pas un caractère d'évidence, de certitude, sans lequel la volonté de l'homme ne mérite pas le nom de loi. Eh bien ! nous n'avons pas trouvé, quant à nous, dans les débats du procès qui s'est agité cette certitude qu'il fallait rencontrer pour que le fidéicommis reçût son exécution, et nous en avons conclu qu'en cet état d'incertitude, l'hérédité tout entière devait, en vertu de la loi, être dévolue aux héritiers légitimes. C'est la thèse que je viens soutenir, la thèse unique que je débattrai devant vous.

Maintenant, dois-je revenir sur les faits du procès et rentrer dans le débat que vous avez apprécié en partie ? Pas le moins du monde. Je ne demanderai à tous les détails dans lesquels sont entrés les précédents orateurs que ce qui convient à l'unique question que j'ai à traiter devant vous, et je laisserai de côté toutes les prétentions qui se sont originairement engagées ; je le répète, je ne suis pas juge de ces matières, je n'ai pas à en être l'appréciateur, je n'ai qu'une question à traiter, celle de savoir s'il y a un fidéicommis évident, certain ; je laisse de côté toutes les autres.

Ceci dit, voyons cependant comment le débat peut s'engager et quels sont les faits qui appartiennent plus particulièrement à la cause actuelle.

Jovin-Bouchard, comme vous le savez, messieurs, a, pendant sa vie, habité la ville de Saint-Étienne, et y a joui d'une grande considération ; il avait une grande fortune, une situation enviée de tous. Il occupait le premier rang dans les grandes opérations industrielles qui font l'honneur de cette ville. Arrivé à la vieillesse, et déjà atteint par la maladie, il était tout naturel, ce semble, qu'après avoir vécu longtemps parmi vous, auprès de qui il avait trouvé l'estime et la considération, il voulût mourir là où il avait vécu. Cependant, messieurs, il n'en fut pas ainsi. Quelque temps avant sa mort, déjà sous le coup de la maladie qui l'a conduit au tombeau, il quitta brusquement Saint-Étienne et se rendit à Lyon. Il s'y rendit, accompagné de M. Escoffier, son médecin, son ami. Il s'y rendit sous le prétexte, dit-on, que sa santé y serait peut-être mieux soignée et qu'elle trouverait là, dans la science des grands médecins de cette ville, les moyens de l'améliorer.

Eh quoi donc ! Est-ce bien vraiment ce motif qui a décidé l'émigration de M. Jovin ? ou n'y avait-il pas plutôt quelque calcul ! Là-dessus beaucoup de paroles ont été prononcées; beaucoup de suppositions mises en avant, je ne veux pas même les rappeler.

Toujours est-il qu'au moment où il quitta Saint-Étienne, M. Jovin-Bouchard n'avait pas encore fait de dispositions testamentaires.

Je ne sais pas si son esprit s'en était occupé, je ne sais pas si sa volonté s'était arrêtée sur quelque chose ou sur quelqu'un, je n'en sais rien ; je n'ai point à pénétrer des mystères qui ne se révèlent pas par une manifestation écrite ; ce qu'il y a de certain, c'est que le seul document que nous ayons au procès et qui a passé sous mes yeux, c'est un testament du 7 octobre 1835 ; jusqu'à cette date aucune volonté testamentaire n'apparaît, aucune disposition au profit de qui que ce soit n'a été arrêtée encore, je ne dis pas, je le répète, dans l'intimité de sa pensée, il n'est pas donné d'y pouvoir pénétrer, mais dans les manifestations extérieures de cette pensée.

Il arrivait donc à Lyon dans cet état, et quinze jours avant son décès, c'est-à-dire le 7 octobre 1835 (il est mort le 23), il faisait appeler un notaire ; à ce notaire il dictait ses dernières volontés, dernières volontés authentiques, arrêtées sous une forme authentique qui semblait attester tout à la fois et l'identité de la personne qui les avait dictées et la fidélité de l'expression de sa volonté suprême.

Or, Jovin-Bouchard avait des frères et des sœurs, quatre sœurs, je crois. Deux de ses sœurs et un neveu recevaient une petite part de sa succession, à titre de legs particuliers, une part peu considérable, rien de plus.

Il réservait toute sa munificence pour la ville de Saint-Étienne qu'il plaçait au premier rang et à laquelle il assurait après sa mort 558 000 fr. Il songeait aussi aux enfants Delorme; il donnait à l'un 130, à l'autre 70 000 fr. Enfin il faisait un legs aux enfants Berne; ce legs était considérable, 400,000 fr. Après avoir ainsi disposé de sa grande fortune, il songe, en raison des opérations dans lesquelles il est engagé, qu'il peut rester quelque chose, et pour le cas il choisit trois légataires universels qui devront recueillir la totalité du reliquat de la fortune. Ces trois légataires sont MM. de Prandière, Fénéon et Royet-Vernadet. Il leur donne la totalité de la succession, il les investit, autant qu'il est possible de les investir, des forces actives qui resteront après les legs acquittés, etc.

A ce sujet je dois placer sous les yeux du tribunal le testament lui-même, non pas dans sa totalité, il est inutile que vous le connaissiez en entier, mais dans les parties qui intéressent le procès, attendu que dans le débat nous aurons à dire notre pensée sur ces différentes dispositions. Voici donc la partie du testament qu'il est utile de vous faire connaître :

« Je donne et lègue à l'établissement des dames de la Miséricorde. . . . . »

(Viennent des dispositions particulières sur lesquelles je n'ai point à insister et que par conséquent je ne lirai pas.)

» Je donne et lègue à François-Victor et Paul Delorme, enfants naturels de demoiselle Elisabeth Delorme, demeurant à Issingeaux, savoir : au premier, la somme de cent trente mille francs et au second, la somme de soixante et dix mille francs ; l'une et l'autre payables une année après mon décès, avec intérêts depuis son événement sur le pied de 4 pour 100.

» Je lègue, en outre, à chacun d'eux une somme de trois mille francs délivrable sans intérêt, un mois après mon décès. Je les charge, comme condition de cette libéralité, de payer et servir à ladite demoiselle Elisabeth Delorme, leur mère, la rente annuelle et viagère de sept cents francs que j'ai constituée à cette dernière par une convention sous seing privé qu'ils exécuteront.

» Je donne et lègue à Marie-Antoine-Victor Berne et à Marie-Antoinette-Victorine Berne, enfants naturels et mineurs de demoiselle Pierrette Berne, native de Chevrière, demeurant actuellement à Lyon, quartier des Brotteaux, cour Trocadéro, la somme de quatre cent mille francs conjointement, et par moitié entre eux. Cette somme, qui produira intérêt au taux légal à compter du jour de mon décès, devra être employée par les soins de mes légataires universels, et dans les deux années au plus tard, à l'acquisition d'un immeuble productif. Sur les revenus de cet immeuble, la demoiselle Berne, leur mère, touchera pendant sa vie une somme de quatre mille francs à titre de pension alimentaire dont je lui fais don et legs. Prélèvement fait de cette rente, lesdits revenus serviront à l'éducation et entretien des deux mineurs jusqu'à leur majorité, laissant à mes légataires universels le soin et la charge d'y pourvoir convenablement. Ces derniers auront à cet effet l'administration en commun de l'immeuble qui doit être acquis, comme je l'ai dit, au profit des enfants Berne jusqu'à la majorité du plus jeune des deux. Si les frais de leur éducation et entretien joints à la pension de leur mère, n'absorbent pas les revenus de cette propriété, l'excédant annuel sera capitalisé, pour leur être remis à leur majorité respective. Mes légataires universels seront d'ailleurs dispensés de faire emploi de cet excédant et d'en allouer des intérêts, ma volonté étant que les mineurs Berne s'en rapportent sur le compte qui leur sera rendu à cet égard par mes légataires universels à l'exactitude et à la bonne foi de ces derniers, auxquels conjointement je donne pour l'administration ci-dessus énoncée tous les pouvoirs attachés par la loi aux fonctions de tuteurs.

» Dans le cas où, contre mon attente, la validité de cette disposition serait contestée, mes légataires universels ne seront tenus que de compter aux enfants Berne à leur majorité la somme de quatre cent mille francs, toujours par moitié entre eux, et de payer jusqu'alors : 1° une somme annuelle de quatre mille francs à leur mère ; 2° celle de six mille francs aussi annuellement pour être employée par qui de droit à leur entretien et éducation. »

Voilà, messieurs, les deux legs qui sont faits l'un aux enfants Delorme, l'autre aux enfants Berne ; deux legs, dont le caractère ne peut pas être contesté, ce sont bien des legs particuliers ; ce sont des legs limités pour l'un des enfants Delorme à 130,000 francs, pour l'autre à 70,000 francs ; pour les enfants Berne à 400,000 francs. Et ici qu'il me soit permis de faire remarquer au tribunal les dispositions toutes particulières qui se rattachent à la disposition principale et qui concernent l'emploi des 400,000 francs, la direction à donner à l'éducation des enfants Berne. Assurément, à voir ces dispositions dans leurs détails minutieux, rien ne nous indique que, dans la pensée du testateur, du moins à cette époque du 9 octobre 1835, il ait voulu, en limitant ainsi ses dispositions soit en faveur des enfants Delorme, soit en faveur des enfants Berne, y ajouter quelque chose. Aucune allusion échappée à son esprit ou à sa pensée ne peut faire soupçonner qu'à côté des 400,000 francs, des 130 et 70,000 fr., il y ait encore un reliquat qui devait tomber dans le legs de ces enfants et qui, par conséquent, devait être délivré par les légataires universels.

Après ces deux legs particuliers, vient le legs fait à la ville de Saint-Étienne, 558,000 francs ; je l'énonce, je n'ai pas besoin de m'en occuper davantage.

« J'entends qu'en raison des legs que j'ai faits ci-dessus à la ville de Saint-Étienne, elle reste seule chargée du service soit de la pension viagère de quatre mille francs par moi léguée à la demoiselle Jeannette Fayolle, soit de l'acquittement semestriel de la rente viagère de deux mille francs stipulée au profit de ma sœur Marie-Anne Jovin par le contrat de vente aux minutes de Mᵉ Grubis, notaire précédemment rappelé. Dans le cas peu probable où les conditions par moi apposées au legs ci-dessus en faveur de la ville de Saint-Étienne deviendraient un obstacle à l'acceptation de cette libéralité, j'entends que cette partie de mes dispositions soit réputée caduque et non avenue, à moins toutefois qu'il ne convienne à mes légataires universels de consentir des modifications quelconques aux conditions ci-dessus exprimées. »

Après avoir ainsi réglé, quant aux legs particuliers, la partie de sa succession qu'il destine à ces legs particuliers, M. Jovin-Bouchard arrive aux légataires universels :

« Pour recueillir, sous la déduction desdits legs particuliers et autres charges de droit tous les biens, facultés et droits tant mobiliers qu'immobiliers qui composeront ma succession en quoi qu'ils consistent et quelque part qu'ils soient dus et situés, je nomme et institue pour mes héritiers ou légataires universels, conjointement et par égales parts, MM. Romain de Prandière, négociant, Royet-Vernadet, aussi négociant, et Fénéon, professeur à l'École royale des mines, tous trois demeurant à Saint-Étienne, et membres du conseil municipal, mes amis intimes, auxquels trois je veux que tout l'excédant des charges contenues au présent arrive et demeure acquis en pleine propriété et jouissance dès le jour de mon décès.

» Je crois devoir faire observer que de mon avoir actuel font partie quatre douzièmes de la concession houillère dite du Treuil et trois dixièmes de celle appelée la Chana.

» Dans le cas ci-dessus prévu de non-acceptation par la ville de Saint-Étienne des legs que je lui destine, j'aime à croire que le zèle de mes légataires universels pour le bien du pays leur suggérera respectivement des dispositions analogues à celles que m'a inspirées un sentiment qui nous est commun. Je déclare faire remise et lègue au besoin à mes fermiers et locataires des fermages ou loyers qu'ils pourront me devoir au jour de mon décès.

» Je révoque et annule toutes dispositions à cause de mort que j'aurais faites en quelque forme que ce soit jusqu'à ce jour, entendant que le présent soit seul considéré comme l'expression de mes dernières volontés.

» Signé : ROSTAIN, notaire. »

Je m'arrête ici. Voilà, en effet, la seule partie du testament que je crois utile de placer sous les yeux du tribunal ; permettez-moi de résumer ces dispositions en un mot, en un mot seulement, et puis je continuerai le récit des faits.

Quatre sortes de legs constituent tout le testament : legs aux enfants Delorme, legs aux enfants Berne, legs à la ville de Saint-Étienne, dans des proportions considérables, de manière que le bienfait soit en harmonie avec sa grande fortune, et puis enfin legs universels à des personnes déterminées, pour tout ce qui pourra rester de sa succession après les legs particuliers.

Qu'était-ce que ces légataires particuliers qui trouvaient dans la succession de Jovin-Bouchard une si large part? Qu'était-ce que les enfants Delorme, les enfants Berne? Ce n'est pas un mystère, et, en conséquence, je ne porte nulle atteinte à la mémoire d'un homme que je devrais respecter, uniquement parce qu'il est dans la tombe, en disant que dans l'opinion de tout le monde, les enfants Delorme étaient les enfants de Jovin-Bouchard, et que les enfants Berne passaient aussi pour être ses enfants naturels. A l'égard de ces derniers, il s'élevait bien, il est vrai, quelques doutes sur la paternité du testateur, et en même temps que quelques doutes s'élevaient sur la paternité de Jovin-Bouchard, il s'élevait aussi quelques affirmations sur une autre paternité ; je n'entre pas non plus dans tous ces détails, sur lesquels la malignité publique a pu s'exercer avec plus ou moins de vérité. Quoi qu'il en soit de toutes ces hypothèses, ce que je constate, c'est que M. Jovin-Bouchard a certainement voulu qu'une partie de sa fortune arrivât à ses enfants naturels, mais qu'elle leur arrivât dans des proportions limitées; il limite ces proportions : pour l'un, à 130,000 francs ; pour l'autre, à 70,000 francs, et pour les autres, à 400,000 francs. Pour ces libéralités ainsi faites, il avait acquitté, par-delà le tombeau, le devoir que sa paternité naturelle pouvait lui imposer. Ces libéralités étaient-elles également méritées? A cet égard, je rappellerai que, de son vivant, il avait pris beaucoup de soin des enfants Delorme, qu'ils avaient grandi sous ses yeux, qu'un instant même la pensée lui était venue de les adopter. Cette pensée n'avait pas eu de suites, non pas en raison de sa volonté qui aurait faibli, sa volonté est restée ferme, mais elle avait été brisée par une jurisprudence récente que toutes les Cours ne partagent pas, mais enfin qui avait été partagée par la Cour de Lyon.

Quant aux enfants Berne, ils étaient en très bas âge encore, et, en admettant sa paternité, malgré les doutes exprimés, il est évident pourtant que son affection pour eux n'avait pu s'élever au même degré que son affection pour les enfants Delorme, et cependant, dans sa succession, il leur donne une part plus forte. Pourquoi cette inégalité étrange ? L'opinion s'est inquiétée de cette question.

Quant aux trois légataires universels, les dispositions faites en leur faveur ont-elles aussi leur raison d'être? M. Jouvin institue trois amis, trois personnes parfaitement posées, très considérées et méritant cette considération, et quand il leur donne la totalité de ce qui restera de sa fortune, après les legs particuliers payés, après les obligations accessoires qui peuvent se rattacher à ces legs particuliers, nul ne peut s'étonner d'une telle institution. Mais ce que je remarque, c'est qu'il entend bien qu'ils soient investis complétement, si complétement que si, par exemple, le legs fait à la ville de Saint-Étienne ne pouvait pas recevoir son exécution, s'il arrivait des contestations, il espère que ses légataires universels n'abandonneront pas cet émolument, soit aux enfants Delorme, soit aux enfants Berne, mais qu'ils trouveront tous trois dans leur conscience et dans ce qu'ils savent de sa volonté, les moyens de la réaliser de plus en plus. Pour répondre à cette volonté, voilà ce testament du 7 octobre 1835, voilà la manifestation authentique de la volonté de M. Jovin-Bouchard, quinze jours avant sa mort.

Il décéda à la date du 23 octobre 1835. Après son décès, les héritiers naturels se présentèrent, mais on leur opposa le testament du 7 octobre 1835; ils en examinèrent la forme, la forme ne prêtait à aucune contestation. Ils en examinèrent le fond, et assurément ils durent être fort étonnés que l'esprit de famille n'eût pas trouvé grâce, même pour quelques legs de souvenir, dans le cœur de Jovin-Bouchard; mais enfin il était le maître, le législateur de sa fortune; il pouvait en disposer comme bon lui semblait, et s'il lui avait plu de déshériter ses héritiers légitimes, après tout il n'y avait qu'à s'incliner.

Lorsqu'on se demandait dans quelles circonstances ce testament avait été fait, et qu'on avait vu cet homme, qui avait vécu constamment à Saint-Étienne, tout à coup s'exiler de sa ville natale, partir, aller à Lyon, rester à Lyon, n'ayant pour ainsi dire qu'un seul visiteur, M. Escoffier, et faire les dispositions que vous savez, on avait bien conçu quelques doutes sur l'esprit qui les avait dictées, un peu même de défiance sur la liberté de la volonté du testateur; on eut un instant la pensée de se demander d'une façon claire et surtout judiciaire, si cette volonté avait été une volonté libre, et si la pensée qui l'avait inspirée émanait bien du testateur signataire du testament, mais enfin on ne s'arrêta pas à ces idées, on s'inclina devant le testament; qu'on le sache bien pourtant, et je le dis très haut, on s'inclina parce qu'en effet, on crut et on dut croire que toutes les dispositions de ce testament étaient sérieuses, que les legs particuliers faits par Jovin-Bouchard étaient bien des legs particuliers qu'il avait voulu faire et qu'il avait faits réellement; que les légataires universels qu'il avait choisis, les trois personnes dont vous savez les noms, étaient bien aussi des légataires sérieux. Or, en présence de ces apparences prises longtemps pour des réalités, les héritiers légitimes ne crurent pas devoir faire un procès pour mettre en question la volonté du testateur, et faire surgir une question de captation, de suggestions. Depuis ce testament de 1835, un très long temps s'est écoulé, vingt-cinq ans se sont passés, même plus de vingt-cinq ans, et on est toujours resté, pendant ces vingt-cinq années, dans cette pensée que le testament du 9 octobre 1835 était un testament dont toutes les dispositions étaient sérieuses.

Telle doit, telle devait être encore en 1858 la croyance des héritiers lorsqu'a éclaté le procès que vous avez connu, que vous avez jugé.

Ce procès, au moment où il éclatait, laissait, autant qu'il était possible, dans l'ombre un acte qui va apparaître un peu plus tard, qui serait pour ainsi dire un contre-testament et dans lequel les adversaires voudraient voir tout à la fois et l'existence d'un fidéicommis et le fidéicommis déterminé, c'est-à-dire le fidéicommis devant profiter à certaines personnes désignées. On n'en parlait pas dans le premier acte de la procédure, il n'était question purement et simplement que d'un acte testamentaire, on s'en référait à un compte d'administration, mais des enfants Berne, pas un mot ; mais de cette question si grande de savoir si les légataires universels étaient des légataires sérieux ou non, pas un mot ; mais de l'acte du 14 octobre 1835, dont nous allons prendre lecture dans un instant, pas un mot. Ceci est caractéristique, et c'est un premier enseignement que je recommande à l'attention du tribunal.

La procédure cependant se suit, quelques actes viennent se joindre aux premiers actes. Les positions se dessinent, les démentis s'échangent avec amertume et colère contre les légataires universels, il faut s'expliquer d'une manière plus nette, et alors on laisse entrevoir que les légataires universels pourraient bien n'être pas des légataires sérieux, qu'ils ont pris la succession, mais qu'ils n'ont pu la prendre qu'à la condition de la rendre à des personnes désignées. Quelles personnes ? On ne le dit pas encore, on ne nomme ni les enfants Delorme, ni les enfants Berne, en telle sorte qu'au commencement de cette procédure, rien ne se dit qu'à demi-voix, avec prudence, et presque avec terreur. Il y a bien une guerre déclarée entre les légataires universels qui ont eu l'administration de la fortune et qui, au milieu de cette administration, se sont jetés dans des opérations industrielles fructueuses. Il s'agit d'en partager le résultat, on ne s'entend pas, la guerre alors éclate. Quelle sera la part de chacun ? Voilà comment le procès se présente d'abord. Il semble que d'un consentement commun on veuille concentrer le débat sur ces querelles que des spéculations ont fait naître.

Le temps marche ainsi. Les disputes s'allument de plus en plus, et ce n'est que dans le cours du procès qu'un fait va intervenir, va enfin se révéler : je veux parler de l'acte du 14 octobre 1835. Qu'est-ce que c'est que cet acte ? Nous allons le voir dans ce que je vous en lirai, je ne vous le lirai pas en entier, je me bornerai encore à mettre sous vos yeux les passages seulement qui ont trait au procès actuel :

« Je crois devoir donner à mes bons et dignes amis, MM. Romain de Prandière, Royet-Vernadet et Fénéon, des instructions qui se rattachent aux dispositions contenues dans le testament authentique que j'ai fait le 9 de ce mois.

» Ils comprendront sûrement à la lecture de cet acte qu'en les nommant mes légataires universels, j'ai voulu leur donner un témoignage de la juste confiance que m'inspirent leur loyauté et leur capacité reconnues ; mais ils sentiront que j'ai eu besoin de compter sur le zèle d'amis désintéressés, et que mon principal objet a été d'éviter que ma fortune tombât en des mains indignes de la recueillir.

» Si je ne leur ai pas adjoint en la même qualité de légataire universel mon ami le docteur Escoffier, je n'ai eu pour cela d'autre motif que l'exclusion prononcée par l'art. 909 du Code civil, mais je désire que MM. de Prandière, Royet-Vernadet et Fénéon s'aident constamment de son concours en tout ce qui sera relatif à l'exécution de mes dernières volontés. »

(Suivent quelques dispositions inutiles à lire.)

» Après l'acquittement de mes divers legs particuliers, j'invite mes légataires universels à consacrer sur l'excédant le plus qu'il leur sera possible à accroître l'émolument des enfants Berne.

» Je désire que MM. Romain de Prandière et Escoffier exercent plus spéciale-ment à l'égard de ces deux enfants l'espèce d'administration tutélaire que j'ai eu en vue d'établir dans l'intérêt desdits mineurs par une disposition de mon testament ; ils voudront bien veiller à leur éducation et à leur santé, ainsi qu'à tout ce qui peut préparer à ces enfants un avenir heureux et honorable.

» Quant aux jeunes Paul et Victor Delorme, ma volonté positive est qu'en aucun cas il ne leur soit attribué dans ma succession une part plus étendue que celle que je leur ai moi-même assignée après mûre réflexion. Puissent-ils, en faisant fructi-fier mes libéralités par le travail et des habitudes d'ordre, devenir de bons et esti-mables citoyens !

» Je recommande à mes légataires universels une prompte apposition de scellés dans mes habitations de ville et de campagne. Ces scellés, s'ils défèrent à mes con-seils, seront levés sans description ni inventaire. »

Suivent beaucoup de détails qu'on a lus dans le premier procès, qu'on devait lire parce qu'ils étaient essentiels à lire alors, mais que je passe sous silence parce qu'ils ne tiennent en aucune façon au procès actuel. Cet acte du 14 octobre est écrit d'une main étrangère, Jovin-Bouchard n'y a rien mis qu'une phrase fort courte, et qui est ainsi conçue :

« La présente instruction en sept pages a été écrite sous ma dictée et contient mes volontés expresses.

» JOVIN.

» Lyon, 14 octobre 1835. »

En marge de cet acte se trouve une seconde signature en blanc, de M. Jovin Bouchard.

Voilà, messieurs, l'acte du 14 octobre 1835. Qui l'a produit dans le débat ? M. Escoffier ! M. de Prandière prétend, il est vrai, l'avoir connu presque immédiatement après le décès ; est-ce vrai ? Je ne sais. Ce que je sais et ce qui n'est pas nié, c'est que ce document n'a été révélé que dans le dernier procès, il aurait été, dit-on, dicté le 14 octobre 1835, neuf jours avant la mort. Par qui ? Par Jovin-Bouchard. A qui ? Je n'en sais rien ; ce qu'il y a de vrai seulement, c'est que Jovin-Bouchard ne l'a point écrit de sa main, et qu'il aura été, si l'on en croit les récits adverses, remis à M. Escoffier.

Quoi qu'il en soit, messieurs, ce testament ou plutôt ce *contre-testament*, car c'est véritablement un testament contraire au premier, ce *contre-testa-ment*, que renferme-t-il ? Il révoque de fait le legs universel contenu dans le testament du 7 octobre, il le révoque au profit des enfants Berne, il fait passer à ceux-ci la totalité du legs universel ; on s'en remet, du reste, aux légataires universels et on dit :

« Après l'acquittement de mes legs particuliers, j'invite mes légataires universels
à consacrer sur l'excédant le plus qu'il leur sera possible à accroître l'émolument
des enfants Berne. »

Voilà l'acte, je ne le discuterai pas quant à présent, je n'en apprécie pas la
valeur morale et légale, un peu plus tard j'aurai à le faire et je le ferai, dans
une courte discussion que j'aurai à vous présenter.

A l'apparition de cette pièce, la division éclata entre les différents légataires,
division profonde, l'un affirmant l'existence de la pièce, les autres la niant
énergiquement, M. Escoffier disant : Je l'ai reçue des mains du mourant, et
je l'ai communiquée à tous les légataires universels, non pas seulement à
M. de Prandière, qui l'avoue, mais à MM. Fénéon et Royet-Vernadet, qui ne
l'avouent pas. J'affirme que je l'ai communiquée. MM. Royet-Vernadet et
Fénéon déclarent le contraire, et disent que si ces instructions émanaient
bien du testateur, quant à eux, ils ne les avaient pas connues; qu'ils ne les
avaient connues pour la première fois que dans le cours du procès; qu'il
s'était écoulé vingt-cinq années pendant lesquelles M. Escoffier ne leur aurait
pas communiqué la pièce à lui remise par le défunt, qu'il l'aurait gardée
secrètement, se réservant apparemment d'en faire l'usage qui lui conviendrait, d'instituer ou de ne pas instituer les enfants Berne selon qu'il lui conviendrait de les instituer ou de ne pas les instituer. Non-seulement ces messieurs ont nié l'existence de la pièce, non-seulement ils ont nié en avoir eu
connaissance, mais, quoi qu'il en fût, ils ont déclaré qu'ils ne l'acceptaient pas
comme loi, et qu'en conséquence, tout en disant qu'ils reconnaissaient bien
n'être pas des légataires universels sérieux, pourtant ils comprenaient que le
défunt s'en était remis à eux seuls, à leur volonté, à leur conscience, du
soin de remettre à des personnes non désignées et qu'ils choisiraient eux-
mêmes, les valeurs dépendant du legs universel. En conséquence, ils déclaraient très nettement n'avoir point à remettre aux enfants Berne, n'avoir
même pas à remettre aux enfants Delorme, le reliquat composant le legs
universel, qu'ils feraient de ce reliquat l'usage qu'ils voudraient en faire,
qu'en un mot ils ne relevaient que de leur conscience et de Dieu. Cette pièce
que vous dites, vous, avoir reçue des mains du défunt, cette pièce que vous
produisez pour la première fois, que vous dites nous avoir communiquée
dans le temps, nous ne la reconnaissons pas. Nous nions la prétendue communication que vous nous en auriez faite et nous n'acceptons pas la mission
de rendre à ceux-ci ou à ceux-là, encore une fois, nous relevons de notre conscience et de notre conscience seule. Voilà bien, je crois, fidèlement analysé
le premier procès plaidé devant vous. C'est bien là sa physionomie, sa couleur,
l'attitude, le langage, les affirmations, les dénégations des parties qui y ont
figuré, et je pourrais passer outre.

Cependant, messieurs, comme les faits que je viens de signaler à votre attention sont très importants, je vous demande la permission d'y insister et je n'y
insisterai qu'en mettant sous vos yeux quelques citations qui réveilleront vos
souvenirs un peu effacés peut-être et qui serviront de base à la thèse que je
dois soutenir devant vous.

Voici d'abord comment MM. Royet et Fénéon s'expliquaient dans l'interro-

gatoire sur faits et articles qu'ils ont eu à subir. On interroge d'abord M. Fénéon :
on lui demande :

« *D.* En vous nommant ses légataires universels, M. Jovin n'était-il pas déterminé uniquement par la pensée de confier à des mains sûres l'exécution de ses
dernières volontés?

» *R.* N'ayant pas assisté aux derniers moments de M. Bouchard, j'ignore les motifs qui ont pu le diriger dans le choix de nos personnes ; mais je suis disposé à
admettre que son but principal a été d'assurer l'exécution de ses dernières volontés
en ce qui concerne les obligations qu'il imposait à la ville.

» *D.* Croyez-vous qu'il ait voulu vous gratifier de ce qui resterait libre de sa fortune après l'acquit des legs particuliers et des charges?

» *R.* A cet égard, je m'en suis rapporté et m'en rapporte entièrement au testament qui pour moi est une vérité.

» *D.* Au contraire, n'a-t-il pas indiqué à quelle personne il voulait que ce reliquat
revînt?

» *R.* Au moment de notre prise de possession, aucune désignation de cette
nature ne m'a été faite, et je me suis toujours considéré comme un légataire
sérieux. »

On revient dans l'interrogatoire sur le fait, le seul que j'aie à relever et par
conséquent le seul que je veux emprunter à cet interrogatoire :

» *D.* Ne connaissiez-vous pas les intentions du testateur à ce sujet?

» *R.* Je n'ai reçu communication d'aucune intention de ce genre.

» *D.* M. Jovin n'a-t-il pas exprimé sa volonté dans un écrit séparé?

» *R.* On nous a parlé de désirs exprimés et de recommandations faites par
M. Bouchard à son lit de mort, mais copie de ces recommandations ne m'a jamais
été donnée. On ne m'a fait à cet égard que des communications verbales et souvent
contradictoires. »

On interroge ensuite M. Royet-Vernadet, et M. Royet-Vernadet répond dans
le même sens ; voici au surplus sa réponse :

« *D.* En vous nommant ses légataires universels, M. Jovin n'était-il pas déterminé uniquement par la pensée de confier à des mains sûres l'exécution de ses
dernières volontés?

» *R.* Le testament a toujours été pour nous une vérité. »

Ainsi d'un côté, j'en conviens, il y a deux personnes qui affirment très
énergiquement, M. Escoffier qui, lui, aurait reçu des mains du mourant
l'écrit qu'il produit, et M. de Prandière qui, d'accord en cela avec M. Escoffier,
déclare que M. Escoffier lui en aurait donné communication immédiatement
après le décès ; mais en face de ces affirmations très énergiques, il y a, je le répète, deux dénégations qui sont également énergiques : Jamais nous n'avons vu
cette pièce, jamais elle ne nous a été communiquée, si ce n'est dans le procès ;
on nous avait bien parlé de désirs exprimés par le testateur, mais ces désirs
n'étaient pas des obligations, si bien que nous devons nous regarder consciencieusement et que nous nous regardons consciencieusement comme des léga-

taires sérieux. Voilà un premier point sur lequel j'insiste, c'est que si, d'un côté, on affirme l'existence de la pièce, de l'autre, on la dénie, on dénie surtout la communication qui en aurait été faite.

Maintenant est-ce que MM. Fénéon et Royet vont insister sur l'affirmation qu'ils ont donnée dans leur interrogatoire, qu'ils s'étaient toujours considérés comme des légataires sérieux, qu'ils se considèrent toujours comme des légataires sérieux, et qu'ils veulent par conséquent recevoir et garder la succession ? Non pas, et ici j'emprunte à la plaidoirie qu'ils ont fait entendre quelques détails importants. Je ne serai pas long dans toutes ces citations, mais je vous demande la permission de ressaisir encore, pour le besoin du procès actuel, quelques paroles très significatives.

« Il est vrai, s'écrie l'avocat de M. Fénéon, Me Humblot aîné, qu'on nous dit : Vous l'avez exécuté dans sa plus grande partie. L'exécution que vous lui avez donnée en suppose de votre part la connaissance. En vérité, l'argument est par trop singulier. Mais c'est vous, monsieur de Prandière, qui étiez l'administrateur, le détenteur de toutes les valeurs ; c'est vous qui, sans nous consulter, sans nous demander notre consentement, avez plus ou moins fait gérer par M. Berthon les propriétés ; c'est vous qui disposiez de sommes tantôt en faveur de Julie Fayolle, tantôt en faveur de je ne sais qui. Comment, étant notre mandataire et ayant agi seul, sans nous consulter, pouvez-vous nous dire que nous avons eu connaissance de la lettre du 14 octobre, et que par conséquent nous l'avons approuvée et exécutée ?

» Voulez-vous une preuve qu'à l'origine elle n'a pu nous être communiquée ainsi que vous le dites ? Si elle nous avait été communiquée, il est certain, surtout devant la prétention que vous manifestez aujourd'hui, que nous aurions fait un inventaire, que nous n'aurions accepté la succession de Jovin que sous bénéfice d'inventaire. Cela saute aux yeux, et certes il n'aurait pas fallu être bien habile pour prendre cette précaution. Donc, si la lettre nous avait été communiquée, elle n'aurait pas la portée qu'on veut lui donner. Mais rien ne prouve au procès que cette communication nous ait été faite, tout prouve le contraire. »

Et puis page 46 ;

» Je prends cette lettre telle qu'elle est conçue, et je vous pose cette question : Y a-t-il, de la part de Jovin, testateur, l'ordre intimé aux légataires de donner aux enfants Berne l'excédant qui pourra résulter de sa succession ? Qu'il y ait là une obligation naturelle, que M. Jovin-Bouchard s'en soit rapporté à notre conscience d'honnête homme et que notre conscience d'honnête homme nous porte à faire droit à son désir, oui ; mais qu'il y ait pour les enfants Berne un lien de droit qui nous oblige à remettre l'excédant de la succession, non ; il n'y a pas ce lien de droit, il n'y a là qu'une obligation naturelle, et il ne peut pas dépendre de vous, il ne peut pas dépendre du tribunal de la changer en obligation civile. C'est à notre conscience, à notre honneur, à notre loyauté, dans la mesure que nous jugerons nécessaire, de voir si c'est aux enfants Berne ou à d'autres, que nous devons faire cet abandon. »

Dans un autre passage il est encore plus explicite, page 49 :

« Nous affirmons, que de tout ce qui nous a été dit relativement à ceux que Jovin-Bouchard avait désignés pour être les bénéficiaires du reliquat de sa succession, M. Fénéon ne sut absolument rien, que jamais il ne lui fut parlé, dans ce sens au moins, des enfants Berne. Tout au contraire, ce qui d'ailleurs est conforme à la vraisemblance, parce que c'est la vérité, tout au contraire, il lui fut donné à entendre que, si de toutes les charges liquidées de la succession il restait quelque chose et que quelqu'un fût appelé à le recueillir, ce n'étaient pas les enfants Berne, richement dotés déjà par le testament, mais d'autres enfants vis-à-vis desquels les obligations les plus étroites pour le testateur n'avaient pas été consignées dans le testament. »

Page 51 :

« Quelques jours après, le 29 février, notre réponse se faisant attendre, on nous fait signifier un acte interpellatif dont toutes les expressions étaient calculées. On nous interpelle de reconnaître, s'il est à notre connaissance qu'il y ait eu des instructions secrètes de M. Jovin-Bouchard enjoignant à ses légataires de remettre à quelqu'un le résidu de sa succession. Voilà la marche de la procédure ; on ne nomme pas encore les enfants Berne, on attend jusqu'au dernier moment pour les nommer. On avait donc quelque intérêt à déguiser les noms de ces prétendus légataires. Nous répondons d'une manière toute simple, nous disons : Vous nous parlez d'instructions que nous n'avons jamais connues. Peu satisfait de cette réponse, nos adversaires font procéder à un interrogatoire sur faits et articles. Quoi de plus simple et de plus naturel que de nous communiquer immédiatement alors les instructions du testateur, si on ne se proposait pas d'autre but, que d'en assurer l'exécution ? Cette façon de procéder eût été honnête et n'eût pas été habile, on nous soumet à un interrogatoire, on se donne le plaisir de nous poser des questions. »

Et puis il termine ainsi :

« Que personne ne se méprenne sur le sens de la déclaration que je fais ici solennellement. L'intention de M. Fénéon, comme celle de M. Royet, est formelle ; le tribunal et le public peuvent prendre acte de mes paroles, ou plutôt le tribunal peut les libeller dans son jugement. Si, les charges payées, la succession laisse un reliquat, nous ne devons pas en profiter. Puissions-nous sortir d'ici flétris si nous manquons à la promesse que nous faisons en ce moment ! Mais qu'on l'entende aussi, en faisant cette déclaration solennelle, en prenant cet engagement d'honneur, nous ne voulons pas changer le titre de notre obligation. Nous reconnaissons volontiers qu'il a été, suivant toutes les apparences, dans les intentions de M. Jovin-Bouchard de ne faire de nous que de simples exécuteurs testamentaires ayant peut-être le droit de retenir sur les bénéfices de la succession, s'il y en avait, une somme proportionnelle à nos soins et aux dangers que nous avons courus ; nous reconnaissons cela, mais comme obligation purement naturelle. Nous repoussons toute obligation civile, et nous ne permettrons à qui que ce soit de dénaturer notre mandat et d'en faire peut-être le contraire de ce qu'a voulu le testateur. Nous relevons de notre conscience, nous ne relevons que d'elle ; nous ne sommes comptables que vis-à-vis de Dieu. »

Voilà, messieurs, les paroles décisives que je trouve sur les lèvres du défenseur de M. Fénéon, et si je suis bien informé, M. Fénéon, présent à l'audience, autorisait par sa présence même les paroles que prononçait son défenseur. Eh bien ! que résulte-t-il donc de tous les faits que je viens de résumer devant vous ? Pour cela précisons bien, par la plaidoirie, par la procédure et par l'instruction, la situation que chacun a prise et voulu prendre. Ce qui en résulte pour moi, ce qui en résulte pour vous, c'est ceci, que incontestablement d'une part, les légataires universels ne sont pas des légataires sérieux. Très bien. Je m'empare de ce fait, ce fait est acquis au procès et n'est pas seulement acquis contre M. de Prandière. Il l'est encore contre les deux autres légataires, MM. Fénéon et Royet-Vernadet. Tous, en effet, comprennent qu'ils ne peuvent pas, qu'il ne doivent pas garder la succession, il en résulte d'autre part, que pas plus les uns que les autres ne peuvent ni ne veulent la garder, qu'ils doivent la remettre. Très bien encore. Voilà un second fait acquis au procès. La remettre! mais à qui donc alors? Ah! ils ne le disent pas; seulement ils affirment qu'en ce point, ils sont simplement relevables de leurs consciences et responsables envers Dieu. Très bien pour la conscience de ces messieurs, mais point d'équivoque! la loi civile ne se paye pas de ces grands mots! la loi civile veut savoir si une volonté a été édictée, comment elle a été édictée, au profit de qui elle a été édictée. La loi ne permet pas qu'un tiers, fût-il légataire, puisse ainsi disposer, à sa volonté, au profit de celui-ci ou de celui-là, même quand, dans l'intention de celui-ci les dispositions qu'il ferait seraient honorables, cela ne suffirait pas; il faut qu'elles descendent du testateur, uniquement et exclusivement du testateur. Non, non, il n'est pas donné à un légataire universel de dire tout à la fois: Je ne dois pas garder ce qui n'était pas dans l'intention du testateur que je gardasse, mais je le remettrai à qui bon me semblera, ne consultant que ma conscience et me plaçant sous le regard seul de Dieu. Non, il ne lui est pas permis de dire: Quand j'aurai ainsi consulté ma conscience, tout sera accompli, et après tout je ne dois compte de mon choix à personne, je n'en dois compte ni à la loi ni aux héritiers légitimes.

Pour moi, messieurs, et dans l'ordre juridique où je dois me placer, je retiens ces deux faits, incontestables désormais: des légataires sérieux ne sont pas légataires sérieux, ils doivent remettre; mais les personnes auxquelles ils doivent remettre sont incertaines. Ces faits-là sont acquis au débat, cela me suffit.

Maintenant, est-ce que j'ai besoin de rechercher si les déclarations faites par ceux-ci ou par ceux-là sont bien acceptables; s'il y a, en effet, beaucoup de dignité dans ce langage obscur et mystérieux que tiennent les uns, dans ce langage hautain et hardi que tiennent les autres? Cette recherche, ces appréciations étaient bonnes et opportunes dans le premier procès, elles seraient un hors-d'œuvre dans le procès que nous agitons. Non, je veux mettre de côté toutes les querelles de personnes, toutes les passions qui ont dicté ces paroles amères, qu'on regrette quelquefois après les avoir prononcées, je dis: premier fait: les légataires ne sont pas sérieux; second fait: on n'est pas d'accord sur la personne du bénéficiaire qui doit recevoir le legs universel des mains des légataires universels. Ce désaccord est-il certain? Oui. Les plaidoiries que vous avez entendues, et que je viens de résumer, prouvent cette incertitude d'une façon éclatante; nous verrons dans un instant s'il y a un moyen de se mettre d'accord et si ce moyen peut être accepté moralement et légalement. Quant à présent, je ne constate que le fait du désaccord parce que cela me suffit.

Cependant, messieurs, le procès continue, et alors un incident inévitable se produit. Pendant que les légataires se disputent sur la part qu'ils devront prendre dans les opérations industrielles qu'ils ont engagées avec l'argent de la succession, pendant qu'ils se jettent mutuellement à la face les dénégations et les démentis, les enfants Berne et les enfants Delorme, ne parlons, si vous voulez, que des enfants Delorme, s'adressent à MM. Escoffier et de Prandière. Avant les révélations du procès, ils n'en savaient pas plus que nous sur l'existence de l'acte du 14 octobre. Cette existence connue, leur ambition s'éveille.

On vient dire aujourd'hui que, dès 1835, l'intention du testateur s'est manifestée dans un acte que M. Escoffier avait dans les mains et dont M. de Prandière savait l'existence. Si cela est vrai, disons aussi que pendant les vingt-cinq ans qui se sont écoulés depuis le décès de M. Jovin-Bouchard, eux seuls ont eu le secret de cette existence et qu'ils l'ont bien gardé. MM. Fénéon et Royet l'ignoraient; ils le déclarent hautement. Les enfants Delorme avaient, il est vrai, comme on l'a dit, tendu la main aux légataires universels, et ceux-ci y avaient laissé tomber une obole de la riche succession dont ils avaient, disent-ils, la garde. On leur avait fait l'annonce d'une petite rente viagère. Si petite qu'elle fût, cette libéralité était en contradiction avec l'écrit du 14 octobre 1835, dans lequel le testateur déclare très expressément ne vouloir rien ajouter aux legs qu'il a faits aux enfants Delorme. Il dit cela même en termes assez amers et qui contrastent d'une façon singulière avec les intentions si bienveillantes qu'il avait d'ailleurs montrées dans le cours de sa vie ; mais enfin, cette libéralité, quelle qu'elle fût, n'était pas, en tout cas, la révélation de l'écrit du 14 octobre.

Et les enfants Berne, est-ce qu'ils l'ont connu, eux ? Est-ce qu'on le leur a révélé? Non.

Et pourtant, il semble qu'on aurait dû le leur révéler, je ne dis pas au premier instant, ils étaient trop enfants encore pour qu'on leur parlât de pareils intérêts ; mais enfin, ils avaient grandi ; vingt-cinq ans s'étaient écoulés. Eh bien ! ils ont connu, eux aussi, cette pièce par le procès, par le procès seul ! Silence étrange encore, et qui laisse le fidéicommis à la direction d'une, ou tout au plus de deux personnes ! Alors ils se sont levés ; alors ils ont dit : Nous n'avons pas seulement droit à 400 000 francs, mais au legs universel, à tout ce qui restera de la succession après l'acquittement des legs particuliers ; car, en définitive, les bénéficiaires, c'est nous ; et, en conséquence, nous demandons que le bénéfice nous soit adjugé. Alors aussi, les enfants Delorme sont intervenus à leur tour et ont dit : Si le testament n'est pas sérieux ; si les légataires universels qui ont été institués dans ce testament doivent rendre, ils doivent rendre à tous les enfants au même titre, aux enfants Delorme comme aux enfants Berne ; leurs droits sont égaux et ils ont demandé une partie de l'attribution. En sorte que voici le singulier spectacle qui se présente :

D'un côté, les légataires universels qui ont joui comme légataires universels jusqu'au moment où le premier procès a été introduit, puis ces mêmes légataires universels changeant tout à coup de rôle et se posant comme de simples fidéicommissaires en vertu d'un acte jusqu'alors ignoré.

D'un autre côté et excités par ces révélations soudaines, et excités par les aveux contradictoires de ces fidéicommissaires, les enfants Berne et les enfants Delorme interviennent et demandent à être substitués dans les droits des légataires démissionnaires ; voilà le procès. Puis, comme si ce n'était pas assez de toutes ces complications, la contradiction s'établit sur la personne même des bénéficiaires. Quels sont-ils ? On ne sait au juste. On ne les admet pas tous indistinctement ; les légataires apparents veulent choisir et choisissent. Ceux-ci désignent les enfants Berne ; ceux-là préféreraient, sans toutefois prendre un parti bien décidé, les enfants Delorme ; les enfants Berne et les enfants Delorme, à leur tour, se disputent entre eux à qui aura la différence.

Vous avez prononcé sur tous les débats, notamment sur la question de savoir si les enfants Berne devaient ou non recevoir le reliquat de la fortune de Jovin-Bouchard. Je n'ai pas besoin de lire votre jugement, je l'analyse. Et seulement, en ce qui touche les enfants Delorme, quel était leur langage ? Ils disaient : Nous ne savons pas si nous sommes dans l'écrit ; mais M. de Prandière nous a dit plusieurs fois qu'il devait nous remettre quelque chose, sinon la totalité. Nous demandons à le prouver ; nous demandons surtout à soumettre M. de Prandière au serment décisoire. Qu'avez-vous décidé ? Comprenant qu'il devait y avoir un doute qu'il serait bon d'éclaircir, dans ce but, vous avez déféré le serment à M. de Prandière ; vous n'adoptiez donc pas complétement le système présenté par les enfants Delorme, mais vous ne le repoussiez pas non plus complétement. Il y avait incertitude, doute dans vos esprits ; vous vouliez arriver à une vérité qui vous paraissait nécessaire. Je ne retiens que cela du premier procès ; je n'ai pas besoin d'en retenir autre chose. Le doute qui existait pour vous, le doute qui se manifeste dans le jugement que vous avez rendu, ce doute, je l'invoque, parce qu'en effet, tout le procès actuel est là. Quant aux enfants Berne, vous les investissez, il est vrai ; mais sauf le serment de M. de Prandière. L'investiture est donc en quelque sorte conditionnelle, et là encore le doute sur la personne qui sera définitivement instituée se pose encore.

Appel est interjeté ; l'appel se discute devant la Cour de Lyon. C'est ici que se produit un acte nouveau et dont le caractère est si singulier. MM. Royet et Fénéon font une déclaration par laquelle ils affirment qu'ils sont des légataires sérieux, mais qui pourtant ne veulent pas bénéficier de ce qui restera après la liquidation des legs. Nous ne voulons rien garder de cette succession ; nous le déclarons hautement, non-seulement pour la justice, mais pour l'opinion publique. Mais, ajoutent-ils aussi, nous n'acceptons pas l'obligation que MM. Escoffier et de Prandière voudraient nous imposer, de donner aux personnes désignées dans l'acte du 14 octobre. Non, nous ne l'acceptons pas. Nous connaissons bien, nous aussi, les intentions de Jovin-Bouchard ; nous interpréterons sa volonté, et sa volonté interprétée, nous déclarons que nous transmettrons une partie du reliquat aux enfants Delorme, et l'autre à M. Boutarel. Quant à M. de Prandière, il transmettra lui, de son côté, à qui il voudra.

Tel est, messieurs, l'étrange langage tenu devant la Cour de Lyon. Et l'on ose dire que le bénéficiaire du fidéicommis est certain !

C'est dans cet état de la cause que la Cour a jugé.

Je ne veux vous faire connaître son arrêt que dans une partie, dans la partie qui se rattache à l'acte du 14 octobre, parce que je pourrai avoir à examiner plus tard la valeur légale de cet acte. Je n'ai pas besoin de m'occuper des questions accessoires, qui avaient devant la Cour une importance qu'elles n'ont plus ici.

« Attendu qu'il s'agit avant tout de déterminer le caractère juridique de cet écrit et d'apprécier s'il constitue un codicille ou acte testamentaire. »

(Ici viennent diverses dispositions ; la Cour analyse ces diverses dispositions.)

« Considérant que si dans ces dernières clauses en s'adressant à ses légataires universels, Jovin-Bouchard a usé de simples termes d'invitations, de recommandations, d'expressions d'instructions ou de désir, il faut néanmoins décider d'après le sens général de l'acte et surtout d'après la phrase qui le termine, que l'acte reprenait sous ce rapport des ordres précis, de véritables dispositions.

» Que cette interprétation se justifie par les lignes finales : « La présente instruc- « tion contient mes volontés expresses. »

» Qu'il suit de tout ce qui précède que la lettre du 14 octobre doit être considérée comme un codicille ou acte testamentaire.

» Considérant que ce codicille écrit par un tiers, sous la dictée de Jovin-Bouchard, qui s'est borné à le signer et à en confirmer par quelques lignes de son écriture le contenu, est, il est vrai, vicié de nullité pour n'avoir point été écrit en entier par le testateur, ainsi que l'exige l'art. 970 du Code Napoléon déterminant les formes du testament olographe. »

Très bien. Ainsi cet écrit contiendrait un véritable testament. Ce testament aurait dû être fait dans l'une des formes solennelles que consacre la loi. Aucune de ces formes n'a été remplie. L'acte est donc frappé de nullité ; il n'y a pas là de testament. Cependant la Cour ajoute :

« Mais qu'il échoit de rechercher si, comme le prétendent les consorts Berne, d'accord en cela avec de Prandière, l'un des légataires universels, chargés de la fiducie, la nullité du codicille n'aurait pas été couverte par l'exécution volontaire donnée à cet acte, selon l'article 1338 du Code Napoléon. »

Puis, après avoir posé ce principe, la Cour rentre dans l'examen des faits d'exécution. Elle croit reconnaître que des faits d'exécution existent, et puis elle confirme par ces motifs l'acte du 14 octobre 1835, et lui donne toute puissance, bien qu'il soit nul aux yeux de la loi.

Voilà la doctrine que la Cour de Lyon a consacrée. Je ne m'y arrête pas ; j'en dirai un mot dans la discussion.

Cet arrêt a été frappé d'un pourvoi ; le pourvoi est encore à son début ; je n'ai donc rien à dire des éventualités qui pourront suivre.

Voilà, messieurs, la situation ; voilà les faits que j'avais à résumer devant vous ; je n'en dis pas davantage, je n'ai point à en dire davantage.

Ainsi donc, et en nous résumant rapidement sur le testament de Jovin-Bouchard, sur les legs particuliers, le legs universel, et en mettant en regard de tous ces faits l'acte du 14 octobre, voici ce qui apparaît. D'après le testament principal, un legs sérieux ; d'après cet acte caché pendant vingt-cinq ans, une simple fiducie au profit des enfants Berne ; puis, à ce sujet, démentis donnés de part et d'autre, affirmations d'un côté, dénégations de l'autre, et au milieu de ces affirmations et de ces dénégations, questions soulevées, débattues : les légataires universels sont-ils des légataires sérieux? Doivent-ils remettre? A qui? Ici le doute se lève, et rien ne peut le trancher.

Seulement alors, interviennent les prétendus bénéficiaires; d'un côté, les enfants Berne; de l'autre, les enfants Delorme; vous hésitez, vous, messieurs, et pour en finir, vous ordonnez le serment décisoire. La Cour n'hésite pas. Jugeant en droit, et en droit d'après les principes que je viens d'analyser dans son arrêt, elle croit qu'en effet l'acte du 14 octobre 1835 aurait tous les caractères d'un testament, mais qu'il n'en aurait pas la forme. Mais comme, en pareille matière, la forme emporte le fond, il n'y a donc point de testament modifiant le testament primitif. Ce testament reste donc, mais sans légataire sérieux, et alors l'hérédité légitime reprend ses droits. Non pas, la Cour de Lyon pense que ce testament, bien qu'effacé aux yeux de la loi et sans puissance sous ce rapport, peut cependant prendre vie et force dans les faits d'exécution qui émanent des légataires secrets.

Voilà où nous en sommes.

Cependant, au moment où tous ces faits se passaient et où la Cour de Lyon allait prononcer, les héritiers légitimes s'éveillent en interrogeant tout ce qui avait été dit aux débats, en examinant tous les documents sur lesquels on discutait, tous les mémoires, toutes les notes qu'on se lançait de part et d'autre, ils ont la pensée qu'au milieu de ce chaos, il y aurait une certitude à saisir, à savoir : d'une part, que les légataires universels n'existaient pas; d'autre part, que les bénéficiaires du prétendu fidéicommis restaient inconnus, ou du moins incertains.

De là le procès.

C'est en présence de cette certitude, que je regarde comme acquise, que j'ai maintenant à discuter.

Nous ne pouvons pas être longtemps en discord, mes adversaires et moi, sur les principes en matière de fidéicommis. Aussi n'ai-je point l'intention devant vous de faire de la science, aujourd'hui facile à faire, en ouvrant un livre de jurisprudence. Je crois donc que je dois me borner à analyser et à résumer des principes qui vous sont aussi familiers qu'à nous-mêmes, et je crois, par ce simple résumé et cette simple analyse, éveillant vos souvenirs sur le droit, comme je les ai éveillés sur les faits, je crois, dis-je, que je pourrai arriver à une conclusion aussi nette sur le droit qu'elle l'a été sur le fait.

Certainement, je ne viens pas prouver devant vous que le fidéicommis soit impossible, et que les législations qui se sont succédé, et qui sont arrivées jusqu'à nous, le repoussent. Elles l'ont admis, avec répugnance, il est vrai, et cela devait être; pourquoi? Pourquoi! C'est qu'on ne cache jamais ce qu'on veut faire ouvertement; c'est que, quand il s'agit surtout d'accorder un bienfait, quelque modeste qu'on soit, quelque discrétion qu'on veuille y mettre; cependant ce n'est pas une raison pour le déconsidérer par le mensonge. Voilà ce qui, dans la législation ancienne, avait fait rejeter le fidéicommis; le fidéicommis est une dissimulation; presque toujours la dissimulation cache ou une illégalité, ou une immoralité. Mais enfin, je le reconnais, un fidéicommis n'est pas nul, d'une nullité absolue; les fidéicommis, au profit d'un capable, sont valables; les fidéicommis faits au profit d'un incapable sont seuls des fidéicommis nuls. Telle est la première règle de la matière.

Seconde règle, qui n'est pas plus discutable que l'autre, et, en raison de cela, je ne fais que l'analyser : le testateur veut-il faire un fidéicommis, recourir à la dissimulation ? soit ; mais au moins faut-il que le fidéicommis soit certain en lui-même, certain, quant à la personne à laquelle il s'adresse. Cela est vrai, toujours et partout ; cela est vrai pour le legs apparent ; cela est vrai, à plus forte raison, pour le legs dissimulé. Ainsi pour le legs apparent, si la personne n'est pas désignée, il n'y a pas de legs. Si, dans le fidéicommis, et à plus forte raison, le bénéficiaire du fidéicommis n'est pas parfaitement désigné par le testateur, alors il n'y a rien, il ne peut rien y avoir. Il ne faut pas d'arbitraire ; ici l'arbitraire n'est pas possible. Qui dit testament, dit volonté humaine, et qui dit volonté humaine, dit volonté pesée, mûrie par la réflexion, s'appliquant à un fait, à un acte ou à une personne, mais s'y appliquant certainement d'une manière parfaitement déterminée, et nettement définie. Qu'on ne vienne pas nous dire qu'il peut y avoir des mystères entre le testateur et ses légataires. A cet égard, entendons-nous bien : je conviens qu'en effet le testament peut, ou contenir ou ne pas contenir le fidéicommis ; le fidéicommis peut exister, quoique le testament n'en dise rien ; je ne veux pas plaider contre ce principe, parfaitement raisonnable et juste. Oui, vous pouvez aller chercher la volonté du testateur partout, bien qu'il fût mieux, à mon avis, de ne le demander qu'au testament seul. C'est encore la règle générale : ainsi, selon la jurisprudence, s'agit-il de modifier une clause testamentaire ou une date, par exemple, on peut les rectifier, sans doute ; mais comment ? Par le testament lui-même. Le pourrait-on par un acte en dehors du testament ? Là-dessus, de grandes discussions. On n'admet pas même, et je trouve à cela une rigueur excessive, qu'un testament associé à un premier testament puisse servir de règle d'interprétation du premier testament par le second ; voilà la règle générale. Toutefois, j'en conviens, en matière de fidéicommis, la détermination de la personne peut ne pas se trouver dans le testament lui-même ; mais elle doit se trouver au moins dans un acte intimement associé au testament ; quand un testament existe, et que ce testament dit : J'accorde tel legs particulier à telle et telle personne ; je donne la totalité de ma fortune, sous la forme du legs universel, à telle et à telle personne ; quand le testament est ainsi fait, et qu'en l'interrogeant dans sa pensée, comme dans l'expression, on n'y voit pas de fidéicommis, qu'on n'y trouve aucune personne désignée pour le fidéicommis ; dans ce cas, comment voulez-vous venir dire légèrement que le testateur a pourtant fait un fidéicommis, et n'a fait que cela ? Comment le dire, surtout si l'on n'a pour le dire qu'un acte contradictoire avec le testament lui-même, et que tous les légataires universels n'admettent pas ?

Ainsi donc, je vous donne le champ large, très large, vous pourrez prouver le fidéicommis par les actes du testateur, par les écrits du testateur, par les paroles du testateur, par la preuve testimoniale même. Je vous accorde toutes ces règles-là, je n'y mets qu'une condition, c'est que l'acte que vous invoquerez descendra certainement du testateur ; c'est que l'écrit que vous présenterez sera bien son écrit, c'est que la parole qu'il aura prononcée sera bien sa parole ; c'est que les témoins qui viendront en rendre compte, si vous avez invoqué la preuve testimoniale, seront des témoins désintéressés, et puis des témoins en qui la justice pourra avoir confiance. Il faut, en d'autres termes, il faut pour bien apprécier ma pensée, que la volonté qui a institué, soit la même volonté qui détruit ou qui modifie. Je n'accepte pas de volonté étrangère, je n'accepte pas d'interprétation étrangère ; je ne veux qu'une volonté, qu'une interprétation, la volonté, l'interprétation du testateur. A ce titre, nous sommes d'accord.

Vous le voyez, sur la question de principe, je suis aussi large que vous pouvez l'être. Mais, messieurs, le principe posé, voyons, où vais-je trouver la destruction du testament ? Où trouverai-je que le testament contient un fidéicommis ? Est-ce dans le testament lui-même ? J'avoue, messieurs, que j'ai lu avec un très grand étonnement, non pas seulement dans la plaidoirie d'un de mes contradicteurs, mais même dans la plaidoirie du défenseur de M. Fénéon, que, d'après le testament lui-même, à la première lecture, il était évident pour tout le monde, il était évident pour tous les yeux, que le légataire universel n'était pas un légataire sérieux. Comment ! cela est, cela est évident par le testament ! Oh ! alors, je ne sais pas où est mon intelligence, elle me fait complétement défaut dans cette circonstance ; car si je lis le testament, il m'est impossible de n'y pas voir une institution directe, définitive, absolue ; non-seulement je ne trouve dans le testament aucune trace d'un fidéicommis, mais je n'y trouve pas un mot qui puisse donner même un prétexte quelconque à une pareille idée. Au contraire, en examinant le testament en lui-même et ses diverses dispositions, il est évident pour moi que ce testament est bien la volonté absolue, actuelle, irrévocable du testateur.

Et en effet, messieurs, revenez, je vous en prie, au testament, et surtout à la partie de ce testament que je vous ai lue. Voici une première partie, qui contient des legs particuliers, n'en parlons pas, ces legs ne nous regardent pas. Voici une seconde partie qui nous regarde, ce sont les legs faits aux enfants Berne et aux enfants Delorme. Voyons, si on veut leur donner la totalité de la fortune soit aux uns, soit aux autres, et surtout aux enfants Berne, puisque mon adversaire a prétendu qu'il est en leur faveur, il y aura dans le texte quelque chose qui indiquera cette arrière-pensée, existant dans l'esprit de Jovin-Bouchard. Quoiqu'elle ne soit pas manifestée, on y apercevra quelques indices et on comprendra bien en lisant sa formule, qu'il y a en dehors de cette formule une idée qui n'est pas exprimée, qui se cache obscurément, mais qui cependant existe. Or, lisez, relisez. Comment peut-on imaginer que le 7 octobre, M. Jovin, quand il a fait son testament, a eu la pensée d'instituer les enfants Berne ou Delorme ses légataires universels ?

« Je donne aux enfants Berne la somme de 400,000 francs, conjointement et par moitié entre eux, etc. »

Voilà un legs particulier, un legs fort riche, 400,000 francs. Y a-t-il là, dans la formule que je viens de lire, quelque chose, non pas qui indique, d'une façon directe, mais même couverte, la pensée d'un fidéicommis ? Je ne suis pas si exigeant que cela, mais y a-t-il là quelque hésitation, une formule qui puisse faire présumer, dans la pensée du testateur, qu'indépendamment des 400,000 francs, il se réserve de donner autre chose ? Pas le moins du monde ; il veut donner 400,000 francs, il donne 400,000 francs ; il veut établir l'administration sur les 400,000 francs, il établit l'administration sur les 400,000 francs. Et quand il institue ses légataires universels, comment sa pensée n'est pas sérieusement une pensée de legs universel ! Comment ! il y a un compromis au profit des enfants Berne ! Écoutez donc cette phrase :

« Pour recueillir sous la déduction desdits legs particuliers, étant chargé du droit de tous les biens, facultés et droit tant mobiliers qu'immobiliers qui composeront ma succession en quoi qu'ils consistent et quelque part qu'ils soient dus et situés, je nomme et institue pour mes héritiers ou légataires universels conjointement, et pour égales parts, MM. Romain, de Prandière négociant, Royet-Vernadet aussi négociant et Fénéon, etc. »

Est-ce tout ? Quelque chose de plus énergique encore, c'est-à-dire la disposition finale. Dans le cas ci-dessus prévu, c'est-à-dire dans le cas où le legs serait caduc s'il n'était pas accepté, il retombe dans l'hérédité légitime. Va-t-il sortir de l'hérédité légitime pour dire : Vous le donnerez à des personnes que j'ai désignées ? Pas le moins du monde.

« J'aime à croire que le zèle de mes légataires universels pour le bien du pays leur suggérera respectivement des dispositions analogues à celles que m'a inspirées un sentiment qui nous est commun. »

Non, il ne peut pas y avoir là la pensée d'un fidéicommis. Dans un cas prévu, dans le cas où la ville de Saint-Étienne n'accepte pas ce legs de 558,000 francs, le legs, resté libre, reviendra à l'hérédité. Je le laisse dans le legs universel, seulement je dis à nos légataires universels : J'espère que vous ferez l'emploi de cette somme conformément à mes intentions, et il désigne ici des intentions analogues à l'intention qu'il a exprimée par laquelle il a investi la ville de Saint-Étienne d'une somme de 558,000 francs. Il n'y a donc là rien qui puisse s'appliquer directement ou indirectement aux enfants Berne, rien qui puisse faire comprendre qu'il y ait un fidéicommis quelconque.

Les adversaires prétendent cependant qu'à cette époque du 7 octobre 1835, le testateur avait déjà la pensée d'un fidéicommis au profit des enfants Berne. Mais il faut une raison à cela, il faut que vous en cherchiez une, il faut que vous la disiez. Si les enfants Berne avaient été des enfants naturels reconnus, il y en aurait une ; il est clair que, voulant leur donner la totalité de sa fortune, la loi s'y opposait, en raison de leur condition d'enfants naturels reconnus, et, par conséquent, il aurait fallu dissimuler. Or, ils n'étaient reconnus ni les uns, ni les autres, on ne peut pas rechercher la paternité, la loi le défend ; en conséquence, l'institution universelle était parfaitement légitime. Pourquoi ne l'a-t-on pas fait, et si Jovin-Bouchard avait en effet la pensée du fidéicommis, le 7 octobre 1835, pourquoi, encore une fois, cette pensée ne s'est-elle pas réalisée, soit en disant : S'il reste quelque chose de ma succession, les charges prélevées, à titre de rémunération, j'en donne une partie à MM. tels ou tels, le surplus appartiendra aux enfants Berne ; soit en disant : Si la ville de Saint-Étienne n'accepte pas le legs, le legs devenant caduc, au lieu de le faire retourner à l'hérédité naturelle, j'entends qu'il soit attribué aux enfants Berne. Je n'insiste pas, car il est évident, en lisant le testament du 7 octobre et en s'en référant à ce testament, qu'il serait impossible de faire intervenir dans le procès actuel même une pensée de fidéicommis, et surtout au profit de personnes déterminées. Je laisse donc de côté ce premier argument de la cause.

Mais, disent les adversaires, si le testament est muet, nous avons l'écrit du 14 octobre 1835. Le testament, livré à lui-même, n'est rien, il est impuissant ; mais quand nous plaçons à côté l'institution du 14 octobre 1835, oh ! alors nous avons une pensée, du reste, parfaitement précisée, réalisée même.

Avant tout, messieurs, permettez-moi de rappeler ce principe, qu'un testament doit s'interpréter par ses propres dispositions, et que nous voici placés en dehors du testament. L'interprétation, on la demande non au testament qui la repousse, mais à un acte étranger qui n'est pas même contemporain du testament, dont il modifierait pourtant essentiellement les dispositions.

Si l'on n'écarte pas absolument cette base d'interprétation, au moins devez-vous vous montrer très sévère sur ses dispositions. Écoutez. Je vous accorde que si l'acte du 14 octobre 1835 était un acte écrit de la main de Jovin-Bouchard, au moment où il faisait son testament ; s'il faisait un avec ce testament, je pourrais comprendre les modifications testamentaires qu'on en veut faire ressortir, qu'on pourrait y voir un codicille ou testament postérieur au premier testament du 7 octobre 1835, et pouvant modifier ou même annuler celui-ci, du moment qu'il aura toutes les formes qui environnent le testament primitif ; il pourra, armé de ces formes, lutter contre le testament primitif et le détruire, sinon en totalité, du moins en partie, car il ne s'agit que d'une partie, c'est-à-dire du legs universel, mais est-ce là notre situation ? Voilà ce que nous avons à rechercher.

Examinons donc de près l'acte du 14 octobre 1835. Le testament est à la date du 9 octobre 1835, quinze jours avant la mort. Déjà Jovin-Bouchard était atteint de la maladie qui l'a conduit au tombeau. Je n'ai pas besoin, par conséquent, de vous parler de l'affaiblissement physique et moral où il se trouvait. Il ne peut pas écrire ses dernières volontés, mais il veut au moins qu'elles soient authentiques et alors il fait venir auprès de lui un notaire. C'est le 7 octobre 1835 qu'il dicte son testament, dans lequel il fait des legs particuliers et un legs universel. Quand donc aurait-il dicté son prétendu codicille ? Le 14 octobre, cinq jours après le testament, huit jours avant sa mort ; par conséquent, à une époque où son état de santé était déplorable, où l'affaiblissement intellectuel et physique avait nécessairement fait de tristes progrès. Eh bien ! pourquoi donc Jovin-Bouchard, dans cet état, et après avoir fait son testament le 7 octobre 1835, en fait-il un second le 14 ? Il voulait dévoiler sa volonté véritable, mettre à la place de légataires sérieux des légataires non sérieux, c'est-à-dire ses enfants ? Pourquoi donc n'a-t-il pas dit cela immédiatement ? Pourquoi a-t-il attendu cinq jours ? C'est grave ceci ; c'est grave surtout avec l'interprétation que vous donnez au testament. Vous dites : Jamais Jovin-Bouchard n'a voulu donner sa fortune à MM. [Royet-

Vernadet et Fénéon ; il les connaissait à peine. C'étaient des personnes estimables et honorables, et estimées et honorées ; mais il ne veut pas seulement des personnes estimables et honorables, il veut qu'un lien d'attachement le rattache à elles. Vous dites donc que le 7, il avait, en instituant ses légataires universels, l'intention, non pas de leur donner ses biens, mais de s'en servir comme de véhicules, afin que sa fortune passât aux enfants Berne, qu'il ne voulait pas nommer dans son testament ! Pourquoi donc ne l'a-t-il pas dit le jour même où il faisait son testament ? Pourquoi a-t-il attendu encore cinq jours, et expliquez-moi comment cette volonté du 7 octobre 1835, qui, certainement, a investi des légataires particuliers et des légataires universels qui, certainement, dans sa formule, ne laisse pas de place à l'équivoque et au doute, va tout à coup disparaître ? Expliquez-moi donc comment depuis le 7 jusqu'au 14, il aura changé complétement de volonté pour dicter, non pas, pour écrire, cet acte du 14 octobre 1835 ? Supposez qu'il soit mort dans cet intervalle de temps, que la mort l'ait frappé un peu plus tôt, qu'elle se soit hâtée, qu'elle l'ait frappé le 13 octobre, qu'est-ce que vous aviez ? Rien. Le testament ? Il ne pouvait pas vous donner même un prétexte pour en faire jaillir une intention de fidéicommis.

Vos prétentions ne peuvent s'allier en aucune façon avec l'énergie de ses formes. Comment ! cet homme n'avait pas la volonté de donner le 9 octobre, et quelques jours plus tard, quand la mort l'avait pour ainsi dire saisi, cette volonté lui arrivait tout à coup et il donnait alors à qui d'abord il n'avait pas voulu donner ! Et il enlevait à ses premiers légataires les libéralités dont il les avait gratifiés !

Et puis, que fait-il à cette occasion ? Dépose-t-il le contre-testament dans les mêmes mains ? Non.

Et ce n'est pas le seul reproche que j'aie à faire. Les deux actes ne sont pas à la même date ; vous voyez cependant, messieurs, combien il était essentiel qu'ils fussent à la même date, si vraiment la volonté d'instituer ceux-ci en apparence, ceux-là en réalité, si cette volonté double dont l'une détruisait l'autre existait simultanément, comme on le prétend, dans la pensée de cet homme, c'est déjà grave.

Mais voyons, M. Jovin-Bouchard fait un premier testament par acte authentique. Comment se fait-il qu'il n'ait pas appelé auprès de vous pour recevoir ce contre-testament, ce codicille, ce second testament, comme l'appelle avec raison la Cour de Lyon, car ce ne sont pas là de simples instructions, c'est un testament vrai, contenant des libéralités spéciales, toutes nouvelles, qui n'existent pas dans le testament du 7, comment donc se fait-il que Jovin-Bouchard n'ait pas pas appelé le notaire et dicté sa volonté là, dans le contre-testament, comme il l'avait dictée pour le testament ? Et comment se fait-il qu'un seul homme ait été le confident de tout cela, et que ce seul homme soit M. Escoffier ? Je voudrais bien qu'on m'expliquât cela, car c'est pour moi inexplicable.

Direz-vous qu'on voulait garder le secret ? Eh non, on ne voulait pas le garder, puisque vous dites qu'en lisant le testament, on s'aperçoit que les légataires universels ne sont pas sérieux, par conséquent, selon vous-même, le notaire savait aussi bien que personne que les légataires n'étaient pas sérieux, qu'ils étaient indiqués pour la forme, qu'ils avaient mission de transporter à d'autres, et notamment aux enfants Berne. Ainsi, le prétexte du secret n'est donc qu'un faux prétexte imaginé par le procès actuel. Le secret sur les enfants ! mais ce secret aurait été aussi bien gardé par la conscience du notaire que par la conscience de M. Escoffier. Eh bien ! pour un legs aussi important qui contient tout à la fois la révocation d'un premier testament et l'institution de nouveaux légataires universels, l'institution de nouveaux légataires particuliers, non-seulement on ne fait pas le jour même, mais on ne fait pas devant le notaire, comme on a fait le premier testament.

Maintenant, messieurs, Jovin-Bouchard remet, dit-on, ce contre-testament à M. Escoffier. Il le remet à M. Escoffier, afin que M. Escoffier soit plus discret, apparemment, que le notaire et qu'il garde très fidèlement le secret. C'est de la plus haute gravité ceci. En effet, voilà un testateur qui fait un testament ; dans sa pensée, il institue pour légataires universels des personnes parfaitement désignées. Et puis, il remet secrètement cet acte à M. Escoffier, qui devient alors, non-seulement le confident du testateur, mais le distributeur discrétionnaire de la fortune.

Prenez-y garde! Qui donc alors fera l'institution? C'est M. Escoffier. Supposez que M. Escoffier égare ou perde, on peut perdre, il y a des pertes intelligentes, il y en a de fatales, supposez donc que M. Escoffier perde ou égare ce papier informe dont il est le gardien secret, que deviendra le fidéicommis ? Les enfants Berne, les prétendus bénéficiaires de ce fidéicommis, sont-ils instruits? Ils étaient en trop bas âge à ce moment pour qu'on leur confiât rien de tout ce qui s'était passé. Et en fait, on ne leur a rien confié. Quel est alors le véritable dépositaire de cette fortune? M. Escoffier ; s'il lui plaît de montrer l'écrit, il pourra investir les enfants Berne ; s'il ne lui plait pas de le montrer, il ne les investira pas ; tout dépendra de l'affection qu'il pourra avoir pour ceux-ci ou pour ceux-là ; s'il a ses affections paternelles auxquelles il se dévoue, auxquelles il se sacrifie, ce sera pour le mieux. Voilà dans quelle situation nous sommes. Or, je comprends bien un fidéicommis, je le disais tout à l'heure, mais à la condition qu'on l'aura fait connaître à celui qui en est chargé, qu'on l'aura fait connaître à celui qui doit le recevoir, et que quand il s'agira d'exécuter la volonté dernière du testateur, chacun aura la part qui lui est désignée. Je ne le comprends pas autrement.

Puis enfin, messieurs, qu'est-ce donc après tout que cet écrit ? Je disais en résumant les règles sur les fidéicommis, je disais que si c'était, en effet, un acte émané du testateur, il pourrait avoir autorité. Mais qui l'a écrit cet acte ? Le testateur ? Non, il l'aurait dicté, seulement, et, en effet, il n'y a pas un mot de sa main dans tout le testament. Cet écrit est approuvé, dit-on, en ce sens que le testateur a dit au bas: Ce sont les instructions que j'ai données, que j'ai dictées, je crois, je ne me rappelle plus la formule, je ne veux rien dire d'inexact, je recherche le texte.

« La présente instruction en sept pages a été écrite sous ma dictée, et contient mes volontés les plus expresses.

« JOVIN. »

Il y a donc à la fin cette simple formule et cela suffirait, mais il y a un point sur lequel on a beaucoup insisté dans les premiers débats, et duquel vous êtes juges, on vous a dit : Examinez la matérialité même de cette pièce, et demandez-vous, a-t-on dit, si, à l'inspection de sa matérialité, il n'est pas permis de croire que cet acte a été supposé? Et, en effet, il y a une chose grave, c'est l'espacement des lignes d'abord et leur resserrement plus loin ; ce sont deux signatures données, l'une au bas de l'acte, et l'autre à la marge, comme si on avait voulu aller au-devant de toutes les prévisions, c'est-à-dire prévoir le cas où on ferait quelques ratures dans le corps de l'acte et se ménager les moyens de les approuver, comme cela se fait généralement, trop fréquemment même, dans les actes.

Et ici, remarquez bien que nous sommes dans le droit le plus étroit du monde, car il s'agit de savoir si la succession ira aux héritiers légitimes, ou si elle ira à des institués, en vertu d'un fidéicommis ; qu'en conséquence il faut que nous mettions en regard de la loi qui nous investit une preuve aussi nette, aussi certaine, aussi évidente que la loi elle-même, et que, pour peu qu'il y ait du doute dans vos esprits, il est impossible qu'ils se prononcent contre l'hérédité légitime. Si la volonté de l'homme est supérieure à la loi, elle disparaît au moment où le doute s'élève.

Maintenant quelle est la valeur légale de l'acte du 14 octobre 1835 ? Je n'ai parlé que de sa valeur morale ; un mot sur sa valeur légale. Une clause modificatrice d'une disposition testamentaire à la suite d'un testament n'est pas un testament. Un testament postérieur ne peut changer ou révoquer un testament antérieur, qu'autant qu'il a la forme d'un testament. Ce n'est pas une disposition telle qu'elle qu'il faut, c'est une volonté exprimée dans la forme légale ; ainsi, par exemple, un testateur aura fait un testament postérieur en disant : Je révoque mon premier testament, j'institue tels ou tels ; ce testament est nul en la forme. Qu'en résulte-t-il ? Que le testament primitif reste complétement debout.

L'adversaire croit répondre en disant : Prenez garde, c'était là du moins ce qu'il disait en première instance, avant que la cour eût statué dans les termes que vous savez maintenant, prenez garde, il ne s'agit pas d'un testament révocable, il s'agit de l'application d'une volonté primitivement exprimée. Cette explication peut dépendre d'un entretien avec le testateur, d'une parole quelconque, et dès l'instant qu'il aura donné ses instructions à l'institué sur le sens à donner au testament, ces instructions devront être accueillies.

Oui, vous avez plaidé cela devant le tribunal, vous l'avez peut-être plaidé devant la Cour de Lyon, et je n'aurais pas d'objections à faire à cet égard, s'il s'agissait d'une explication émanant du testateur, d'une explication qui, partant de cette source certaine, non contestable, serait arrivée entre les mains des légataires universels, d'une façon quelconque, car je vais jusque-là en matière de fidéicommis, l'institution n'existe pas du moment que le testateur a expliqué sa volonté et que cette volonté dernière est de n'instituer qu'en apparence les légataires institués, mais ce n'est pas de cela qu'il s'agit et vous dénaturez par cette explication l'acte que vous invoquez. La Cour de Lyon l'a bien défini, cet acte, l'a bien caractérisé, non il n'y a pas là une simple instruction, il y a un testament, un testament révocatoire ; c'était en faveur d'un légataire universel que le testateur avait disposé par un premier testament ; c'est en faveur d'un autre légataire universel qu'il a disposé dans le second testament ; en un mot, c'est d'un nouveau testament qu'il s'agit ; or, si c'est un testament, il faut qu'il ait les formes légales du testament, et s'il ne les a pas, il est nul ; s'il est nul, il ne peut pas être opposé, il ne peut pas produire d'effet. Cependant, je le reconnais, la Cour lui accorde des effets utiles, comment et pourquoi ? Parce qu'il a été exécuté, dit-elle, dans une partie des clauses. Ici s'élèverait une grave question de principe, je n'ai point à la traiter. L'arrêt de la Cour est frappé d'un pourvoi. La Cour de cassation prononcera. Quant à moi, si on veut savoir le mien, j'avoue que j'ai peine à comprendre cette doctrine de la cour, je ne comprends pas qu'un testament radicalement nul, par la forme, et qui, par conséquent, n'exprime plus aucune volonté, puisse devenir valable, c'est-à-dire constater une intention exprimée parce que quelques-uns des institués auraient exécuté cette volonté nulle, je ne comprends pas cela, surtout au regard des héritiers légitimes.

Et puis, messieurs, l'exécution ; pour que l'on pût en parler et en tirer avantage, il faudrait encore savoir si, en effet, il y a eu exécution véritable, c'est-à-dire si cette exécution a été volontaire, si elle a été intentionnelle, si elle a été dans l'intention de tous les légataires universels institués dans le premier testament ; or, que se passe-t-il ? MM. Royet-Vernadet et Fénéon ne tiennent pas le même langage que M. Escoffier ; nous sommes institués par le testament, disent-ils, nous gardons, c'est à nous, nous n'avons jamais connu le fidéicommis, jamais on ne nous l'a notifié, jamais nous n'avons été dans la confidence de personne là-dessus. En conséquence, le testament reste avec toute sa rigueur. Ils n'ont donc pas exécuté volontairement et intention-nellement un fidéicommis qu'ils déclarent n'avoir pas même connu. Quoi ! vous venez dire, vous, monsieur Escoffier, dans l'intérêt des enfants Berne, de la fortune desquels vous vous occupez avec un soin tellement minutieux qu'il m'est suspect, quoi ! vous venez dire qu'un fidéicommis existe, et il faut que je vous croie sur parole. Exécution ? de la part de qui ? on dit de la part de tous. Non, non, cela n'est pas exact. Les résistances énergiques de deux des légataires sur trois protestent d'une façon éclatante. Il n'y aurait qu'une exécution qui m'aurait touché, c'est si l'on avait délivré le legs universel des enfants Berne et des enfants Delorme, si tous les légataires universels s'étaient entendus là-dessus, et encore ne comprendrai-je toujours pas une exécution donnant force de vie à un testament mort-né. Mais, chose étrange ! l'exécu-tion est en contradiction avec l'acte exécuté ; dans le second testament, en effet, les enfants Delorme sont repoussés avec amertume, avec une amertume qui, pour le dire en passant, calomnie le cœur du père, n'importe, je n'ai pas à m'occuper de cela. Cependant c'est à eux qu'on donne quelque chose, et aux enfants Berne, qui seraient les vrais légataires universels, qu'a-t-on donné ? Rien. En résumé, sur trois légataires, il y en a donc un qui affirme l'exécu-tion donnée au fidéicommis, deux autres qui nient. Voilà dans quelle situa-tion de faits nous sommes placés, et, dans cette situation de faits, on vient nous dire qu'il faut mettre de côté le testament primitif qui est si clair pour y substituer le second qui est plein d'obscurités. Eh bien ! il faut sortir enfin de cette situation en recherchant la volonté du testateur ; où est-elle ? Dans le testament ? il faut exécuter le testament. Est-elle dans l'acte du

14 octobre 1835 ? Cela pourrait bien être, si cet acte avait tous les caractères de vérité qui s'y rattacheraient, si, en effet, il émanait de lui, s'il avait été soumis à tous les exécuteurs testamentaires, si enfin il était revêtu des formes qui seules peuvent le faire vivre. Il n'en est rien ; vous avez, d'un côté, M. Escoffier qui affirme, vous avez, de l'autre, MM. Fénéon et Royet-Vernadet qui nient. Qui donc osera prononcer et dire qu'il y a eu révocation du premier testament et institution d'un fidéicommis, mais que surtout la pensée du testateur était d'investir les enfants Berne ? Je demande quelle est au monde la personne qui pourra affirmer cela en toute sûreté de conscience, en disant : je suis certain qu'en effet ce sont bien les enfants Berne qui sont les institués ? Qui affirmera cela ? Je ne dis pas les légataires entre eux, mais vis-à-vis de l'hérédité légitime, armée de la puissance de la loi, protégée par cette puissance, réclamant ses droits au nom de cette puissance et venant dire devant vous : En matière d'hérédité, il y a deux principes, la loi et la volonté de l'homme ; la volonté de l'homme l'emportera sur la loi, mais à une condition, qu'elle sera certaine, évidente, sans cela la loi générale doit seule prédominer, triompher.

Maintenant, si nous recherchons la volonté du testateur, nous ne la trouvons que dans un acte, nous ne pouvons pas la trouver dans deux, attendu que tout acte testamentaire qui n'est pas entouré des formes légales est nul, radicalement effacé. Nous n'avons donc qu'une seule volonté du testateur, laquelle ? Celle qui institue les légataires universels. Si les légataires universels venaient nous dire : Nous sommes institués, nous ne remettons rien ; nous n'aurions rien à dire, il faudrait que les héritiers s'inclinassent devant la volonté du testateur. Mais quand les légataires universels viennent vous dire tous : Je ne me regarde pas comme institué sérieusement ; quand ils font cette déclaration, ils font tout ce qu'ils peuvent faire. Arrive alors la loi générale que prend leur déclaration et qui dit : Voilà des légataires universels qui ne se regardent pas comme institués sérieusement, c'est comme s'ils ne l'étaient pas, il y a caducité, et, par conséquent, retour à l'hérédité légitime ; la conséquence, c'est que l'héritier du sang doit être investi ; mais que des légataires viennent me dire : Je ne suis pas légataire, cependant je dispose en faveur de qui bon me semble, je soutiens qu'ils n'ont pas ce droit, il n'y a que le testateur qui puisse le dire, et il faut qu'il le dise expressément, clairement. Dans l'espèce, nous n'avons rien de cela, nous n'avons pas de certitude sur la détermination du fidéicommis, par conséquent il y a nullité radicale. C'est ce que nous disons, c'est ce que nous soutenons, c'est dans ces termes-là enfin que je conclus.

PLAIDOIRIE DE M° THÉODORE BAC.

Messieurs,

Lorsque dans le procès que nous avons soutenu contre MM. Royet et Fénéon, ceux-ci sentaient leur cause perdue, ils s'écriaient :

« Laissez juger par le tribunal que nous ne sommes pas de véritables léga- » taires, mais de simples exécuteurs, et il va se produire un tiers qui nous » écoute peut-être, et sur lequel nous ne comptions pas. La famille va se lever, » et dire : Les légataires ne sont que de simples exécuteurs, l'excédant ne doit » pas leur appartenir. A qui donc appartiendrait-il dès lors? Aux enfants » Berne? Mais en vertu de quoi? L'acte sur lequel on se fonde pour le leur » attribuer est nul, par conséquent nous avons seuls le droit d'en profiter. »

C'était, messieurs, le trait du Parthe que nous lançait en fuyant une défense désespérée. Il était tombé à nos pieds sans nous avoir blessés. La famille Jovin est accourue, elle l'a ramassé et confié à une main habile et puissante. Cette main l'a aiguisé avec soin, ciselé avec art, et l'a tourné de nouveau contre notre poitrine ; mais je ne crois pas qu'elle ait pu lui donner une force qu'il n'avait pas. C'est toujours le *telum imbelle sine ictu* que nous connaissions, et, si je ne me trompe, le talent immense avec lequel des moyens sans valeur ont été développés n'a servi qu'à mieux faire ressortir leur impuissance. Sous les artifices d'une forme nouvelle, le tribunal a reconnu le système dont il a déjà fait justice et les arguments qu'après lui la Cour de Lyon a irrévocablement condamnés.

Cependant l'autorité de l'adversaire que j'ai l'honneur de combattre, m'impose l'obligation de lui répondre. Mais si j'entre dans quelques développements, je le fais, non pas pour vos consciences, j'espère qu'elles sont éclairées, mais par respect pour mon confrère et pour rendre hommage à son talent.

Les faits ne vous ont pas été présentés d'une manière exacte et complète. Mon adversaire n'avait pas été initié à tous leurs détails. S'il avait assisté aux débats antérieurs, il se serait bien gardé des erreurs où il est tombé sur la foi du récit de ses clients.

Il vous a dit qu'avant 1835, Jovin-Bouchard n'avait jamais songé à faire d'acte de dernière volonté, que c'est seulement à cette époque qu'on l'avait arraché à la ville de Saint-Étienne où il avait passé sa vie pour le conduire à Lyon, et que là, après l'avoir isolé de tous les siens, on avait abusé de sa faiblesse, pour obtenir de lui la disposition qui déshérite sa famille.

Les faits démentent de telles assertions, et mon devoir est de les rappeler au tribunal.

La famille de Jovin-Bouchard était nombreuse ; tous les membres qui la composaient étaient riches.

Deux des frères de Jovin-Bouchard, Jovin-Deshayes et Jovin-Desfayères, s'étaient associés avec lui pour l'exploitation de la manufacture d'armes de Saint-Étienne.

Nous savons, par une correspondance, que je ne crois pas devoir lire en ce moment, mais que je mets à la disposition du tribunal et de mon adversaire, nous savons qu'en 1825, il existait des dissentiments profonds au sein de la famille et que les trois frères associés étaient en pleine hostilité.

Dès cette époque, ils cherchaient à mettre fin à leur Société, en cédant la manufacture à MM. Henri et Valentin.

Les négociations entamées à cet effet n'ayant pu aboutir, ils restèrent jusqu'en 1830 dans les liens d'une association qui leur pesait.

En 1830, au mois d'août, la Société fut dissoute. Deshayes et Desfayères restèrent. Un inventaire, à la date du 31 décembre 1830, fixa les droits de Bouchard qui se retirait.

Ce dernier pensa qu'il avait été évincé et trompé. De violentes discussions s'élevèrent entre ses frères et lui, et on essaya d'y mettre fin par une transaction qui porte la date du 20 juillet 1834. Cette transaction constatait que des omissions s'élevant à 75,000 francs avaient été commises dans l'inventaire, et 25,000 francs étaient ajoutés au compte courant de Bouchard.

Mais cette restitution était incomplète, et la correspondance nous apprend qu'au mois de janvier 1835, Bouchard élevait de nouvelles et plus vives réclamations et que ses comptes, si longtemps débattus, ne furent définitivement réglés que quelques jours avant sa mort.

Ces discussions, après avoir amené des scènes de violence et des accusations réciproques qui n'ont pas été sans retentissement dans ce pays, avaient entièrement désuni la famille et, depuis longtemps, les frères n'avaient plus de rapports entre eux.

Aussi Bouchard avait-il résolu de prendre des mesures pour que sa famille ne reçût aucune partie de son héritage.

Dès 1833 il manifesta hautement et avec un certain éclat ses intentions.

Le 22 mars de cette année, il faisait un testament par lequel il instituait Paul et Victor Delorme ses légataires universels et, l'année suivante, il demandait aux tribunaux de consacrer la volonté qu'il avait d'adopter ces jeunes gens. La Cour de Lyon rendait, vous le savez, le 27 août 1834, un arrêt par lequel elle repoussait sa demande.

Ainsi, il est invariablement établi qu'en 1833 et 1834 Jovin-Bouchard avait la résolution parfaitement arrêtée de dépouiller ses héritiers légitimes de sa succession.

C'est un point que mon adversaire a méconnu et qu'il était nécessaire de rétablir pour faire comprendre l'esprit qui a dicté le testament du 7 octobre 1835.

Pourquoi ce testament ne maintient-il pas les dispositions faites en 1833, au profit des enfants Delorme ?

Le premier procès vous l'a appris. Vous savez comment, après l'arrêt de Lyon qui avait refusé de consacrer leur adoption, les enfants Delorme élevaient la prétention de se faire légitimer par un mariage subséquent ; comment Bouchard repoussa ce projet avec indignation ; comment, en butte à des obsessions de chaque jour, il finit par s'apercevoir que ce qu'il avait pris pour de l'affection n'était que de la cupidité ; comment, dans l'amertume de son cœur, il prit la résolution de ne rien laisser aux enfants Delorme dont les vrais sentiments s'étaient révélés pendant un voyage où ils avaient accompagné leur bienfaiteur, et comment le docteur Escoffier, dont on prononce le nom si hors de propos, fit tous ses efforts pour vaincre cette détermination, et obtint en faveur de ces jeunes gens la disposition qui leur lègue, à l'un 120,000 francs, à l'autre 70,000 francs.

Mais cela est étranger au but que je me propose; il me suffit d'avoir établi que la pensée d'un testament n'était pas née, comme on l'a dit, à Lyon, au sein de l'isolement où Bouchard était placé, et que, au contraire, elle avait son origine dans des faits anciens et s'était hautement manifestée à Saint-Étienne, longtemps avant 1835.

Vous savez comment cette pensée produisit l'acte de dernière volonté du 7 octobre 1835 et le texte de cet acte vous est connu.

Tout à l'heure mon adversaire s'étonnait de cette sorte de consentement universel, par lequel tout le monde a reconnu, dans le premier procès, que, sous le texte de ce testament, on sentait l'existence secrète d'un fidéicommis. Il est certain que les termes en eux-mêmes ne semblent pas justifier cette opinion. Mais elle naît spontanément dans l'esprit de tous ceux qui, connaissant les relations de Bouchard avec ses légataires universels, méditent sur l'ensemble des dispositions du testament. Bouchard n'avait aucune raison d'enrichir MM. de Prandière, Royet et Fénéon; mais il avait formé, dans l'intérêt de la ville de Saint-Étienne, des projets auxquels il tenait fortement et pour l'exécution desquels il léguait une partie considérable de sa fortune. Il savait que ses projets ne seraient pas acceptés sans opposition ; et pour qu'ils fussent convenablement défendus dans le sein du conseil municipal et devant l'administration supérieure, il choisissait des hommes qui partageaient ses sentiments, ses opinions, ses idées, et qu'il jugeait capables de les faire triompher. C'était là son but, et dans son interrogatoire, M. Fénéon n'a pu s'empêcher de déclarer qu'il ne s'était pas trompé. Aussi, aucun des légataires universels ne se crut-il un moment destiné à recueillir, pour son propre compte, le bénéfice de la succession.

Du reste, le 14 octobre, Bouchard expliquait clairement ses dernières volontés dans ces instructions secrètes qui ont reçu jusqu'à ce jour et dont la justice a ordonné une complète exécution.

Mon adversaire ne comprend pas cet intervalle de sept jours laissé entre le testament et le fidéicommis. Si, disait-il, la pensée du fidéicommis était contemporaine du testament, pourquoi ce retard? La mort pouvait surprendre Bouchard, et, si elle l'eût atteint avant le 14 octobre, le testament subsistait seul, et les enfants Berne étaient dépouillés.

Prenez garde, messieurs; n'ayons pas la prétention de pénétrer trop avant dans la pensée de Bouchard. Sachons nous en tenir aux manifestations extérieures qui nous l'ont révélée. Cette inquiétude sur le sort des volontés encore enfermées dans le secret de son âme, il ne l'avait sans doute pas. L'homme, même lorsqu'il sent les approches de la mort, espère encore au lendemain; et Bouchard comptait assurément que le temps ne lui manquerait pas.

Et puis, qui sait? Peut-être le testament du 7 octobre renfermait-il, au moment où il l'a dicté, sa volonté tout entière. Il pensait avoir épuisé par des legs particuliers les forces de sa succession et n'avoir laissé à ses légataires

universels qu'une mission désintéressées. Plus tard, après l'inventaire que
contiennent les instructions du 14 octobre, mieux éclairé, il aura voulu étendre
le cercle de ses libéralités et, prévoyant un reliquat sur lequel il n'avait pas
d'abord compté, l'attribuer aux enfants Berne qui tenaient la première place
dans ses affections.

Soit, dit-on. Mais alors pourquoi ne pas donner à l'expression de cette
nouvelle volonté la forme testamentaire ? Rien ne s'y opposait ; à supposer
que les enfants Berne fussent les enfants naturels de Jovin-Bouchard, ils
n'étaient pas reconnus, et la recherche de la paternité étant interdite, l'institution faite en leur faveur eût été parfaitement valable. Pourquoi une voie
indirecte et cachée là où la voie directe était ouverte ?

A ceci je réponds par le fait accompli. J'ignore les raisons qui déterminèrent Jovin-Bouchard. Peut-être craignait-il qu'une institution directe au profit
d'enfants en bas âge sur qui il concentrait sa tendresse ne fût attaquée et mal
défendue. Peut-être, des conseils timides l'avaient-ils laissé dans l'inquiétude
sur la valeur de cette institution ? Peut-être éclairé par la conduite des enfants
Delorme, ne voulait-il pas que les enfants Berne connussent trop tôt la fortune qui leur était destinée, et son testament porte la trace profonde de ce
sentiment ? Ce qu'il y a de certain, c'est qu'il ne pouvait ignorer que les
instructions du 14 octobre étaient nulles dans la forme. Le notaire qui copiait
sous sa dictée dut l'avertir. Mais comme, après tout, il avait le droit de faire
indirectement ce que la loi ne lui défendait pas de faire directement, après
avoir pesé les inconvénients et les périls de l'une et de l'autre voie, il choisit,
dans sa liberté, la voie indirecte qui le conduisait, quoique moins sûrement,
à son but, et n'hésita pas à confier l'exécution de ses dernières volontés à la
loyauté de ses légataires universels. C'était son droit ; mon adversaire lui-
même le reconnaît. L'usage qu'il en a fait n'est pas un motif d'anéantir ses
dernières dispositions.

Mais pourquoi cette confiance inutile et dangereuse ?

Le cœur humain est insondable. Je n'ai pas besoin d'expliquer ses mystères.
Cependant il ne semble pas impossible de trouver les raisons de la forme
adoptée par Jovin-Bouchard.

Peut-être voulait-il créer deux ordres de libéralités : les unes qui ne devaient
subir aucune réduction, les autres qui ne devaient être exécutées qu'autant
que les forces de la succession le permettraient. Les premières prenaient place
dans le testament, les autres dans une disposition fidéicommissaire qui ne
serait exécutée que s'il y avait lieu.

Peut-être n'avait-il pas voulu introduire dans son testament une disposition
qui amoindrît l'autorité dont il avait entendu investir ses légataires universels.
Il savait combien cette autorité leur serait nécessaire pour lutter contre toutes
les prétentions qui pouvaient s'agiter autour du testament et pour combattre
les obstacles que devait rencontrer l'exécution de ses dernières volontés. Il
pouvait craindre que l'attribution du reliquat de la succession aux enfants
Berne ne diminuât, n'affaiblît cette autorité en ôtant à MM. de Prandière,
Royet et Fénéon quelque chose de leur caractère de légataires universels et
en leur imposant une responsabilité gênante.

D'ailleurs, je le répète, il ne doutait pas d'eux, c'étaient pour lui des hommes de cœur, intelligents, généreux, dévoués, et en les investissant d'une confiance sans limites, il croyait les intéresser plus profondément à son œuvre.

Du reste, qu'importe ? Est-ce qu'il n'était pas le maître de donner à ses volontés la forme qu'il lui plaisait ? Du moment qu'il ne violait aucune loi, que peut-on lui reprocher ? L'insuffisance des instructions du 14 octobre pouvait être l'objet d'une difficulté entre les légataires universels et les enfants Berne. Mais les héritiers du sang n'ont rien à y voir.

A qui ces instructions furent-elles dictées ? Ceci paraît un mystère à mon adversaire.

A qui furent-elles remises ? Il l'ignore également et il puise des doutes sur leur sincérité dans cette ignorance. Il se livre aux hypothèses les plus chimériques.

Ignorance volontaire ! hypothèses stériles ! Il ne les dicta pas ces instructions à un inconnu. Il les dicta à celui qui avait rédigé le testament, au notaire lui-même, à M. Rostain qui les écrivit en entier de sa main. L'écriture l'atteste, et de plus nous avons produit, devant le tribunal de Saint-Étienne et devant la Cour de Lyon, une déclaration de cet homme honorable, que je demande la permission de placer de nouveau sous vos yeux :

« Je soussigné, notaire honoraire à Lyon, y demeurant Cours Lafayette, n° 1, ensuite de l'exhibition à moi faite par M. Conte Grandchamp, mandataire de M. Romain de Prandière, rentier à Saint-Étienne, d'un écrit sous seing privé sur deux feuilles de papier à lettres grand format dont il occupe la totalité moins le verso du dernier feuillet, commençant par ces mots : Je crois devoir adresser à mes bons et dignes amis..... — et finissant par « ... son engagement se trouvera dans mes papiers... » après quoi se fit une approbation ainsi formulée (d'une autre main) « la présente instruction en sept pages a été écrite sous ma dictée et contient mes volontés les plus expresses, Lyon le 14 octobre 1835. Suit la signature, Victor Jovin. »

» Déclare pour rendre hommage à la vérité : 1° que ladite pièce *est entièrement écrite de ma main*; 2° qu'elle l'a été réellement à la date du 14 octobre 1835, et *sous la dictée de M. Jovin* alors malade, dans l'appartement qu'il occupait au troisième étage de la maison n° 15, place Bellecour, où M. Jovin, pendant la durée de cette rédaction, se trouvait SEUL AVEC MOI ; 3° *qu'il a écrit lui-même sous mes yeux, séance tenante*, la formule d'approbation ci-dessus rapportée ; 4° et que j'ai reconnu également mon écriture dans la souscription de l'enveloppe qui a contenu ce document, souscription ainsi conçue « à M. Romain de Prandière pour être ouvert après le décès de M. G. V. Jovin. »

» En foi de quoi j'ai signé la présente, à Lyon, le 13 mars 1860.

» Signé : ROSTAIN. »

Ainsi tombent toutes les récriminations de MM. Jovin. Ce n'est pas une main inconnue, une main déloyale qui a tracé l'acte du 14 octobre.

Cet acte n'a pas, comme on l'a plaidé, été écrit en présence de M. Escoffier, pas plus que le testament du 7 octobre. Il ne lui a pas été confié. Le 14 octobre, comme le 7, le docteur Escoffier se trouvait à Saint-Étienne, étranger plus que personne à ce qui se passait à Lyon. Les instructions du 14 octobre ont été remises par le notaire lui-même à M. de Prandière, celui des légataires universels qui occupait la première place dans le cœur et dans l'estime du testateur.

Il est vrai que, dans un précis qui est mon œuvre, j'ai dit, par erreur, que cette remise avait été effectuée par M. le docteur Escoffier; mais cette erreur a été rectifiée depuis longtemps. M. de Prandière lui-même a expliqué ce qui s'était passé. MM. Royet et Fénéon ont voulu le faire interroger sur faits et articles, et voici les explications qu'il donne dans son interrogatoire subi le 12 juillet 1860 :

« *D.* Quand et comment les instructions du 14 octobre 1835 vous ont-elles été remises?

» *R.* Elles m'ont été remises peu de jours après la mort de M. Jovin-Bouchard, par M. Rostain, notaire, ou l'un de ses clercs; M. Rostain a écrit les instructions dont s'agit sous la dictée de M. Jovin-Bouchard.

» Cependant je ne puis pas préciser le jour où cette pièce m'a été remise.

» *D.* Est-ce vous qui en êtes resté dépositaire?

» *R.* Oui, cette pièce m'a été remise sous enveloppe et à mon adresse, je l'ai conservée avec l'assentiment de mes deux colégataires universels.

» *D.* D'office, avez-vous fait connaître, immédiatement après la remise qui vous en a été faite, le contenu de ces instructions à MM. Royet Vernadet et Fénéon ?

» *R.* Je déclare positivement que je leur en ai fait connaître immédiatement la teneur.

» *D.* Avez-vous pensé que cet écrit fût, dans l'intention de M. Jovin-Bouchard, un testament devant vous obliger légalement, ou bien n'y avez-vous vu qu'une seule recommandation ?

» *R. C'était pour moi une charte*, j'ai toujours considéré, en droit et en honneur, comme un devoir pour moi, ainsi que pour mes colégataires, d'exécuter à la lettre les dispositions de cet écrit qui, à mes yeux, était un véritable testament.

» *D.* Si à vos yeux c'était un testament, comment êtes-vous resté aussi longtemps sans le faire connaître à ceux qu'il instituait?

» *R.* Je n'ai pas cru devoir faire connaître immédiatement aux enfants Berne, qui étaient mineurs et sous ma tutelle, la disposition de ce testament ou de ce codicille portant que le reliquat de la succession devait leur revenir; mais j'affirme qu'avant le procès j'en ai informé M. Conte Grandchamp, époux de Mlle Victorine Berne, auquel j'ai même avancé 50 000 francs à compte sur la part de reliquat qui pouvait lui revenir. Quant à Victor Berne, je suis sûr qu'il en a été informé soit par son beau-frère M. Grandchamp, soit par madame Grandchamp, sa sœur.

» *D.* D'office, MM. Royet et Fénéon ont-ils su que vous avez fait cette avance à M. Granchamp?

» *R.* M. Royet-Vernadet l'a su, et il l'a appris par M. Escoffier à qui j'avais communiqué le fait.

» J'ignore si M. Fénéon en a eu connaissance.

» *D.* Avez-vous communiqué la pièce même en original à MM. Royet et Fénéon? à quelle époque? dans quelle circonstance?

» *R.* Je leur ai communiqué cette pièce même en original et cela, comme je l'ai dit plus haut, immédiatement après la mort de M. Jovin-Bouchard. Cette communication était nécessaire pour leur faire connaître la véritable situation des légataires universels et la volonté du testateur.

» *D.* Quand leur avez-vous parlé des enfants Berne comme destinataires de l'excédant de la liquidation?

» *R.* Je leur en ai naturellement parlé lorsque je leur ai montré le codicille. »

Nous savons donc que la pièce a été écrite par le notaire, recueillie par lui, placée par lui sous une enveloppe à l'adresse de M. Romain de Prandière, (voici l'enveloppe, tout a été conservé), remise par le notaire ou l'un de ses clercs, quelques jours après la mort de Jovin-Bouchard, à M. de Prandière, communiquée par ce dernier, à l'instant même, à MM. Royet et Fénéon, exécutée par eux, et que, pendant la longue période de son exécution, elle n'est pas sortie des mains de M. de Prandière, qui en a donné connaissance aux enfants Berne aussitôt qu'ils sont arrivés à leur majorité, aussitôt qu'ils ont pu comprendre leur situation, aussitôt qu'ils ont été en état de recueillir le bénéfice de l'institution faite en leur faveur.

Tout cela a été depuis longtemps dit et répété, juridiquement constaté, souverainement jugé, et en vérité je rougis d'être condamné à ces redites inutiles et d'être obligé de répondre à des arguments qui ont pour base une erreur matérielle aussi complète.

Il faut pourtant aller jusqu'au bout.

Les instructions du 14 octobre étaient connues des légataires universels. Le vice de forme qui les entachait n'était un secret pour aucun d'eux. Ils savaient qu'ils n'étaient engagés que par un lien moral non moins solide qu'un lien juridique aux yeux de l'honneur. Leur probité accepta le devoir qui leur était imposé. Ils ne songèrent pas un moment à s'attribuer une fortune qui ne leur était pas destinée; ils résolurent de se conformer de tout point à ces instructions non moins respectables pour eux que le testament. Conformément aux volontés secrètes de Bouchard, ils acceptèrent la succession sans inventaire. Ils acquittèrent les legs particuliers faits par l'acte du 14 octobre. Ils s'emparèrent, sans obstacles et sans contrôle, de l'administration de cette vaste succession; ils vendirent les immeubles, ils en réalisèrent le prix, ils se livrèrent à des opérations financières dans lesquelles ils firent entrer les mines dépendant de la succession et où ils s'intéressèrent personnellement. Ils agirent, en un mot, en véritables légataires universels, mais avec la résolution arrêtée entre eux de remettre, après avoir acquitté les legs et les charges, le reliquat, s'il y en avait un, à ceux qu'avait désignés secrètement le testateur.

D'un autre côté, ils s'efforcèrent, avec des sentiments divers, j'ai dit ailleurs le rôle singulier qu'avaient joué MM. Royet et Fénéon, ils s'efforcèrent de faire accepter les projets qu'avait formés Bouchard pour l'embellissement de la ville de Saint-Étienne.

Tout cela fut long et difficile. Le tribunal sait l'histoire des procès soutenus contre la ville de Saint-Étienne. Ce ne fut que bien tard, le 29 juillet 1857, retenez bien cette date, qu'une transaction mit fin à ces interminables contestations.

Ce ne fut qu'alors que l'existence du reliquat fut définitivement constatée, et que l'on put songer à remplir les intentions de Bouchard, en augmentant les émoluments des enfants Berne de ce qui restait de la succession.

C'est à ce moment qu'éclate entre les légataires universels une division déplorable.

Pendant cette longue période, la possession matérielle de la succession avait mis des sommes considérables dans les mains de chacun d'eux, et particulièrement dans celles de MM. Royet et Fénéon.

Fidèle à l'honneur, M. de Prandière manifeste l'intention de compter avec les enfants Berne. MM. Royet et Fénéon élèvent la prétention, non pas de remettre le reliquat aux héritiers légitimes, mais de se l'approprier.

Procès. Quels débats ont eu lieu? Le souvenir en est encore vivant dans cette enceinte. Quelle en a été l'issue? Elle a été assez éclatante. Le tribuna et la Cour ont successivement déclaré que les instructions du 14 octobre étaient, à la vérité, nulles dans la forme, mais qu'elles avaient été ratifiées par l'adhésion qu'y avaient donnée et par l'exécution qu'en avaient faite les légataires universels. Il a été jugé que cette exécution les enchaînait et les obligeait à rendre compte du reliquat aux enfants Berne. Une double condamnation dont ils ne sont pas, à ce qu'il paraît, satisfaits, a frappé MM. Royet et Fénéon. Ils se sont pourvus en cassation.

Mon adversaire pense que leur pourvoi sera probablement admis. Il ne comprend pas l'arrêt de Lyon. Cet arrêt ne lui semble pas conforme aux principes; il n'admet pas que l'exécution ait pu valider un acte radicalement nul.

J'admire cette sollicitude pour des intérêts qui ne sont pas ceux de ses clients; mais enfin l'arrêt subsiste, et, si je ne me trompe, c'est dans son existence même que les héritiers Jovin puisent le principe de leurs prétentions et c'est de la condamnation de MM. Royet et Fénéon qu'est sorti le procès actuel. Qu'eussent-ils eu à prétendre, en effet, si l'arrêt n'eût pas validé les instructions du 14 octobre? Que fût-il arrivé? MM. Royet et Fénéon seraient toujours des légataires sérieux; et, comme ils l'ont dit en parodiant un mot célèbre, le testament resterait une vérité. Les héritiers Jovin n'auraient aucun prétexte de les troubler dans leur tranquille possession.

Mais il n'en a pas été ainsi; et au moment où les débats, qui avaient eu lieu devant le tribunal et devant la Cour, avaient éclairé complétement la discussion, alors qu'on pressentait déjà l'arrêt qui allait intervenir, la demande actuelle est venue nous apprendre que nous n'en avions pas fini avec les mauvais procès. Les héritiers Jovin ont attaqué le testament comme vicié par l'existence d'un fidéicommis fait au profit de personnes incertaines ou inconnues.

Je dois le dire, lorsque cette prétention se produisit, nous ne la prîmes pas au sérieux. Nous la considérâmes comme une manœuvre destinée à détourner notre attention et à jeter, si cela était possible, quelque obscurité sur le débat engagé devant la Cour. Cela nous rappelait l'intervention des enfants Delorme, et nous pensâmes que MM. Royet et Fénéon n'étaient pas étrangers à cette diversion.

Plus tard, lorsque nous avons vu que l'on persistait et que la cause était confiée au talent et à l'expérience de notre illustre confrère, nous avons longuement réfléchi sur les moyens à l'aide desquels on appuyerait une prétention qu'il ne nous était pas donné de comprendre. L'assignation était obscure dans son laconisme plein de menaces, et nos adversaires, en s'abstenant de signifier des conclusions, avaient laissé leur système dans l'ombre la plus épaisse. Aussi en étions-nous réduit à chercher dans notre imagination quelles objections nous aurions à combattre. Le champ des hypothèses nous était ouvert. Il était vaste, mais nous n'y trouvions rien que de vague et de confus.

Nous devons le reconnaître, messieurs, la sagesse et la haute intelligence de notre adversaire ont simplifié considérablement notre tâche et de beaucoup rétréci le cercle dans lequel la discussion pouvait s'égarer. Aujourd'hui tout se réduit à des éléments fort simples, et il me faudra, je l'espère, bien peu d'efforts pour renverser l'édifice élégant et fragile élevé sous vos yeux. Pour cela, je n'aurai qu'à rappeler quelques principes que mon adversaire ne conteste pas, qu'il professe lui-même, sur lesquels nous sommes complétement d'accord, et à en faire l'application aux faits de la cause.

Il est un point hors de contestation : c'est qu'il est permis de faire indirectement ce que la loi ne défend pas de faire directement, et que, conséquemment, les fidéicommis secrets sont valables toutes les fois qu'ils ne masquent pas une libéralité faite au profit d'un incapable ou une disposition prohibée.

C'est un principe que mon adversaire proclame avec moi, et il a eu la loyauté de dire qu'en le proclamant il ne faisait aucune concession, qu'il rendait seulement hommage à une vérité qu'il n'a jamais méconnue.

Il avait raison. J'ai dans les mains la belle plaidoirie qu'il a prononcée récemment dans l'affaire du testament de M. de Villette, et j'y vois qu'il pose lui-même, avec son autorité habituelle, les principes sur lesquels j'entends m'appuyer. Voici ses expressions :

« Entendons-nous d'abord sur le fidéicommis. Qu'est-ce que le fidéicommis, et surtout, quelle est sa valeur ? il y a fidéicommis, lorsque dans une donation, dans une libéralité quelconque, on institue pour légataire ou donataire *une personne qui ne doit pas recevoir*, mais qui est chargée de transmettre à une autre personne. *Le fidéicommis par cela même n'est pas nul comme le serait la substitution*, parce que dans le fidéicommis, il peut ne pas y avoir l'obligation de conserver pour rendre. Mais le fidéicommis est nul s'il est fait au profit *d'un incapable*, si on s'est servi d'un prête-nom pour investir une personne que la loi ne permettait pas d'investir. Ainsi donc, dissimulation, voilà le caractère du fidéicommis, mais, *dissimulation* qui peut être *maintenue* par la loi ou abolie par elle, selon qu'elle a pour but d'investir une personne capable ou incapable. Je n'appuie pas par des autorités ce premier principe qui me paraît constant : je passe à un autre. »

Et plus bas :

« Voilà deux principes sur lesquels nous devons être d'accord : 1° un fidéicommis n'est valable qu'autant qu'il s'adresse à une personne capable de recevoir. Il est nul s'il s'adresse à un incapable, premier principe que je considère comme incontestable. »

M⁰ Berryer, d'accord avec lui sur ces principes, lui répondait :

« Le mot de fidéicommis n'est pas écrit dans le code.

» Mais les dispositions faites par donation entre-vifs ou par testament qui ont un caractère fidéicommissaire, sont prévues et réglées par les art. 896 et 911.

» L'esprit et le texte de notre législation manifestent un profond respect pour les volontés testamentaires, grande consécration du droit de propriété, de la liberté et de la dignité de l'homme dans l'ordre social. Rien ne s'oppose à ce que celui

qui est également capable de donner ce qu'il possède, confie à un ami le soin de
disposer de sa fortune après lui et de la transmettre à une tierce personne civilement
capable de recevoir. »

Cette citation peut éviter une longue discussion, car, si je ne me trompe,
la solution de notre procès est dans les lignes que je viens de lire.

Cependant je demande la permission d'insister encore un instant.

Tous les auteurs sont d'accord avec la jurisprudence pour définir le fidéicommis comme Mᵉ Marie, et pour affirmer sa valeur lorsqu'il n'est pas fait au
profit d'un incapable.

Merlin, tout en faisant remarquer que le fidéicommis tacite est habituellement employé pour avantager quelques personnes prohibées, reconnaît implicitement la valeur de cette forme de libéralité lorsqu'elle a lieu au profit
d'une personne capable de recevoir. Permettez-nous de citer son opinion, qui
résume la doctrine ancienne et qui met parfaitement en relief les caractères
du fidéicommis.

« Le plus souvent on entend par *fidéicommis tacite* une disposition *simulée
faite en apparence au profit* de quelqu'un, mais avec intention secrète de faire
passer le bénéfice de cette disposition à une autre personne qui n'est point
nommée dans le testament ou la donation.

» Ces sortes de fidéicommis ne se font ordinairement que pour avantager indirectement quelque personne prohibée comme le mari ou la femme, dans le cas où
ils ne peuvent s'avantager, ou pour donner à des bâtards « adultérins ou inces-
tueux » au delà de leurs aliments.

» Ceux qui veulent faire de tels fidéicommis choisissent ordinairement un ami
en qui ils ont confiance, *ou bien quelque personne de probité sur le désintéressement de laquelle ils comptent ;* ils nomment cet ami ou autre personne, héritier,
légataire ou donataire, soit universel ou particulier, dans l'espérance que l'héritier, légataire ou donataire, *fidèle à leurs intentions secrètes, remettra pour s'y
conformer,* à la personne prohibée que le testateur ou donateur a eue en vue, les
biens qui font l'objet du fidéicommis. »

Sans prononcer le mot fidéicommis, le Code Napoléon tranche nettement
la question. L'article 911 est ainsi conçu :

« Toute disposition au profit d'un incapable sera nulle, soit qu'on la déguise
sous la forme d'un contrat onéreux, *soit qu'on la fasse sous le nom de personnes
interposées.* »

M. Troplong, s'expliquant sur cet article, a soin de dire :

« Pour qu'il y ait interposition de personnes vraiment frauduleuse il faut trouver
le concours de deux circonstances, savoir : un avantage au profit d'une personne
prohibée ; une paction secrète, soit formelle, soit tacite et mentale, pour faire parvenir la libéralité à cet incapable. . . . .
. . . . »

J'abrége les citations ; je comprends qu'elles sont inutiles et que l'opinion
du tribunal, sur un point de droit aussi connu, est formée depuis longtemps.

Notre législation est aussi formelle que possible. Le texte de la loi ne laisse pas place à la discussion. La dissimulation, le déguisement, l'interposition ne sont une cause de nullité qu'à une condition : c'est qu'elles auront pour but d'éluder les prohibitions de la loi, c'est que les dispositions apparentes auront pour objet de faire parvenir la libéralité à un incapable. Hors ce cas, la dissimulation ne vicie à aucun degré les institutions, et le tribunal sait que, sur cette question, la jurisprudence, après quelques hésitations, est depuis long-temps invariable.

Faisons l'application de ces principes.

Qu'y a-t-il dans la cause.

Deux choses : un testament et un fidéicommis ; un testament authentique parfaitement régulier dans la forme, et un fidéicommis constaté par un acte nul, mais ratifié par la volonté des légataires universels.

Si le fidéicommis était fait au profit d'un incapable, il ne pourrait recevoir son exécution, et, de plus, il aurait pour effet d'annuler le testament lui-même.

Mais il n'en est pas ainsi. La capacité des enfants Berne, désignés pour recueillir le bénéfice du fidéicommis, n'est pas et ne peut pas être contestée.

L'existence du fidéicommis et son exécution n'ont donc rien de contraire aux lois et qui puisse amener l'annulation du testament.

Cependant, infidèle aux principes qu'il a proclamés, mon adversaire demande la nullité du testament, parce que les légataires universels n'en recueillent pas le bénéfice et ont la loyauté de s'en dépouiller au profit de ceux qu'institue une volonté irrégulièrement exprimée.

Le testament, dit-il, n'existe plus, puisque son exécution est abandonnée ; et quant au fidéicommis, il n'existe pas, puisque l'acte qu'il renferme n'a pas la forme testamentaire.

Mais c'est là précisément la nature du fidéicommis. Qui dit fidéicommis, dit acte de confiance du testateur dans l'institué apparent. Toutes les fois qu'il y a fidéicommis secret, la volonté du testateur a été exprimée dans des formes irrégulières. S'il y avait une disposition testamentaire, il n'y aurait pas de fidéicommis. Il pourrait y avoir substitution de telle ou de telle nature, il n'y aurait pas cette confiance absolue accordée au légataire apparent qui constitue le fidéicommis. Ce serait un nouveau testament, un codicille, tout ce que l'on voudra, mais non pas un fidéicommis. Il est de l'essence du fidéicommis, le mot le dit, que le testateur n'ait engagé son légataire que dans le for intérieur et s'en soit remis à sa loyauté.

Cela est de toute évidence ; et après l'avoir vainement contesté, mon adversaire le reconnaît et s'écrie : « Je vous ouvre le champ le plus large possible ; » vous pouvez établir l'existence du fidéicommis par tous les moyens, par des » lettres, par des paroles, par la preuve testimoniale, par des présomptions ; » j'admets toutes ces preuves, je les accueille toutes. » Et après cette déclaration libérale, de toutes ces preuves si largement admises, il en exclut une, celle qui résulte d'un écrit approuvé et signé par le testateur.

Pourquoi cette exclusion ? Parce que, dit-il, cet écrit n'a pas la forme testamentaire. Étrange contradiction ! Une parole recueillie par des témoins lui suffirait, et il ne veut pas d'un écrit revêtu d'une approbation spéciale et d'une signature qui suffirait à la valeur de l'acte synallagmatique le plus considérable. Il se plaint de ce que la preuve qu'on lui rapporte est trop forte. Cet écrit, dit-il, est quelque chose de plus qu'une manifestation verbale de la volonté ; c'est un véritable testament, seulement c'est un testament nul. Or, il ne peut se résoudre à donner à ce testament nul l'autorité qu'aurait une simple parole. L'excès de la preuve que nous rapportons lui paraît constituer sa faiblesse.

Je n'ai pu saisir, messieurs, le fond de cette argumentation de mon illustre contradicteur. Lorsqu'il s'y est engagé, je n'ai plus retrouvé la clarté habituelle de sa parole ; il m'a semblé que sa pensée se perdait dans des subtilités insaisissables, dans une métaphysique où la lumière faisait place aux ténèbres.

Où veut-il arriver, en effet ? J'admets son raisonnement. Il a détruit radicalement l'acte du 14 octobre 1835. Cet acte est nul de toute nullité, il est mis à néant ; ce n'est plus qu'une feuille de papier sans signification et sans valeur. Eh bien, après ? A quoi cela avance-t-il nos adversaires ? Le testament authentique, que rien ne modifie, reste debout, et tout est dit.

Si vous plaidiez l'affaire de MM. Royet et Fénéon, je vous comprendrais. Mais vous, à quoi vous sert d'anéantir les instructions du 14 octobre ? Vous vous trouvez en face du testament qui élève, entre vous et vos prétentions, une infranchissable barrière.

Ce testament, dites-vous, n'existe plus, car MM. Royet et Fénéon l'ont déserté. Ah ! prenez garde ! vous ne trouverez pas la preuve de cette désertion dans le procès qu'ils ont soutenu ; ils l'ont défendu, ce testament, au péril de leur fortune et de leur honneur ! Ils s'y sont cramponnés avec des mains désespérées ; et lorsque le 20 juillet, après de longs débats, lisant dans les yeux de la Cour l'arrêt qui allait les frapper, ils signifiaient cet acte dans lequel ils feignaient de vouloir se dépouiller au profit de personnes auxquelles nul n'avait jamais songé, nous constations que c'était là l'effort suprême d'une défense aux abois, et voici la courte analyse de l'incident que je trouve dans un recueil judiciaire :

« Après la plaidoirie de M⁰ Leroyer, MM. Royet-Vernadet et Fénéon déposent des conclusions par lesquelles ils offrent d'abandonner le reliquat de la succession aux enfants Delorme, et à l'un des parents de M. Jovin-Bouchard.

» M⁰ Théodore Bac combat ces conclusions qu'il considère comme une tentative désespérée pour égarer la justice. »

Et l'organe du ministère public s'est associé à notre pensée. Il était trop évident que ce n'était là qu'une comédie jouée pour échapper aux sévérités de la justice.

D'ailleurs, après l'acceptation qu'ils avaient faite de la succession, MM. Royet et Fénéon n'avaient plus le droit d'y renoncer, et d'enlever par cette renonciation, aux enfants Berne, un bénéfice qui leur était irrévocablement acquis.

Cette argumentation n'a donc rien de sérieux. Rentrons dans la réalité.

Il existe un testament, un testament authentique dans lequel mon adversaire lui-même, il a eu soin de le dire, ne voit pas l'ombre d'une nullité.

C'est ce testament qui dépouille la famille Jovin, qui investit les légataires universels. Ce testament, c'est l'obstacle que nous opposons aux prétentions des héritiers légitimes. Pour arriver à la succession, il faut le renverser. Tant qu'il sera debout, la famille Jovin n'a rien à réclamer.

A quel titre l'attaquer? Je suppose qu'à l'époque même où la succession s'est ouverte, les instructions du 14 octobre eussent été rendues publiques, et que les légataires universels, arguant de leur nullité, eussent refusé de les exécuter. Qui eût pu s'emparer de ces instructions pour critiquer le testament?

Les enfants Berne? En aucune façon. On leur eût dit : Sans doute, il y a là l'expression d'un vœu en votre faveur, mais cette expression est irrégulière, elle n'a pas la vie civile, elle ne peut vous donner aucun droit; et leurs réclamations tombaient devant ces simples observations.

Les héritiers? On leur eût dit : Que vous importe ces instructions? elles ne révoquent pas le testament. Il faudrait pour cela un testament nouveau ou un acte authentique. Elles n'ont la valeur ni de l'un ni de l'autre. Elles ne manifestent même pas un retour vers la famille. Elles vous écartent de la succession encore plus énergiquement que le testament lui-même. Elles trahissent, dites-vous, la pensée d'un fidéicommis. Soit, mais ce n'est pas celle d'un fidéicommis prohibé, celle d'un fidéicommis qui, aux termes de l'article 911, annule le testament, parce qu'il est institué au profit d'un incapable. Elles n'établissent ni la fraude, ni la captation, ni la suggestion, seuls motifs pour lesquels un testament, valable dans la forme, puisse être critiqué. Elles sont extérieures au testament, et la jurisprudence décide qu'un testament ne peut être attaqué que par les éléments qui lui sont intrinsèques. Et comme le testament en lui-même ne contient aucune raison de le suspecter, comme on ne peut articuler un fait de fraude ou de captation, comme après tout un testament est une loi qui ne peut être renversée par la fantaisie, les héritiers naturels n'auraient pas même osé former une demande en nullité.

Les légataires universels seraient restés en possession paisible de la succession de Bouchard.

Eh bien! la valeur du testament se trouve-t-elle amoindrie parce que les légataires universels ont pris au sérieux la recommandation qui leur était faite, et parce que, obéissant aux lois de la morale et de l'honneur, ils ont volontairement exécuté les vœux irrégulièrement exprimés par le testateur? La bonne foi sera-t-elle privée des immunités qu'eût obtenues la perfidie? La justice proclamera-t-elle que des légataires déloyaux eussent eu le droit de conserver la succession et que leur loyauté leur enlève celui d'en disposer, en faveur de ceux que leur a désignés Jovin-Bouchard? Ce serait étrange, et la logique des demandeurs nous conduirait à une conclusion singulièrement contraire à la morale.

Disons donc que l'exécution qu'a reçue le fidéicommis ne change rien à la situation. Le testament reste dans toute sa force, et il oppose une fin de non-recevoir insurmontable aux prétentions de MM. Jovin. Il leur enlève, remarquez-le bien, toute qualité pour discuter, sous quelque prétexte que ce soit, l'existence et la valeur du fidéicommis.

C'est là qú'a été l'erreur capitale de mon adversaire. Il n'avait à attaquer que le testament, et il s'en est pris presque exclusivement au fidéicommis. De là une confusion qui trouble et obscurcit la discussion.

Que les légataires universels, à qui le fidéicommis enleva le bénéfice de deux legs, aient qualité pour en contester l'existence, cela est certain, et MM. Royet et Fénéon ont accompli cette tâche avec un courage digne d'un meilleur sort. Mais les héritiers légitimes ! que leur importe que le fidéicommis existe ou n'existe pas? Ce n'est pas lui qui les dépouille, c'est le testament. Du moment qu'il est reconnu qu'il ne s'agit pas d'un fidéicommis prohibé et de nature à infirmer le testament, ils n'ont rien à y voir.

Cependant, usurpant le rôle des légataires universels et se mettant à l'aise, ils supposent que le testament n'existe plus et s'attachent à contester le fidéicommis.

Je pourrais me dispenser de leur répondre, car, je le répète, ils n'ont aucune qualité pour élever une telle contestation. Mais je veux bien les suivre un moment sur le terrain qu'ils ont choisi.

Quel est leur argument? Ils disent : Les légataires universels sont d'accord sur un point, c'est qu'ils ne peuvent pas profiter de la succession. Ils sont en désaccord sur un autre ; ils ne s'entendent pas sur la personne qui doit recueillir le bénéfice du fidéicommis. Dans ce désaccord, nous trouvons la preuve de l'insuffisance de la désignation faite par Bouchard. Nous nous trouvons donc dans un de ces cas où il s'agit d'un destinataire incertain et où la volonté du testateur n'étant pas suffisamment connue, nul n'a le droit d'y substituer la sienne. Et s'élevant aux hauteurs de son éloquence habituelle, mon contradicteur s'écrie avec autorité :

Qui donc, en présence de cette incertitude, trouvera dans sa conscience le courage de désigner le destinataire ?

Qui? Le tribunal de Saint-Étienne et celui de Lyon qui l'ont fait sans hésiter. Les destinataires sont les enfants Berne. Il n'y en a pas d'autres. Cela est certain, et l'arrêt qui le décide souverainement, s'il a pu être déféré à la Cour de cassation, doit être respecté devant vous.

Mon adversaire ajoute : Dans les débats qui ont précédé l'arrêt, MM. Royet et Fénéon ont solennellement déclaré que les instructions du 14 octobre leur étaient suspectes, qu'elles ne leur avaient pas été communiquées dès l'origine, qu'ils ne regardent pas les enfants Berne comme les vrais destinataires, que, dans leur pensée, Bouchard voulait faire arriver ses bienfaits à d'autres personnes, notamment aux enfants Delorme et à M. Boutarel, et dans cette affirmation de ce qu'il appelle deux hommes d'honneur, il aperçoit de graves éléments de doute.

C'est tout simplement recommencer le procès de MM. Royet et Fénéon. Oui, ces messieurs ont dit tout cela et beaucoup d'autres choses, et à l'appui de leurs affirmations, ils ont invoqué Dieu et leur conscience, mais la justice et l'opinion leur ont répondu. Le débat est vidé et il n'y aurait plus de certitude humaine si les éléments du doute pouvaient se trouver dans les allégations intéressées de plaideurs souverainement condamnés.

Ce mot *incertitude* ne peut être prononcé raisonnàblement dans ce procès.

Sans doute il est des cas où l'incertitude peut infirmer le fidéicommis et le testament. Cela arrive lorsque la personne à laquelle le legs est secrète-ment dévolu est inconnue et qu'il est impossible de vérifier sa capacité. Alors le mystère dont le testateur a enveloppé sa volonté paraît suspect, fait supposer une fraude à la loi, et, dans ce cas, l'on décide qu'il y a lieu de prononcer la nullité, parce que l'incertitude rend probable l'inca-pacité.

J'accepte cette doctrine. Mais est-ce le cas de l'appliquer? Ici, de quelque côté que se portent les regards, soit qu'il s'agisse des enfants Berne, soit que, dans les hypothèses imaginaires de MM. Royet et Fénéon, le nom des enfants Delorme ou de M. Boutarel soit prononcé, on n'aperçoit de traces d'incapacité nulle part. Ainsi, à supposer que les ombres élevées par les débats qui ont eu lieu à Saint-Étienne et à Lyon n'eussent pas été à jamais dissipées, on se trouverait dans un cercle d'où se trouve exclue la présomp-tion d'incapacité.

Mon adversaire veut-il dire qu'il s'agit d'une autre espèce d'incertitude, de celle qui, laissant planer des doutes sur l'identité de la personne du bé-néficiaire, ne permet pas d'exécuter une volonté qui ne s'est pas assez claire-ment exprimée?

Examinons.

Qu'est-ce qu'une personne incertaine?

« On désignait comme personne incertaine, dit le droit romain, celle que le tes-tateur ne pouvait avoir en vue que d'une manière incertaine : par exemple, s'il disait : « Mon héritier donnera tel fonds à quiconque donnera sa fille en mariage à mon fils.

» On désigne ainsi, dit le *Journal du Palais*, les personnes auxquelles ne s'ap-plique aucune désignation spéciale, et qui ne peuvent être connues que par quel-que événement, comme lorsque : « Je lègue à la personne que Titius choisira. »

Il suffit de donner ces définitions pour démontrer qu'elles ne sont pas ap-plicables à la cause. Ici la désignation est complète, et nous savons parfaite-ment ce que c'est que les enfants Berne.

Il y a, dit-on, quelques doutes sur le point de savoir si le testateur avait désigné les enfants Berne ou les enfants Delorme, et cela est si vrai que le tribunal avait déféré sur ce point le serment à M. de Prandière.

Non, le tribunal n'avait pas été déterminé par un sentiment de doute à déférer ce serment. Il avait, en cela, accueilli nos propres offres et pris ce moyen de mettre fin, sans discussion, à un débat qui ne lui semblait pas sé-rieux. Mais la Cour a refusé même cette satisfaction aux enfants Delorme et voici son arrêt :

« Considérant que les consorts Delorme se prétendent appelés par un fidéi-commis à recueillir à l'exclusion des consorts Berne, l'actif net de la succession liquidée ;

» Qu'ils ne peuvent avoir d'action en justice, pour prouver l'existence et récla-mer le bénéfice d'un pur fidéicommis, lequel, à supposer qu'il existât, n'entraînerait pour le légataire universel, secrètement grevé de fidéicommis, qu'une obligation morale de rendre, dépourvue de liens juridiques;

» Considérant que, quelles que fussent dans la cause les déclarations des trois légataires universels, au sujet du prétendu fidéicommis réclamé par les consorts Delorme, il ne pourrait dépendre d'eux de détruire par leurs déclarations la fiducie dont le codicille du 14 octobre les charge au profit des consorts Berne, et d'anéantir par là les droits testamentaires positivement acquis à ces derniers ;

» Que les consorts Delorme sont donc irrecevables et mal fondés dans leur demande ;

» Que spécialement ils ne peuvent déférer à de Prandière, l'un des légataires universels, le serment décisoire sur le fait du prétendu fidéicommis, de Prandière n'ayant point, à raison de la fiducie écrite dans le codicille du 14 octobre, la libre disposition de ce qui forme avec les consorts Delorme l'objet du litige ;

» Que les diverses circonstances dont les consorts Delorme demandent subsidiairement acte à la cour, ne pouvant se rapporter qu'à la question même du procès qui est tranchée contre eux, il n'y a lieu de satisfaire à cette partie de leurs conclusions qui est sans convenance et sans intérêt. »

Il n'y a donc pas d'incertitude du chef des enfants Delorme.

Y en aurait-il du chef de M. Boutarel? Assurément, dit-on. Voyez la déclaration qu'ont faite, le 20 juillet 1860, MM. Royet et Fénéon. Elle ne peut rester sans valeur.

Que dit donc cette déclaration ?

La voici :

« Que, soit en première instance, soit à la cour, lesdits sieurs Royet-Vernadet et Fénéon ont déclaré qu'ils ne voulaient pas bénéficier de l'excédant actif de la liquidation de M. Jovin-Bouchard, *quoiqu'ils se considérassent, comme ils se considèrent encore, comme légataires sérieux et propriétaires de cet excédant*, et non comme de simples exécuteurs testamentaires, ainsi que voudrait le faire croire aujourd'hui M. Romain de Prandière ;

» Qu'ils ne veulent pas subir la loi que voudrait leur imposer ledit sieur de Prandière, à l'aide de prétendues instructions contenues dans la missive du 14 octobre 1835, *parce que, à leurs yeux et dans leur intime conviction, ces instructions n'ont aucun caractère de sincérité et que tout proteste contre ce qui y est contenu.* Les rapports de M. Jovin avec les fils Delorme, ses projets à leur égard, *l'inutilité de recourir à l'institution du testament authentique, si le testateur voulait qu'en réalité les enfants Berne fussent bénéficiaires de l'excédant actif,* les faits accomplis depuis l'ouverture de la succession, le silence gardé pendant vingt-trois ans, les projets de règlement proposés par le sieur Escoffier en 1850 et 1855, et qui sont une protestation formelle contre la prétendue volonté qui résulterait de la pièce du 14 octobre 1835, etc., etc...

» Qu'ainsi, *sans obligation morale, sans obligation civile*, appréciant ainsi que le leur dicte un haut sentiment de délicatesse, *l'institution sérieuse* dont ils ont été l'objet, MM. Royet-Vernadet et Fénéon *ne veulent pas, ils ne sauraient trop le répéter, profiter de cet excédant.*

» Et qu'à cette heure, *dans la plénitude de leur libre arbitre*, en face des insinuations calomnieuses sur le désir secret qu'ils auraient de conserver et de retenir, tout en se donnant les apparences de la générosité, et pour faire taire enfin toutes ces articulations injustes, ils déclarent et en demandent acte à la cour, que, après les comptes respectivement rendus devant tel notaire qui sera officiellement commis et assurés par cet officier ministériel, le reliquat actif, s'il en existe, *sera pour les deux tiers qui leur appartiennent* réparti savoir : *moitié aux sieurs Paul et*

Victor Delorme, et moitié au sieur Hector Boutarel, neveu de M. Jovin-Bouchard et commissaire de surveillance à Châlons, l'autre tiers restant à la disposition du sieur Romain de Prandière, et avec la destination qu'il lui plaira dé- terminer.

» Dont acte, sous telles réserves et protestations que de droit pour le cas où la présente déclaration ne serait pas acceptée par les intimés. »

Où MM. Royet et Fénéon ont-ils trouvé qu'il y avait un fidéicommis au profit de M. Boutarel? Ils n'en avaient pas parlé depuis vingt-cinq ans que la succession est ouverte. Ce nom n'avait été prononcé ni à Saint-Étienne, ni à Lyon, pendant six jours de débats animés. Il apparaît tout à coup, comme un champignon éclos, en une nuit, à la chaleur des mauvais sentiments de deux plaideurs effarés. MM. Royet et Fénéon évoquent ce nom pour faire apparaître au procès un intérêt nouveau, celui de la famille injustement ou- bliée, disent-ils, par le testateur. Mais aux lueurs de la justice, cette ingé- nieuse création s'est évanouie comme une vaine fumée.

Pourquoi d'ailleurs chercher des éléments d'incertitude dans les prétendus aveux des légataires universels et dans des documents étrangers au testateur, tels, par exemple, qu'un projet en faveur d'un des fils Delorme? Est-ce que la preuve du fidéicommis résulte des aveux des légataires, d'une preuve tes- timoniale ou de documents extérieurs? Non, mille fois non. Elle résulte des instructions du 14 octobre 1835, reconnues et exécutées par tous les inté- ressés. Or, ces instructions sont-elles obscures, confuses, douteuses? Non. Elles sont claires, précises, déterminées, certaines. Le nom des enfants Berne est écrit en toutes lettres, et la volonté qui s'y manifeste n'est obscurcie par aucune ambiguïté. Ainsi, la seule pièce, le seul document qui soit invoqué pour établir le fidéicommis, indique les destinataires, de façon qu'il est impos- sible de s'y tromper.

Ah! nous dit-on, c'est la pièce elle-même qui est incertaine.

La pièce elle-même! mais je l'ai dit, si la pièce tombe, il n'y a plus de fidéi- commis, le testament reste et il écarte vos prétentions.

Mais en quoi cette pièce serait-elle incertaine?

C'est qu'elle a été créée dans des circonstances bien extraordinaires, et quoiqu'on n'ose pas parler de captation, quoique, dans sa haute raison et dans sa conscience, mon adversaire ait fait justice de ce grief impossible (je rends hommage à la mesure qu'il a gardée dans le peu de mots qu'il a dits à ce sujet), il accumule les épithètes pour entourer les instructions du 14 octobre de circonstances mystérieuses, étranges, singulières, suspectes.

Comment cela!

C'est qu'elles auraient dû être écrites le jour même du testament, c'est qu'elles ont été faites à Lyon, dans l'isolement où Bouchard avait été systé- matiquement placé ; c'est qu'elles seraient nées sous l'inspiration du docteur Escoffier, qu'elles auraient été tenues dans un secret suspect, qu'elles dépouil- lent une famille qui n'avait pas démérité, que sais-je encore ?

Que signifient toutes ces déclamations?

J'ai expliqué en son lieu pourquoi les instructions ne portaient pas la même date que le testament, et n'avaient pas une forme régulière. Si elles émanaient d'une main coupable, qu'y avait-il de plus facile que d'aller au-devant de toute objection en leur donnant la date du testament?

J'ai dit ailleurs quels sentiments avaient poussé Bouchard à déshériter sa famille, et comment ces sentiments ne s'étaient pas manifestés dans les instructions seulement, mais bien dans deux testaments successifs, l'un de 1833, l'autre de 1835.

J'ai expliqué comment, loin d'être tenues secrètes, les instructions avaient été communiquées, dès l'origine, aux intéressés. L'arrêt de la Cour de Lyon met fin à toutes les dénégations qu'avaient opposées, sur ce point, MM. Royet et Fénéon aux affirmations de M. de Prandière. Voici comment il s'exprime :

« Considérant que des allégations aussi invraisemblables ne sauraient, comme l'ont reconnu les premiers juges, être accueillies;

» Qu'effectivement on ne comprendrait pas que, pendant vingt-trois ans, Royet-Vernadet et Fénéon eussent laissé se développer la liquidation d'une succession si opulente, sans se faire représenter le titre en vertu duquel on y procédait;

» Qu'on ne s'expliquerait pas mieux qu'ils eussent omis de faire un inventaire régulier, eux qui se considéraient comme de simples administrateurs de la succession, s'ils n'avaient pas connu la lettre du 14 octobre, qui couvrait leur responsabilité en les invitant à ne pas dresser d'inventaire;

» Que l'accomplissement ponctuel par eux des nombreuses prescriptions du codicille doit faire croire que connaissance de cet écrit leur avait été donnée;

» Que de Prandière, resté dépositaire de la pièce, affirme leur en avoir fait, dès le décès de Jovin-Bouchard, la communication;

» Que tout démontre de la sorte qu'ils ont vu et lu au temps de l'ouverture de la succession ce codicille. »

Tous ces griefs sont donc depuis longtemps mis à néant.

Je veux m'expliquer maintenant, quoique cela me semble inutile, sur le voyage de Lyon, sur le rôle de M. Escoffier et sur l'isolement prétendu où le testateur, affaibli par la maladie, aurait été placé.

M. Bouchard était atteint d'une maladie organique du foie et de la rate. C'est une de ces maladies qui affaiblissent le corps, mais qui laissent l'intelligence dans sa force et dans son intégrité. Depuis longtemps il suivait les prescriptions de divers médecins. Mais le mal faisait des progrès rapides. Il fallait le combattre par d'énergiques moyens. A Saint-Étienne, il recevait les soins dévoués du docteur Escoffier. Mais l'amitié est inquiète. M. Escoffier se défiait de ses propres lumières, il craignait de se tromper. M. Bouchard sentit lui-même la nécessité de s'entourer des soins, sinon plus éclairés, du moins plus autorisés des médecins d'une grande ville. Le voyage de Lyon fut résolu. M. Escoffier l'accompagna. Pourquoi? C'est que Bouchard pensa qu'il était indispensable que le médecin qui l'avait soigné pendant plusieurs années fût présent aux consultations pour raconter les précédents et faire connaître ses impressions. Le docteur Escoffier assista, au moment de son arrivée, à une réunion de quatre médecins, et, le soir même, il repartit pour Saint-Étienne. Depuis, il ne se rendait à Lyon que lorsque Bouchard le faisait appeler et qu'il devait y avoir des réunions de médecins. Il partait le matin et il revenait le soir. Une seule fois il a couché à Lyon.

X.   13

Voilà le mystère du voyage expliqué.

Du reste, M. Escoffier n'était jamais seul avec Bouchard. Il n'y avait pas l'ombre d'une séquestration. Bouchard recevait ses amis. S'il ne recevait pas sa famille, c'est qu'il était brouillé avec elle. Si elle ne se rapprocha pas de lui, ce ne fut pas la faute de M. Escoffier, bien au contraire. De plus en plus inquiet, voyant les progrès de la maladie, ne se faisant pas les illusions que se faisait Bouchard, il prévint la famille, et, sur ses sollicitations, deux de ses membres : mademoiselle Chevassière et madame Rosier, sa sœur et sa cousine, vinrent à Lyon, s'établirent à côté du logement de Bouchard et ne le quittèrent plus. Ce n'étaient pas les seuls intéressés qui entourassent Bouchard. Il avait près de lui mademoiselle Eugénie Fayolle, qui lui a prodigué ses soins jusqu'à la mort. Il y avait Paul et Victor Delorme qui surveillaient avec les yeux de l'espérance et de la cupidité. Les faits qui ont suivi la mort de Bouchard, et que je ne veux pas rappeler, ne prouvent que trop quels étaient leurs sentiments, et justifient l'exclusion dont ils sont l'objet dans les instructions du 14 octobre.

Ainsi le lit de mort de Bouchard était entouré de ceux qui pouvaient mettre obstacle à toute tentative de captation.

Hors les soins qu'il donnait au malade, Escoffier était étranger à tout. Si parfois Bouchard a reçu ses conseils, c'est qu'il les avait sollicités. Au moment où se faisaient le testament du 7 et les instructions du 14 octobre, le docteur Escoffier n'était pas présent, il était à Saint-Étienne. M. Rostain, notaire, l'affirme : il était seul avec Bouchard lorsqu'il a reçu le testament et rédigé les instructions du 14 octobre.

Il n'y a donc rien d'étrange, de singulier, d'inexplicable, de mystérieux, dans les circonstances qui ont entouré ces deux actes, et il n'existe aucune raison de douter de la liberté qui les a dictés.

Les instructions en elles-mêmes contiennent la preuve de l'entière liberté et de la pleine raison de leur auteur. Après la forme testamentaire, je ne connais pas de forme plus complète, plus probante que celle qui a été adoptée. C'est un écrit en sept pages, dicté à un notaire et revêtu de l'approbation suivante, écrite en entier de la main de Bouchard :

« Les présentes instructions, en sept pages, ont été dictées et signées par moi, ce 14 octobre 1835.

» JOVIN-BOUCHARD. »

C'est un véritable testament olographe, écrit, daté, signé de la main du testateur.

Quel autre écrit peut avoir une autorité plus grande ?

Mais, dit-on, il y a quelque raison de croire qu'on a abusé d'un blanc-seing. Les dernières lignes sont pressées comme si la place eût manqué pour achever l'acte au gré de son auteur.

Cette objection a été déjà présentée; le tribunal et la cour l'ont jugée. MM. Royet et Fénéon ne l'avaient pas négligée.

On a pressé les lignes parce qu'on ne voulait pas retourner la page. Il est certain que si l'on avait abusé d'un blanc-seing, on n'aurait pas fait cette maladresse. Il était inutile de donner aux instructions tout le développement qu'elles ont reçu. On avait sept pages à sa disposition; c'est plus qu'il ne fallait. Les instructions portent sur des points qui n'avaient de valeur que pour Bouchard lui-même, et que tout autre eût omis. La suppression de quelques-uns de ces détails inutiles laissait largement la place qui semble avoir manqué à l'écrivain.

Relisez cette œuvre, tout y porte la trace de la personnalité de Bouchard. Il y a là des choses qui ne pouvaient sortir que de son cœur; tout y a ce caractère d'intimité qui ne s'imite pas. Et puis! si l'on eût commis un abus de blanc-seing, pourquoi recourir à la main du notaire? A quoi bon le mettre dans cette inutile complicité? Pourquoi demander un concours qu'il eût assurément refusé? Mᵉ Rostain est un homme public, universellement considéré, d'une loyauté reconnue, incapable d'une mauvaise action; son concours est la garantie de la sincérité de l'acte. A vingt-cinq ans de distance, il affirme que l'acte lui a été dicté par Bouchard lui-même. Mon adversaire reconnaît qu'en matière de fidéicommis tous les genres de preuves, y compris la preuve testimoniale, sont admissibles. Voilà un témoignage des plus considérables. A quel titre le récuse-t-il?

Ce n'est pas tout. Nous avons un témoignage plus considérable encore, un témoignage que nul ne peut récuser; c'est celui de Bouchard lui-même. C'est lui qui déclare par écrit qu'il a dicté les instructions. Qui peut s'inscrire en faux contre sa déclaration? Il nous dit : les présentes instructions ont été dictées et signées par moi, et il signe. A qui le doute est-il désormais permis?

L'acte que nous possédons porte donc en lui-même tous les éléments de la certitude; je le répète, à part le testament, il n'est rien de plus probant. S'il s'agissait d'un contrat à titre onéreux par lequel Bouchard eût aliéné sa fortune entière, cet acte suffirait, et mon adversaire, si large en matière de preuves, ne veut pas admettre celle-là. Que lui faut-il donc? Un acte écrit en entier de la main du testateur. Mais alors ce serait un testament, il n'y aurait plus de fidéicommis, il n'y aurait pas eu de procès.

Une discussion plus longue serait inutile, je le sens. La conviction du tribunal déborde et je n'ai plus qu'à résumer mon système.

Nous nous trouvons en présence de deux manifestations de la volonté de Bouchard, l'une régulière, l'autre irrégulière, le testament du 7 octobre et les instructions du 14.

Le testament dépouille les héritiers du sang et investit de la succession MM. de Prandière, Royet et Fénéon.

Les instructions ne détruisent pas le testament, elles l'expliquent, le développent, le complètent en indiquant aux légataires universels l'usage que le testateur désire qu'ils fassent des biens qu'ils vont recueillir.

Ces deux actes réunis contiennent toutes les volontés de Jovin-Bouchard.

Mais il y a entre eux cette différence que le premier a une valeur civile que rien ne peut anéantir, tandis que le second, nul par sa forme, ne crée qu'un lien moral que les légataires universels pouvaient méconnaître.

Il était donc possible qu'un de ces actes restât sans exécution; la perfidie des légataires universels pouvait le laisser dans l'ombre et alors la volonté du testateur eût partiellement péri.

Mais Dieu n'a pas voulu qu'il en fût ainsi. Un honnête homme s'est rencontré parmi les trois légataires universels, et sa loyauté a mis obstacle à ce que cette mauvaise action fût commise. A son appel, la justice est intervenue et a décidé qu'en acceptant la succession et en exécutant l'acte du 14 octobre, les légataires universels lui avaient donné la vie civile qui lui manquait et que, dès lors, cet acte se rattachait au testament et participait à son autorité.

La volonté des légataires universels, l'exécution qu'ils ont donnée, sachant de quelle nullité elles étaient frappées, aux instructions du 14 octobre, tel est l'anneau qui les relie au testament et qui rattache entre elles les deux manifestations de la volonté de Bouchard. Désormais il y a un tout indivisible, le testament et les instructions ne peuvent plus être séparés. L'arrêt de la Cour les a indissolublement unis.

A l'heure qu'il est, les légataires universels n'ont plus rien à faire. Ils ont épuisé leurs droits en se soumettant à une volonté qu'il auraient pu fouler aux pieds, mais que l'honneur leur imposait l'obligation de respecter et qu'en définitive ils ont respectée. Que leur soumission, dans le principe volontaire, ait été plus tard contestée avec plus ou moins de loyauté, peu importe, le fait de cette soumission volontaire existe. La Cour de Lyon, après vous, messieurs, l'a souverainement jugé, et la volonté de Bouchard tout entière est assurée maintenant de recevoir son exécution.

Quant aux héritiers légitimes, irrévocablement dépouillés par un testament inattaquable, ils n'ont pas à s'immiscer aux détails de son exécution. L'ignorance où ils ont été de l'existence d'un fidéicommis n'ouvrirait un droit pour eux que si les bénéficiaires étaient dans un des cas d'incapacité édictés par la loi. Il n'en est pas ainsi. La capacité des enfants Berne est reconnue par tous. Ils n'ont aucun prétexte pour attaquer des dispositions qu'ils ont si longtemps respectées.

Je ne puis donc, messieurs, éprouver aucune inquiétude sur l'issue du procès. Les décisions qui ont été rendues me garantissent celle que vous allez rendre. On n'aura pas même la triste satisfaction du scandale que peut-être quelques-uns s'étaient promis. La sagesse de mon confrère a fait justice des rumeurs qui avaient circulé autour du procès. Il ne les a pas accueillies dans sa plaidoirie ; elles ne se produiront pas, je l'espère, dans le cours du débat. La famille Jovin ne voudra pas se procurer une défaite de plus en tentant ce dernier effort. Je persiste dans mes conclusions.

M. LE PRÉSIDENT. — Mᵉ Leroyer, vous avez la parole.

Mᵉ LEROYER. — Je crois, monsieur le président, pouvoir m'en tenir à la plaidoirie de Mᵉ Marie, et m'en rapporter à la sagesse du tribunal.

PLAIDOIRIE DE M⁰ MEUNIER.

Messieurs,

L'intérêt des enfants Berne dans le procès actuel est d'une évidence palpable : en effet, les consorts Jovin revendiquent et prétendent se faire remettre des biens, des sommes, des valeurs dont un arrêt souverain a déclaré les intervenants propriétaires. C'est sous l'empire de cette situation, c'est pour se conserver le bénéfice de la décision rendue en leur faveur, qu'ils sont intervenus, et qu'ils viennent aujourd'hui joindre leurs efforts à ceux des défendeurs principaux pour arriver à obtenir le rejet de la demande.

Quels sont les motifs ?

Quel est l'objet de cette demande ?

L'exploit introductif d'instance, dans son laconisme calculé, énonçait divers griefs. Il y est notamment fait mention du défaut de liberté d'esprit du testateur, formule qui laissait entrevoir une de ces accusations banales de captation, avec leur cortége de faits apocryphes. Toutefois, vous l'avez vu, l'idée en a été entièrement abandonnée, et il n'en subsiste que des insinuations dépourvues de portée et de justification, auxquelles il a été assez complétement répondu pour que je puisse me croire dispensé d'y répondre à mon tour.

Que reste-t-il de ce procès, et à quoi se réduit-il aujourd'hui ?

Voici, dans leurs proportions actuelles, les prétentions des adversaires.

Il existe, nous disent-ils, un testament authentique fait par Jovin-Bouchard, et, dans cet acte, entre autres dispositions, un legs universel.

Le testament est irréprochable dans la forme ; au fond, le legs universel est d'une incontestable validité, car le testateur était capable de donner et les légataires universels capables de recevoir.

Et néanmoins on doit mettre ce legs à l'écart.

Pourquoi ? Parce que les légataires ont eux-mêmes déclaré et qu'il est constant, d'après leurs aveux, qu'en cette partie le testament n'était pas sérieux, et que le legs universel ne devait recevoir aucune exécution.

Ce legs écarté, que reste-t-il ? Un écrit auquel à la vérité les tribunaux ont reconnu une valeur juridique ; mais uniquement à l'égard des légataires universels. Un jugement et un arrêt ont appliqué à cet écrit la qualification de testament ; mais à supposer qu'il la mérite vis-à-vis des légataires universels, contre la famille du moins, contre les héritiers du sang, il est sans force, parce qu'il lui manque l'une des conditions exigées pour son existence légale : le testateur ne l'a pas, en entier, écrit de sa main.

Nous, héritiers légitimes, nous pouvons donc le méconnaître et nous le méconnaissons.

Ainsi legs universel, non sérieux ; fidéicommis codicillaire nul en la forme;

il ne reste debout que notre droit ; nous venons l'exercer ; nous demandons que la succession nous soit enfin rendue.

Telle est, messieurs, dans son idée résumée, mais pourtant complète, la réclamation que vous avez à juger ; tels sont les motifs sur lesquels elle se fonde. Selon moi, ils ne supportent pas l'examen, et déjà sans doute l'habile plaidoirie de Me Bac vous en a convaincus.

Toutefois je ne dois pas délaisser ma tâche ; seulement, en traitant le même sujet, j'en séparerai les questions de fait accessoires, les considérations morales, que, malgré leur gravité, je ne dois pas reproduire, parce qu'après la plénitude des développements que leur a donnés mon confrère, elles ne seraient dans ma bouche qu'une redite inutile et sans intérêt.

Je fixe, d'abord, mon point de départ.

Dans quelles dispositions Jovin-Bouchard est-il mort? J'apprécierai ce point de fait, en me plaçant au lendemain de son décès, alors que ses dispositions existaient seules et sans le mélange de faits ultérieurs, accomplis par des tiers.

Jovin-Bouchard laissait un testament authentique, en date du 9 octobre 1835, dans lequel se rencontre un legs universel en faveur de MM. de Prandière, Royet et Fénéon.

Vous avez entendu à l'audience d'hier, l'avocat des demandeurs se complaire à reconnaître lui-même, à proclamer la parfaite régularité de ce testament. Aucune attaque ne saurait, disait-il, l'atteindre ; il est revêtu de toutes les formes légales : à côté de la capacité de celui qui donne, on y rencontre la capacité de ceux qui reçoivent.

A la suite de ce testament, se place l'écrit du 14 octobre 1835, dans lequel son auteur a consigné diverses instructions adressées à ses légataires universels et des dispositions de dernière volonté, notamment l'invitation à ses légataires universels de conserver sur l'excédant de ses biens, après liquidation, *le plus qu'il leur sera possible à accroître l'émolument des enfants Berne.*

· •Cet écrit, du reste, se fait remarquer par une précision et une clarté extrêmes, soit quant aux libéralités qu'il renferme, soit quant à l'indication des personnes appelées à les recueillir.

Quelle est sa nature ? Sans débattre moi-même, quant à présent, ce problème, je me bornerai à rappeler que votre jugement, Messieurs, et l'arrêt de la Cour lui ont appliqué la qualification de codicille, de disposition testamentaire. — Soit, disent les demandeurs ; ce sera un testament olographe, si vous le voulez ; mais ce testament est nul, pour n'avoir pas été écrit en entier de la main du testateur.

Voici donc dans quelles dispositions Jovin-Bouchard est décédé : il avait fait un testament authentique régulier, dans lequel il institue valablement des légataires universels, et un testament olographe nul, renfermant ce qu'on est convenu d'appeler, avec plus ou moins de propriété dans la dénomination, un fidéicommis en faveur des enfants Berne.

Demandons-nous maintenant ce qui serait arrivé si, immédiatement après la mort de Jovin-Bouchard, chacun eût usé de son droit rigoureux, sans se préoccuper d'aucune autre considération.

Supposons que les héritiers du sang, demandeurs actuels, se fussent constitués tels, dès l'origine, et eussent entrepris alors de faire valoir les droits attachés à leur qualité ? — Les légataires universels leur auraient opposé le testament, ce testament inattaquable, et leurs prétentions auraient, à l'instant même, été écartées.

Que si, connaissant l'existence de l'écrit du 14 octobre 1835, ils fussent venus parler de fidéicommis, les légataires universels leur auraient répliqué : Il se peut que cette pièce renferme une disposition testamentaire, un fidéicommis universel ; mais cette disposition ne nous lie point ; on ne doit pas y voir une loi imposée par le testateur, parce qu'il ne faut considérer comme telles que les dispositions revêtues des formalités exigées par la loi.

Au surplus, si ce fidéicommis était valable, que viendriez-vous réclamer ? Si sa puissance était assez grande pour ruiner le testament, elle le serait, à plus forte raison, assez pour anéantir le droit des héritiers naturels. — Ainsi, valable, il vous écarte ; nous n'avons pas à plaider avec vous ; nul, il ne peut servir ni à ses bénéficiaires, ni à vous.

Si néanmoins, poussant plus loin leur insistance, les héritiers naturels eussent dit : il existe d'autres fidéicommis, nous le soutenons et nous en ferons la preuve.

La preuve, dites-vous, mais quelle en sera la nature ? La preuve d'un fidéicommis ne peut résulter que d'un acte régulier présentant les caractères d'une donation entre-vifs, ou ceux d'une disposition testamentaire ; avez-vous cet acte ?

Non ; mais nous offrons la preuve testimoniale.

La preuve testimoniale ? c'est-à-dire que vous admettez la validité d'un testament verbal, fait devant témoins. Mais le fidéicommis échappe-t-il à la règle de l'article 893 du Code Napoléon, lequel ne reconnaît que deux manières de disposer à titre gratuit : la donation entre-vifs et le testament ? La jurisprudence admet bien, en outre, le don manuel auquel sans doute vous ne tenterez pas d'assimiler le fidéicommis ; mais à côté de ces trois moyens de disposer à titre gratuit vous n'en rencontrerez pas d'autre.

Ne venez donc pas, quand vous invoquez un fidéicommis assez efficace, selon vous, pour détruire le testament, n'en proposer que la preuve testimoniale ; cette preuve est vaine ; il est interdit aux tribunaux d'en inférer qu'il existe une disposition fiduciaire valable.

Oh ! si vous offriez la preuve que le legs universel est grevé d'un fidéicommis même purement verbal, mais fait en faveur de personnes incapables, alors sans doute vous seriez admissibles à en offrir la preuve par témoins. Pourquoi cette distinction ? parce que, dans ce cas, il y aurait fraude à la loi, et qu'il est de jurisprudence qu'en matière de fraude, et surtout de fraude à la loi, la preuve testimoniale ne cesse jamais d'être recevable.

Mais tel n'est pas votre langage : en alléguant l'existence d'un fidéicommis verbal vous ne parlez pas de personnes incapables de le recueillir, vous n'êtes donc pas dans le cas de l'exception ; vous ne pouvez pas proposer utilement la preuve testimoniale.

C'est avec un profond étonnement que j'ai entendu l'illustre avocat des demandeurs soutenir qu'un fidéicommis quelconque, celui même qui ne s'adresse pas à des incapables, qui ne contient pas de fraude à la loi, peut se prouver par témoins. Où donc a-t-il trouvé le fondement d'une semblable doctrine ? La jurisprudence ne l'a jamais admise ; pas un seul auteur ne lui a prêté l'appui de son opinion. Comment en serait-il autrement ? elle est attentatoire à des textes nombreux et formels.

Si donc les héritiers du sang, insistant sur l'existence d'un fidéicommis verbal, fussent venus, le lendemain de la mort de Jovin-Bouchard, en offrir la preuve testimoniale, ils n'auraient pas moins dû être repoussés que lorsqu'ils se seraient bornés à invoquer les droits attachés à leur qualité d'héritiers naturels, ou l'écrit du 14 octobre 1835.

Supposons enfin qu'à leur tour les enfants Berne fussent entrés en scène et eussent réclamé l'exécution de l'écrit du 14 octobre alors que, de la part des légataires universels n'était encore intervenu aucun fait d'exécution volontaire, aucune ratification formelle ou tacite, alors en un mot que l'écrit était encore dans ses conditions natives d'irrégularité et d'invalidité : qu'auraient eu à faire les légataires universels pour se défendre contre cette prétention ? Le moyen était simple autant qu'efficace.

Il leur aurait suffi d'opposer la nullité non encore réparée de l'écrit.

Maintenons donc comme un point irréfragable que Jovin-Bouchard est mort, laissant une seule disposition valable et légalement obligatoire : celle qui investissait MM. de Prandière, Fénéon et Royet de l'universalité de sa succession et anéantissait par là tous les droits de la famille.

Que fallait-il, messieurs, pour que cette situation primitive, créée par le défunt lui-même dans la limite de sa capacité légale, vînt à subir des modifications ? que fallait-il pour que les légataires universels si pleinement investis de tous les droits afférents à leur qualité, vinssent à en être dépouillés ? Cela était possible, messieurs, facile même.

Supposons en effet que les légataires universels que rien n'astreignait à accepter le legs, l'eussent répudié, mais franchement, mais purement et simplement répudié, comme on renonce à une succession, alors qu'on veut y rester absolument étranger; oh! alors, le legs universel s'anéantissant, le droit des héritiers du sang allait immédiatement reparaître et revivre, dans sa plénitude, dans sa puissance, et frapper d'une inefficacité absolue le fidéicommis du 14 octobre 1835.

Mais est-ce là ce qui est arrivé ?

On prétend que la conduite tenue par les légataires universels équivaut à une renonciation ; recherchons s'il en est ainsi.

Qu'ont fait les légataires universels? Leur première opération a été de mettre la main sur les biens du testateur. Mais avant d'aller plus loin, disons d'abord ce qu'ils n'ont pas fait.

Vous savez que, ni pour le légataire, ni pour l'héritier, la renonciation ne se présume et qu'elle ne peut résulter que d'une déclaration formelle faite au greffe du tribunal et retenue sur un registre spécial (art. 784 Code Napoléon); or, jamais cette déclaration n'est intervenue ; voilà ce qu'ils n'ont pas fait.

Reprenons maintenant l'énumération de leurs actes.

Ils ont fait main mise pure et simple sur tous les biens de la succession sans inventaire préalable ; par là, ils ont accepté le legs. Mais quelque caractérisée que soit une telle acceptation, elle n'est pourtant que le moindre de leurs actes ; énumérons ceux qui ont suivi.

Ils ont délivré tous les legs, les plus importants, comme ceux qui l'étaient le moins;

Ils ont vendu sans formalités les biens meubles et immeubles de cette succession opulente ;

Ils ont consenti des remises sur les créances ;

Ils ont longtemps et devant diverses juridictions plaidé contre la ville de Saint-Etienne sur l'exécution du legs considérable qui lui avait été fait ;

Ils ont transigé avec elle deux fois;

Et tous ces faits ils les ont accomplis en prenant formellement la qualité de légataires universels.

Vous le voyez, il n'est pas possible de trouver dans la pratique, de concevoir même théoriquement un autre ensemble de faits d'acceptation plus géminés, plus hautement caractéristiques. Les deux espèces d'acceptation tacite et formelle se renouvellent à chaque pas, presque toujours placées l'une à côté de l'autre.

Est-il maintenant nécessaire de dire qu'après tous ces faits accomplis, et même dès l'accomplissement du premier, les légataires universels se sont trouvés dans la même condition que l'héritier qui accepte, c'est-à-dire qu'il ne leur a plus été possible de renoncer ? — Pour les légataires universels en effet, non moins que pour les héritiers naturels, la maxime est vraie : *semel hœres, semper hœres.*

Quelle est donc la situation de ces légataires universels, auxquels les demandeurs imputent une renonciation pour en induire la nullité ou la caducité de leur legs ? la voici :

S'il se trouvait des créanciers de la succession, restés jusqu'à présent inconnus, ce qui probablement ne se réalisera pas, mais ce qui peut se supposer, quel serait leur droit? Ils pourraient s'adresser aux légataires universels et exiger d'eux leur payement, non-seulement jusqu'à concurrence des valeurs successorales, mais *ultra vires* et sur leurs biens personnels.

En disposant de la succession sans inventaire, sans formalités, leur diraient les créanciers, vous avez fait acte d'héritiers purs et simples et avez encouru une responsabilité indéfinie. De votre acceptation est née la confusion intime du passif et de l'actif successoral avec votre patrimoine personnel.

Ces prétentions ne seraient que la juste expression de leur droit irréfragable, et les légataires universels ne parviendraient à s'y soustraire par aucun moyen.

Ils ont vendu, en prenant la qualité de légataires universels, les immeubles de la succession ; eh bien ! si une éviction éclatait jamais au préjudice des acquéreurs, ceux-ci auraient l'action en garantie contre les légataires universels et pourraient l'exercer *ultra vires.* Les légataires universels sont tenus, même sur leurs facultés personnelles, de maintenir les ventes qu'ils ont consenties.

Pourquoi cette obligation de payer, de garantir *ultra vires?* C'est qu'aujourd'hui encore, malgré les concessions par eux faites au fidéicommis, les légataires universels n'ont pas cessé d'être pleinement héritiers, pleinement acceptants. Comment donc est-il après cela possible de travestir en renonciation une acceptation si peu équivoque et qui a laissé sur la personne et sur les biens des légataires universels une empreinte aussi profondément ineffaçable ?

Je viens de prouver que les légataires universels ont accepté purement et simplement le legs ; ici j'ajoute qu'ils ont dû le faire puisqu'ils acceptaient la charge du fidéicommis, car l'exécution de cette disposition de Bouchard n'était possible qu'à la condition et au moyen d'une acceptation pure et simple du legs universel.

Ce point mérite d'être mis en pleine évidence.

Dans l'écrit du 14 octobre 1835, où Jovin-Bouchard institue le fidéicommis et en désigne les titulaires, il dépose, en même temps, des vœux bien expressifs et dans lesquels se réfléchit sa volonté tout entière. Il dit à MM. de Prandière, Royet et Fénéon : « qu'en les nommant ses légataires uni-» versels, il a voulu leur donner un témoignage *de la juste confiance* que lui » inspiraient *leur loyauté et leur capacité reconnues*, et qu'il a eu besoin de » compter *sur le zèle d'amis désintéressés.* »

C'était leur dire : « Je fais un appel à votre zèle et à votre amitié, parce » que je ne vous demande rien moins qu'un grand témoignage de dévouement.

» J'ai besoin, indispensablement besoin d'être représenté par des hommes » capables, dévoués et loyaux ; si je périssais tout entier, si je ne revivais dans » la personne d'amis de mon choix, investis et dignes de ma confiance, rem-» plis à la fois de zèle et de capacité, l'accomplissement de mes volontés » dernières serait en péril, soit celles qui intéressent ma ville natale, soit » celles dont le but est de donner satisfaction à mes affections privées.

» C'est à cette œuvre que je vous prépose ; c'est vous que je charge de » l'accomplir ; elle resterait inachevée en d'autres mains.

» Mais pour cette tâche, les plus grands pouvoirs vous sont nécessaires ; » ceux attachés à la qualité d'exécuteurs testamentaires ne suffiraient pas. Je » vous nomme donc mes légataires universels ; je fais de vous les continuateurs » de ma personne ; vous agirez en maîtres, en souverains. »

Telle a été la portée des instructions, des dispositions de Jovin-Bouchard : je paraphrase sa pensée, mais je ne l'amplifie ni l'altère. Complétons-la par un dernier trait.

L'invalidité juridique de l'écrit du 14 octobre était trop apparente pour qu'on puisse croire qu'elle lui ait échappé ; le notaire d'ailleurs, qui écrivait sous sa dictée, n'a pu la lui laisser ignorer ; elle fut donc un acte réfléchi de sa volonté. Bouchard a parlé le langage d'un testateur dans l'écrit du 14 octobre afin de lui imprimer une grande autorité morale ; il ne l'a pas élevé à la puissance d'un testament régulier pour éviter qu'il ne devînt un obstacle.

On comprend dès lors son appel au désintéressement des représentants qu'il se choisissait ; on comprend qu'il eût besoin de croire à leur loyauté, et son dernier vœu peut se traduire ainsi :

« Cet écrit n'est pas destiné à infirmer votre qualité de légataires univer-» sels ; elle continue au contraire de rester intacte ; vous recueillerez donc » ma succession en vertu de ce titre ; mes biens deviendront votre propriété, » comme ils sont la mienne ; vous userez en liberté de vos pouvoirs de maîtres » pour arriver à l'exécution pleine et entière de mon testament, et alors, si » quelque excédant reste de ma fortune, vous en accroîtrez l'émolument des

» enfants Berne. Mais ici l'invalidité de mon écrit vous annonce que ce n'est
» point une obligation civile et légale que j'entends vous imposer ; vous ne
» relèverez donc de l'autorité d'aucun tribunal, vous ne devrez compte
» qu'à votre conscience ; je m'en remets à votre amitié, à votre désintéresse-
» ment, à votre foi. »

Telle est la situation que Jovin-Bouchard a faite à ses légataires universels,
d'où l'on aperçoit que se mettre en désertion du legs, que ne pas l'accepter
purement et simplement, avec ses charges tempérées par ses immunités,
c'eût été de leur part faillir à leur mandat et se mettre en révolte ouverte
contre la volonté du testateur.

Nous arrivons à l'argument favori de l'avocat des adversaires : « Les léga-
» taires eux-mêmes ont déclaré que le legs universel n'était pas sérieux. »

Où cherche-t-il la preuve de cette déclaration ? exclusivement dans l'im-
primé où se trouvent recueillis les débats du premier procès. Il en extrait
divers passages qui lui servent à former sa démonstration juridique. Elle est
complète, selon lui ; quelques lignes prises dans les plaidoiries, c'en est assez
pour fixer le fait, bien que ce fait ait une immense importance et qu'il soit
démenti par tout ce que la cause a de réel.

Voyons de près ce système, mais en nous plaçant au point de vue vrai, à
celui qui permet d'apercevoir le fond des choses, et nous reconnaîtrons bientôt que l'avocat adverse s'en est tenu à la surface, qu'il a mis à l'écart tout ce
qui, dans les premiers débats, éclaire d'une vive lumière la question de fait,
et qu'en un mot sa facile, mais encore plus illusoire démonstration n'a pour
fondement qu'une équivoque, un jeu de mots, des réticences.

Que s'est-il passé ?

MM. Royet, Fénéon et de Prandière n'ont pas toujours été en procès, leur
dissidence n'est même qu'un fait tardif et récent ; pendant bien des années
ils se sont entendus sur la nature de leur tâche et sur la manière dont elle
devait être accomplie. Pendant tout ce long intervalle, l'écrit du 14 octobre
1835, mis dès l'origine sous les yeux de ceux qui devaient y trouver leur
loi d'honneur, était connu d'eux tous, et tous l'avaient accepté.

Or, quelle avait été leur conduite ?

Je l'ai dit : leur premier soin, leur première manifestation a été l'acceptation pure et simple du legs universel, acceptation plusieurs fois renouvelée ;
puis est intervenue à des reprises successives l'exécution de plusieurs des
instructions et dispositions contenues dans l'écrit du 14 octobre ; mais cette
exécution, qui n'était possible qu'à cause et en vertu de la qualité de légataires, ne pouvait en être l'abdication.

Telle a été la situation jusqu'au premier procès.

Recherchons quelle attitude MM. Fénéon et Royet ont prise dans ce procès, et quelles déclarations ils y ont fournies.

Interrogés sur faits et articles, ils répondent sans hésitation qu'à leurs yeux
le testament a toujours été une vérité ; ils nient avec persistance avoir jamais
exécuté, avoir même connu l'écrit du 14 novembre.

A l'audience, des paroles plus ou moins hasardées échappent à leurs avocats : le ministère public s'en émeut, il veut savoir si MM. Royet et Fénéon
rétractent les réponses de leur interrogatoire ; le tribunal alors les interroge,

mais il n'obtient que des réponses identiques avec celles faites devant M. le juge commissaire; le testament, le legs universel, c'est leur titre, c'est leur loi ; ils n'en reconnaissent pas et n'en ont jamais reconnu d'autre. Voici, par exemple, comment l'interrogatoire public de M. Royet se termine :

M. LE PRÉSIDENT : « De telle sorte que vous entendez retenir tous les » biens de la succession ? »

M. ROYET : « Parfaitement. »

Il n'était pas possible de faire une réponse plus expressive, ni d'y employer moins de mots.

Suivons-les maintenant dans l'instance d'appel.

Dans la procédure jusqu'aux débats, nulle modification.

Les débats s'engagent, se prolongent, et tout en faisant protester de leur désintéressement, Fénéon et Royet ne cessent pas de maintenir le testament comme un acte sérieux et de conclure à leur renvoi d'instance.

Mais bientôt ils sentent le terrain se dérober sous leurs pas; une condamnation devient, de plus en plus, imminente. Alors seulement, sous la date du 20 juillet 1860, ils font signifier un acte de palais, dont voici la substance. Nous sommes de vrais et sérieux légataires universels; les biens de la succession nous appartiennent, sans aucune charge de fidéicommis. Mais de notre plein gré, et sous la seule impulsion d'un sentiment de haute délicatesse, nous prenons l'engagement de remettre ces biens qui sont nôtres à M. Boutarel, neveu du défunt et aux enfants Delorme.

Telle a été leur dernière attitude en cause d'appel; d'où l'on voit que jusqu'au dernier moment ils ont persisté à se présenter comme investis sérieusement de tous les droits attachés à la qualité de légataires universels; que tout en prenant ou plutôt en offrant de prendre l'engagement de remettre leur part dans les biens, ils expliquent l'abandon qu'ils sont prêts à en faire non pas par l'existence d'un fidéicommis, qu'ils continuent de nier hautement, mais par un sentiment élevé et presque exagéré du devoir moral.

Ne négligeons pas ici de dire que l'acte de palais du 20 juillet 1860 n'a été signifié qu'à l'avoué de M. de Prandière et à celui des enfants Berne, mais que la signification n'en a point été faite à l'avoué des enfants Delorme ; j'ai entendu ce dernier s'en plaindre publiquement à la barre et le reprocher amèrement à son confrère comme une tactique peu loyale. Ajoutons que l'acte se termine par des réserves pour le cas où leur déclaration ne serait pas acceptée *par les intimés. Ces intimés* n'étaient pas les enfants Delorme, que MM. Royet et Fénéon avaient, à dessein, placés dans l'impossibilité d'accepter leur déclaration, en ne la leur signifiant pas.

Faisons remarquer enfin qu'en même temps que, pour faire croire à leur haute probité, MM. Fénéon et Royet lançaient dans la procédure d'appel cet acte dérisoire, ils avaient grand soin de maintenir intactes leurs conclusions contre M. de Prandière et les enfants Berne, tendant à leur renvoi d'instance, c'est-à-dire à la maintenue de leur qualité de légataires affranchis de tout fidéicommis.

C'est en cet état des choses qu'est intervenu l'arrêt.

Contre cet arrêt, MM. Fénéon et Royet se sont pourvus en cassation; or quel est le but de leur pourvoi ? Le seul qu'il ait et puisse avoir est de se débarrasser d'une décision judiciaire qui leur enlève le bénéfice du legs.

Nous avons maintenant à nous occuper de M. de Prandière.

On lui oppose la partie de son interrogatoire que nous allons citer :

« *D.* Avez-vous pensé que cet écrit (du 14 octobre) fût, dans la pensée de M. Jovin-Bouchard, un testament devant vous obliger légalement, ou bien n'y avez-vous vu qu'une simple recommandation?

» *R.* J'ai toujours considéré en droit et en honneur, comme un devoir pour moi et pour mes colégataires, d'exécuter à la lettre les dispositions de cet écrit qui, à mes yeux, était un véritable testament. »

Cette réponse signifie-t-elle que le legs universel fût sans valeur ?

A ce sujet, remarquons d'abord que M. de Prandière ne parle pas du testament, mais uniquement de l'écrit du 14 octobre ; il dit ce qu'était à ses yeux la deuxième pièce, il ne dit pas et on ne lui demandait pas ce qu'était la première.

Mais de ce que l'écrit du 14 octobre lui avait paru, en droit et en honneur, un testament obligatoire, on conclut que le legs universel ne lui paraissait pas sérieux ; — or, c'est là une conséquence erronée, ouvertement contraire à la pensée de M. de Prandière.

Quelques explications suffiront pour le démontrer.

Si l'on parcourt l'interrogatoire de M. de Prandière, on voit qu'il y parle souvent des *légataires universels* de M. Jovin, de ce que *ses deux colégataires* et lui ont fait en cette qualité.

Il s'est cru, dit-il, obligé à l'exécution de l'écrit ; mais, comme nous l'avons prouvé précédemment, l'exécuter ce n'était point déserter le legs universel, c'était, au contraire, l'accepter. La désertion du legs universel, la renonciation des légataires eût entraîné la chute de la disposition codicillaire ; le sort de celle-ci était lié à la réalité et à la validité de celle-là.

Certes M. de Prandière ne saurait être accusé de n'avoir pas pris au sérieux le legs universel ; au contraire, il l'a accepté sans délai ; sans délai, par cette acceptation, il a irrévocablement engagé sa grande fortune personnelle.

C'est lui qui, aujourd'hui même, comme nous l'apprend son interrogatoire, en refusant à la ville de Saint-Etienne le reste de son legs, sur le motif qu'elle n'exécute pas l'une des clauses de la dernière transaction dans laquelle il a été partie avec le titre de légataire universel, se pose et agit encore en cette qualité.

N'hésitons pas à le dire, toute cette partie de l'argumentation des adversaires roule sur une équivoque transparente même à leurs yeux.

Les réponses de M. de Prandière ont été assorties à l'objet du procès, au but de son interrogatoire. — Or, quelle était la principale, la grande question de ce litige? pas autre que de savoir, si par une exécution unanime et volontaire, les légataires universels avaient couvert le vice de l'écrit du 14 octobre. — Quand donc, au nom de M. de Prandière et des enfants Berne, on parlait d'un legs universel, non sérieux, quand ils en parlaient eux-mêmes, le sens de ce langage était simplement que, par leur adhésion volontaire à l'écrit du 14 octobre, les légataires universels s'étaient démis en faveur des enfants Berne de leur droit au reliquat libre des biens de la succession.

Quand on les assimilait à des exécuteurs testamentaires, on ne disait pas, on ne voulait pas dire que telle fût, en réalité, leur qualité légale, mais seulement que, par leur assentiment au fidéicommis, ils avaient renoncé à tirer pour eux-mêmes aucun profit de leur legs, et s'étaient réduits par là, au point de vue de leur intérêt personnel, à une condition équivalente à celle de simples exécuteurs testamentaires.

Telle est la seule portée vraie, soit de la réponse de M. de Prandière, soit des paroles de son avocat et de l'avocat de M. Escoffier dans le premier procès.

Il reste avéré, d'après ce qui précède, que, soit pendant le cours de leurs dissentiments, soit lorsqu'ils marchaient d'accord vers un but identique, MM. Fénéon, de Prandière et Royet n'ont jamais cessé d'attacher au legs universel le caractère le plus sérieux.

Recherchons maintenant ce qu'ont fait le tribunal et la cour.

Ils ont appliqué à l'écrit du 14 octobre les qualifications de codicille, de dispositions testamentaires; mais bien loin de se dissimuler que cet écrit fût nul, ils l'ont, au contraire, formellement rappelé, et si pourtant ils en ont ordonné l'exécution, ils ont eu soin de dire que c'était non pas à cause de l'écrit lui-même, frappé intrinsèquement d'une absolue inefficacité légale, mais à cause de l'exécution volontaire, qui l'avait purgé de son vice.

L'arrêt sur ce point est des plus formels : il contient une énumération détaillée des faits caractéristiques de l'exécution, et, pour en faire ressortir l'autorité, il ajoute que ces faits ont été accomplis en pleine connaissance de cause, c'est-à-dire l'écrit sous les yeux. J'engage les adversaires à relire et à méditer ce motif : Considérant qu'il n'est pas possible qu'un vice aussi apparent que celui résultant de ce que le testateur n'avait pas écrit de sa main les instructions du 14 octobre ait échappé aux yeux des légataires.

Il reste donc constant, d'après l'arrêt lui-même, que si l'acte qu'il appelle un codicille n'eût pas reçu l'adhésion des légataires, il n'aurait produit aucun effet et aurait laissé debout et pleinement intact le legs universel édicté par le testament. Les légataires universels, a dit l'arrêt, ont, par le fait même de cette exécution, pris l'engagement personnel d'exécuter le fidéicommis, de remettre aux enfants Berne les biens qui resteraient libres après la liquidation et le payement de toutes les charges.

Cet engagement des légataires est un contrat, il renferme tous les éléments d'une obligation conventionnelle. Ce contrat, cette obligation est la source unique dans laquelle le fidéicommis a puisé sa force ; nul auparavant, impuissant à produire aucun effet, il ne créait aucun droit aux personnes en faveur desquelles il était établi.

Est-ce donc une renonciation au legs universel, à leur qualité de légataires, que cet engagement contracté par eux d'exécuter le fidéicommis, de remettre les biens aux mains des bénéficiaires ?

Redisons-le : la qualité de légataires universels acceptants était empreinte sur leur tête, ineffaçable, indélébile ; quand même ils auraient voulu abdiquer, ils n'en avaient plus le pouvoir.

Mais d'ailleurs l'engagement pris envers les fiduciaires n'était point un acte d'abstention, une renonciation passive, comme est, comme doit être celle de l'héritier qui veut ne l'être plus et ne l'avoir jamais été; c'était, au contraire, un fait actif, un acte de véritable disposition et le mobile.

Voici, pour en faire ressortir la nature, quel langage on peut mettre dans la bouche des légataires universels, s'adressant aux enfants Berne :

« Ces biens, qui dépendent de la succession de Jovin - Bouchard, nous
» appartiennent en vertu d'un testament solennel et inattaquable, et cepen-
» dant nous vous les remettons.

» Ce n'est pas qu'à côté de notre titre, il y en ait un second qui en infirme
» légalement la valeur et vous crée un droit supérieur au nôtre; non, rien
» de semblable n'existe, notre liberté civile est entière ; mais nous nous trou-
» vons en présence d'une obligation de conscience, et, en hommes d'hon-
» neur, nous voulons la remplir.

» Nous avons accepté le legs universel parce que l'exécution des volontés
» du testateur, celle notamment des dispositions qui vous concernent, étaient
» à ce prix. Aujourd'hui, légataires universels acceptants, seuls nous représen-
» tons le défunt, seuls nous le représenterons toujours, et néanmoins ces
» biens dont nous sommes les maîtres, ces biens que la loi nous permet de
» retenir, nous vous les remettons, mais sans autre impulsion que celle de
» l'honneur et du devoir. »

Tel est donc le fait accompli par les légataires; il a consisté à agir, à accepter, à se créer ainsi un droit de propriété sur les biens de la succession,
puis à s'engager à les remettre à des personnes que, ni la loi, ni même la
volonté *légale* du défunt n'avait appelées à les recueillir.

Y a-t-il quelque chose d'illicite ou d'irrégulier dans des faits pareils? L'engagement des légataires envers les fiduciaires est-il atteint d'imperfection ou
d'illégalité ? cette obligation, ne pouvaient-ils pas la prendre ?

En principe, tout ce que la loi ne défend pas, elle le permet; en principe,
toute obligation que ne désavouent, ni la loi, ni l'ordre public, ni les bonnes
mœurs peut être valablement contractée. Où donc est le texte qui prohibe
celle-ci, en quoi est-elle contraire aux bonnes mœurs, en quoi à l'ordre
public ? Puisqu'elle se range dans la classe des choses non défendues, et même
dans celle des actions honnêtes et dignes d'éloges, elle est donc revêtue d'une
incontestable validité.

Mais dès lors respect et force lui sont dus; ce contrat, puisqu'il défie toute
critique, doit recevoir son exécution.

Cette exécution, quelle doit-elle être? La remise des biens libres entre les
mains des bénéficiaires du fidéicommis, la remise quand elle sera possible,
c'est-à-dire aussitôt que la liquidation de la succession sera achevée.

Les prétentions des adversaires sont empreintes d'un caractère d'étrangeté
qui ne vous a pas échappé, messieurs.

Quelle est leur arme contre le legs universel ? Uniquement l'obligation prise
par les légataires universels d'exécuter un fidéicommis irrégulier. — Cette
obligation, les demandeurs évitent de lui donner sa qualification légale, ils lui
refusent, ou du moins ils ne lui donnent pas le nom de contrat, et semblent
n'y voir qu'un aveu de la non-existence du legs. C'est à l'aide de ce traves-
tissement qu'ils entreprennent de détruire le testament par le contrat ; puis,
le testament écarté, ils ont l'air de croire qu'ils ne sont plus en présence que
d'un codicille irrégulier, dont il leur suffit de rappeler le vice pour en être à l'instant même affranchis et se faire rendre tous leurs droits d'héritiers *ab intestat*.

Non, telle n'est pas la situation, et les demandeurs affectent en vain de s'y méprendre. Le testateur a fait sciemment un legs universel valable, sciemment un codicille nul ; bien loin d'avoir eu la pensée d'anéantir le premier par le second, il a voulu que le second empruntât du premier son existence légale et y trouvât sa consécration civile. Il a confié certains vœux de prédilection à des hommes de son choix, auxquels la qualité et les droits de légataires universels étaient nécessaires pour l'exécution de leur mandat ; ceux-ci se sont rendu la succession propre par l'acceptation pure et simple du legs ; puis, en vertu de ce droit de propriété même, maîtres définitifs, sans rivaux possibles, sans adversaires sérieux devant la loi ; ils ont, tout en conservant une qualité qu'il ne dépendait plus d'eux d'abdiquer, disposé des biens, non pas en consultant leur droit, mais en obéissant à leur conscience.

Voilà ce qui s'est passé, voilà l'enchaînement des volontés, des faits et des actes. Mais, peut-être, tout cela n'a-t-on pas pu le vouloir et le faire ? Vous aurez prouvé cette thèse quand vous aurez établi que, sous le nom de légataires, le testateur s'est donné des personnes interposées pour faire arriver par leur entremise ses dons à des incapables, et éluder ainsi frauduleusement les prohibitions de la loi ; mais tant qu'il n'apparaîtra qu'un mourant remettant à des mains amies le dépôt de ses plus chères affections et de ses désirs suprêmes ; tant que vous n'aurez pas démontré que ces affections n'étaient pas honnêtes, et que la réalisation de ses désirs impliquerait une offense à la loi, qu'espérez-vous, que demandez-vous, quel succès d'intérêt ou d'honneur attendez-vous d'un tel procès ?

Abordons d'autres questions.

Les demandeurs concluent à l'annulation des dispositions de Jovin-Bouchard, sur le motif encore qu'elles s'adressent à des personnes incertaines. — Ce grief d'incertitude ne s'applique pas au legs universel dont il n'était pas possible de désigner plus clairement les titulaires ; il est dirigé contre le fidéicommis. A quelles personnes est-il destiné ? On prétend que c'est là une question pleine de doute et que l'esprit ne parvient pas à résoudre avec sûreté.

Telle est la seconde base de la demande.

Pour la discuter, pour en apprécier la valeur, je me place d'abord, au point de vue de l'état juridique actuel, tel qu'il est fixé par l'arrêt de la Cour. Or, cet arrêt déclare, sans hésitation, l'existence du fidéicommis, mais, sans hésitation aussi, quelles personnes doivent le recueillir. Ces bénéficiaires, proclamés par l'arrêt, sont les enfants Berne.

A la vérité, cette décision est frappée d'un pourvoi, mais le pourvoi n'a pas d'effet suspensif, et n'empêche pas l'arrêt de subsister encore avec la souveraineté de ses constatations.

Aujourd'hui, comme avant le pourvoi, il est, il continue d'être la meilleure expression de la vérité, la plus sûre, la seule recevable.

Consentons pourtant à reconnaître la précarité de la situation présente, faisons un pas dans l'avenir et supposons réalisée l'éventualité de la cassation.

Au profit de qui l'arrêt aura-t-il disparu ? Au profit, évidemment, de ceux que l'arrêt atteignait, de ceux qui ont formé le pourvoi, c'est-à-dire de MM. Fénéon et Royet.

Or, ces messieurs n'ont pas agi dans l'intérêt de la famille. J'ai rappelé leurs prétentions, j'ai fait connaître le langage par eux tenu dans le premier procès, et l'on sait combien ces prétentions et ce langage sont inconciliables avec les droits des héritiers du sang.

Mais poussons plus avant l'hypothèse : à l'arrêt de Lyon succédera ensuite de la cassation, un arrêt contraire, admettant les conclusions de MM. Fénéon et Royet. Quelle situation aura créé cette décision nouvelle ? MM. Fénéon et Royet auront été déclarés, comme ils ont toujours soutenu l'être, des légataires sérieux ; ils n'auront jamais exécuté le fidéicommis du 14 octobre qui sera resté nul pour eux jusqu'à ce jour, comme il l'était à l'origine, et, en conséquence, le legs universel se sera maintenu avec tous les droits qu'il comporte ; la succession de Jovin-Bouchard appartiendra donc, non pas à ses héritiers légitimes, mais à ses légataires universels.

Voici donc l'alternative :

Ou l'arrêt de Lyon sera cassé, puis remplacé par un arrêt contraire ; et, dans ce cas, le legs universel recevra sa pleine exécution ;

Ou le pourvoi sera rejeté, et alors il restera vrai en fait et en droit :

Que le legs universel était sérieux ,

Que les légataires l'ont, n'ont pas répudié, mais accepté ;

Que cette acceptation les a investis de tous les droits attachés aux dispositions de cette nature ;

Qu'en vertu de leur droit et sans avoir pu y être contraints, ils ont ratifié, en l'exécutant, un fidéicommis nul ;

Que cette ratification est un contrat régulier, licite et obligatoire ;

Et, qu'enfin, les seuls maîtres des biens libres de la succession de Jovin-Bouchard sont, aujourd'hui, les enfants Berne.

Dans tous les cas donc les droits des héritiers du sang auront été anéantis.

Et, maintenant, examinons le grief d'incertitude en nous isolant de toute décision judiciaire rendue ou à rendre ; jugeons le problème comme s'il n'avait pas été déjà jugé ; n'acceptons, pour moyen de solution, que les éléments qui lui sont propres et le constituent.

Et d'abord à quelles conditions existerait l'incertitude, à quels traits se fait-elle reconnaître ?

Le défaut d'unanimité entre les grevés suffit-il pour la constituer ? Oui, si les désignations divergentes sont marquées au coin de la sincérité, motivées par des appréciations sérieuses, engendrant un doute légitime, et si, en même temps, nul moyen n'existe de résoudre ce doute. Ce n'est pas l'allégation d'une incertitude, mais son insoluble réalité qui entraîne la nullité de la disposition.

Rien de pareil ne se rencontre dans la cause.

MM. Fénéon et Royet, nous avons eu déjà l'occasion de le prouver, n'ont jamais, dans aucune des phases du premier procès, avoué l'existence d'un fidéicommis quelconque, en faveur de qui que ce fût.

Devant le tribunal, le testament a toujours été pour eux une vérité ; toujours leurs conclusions ont tendu au rejet de la demande contre laquelle ils luttaient, c'est-à-dire l'exécution pure et simple du legs universel.

Devant la Cour, presque jusqu'à la fin des débats, leur ligne de conduite n'a pas varié. Leur acte de palais même, du 20 juillet, ne rétracte aucune de leurs prétentions, de leurs déclarations précédentes.

Qu'on ne s'y trompe pas, ils ne viennent pas y reconnaître l'existence d'un fidéicommis en faveur de personnes autres que celles désignées par M. de Prandière ; non, leur désignation se maintient aussi absolue que jamais, et si, en s'environnant de précautions, afin de n'être pas pris au mot, ils se disent prêts à remettre ce qui peut leur revenir dans les biens libres, moitié aux enfants Delorme et moitié à M. Boutarel, ils ont grand soin d'ajouter qu'ils font cette offre, « *dans la plénitude de leur libre arbitre, sans obligation* » *civile*, et appréciant, ainsi que le leur dicte un haut sentiment de délicatesse, » l'*institution sérieuse* dont ils ont été l'objet. »

Du reste, leurs conclusions principales, tendant à leur renvoi d'instance, ne se modifient pas.

On le voit, à aucune époque, MM. Royet et Fénéon n'ont reconnu l'existence d'un fidéicommis ; leurs élus, M. Boutarel et les enfants Delorme ne sont pas appelés par eux à recueillir une libéralité du défunt, mais un don qu'ils leur font directement eux-mêmes.

Quant aux instructions du 14 octobre, « à leurs yeux et dans leur intime » conviction, elles n'ont aucun caractère de sincérité et tout proteste contre ce » qui y est contenu. »

L'incertitude, d'après l'acte de palais, porte donc, non sur la personne des légataires fiduciaires, mais sur le point de savoir s'il existe un fidéicommis : M. de Prandière l'affirme, MM. Royet et Fénéon le nient.

Ramenée à ces termes, la question est sans importance pour les demandeurs, car la solution, quelle qu'elle puisse être, aboutit à l'anéantissement de leurs droits.

S'il faut, en effet, tenir pour certain, avec MM. Fénéon et Royet, que nul fidéicommis n'existe, il en résultera que le testament est sérieux, pur et simple, et qu'il doit s'exécuter, sans qu'on ait à tenir compte des droits abolis de la famille.

Et, s'il faut admettre, au contraire, avec M. de Prandière, l'existence d'un fidéicommis en faveur des enfants Berne, on devra aussi tenir son exécution volontaire pour certaine et le réputer, dès lors, aussi efficace que si nulle formalité ne lui manquait, efficace autant que le testament le plus valable, et par conséquent, ne laissant rien subsister des droits des demandeurs.

La question de savoir si Jovin-Bouchard a laissé ou non un fidéicommis n'est donc, dans la cause, qu'un problème inutile ; toutefois, dans un intérêt de moralité, et parce qu'après tout les enfants Berne ne sauraient souffrir la dénégation de leur qualité, cherchons-en la solution.

Ce fidéicommis est consigné en termes exprès dans l'écrit du 14 octobre 1835, au bas duquel se trouve, de la main de Bouchard et signé de lui, une apostille datée, dans laquelle il déclare que l'écrit composé de sept pages contient ses plus expresses et dernières volontés.

Ni la signature, ni l'écriture de l'apostille n'ont été méconnues par MM. Fénéon et Royet ; mais ils ont dénié la sincérité des dispositions et ont feint de ne voir dans l'acte qu'un blanc-seing livré par Bouchard et rempli après coup par un tiers.

Le tribunal a déjà été saisi de ce point dans le premier procès, déjà il a été discuté devant lui, et, comme les demandeurs actuels n'ont apporté aucun élément nouveau à l'appui de cette accusation ancienne, elle sera rejetée comme la première fois.

Discuter paraît, en cet état, superflu, toutefois nous présenterons quelques observations.

Il est d'abord complétement inadmissible, jusqu'à preuve contraire, certaine, que Jovin ait remis à un étranger la tâche de lui préparer un testament posthume.

Les demandeurs ne fondent l'allégation de cet étrange mandat sur aucune preuve ; seulement, ils parlent de l'état de captation et d'asservissement moral dans lequel le défunt aurait été tenu par M. Escoffier qui exerçait, disent-ils, sur lui une influence sans bornes. Tout cela est dit en termes très injurieux, mais encore plus vagues, sans qu'aucun fait de captation soit précisé, sans qu'aucun moyen d'instruction soit offert.

Seulement on se prévaut de l'état matériel de l'écrit, on fait remarquer que la fin de la septième page, placée immédiatement au-dessus de l'apostille de Bouchard, se compose de caractères plus petits et plus serrés, de lignes subitement beaucoup plus rapprochées les unes des autres. Ces circonstances matérielles indiqueraient, dit-on, que l'apostille a précédé l'écriture.

Pour détruire cette supposition, une observation suffit : c'est que la septième page contient plusieurs instructions dépourvues d'importance, pouvant être facilement abrégées et dont l'une même, celle relative au compte du plâtrier Grobert, pouvait être supprimée sans aucun inconvénient. Or, le prétendu testateur apocryphe, maître absolu de sa rédaction, aurait été bien maladroit s'il avait aussi mal mesuré l'espace et se fût exposé à laisser des traces de son méfait, dans le seul intérêt de détails sans valeur.

Mais, d'ailleurs, l'écrit du 14 octobre a été déclaré sincère par le secrétaire même qui a tenu la plume, sous la dictée de M. Bouchard, lequel ne fut autre que le notaire qui avait dressé le testament authentique. Sa déclaration circonstanciée vous a été lue, messieurs, à l'audience d'hier ; elle l'avait été devant la Cour, et son auteur, aujourd'hui notaire honoraire, assistait aux plaidoiries, il était venu prêter à son certificat l'autorité de sa présence et de sa vieille réputation, et personne ne s'est levé pour le démentir ; il est prêt, sans doute, à renouveler aux pieds de la justice, sous la foi du serment, sa déclaration écrite.

Vous, demandeurs, vous repoussez cette pièce comme dépourvue de caractère juridique ! Mais comment, si exigeant pour la défense, l'êtes-vous si peu quand il s'agit de poser votre accusation ? Quelles sont donc vos données juridiques, à vous qui devez des preuves ? Vos allégations, avant tout ; elles composent la plus grande partie de vos argumentations ; puis vous y joignez la conjecture tirée de l'état matériel de la pièce, conjecture si faible en elle-même et si nulle quand on la rapproche de l'observation que nous y avons opposée. Voilà tout l'édifice de vos preuves, rien de littéral, rien de testimonial, une présomption unique, dépourvue de portée et de pertinence, et dans une telle situation et sur une pareille matière, vous déclinez l'autorité du certificat d'un honnête homme, de l'auteur personnel du fait qu'il certifie ! Sa déclaration, écrite de sa main, n'aura pas la valeur d'une présomption ! Voulez-vous donc que nous l'ayons fait entendre comme témoin, alors que vous n'avez pas demandé d'enquête, ou que nous, défendeurs à l'exception, contre lesquels on ne prouve rien, nous eussions proposé une enquête pour l'y appeler ?

Vous insistez pourtant et vous parlez d'invraisemblance ; vous dites que si les dispositions de l'écrit du 14 octobre avaient été conformes aux volontés de Jovin-Bouchard, il les aurait fait consigner dans son testament authentique, dressé cinq jours auparavant.

Nous ne devions pas nous attendre à une semblable objection, nos explications sur d'autres parties de la cause l'avaient prévenue.

Jovin-Bouchard a eu besoin d'hommes influents, capables et éprouvés, pour assurer l'exécution de ses principales volontés. Qu'auraient fait deux enfants en bas âge, qu'aurait fait leur tutrice pour remplir une pareille tâche ? Qu'auraient-ils pu faire pour lutter contre les obstacles que devaient inévitablement susciter l'exécution, l'emploi, la destination du splendide bienfait qu'il laissait à sa ville natale ? Quelle garantie offrait la tutrice pour la liquidation de cette succession opulente ?

Jovin se trouva donc dans la nécessité de se préparer de sérieux, d'énergiques représentants, et, pour les investir d'une force suffisante, de leur transmettre tous ses droits. Il refusait, à son écrit du 14 octobre, la forme légale testamentaire, parce qu'il lui importait, avant tout, de conserver intact son legs universel, et parce qu'il crut au zèle, à l'amitié, au désintéressement de ses légataires, confiance qui l'honore, car elle prouve que les sentiments, les principes qu'il supposait chez ses amis étaient les siens.

Telle est la cause, messieurs ; la voilà exposée tout entière, comme je la conçois, dans ses points principaux, comme dans ses plus minutieux détails.

Cependant il me reste à vous entretenir d'un dernier moyen que j'oppose aux demandeurs.

A quoi tend leur action ? A ce que la succession entière de M. Jovin leur soit attribuée. Or, si ce jugement intervient, s'il s'exécute, que va-t-il arriver ? C'est que l'arrêt de la Cour, obtenu par les enfants Berne, ne s'exécutera pas. Cet arrêt, en effet, décide que les biens mêmes, objet de l'instance actuelle, leur seront remis par les légataires universels.

On nous objectera que les consorts Jovin, n'ayant pas été parties dans cet arrêt, il ne constitue pas, à leur préjudice, la chose jugée (art. 1351 du Code Napoléon).

Mais je réponds que, pour n'être pas directement obligatoire contre eux, l'arrêt n'en subsiste pas moins, qu'il subsistera tant qu'il n'aura pas été légalement infirmé, et qu'il ne saurait l'être par une juridiction étrangère et inférieure.

L'arrêt ne vaut pas chose jugée contre les consorts Jovin ; soit, mais cela ne signifie pas que, vis-à-vis d'eux, il soit non avenu ; contre toute personne il existe ; seulement, comme les consorts Jovin n'y ont pas été parties, une voie leur reste ouverte pour l'attaquer ; cette voie est celle de la tierce opposition, déférée à la Cour elle-même.

Tout autre mode de procéder tend à fausser les règles de la hiérarchie judiciaire, car il peut avoir pour résultat de faire détruire un arrêt souverain par un tribunal qui ressort de la Cour qui a rendu cet arrêt.

Terminons, messieurs, en caractérisant par quelques mots, cette triste demande :

Elle viole, après vingt-cinq ans d'hésitation et de silence, des volontés dernières, légitimement connues, solennellement exprimées ;

Elle méconnaît les faits accomplis ou les dénature ;

Elle transforme en renonciation les faits d'acceptation les plus nombreux et les plus précis ;

Elle refuse à des légataires universels acceptants, le droit de disposer des biens que leur a livrés leur legs ;

Elle revendique ces biens pour la succession *ab intestat*, malgré l'évidence de la volonté contraire et persistante du défunt ;

Elle est, pour tout dire, la négation du droit de tester ;

Elle s'environne d'impossibilités ; elle se heurte à tous les obstacles ;

Vous n'hésiterez pas, messieurs, à la repousser.

RÉPLIQUE DE Mᵉ MARIE.

Messieurs,

A entendre mon premier adversaire, il semblait, en vérité, que le débat devait finir en quelques minutes. Je n'ai rien à répondre, disait il, et si je prends la parole, c'est uniquement pour faire honneur à mon confrère. Si, en effet, je mesurais l'honneur qu'il voulait me faire à la plaidoirie qu'il a fait entendre hier et à celle que vous venez d'entendre aujourd'hui, assurément mon orgueil serait flatté (sourires) ; car enfin mon second adversaire n'a pas consacré moins d'une heure et demie, et personne ne peut s'en plaindre, je l'avoue, à compléter le débat qui n'avait pas été, selon lui, suffisamment épuisé par la plaidoirie cependant si remarquable que vous avez entendue hier et qui, elle aussi, n'a pas duré moins de deux heures.

Revenons au sérieux, et permettez-moi, messieurs, d'ajouter quelques observations nouvelles aux considérations que j'ai déjà soulevées. Mes honorables confrères croyaient avoir raison en peu de mots des arguments que j'ai présentés. Ils l'ont dit très haut, tactique connue contre laquelle protestent les développements qu'ils ont été dans la nécessité de donner à leur défense.

Il y a véritablement des difficultés graves dans ce procès, je les ai déjà abordées, je veux les aborder encore. Je le ferai aussi rapidement que possible.

Un mot d'abord à l'égard de la famille que je représente ici, non pas que j'aie à me plaindre des sévérités ou des amertumes qui ne devaient pas au reste se trouver dans le langage de mon contradicteur après la modération que j'avais apportée au débat. Je ne sais pas quels sont les dissentiments auxquels on a voulu faire allusion ; si j'avais eu à plaider une question de captation, j'aurais dû entrer sans doute et profondément dans l'histoire de cette famille, me demander s'il y avait eu en effet parmi ses membres de ces faits malheureux qui excitent la colère, les ressentiments dont le souvenir afflige longtemps le cœur, j'aurais dû rechercher surtout si ces dissentiments auraient pu faire taire à ce point le sentiment de la famille qu'en effet Jovin-Bouchard n'eût pu trouver dans son cœur aucune de ces pensées amies qui, le rappelant aux anciens jours de son enfance, à cette époque ou frères et sœurs ils vivaient tous sous le toit paternel, ne lui auraient pas permis d'oublier dans le partage de sa grande fortune ses premières et ses plus douces amitiés. S'il avait des devoirs à remplir, soit envers les enfants Delorme, soit envers les enfants Berne; si par patriotisme, je le crois plutôt que par orgueil, il tenait aussi à laisser un brillant souvenir à la ville entière dans laquelle il avait vécu, je l'aurais compris tout en disant cependant que dans tout cela il n'y avait pas de raison suffisante pour étouffer en lui les affections du passé, et ne pas leur accorder, dans son testament, une seule de ces expressions dont la tendresse, à défaut de l'hérédité perdue, va du moins consoler la famille des libéralités faites à des étrangers. Mais à quoi bon ces tristes détails, ces recherches inutiles ; je n'ai pas engagé la question sur la suggestion et la captation du testament, je n'ai donc pas à expliquer comment Jovin-Bouchard a complétement oublié sa famille et disposé de la totalité de sa fortune au profit d'étrangers. Quel est le débat entre nous, car enfin il faut y revenir? Le débat je l'ai posé hier, permettez-moi de le résumer encore aujourd'hui, afin de le prendre comme point de départ de la courte discussion à laquelle je vais me livrer devant vous.

J'ai dit à mes adversaires : Êtes-vous des légataires sérieux? Je n'ai rien à dire, puisque je n'argue pas le testament de captation, de suggestion. Au contraire, n'avez-vous jamais été des légataires sérieux, l'avez-vous dit, l'avez-vous reconnu? Alors vous n'êtes pas vraiment institués par le testament. Si vous n'êtes pas vraiment institués par le testament, que deviennent les biens du testateur? Ils tombent dans l'hérédité légitime, ils y tombent nécessairement, à moins qu'une autre disposition valable n'ait été faite, qui place ces biens entre les mains de fidéicommissaires chargés eux-mêmes de les remettre à d'autres personnes sur lesquelles la volonté du testateur se serait certainement arrêtée. Eh bien ! cela est-il, en effet, ainsi? Vous, légataires, institués seulement en apparence, selon votre propre aveu, désignez-vous une personne ou des personnes devant recueillir le legs? Désignez-vous une ou des personnes certaines et capables? C'est alors que le fidéicommis doit recevoir son exécution. Mais au contraire, la personne ou les personnes que vous désignez sont-elles incertaines ou incapables, alors je m'empare de l'incertitude même des institués, et je dis : je ne sais pas, la justice ne sait pas, la loi ne veut pas savoir à qui ces biens sont adressés, comment ces biens passeront des mains de l'auteur dans les mains du légataire. Du moment qu'il y a doute, la loi générale reprend son empire, et la volonté particulière de l'homme est mise complétement à néant dans une telle situation; c'est la loi seule qui décide, c'est la loi seule qui doit décider. Voilà ma thèse, elle est bien simple, elle est aussi tout à fait juridique.

Il s'agit donc de savoir, d'une part, si les légataires sont sérieux ou fidéicommissaires. Ce premier point posé, il s'agit de savoir si le fidéicommis doit aller à une personne capable et certaine.

Ici, je rencontre une objection qui vient de m'être faite par mon second contradicteur, et sur laquelle je veux m'expliquer à l'instant même. Au début de sa plaidoirie, il s'est jeté dans une série d'hypothèses. Toutes ces hypothèses sur ce qui serait arrivé si le testament seul était resté debout, s'il n'y avait pas eu la lettre du 14 octobre 1835 ; toutes ces hypothèses peuvent être ingénieuses, mais elles sont vaines ; je n'ai rien à y répondre, nous ne sommes pas ici dans une conférence de droit, dans laquelle on aborde des hypothèses variées, afin de pouvoir exercer son esprit et développer sa science. Nous sommes ici devant la justice, nous avons un procès réel, un fait précis, et c'est donc à ce fait qu'il faut se prendre. Or, le fait ne ressemble pas à votre hypothèse, le fait le voici : un testament ; à côté d'un testament, la lettre du 14 octobre 1835 ; à côté de la lettre du 14 octobre 1835, des faits d'exécution prétendue, puis des débats judiciaires, puis une solution qui leur a été donnée. Voilà la réalité, saisissons-la, et laissons de côté les hypothèses.

Eh bien ! dans cette réalité, quel est le premier fait que j'aie à faire ressortir devant vous et dont je sois condamné pour ma démonstration à vous apporter la preuve ? Le premier fait, c'est de savoir si les légataires sont sérieux. J'avoue que la plaidoirie que je viens d'entendre m'a profondément étonné. Hier je croyais prendre une peine inutile, inutile surtout pour vous, messieurs, lorsque je citais quelques passages des plaidoiries du premier procès, afin de bien faire ressortir ce fait que les légataires ne s'étaient jamais considérés comme sérieux ; que dans la pensée du testateur, prouvée sinon dans son testament, au moins par sa lettre du 14 octobre produite aux débats, jamais il n'était entré que ses biens restassent, même un moment, dans les mains de ses légataires. Oui, je l'avoue, je croyais cette démonstration inutile, tant elle ressortait avec éclat de tous les documents du premier procès. J'ai donc considéré les légataires institués, et c'est pour moi une certitude, comme légataires apparents. Pourquoi les ai-je considérés ainsi ? Ce n'est pas à cause de l'importance que j'attache à la lettre du 14 octobre, je n'y en attache aucune, mais parce qu'eux-mêmes ne se sont jamais considérés comme tels, parce qu'ils l'ont déclaré dans toutes leurs plaidoiries, et ont fait de cet aveu formel le point de départ de toutes leurs argumentations si passionnées et si ardentes.

Et voilà qu'on me dit aujourd'hui que tout cela n'est pas vrai, que j'ai mal lu les plaidoiries, qu'on n'a jamais répudié la succession, le legs qui avait été fait !

Je ne saurais comprendre un tel langage. Il y a ici une équivoque, pas autre chose ; et cette équivoque je la détruis d'un mot. Quel est donc le testament par lequel vous avez été institués légataires universels ? Le testament du 9 octobre 1835. Est-ce que ce testament vous institue légataires sérieusement, dans le but que vous puissiez vous mettre en possession, afin que cette possession vous investisse irrévocablement de l'hérédité ? Non pas ! non pas ! S'il en eût été ainsi, MM. Fénéon et Royet-Vernadet auraient eu parfaitement raison, quand ils venaient dire : Nous sommes des légataires sérieux. Ils auraient eu raison quand ils ajoutaient : la succession est à nous ; nous n'entendons pas la garder, mais nous en disposerons selon notre volonté. Cela nous regarde et cela ne regarde personne. Mais que répondait à cela M. de Prandière ? Oh ! il le prenait de très haut ! Comment ! vous vous imaginez que vous êtes des légataires sérieux? Que, d'après la volonté du testateur, vous avez été investis de la succession? Non pas! non pas! Sa pensée ne s'est jamais arrêtée sur vous que comme instruments, et qu'en ce sens que les choses dont il disposait iraient à des bénéficiaires autres que vous. Ces choses ne reposent en vos mains qu'accidentellement et pour aller immédiatement entre les mains des bénéficiaires qu'il a lui-même directement désignés et investis. Voilà ce qu'il y a dans le testament, selon le langage de MM. de Prandière et Escoffier; voilà ce que ces messieurs ont voulu y voir, rien autre chose. Et quand, je le répète, M. Fénéon est venu déclarer que le legs était bien sérieux, qu'il était possesseur des biens, qu'il ne relevait que de sa conscience et de Dieu, pour transmettre à qui il voulait, s'il le voulait, les biens légués, alors ses adversaires ont hautement déclaré qu'il mentait à sa conscience, qu'en se plaçant sous sa conscience et sous la main de Dieu il mentait au testament. Voilà ce que je trouve dans les plaidoiries, en voulez-vous un exemple? Écoutez :

« Mᵉ Marie donne lecture d'un passage de la plaidoirie de Mᵉ Bac, dans lequel celui-ci déclarait qu'en ne restituant pas le reliquat de la succession aux enfants Berne, MM. Royet et Fénéon seraient des dépositaires infidèles et violeraient leur mandat. »

Est-ce clair? Ai-je besoin de discuter encore? Ai-je bien lu? Mes souvenirs sont-ils infidèles, ou ne sont-ce pas les vôtres qui sont inexacts? Oui, j'ai bien lu, et quand le débat s'est engagé pour la première fois devant vous, il a été très nettement posé. Nous ne sommes pas légataires sérieux; jamais l'institution n'a reposé sur notre tête, ou si les biens ont été déposés un instant entre nos mains, c'était entre des mains qui n'avaient que le caractère de dépositaires et qui, par conséquent, dans la fidélité du mandat et du dépôt, devaient transmettre à d'autres les biens qu'elles recevaient du testateur.

Voilà l'attitude de tous les légataires universels dans le premier procès; voilà comment le débat s'est posé : dans le développement de ce débat, il s'est trouvé, parmi les légataires, des dissidences profondes que je signalais hier. Mais les uns ou les autres, quelles que fussent leurs dissidences, se disaient-ils légataires sérieux? Non, ils se disaient tous fidéicommissaires avec plus ou moins de netteté, mais avec une égale certitude dans leurs affirmations. Tous déclaraient devoir obéir à une pensée secrète, seulement les uns disaient: Nous donnerons les biens aux enfants Berne; les autres disaient : Nous les donnerons à qui nous pensons qu'ils doivent arriver, et refusaient de s'expliquer plus catégoriquement sur les noms des destinataires. Seulement ils faisaient une déclaration écrite devant la Cour, plus explicite mais sans portée légale, je le démontrerai.

Ainsi donc, de cette déclaration et de tout le procès qui s'est agité autrefois devant vous, il est resté un fait certain et que je maintiens comme certain, c'est que de tous ces légataires il n'y en a pas un qui se soit déclaré légataire sérieux et qui puisse en effet être déclaré sérieux.

Mais, dit-on aujourd'hui au nom des légataires, nous sommes institués, nous n'avons jamais renoncé à l'institution, qu'ont donc à faire ici les héritiers?

Et qu'ai-je besoin de vos renonciations, vous êtes des fidéicommissaires;

votre qualité de légataires universels disparaît sous ce caractère qui de votre aveu vous appartient bien. Vous n'avez pas renoncé ! Qu'est-ce à dire? C'est démentir le fidéicommis en même temps qu'on l'affirme. De deux choses l'une : ou vous êtes légataires universels, sérieux , alors, oui, j'en conviens, vous êtes fidéicommissaires et encore une fois c'est là la vérité, alors vous ne pouviez renoncer qu'à une chose, à votre qualité, à vos devoirs de fidéicommissaires, et vous n'y avez pas renoncé. Auriez-vous donc la prétention de choisir vous-mêmes les personnes à qui devrait aller le fidéicommis? C'est impossible ; si le fidéicommis n'est pas ce qu'il doit être, une institution de l'auteur ayant pour terme le bénéficiaire qui doit en profiter ; si une volonté tierce se place entre la volonté qui institue et la personne qui doit recevoir, alors ce n'est plus la volonté du testateur qui est prédominante, ce sera celle du légataire ; la loi ne sera pas dans le testament, elle sera dans l'esprit du légataire ; encore une fois c'est impossible. Le fidéicommis implique une loi écrite dans le testament par le testateur, une institution directe du testateur au profit du bénéficiaire. Le fidéicommissaire n'est rien, absolument rien, si ce n'est un simple dépositaire chargé de remettre le fidéicommis aux mains de celui qui seul doit profiter du bienfait.

Je pourrais prendre ma revanche, et vous dire que ce n'est pas sérieusement que vous vous prétendez engagés vis-à-vis des créanciers, si la succession eût été mauvaise. Non pas ! non pas ! s'il y a un fidéicommis, vous n'êtes engagés qu'à ce titre. Quand vous avez administré, exécuté, vous ne vous êtes pas mépris sur tout cela, vous avez su à merveille que ce que vous faisiez vous le faisiez dans l'intérêt des appelés, dont la personne, si elle était certaine, aurait un droit inattaquable même pour vous. Vous saviez cela à merveille. C'est ainsi que vous avez agi, ne compromettant pas votre position personnelle, mais l'embellissant au contraire, car, chose remarquable! ce fidéicommis aura eu pour vous cette grande importance, non pas, il est vrai, de faire passer la succession dans vos mains, mais de vous en donner pendant assez longtemps l'administration que vous avez su rendre très profitable. Vous, fidéicommissaires, en effet, vous avez su vous faire une part assez large, et votre fortune n'a pas à se plaindre de l'acceptation d'un fidéicommis. Écoutez-les ! ils sont, disent-ils, des dépositaires fidèles, et ils veulent rendre très fidèlement, à qui? on n'en sait rien au juste : ceux-ci disent aux enfants Berne, ceux-là aux enfants Delorme, ou mieux encore à des personnes qu'ils choisiront et qu'ils ne désignent pas nettement, le dépôt qu'ils ont reçu. Ils seraient dépositaires plus fidèles et plus exacts, je le dis, s'ils déclaraient vouloir encore remettre aux appelés, quels qu'ils soient, la fortune telle qu'ils l'ont reçue des mains du testateur et avec tout ce qu'elle a produit pendant le temps qu'elle a été en leur possession ; je voudrais, moi, qu'il ne leur en revînt pas une obole, car enfin ces dépositaires fidèles n'en auraient-ils qu'un fragment dont ils ne feraient pas état, que leur fidélité deviendrait par cela même suspecte. Ce n'est pas à la grandeur de la fortune qu'on mesure la conscience d'un acte, c'est à la loyauté des engagements pris et des engagements exécutés.

En résumé donc, je pose comme un fait certain qu'il n'y a pas eu de légataires sérieux, qu'il n'y a eu que des fidéicommissaires ; je pose ce fait contre M. de Prandière, c'est inévitable, il en a fait la déclaration si nette, si explicité, non pas une fois, mais cent fois, non pas seulement dans ses plaidoiries, mais dans son interrogatoire, qu'il ne saurait élever à ce sujet la moindre contestation. Je ne trouverais donc de résistance que dans la personne de MM. Royet et Fénéon qui un instant avaient voulu prendre en effet la position que prend aujourd'hui M. de Prandière, non pas selon le langage de mon confrère, M⁰ Bac, je lui rends cette justice, il ne s'est pas démenti à ce point, il a considéré son client comme légataire non sérieux, la question de fidéicommis n'a pas été discutée entre nous ; mais selon le langage tenu aujourd'hui à l'audience.

C'est avec stupéfaction, je l'avoue, que j'ai entendu dire par mon second contradicteur, M⁰ Meunier, que les légataires étaient sérieux ; mais que, dépositaires fidèles à leurs consciences, ils sauraient exécuter ce qu'ils savaient être la volonté du testateur. Pourquoi donc alors avoir si hautement et avec tant de colère, accusé MM. Royet et Fénéon, si l'on devait, en définitive, soutenir la même thèse qu'ils ont soutenue dans un autre temps ? Se réservait-on donc, pour le besoin de la cause, le système que MM. Royet et Fénéon avaient vu condamner dans leurs personnes ?

Non, restons dans le vrai, vous n'êtes pas des légataires sérieux ; vous êtes des fidéicommissaires. Le fidéicommis est prouvé, ma première proposition est démontrée.

Maintenant si le fidéicommis existe, et s'il existe au profit d'une personne certaine et capable, je n'ai plus rien à dire. Je l'entends bien ainsi, et je ne l'ai pas contesté dans ma première plaidoirie. Il y a dans ce procès une thèse de droit et un point de fait. Distinguons bien : sur le droit j'ai fait des concessions à mes adversaires, qui m'ont paru justes et raisonnables. Ils s'imaginaient, à tort, que je viendrais plaider des principes contraires à ceux que j'ai plaidés dans une autre enceinte. Comment ont-ils pu un instant s'y méprendre ; ils avaient dans les mains le résumé de mes doctrines, et ils savent à merveille que je n'ai pas l'habitude d'en changer suivant l'intérêt que j'ai à défendre.

Dans la plaidoirie qu'ils ont bien voulu citer hier, j'avais exposé les principes en matière de fidéicommis, j'y persiste et je les résume. Ainsi, oui, dans notre législation le fidéicommis est valable, mais à deux conditions : la première, qu'il y aura pour le recevoir une personne capable ; la seconde, qu'il y aura une personne sérieuse et certaine. Je ne puis pas comprendre autrement la validité du fidéicommis. Si la personne est incertaine d'une façon quelconque, je ne comprends plus le fidéicommis ; je ne veux pas faire de citations, vous retrouverez ces principes, je ne dis pas dans des livres mais dans vos simples souvenirs. Vous vous rappellerez donc que la doctrine et les arrêts ont décidé que toutes les fois qu'il y a dans un testament des dispositions de nature à démontrer que le légataire institué n'est pas sérieux ; que, dans la pensée du testateur, il n'entre pas qu'il garde la succession, mais bien qu'il la fasse passer à une tierce personne, c'est cette personne qui vient en effet prendre la place du légataire. Pourquoi cela ? Le voici : En fait, le légataire institué ne peut être propriétaire qu'à une condition, c'est que la volonté, la volonté seule du testateur aura décidé qu'il en soit ainsi ; il n'a pas d'autre titre. Si donc cette volonté ne va pas à lui, si elle plane accidentellement sur sa tête pour aller trouver une autre personne, eh bien ! dans ce cas, le légataire n'est plus institué, il n'a plus rien, il n'a plus droit à la succession, il ne peut y avoir droit. Puisque, nous le répétons, la volonté qui, seule, pouvait l'instituer ne se repose pas sur lui, où donc sera l'institution alors? où irait-on la chercher? sur qui reposera-t-elle? Quel est le véritable institué? Il faut le savoir, il faut que le tribunal le trouve, il faut qu'il reconnaisse d'une façon certaine la personne que la volonté du testateur a investie. Cette volonté est toujours la loi, la seule loi. Arrivé là, le tribunal n'a donc plus qu'une question à se faire : Cette personne qui doit recevoir, quelle est-elle? Est-elle certaine? est-elle capable? Si elle est incapable, le fidéicommis est nul ; si elle est incertaine, le fidéicommis est nul encore ; et si le légataire n'est qu'un fidéicommissaire certain, et si les destinataires sont incertains ou incapables, que reste-t-il alors? Il n'y a plus rien, il n'y a plus de testament, il n'y a plus de légataire, puisqu'il n'est pas sérieux. Il n'y a plus de testament, il n'y a qu'un fidéicommis, puisque la personne est incapable ou incertaine. Qu'y a-t-il, encore une fois? Rien. Quand il n'y a point de testament et qu'une succession s'ouvre, où va-t-elle? Aux héritiers du sang. Y a-t-il un doute possible sur les droits de l'hérédité dans ce cas? Si l'hérédité prouve à la justice que le légataire n'est pas sérieux ou si le légataire le reconnaît lui-même ; si elle prouve, en outre, que le destinataire du fidéicommis n'est pas certain ou est incapable, n'est-elle pas saisie par cela même de tous les biens? Non, certes. Voilà donc un premier argument acquis à ma cause. La succession est une succession *ab intestat*.

Ç'a été l'objet d'un grand étonnement pour moi d'entendre dire que l'héritier n'avait pas le droit, dans une pareille situation, de se poser devant la justice et de venir dire : Dans l'état connu des faits, il n'y a pas de légataires sérieux, il n'y a pas de bénéficiaires sérieux, certains; aux termes de la loi, je viens demander l'hérédité. Comment! il ne sera pas recevable à dire cela ! Mais cette thèse ne se soutient pas ; mais on ne plaide pas, on ne discute pas de telles prétentions.

Maintenant j'arrive au second terme de la question. Le second terme de la question est celui-ci : Voyons si, en effet, le destinataire est certain. Nous avons un fait acquis au procès, à savoir que le testateur n'a pas voulu transmettre sa succession aux légataires qu'il a indiqués. En fait donc, le testament contient un fidéicommis et pas de legs universel. En leur qualité de fidéicommissaires, les légataires apparents sont donc chargés de remettre. Très bien. Mais la personne à laquelle ils doivent remettre est-elle capable, est-elle certaine? Voilà deux points à vérifier. Est-elle certaine? nous n'en savons rien, car personne ne peut dire sans hésitation que le fidéicommis repose en définitive sur telle tête désignée. Or, c'est précisément dans ce cas que la loi déclare que l'institution est nulle. Comment en serait-il autrement? Quand un bénéficiaire n'est pas clairement désigné, quand on ne sait pas d'une manière claire que les biens, passant par les mains du légataire universel, viendront en définitive se verser dans les mains d'une personne parfaitement certaine, comment pourrait-on affirmer, d'une part, que le légataire institué n'est pas sérieux, que les biens ne peuvent que reposer un instant seulement dans sa main, que le testateur l'a voulu ainsi, qu'il n'a voulu faire de ses légataires que des intermédiaires. Non, non, dans ces cas il y a doute; et du moment qu'il y a doute, la succession est *ab intestat*, et elle est réglée d'après ce principe. Il n'y a pas grand mal à cela, car, en définitive, la thèse que je viens soutenir devant vous, c'est une thèse qui, au point de vue de l'ordre public, a bien son importance et sa grandeur. Ce n'est pas par un vain caprice que la loi, dans tous les temps et chez tous les peuples, a réglé le sort des successions; on a très bien compris que, quand par le travail et l'économie la propriété s'était fondée, elle n'était pas un fait transitoire; qu'il y avait là quelque chose de saint, de respectable qui devait traverser les temps et ne pas s'arrêter seulement à l'existence du travailleur et du possesseur; on a très bien compris qu'à côté de la propriété il y avait encore une grande institution, si grande qu'on peut en faire remonter la source à Dieu lui-même; on a très bien compris que la famille, placée à côté de celui qui avait conquis la propriété par son travail, par ses veilles, ses privations, ses économies, avait des droits suprêmes lorsque disparaissait, sous l'action du temps et la faux de la mort, le conquérant légitime de cette fortune péniblement amassée. Partant de là, on a consulté les affections, et en les consultant et en les mesurant, on est arrivé à régler le sort des successions d'une façon merveilleuse que la philosophie adopte, que le bon sens soutient, que la raison proclame; c'est pour tout cela que je viens lutter, et c'est pour cela que je ne lutterais pas si la volonté s'était exprimée d'une façon certaine, indubitable; c'est pour tout cela que je viens lutter, quand au lieu de la certitude je trouve le doute, et quand en présence de ce doute je puis revenir à la loi générale. Plus sage que Bouchard, je dis qu'il faut rendre à la famille sa succession, dont une part pouvait bien aller à ses enfants naturels, mais qui ne devait pas y aller tout entière. Voilà ma thèse au fond, voilà pourquoi je lutte avec vous, c'est pour ces grands principes.

Eh bien! je dis que les principes de la loi civile, si grands, si beaux, si protecteurs pour tous, ne peuvent fléchir que devant une volonté certaine. Existe-t-elle? Voilà la question que j'ai posée, que j'ai cherché à résoudre, que je veux encore examiner. Pour cela je prends le testament. Hier j'ai fait des efforts qu'aujourd'hui je regarde comme inutiles, car l'adversaire a déclaré en effet que, si l'on s'adressait au testament lui-même, il n'y aurait pas de légataires universels et que sa position serait bien plus difficile; tandis que s'il y avait des légataires universels et point de fidéicommissaires, nous n'aurions rien à dire. Mais enfin, quant au fidéicommis, la pensée n'en est pas dans le testament; et si la pensée n'est pas dans le testament, je n'ai pas besoin d'ajouter que la personne désignée n'est pas non plus dans le testament. Ainsi nous avons le testament du 7 octobre dans lequel, bien évidemment, il n'y avait pas de la part de Jovin-Bouchard l'intention de donner aux enfants Berne une partie de la succession; je me trompe, il y avait l'intention de leur donner, mais à titre particulier, 400,000 francs : c'était assurément déjà un très beau joyau.

Le testament est une arme, disait mon adversaire d'hier, et cette arme, les légataires l'auraient dans toute sa puissance et ils pourraient s'y attacher sans contestation, s'ils ne l'avaient pas brisée. Ainsi, s'il avait plu à M. Escoffier, sauf sa conscience, de garder dans sa poche l'acte du 14 octobre 1835....

M. ESCOFFIER. — Je ne l'ai jamais eu, et vous le savez bien !

Me MARIE. — M. Escoffier, que je ne connaissais pas, me fait l'honneur de m'interrompre.

Soit, j'accepte son interruption pour un moment. C'était donc M. de Prandière qui l'avait ; nous allons voir ce que c'était que cet écrit du 14 octobre 1835. Puisque M. Escoffier, qui n'est pas dans le procès, prend la parole, j'examinerai ce que c'est que cet acte et si la maxime : *Is fecit cui prodest* est vraie. Eh bien ! je dis que si cette lettre n'était pas dans vos mains, elle était dans les mains de votre institué, ce qui est la même chose. Laissez-moi dire et ne m'interrompez plus.

Oui, certainement, si le testament était resté debout comme instituant des légataires universels, non pas vous, M. Escoffier, mais MM. de Prandière, Royet-Vernadet et Fénéon, eh bien ! c'est vrai, cette arme, sauf la suggestion et la captation qu'en 1835 on aurait pu faire valoir, cette arme était assez bien trempée pour que les héritiers n'osassent pas l'affronter ; mais, je le répète, vous l'avez brisée, et je n'ai pas besoin de rentrer aujourd'hui dans les détails que je vous ai fait subir hier, pour répondre à la plaidoirie de mon second contradicteur. La question n'est pas de savoir si vous aviez une arme, la question est de savoir si vous l'avez encore : elle n'existe plus.

Selon vous, ce n'est pas la volonté définitive, irrévocable, dernière de Jovin-Bouchard qui est dans le testament ; elle ne se trouve que dans un seul acte, l'écrit du 14 octobre 1835. Voilà bien votre thèse, celle que vous avez plaidée, constamment plaidée, et puis celle que le tribunal et la Cour ont admise. S'ils vous avaient considérés comme des légataires sérieux, et s'ils avaient pensé que la chose que vous aviez dans vos mains ne fût pas l'objet d'un fidéicommis, je ne sais pas comment le tribunal et la Cour auraient décidé comme il a été décidé.

Nous prenons donc votre thèse telle qu'elle est. Où est la certitude quand nous recherchons l'institué ? Où est-elle ? Peu importe, me disait-on hier ; dans tous les cas, le legs irait toujours à un capable. Ainsi, voulez-vous qu'il soit dévolu aux enfants Berne, selon tels légataires universels ; voulez-vous qu'il aille aux enfants Delorme, selon les autres ? Ils sont tous capables ; en conséquence, le fidéicommis s'attacherait à des personnes capables, et, par conséquent, pourrait être recueilli par les uns et par les autres. Non pas, il ne peut pas y avoir d'hésitation ni d'alternative. Disons tout, en un mot, il ne peut pas y avoir d'incertitude, et le fidéicommis n'est valable, dans les termes du droit, qu'autant que certainement la personne du destinataire est aussi bien désignée que la personne du légataire apparent qui doit transmettre à ce destinataire ; que s'il y a un doute, si petit qu'il soit, sur la volonté du testateur, la volonté du testateur n'est rien, la loi ne la reconnaît pas ; elle est nulle ou plutôt elle s'est brisée elle-même par son incertitude seule. Revenons à la forme de l'acte du 14 octobre 1835.

Je suis en grande défiance contre cet acte du 14 octobre 1835. Non-seulement on n'a pas produit la preuve juridique qui, suivant moi, devait être admise en justice, mais il n'a pas même pour moi cette preuve de force morale qui peut, jusqu'à un certain point, influencer la raison et la faire hésiter.

Tout à l'heure, mon contradicteur disait que s'il n'y avait que cet acte du

14 octobre 1835, peut-être hésiterait-on ; mais qu'il y a l'exécution, l'exécution par les légataires associés à l'acte lui-même, qui vient donner à cet acte une force que par lui-même il n'aurait pas. Je retiens cela ; c'est une concession de votre raison qui a son utilité.

Pourquoi, selon moi, cet acte du 14 octobre 1835 ne mérite-t-il pas toute la confiance qui, seule, pourrait en effet donner quelque force à la volonté du testateur et la faire triompher ? Je vous ai dit hier que je m'étonnais d'abord que cet acte-là n'eût pas été placé à côté du testament, par une très bonne raison ; c'est que, en effet, chaque fois qu'on écrit un acte quelconque et qu'on veut le combattre par des dispositions contraires qu'on appelle des contre-lettres, à l'instant même la contre-lettre se relie à l'acte ; car il faut que ce qui modifie le contrat soit placé à côté du contrat ; il faut que tout cela soit associé, afin qu'en cas d'un accident, en cas de mort par exemple, il n'y ait rien qui puisse donner à un contrat une force que ce contrat ne devait pas avoir. Voyons donc si la pensée du fidéicommis existait ou n'existait pas au moment du testament.

D'où donc est-elle venue cette pensée, qui l'a inspirée ? Comment se fait-il qu'après avoir placé toute sa fortune dans des mains désignées, le testateur ait fait un nouveau testament par lequel il révoquera tout ce qu'il a fait quelques jours auparavant, par lequel il fera des institutions nouvelles, conférera des avantages nouveaux ? Qui donc a inspiré cette nouvelle volonté ? Est-ce le testateur qui en a eu l'initiative, ou bien, au contraire, le testateur ne serait-il pas mort dans les termes de ses volontés premières exprimées dans le testament du 7 octobre ? Je n'en fais pour moi aucun doute. J'ai adressé la question à mon contradicteur, qui n'a trouvé pour toute réponse que ceci : On ne peut pas pénétrer dans la pensée humaine, le cœur est insondable. Je vous en demande pardon, devant la justice ce langage n'est pas admissible ; nous avons le droit de pénétrer dans ce cœur *insondable*, puisque la justice a le droit d'y pénétrer avec nous ou sans nous. Il faut que nous sachions comment ces volontés-là sont nées ; il faut que nous sachions comment elles se sont exprimées, et si, dans le concours de plusieurs volontés, il y a une volonté modificative ou destructive d'une première volonté ; il faut que nous sachions pourquoi cette volonté dernière a détruit ou modifié la volonté première. Nous avons à savoir cela. C'est donc là, messieurs, une première question qui est restée sans réponse, ce qui déjà m'étonne, car je ne comprends pas qu'on ait pu faire un contre-testament sans l'associer, par sa date, au testament lui-même. Je ne le comprends pas ; car s'il était dans la pensée du testateur de le faire, et qu'il fût mort le lendemain, le surlendemain, enfin dans les sept jours qui ont suivi l'expression de sa volonté première, sa volonté dernière serait restée dans son cœur insondable ; on n'aurait pas pu l'en faire sortir.

Et puis je disais : Le testament du 14 octobre n'a pas été écrit par le testateur ; cela cependant en valait bien la peine, car enfin il a écrit, il y a huit jours, un testament qui contient des clauses qui sont incontestables au point de vue du fond, incontestables au point de vue de la forme. Je me disais alors, comment se fait-il qu'il ne les ait pas écrites lui-même ? Je sentais bien ce qu'on allait me répondre : qu'il n'en avait pas eu la force, qu'il avait eu tout au plus la force d'écrire au bas de cet acte étrange ces deux lignes qui sont à peine lisibles, par lesquelles il déclare qu'il aurait dicté les sept pages qui précèdent. Il n'avait pas la force d'écrire cela ; avait-il la force même de le penser, avait-il la force de le vouloir ? A-t-il voulu, en effet, que sa fortune allât aux enfants Berne ? Je n'en sais rien. Mais ce qui m'étonne et m'épouvante, ce sont les deux lignes au bas de cet acte ; ce qui m'étonne et m'épouvante davantage que ces deux lignes écrites en entier de la main de Jovin-Bouchard, c'est de voir ici deux signatures : c'est du luxe, deux signatures qui, si on les compare quant au dessin de l'écriture, laissent encore dans l'esprit des hésitations étranges, et l'on se demande si ce jour-là cet homme, qui pouvait à peine écrire les deux lignes qu'il a écrites, a pu jeter sur ce papier deux signatures qui sont les signatures d'une main jeune encore que la maladie n'aurait ni brisée ni altérée. Et puis (je vous fatiguerai de ma question), il ne pouvait pas écrire, dites-vous, pourquoi donc alors ne dictait-il pas au notaire, puisqu'il l'avait sous la main ? Pourquoi le notaire ne restait-il pas notaire ? Pourquoi le notaire abdiquait-il ? Est-ce que l'on comprend que, dans une profession quelle qu'elle soit, l'homme s'abdique jamais ? Vous étiez là, notaire ; vous avez rédigé le testament ; on veut vous dicter la révocation de ce testament écrit par vous-même, authentiqué par vous-même, et il ne vous sera pas venu à la pensée de dire : Mais je n'agis pas ici comme notaire. Comment oubliez-vous à ce point votre dignité professionnelle, la dignité du caractère dont vous êtes revêtu ? Quand on a été appelé pour faire un acte dans l'ordre de sa profession, on ne va pas faire un acte sous-seing privé de cette nature, qui détruit la volonté antérieure, qui la modifie au moins dans ses parties essentielles, sans donner à cet acte le caractère authentique qu'on a donné au premier. Vous êtes un honnête homme ; je n'ai rien à dire là-dessus, parce que je ne sais rien ; si je savais quelque chose, je le dirais ; mais enfin je dis au moins une chose, c'est que vous étiez l'ami intime de M. Escoffier. M. Escoffier, je ne sais pas s'il était dans l'appartement, par conséquent je n'ai rien à dire quant à cela, j'ignore même s'il était à Lyon.

Mᵉ Bac. — Il n'était pas à Lyon.

Mᵉ Marie. — Il y a une chose certaine, quoique nous ne plaidions pas la captation et la suggestion, c'est l'amitié qui existait entre ces deux hommes, c'est l'influence que M. Escoffier exerçait sur Jovin-Bouchard. Je ne rapporterai pas ici les paroles que j'ai lues et relues dans les plaidoiries de mes confrères ; celui de tout à l'heure disait que je ne les avais pas lues ; je les ai parfaitement lues et retenues, mais enfin je ne plaide pas la question de captation ; je dis que si l'on avait jamais à la plaider, on la trouverait dans cet acte auquel je n'accorde que la foi qui lui est due. Si, en effet, le fidéicommis est là, et si c'est là que je dois trouver une personne certaine, je demande dans quelle mesure cet acte mérite la confiance de la justice, pour établir la certitude que nous cherchons.

Qu'est-ce que vous dites encore ? Qu'il a été remis à M. de Prandière, non pas à M. Escoffier ? Messieurs, il n'y a aucun privilége devant les tribunaux, devant les cours de justice ; aucun privilége qui naît soit de la loi, soit de la personne, soit de la condition ou de la qualité ; je dis que personne ne doit être cru sur parole. Il y a égalité parfaite devant la loi et la justice, sous ce rapport ; quand donc on vient me dire : je déclare ceci, on ne dit rien si l'on n'apporte aucune preuve de son affirmation. M. de Prandière dit qu'il a reçu la lettre du 14 octobre, que ce n'est pas M. Escoffier qui l'a reçue. Je n'en crois rien ; je crois que la première personne qui a connu l'acte du 14 octobre, c'est certainement M. Escoffier. M. de Prandière l'a-t-il connu, lui, et quand l'a-t-il connu ? Bien grave question ! M. de Prandière dit : Je l'ai connu immédiatement, c'est à moi qu'il a été remis. Et puis il ajoute : Je l'ai communiqué à MM. Royet et Fénéon. M. Fénéon est un honnête homme aussi. J'ai traversé bien rapidement l'administration dont il fait partie, mais je ne l'ai pas traversée si rapidement que je n'aie pu recevoir sur les hommes qui figurent dans les hauts rangs de cette administration des renseignements qui aient pu m'édifier : c'est un honnête homme que M. Fénéon.

Me Bac (présentant un volume de la *Tribune judiciaire* à Me Marie). — Voici qui explique et qui constate son honnêteté, c'est l'arrêt de la Cour de Lyon.

Me MARIE. — Je répondrai tout à l'heure à vos allusions.

C'est un honnête homme que M. Fénéon ; M. Royet-Vernadet est aussi, je pense, un honnête homme ; on me l'a dit, je ne le connais pas, mais enfin le tribunal le connaît. Voilà donc un honnête homme qui vient dire une chose et voilà deux hommes honnêtes qui viennent dire le contraire. Qui croirez-vous ? Celui-ci ou celui-là ? Ce qu'il faut dans tout cela, c'est qu'en définitive on ne puisse pas s'égarer sur la personne du destinataire. Quel intérêt, en somme, peut avoir M. Fénéon ? Il dit : Je ne connais qu'une chose, le testament. Je prends le testament, je le garde, je n'en dois compte à personne, si ce n'est à ma conscience et à Dieu ; je demande l'exécution d'un testament qui est clair, en conséquence, je garde la succession. Que me venez-vous dire que je ne suis pas le propriétaire de ces choses données ? Mais je les transmettrai selon les pensées que je suppose à Jovin-Bouchard, me rendant compte de ses pensées, entrant dans ses sentiments, y entrant le plus largement possible, et, par conséquent, ne gardant pas la succession qui ne devait être dans mes mains qu'un dépôt passager. Nous arrivons donc à ceci qu'il y a deux personnes qui affirment, une autre qui nie, et que cependant ces personnes sont des personnes honorables.

M^e BAC. — Expliquez-vous plus clairement.

Me MARIE (souriant et se tournant vers Me Bac). Vous voulez ma grande raison, n'est-ce pas ? vous l'aurez.

Je ne crois pas que cet acte du 14 octobre 1835 ait été jamais dans la volonté de Jovin-Bouchard ; je ne crois pas que Jovin-Bouchard ait dicté ces sept pages dans un moment où il était affaibli par la maladie, plus encore que par l'âge, quand il était à la veille de sa mort, je ne crois pas cela. Qui donc est l'auteur de ce fameux acte du 14 octobre 1835 ? *Is fecit cui prodest*, et alors M. Escoffier apparaît dans toute sa majesté. Vous allez voir, en effet, que cette lettre du 14 octobre 1835, c'est M. Escoffier tout entier, que c'est lui qui en recueille tous les avantages et que le testament n'est rien. M. Escoffier n'est pas même associé à la tutelle des enfants Berne, et c'est lui qui fera tout, disposera de tout, effaçant les légataires universels. M. Escoffier ne pouvait pas l'être, dit-on, dans l'acte du 14 octobre 1835, parce que sa qualité de médecin s'opposait en effet à ce qu'il reçût un émolument quelconque. Mais il aurait bien pu recevoir une libéralité, la loi n'y fait pas obstacle ; il aurait bien pu être associé à la tutelle des enfants Berne, la loi ne faisait pas obstacle à cela. Il n'est rien dans le testament du 7 octobre, dans l'acte du 14, il est tout. Son incapacité légale, dit-on, empêchait de le nommer légataire universel, et il s'arrange de façon à usurper tous les pouvoirs des légataires universels. Il reçoit un legs particulier de 15,000 fr., c'est peu de chose ; il aura de plus une action, ce n'est pas grand'chose, je le veux bien, mais la tutelle des enfants Berne, à lui, à lui tout seul. Et s'il en partage un peu l'administration avec M. de Prandière, il ne la partage pas avec les autres légataires universels ; les autres légataires universels sont destitués de la tutelle qui leur était accordée par le testament du 7 octobre, et là, où la tutelle était assise il vient s'asseoir, à son tour, pour y dominer complétement. Il faudra administrer la succession ; qui sera à la tête de cette administration? M. Escoffier. A qui devra-t-on s'en rapporter? A M. Escoffier. Qui aura les premières idées? M. Escoffier. Qui les suivra? Lui, encore. Qui les exécutera? Lui, toujours. Et voilà qu'en effet, aussitôt après la mort, il va prendre la totalité de la succession, comme si le testament du 7 octobre n'était rien, comme si les légataires universels n'étaient plus rien. Ils sont associés dans quelques intérêts, mais la volonté dominante est celle de M. Escoffier. Il en a usé, il en a largement usé. Je ne sais pas si, comme on me l'a dit, sa fortune s'en est ressentie, mais son autorité, son crédit s'en sont singulièrement bien trouvés, ayant en ses mains surtout l'administration, en ce qui touchait les 558,000 fr., dévolus à la ville, tout le monde sait dans cette localité quel usage il a fait de cette situation et comment, par ce simple fait, les légataires universels se sont trouvés effacés et n'ont plus été que des jouets.

M. de Prandière est, assurément, un honnête homme, je l'ai entendu dire, et je n'ai rien à opposer aux détails qui m'ont été racontés à cet égard, mais c'est un homme faible, qui n'a été qu'un instrument entre les mains de M. Escoffier. Si sa personne n'a pas disparu complètement de l'acte du 14 octobre 1835, au moins sa pensée, sa volonté, son action, ont disparu et ont été tellement absorbées dans la volonté de M. Escoffier, qu'il est juste de dire qu'il n'y avait qu'un homme dirigeant tout, en vertu de l'acte du 14 octobre 1835, M. Escoffier, toujours M. Escoffier. Et il n'a pas connu cet acte du 14 octobre 1835, il ne lui a pas été remis, il ne l'a connu que quand il s'est agi de prendre part à l'administration ; c'est M. de Prandière qui l'a toujours eu dans les mains, et c'est M. de Prandière qui aurait pu l'annuler, si une telle pensée eût pu germer dans son esprit! Non pas! Vous avez reçu l'acte, vous l'avez inspiré, vous l'avez dicté, vous l'avez fait écrire, et les lignes tracées d'une main tremblante ne révèlent qu'une chose : une obéissance dernière. Une obéissance dernière, je me trompe, et quand j'examine la signature au pied de l'acte, il m'est impossible de ne pas reconnaître que cette signature n'est pas de la main, n'est pas de la main, j'efface cette parole, mais qu'assurément elle est antérieure au corps de l'écriture; il y avait là une signature en blanc au-dessus de laquelle on a placé toutes les dispositions et les personnes instituées, car l'institution n'est que là, elle n'est pas ailleurs.

    X.   15

Non-seulement, a dit l'un de nos adversaires, il y a un fidéicommis, mais fidéicommis au profit de personnes clairement instituées, et ces personnes sont les enfants Berne.

L'incertitude ne signifie rien, a dit mon second adversaire, car, même dans ce cas, vous n'auriez aucuns droits. Comment donc ! et où avez-vous pris cette théorie ? Non, vous n'auriez pas de droit, ajoute-t-il, parce que alors resteraient les légataires universels. Non pas, il ne resterait rien. Un légataire universel chargé de fidéicommis n'est rien par lui-même, il n'y a que le destinataire qui puisse recevoir ; lui, jamais. Pourquoi donc ? Est-ce que nous allons être obligé d'en revenir aux principes élémentaires en cette matière ? Est-ce qu'il faut absolument développer cette doctrine qu'on ne peut être institué dans un testament qu'autant que l'institution est directe, personnelle, réfléchie, certaine ? qu'il ne doit pas y avoir d'hésitation entre la personne qui institue et celle qui est instituée ? est-ce qu'il faut que je débatte ces théories-là ? est-ce que ce n'est pas la loi qui vous dit cela ? Eh bien donc, vous avez un légataire universel qui est chargé d'un fidéicommis. Qu'est-ce que cela signifie ? Cela n'a pas d'autre signification que celle-là : Je vous nomme dans mon testament, non pas pour être mon légataire sérieux, et recevoir ma succession, mais pour prendre la chose et la passer à un autre. Je ne vous institue pas, je ne vous donne pas ma succession, je vous donne seulement la faculté de la remettre à une personne que je vous désigne, si cette personne est certaine et capable ; rien, si elle est incertaine et incapable, le legs n'étant rien autre chose que ce qui peut se produire par cette formule : Je charge Pierre de donner à Paul, pour moi, en mon nom. Vous n'avez d'autre qualité que celle-là. Du moment donc que je viens d'établir que le fidéicommis ne peut recevoir son exécution, soit à cause de l'incapacité, soit à cause de l'incertitude de la personne instituée, le fidéicommis tombe et le fidéicommis commis tombant, il ne reste plus qu'une succession *ab intestat*. Le légataire ne se relève pas, attendu que le légataire n'a jamais été qu'un véhicule chargé de la volonté exprimée par le testateur. Son seul rôle est donc de transmettre s'il le peut ; s'il ne le peut pas, l'hérédité légale, faute de testament, reprendra sa place et les héritiers pourront seuls faire valoir leurs droits devant la justice. Voilà ce que je réponds à votre dernier argument.

Il y en a un autre, messieurs, sur lequel les adversaires ont insisté avec le sourire de la satisfaction. Mais qu'est-ce que vous voulez, ont-ils dit ? est-ce que la question ne s'est pas posée déjà devant le tribunal ? est-ce que le tribunal ne l'a pas résolue ? est-ce qu'elle ne s'est pas posée devant la cour ? est-ce que la Cour ne l'a pas résolue ? Il y a donc sinon chose jugée, du moins un préjugé. Et puis, l'adversaire que nous venons d'entendre va plus loin : il y a une fin de non-recevoir, dit-il, qui sort de cette chose jugée. Formez tierce opposition à l'arrêt devant la cour, dit-il, si vous voulez, mais vous n'êtes pas recevables à vous présenter devant le tribunal.

Voyons d'abord la première objection, c'est-à-dire le préjugé tiré de votre jugement et de l'arrêt. Je savais très bien, il ne fallait pas être un grand devin pour cela, que mes adversaires plaidant devant vous, invoquéraient votre autorité avant tout, non pas comme autorité légale contre moi, mais comme autorité de raison ; je le savais. J'aurais pu y voir un danger pour ma cause, si, avant tout, je n'étais pas habitué à respecter la justice, et par conséquent, à croire à son indépendance, non-seulement contre la puissance étrangère, mais contre sa propre puissance. Encore bien qu'ils y ait un préjugé de raison sur lequel les adversaires insistent, qu'ils me permettent de le dire, beaucoup trop, je n'avais pas besoin qu'on me le répétât tant de fois pour savoir qu'en effet le tribunal avait prononcé sur cette question. Mais comment la question se posait-elle? Il est bien entendu qu'elle se posait entre des personnes qui ne figurent pas au procès. Il est bien entendu que la question que nous agitons devant vous, c'est-à-dire la valeur, la partie du fidéicommis n'était pas débattue. Quant aux personnes, quant aux questions, tout est nouveau ; reste donc l'appréciation que vous avez faite. Eh bien, messieurs, permettez-moi de vous dire que, quand vous avez fait cette appréciation, vous aviez devant vous une querelle qui s'agitait entre des légataires, dans laquelle intervenaient les enfants Delorme et les enfants Berne ; que vous aviez à décider des questions qui étant purement privées, se renfermaient dans l'intérêt particulier des légataires ; que vous aviez à décider en outre la question entre les enfants Delorme et les enfants Berne, en admettant un fidéicommis, et vous avez admis le fidéicommis. A qui ira-t-il le fidéicommis? aux enfants Berne ou aux enfants Delorme? Et vous avez décidé que les apparences de la cause étaient qu'il y avait plus de raisons pour prononcer en faveur des enfants Berne que des enfants Delorme. Tout en reconnaissant qu'il y avait peut-être plus de raisons de prononcer en faveur des enfants Berne que des enfants Delorme, j'insiste à dire que les enfants Delorme avaient fait une certaine impression sur vos esprits, puisque vous aviez jugé à propos de recourir à une forme délicate et grave, la forme du serment. La Cour s'est trouvée plus libre d'esprit, ses impressions ont été plus favorables aux enfants Berne, luttant contre les enfants Delorme, et, en conséquence, elle ne s'est point arrêtée au serment décisoire que vous aviez voulu obtenir afin de faire cesser vos doutes.

Supposons, à mon tour, je fais des hypothèses, que le débat que nous agitons aujourd'hui devant vous l'ait été alors, et qu'on eût posé, non-seulement la question de savoir si le fidéicommis irait aux enfants Berne ou aux enfants Delorme ; mais, cette autre question : ni aux uns, ni aux autres. Il y a deux prétendants, il n'y a pas un de ces prétendants qui ait des preuves tellement faites, tellement évidentes, que nous puissions dire que le legs doive aller à celui-ci ou à celui-là ; et qu'enfin nous ayons ajouté : arrière tous ces prétendants! A côté d'eux s'élèvent des héritiers légitimes qui soutiennent, en l'absence d'une volonté testamentaire certainement exprimée, ce sont eux, eux seuls qui doivent triompher, auriez-vous décidé, comme vous l'avez fait, messieurs! Et ce doute qui s'agitait alors entre les enfants Delorme et les enfants Berne, et que vous n'avez pu trancher qu'en recourant à la nécessité d'un serment décisoire, ne l'auriez-vous pas, conformément à la doctrine et à la jurisprudence, tranché en faveur des héritiers légitimes? Ah! il serait bien hardi celui-là qui oserait dire, qu'en effet, cette question, ainsi posée, n'aurait pas pesé dans votre balance, qu'en conséquence le jugement que vous avez rendu et l'arrêt auraient été rendus, comme ils l'ont été la première fois, et que les intérêts, et que les droits des héritiers légitimes, et que les raisons qui les appuient n'auraient pas pu ajouter quoique ce soit aux incertitudes de vos intelligences. Il faudrait être bien hardi pour soutenir cela.

Eh bien ! cela nous prouve quoi ? Qu'il y a, messieurs, toujours possibilité, même quand on a, par un de ses côtés, examiné un débat, quand on l'a apprécié comme des hommes consciencieux et honnêtes, par-dessus indépendants, je le répète, de tout le monde et d'eux-mêmes, il y a toujours moyen de l'envisager sous les autres aspects qu'il peut avoir et de le rendre autrement qu'il ne l'a été, si, en effet, des faits nouveaux surgissent, si un droit nouveau se pose qui lui aussi a ses raisons d'être et ses raisons de décider à part et distinctes.

Nous avons quelquefois, nous aussi, messieurs, de ces nécessités à subir dans l'exercice de notre profession. Il nous arrive aussi quelquefois de donner des consultations et cela arrive même aux jurisconsultes qui ne s'occupent que de droit, de changer d'avis, quand des faits inconnus se révèlent, quand certains éléments se posent, qui d'abord n'avaient pas été aperçus. Eh bien ! il faut que, dans une pareille circonstance, l'esprit du juge s'élève et s'étende en même temps que sa conscience s'éclaire davantage ; il faut que, même en présence d'un jugement par lequel il a donné une première solution, il faut, dis-je, qu'il examine encore la cause comme s'il n'avait encore rien jugé, qu'il l'apprécie comme nouvelle, parce qu'elle est, en effet, nouvelle; qu'il l'examine comme s'il ne l'avait pas encore appréciée et que, s'éclairant de toutes les opinions, il arrive à dire ou qu'il doit persister dans son premier jugement ou qu'il arrive à le rétracter. Voilà ce que nous demandons à votre justice impartiale et indépendante ; ainsi rendu, dans l'indépendance de vos opinions, nous sommes d'avance rassuré sur votre jugement.

Que nos adversaires mettent donc de côté le préjugé sur lequel ils insistent tant. Non, il n'y a pas de préjugé admissible quand des faits nouveaux se présentent et qu'ils sont régis par d'autres règles de droit. Vous insistez, vous invoquez le respect de la chose jugée. C'est moi qui viens, au contraire, invoquer au nom du respect que je dois à la justice, son indépendance, et si je plaidais à Lyon, devant la Cour, je tiendrais ce langage. Il sera entendu par vous, comme plus tard il le sera par les magistrats de Lyon. Voilà ma réponse à votre préjugé moral.

Quant à la fin de non-recevoir, elle est venue bien tardivement. Le débat est épuisé, et voilà, qu'après que toutes les questions ont été débattues, l'un de mes adversaires s'avise de dire : Je suis bien bon de plaider, car enfin j'ai une fin de non-recevoir et elle est incontestable.

Pourquoi n'avoir pas dit cela tout de suite hier? Pourquoi n'avoir pas fait dire au premier d'entre vous qui a pris la parole : Je vous arrête au seuil de la justice, je vous ferme la porte, vous n'entrerez pas, nous ne voulons pas faire perdre un temps précieux à messieurs et aux justiciables qui attendent leurs sentences. Comment se fait-il que sur mes deux adversaires il y en ait un qui ait rencontré dans son esprit une fin de non-recevoir insurmontable, que l'autre n'a pas même aperçue? C'est un grand préjugé contre elle, vous en conviendrez.

Une fin de non-recevoir et pourquoi? Est-ce que j'avais besoin d'intervenir dans le procès qui s'agitait entre les légataires? Est-ce que mon droit ne naissait pas seulement au moment où il serait certain que le fidéicommis s'attachait, non pas à une personne certaine, mais à une personne incertaine? Si j'étais intervenu, vous auriez posé contre moi des conclusions de fin de non-recevoir contre mon intervention et vous auriez eu raison. Est-ce que je devais être appelé dans le débat? Est-ce que je devais y intervenir? Ni l'un, ni l'autre. Est-ce que votre arrêt me blesse? En aucune façon. Est-ce que le jugement et l'arrêt ont force contre moi? Pas le moins du monde. Mon droit étant nouveau, vous avez à l'examiner à nouveau, vous l'examinerez, c'est votre devoir et ce devoir vous le remplirez, comme vous remplissez tous vos devoirs. Voilà ma situation. Il faut, dit-on, que je forme une tierce opposition à l'arrêt de la Cour; eh! contre qui donc? Contre les légataires de Jovin-Bouchard? Pour voir juger quoi avec les légataires? Mon droit d'hérédité? Mon droit d'hérédité est indépendant de votre droit. Je n'ai rien à faire dans cette dispute qui s'est engagée entre les enfants Delorme et les enfants Berne. Seulement je me dis : voilà deux prétendants qui arrivent et qui, chacun à son point de vue, s'écrient : À moi la succession ! Voilà des gens qui se disputent, qu'est-ce qu'ils se disent? Des vérités très dures, c'est leur affaire, ce n'est pas la mienne. J'arrive à mon tour par la porte qu'ils m'ont ouverte, et nonobstant votre fin de non-recevoir, il faut que j'aie ma revanche. Mais je serai moins long pour la prendre que vous ne l'avez été pour essayer de me réfuter, tout en disant que vous ne preniez la parole que pour me faire honneur.

Voilà ma cause, messieurs, voilà à quoi elle se réduit.

Et maintenant si je veux résumer à mon tour, et mon résumé sera en un seul mot, je dirais : nous sommes ici en face les uns des autres, qu'est-ce que vous demandez, vous, messieurs les légataires, et vous enfants Berne? Les légataires ne demandent rien, ils ne sont pas légataires sérieux, ils n'ont rien à prendre dans la succession, ils ne prendront rien de la succession. Très bien, voilà qui est clair. Débarrassé de ces légataires universels qui étaient le seul obstacle à ma prise de possession d'héritier légal, je me trouve en face de qui? En face d'un institué nouveau parfaitement désigné? Non! Je me trouve en face d'une lutte, entre deux prétendants institués. Mais alors sur qui donc, je me le demande, s'est reposée la volonté du testateur? car il n'y a que cette volonté-là qui puisse obliger et détruire ma qualité d'héritier légitime; eh bien! où est-elle cette volonté? Dans l'acte du 14 octobre 1835. Je vous ai fait cette concession, je vous ai dit: Si cet acte avait été écrit de la main du testateur ou qu'il y eût une simple lettre écrite de sa main, exprimant sa volonté, un écrit quelconque, non pas même dans la forme testamentaire, mais qui dît : Voilà ma volonté, mes légataires en apparence feront telle et telle chose; ceci, c'est moi qui l'écris ou qui le dicte, c'est moi qui prononce ces paroles en présence de témoins désintéressés; si j'étais en présence d'un pareil écrit, émanant de Jovin-Bouchard, je m'inclinerais et je n'ajouterais pas un mot. Mais où sont-ils les témoins désintéressés? où est-il l'acte émanant du testateur. L'acte du 14 octobre 1835? Quelle confiance peut-on avoir en lui? Qui l'a inspiré? Qui l'a dicté? Qui l'a écrit? En réalité à qui profite-t-il? Par qui a-t-il été inventé? Par qui a-t-il été écrit? Je ne reviens pas sur ces détails, mais ce sont là des choses contre lesquelles ma pensée se révolte et contre lesquelles se révolteront aussi vos consciences. Je ne vois pas de certitude dans la personne indiquée et alors il n'y a plus rien; car, d'une part, il n'y pas de légataires universels. Il n'y a plus rien, car d'autre part il n'y a pas de destinataires; reste donc l'hérédité légitime.

Elle vient longtemps après l'ouverture de la succession, c'est vrai. Mais comment le silence a-t-il été gardé si longtemps par les hommes que je défends, hommes très honorables aussi? Je ne sais pas s'il y avait des dissidences profondes entre les frères, si, comme vous l'avez dit, les liens de famille étaient altérés à ce point, qu'au moment de sa mort Jovin-Bouchard ait pu oublier tant de souvenirs, si ces dissentiments seraient restés au cœur de cet homme, assez puissants pour lui faire oublier le temps qu'il avait passé, temps toujours si doux, avec ses frères et ses sœurs au foyer paternel. Soit, ces dissentiments ont été assez ardents dans son esprit, pour qu'aucun souvenir ne s'y réveillât dans l'intérêt des uns et des autres; soit, nous allons accorder tout cela, nous nous sommes incliné devant cette justice ou cette injustice du testateur. Dans les familles surtout qui se respectent, le parent injustement oublié dans un testament plaint le testateur, c'est surtout sur lui que se reportent tous les regrets. Mais quand nous avons vu que ce testament était sans valeur, que les légataires universels n'étaient pas des légataires universels, qu'ils ne s'étaient jamais considérés comme des légataires universels sérieux; quand nous avons vu qu'il s'agissait de savoir si la succession irait à telle ou à telle portion d'enfants bâtards, quand il était impossible de savoir à qui, que les légataires d'accord sur le fidéicommis n'étaient pas d'accord sur la personne désignée, oh! alors notre intérêt était né, notre droit s'était posé, notre droit devient le droit légal et l'ordre public, pour ainsi dire, se trouve mêlé à notre droit particulier.

En telle sorte que nous venons faire valoir ici un droit qui est protégé par la loi, par la raison, par la conscience, qui est protégé surtout par la moralité publique, et qui, en définitive, n'a pu être oublié que parce qu'une pensée étrangère, fatale et misérable, s'était placée au-dessus de la pensée du testateur.

***

RÉPLIQUE DE Mᵉ THÉODORE BAC.

Messieurs,

Le défenseur des enfants Berne avait renversé l'édifice péniblement élevé par les demandeurs. La passion a essayé de le reconstruire, et, sous son influence, vous avez entendu mon honorable adversaire s'efforcer de prouver que nul ne doit être cru sur parole, excepté celui qui met la violence à la place de la raison.

Ici, comme toujours, la passion a été imprudente; elle a révélé le vrai mobile du procès et signalé nos véritables adversaires. Vous avez tous senti que, derrière la famille Jovin, se tenaient ceux qui par deux fois ont succombé honteusement devant la justice. C'est une revanche du procès perdu qu'on s'efforce de prendre.

Qu'avons-nous entendu, en effet ? Un acte d'accusation contre MM. de Prandière et Escoffier ; l'apothéose de MM. Royet et Fénéon.

Débat connu ! débat jugé sans retour ! Cette brillante réédition des discours dont vous avez conservé le souvenir ne peut changer la face des choses et abolir les faits accomplis. Il y a des décisions désormais souveraines qui ont déclaré de quel côté étaient la vérité, la moralité, la franchise, la probité, l'honneur, la loyauté, le désintéressement et toutes ces grandes choses qui doivent se trouver, non sur les lèvres, mais au fond du cœur, et que la magnificence des mots n'a pas la puissance de créer. La Cour de Lyon, après vous, messieurs, a fait justice de ces protestations sonores, et c'est en vain qu'on tente de les renouveler.

Je suivrai pourtant mon adversaire sur le terrain où il lui a plu d'amener le débat, mais j'attendrai que l'ordre de ma discussion m'y conduise. Avant de répondre pour une dernière fois aux calomnies qu'on s'est efforcé de ressusciter, je dois faire justice des systèmes de droit sous lesquels on a essayé d'abriter une cause défaillante.

Mon adversaire reconnaît que, dans notre législation française, les fidéicommis tacites sont permis, à la condition qu'ils n'aient pas pour but de faire arriver le bienfait à des incapables. C'est un point de droit qu'il met lui-même hors de toute contestation. Comme, cependant, après avoir fait cette concession, il se croit le droit de nous en retirer le bénéfice, je veux démontrer qu'en proclamant, avec nous, un principe généralement admis, il ne fait aucun sacrifice. Aussi bien n'est-il pas inutile de bien se rendre compte de la doctrine pour bien comprendre quelle application elle doit recevoir dans la cause.

Je me tais un moment et je laisse parler la jurisprudence :

« Il résulte des termes mêmes de l'article 911, dit le *Journal du Palais*, que lorsque la disposition secrète est faite au profit d'une personne capable, rien ne s'oppose à sa validité.

» Jugé conformément à ce qui précède qu'une disposition testamentaire ne peut être considérée comme renfermant un fidéicommis tacite, si elle n'est pas faite en faveur d'une personne incapable. — Bruxelles, 28 mars 1840. — Caen, 31 janvier 1827. — Paris, 31 juillet 1817.

» Le fidéicommis fait au profit d'une personne capable est donc un principe valable. »

Je trouve dans le dictionnaire de Dalloz, au mot *Institutions*, n° 252, la note suivante :

« A la différence de fidéicommis au profit d'incapables, est valable celui, quoique également tacite, qui a pour but de transmettre les biens à une personne capable.

» La cour de Limoges, le 11 janvier 1841, et la Cour de cassation, le 16 mars 1842, ont décidé que l'héritier légitime non réservataire n'est plus recevable à invoquer des preuves, prises en dehors du testament pour établir l'existence d'un fidéicommis tacite, lorsque les personnes au profit desquelles serait faite cette substitution ne sont pas incapables de recevoir. »

Voici un arrêt de la Cour d'Angers, à la date du 28 janvier 1848, auquel j'emprunte ce motif :

« Attendu que les dispositions fidéicommissaires ne sont pas frappées de nullité par cela qu'elles sont faites à personnes interposées, qu'elles doivent au contraire être validées toutes les fois, que ceux qui sont appelés à en profiter ont capacité pour recevoir. »

M. de Villeneuve, qui rapporte cet arrêt, le fait suivre d'observations qui résument parfaitement la doctrine :

« En principe, dit-il, la loi n'annulle les dispositions déguisées sous la forme de contrat onéreux, ou par personnes interposées, *qu'autant qu'elles sont faites au profit d'incapables* (Cod. civ. 911); et la jurisprudence en a tiré cette conséquence, que les donations déguisées sous la forme d'un contrat à titre onéreux, mais faites à des personnes capables de recevoir sont valables. (Voyez à cet égard, *supra*, Cass., 6 février 1849, et la note 1re part., page 249.) *A plus forte raison, le même raisonnement peut-il s'appliquer aux legs faits sous le nom de personnes interposées à des personnes capables de recevoir.* Car en ce qui concerne les donations déguisées, une considération puissante tendait à faire repousser la doctrine de leur validité, en ce que cette doctrine avait pour résultat de donner un moyen d'éluder la loi, qui exige que les donations entre-vifs soient faites par un acte authentique; or, la même objection ne peut s'élever contre la validité des legs faits par personnes interposées, puisque dans ce cas le testament est nécessairement supposé valable dans la forme. »

Tous les arrêtistes constatent cette jurisprudence.

Je lis dans le *Journal du Palais*, au mot donations déguisées par interposition de personnes, les paragraphes suivants :

« N° 126. Dans les donations déguisées par interposition de personnes, il faut distinguer si la donation est faite au profit d'une *personne capable* de recevoir, ou si elle a lieu au profit d'une personne incapable.

» N° 127. Dans le premier cas, la donation est valable, car il n'y a pas simulation frauduleuse quand le donateur a fait par le moyen d'une personne interposée ce qu'il pouvait faire directement. Il y a même raison de décider qu'à l'égard des donations faites sous la forme de contrat onéreux. »

Je n'en finirais pas, messieurs, si je voulais citer tous les arrêts rendus dans cette matière; mais j'en ai dit assez, et il me suffit d'ajouter qu'il n'existe pas une décision qui ait contredit le principe que j'invoque.

Un fidéicommis tacite suppose toujours l'existence de deux dispositions; l'une, revêtue des formes testamentaires et valables; l'autre, secrète, nulle dans sa forme, et dont l'exécution n'est garantie que par la bonne foi du légataire institué. Hors de là, il n'y a pas de fidéicommis.

Dans tous les cas où la jurisprudence a décidé, elle s'est donc trouvée en présence de circonstances identiques avec celles qui nous occupent. De là résulte que les principes admis par mon adversaire lui-même jugent le procès actuel.

Comment cherche-t-il à échapper à cette conséquence nécessaire de ses propres théories? En soutenant que, lorsqu'il y a fidéicommis prouvé, le testament disparaît, et que le fidéicommis ne doit recevoir son exécution que s'il est établi par un titre équivalent à un acte testamentaire.

C'est, si je ne me trompe, répudier formellement les principes que nous venons d'exposer et que l'on reconnaît incontestables.

Pour bien démontrer ce qu'il y a de vain dans ce système singulier, permettez-moi de suivre mon adversaire dans quelques détails.

Il demande la nullité du testament. Pourquoi? Parce qu'il a incertitude sur la volonté du testateur.

Où puise-t-il les éléments de cette incertitude?

Dans le testament lui-même? Non. Il reconnaît sa validité parfaite, et il s'est même attaché à démontrer que le testament est irréprochable et ne contient pas même le germe d'un fidéicommis.

Où donc est la cause de ses doutes?

Dans les déclarations des légataires universels. Ces légataires, dit-il, désertent eux-mêmes le testament, reconnaissent qu'il ne les a pas institués, abandonnent la succession qui ne leur appartient pas. Nous nous emparons de cet aveu, et nous venons rétablir notre droit d'héritiers légitimes sur les ruines de ce testament qui n'existe plus.

Cet abandon de l'institution dont ils sont investis peut-il, messieurs, à supposer qu'il existe, être accepté et renverser les droits acquis ?

Mᵉ Meunier vous a démontré d'une manière invincible qu'il n'en est pas ainsi ; que les légataires universels ne peuvent plus perdre la qualité que leur a donnée l'acceptation ; que cette acceptation leur a empreint un caractère indélébile ; qu'héritiers une fois, ils le sont toujours ; *semel hœres*, *semper hœres*.

Il serait, en effet, étrange qu'après avoir accepté le bénéfice d'un legs universel, on pût, plus tard, s'affranchir de ses charges en déclarant qu'on n'était pas légataire sérieux. Un tel système, opposé aux créanciers de la succession, serait trop commode. Le légataire universel qui a la saisine légale est dans le même cas que l'héritier naturel ; tout acte d'acceptation l'enchaîne à jamais. Une fois investi de la succession, il l'est irrévocablement et sans retour.

Mais cet abandon existe-t-il? Où le trouver? Dans la bouche de MM. Royet et Fénéon? Pas le moins du monde. Dans cette enceinte même, aux pieds de ce tribunal, ils ont déclaré l'un et l'autre, j'entends encore leurs voix, qu'ils étaient des légataires sérieux, très sérieux ; que le testament était pour eux une vérité, qu'ils entendaient conserver l'hérédité. Et lorsque plus tard, à Lyon, sentant cette hérédité leur échapper avec l'honneur, ils ont voulu au moins sauver l'honneur du naufrage prêt à l'engloutir ; au moment suprême où, pressentant l'arrêt qui allait les frapper, ils ont feint un désintéressement qu'ils n'avaient pas (car s'il eût existé dans leurs cœurs, ce sentiment sacré, ils n'auraient pas affronté, comme ils l'ont fait, les sévérités de la justice et de l'opinion) ; lorsqu'à cette heure suprême, dis-je, ils ont signifié les conclusions du 20 juillet que l'on invoque sans cesse et que j'ai qualifiées, qu'ont-ils dit ? Ont-ils déclaré qu'ils n'étaient pas des légataires sérieux ? En aucune façon. Ils ont eu soin, au contraire, de bien constater leur qualité et de se faire honneur d'un sacrifice qu'aucune obligation ne leur impose.

Ecoutez ce document :

« *Sans obligation morale, sans obligation civile,* appréciant ainsi que le leur dicte un haut sentiment de délicatesse, l'INSTITUTION SÉRIEUSE DONT ILS ONT ÉTÉ L'OBJET, MM. Royet et Fénéon ne veulent pas profiter de cet excédant.

» *Dans la plénitude de leur libre arbitre* ils déclarent que le reliquat actif sera réparti, etc.

» Sous toutes réserves POUR LE CAS OU LA PRÉSENTE DÉCLARATION NE SERAIT PAS ACCEPTÉE PAR LES INTIMÉS. »

Ainsi, dans cette déclaration qui est une protestation véritable en faveur de leur caractère de légataires universels, dans cette déclaration solennelle, s'ils se dépouillent, ce n'est pas en exécution de la volonté du testateur, c'est par leur propre volonté, et pour donner à tous la preuve éclatante d'un désintéressement imprudemment contesté.

Que l'on cesse donc d'invoquer les aveux de MM. Royet et Fénéon.

S'en prendra-t-on à ceux de M. de Prandière ?

Messieurs, quand on s'empare d'un aveu en matière civile, c'est sous la condition de l'accepter tout entier. L'aveu est indivisible. Or, que dit M. de Prandière ? Dépositaire des instructions de Jovin-Bouchard, je veux m'y conformer ; elles contiennent l'expression des dernières volontés de mon ami, elles sont pour moi sacrées. J'ai toujours considéré en droit et en honneur que c'était un devoir pour moi, ainsi que pour mes colégataires, de les exécuter à la lettre ; elles sont, à mes yeux, un véritable testament, une charte.

Cet aveu, on prétend le diviser ; on en prend la première partie, on en rejette la seconde. Vous n'avez pas ce droit. Il faut le prendre tout entier, et il vous dépouille.

Cet aveu, c'est l'expression de la vérité sortant du cœur d'un homme de bien. Vous demandez des témoins désintéressés, et vous invoquiez les témoignages de MM. Royet et Fénéon, qui voulaient s'enrichir en gardant la succession. Le témoin désintéressé, le voilà. C'est celui qui se dépouille, qui ne garde rien, qui exécute en entier les volontés de son ami mourant, qui remet la succession à ceux auxquels Jovin-Bouchard l'avait destinée. Voilà l'homme que vous cherchez, acceptez sa parole.

Ainsi, nulle cause d'incertitude dans les déclarations des légataires. Vous y trouvez, d'une part, l'affirmation que l'institution est sérieuse ; de l'autre, cet aveu indivisible, que si la succession ne doit pas rester aux légataires, c'est pour aller aux enfants Berne, en vertu de la volonté formellement exprimée par Jovin-Bouchard. Rien n'est plus net et plus clair.

Vous le voyez, c'est en vain que nous cherchons ces éléments de doute invoqués par mon adversaire pour faire revivre les droits de la famille.

Se trouveraient-ils, par hasard, dans les instructions du 14 octobre ? Mais ces instructions, quelle est leur valeur ? Elles valent quelque chose ou elles ne valent rien. Si elles ne valent rien, il n'y a pas de fidéicommis, il n'y a pas de volonté contraire à celle qu'exprime le testament ; le testament reste intact et exclut la famille. Si elles valent quelque chose, elles font preuve de ce qu'elles contiennent. On ne peut les diviser. Il faut les prendre telles qu'elles sont. Elles valent, comme manifestation de la volonté, d'investir du reliquat de la succession les enfants Berne.

Étrange contradiction ! Mon adversaire trouve ces instructions suffisantes pour renverser le testament, insuffisantes pour prouver quels sont les destinataires du fidéicommis. Il leur accorde l'efficacité qui révoque, il leur refuse celle qui attribue le reliquat aux enfants Berne.

Or, que faut-il pour révoquer un testament ?

Un acte authentique ou un testament postérieur : c'est l'article 1035 du Code Napoléon qui nous l'apprend.

Que faut-il pour établir quels sont les destinataires d'un fidéicommis ?

Une preuve quelconque de la volonté du testateur, sous quelque forme qu'elle se produise. C'est mon adversaire qui l'a plaidé, je ne veux pas le contredire.

Et la pièce qui, d'après lui, a la force de révoquer le testament, n'aurait pas celle d'établir quels sont les bénéficiaires du fidéicommis !

Non, non.

Si les instructions ont assez d'autorité pour abolir le testament, c'est qu'elles équivalent à un acte authentique ou à un testament authentique, et alors elles sont plus que suffisantes pour établir les conditions du fidéicommis.

Que si, au contraire, elles n'ont pas la puissance de faire cette preuve, elles ont bien moins celle d'anéantir le testament.

Mais ce sont là des paroles perdues. Les instructions n'ont ni la force, ni la faiblesse qu'on veut bien leur prêter. Sans valeur légale par elles-mêmes, elles n'en ont reçu que de la volonté des légataires universels qui, seuls, avaient qualité pour leur donner la vie civile, et, cette vie reçue, elles ne peuvent plus la perdre. Voilà la vérité.

Les éléments de l'incertitude, qui fait la base de l'argumentation des demandeurs, ne se trouvent donc ni dans le testament, ni dans les déclarations des légataires, ni dans les instructions.

Mais sur quoi porterait donc cette incertitude ?

Sur les personnes ?

Leur nom est inscrit dans l'acte même où l'on prétend trouver la preuve d'une pensée contraire au testament.

Sur l'existence même du fidéicommis ?

Mais, s'il n'existe pas, le testament reste seul dans sa force et dans son autorité, et les demandeurs sont irrévocablement exclus de la succession.

Ainsi l'esprit de mon adversaire s'est enfermé dans un cercle vicieux où il fait des évolutions, charmantes sans doute, mais impuissantes et dont il ne peut sortir. S'il échappe au testament, il se trouve en face du fidéicommis. Repousse-t-il le fidéicommis, le testament se dresse devant lui. Il faut, en effet, que l'un ou l'autre soit exécuté, et il est fatalement placé entre deux actes qui le repoussent également.

J'aurais compris la demande si l'on eût soutenu hardiment la nullité des fidéicommis faits en faveur de personnes capables ou non. Mais du moment que l'on reconnaît, avec la doctrine et la jurisprudence, qu'il est permis de faire indirectement ce que la loi ne défend pas de faire directement, je ne comprends plus les prétentions dans lesquelles on s'obstine avec une persévérance inexplicable.

Et remarquez, messieurs, que j'ai fait à mon adversaire les plus larges concessions. Pour le combattre, j'ai accepté l'hypothèse même où il lui avait plu de se placer ; j'ai supposé, avec lui, que MM. de Prandière, Royet et Fénéon étaient dépouillés, par l'acte du 14 octobre et l'assentiment qu'ils lui ont donné, de leur caractère et de leurs droits de légataires universels. Mais rien n'est plus faux que cette supposition ; elle ne supporte pas un moment l'examen, et il est temps de restituer à chacun son vrai rôle et de sortir du champ de ces hypothèses chimériques où nous sommes trop longtemps restés.

Non, MM. de Prandière, Royet et Fénéon n'ont jamais été dépouillés de leur titre de légataires universels ; le testateur a entendu le leur conserver. Ils le conservent et ne l'ont pas un instant perdu.

Je vais le démontrer.

Un légataire universel est celui qui, investi de l'universalité des biens du testateur, représente la succession tout entière, continue la personne civile du défunt, *gerit vicem defuncti*, comme dit le droit romain.

Or, à qui pouvons-nous reconnaître ce caractère ?

Est-ce aux enfants Berne ?

En aucune façon. Jamais, ni directement, ni indirectement, Jovin-Bouchard n'a entendu leur donner cette qualité. En admettant que la clause qui se trouve dans les instructions du 14 octobre fût textuellement insérée dans le testament, MM. de Prandière et consorts (non, j'ai tort d'employer cette expression, MM. Fénéon et Royet ne sont pas les consorts de M. de Prandière, ils n'ont pas suivi les mêmes voies ; et si Bouchard les avait associés dans son testament, la conduite qu'ils ont tenue les a séparés à jamais. Je les nommerai donc séparément, car chacun doit conserver la place qu'il s'est faite). MM. de Prandière, Royet et Fénéon, dis-je, seraient-ils dépouillés du caractère de légataires universels ?

Pas le moins du monde. L'émolument qu'ils doivent retirer de la succession serait diminué, réduit à néant si vous voulez, mais cela ne changerait rien à leur titre. Ce n'est pas, en effet, l'étendue de l'émolument, c'est l'étendue abstraite du droit qui caractérise le legs universel ; et lorsqu'un héritier a été institué, quelles que soient les autres libéralités contenues dans le testament, elles n'altèrent pas la nature de son institution, quoiqu'elles puissent la rendre inutile ou même onéreuse et ruineuse pour lui.

Allons au fond de la pensée de Jovin-Bouchard.

Il voulait, vous le savez, laisser après lui des personnes qui, pénétrées de sa pensée, se fissent les défenseurs des projets qu'il avait conçus pour sa ville natale. Il voulait que ces personnes fussent les représentants, les continuateurs de son œuvre et trouvassent, dans la qualité dont il les investissait, l'autorité nécessaire pour combattre les difficultés graves que devait rencontrer l'exécution de ses dernières volontés. Il fallait pour cela des hommes sérieux, intelligents, bien posés, énergiques, dévoués, en communauté d'opinions avec lui. Est-ce les enfants Berne qui présentaient ces conditions? Ils étaient dans l'enfance. Ce qu'il lui fallait, c'était bien des hommes comme MM. de Prandière, Royet et Fénéon. Voilà ceux en qui il pouvait trouver l'énergie et la capacité nécessaires pour continuer sa personne.

Il eût pu les nommer ses exécuteurs testamentaires, mais, vous le savez, le pouvoir des exécuteurs testamentaires est éphémère. Il s'évanouit après une année. Il est d'ailleurs restreint dans d'étroites limites. Or, ce n'était pas une année qu'il fallait pour accomplir les desseins de Bouchard, c'étaient des années : vingt-trois ans n'y ont pas suffi. D'autre part, l'autorité sans limite que donne, sur l'exécution du testament, la qualité de légataires universels était indispensable.

Aussi, voyez avec quel soin cette pensée d'instituer MM. de Prandière, Royet et Fénéon légataires universels s'exprime soit dans le testament, soit dans les instructions mêmes du 14 octobre !

Bouchard, dans son testament, fait un legs aux enfants Berne. Voyez comme il subordonne ces derniers à ses légataires universels :

« Mes légataires universels seront d'ailleurs dispensés de faire emploi de cet excédant et d'en allouer les intérêts, ma volonté étant que les mineurs Berne s'en rapportent sur le compte qui leur sera rendu, à cet égard, par mes légataires universels, à l'exactitude et à la bonne foi de ces derniers auxquels conjointement je donne pour l'administration ci-dessus énoncée tous les pouvoirs attachés aux fonctions de tuteur. »

Viennent ensuite les instructions secrètes. Le langage du testateur change-t-il? Non. Huit fois il donne ce titre de légataires universels à MM. de Prandière, Royet et Fénéon, et, deux fois, il les appelle ses héritiers, rendant ainsi sa pensée encore plus saisissante et montrant à quel point il désire les investir de sa personnalité, de cette universalité de la succession, de ce droit métaphysique, *jus universum*, qui constitue le legs universel.

Donne-t-il un titre ou un droit analogue aux enfants Berne? Non pas. Il dit au contraire :

« Après l'acquittement de mes divers legs particuliers, j'invite mes légataires universels, vous l'entendez, MES LÉGATAIRES UNIVERSELS, à consacrer sur l'excédant le plus qu'il leur sera possible à accroître l'émolument des enfants Berne. »

Ainsi les enfants Berne recevront une chose déterminée, le RÉSULTAT PHYSIQUE de la liquidation, le plus qu'il sera possible sur l'excédant, mais ils ne sont nullement investis d'un droit universel sur la succession. Ils n'ont pas même le droit de s'immiscer à son administration. Cette administration tout entière est dévolue à ceux qui prendront possession de l'héritage, qui vendront les immeubles, qui réaliseront les valeurs, qui acquitteront les charges et, leur œuvre finie, ne devant de compte qu'à eux-mêmes, agissant dans une liberté que leur loyauté seule doit limiter, augmenteront le plus qu'il leur sera possible l'émolument des enfants Berne.

Cette pensée est écrite à chaque ligne des instructions.

Jovin-Bouchard invite ses légataires universels à ne pas faire d'inventaire.

« Les scellés, leur dit-il, s'ils défèrent à mes avis, seront levés sans description ni inventaire. »

Et il ajoute plus bas :

« Il me reste à leur faire connaître par des évaluations approximatives les forces de ma succession, *pour les rassurer sur les suites d'une acceptation pure et simple.* »

Ainsi, dans sa pensée, ce sont bien de véritables légataires universels qui vont accepter la succession et se soumettre à toutes les conséquences attachées à cette acceptation. Ce n'est pas un jeu, cela. L'acceptation pure et simple pouvait être ruineuse, et si des créanciers de la succession se révélaient subitement, je demande si MM. Royet et Fénéon pourraient échapper à leurs poursuites.

Ainsi, nous voilà fixés sur ce point. C'est que ni dans la pensée, ni dans le texte des instructions du 14 octobre, on ne trouve un mot qui enlève aux légataires universels leur caractère, que tout, au contraire, le confirme énergiquement.

Ce caractère, l'arrêt de la Cour ne le leur a pas retiré. Tout au contraire, il les désigne constamment sous le nom de légataires universels et il détermine ainsi leur qualité et leurs obligations :

« Considérant qu'il est sans difficulté que MM. de Prandière, Royet et Fénéon, LÉGATAIRES UNIVERSELS, CHARGÉS DE FIDUCIE, doivent venir en réglement définitif des comptes de la succession Jovin-Bouchard, pour le reliquat en être délivré ainsi qu'il a été dit plus haut. . . . .

. . . .

» Ordonne que sur la présentation qui devra être faite, par de Prandière de son compte d'administration de la succession Jovin-Bouchard, il sera procédé ENTRE LES TROIS LÉGATAIRES UNIVERSELS, à l'établissement du compte général de la succession dans le délai de trois mois. »

Vous le voyez, messieurs, la Cour conserve à chacun sa position. MM. de Prandière, Royet et Fénéon restent des légataires universels. Les enfants Berne restent des légataires particuliers. Les légataires universels se rendent compte les uns aux autres et fixent entre eux, sous la surveillance de la justice qu'ils ont invoquée, le reliquat qui sera délivré aux enfants Berne en vertu de la fiducie dont ils sont grevés.

Il est donc manifeste que les instructions du 14 octobre n'ont porté aucune atteinte au testament qui subsiste toujours. MM. de Prandière, Royet et Fénéon en se dépouillant du bénéfice matériel de leur institution n'enlèvent rien à leur caractère de légataires universels. Ils exercent le droit qu'ils tiennent du testament, en même temps qu'ils accomplissent les devoirs que leur imposaient les instructions. Mais ce devoir de conscience dont ils ont volontairement fait une obligation légale ne concerne qu'eux. Aux yeux des tiers, créanciers, débiteurs, légataires particuliers, héritiers naturels, ils sont toujours légataires universels, seuls investis par la saisine, seuls responsables par leur acceptation pure et simple de l'hérédité.

Nous devions rétablir cette vérité qui ne laisse plus de place aux arguments des demandeurs, tous basés sur une révocation du testament qui n'existe pas.

Ma tâche serait finie, messieurs, si je n'avais à m'expliquer sur la valeur morale de cet acte du 14 octobre qui a été si violemment et si injustement attaqué.

Je pourrais m'en dispenser, car, je le répète, l'acte du 14 octobre ne pouvait être discuté qu'entre les légataires universels et nous. Il est étranger aux héritiers naturels à qui son existence ne peut ni nuire, ni profiter. Mais enfin je veux répondre même aux déclamations les plus inutiles.

Mon adversaire s'élève avec énergie contre cet acte dont la physionomie lui inspire, dit-il, une défiance justifiée par les déclarations de MM. Royet et Fénéon.

Toujours MM. Royet et Fénéon, comme si nous n'en avions pas fini depuis longtemps avec eux !

Mais enfin, ces messieurs eux-mêmes avaient jugé cet acte et l'avaient approuvé.

Ils l'avaient approuvé quand, le lendemain de la mort de Jovin-Bouchard, ils en prirent communication, et promirent solennellement à M. de Pran-dière de s'y conformer.

Ils l'approuvaient pendant ces vingt-trois années d'exécution qu'ils lui ont donnée volontairement.

Quand donc la pensée d'en contester la sincérité leur est-elle venue? C'est bien tard. C'est après vingt-trois ans d'approbation, c'est le jour où ils ont eu la funeste inspiration de s'approprier le bien d'autrui. Leur première contestation est issue de leur cupidité.

Et comment cette contestation a-t-elle été accueillie ?

Vous le savez, messieurs, et votre jugement, comme l'arrêt de la Cour, a mis à néant les arguments de MM. Royet et Fénéon.

Ces arguments brisés, tombés dans la fange, on les ramasse et l'on s'efforce de les faire revivre dans cette enceinte où ils ont subi une si juste et si cruelle condamnation que je n'aurais qu'à évoquer le souvenir des débats antérieurs et à dire : Voilà les accusations calomnieuses que vous avez déjà flétries! Je vous les livre.

J'étais cependant allé au-devant des scrupules qui semblaient s'élever dans la conscience de mon adversaire.

J'avais expliqué pourquoi les instructions ne portent pas la même date que le testament. C'est que probablement Bouchard a cru que Dieu lui laisserait le temps de faire les deux actes ou que le dernier en date lui a été inspiré par la connaissance plus exacte qu'un inventaire lui a donnée de l'étendue de sa fortune.

J'avais expliqué pourquoi les instructions n'avaient pas été revêtues de la forme testamentaire. C'est que Jovin-Bouchard n'avait pas voulu affaiblir l'autorité de ses légataires universels. C'est que, peut-être aussi, ignorant quel serait le résultat d'une liquidation, il avait voulu subordonner, à ce résultat, l'exécution des dispositions contenues dans l'acte du 14 octobre, dispositions secondaires qui ne devaient prendre vie qu'après l'accomplissement de celles qui se trouvaient inscrites au testament. C'est qu'enfin il voulait donner une preuve de haute confiance à ceux qu'il investissait de la grande mission de faire triompher devant le conseil municipal les projets qui avaient été la préoccupation des dernières années de sa vie.

Ces circonstances, d'ailleurs, n'ont en elles-mêmes rien de suspect, et ce serait abuser du temps du tribunal que de répondre à tous les commentaires dont elles sont l'objet.

Mais ce qui semble surtout éminemment suspect à mon honorable adversaire, c'est que, dit-il, c'est M. Escoffier qui a inspiré l'acte du 14 octobre.

M. Escoffier l'a interrompu et il a eu raison. M. Escoffier n'est pas en cause. Son nom n'aurait pas dû être prononcé, et il avait le droit de compter sur le respect de tous après les explications solennelles déjà données à la justice. Mais enfin son nom est prononcé et on ne craint pas de plaider que ces instructions secrètes sont son œuvre, qu'elles ont été recueillies par lui, conservées par lui, remises par lui.

Où trouve-t-on la preuve de cela? M. Escoffier le nie, nos adversaires l'affirment. A qui croire? C'est apparemment l'accusateur qui doit prouver son accusation. Sur quoi les demandeurs basent-ils la leur?

Ils prétendent que M. Escoffier était le dépositaire des instructions. Comment le savent-ils? Ils l'ignorent, et c'est dans leur ignorance même qu'ils puisent la fermeté de leur affirmation. Ils ne sont, en effet, que les échos irresponsables et fidèles de ces deux honnêtes gens, à qui la justice a délivré leur brevet, de MM. Royet et Fénéon. Et où MM. Royet et Fénéon avaient-ils pris le droit de mettre en avant une telle allégation? dans les faits? non! dans leurs passions, dans le sentiment qui les poussait à faire un mauvais procès, dans la cupidité qui seule les inspirait.

Voilà comment on accuse sans preuves un homme d'honneur, après avoir déclaré solennellement que nul ne devait être cru sur parole.

Eh bien, non! Je n'accepte pas cette maxime. Il y a quelqu'un qui doit être cru sur parole : c'est l'honnête homme accusé contre lequel on n'apporte aucune preuve. Il y a quelque chose qu'on ne doit jamais croire sur parole et qui doit apporter ses preuves avec soi, c'est l'accusation. Quand elle ne repose que sur des allégations non justifiées, elle s'appelle calomnie, et la calomnie retombe en mépris sur la tête de celui qui la profère.

Et moi, messieurs, moi qui pourrais m'en tenir à une dénégation et, par sa seule autorité, réduire la calomnie à l'impuissance, je vais plus loin. Je prouve que ce qu'on n'a pas craint d'avancer est faux.

Je le prouve par les instructions mêmes du 14 octobre. Elles étaient enfermées sous une enveloppe portant l'adresse de M. de Prandière à qui elles étaient destinées.

Je le prouve par la déclaration de celui qui les a écrites, par la déclaration de M. Rostain, notaire, qui affirme avoir remis des instructions, non à M. Escoffier, mais à M. de Prandière lui-même. C'est là le témoignage d'un galant homme qui a fait ses preuves et qui n'a pas été, comme ceux que vous invoquez, flétri par la justice.

Je le prouve par le témoignage de M. de Prandière, de l'homme de cœur qui a arrêté dans leurs tentatives coupables ceux qui voulaient s'emparer du bien d'autrui, qui, jouissant, dans sa vieillesse, de la richesse et de la tranquillité, fruits de son travail, s'est arraché à ses loisirs noblement acquis pour entrer dans une lutte judiciaire, pleine de fatigues et de périls, afin de faire exécuter les dernières volontés de son ami mourant.

Qui oserait mettre en balance sa parole et celle de MM. Royet et Fénéon?

En lisant l'interrogatoire de ces derniers, mon adversaire lui-même éprouvait un embarras visible. Au milieu de ces contradictions, de ces réticences, de ces ambiguïtés, il s'écriait à chaque instant : Cela est fâcheux ! et il avait raison, car ces interrogatoires fatiguent la conscience, la remplissent d'un sentiment pénible. On sent, à chaque ligne, que ce n'est pas la vérité qui s'échappe des lèvres de ces deux hommes, et que chacune de leurs paroles est soumise aux tristes calculs de la cupidité.

Mais qu'il en est autrement de l'interrogatoire de M. de Prandière! Il est magnifique. Là, tout respire la franchise et la loyauté. On y sent l'autorité de l'homme de bien qui ne s'inspire que de la vérité.

Et quand cet homme vous dit : C'est à moi-même que les instructions ont été remises; c'est moi-même qui, à l'instant, les ai communiquées à Royet et Fénéon, c'est moi qui en suis resté dépositaire ; qui pourrait mettre en doute sa déclaration ? Est-ce que c'est une allégation vague, embarrassée, obscure, intéressée, tombant de lèvres impures? Non. C'est la déclaration d'un témoin désintéressé entre tous, de celui qui se dépouille, par son aveu, d'une fortune que ses colégataires veulent garder.

Est-ce tout? Non. Je le prouve encore par l'arrêt de la Cour de Lyon, qui, après avoir tout entendu, tout pesé, tout apprécié, juge que M. de Prandière est resté dépositaire de la pièce, après l'avoir communiquée à ses colégataires.

De quel droit peut-on maintenir encore des allégations si hautement démenties et si solennellement condamnées?

Ce n'est pas le docteur Escoffier qui a reçu le dépôt des instructions et qui l'a conservé. Est-ce lui qui les a inspirées?

Quand j'entendais la parole sonore de mon adversaire, tantôt s'élevant avec éclat, tantôt s'assombrissant avec une émotion dramatique, je croyais qu'il allait apporter quelque preuve à l'appui de ses accusations de suggestion et de captation.

Je me trompais.

Qu'a-t-il dit, en effet, pour toute preuve? C'est le docteur Escoffier qui a inspiré les instructions, parce qu'il était l'ami de Jovin-Bouchard, parce qu'il exerçait sur lui une influence sans limites, parce qu'il possède ce regard fascinateur dont parlait si pittoresquement M. Humblot.

Mais ce sont là des mots et non pas des preuves.

Comment ! parce que de vieilles relations d'amitié existaient entre MM. Bouchard et Escoffier, ce sera une raison d'accuser ce dernier? Depuis quand le sentiment sacré de l'amitié est-il suspect? En vérité, où s'arrêtera la passion? Est-ce bien mon loyal adversaire qui a pu parler ainsi? Ah ! son âme est trop grande, son cœur trop généreux pour qu'il ait pu y trouver de telles inspirations. C'est dans l'âme de ses clients, aveuglés par la cupidité e par je ne sais quel vieux souvenir de haine et de rivalité, qu'il a puisé cet argument.

Il s'écriait : *Is fecit cui prodest.* Est-ce que ces instructions contiennen quelque avantage sérieux au profit de M. Escoffier? Comment! *Is fecit cui prodest?* Quelle application peut trouver cet adage? Qu'a donc reçu M. Escoffier? 15,000 francs en rémunération des services qu'il a rendus comme médecin pendant de nombreuses années, et une action de Saint-Étienne, un rien, une misère, comme le reconnaissait mon adversaire.

Ah! mais, dit-on, il y a autre chose. L'acte du 14 octobre investit M. Escoffier du même caractère que les légataires universels, lui donne l'autorité suprême, et, en vertu de cet acte, c'est lui qui va s'emparer de tout, qui va tout ordonner, tout diriger. Les légataires universels disparaissent devant sa volonté.

Où cela se trouve-t-il? Dans l'acte du 14 octobre? Nullement. Bouchard y dit seulement qu'il entend que la tutelle des enfants Berne soit principalement exercée par MM. Escoffier et de Prandière. M. Escoffier n'est pas légataire universel; seulement les légataires universels sont invités à s'aider de son concours. Voilà tout.

Est-ce là un bénéfice? C'est une charge, et rien de plus.

La succession de M. Bouchard n'est pas venue grossir la fortune de M. Escoffier. Cette fortune est au grand jour. Ses origines sont connues. Tout le monde sait que M. Escoffier n'a retiré aucun avantage de la situation que lui a faite l'acte du 14 octobre.

Je me trompe, messieurs; il en a recueilli un grand avantage pour un homme de bien. C'est celui de défendre avec quelque autorité les dernières volontés d'un ami, et de prouver que les affections courageuses survivent à ceux qui en sont l'objet.

Il était depuis vingt ans en relations avec Jovin-Bouchard. En 1823, il fit une longue maladie. Tous les jours, Bouchard venait à son chevet. Lorsqu'il commença à se rétablir, il alla passer les jours de sa convalescence à la maison de campagne de son ami. A dater de ce moment, l'intimité fut complète. Escoffier était profondément dévoué à Bouchard. Bouchard avait pour Escoffier une affection sincère, et cette estime que lui portent tous ceux qui le connaissent. Il lui confiait ses secrets. Il lui demandait des consolations dans les douleurs que lui causaient ses discussions de famille. Escoffier intervint souvent pour rapprocher les frères Jovin que tant de causes séparaient. Il en est parmi les demandeurs qui peuvent se rappeler quelle fut son attitude, lorsque le fils Desfayères eut la folie de proposer un duel au pistolet à son oncle malade, quels efforts il fit pour empêcher une collision, et par quelles effusions de reconnaissance M. Jordan le remercia. En toutes circonstances, il fit preuve d'un dévouement dont aucun mouvement intéressé n'altéra la pureté. Il ne s'est départi de ce rôle, ni à la mort de son ami, ni depuis.

Jovin-Bouchard expire. Qui se trouve à son lit de mort? Les membres de sa famille? Ils s'en étaient tous écartés. M. Escoffier, qui n'assistait ni au testament, ni aux instructions secrètes, averti de l'état où se trouvait son ami, était accouru, et c'était lui qui, la main dans sa main, recevait son dernier soupir.

Après la mort, qui rendit à Bouchard les devoirs suprêmes? ses parents? Non pas. Ce fut Escoffier qui fit pieusement ensevelir le corps, et qui conduisit ses funérailles, auxquelles assistait la ville de Saint-Étienne tout entière, et où l'on cherchait, en vain, un seul des membres de cette famille qui ne se souvient du défunt que pour demander son héritage.

Et quand, plus tard, la mémoire de Jovin-Bouchard a été attaquée, qui l'a défendue? Toujours Escoffier, qui n'a pas craint d'exposer sa propre personne en descendant dans une arène où la lutte a été longue et périlleuse.

Et qu'a-t-il recueilli en échange? Des accusations ignobles, des calomnies insensées, des inimitiés implacables. Voilà sa récompense. Ah! c'est celle-là qui va au cœur de l'homme de bien. Il aime à recueillir ces fruits amers de son courage. Il estime son œuvre en raison des persécutions qu'elle lui vaut. Il sait que ce n'est pas ici-bas que l'on reçoit la récompense du bien que l'on a fait. Que lui importent les jugements du vulgaire? Il n'en attend rien. Il trouve sa récompense en lui-même et dans le sentiment du devoir accompli.

Escoffier n'a déserté aucune des obligations que lui imposait son noble cœur.

Bouchard avait, jusqu'au dernier jour, entouré de sa bienveillance les enfants Berne. Il les avait recommandés dans des termes touchants à ses amis. Escoffier a veillé sur eux, sur leur éducation, sur leur établissement, avec une sollicitude qui ne s'est pas démentie. Grâce à lui, ils occupent aujourd'hui une position honorable. Ils le bénissent tous les jours. On a parlé de je ne sais quelle paternité mystérieuse. La voilà. C'est une vraie paternité morale que celle que sa noble conduite a créée à Escoffier. Il a été pour les enfants Berne un véritable père. Il s'en félicite et s'en fait gloire.

Mon adversaire trouve tant de dévouement suspect. Il s'étonne, en termes éloquents, qu'Escoffier se soit montré à ce point fidèle aux vœux exprimés par Bouchard. Mais, pour Dieu, laissez de côté la pompe des expressions et l'éclat des mouvements oratoires, revenez aux sentiments qui vous sont naturels, et vous comprendrez que, loin d'être suspect, le dévouement d'Escoffier est digne de la sympathie et de l'estime de tous les gens de cœur.

Je ne veux pas, messieurs, combattre plus longtemps des insinuations sans preuves, démenties par les faits, indignes, j'ose le dire, de mon honorable adversaire et de la majesté de votre audience.

A quoi bon, d'ailleurs, défendre dans cette enceinte et dans ce pays, où il est entouré de tant de considération et de sympathie, le docteur Escoffier? La conscience publique, l'estime générale le défendent plus énergiquement que toutes les paroles.

On n'a pas craint de le présenter comme capable de capter une succession, lui qui poussait à ce point le respect de la volonté des mourants, qu'appelé par la loi à recueillir une succession opulente, pouvant faire annuler le testament qui l'en dépouillait, il refusait de s'associer à une telle demande, parce qu'il voulait, qu'irrégulier ou non, le dernier vœu de son parent fût réalisé. Le tribunal peut voir les correspondances qui constatent cet abandon volontaire d'un droit que nos adversaires exercent avec tant d'instance. Elles sont dans mon dossier.

Du reste, c'est là un des mille traits par lesquels se manifeste habituellement sa générosité. Toute sa vie a été marquée par ces preuves de désintéressement, d'abnégation et de loyauté, et la notoriété qui l'entoure aurait dû prévenir les accusations, aussi absurdes qu'odieuses, que la cupidité a osé élever contre lui.

Il est certain que les instructions du 14 octobre n'ont été ni rédigées, ni inspirées par Escoffier. Elles sont l'œuvre de la volonté libre et spontanée de Jovin-Bouchard.

Nous avons, à cet égard, toutes les certitudes possibles : la certitude matérielle, la certitude morale, la certitude judiciaire. A l'heure qu'il est, la dernière volonté de Bouchard ne peut plus être méconnue. Et ce dernier procès, suscité à la fois par la vengeance et la cupidité, n'aura d'autre résultat que de faire ressortir, avec un nouvel éclat, la loyauté de ceux qu'avaient attaqués de sourdes calomnies, et de confirmer cette vérité, que si, dans cette affaire, il y a eu deux hommes qui ont véritablement rempli leur devoir, MM. Escoffier et de Prandière, il y en a eu deux autres qui, malheureusement, n'ont pas senti et ne sentent pas encore ce qu'imposent les lois de la probité, de la délicatesse et de l'honneur.

·

CONCLUSIONS DE M. LE SUBSTITUT DU PROCUREUR IMPÉRIAL NAUDIN-MARCHANT.

Messieurs,

C'est un périlleux honneur pour moi que d'avoir à prendre la parole dans cette cause, après les éloquentes plaidoiries que vous avez entendues.

Cet honneur, je le dois à un événement qui nous a tous émus, et nous émeut encore, je veux dire le départ du regretté M. Gasquelon.

Déjà une première fois, dans un précédent procès auquel celui-ci se rattache par des liens si nombreux que les deux semblent n'en faire qu'un, il vous avait donné son avis, avec cette autorité que lui avaient acquise la sagacité de son esprit, la hauteur de ses vues, la rectitude de son jugement, la générosité de son cœur.

Combien mieux que moi, il eût pu, cette fois encore, résumer ces débats, et apporter la lumière, si toutefois il en est besoin pour vous, dans ce qui peut rester d'obscur au procès.

Un récent décret nous l'a enlevé et nous prive désormais de son précieux concours. Je crois répondre, messieurs, aux sentiments du tribunal, en disant qu'il emporte avec lui l'affection et les regrets de tous. Il emporte surtout les regrets de ses substituts et leur affection presque filiale; j'allais dire fraternelle, tant son inaltérable aménité leur avait fait oublier la distance hiérarchique qui les séparait de lui.

Je vais essayer, messieurs, de remplir la tâche qu'il eût si bien accomplie.

Les débats auxquels vous venez d'assister n'ont pas été ce que nous avions craint qu'ils ne fussent.

On avait annoncé beaucoup de scandale; il n'y en a heureusement pas eu. Les conclusions laissaient pressentir qu'on faisait valoir comme principal moyen pour soustraire la fortune de Jovin-Bouchard à ceux qui la détiennent, la captation dont le testateur aurait été l'objet; et de captation il n'en a pas été parlé, si ce n'est pour mémoire. Il devait, disait-on, se produire de graves révélations; et nous n'avons entendu que quelques insinuations dont on n'a pas demandé à vous fournir la preuve.

Permettez nous, messieurs, de nous féliciter de ce que cette cause ait en dernier lieu revêtu le caractère sous lequel elle s'est enfin présentée à votre audience.

Nous ne reviendrons pas sur les faits. Ils vous ont été assez souvent et assez longuement racontés pour qu'il ne soit à la fois fatigant et inutile de vous en faire écouter un nouveau récit.

Nous entrons de prime-saut dans la discussion, et nous analysons rapidement les plaidoiries.

Pour les demandeurs, la solution de ce procès est dans le choix à faire de l'un des deux termes de cette alternative : ou le testament de Jovin-Bouchard est une vérité, ou il ne l'est pas.

S'il est une vérité, c'est-à-dire, si les sieurs de Prandière, Royet-Vernadet et Fénéon sont vraiment bien les légataires universels du testateur, alors les héritiers du sang n'ont qu'à se laisser dépouiller et à se taire.

Mais s'il ne l'est pas, c'est-à-dire, s'il résulte des faits parfaitement établis, incontestables et incontestés, que ces mêmes personnes ne sont en réalité que des exécuteurs testamentaires ; que le legs fait en leur faveur, n'est qu'apparent ; qu'ils n'ont reçu la fortune de Jovin-Bouchard que pour la remettre en des mains tierces ; si, en un mot, ces prétendus légataires ne sont que des fidéicommissaires, alors l'action des consorts Jovin est fondée.

Un fidéicommis n'est, en effet, valable, suivant eux, qu'autant qu'il est fait en faveur d'un bénéficiaire capable et connu ; il leur paraît facile d'établir que nul n'est fixé sur la personnalité de ceux qui doivent bénéficier du fidéicommis confié à MM. de Prandière, Royet-Vernadet et Fénéon; enfin la nullité du fidéicommis fait forcément retomber les biens qui en font l'objet dans la succession du testateur où viendront la prendre ses héritiers naturels.

Deux choses étaient donc, en fait, à démontrer dans le système des demandeurs :

D'abord, l'existence du fidéicommis;

En second lieu, l'incertitude qui plane sur le choix fait par Jovin-Bouchard des bénéficiaires de cette disposition.

A ces deux questions de fait, se joint cette question de droit qui en est la conséquence : à qui, dans une pareille incertitude, doivent revenir les biens du défunt?

Quant à l'existence du fidéicommis, les demandeurs n'en ont trouvé la preuve, ni dans le testament, conçu, ils le reconnaissent, dans des termes fort clairs, et ne pouvant inspirer quelque doute que parce qu'il déshérite la famille Jovin ; ni dans le codicille du 14 octobre qui leur paraît, ainsi que nous le rappellerons tout à l'heure, un acte dépourvu de toute valeur.

Mais ils la trouvent manifestée de la manière la plus énergique et la plus certaine, dans les aveux mêmes des prétendus légataires, aveux consacrés par un jugement de votre tribunal, et par l'arrêt confirmatif de la Cour de Lyon.

Nous n'insisterons pas sur cette partie de leur argumentation, et nous admettrons, momentanément, avec eux, qu'il y a fidéicommis, pour arriver aussitôt à l'examen de la seconde question qu'ils se sont posée.

Ce fidéicommis réunit-il les conditions qu'exige la loi pour en autoriser l'exécution ? Est-il institué au profit d'une personne capable et connue ? Quel en est, en un mot, le bénéficiaire ?

Pour le savoir, adressons-nous, vous ont-ils dit, aux prétendus légataires universels.

Aujourd'hui, comme il y a un an, M. Romain de Prandière déclare que les bénéficiaires sont les enfants Berne. MM. Royet-Vernadet et Fénéon, dont les hésitations ont été longues, continuent à répondre : ce sont les enfants Delorme et un neveu de Jovin-Bouchard.

Or, si les fidéicommissaires ne sont pas d'accord pour désigner celui ou ceux auxquels ils doivent remettre les biens qui leur ont été confiés, qui pourra donc faire cette désignation ?

Si ces fidéicommissaires, confidents du secret du testateur, ne savent pas quelle a été sa dernière pensée, son dernier désir, qui donc pourra le savoir ?

M. Romain de Prandière appuie, il est vrai, son affirmation sur l'acte ou codicille du 14 octobre, et il prétend apporter ainsi la preuve de son dire.

L'apporte-t-il ?

Dans leur système, les demandeurs reconnaissent que le fidéicommis peut se prouver par toute espèce de moyens : par acte authentique ou sous seing-privé, par lettres, et même par témoins. Mais, en même temps, ils pensent que, quelle que soit la preuve que l'on apporte de l'existence d'un fidéicommis, ou de la personnalité de celui qui doit en bénéficier, cette preuve est discutable et ne saurait être admise que si elle inspire confiance.

Eh bien ! se sont-ils écriés, quelle confiance peut inspirer au tribunal l'acte du 14 octobre, et qu'est-ce en réalité que cet acte ?

Écrit d'une main étrangère, a-t-il été réellement dicté par Jovin-Bouchard et approuvé par lui ?

Un examen même superficiel de cette pièce, fait naître des doutes bien grands à ce sujet.

Remarquez ces lignes qui vont en se resserrant jusqu'à la fin de la septième page, empiétant même sur la marge, comme si la main qui les a écrites avait dû s'attacher à ne pas aller plus loin qu'une approbation et une signature déjà apposées.

Voyez cette seconde signature inutile et placée en marge, comme en prévision d'un renvoi qui pouvait, par la suite, avoir à son tour une approbation à réclamer.

Souvenez-vous de la date à laquelle MM. Royet-Vernadet et Fénéon prétendent, avec quelque apparence de raison, que cet acte a été produit.

Réunissant enfin ces diverses observations, demandez-vous si une telle pièce n'a pas tous les caractères d'un blanc-seing, confié dans un moment de faiblesse à un ami infidèle, et que celui-ci aurait, plus tard, rempli à son gré, sans craindre de manquer au respect que l'on doit à la volonté de ceux qui ne sont plus.

Et à supposer que cet acte ait été réellement dicté par feu Jovin-Bouchard à son lit de mort, qu'il ait été approuvé et signé de sa main affaiblie, ses consorts Jovin se demandent encore s'il acquiert une valeur plus grande.

Non, se répondent-ils, car il a été l'œuvre de la captation. Car, au moment où Jovin-Bouchard l'aurait dicté, il n'avait plus la libre disposition de sa volonté, car il était sous l'influence d'une autre volonté plus forte que la sienne, qui le dominait et exerçait sur lui une puissance étrange, mais certaine.

D'ailleurs, Jovin-Bouchard était abattu par la maladie, on avait eu soin de l'emmener loin de Saint-Étienne; on avait éloigné de lui ses parents et ses amis; nul ne pouvait l'approcher que les amis et les instruments de celui qui voulait dépouiller la famille Jovin de la fortune du mourant, pour la faire passer sur la tête des enfants Berne.

Qu'y a-t-il d'étonnant que, dans cette situation, il ait cédé?

Osera-t-on dire qu'il a pu manifester librement et spontanément sa dernière pensée? La captation n'est-elle pas prouvée? L'acte du 14 octobre n'est-il pas encore à ce point de vue entaché d'une nullité radicale?

Voyons enfin ce qu'est cet acte, au regard du premier testament.

Le premier testament institue des légataires universels. L'acte du 14 octobre vient leur apprendre qu'ils ne le sont qu'en apparence; il leur dit qu'en réalité ils sont des exécuteurs testamentaires; il leur ordonne de remettre la fortune du testateur aux enfants Berne.

Il est donc la révocation pure et simple du legs universel fait dans le testament. C'est une institution nouvelle au profit de nouveaux légataires. C'est donc un testament nouveau. Il doit donc être régi par les mêmes règles que les testaments. Il doit donc être revêtu des mêmes formes. Il ne l'est pas, il est donc nul.

De toute l'argumentation que nous venons de rappeler, les demandeurs veulent faire résulter ceci, à savoir que lorsqu'on cherche à connaître quels sont les bénéficiaires du fidéicommis qui nous occupe, on trouve, d'un côté, M. Romain de Prandière, qui, cet acte nul à la main, sans preuves de ce qu'il avance, en contradiction avec ses deux cofidéicommissaires, vient dire ceci : Je dois remettre la fortune qui m'a été confiée par Jovin-Bouchard aux consorts Berne.

D'un autre côté, se lèvent MM. Royet-Vernadet et Fénéon qui, tout aussi dénués de preuve à l'appui de leurs allégations, viennent affirmer que cette même fortune doit être par eux remise aux enfants Delorme.

Le doute est donc complet.

Dans ce doute, à qui doit être attribuée la succession de Jovin-Bouchard?

Cette question n'en paraît pas une au défenseur des intérêts de la famille Jovin, et voici sa démonstration :

Le législateur, dans des dispositions qui demeureront ses plus beaux titres de gloire, a réglé avec soin l'ordre dans lequel les parents d'un défunt doivent venir, concurremment ou les uns à défaut des autres, recueillir les biens composant sa succession.

Toutefois, il a aussi laissé au citoyen mourant dans le libre exercice de ses droits, la faculté de tester et de léguer, dans de certaines limites ou d'une manière absolue, selon les cas, tous les biens formant son patrimoine, à qui bon peut lui sembler.

Dernière volonté du père de famille, dernier acte du propriétaire sur sa propriété, le testament devient une loi que nul ne peut violer ; que le juge doit faire respecter comme il fait respecter les dispositions de nos Codes.

Mais pour que le testament d'un défunt ait et conserve cette force de loi, il doit réunir diverses conditions ; il doit être notamment revêtu de certaines formes, et ses dispositions doivent être faites au profit de légataires capables et clairement désignés.

Sans la forme légale, quelle que soit sa clarté, le testament n'est qu'une lettre morte.

S'il est obscur dans ses dispositions, si les légataires n'y sont pas ou y sont mal désignés, il va de soi qu'il ne peut pas davantage recevoir d'exécution.

Dans l'un ou l'autre de ces cas, et ils se rencontrent tous les deux au procès, c'est à la loi générale qu'il faut recourir pour savoir à quelles personnes doit revenir la succession du testateur qui n'a pas su faire connaître sa volonté, ou qui l'a formulée dans un acte nul.

Or ici, l'on a, d'un côté, l'acte du 14 octobre, dépourvu de toute force légale ; de l'autre, un testament qui, de l'aveu même des légataires, ne leur confère aucun droit sur la fortune de Jovin-Bouchard, et ne la leur confie que pour qu'ils la remettent à des tiers dont la désignation ne se trouve juridiquement nulle part.

Ici, ce sont des légataires reconnaissant n'avoir aucun titre sérieux, ayant renoncé au testament et se trouvant désormais dans l'impossibilité d'en réclamer le bénéfice. Là, ce sont les enfants Berne, qui ne peuvent faire valoir un codicille dont la nullité est radicale.

Le droit des consorts Jovin, héritiers du sang, demeure donc entier ; ils viennent demander à leur profit l'exécution de la loi générale. Ils réclament la fortune de leur frère. Leurs conclusions ne peuvent pas ne pas leur être adjugées, et en les leur adjugeant, le tribunal statuera conformément au droit, et aussi conformément à l'équité.

Tel est en résumé, messieurs, le système plaidé par les demandeurs. Écoutons la réponse que leur fait M. Romain de Prandière.

Suivant ce dernier, les relations qui, du vivant de Jovin-Bouchard, ont existé entre sa famille et lui, n'ont jamais pu rendre invraisemblable cette idée, qu'il ait songé à laisser sa fortune à des étrangers. Ce n'est donc pas parce que le testament dont il s'agit déshérite la famille, qu'il porte en lui-même la preuve d'un fidéicommis, ou tout au moins qu'il en fait soupçonner l'existence.

Lorsqu'il a testé, Jovin-Bouchard croyait depuis longtemps, à tort ou à raison, avoir à se plaindre de ses frères et sœurs, et toute relation avait cessé entre eux et lui. Son affection s'était d'abord portée tout entière sur les enfants Delorme ; plus tard les tendances envahissantes de ces derniers les avaient chassés de son cœur où ils avaient été remplacés par les enfants Berne.

Aussi à son décès, nul n'a été étonné de lui voir léguer sa fortune, en grande partie à sa ville natale et aux enfants Berne, et pour une moindre part aux enfants Delorme.

Mais personne non plus ne fut dupe de l'institution apparente dont MM. Royet-Vernadet, Fénéon et Romain de Prandière étaient l'objet. On comprit que, confidents des projets de Jovin-Bouchard pour sa ville natale, ils n'étaient que des exécuteurs testamentaires chargés d'en poursuivre l'accomplissement, et l'on ne supposa pas qu'ils dussent hériter de sa fortune.

On soupçonna l'existence d'un fidéicommis, sans croire toutefois que les bénéficiaires dussent en être les parents du testateur.

Pour connaître quels sont ces bénéficiaires, il faut recourir aux aveux loyaux de M. de Prandière ; il faut recourir à ses actes d'exécution, et à ceux de MM. Royet et Fénéon, au temps où leur honneur était plus fort que leur cupidité, c'est le défenseur qui parle ; il faut enfin et surtout recourir à l'acte du 14 octobre.

C'est donc ici le lieu d'examiner quelle peut être au procès la valeur de cet acte.

L'avocat des défendeurs s'est, à ce propos, étonné, peut-être avec quelque raison, qu'après lui avoir si spontanément concédé qu'un fidéicommis pouvait se prouver par tous moyens, même par témoins, son adversaire n'ait pas trouvé que l'acte du 14 octobre fût une preuve suffisante.

Mais les efforts tentés pour en détruire la portée ne lui paraissent avoir abouti qu'à en prouver davantage la valeur et l'importance réelle.

Que reproche-t-on, dit-il, à cet acte ? Est-ce de n'avoir pas été écrit en entier de la main du testateur? Mais il l'a dicté lui-même ; puis après l'avoir dicté, il l'a approuvé et signé de sa main.

N'est-ce pas là une preuve plus puissante que celle qui résulterait de quelques dispositions orales ?

Comment, un testateur aura pu confier l'expression de sa dernière volonté à l'oreille d'un ami ; la déposition de celui-ci suffira pour la faire légalement reconnaître ; et si ce même testateur a eu soin de faire écrire sa volonté sous ses yeux, d'approuver ensuite l'écrit et de le signer ; si de la sorte, il a garanti sa pensée contre l'oubli ou contre l'erreur, cet écrit aura moins de force qu'une déposition verbale, et la volonté qu'il constate sera méconnue ? C'est là une étrangeté, une anomalie, que le défenseur de M. de Prandière ne peut admettre.

Je repousse d'ailleurs, avec indignation, les insinuations de ses adversaires relativement à la sincérité de cet acte.

C'est, dit-on, un blanc-seing, rempli par la main infidèle d'un ami déloyal.

Mais où donc est la preuve d'une pareille allégation?

Comment établit-on cet abus de blanc-seing?

Peut-il suffire de formuler de pareilles accusations, et de les étayer avec habileté, de preuves plus ou moins sérieuses, pour les faire admettre par un tribunal?

Evidemment non. La fraude ne se présume pas, celui qui accuse doit la preuve de son accusation.

Peu importe donc le resserrement de quelques lignes à la fin de la dernière page de l'acte du 14 octobre ; peu importe l'envahissement de la marge ; peu importe la double signature ; cet acte est et demeure dicté par Jovin-Bouchard, tant que la preuve du contraire n'est pas admissible.

D'ailleurs le certificat de l'honorable notaire qui a écrit sous la dictée de Jovin-Bouchard vient même détruire les prétendues présomptions que l'on a invoquées contre la sincérité de cet acte.

Au grief de captation, M. Romain de Prandière répond comme il a répondu à celui d'abus de blanc-seing : vos accusations ne sont pas prouvées, elles ne reposent sur aucune base sérieuse.

Il a, en outre, démenti ou expliqué les faits dont on voulait faire résulter cette prétendue captation.

Si Jovin-Bouchard a été emmené à Lyon, ce n'a été que dans l'intérêt de sa santé et pour qu'il fût plus près des sommités médicales qu'il devait consulter. — Il n'était pas séquestré, il voyait sa famille, les enfants Delorme ne l'ont pas quitté un seul instant, et celui-là même qui aurait agi avec tant d'empire sur son esprit, celui qui aurait exercé une si grande influence sur lui, était celui qui l'approchait le moins.

Jusqu'à preuve contraire, il n'y a donc pas eu plus de captation que d'abus de blanc-seing, et si la preuve testimoniale suffit pour faire connaître quel est le bénéficiaire d'un fidéicommis, il y a lieu de dire qu'au procès, la preuve est surabondamment fournie que les enfants Berne doivent bénéficier de celui que Jovin-Bouchard a confié à MM. Romain de Prandière, Royet-Vernadet et Fénéon.

Que répondre encore, a continué l'avocat, à cet argument qui tend à faire admettre que l'acte du 14 octobre , révoquant l'institution de legs universel contenue dans le testament, au profit d'autres appelés, est lui-même un nouveau testament, et qu'il doit, comme tel, être authentique ou olographe, si ce n'est qu'il est la négation du fidéicommis.

En effet, dans tout fidéicommis ne trouve-t-on pas toujours l'institution apparente d'un légataire dans un acte destiné à la publicité; puis, dans un acte secret, la désignation de celui à qui le legs doit être remis, l'institution réelle. — A ce compte, ne pourra-t-on pas toujours prétendre qu'en matière de fidéicommis, il y a toujours deux testaments, dont le second détruit le premier? Ne devra-t-on pas toujours déclarer nul le second s'il n'est pas revêtu des mêmes formes que le premier?

Mais exiger que l'acte qui apporte la preuve du fidéicommis soit revêtu des mêmes formes que le testament qui institue le légataire apparent, n'est-ce pas supprimer purement et simplement les fidéicommis que cependant la loi autorise? Autoriser au contraire les fidéicommis, n'est-ce pas, par là même, admettre que la preuve pourra en être faite autrement que par acte testamentaire ?

D'un autre côté, est-on bien fondé à prétendre que l'acte du 14 octobre soit la révocation du testament ? N'est-il pas plus vrai, au contraire, de dire qu'il en est la consécration.

Le dernier argument des demandeurs ne résiste donc pas plus que les précédents à la discussion, et l'acte du 14 octobre qu'il prétend détruire reste debout avec toute sa force.

Abordant ensuite un autre ordre d'idées, le défenseur de M. de Prandière s'est demandé si, en somme, le moindre doute pouvait s'élever sur la question de savoir en faveur de qui Jovin-Bouchard avait institué son fidéicommis, et sa réponse a été négative.

Si, en effet, a-t-il dit, la preuve du fidéicommis n'est pas dans l'acte du 14 octobre, on ne la trouve plus que dans l'aveu de M. de Prandière. Or, cet aveu est indivisible, et en même temps qu'il dénonce le fidéicommis, il en dénonce les bénéficiaires.

Lui opposera-t-on les aveux de MM. Royet et Fénéon? Mais ces messieurs n'ont rien avoué. Suivant eux, ce testament a toujours été *une vérité*. S'ils veulent donner aux consorts Delorme la fortune de Jovin-Bouchard, c'est un acte tout spontané de leur part et dont nul ne leur a imposé l'obligation; enfin, les actes d'exécution que l'on invoque contre eux ne sont pas et n'ont jamais été, dans leur esprit, la reconnaissance d'une pareille obligation.

MM. Royet et Fénéon ont été, d'ailleurs, condamnés malgré leurs prétentions; et bien que le jugement rendu contre eux ne puisse être opposé à la famille Jovin, il indique la valeur de leurs affirmations, déclarées mensongères par la Cour.

Aujourd'hui, ils font cause commune avec les héritiers du sang, mais leur nouvelle évolution ne paraît pas devoir les rendre plus dignes de foi. Evidemment leurs dires ne peuvent pas être, un seul instant, pris en considération et détruire l'effet de l'aveu de M. Romain de Prandière.

Le doute n'est donc nulle part, et tout le système des demandeurs fondé sur ce doute s'écroule sans qu'il en reste rien.

Enfin, et en terminant, M. de Prandière a encore plaidé que le fidéicommis fût-il annulé, son annulation ne causerait aucun bénéfice aux héritiers du sang, parce que, des termes de l'acte du 14 octobre, qui peut au moins servir d'élément d'appréciation, il résulte clairement que dans l'esprit du testateur, le fidéicommis dont il chargeait MM. Royet-Vernadet, Fénéon et de Prandière n'enlevait pas à ceux-ci leur qualité de légataires universels, mais devait seulement avoir pour conséquence de grever leur legs universel d'un nouveau legs particulier.

Que dit, en effet, l'acte du 14 octobre, il dit : *J'invite mes légataires universels à consacrer sur l'excédant de ma fortune le plus qu'il leur sera possible, à accroître l'émolument des enfants Berne.*

Ainsi, non-seulement il laisse à ces messieurs leur titre de légataires universels; non-seulement il ne leur impose rien à l'égard des enfants Berne, les priant seulement de faire, en leur faveur, ce qu'il va indiquer; mais encore en leur laissant le droit de fixer eux-mêmes la portion du reliquat qu'ils remettront à ces enfants, il n'emploie aucune expression qui puisse faire supposer que ce soit à titre universel qu'une part quelconque de ce reliquat leur sera donnée.

A ce point de vue, la demande dont M. de Prandière a cherché à démontrer le mal fondé, lui paraît non recevable.

En vain soutient-on que les légataires universels ont renoncé au testament et repoussé la qualité qu'il leur donne.

C'est, suivant lui, plaider une erreur.

Les légataires universels ont si peu renoncé au bénéfice du testament, qu'ils l'ont exécuté dans toutes ses parties. Ils n'ont pas repoussé la qualité de légataires universels ; mais, au contraire, ils l'ont acceptée, avec l'intention d'accomplir jusqu'au bout la suprême volonté du testateur ; et si, plus tard, deux d'entre eux ont abandonné cette idée généreuse, ce n'a été que pour protester plus haut, pour affirmer qu'ils étaient des légataires universels sérieux et qu'ils ne reconnaissaient que le testament.

Cet acte n'a donc rien perdu des effets qu'il était appelé à produire, et de ces effets, le principal est que tout ce qui sera ou rentrera dans la succession, deviendra par cela même la propriété des légataires.

C'est ainsi, messieurs, autant que ma mémoire a pu me servir, que M. Romain de Prandière a cru repousser les prétentions des consorts Jovin.

Je donne la parole aux intervenants.

Les enfants Berne, dont l'intervention est justifiée par leur intérêt à ne pas laisser aller aux consorts Jovin une fortune que leur attribue, à eux-mêmes, un arrêt de la Cour de Lyon, ont abordé les débats énergiquement et de front.

Dans leur système, du testament du 7 octobre et de l'acte du 14, le testament seul peut avoir une valeur juridique.

L'acte du 14 est nul, mais d'une nullité radicale. Il ne saurait avoir par lui-même, ni acquérir vis-à-vis de qui que ce soit, aucune force légale. Il ne peut, surtout, servir de preuve à un fidéicommis ; les dispositions de cette nature ne pouvant se prouver, lorsqu'elles sont faites au profit de personnes capables, que par acte testamentaire en due forme.

Aussi, n'est-ce pas dans cet acte qu'ils puisent leurs droits, mais bien dans la volonté seule des légataires universels.

Si cet acte est entaché d'une pareille nullité, en revanche, le testament, par l'acceptation des légataires universels, a acquis une telle valeur que rien ne saurait le détruire, et que les héritiers du sang se heurteront toujours contre lui, sans pouvoir renverser la barrière qu'il a élevée entre eux et la fortune de Jovin-Bouchard.

Pour les enfants Berne, les héritiers du sang ont basé l'édifice de leurs prétentions sur une équivoque. Si, un jour, M. de Prandière ne fût pas venu dire qu'il n'était pas un légataire sérieux, jamais le procès actuel n'eût pris naissance.

Mais on a mal compris la pensée que voulait exprimer cet ami du défunt. — En faisant plaider qu'il n'était pas un légataire sérieux, il n'a pas entendu, un seul instant, abdiquer son caractère de légataire, caractère devenu indélébile du jour où il a fait son premier acte d'acceptation. Il a seulement voulu expliquer que, légataire universel, il ne retirerait aucun bénéfice de son legs, obligé qu'il était, obligé qu'il se croyait par l'honneur, à remettre la fortune qu'on lui léguait à ceux qu'avait désignés le vœu du mourant.

N'est-il pas, en effet, un légataire sérieux, s'est écrié l'avocat des intervenants, celui qui a pris possession des biens de l'hérédité sans faire inventaire, qui a pieusement exécuté tous les legs du testament, et qui a, pendant vingt ans, administré la succession ?

Serait-ce donc parce que volontairement et sans que rien ait pu l'y contraindre, il a remis ou s'est engagé à remettre le reliquat de la fortune aux consorts Berne, qu'il aurait perdu ce caractère ?

Mais précisément en donnant ou promettant cette fortune, il a fait l'acte qui prouve le plus énergiquement combien il s'en est cru véritablement le propriétaire. Il en a disposé comme de son bien, et ce sera parce qu'il en a ainsi disposé, que l'on viendra prétendre qu'il n'a pas cru à son droit de propriété. Cela n'est vraiment pas sérieux.

Quant à MM. Royet-Vernadet et Fénéon, ceux-là ne sont-ils pas non plus des légataires sérieux ? eux qui, jusqu'au dernier moment et maintenant encore, en cassation, ont soutenu et soutiennent que le testament est une vérité ; eux qui ont soutenu qu'aucun acte ne les liait en dehors de cet acte, et qui ne veulent remettre les biens dont il s'agit qu'à celui qu'il leur plaira de choisir, et s'il leur plaît de les remettre.

Ces messieurs sont donc bien, tous les trois, des légataires sérieux, de par le testament dont la forme est régulière et dont l'esprit n'est pas douteux. — Ils sont légataires sérieux, parce que Jovin-Bouchard l'a voulu ainsi, afin de se survivre à lui-même en leur personne, et rien au monde ne peut faire qu'ils ne le soient pas.

Qu'en est-il désormais, a continué ce défenseur, des droits des héritiers naturels ?

Si, par exemple, dès le décès de Jovin-Bouchard, les légataires eussent demandé la nullité de l'acte du 14 octobre, ou si, seulement, ils se fussent refusés à l'exécuter, car ils n'avaient pas besoin de faire prononcer une nullité qui est radicale, que serait-il advenu de ces prétendus droits ?

Ils ne se seraient certainement pas produits. Sur quoi en effet se fussent-ils fondés ?

Que si le testament eût été le seul acte émané du testateur, mais que les légataires eussent fait connaître que, de certaines paroles sorties des lèvres de Jovin-Bouchard mourant, il résultait pour eux la conviction que le défunt avait voulu laisser sa fortune aux consorts Berne, et qu'ils eussent manifesté l'intention de la leur donner, que serait-il encore advenu de ces prétendus droits ?

Comment auraient-ils pu se produire ?

Or, la situation actuelle n'est-elle pas absolument identique ?

Le codicille nul du 14 octobre n'est-ce pas la même chose que des paroles sans force légale prononcées par un mourant sur le lit où il va rendre le dernier soupir ?

Ce codicille sans valeur, volontairement exécuté, vis-à-vis des consorts Berne, par les légataires universels, peut-il créer un droit aux héritiers du sang ?

Evidemment non.

C'est par suite d'un contrat librement et spontanément intervenu entre les légataires, d'une part, et les consorts Berne, de l'autre, que ces derniers ont aujourd'hui des droits au reliquat de la succession dont s'agit. Ce contrat est pour les héritiers naturels, *res inter alios actæ*, et ils ne peuvent en tirer aucun argument en leur faveur.

En résumé, d'après les consorts Berne, les parties se trouvent en présence d'un testament en due forme, parfaitement valable, qui institue des légataires sérieux et au bénéfice duquel personne n'a renoncé. Ceux-ci, exécutant vis-à-vis de tiers un acte nul, cette exécution n'infirme en rien le testament; les légataires restent ce qu'ils sont, et les héritiers du sang demeurent aussi sans droit, comme sans action, pour réclamer la fortune dont le testateur a disposé au profit d'étrangers.

Est-il besoin, a dit, en terminant, l'honorable défenseur des parties intervenantes, est-il besoin de faire remarquer que jamais il n'y a eu de doutes sur le point de savoir à qui les légataires ont entendu remettre le reliquat litigieux?

Les dires des deux légataires de mauvaise foi, qui prétendent ne pas savoir ce qu'ils savent fort bien, ne créent pas le doute. Ce n'est pas dans les moyens de défense qu'il faut chercher la vérité, il faut la chercher dans les faits. Or, ces faits, déjà une première fois, vous les avez déclarés suffisamment clairs et exclusifs de tout doute. Vous le déciderez encore ainsi, et vous repousserez la demande.

Tels sont, messieurs, dans un résumé que je me suis efforcé de faire aussi complet, aussi clair et aussi bref que possible, et sauf une fin de non-recevoir à laquelle on m'assure que l'on a renoncé, les divers systèmes qui vous ont été tour à tour présentés, et qui ont été développés de part et d'autre avec un si remarquable talent.

Lequel des trois devez-vous choisir?

Sera-ce celui des demandeurs? Nous ne le pensons pas, et voici sur quels motifs nous fondons notre opinion.

Ce système, messieurs, nous paraît entaché d'un vice; d'abord il se contredit lui-même; il s'appuie ensuite sur des faits dont on ne fournit pas et ne demande même pas à fournir la preuve; il tire enfin des actes et des faits du procès, des conséquences qui ne me paraissent pas en découler.

Il se contredit lui-même, en ce sens qu'après avoir concédé (ce que, pour notre part, et malgré la grave autorité de l'avocat qui l'a plaidé, nous ne pouvons pas admettre) que l'existence d'un fidéicommis peut s'établir par toute espèce de preuve, il ne veut pas trouver celui qui nous occupe suffisamment prouvé par l'acte du 14 octobre.

Cet acte émane pourtant du testateur lui-même qui l'a dicté, puis approuvé et signé de sa main.

Cependant, en toute circonstance, pareille preuve sera bien plus forte qu'une preuve testimoniale. C'est bien là, en effet, une preuve par écrit, et le législateur a toujours, ce nous semble, accordé à l'écrit qui ne peut varier, une foi bien plus grande qu'au témoignage de la parole, si fugitif, si variable, si facile à influencer.

Il n'est donc pas possible que là où la preuve orale sera suffisante, une preuve par écrit, telle que l'acte du 14 octobre, ne suffise largement.

Les demandeurs formulent, il est vrai, contre cet acte, certains griefs d'une gravité tout exceptionnelle; mais c'est ici que je trouve le second vice dont leur système est entaché.

L'écrit du 14 octobre est, suivant eux, un blanc-seing.

Mais depuis quand donc suffit-il à un demandeur d'articuler un fait pour que ce fait soit prouvé?

Pour en arriver là, il faudrait détruire le droit et supprimer la raison humaine.

Chose singulière, messieurs, c'est précisément pour combattre l'effet d'une preuvé par écrit, que les consorts Jovin voudraient en quelque sorte être crus sur parole.

Non, on ne formule pas contre un homme une accusation aussi déshonorante que celle d'un abus de blanc-seing, sans avoir dans la main la preuve de ce que l'on avance.

Il y a danger à procéder comme l'ont fait les consorts Jovin ; car lorsqu'on accuse sans preuve, on court le risque de passer pour avoir calomnié, c'est-à-dire pour avoir commis une action tout aussi mauvaise que celle que l'on reproche à son adversaire.

Or ici, non-seulement il n'y a pas l'ombre d'une preuve à l'appui de cette accusation de blanc-seing, mais encore, et malgré l'apparence quelque peu étrange, nous le reconnaissons, de l'acte incriminé, il y a présomption en faveur de son authenticité. On vous a produit, en effet, le certificat du notaire qui l'a écrit lui-même sous la dictée de Jovin-Bouchard, et nous ne pouvons pas admettre qu'après avoir honorablement parcouru une longue carrière, un notaire, presque un magistrat, puisse venir, sans honte, mentir à la justice, pour aider à dépouiller une famille d'une fortune qui lui serait légitimement due.

Ce n'est pas admissible.

Ne croyons pas au mal, lorsque le mal n'est pas prouvé.

J'en dirai autant, messieurs, du grief de captation.

Où en est la preuve ? Nulle part. Où sont les présomptions ? Je ne les vois pas.

En cette matière, la maxime : *Is fecit cui prodest*, si énergiquement traduite par ce vers bien connu :

> Celui-là fait le crime, à qui le crime sert,

est applicable plus qu'en toute autre matière.

Or, quel aurait été ici l'intérêt du prétendu captateur ? Quel bénéfice a-t-il retiré de sa captation ?

Serait-ce pour augmenter sa fortune de ces 15,000 francs que le codicille lui donne à titre d'honoraires, ou pour avoir cette action du chemin de fer de Saint-Etienne à Lyon, léguée comme souvenir, qu'il eût déployé tant de zèle et de ruse ?

Ou serait-ce parce que déjà il prévoyait les énormes bénéfices que l'on retirerait un jour des opérations commerciales du Dreuil et de la Chana ?

Serait-ce enfin, comme je l'ai entendu prétendre, pour la seule satisfaction d'imposer sa volonté, d'exercer son influence et de manifester son pouvoir ?

Que l'on me dise donc, pour me préparer à croire à la captation, quel en aurait été le mobile. Pour moi, je le cherche sans le trouver.

Ce n'est pas que j'aie oublié certaine insinuation qui nous le ferait enfin connaître ; je me la rappelle au contraire parfaitement, mais je voulais la laisser à l'écart. Or, si cette insinuation est vraie, et rien ne m'autorise à le croire, je plains sincèrement ce captateur.

Mais si elle ne l'est pas, c'est vous, demandeurs, que je plains. Votre cause vous paraît donc bien mauvaise, que vous ayez songé, pour vous défendre, à ramasser dans la boue une arme pareille à celle-là.

Vos mains en demeureront salies.

Laissons la captation où nous avons laissé l'abus de blanc-seing, et passons.

Le troisième vice de l'argumentation des demandeurs est qu'elle a tiré des faits de la cause des conséquences qui n'y sont pas contenues.

Elle en a fait ressortir, sur la personnalité des bénéficiaires du fidéicommis, des doutes que je n'y rencontre pas.

En effet, si le fidéicommis est établi par le codicille du 14 octobre 1835, ce codicille ne fait-il pas en même temps connaître que le choix de Jovin-Bouchard s'est porté sur les consorts Berne? S'il résulte de l'aveu de M. de Prandière, cet aveu, qui est indivisible, n'indique-t-il pas encore les mêmes bénéficiaires? Si enfin son existence est démontrée par les actes d'exécution des légataires, n'est-il pas certain que ces actes, qui se rapportent tous au codicille, les désignent bien toujours?

D'où peut donc naître ce doute? Des moyens plaidés dans le précédent procès par MM. Royet-Vernadet et Fénéon? Mais, on vous l'a dit, les demandeurs ne peuvent argumenter des allégations de ces messieurs, puisqu'elles tendent à établir qu'il n'y a jamais eu de fidéicommis. Naîtra-t-il de la déclaration faite devant la Cour par ces mêmes individus, au moment où allait être prononcé l'arrêt qui les a condamnés? Eh! ne sait-on pas bien que ce n'a été qu'un moyen désespéré, inventé par ces deux plaideurs aux abois pour donner à leur cause une apparence d'honnêteté qu'elle n'aura, il faut bien le dire, jamais. N'a-t-on pas, d'ailleurs, fait déjà justice des dires de MM. Royet-Vernadet et Fénéon, et faudra-t-il une troisième fois prononcer qu'ils sont mensongers!

Pour nous, messieurs, rien ne nous paraît douteux, dans ce procès, que des accusations faites sans preuve à votre barre.

Enfin, serait-il vrai que, si vous décidiez qu'il y a doute sur la personnalité des bénéficiaires de ce fidéicommis, le reliquat de la succession de Jovin-Bouchard dût être par vous adjugé à ses héritiers naturels? Nous vous expliquerons tout à l'heure pourquoi, sur cette question, nous sommes d'un avis entièrement conforme à celui des défendeurs. Pour le moment, ce que nous venons d'avoir l'honneur de vous dire nous semble, messieurs, suffisant pour justifier notre refus d'admettre les prétentions des demandeurs.

La plus grande difficulté est franchie, puisque nous nous décidons à repousser la demande. Il ne nous reste plus qu'à étudier quels seront les moyens de la défense sur lesquels vous devez faire reposer votre décision.

Les deux plaidoiries des défendeurs se complètent l'une par l'autre; cependant il est, dans celle de l'avocat de M. de Prandière, quelque chose que nous ne saurions accepter : c'est qu'il soit possible de prouver, par tous moyens, l'existence d'un fidéicommis, et que celui qui nous occupe soit juridiquement établi par l'acte du 14 octobre.

Le fidéicommis nous paraît devoir être soumis aux mêmes règles que les testaments ; c'est-à-dire qu'il ne peut faire foi qu'autant qu'il est authentique, mystique ou olographe. C'est, en effet, comme le testament, un acte de dernière volonté par lequel une personne dispose, pour le temps où elle ne sera plus, d'une partie quelconque de ses biens.

En vain objecte-t-on que le fidéicommis est chose complexe, qu'il doit nécessairement se composer d'abord d'un testament destiné à la publicité et contenant une institution apparente, puis d'une pièce secrète, sorte de contre-lettre, dans laquelle se trouve la désignation du véritable bénéficiaire de l'institution.

Nous répondons que cette objection loin de nous engager à rejeter notre opinion nous y attache davantage ; et c'est précisément parce qu'il s'agit de détruire un testament ou de le modifier et en même temps de déguiser la vérité, que nous sommes disposé à être plus sévère sur le mode de preuve à administrer en pareille circonstance.

Que si l'on veut nous démontrer que nous arrivons par là à supprimer les fidéicommis secrets, nous reconnaissons que cette conséquence découle forcément de notre opinion, mais elle ne nous fait pas reculer.

Suivant nous, le fidéicommis, tel que le comprenaient les Romains, n'existe pas dans la loi française ; ou, ce qui est à peu près identique, la loi française ne donne pas d'action en justice à celui qui en est institué bénéficiaire. J'entends qu'il s'agit d'un fidéicommis secret, qu'il ne faut pas confondre avec la substitution licite.

Un testament en forme régulière, nous paraît avoir une telle force, que rien, absolument rien, ne peut le détruire, si ce n'est un autre testament.

Or, l'acte secret qui institue un légataire autre que celui du testament apparent, ne détruit-il pas, ou tout au moins ne modifie-t-il pas profondément ce dernier ?

Plaider le contraire, soutenir qu'un fidéicommis peut se prouver même par témoins, c'est prétendre que l'on peut tester verbalement, c'est émettre une hérésie.

Ce n'est pas que l'on ne puisse disposer par fidéicommis. Mais il faut alors suivre aveuglément la foi de celui à qui l'on confie sa fortune ; s'en rapporter entièrement à lui, et s'il n'exécute pas la volonté de son fidéicommettant, le bénéficiaire du fidéicommis n'aura pas même la satisfaction que lui donnait la loi romaine, celle de le faire déclarer infâme.

C'est ce que la jurisprudence a consacré, en ne donnant d'action que pour prouver l'existence d'un fidéicommis, qu'aux héritiers lésés dans leurs droits, qui veulent démontrer qu'il a été institué en faveur d'un incapable. Dans ce cas, comme dans tous ceux où il y a fraude, la preuve peut être faite même par témoins.

Nous allons plus loin encore, messieurs, et nous pensons, avec quelques arrêts, que l'aveu même du fidéicommissaire, même un commencement d'exécution de sa part ne saurait prévaloir contre un testament régulier, et prouver la modification secrète qu'il aurait reçue, les cas de fraude toujours exceptés.

Ici, que voulait-on établir ? Que Jovin-Bouchard avait institué un fidéicommis au profit d'incapables ? Non. On voulait seulement faire décider que

X.   17

les fidéicommissaires n'étaient pas d'accord sur la personnalité des bénéficiaires de l'institution.

Mais de ce que les légataires ne sauraient à qui remettre la fortune que Jovin-Bouchard les a priés verbalement ou par acte nul, de ne pas garder, faut-il en conclure que ce défunt ait contrevenu à la loi, et que MM. de Prandière, Royet-Vernadet et Fénéon ont été, par lui, interposés au profit d'incapables ?

S'ensuit-il que les héritiers naturels puissent détruire par témoins ou autrement un testament régulier ? ·

En résulte-t-il pour eux le moindre droit ?

D'un autre côté, à supposer qu'il ne se fût passé rien de particulier entre les légataires universels et les enfants Berne, ceux-ci eussent-ils été bien venus dans leur intervention, auraient-ils pu réclamer aux légataires l'exécution d'un acte pareil à celui du 14 octobre ?

Quel tribunal eût donc admis leur demande ?

Nous disons donc, messieurs, avec le défenseur des intervenants, qu'il n'y a dans ce procès qu'un testament valable, et que rien n'a détruit ; testament que les légataires qu'il institue ont pendant vingt-cinq ans fidèlement exécuté et qui demeure toujours opposable aux prétentions des tiers.

Nous disons que ce testament a été exécuté par les légataires et que l'on a mal interprété les paroles de M. de Prandière, plaidant qu'il n'a jamais été un légataire sérieux. — Mieux que nous, messieurs, vous savez par quelle suite de faits, par quelle longue série d'actes d'exécution M. Romain de Prandière a manifesté sa véritable pensée sur la valeur du testament de son ami. — Consultez au besoin l'opinion de ce public qui pendant vingt-cinq ans l'a vu à l'œuvre, acceptant la succession sans inventaire, se mettant en possession des biens, les distribuant aux légataires particuliers, plaidant devant les tribunaux, discutant dans les conseils, cherchant toujours et par tous les moyens en son pouvoir à faire prévaloir la pensée du testateur, mettant à en poursuivre l'accomplissement tout son zèle et tout son dévouement ; demandez-lui si M. Romain de Prandière ne s'est pas toujours considéré comme la continuation de la personnalité de Jovin-Bouchard, et le bon sens de ce public vous répondra.

Pour nous, il nous est impossible de ne voir dans M. de Prandière qu'un simple exécuteur testamentaire. Il nous paraît contraire aux faits, comme à la raison, d'admettre qu'il ne se soit jamais considéré comme un légataire universel sérieux.

Nous disons encore que si les trois légataires institués par ce testament se sont crus obligés d'abandonner la fortune que ce testament leur donnait, au profit des enfants Berne, ils ont agi de la sorte sans que rien fût de nature à les y contraindre, et ils n'ont pu, par ce fait, donner à l'acte du 14 octobre une valeur quelconque en tant que testament.

Le droit des enfants Berne n'a pas puisé son origine dans le codicille, il doit sa naissance à la volonté de MM. Royet, Fénéon et de Prandière, agissant dans la plénitude de leurs droits.

C'est un contrat qui est intervenu entre ces légataires d'une part et les enfants Berne de l'autre ; contrat parfaitement licite et moral, dont les héritiers du sang ne peuvent tirer aucun argument en faveur de leur cause, puisqu'il n'est l'indice d'aucune disposition au profit d'incapable, d'aucune fraude à la loi.

Ce contrat, d'autre part, n'a pas eu et ne pouvait avoir pour effet d'amoindrir au regard des tiers la valeur du testament du 7 octobre. Comment l'aurait-il détruit, puisqu'en disposant de la fortune qu'ils tenaient de ce testament, les légataires manifestaient de la manière la plus énergique combien ils se considéraient vraiment propriétaires de cette fortune, vraiment investis de la succession.

Toute l'argumentation que je viens d'avoir l'honneur de vous soumettre, messieurs, est applicable à M. Romain de Prandière, qui reconnaît la vérité de tous les faits auxquels j'ai fait allusion et qui en accepte les conséquences.

Elle est applicable aussi, et davantage peut-être, a MM. Royet-Vernadet et Fénéon ; car ils ont aussi exécuté le testament. Car pour eux c'est une *charte* qu'ils entendent et ont toujours entendu respecter, et s'ils se proposaient de ne pas garder la fortune et de la remettre en main tierce, ce n'est que par un acte tout spontané de leur volonté libre. Ils n'ont d'ailleurs jamais connu le codicille, ne lui accordent aucune valeur, et protestent contre l'arrêt qui les a déclarés engagés vis-à-vis des consorts Berne.

Ce n'est donc pas dans leur système que l'on peut puiser pour prétendre que le testament n'est pas sérieux et qu'il y a au procès la preuve de l'existence d'un fidéicommis.

En résumé, la preuve de l'existence de ce fidéicommis n'est pas faite ; le testament n'a rien perdu de sa force exécutoire ; MM. Romain de Prandière, Royet-Vernadet et Fénéon ont toujours été, et continuent à être des légataires universels ; c'est enfin de leur volonté, et non de celle de Jovin-Bouchard, que les consorts Berne tiennent leurs droits au reliquat de la succession, et les héritiers naturels n'en peuvent tirer de ce dernier fait aucune conséquence favorable à leurs prétentions. Tous leurs raisonnements viennent se briser contre le testament qui les dépouille.

Tels sont, messieurs, les motifs par lesquels la demande des consorts Jovin nous semble devoir être repoussée.

Est-il maintenant besoin de vous faire de nouveau remarquer que le fidéicommis fût-il tenu comme prouvé, il ne résulterait de cette circonstance rien de plus favorable aux demandeurs.

Notre démonstration, sur ce point, nous paraît avoir été suffisante, et nous ne croyons pas nécessaire d'y revenir.

Tout ce prétendu doute sur la personnalité des bénéficiaires du fidéicommis proviendrait, vous le savez, de l'attitude de MM. Royet-Vernadet et Fénéon. Mais cette attitude a été précédemment qualifiée par votre jugement, ainsi que par l'arrêt confirmatif de la Cour, et le rôle que ces messieurs ont joué dans ces nouveaux débats ne nous paraît pas de nature à modifier votre opinion sur leur compte.

Pour nous, nous n'aimons pas plus le silence qu'ils ont gardé à votre barre, lors de la dernière audience, cette sorte d'indifférence dédaigneuse et affectée pour le résultat du procès, que nous n'avons aimé, dans la précédente affaire, leurs réponses sentencieuses, leurs prétentions du commencement, leur apparente générosité des derniers moments.

Nulle part, dans leur système, nous n'avons vu et nous ne voyons de raison de douter, et vous avez vous-mêmes décidé qu'il n'y en avait pas.

Enfin, et pour terminer, supposons ce doute; supposons en même temps la preuve du fidéicommis, sa caducité, et demandons-nous à qui, dans cette hypothèse, devront être remis les biens.

Aux héritiers naturels? Tel n'est pas notre avis, et sur ce point, la plaidoirie du défenseur de M. de Prandière nous paraît si complète, que nous ne saurions mieux faire que de vous rappeler encore son argumentation.

Si l'acte du 14 octobre ne peut valoir comme preuve du fidéicommis, il peut, au moins, servir au tribunal d'élément d'interprétation de la pensée du testateur. Or, en le lisant avec quelque attention, on peut facilement se convaincre que feu Jovin-Bouchard n'a jamais entendu enlever à MM. Royet-Vernadet, Fénéon et de Prandière la qualité de légataires universels qu'il leur avait donnée dans son testament. On y voit, en effet, qu'il continue à les désigner sous cette même qualification ; qu'il semble ne pas oser leur donner un ordre, mais qu'au contraire, il leur adresse en quelque sorte une prière ; qu'il leur laisse le droit de fixer la quotité du reliquat qu'ils abandonneront aux enfants Berne. Enfin, cette part qu'il les prie de donner à ces derniers, et qu'il ne fixe pas lui-même, ne saurait être considérée comme constituant au profit des nouveaux institués un legs à titre universel, mais purement et simplement un legs particulier.

Nous ajoutons que, lorsqu'un testateur se sert de ces mots *légataires universels*, dont il connaît, ou tout au moins dont il est censé connaître parfaitement le sens, on doit se montrer difficile à admettre qu'il ne les a pas compris, ou qu'il a voulu leur donner une acception différente de celle que la loi leur attribue.

S'il est du devoir du juge de rechercher surtout l'esprit d'un acte que l'on discute devant lui, il ne peut cependant en mépriser la lettre à ce point de ne pas même s'y arrêter, alors surtout qu'elle est si claire et si peu équivoque que celle du testament qui nous occupe. L'interprétation d'un acte nous paraît d'autant meilleure, qu'elle est plus conforme aux termes dans lesquels il est conçu. Pour en écarter quelques-uns, il faut que l'on se trouve dans l'impossibilité la plus absolue de les mettre d'accord, soit entre eux, soit avec les résultats nécessaires de l'acte lui-même. Or ce n'est pas ici le cas.

Vous n'avez pas, en effet, messieurs, à vous préoccuper de cette circonstance, qu'en abandonnant aux consorts Berne le reliquat de la succession, les légataires ne retireront de leurs legs aucun émolument. D'abord, parce que n'étant pas obligés d'abandonner la totalité de ce reliquat, mais seulement le plus qu'il leur sera possible, ils restent juges de la quotité qu'ils attribueront aux bénéficiaires du fidéicommis, et que par conséquent, ils pourront en conserver pour eux ou pour la destination qu'il leur plaira une part quelconque. En second lieu, parce que ce n'est pas l'émolument qui fait le légataire universel, mais l'institution elle-même, et l'éventualité d'un émolument qui en résulte pour lui.

C'est ainsi qu'un arrêt de la Cour de Dijon, confirmé par la Cour de cassation, le 14 juillet 1830, a prononcé qu'il y avait bien une institution de légataire universel dans un testament conçu en ces termes : « *J'institue mon léga-*

taire universel le nommé X..., à la charge par lui de distribuer à ... et à ... tous les biens qui composeront ma succession à l'époque de mon décès, le priant d'accepter ma tabatière comme témoignage de mon affection. »

La Cour a statué ainsi, parce qu'elle a pensé que le testateur connaissait bien le sens des expressions qu'il employait, et qu'il avait voulu laisser à l'ami qu'il instituait, l'éventualité de la caducité d'un des legs particuliers.

Nous estimons, en conséquence, que si vous acceptiez la situation que nous venons de vous indiquer hypothétiquement, vous devriez repousser encore la demande des consorts Jovin, en considérant leur action comme dépourvue d'intérêt, puisque la caducité du fidéicommis ferait retomber le reliquat de la' succession entre les mains des légataires universels. Il ne nous reste plus, messieurs, qu'un dernier mot à ajouter : Aux termes des conclusions qui ont été déposées sur votre bureau, dès le début du procès, il nous resterait à examiner une fin de non-recevoir, résultant d'un vice de procédure. Les consorts Berne prétendaient que les héritiers naturels de Jovin-Bouchard auraient dû se pourvoir par voie de tierce opposition à l'arrêt de la Cour, confirmatif de votre précédent jugement, au lieu de porter leur demande devant vous par action principale. Il vient de nous être assuré, par l'une des parties intéressées à faire valoir cette exception, qu'elle était abandonnée. Quelle que soit notre opinion à ce sujet, nous n'avons donc pas à l'exprimer ici, et notre tâche est finie.

Vous nous l'avez rendue facile, messieurs, par la bienveillante attention que vous n'avez cessé de nous prêter et dont nous vous sommes particulièrement reconnaissant.

Nous serions heureux de vous voir adopter notre opinion sur ce procès dans le jugement que vous allez prononcer; car il nous semble que, rendue dans ce sens, non-seulement votre décision serait en tout point conforme aux principes du droit, mais encore qu'elle consacrerait la volonté dernière de Jovin-Bouchard, qui a manifestement entendu déshériter sa famille.

Cette volonté, messieurs, nous paraît établie jusqu'à la dernière évidence; elle ressort de tous les faits de la cause, comme il nous paraît établi, comme il ressort de ces mêmes faits que le défunt, sans imposer aucune obligation à ses légataires universels, les a cependant invités à remettre aux enfants Berne la portion de sa fortune dont il n'avait pas disposé.

Ce dernier vœu d'un mourant aurait dû être respecté jusqu'à son entier accomplissement sans l'intervention des tribunaux, et c'est avec douleur que nous avons vu cette succession exciter tant d'avides convoitises.

Nous ne voudrions pas, messieurs, prononcer en terminant des paroles sévères. Nous reculons devant un blâme public qui viendrait empirer la situation que quelques-unes des parties se sont faites par leurs injustes prétentions. Nous cherchons même à croire à leur bonne foi, et, dans tous les cas, nous laissons à leurs consciences le soin de les juger. Mais nous ne pouvons cependant nous empêcher de penser que, si du lieu où la justice divine a placé Jovin-Bouchard après sa mort, il a pu, auditeur invisible, assister à tous ces débats, son âme a dû être amèrement contristée; il a dû singulièrement regretter d'avoir, au temps de sa vie, témoigné tant de confiance à des amis qui s'en sont montrés si peu dignes, ou qui ont si mal compris ses desseins.

JUGEMENT.

Conformément à ces conclusions, le tribunal a rendu, le 30 avril 1860, le jugement suivant :

« *Sur l'intervention des enfants Berne,*

» Attendu qu'elle se justifie par l'intérêt qu'ils ont au procès ;

» *Sur la fin de non-recevoir,*

» Attendu que toutes les parties intéressées au débat étant en cause, il n'y a pas lieu de s'arrêter à une difficulté de procédure qui ne peut pas se présenter : que ce moyen est au surplus abandonné ;

» *Au fond,*

» Attendu que les héritiers du sang sont en présence d'un testament en due forme, qui a investi Romain de Prandière, Royet-Vernadet et Fénéon de la totalité de la succession de Jovin-Bouchard, en qualité de légataires universels, et dont les bénéfices et les charges ont été acceptés par les institués ;

» Attendu, il est vrai, que par des instructions non revêtues des formes régulières d'un testament, Jovin-Bouchard a invité ses légataires universels à faire parvenir à des tiers le reliquat de sa succession, après les charges acquittées ; mais que par un tel acte, loin de supprimer son testament et d'abolir le titre conféré aux légataires, Jovin-Bouchard l'a au contraire confirmé, puisqu'il l'a disposé de manière que ses dernières instructions n'eussent d'effet possible que par la sanction que leur donnerait la volonté des légataires institués par le testament ;

» Attendu qu'un tel mode de disposer n'est point contraire aux lois sur les successions, qui ne le proscrivent qu'alors qu'il a pour but de favoriser des personnes incapables ; que, dans l'espèce, la capacité des bénéficiaires de l'acte du 14 octobre 1835 n'est pas contestée ;

» Attendu que la prétention d'établir, à l'aide des déclarations contradictoires qui se sont produites au procès débattu entre les légataires universels, « que cet acte n'indique pas sûrement les intentions du testateur, et que des » positions prises de part et d'autre, il résulte seulement que la succession » n'était point destinée aux légataires du testament ; — qu'ainsi la personne » du vrai destinataire demeurant incertaine, la famille est fondée à faire valoir » ses droits ; » que cette prétention est inadmissible ;

» Qu'en effet d'une part, il a été déclaré par la justice que les trois légataires universels avaient *également* accepté et sanctionné par une exécution volontaire de ses diverses dispositions l'acte du 14 octobre 1835 ;

» Que d'autre part, ne pouvant contester la clarté et la précision de cet acte, la famille n'essaye pas non plus sérieusement de contester qu'il soit l'expression réelle et libre de la volonté du testateur ; — qu'elle se borne sur ce point à des insinuations qu'elle n'appuie même pas d'une offre de preuves ;

» Attendu enfin qu'une telle preuve pût-elle être faite, il n'appartiendrait point aux héritiers du sang de la produire, puisqu'elle n'aurait d'autre résultat que de renfermer le testament dans ses termes et d'assurer aux légataires universels l'entier bénéfice de leur institution ;

» Par ces motifs,

» Le tribunal, jugeant en matière ordinaire et en premier ressort, admet les enfants Berne intervenants, retient la cause, et statuant au fond, déboute les consorts Jovin des fins de leur demande, et les condamne aux dépens. »

PRÉSIDENCE DE M. LE PREMIER PRÉSIDENT DEVIENNE.

Audiences des 29 et 30 novembre 1861.

AFFAIRE DE M. LE MARQUIS DE FLERS

CONSEILLER RÉFÉRENDAIRE A LA COUR DES COMPTES.

**Intelligences à l'Étranger et manœuvres politiques
ayant pour but de troubler la paix publique et d'exciter à la haine
et au mépris du gouvernement de l'Empereur.**

M. le procureur général CHAIX D'EST-ANGE, assisté de M. l'avocat général CHARRINS, occupe le siége du ministère public.

Me DUFAURE est assis au banc de la défense.

RÉQUISITOIRE DE M. LE PROCUREUR GÉNÉRAL CHAIX D'EST-ANGE.

Messieurs,

Il faut d'abord, écartant toute équivoque et toute discussion inutile, vous bien signaler l'objet de la poursuite que nous avons cru devoir intenter contre M. de Flers et contre le sieur Landwehr.

Il ne s'agit pas, dans la cause, d'un délit de presse. Le délit commis par les prévenus ne comporte pas les mêmes éléments que le délit de presse; il est soumis à d'autres règles et gouverné par d'autres principes. Il s'agit, en effet, du délit prévu et puni par l'article 2 de la loi du 27 février 1858, que nous vous demandons la permission de remettre sous vos yeux:

« Est puni d'un emprisonnement d'un mois à deux ans, et d'une amende de 100 francs à 2000 francs, tout individu qui, dans le but de troubler la paix publique, et d'exciter à la haine ou au mépris du gouvernement de l'Empereur, a pratiqué des manœuvres, entretenu des intelligences, soit à l'intérieur, soit à l'étranger. »

De cet article, il résulte que le délit dont il s'agit se compose de deux éléments parfaitement distincts.

Il faut que celui qui est poursuivi en vertu de l'article 2 de la loi de 1858 ait entretenu des intelligences. C'est là le premier point.

Il faut, en second lieu, — car seul, ce premier fait serait indifférent, et complétement inutile pour l'application de la loi, — qu'il ait entretenu ces intelligences dans le but de troubler la paix publique, ou d'exciter à la haine ou au mépris du gouvernement de l'Empereur.

Voilà les deux éléments, c'est-à-dire les deux conditions essentielles du délit que nous avons à discuter et à prouver devant vous.

« Entretenir des intelligences. » Sur ces premiers mots de la loi, y a-t-il un doute possible? Le sens de ces mots est-il clair, précis, net, saisissable pour tout le monde, ou, au contraire, est-il vague, indéterminé, arbitraire, comme on a songé quelquefois à leur en faire le reproche? Au sein même du conseil d'État, à l'époque où l'on discutait l'article 76 du Code de 1810, — « quiconque aura pratiqué des machinations, ou entretenu des intelligences avec les puissances étrangères ou leurs agents, » — quelques orateurs, parmi lesquels se trouvait M. Defermon, soutenaient qu'il y avait là de l'incertitude, de l'arbitraire, et ils insistaient surtout sur le vague du mot de *machinations*. M. Berlier combattait cette opinion dans la séance du 12 octobre 1810, et démontrait que le sens de la loi était net et clair. Il expliquait ce que c'était que des machinations, des intelligences.

En conséquence, l'article fut maintenu, et le mot *intelligences* fut désormais consacré par la loi.

Nous avons tort de nous servir de cette expression « *désormais* ». Le mot était ancien déjà, et depuis longtemps employé dans le langage juridique. C'est ainsi que nous le retrouvons dans une ordonnance de 1563, qui punissait le fait de « pratiquer, *avoir intelligences*, envoyer et recevoir lettres » écrites en chiffres, écritures feintes ou déguisées, à l'étranger, pour choses » concernant à l'État. »

Nous trouvons les mêmes mots dans le Code pénal de 1791, et dans le Code de brumaire an IV.

Le Code pénal de 1791 disait :

« Quiconque sera convaincu d'avoir pratiqué des machinations ou entretenu des intelligences avec les puissances étrangères ou avec leurs agents, pour les engager à commettre des hostilités, etc..... »

De même, dans le Code de brumaire an IV.

L'expression : *entretenir des intelligences*, n'est donc pas nouvelle, et lorsqu'on attaquait les dispositions de l'article 76 du Code pénal, on les attaquait surtout à cause du mot *machinations*, dont le sens était moins précis, moins défini; et Carnot, qui interprétait le Code pénal dans un esprit si élevé et si libéral, Carnot adoptait le mot *intelligences*, comme représentant une idée nette et précise, et combattait seulement le sens vague et la portée indéfinie du mot *machinations*.

Ainsi dans la langue du droit, le mot *intelligences* est acclimaté depuis des siècles.

Dans le langage vulgaire, il est reçu, compris, employé par tout le monde, et personne ne s'imagine de faire une difficulté sur l'interprétation qu'il convient de lui donner. Lorsqu'on dit par exemple : « Tel capitaine a des intelligences avec la place assiégée, » on peut demander quelle est la nature de ces intelligences, mais il n'entrera dans la pensée de personne de dire: « Qu'est-ce

que vous entendez par *intelligences?* » Lorsqu'on dit que tel héritier entretient des intelligences assidues avec un testateur, lorsqu'on le plaide à votre
barre, personne ne s'est jamais imaginé de demander : « Qu'est-ce que des
intelligences ? »

C'est donc là un mot reçu dans le langage vulgaire, accrédité dans le langage même du droit, qui ne peut souffrir aucun doute, aucune équivoque,
et sur lequel aucune difficulté ne peut s'élever.

Voilà le premier élément : il faut avoir entretenu des intelligences soit à
l'intérieur, soit à l'étranger.

Cependant le fait d'entretenir des intelligences est un fait par lui-même
complétement innocent et dépourvu de toute culpabilité. La convenance a pu
quelquefois y manquer par la nature même de la correspondance engagée.
Mais enfin, par lui-même, par lui seul, le fait d'entretenir des intelligences
n'est pas un fait répréhensible et puni par la loi.

Il était puni par les anciennes ordonnances. Il était encore puni par le Code
pénal de 1791, et par la disposition de l'article 207 du Code de 1810, mais
dans une espèce particulière, c'est-à-dire, dans le cas où il est interdit aux ministres des cultes d'entretenir avec Rome des correspondances, quels qu'en
soient le but et la nature, pourvu que ces correspondances portent sur des
matières religieuses.

Mais d'ailleurs, et à part ces exceptions anciennes ou nouvelles, c'est là un
fait matériel, qui est le premier élément du délit, mais qui ne constitue pas le
délit à lui seul. Il faut une seconde condition. Il faut, en effet, que ces intelligences soient coupables, et, pour qu'elles soient coupables, il faut, ce sont les
termes de la loi que je rappelle encore à votre attention, qu'elles aient été
entretenues dans le but de troubler la paix publique, ou dans le but d'exciter
à la haine ou au mépris du gouvernement de l'Empereur.

Il y avait là, en effet, dans les lois existantes, une lacune qu'il s'agissait de
combler. Celui qui, en France, trouble la paix publique, excite à la haine et
au mépris du gouvernement de l'Empereur, est puni ; mais si le même délit
était commis à l'étranger par un Français, il n'était pas atteint par la loi. Il y
avait là, cependant, un danger énorme. Un homme vivant sous la protection
de la loi française, pouvait, par des exagérations, par des calomnies, par de
fausses nouvelles, par des bruits habilement répandus au dehors, troubler la
sécurité des gouvernements étrangers, et, par conséquent, troubler la paix
publique. Il pouvait, par d'odieuses diffamations, par des calomnies, par des
invectives, par des attaques de toute nature et de toute espèce, exciter, à
l'étranger, à la haine ou au mépris du gouvernement de l'Empereur, et lui
susciter ainsi des ennemis qui finiraient un jour par éclater partout contre
lui. Il fallait atteindre de pareilles manœuvres, et c'est dans ce but que fut
portée la loi du 27 février 1858.

L'utilité de cette loi n'a été méconnue par personne, et j'en trouve dans la
discussion un témoignage que je demande la permission de mettre sous vos
yeux. M. Ollivier, avec une grande sagacité, a demandé des explications sur
le sens et la portée de la loi. M. le président du conseil d'État les lui a données.
M. Ollivier n'en a pas été satisfait. Il a insisté, il a soutenu qu'il avait fait une
question à laquelle il n'avait pas été répondu.

« J'avais demandé dans quel cas la loi serait applicable. Il m'a été répondu par une autre question : Est-il permis de provoquer à la haine et au mépris du gouvernement ? »

C'était là, en effet, ce qu'avait demandé M. le président du conseil d'État, en réponse à l'interpellation de M. Ollivier.

« On a demandé s'il était permis de provoquer à la haine et au mépris du gouvernement. Je réponds sans hésiter : Non, cela n'est pas permis dans les lieux publics, dans la presse, même (il va jusque-là), même au sein du foyer domestique quand l'intention est de commettre un délit prévu par la loi pénale. Mais la critique des actes du gouvernement, cette critique fût-elle amère, doit être libre entre amis qui échangent leurs pensées.

Ainsi, suivant le loyal aveu de M. Ollivier, comme suivant les expressions mêmes employées par le législateur, il n'est jamais permis de troubler la paix publique, il n'est jamais permis d'exciter à la haine et au mépris du gouvernement de l'Empereur, et tout le monde est d'accord pour dire que de pareils actes, en quelque lieu et de quelque manière qu'ils soient commis, par des paroles proférées en public ou par la presse, à l'intérieur ou à l'étranger, doivent être sévèrement réprimés. C'est ainsi que s'explique et se justifie la disposition de l'article 2 de la loi de 1858.

Mais c'est ici, quand nous parlons de ce second élément constitutif du délit, que se présente une question plus difficile, plus compliquée, plus abstraite. Le premier élément est un fait matériel et facilement saisissable : « le prévenu a-t-il entretenu des intelligences ? » Mais le second élément est une question d'intention : « quelle a été sa pensée? — qu'a-t-il voulu ? — dans » quel but a-t-il agi ? » C'est là une appréciation purement morale, et, il faut bien le dire, purement arbitraire, soumise souverainement à vos consciences, dont vous n'avez à rendre compte à personne, et qui résultera uniquement, non pas d'un fait positif et palpable, mais de l'appréciation intime de la correspondance engagée et des intelligences entretenues.

Personne, nous en avons l'espoir et la conviction, ne se trompera ici sur la portée de nos paroles, et c'est surabondamment que nous les expliquons. Non, nous n'avons pas l'intention de poursuivre la pensée. Nous savons qu'immatérielle et insaisissable, elle échappe à toute recherche et à toute action en justice, non-seulement parce que la preuve manquerait, non-seulement parce que ceux qui sont chargés de la vindicte publique ne pourraient pas aller la chercher dans le secret de la conscience; mais, parce qu'en effet, la pensée appartient souverainement à l'homme, qu'il est libre de la concevoir à sa volonté, et qu'alors même qu'il en fournirait la preuve sur l'interpellation de la justice par un aveu franc et sincère, il aurait le droit de dire aux magistrats : « Oui, j'ai eu telle pensée, et si je l'avais exécutée, j'aurais commis » un crime; mais, cette pensée, elle n'a pas pris de corps, je l'ai gardée dans » mon for intérieur, et je n'en dois compte qu'à ma conscience et à Dieu. » Lorsqu'au contraire l'intention vient animer le fait extérieur et saisissable, lorsque l'intention ne s'est pas seulement renfermée dans la pensée de l'homme, mais qu'elle s'est traduite au dehors, par un fait matériel, pour que vous sachiez si ce fait matériel est punissable, il faut, suivant l'expression de toutes les lois, de tous les jurisconsultes, de tous les moralistes, que vous scrutiez les reins et les cœurs, que vous descendiez au plus profond de la conscience, et que vous demandiez à l'homme qui a commis un homicide, s'il l'a commis volontairement ; que vous demandiez à celui qui a entretenu des intelligences, si ces intelligences sont, en effet, coupables, si sa volonté a été criminelle, et s'il a agi dans le but, soit de troubler la paix publique, soit d'exciter à la haine et au mépris contre le gouvernement de l'Empereur.

Cette appréciation, messieurs, qui vous appartient souverainement, nous ramène dans le domaine des faits.

Et d'abord, M. le marquis de Flers a-t-il entretenu des intelligences soit à l'étranger, soit à l'intérieur ? Il n'y a pas un doute possible sur le fait matériel. Vous pouvez prendre ses aveux ; ils sont consignés dans les documents du procès. Il déclare dans ses interrogatoires, comme il l'a déclaré, du reste, à la barre même de la Cour, qu'en effet, il avait entretenu des intelligences à l'étranger, et qu'il les y entretenait depuis longtemps. Voici comment il s'exprime dans son premier interrogatoire : « Et, en réponse à nos diverses interpellations, M. de Flers nous a dit :

« Je suis âgé de cinquante-huit ans, je reconnais avoir fourni, pendant plusieurs années, à des journaux étrangers, notamment à la *Gazette d'Augsbourg*, à l'*Indépendance belge*, au *Journal de Genève*, etc., des correspondances politiques. Au mois de novembre dernier, par suite d'un avertissement que m'avait donné M. le président Barthe, j'avais pris l'engagement de cesser personnellement toutes ces correspondances. Aujourd'hui, en effet, c'est mon fils Camille qui transmet des correspondances politiques à divers journaux. Je reconnais néanmoins que pendant les absences de mon fils, j'ai rédigé et transmis pour lui des lettres aux journaux dont il est le correspondant. J'ai écrit, pendant ces derniers temps, à M. Berardi, de l'*Indépendance belge*, à M. Ader, du *Journal de Genève*, et à M. Peterman, à Dresde, employé d'un ministère, *lequel communique mes lettres à M. le Ministre des affaires étrangères de Saxe.* »

Ainsi, d'après son premier interrogatoire du 24 juillet, M. de Flers a donné ces correspondances jusqu'en 1860. Dans ses déclarations postérieures devant M. le conseiller instructeur, il a persisté dans ses aveux, mais en essayant de les modifier. Nous attendrons à cet égard ce qui sera plaidé en son nom, pour savoir si nous avons à y répondre. Il a déclaré que déjà en 1860 il s'était un peu moins occupé des correspondances, que c'était son fils Camille qui y prenait part ; que, quant à lui, il en indiquait la substance, qu'il les revoyait, mais qu'à compter du mois de janvier, il ne s'en était plus occupé.

Vous verrez que les faits le démentent, et je ferai passer sous vos yeux des documents qui ne laissent, à cet égard, aucun doute.

Voilà donc ses aveux. Il était le correspondant du *Journal de Hambourg*, du *Journal de Genève*, de l'*Indépendance belge*, de la *Gazette des postes de Vienne*, de la *Gazette d'Augsbourg*, du *Journal de Dresde*, de la *Gazette de Leipzig*.

C'était un travail immense, et quand on voit les lettres qu'il écrivait et dont une a été saisie, on ne comprend pas qu'avec les devoirs de la charge qu'il exerce, avec l'obligation d'entretenir ses relations du monde, et de les multiplier, il ait pu trouver le temps de suffire à un pareil labeur. Aussi, il fut bientôt forcé de se faire assister, et sa maison devint une véritable agence. Il prit un secrétaire : c'était M. Landwehr, que vous venez de voir et d'entendre, qui a d'autres excuses que M. de Flers, qui n'était pas le créateur de cette agence, qui avait besoin de trouver des ressources dans son travail, qui fut rencontré par M. de Flers et que M. de Flers a eu le malheur d'entraîner à côté de lui sur ce banc.

Ainsi, sur ce premier point, sur ce premier élément du délit, nous ne pensons pas qu'il y ait un doute possible. M. le marquis de Flers, il en convient lui-même, a entretenu des relations à l'étranger.

Mais comment l'a-t-il fait, et dans quel esprit? Ses intentions sont-elles coupables? A-t-il entretenu ces correspondances, dans le but de troubler la paix publique ou d'exciter à la haine et au mépris contre le gouvernement de l'Empereur? C'est là, maintenant, ce qui nous reste à examiner.

Interrogeons donc ces correspondances sur leur esprit, leur but, leur intention ; recherchons non pas un but douteux, non pas une intention vague, non pas la mauvaise humeur d'un homme qui un jour se laisse aller à critiquer telle ou telle mesure, non; mais voyons s'il n'y a pas là le parti pris, le parti irrévocablement arrêté pour le passé, pour le présent, pour l'avenir, quels que soient les actes du gouvernement, de critiquer, de blâmer, de calomnier et d'inventer des bruits qui sèment partout la discorde, qui suscitent partout des ennemis à la France, qui excitent partout au mépris et à la haine du gouvernement de l'Empereur. Il faut là-dessus des preuves nettes et précises, claires et concluantes, et qui ne laissent aucun doute à vos consciences.

Le but de la correspondance est parfaitement indiqué dans la correspondance elle-même. Elle avait deux objets. L'un était frivole, léger, méprisable ; c'était de rapporter les commérages du monde, les anecdotes plus ou moins plaisantes et les bruits de salons plus ou moins scandaleux, surtout lorsqu'ils étaient hostiles aux fonctionnaires publics et qu'ils renfermaient contre eux quelque attaque injurieuse. L'autre objet, plus grave, plus sérieux, plus important, assurément plus coupable, c'était d'instruire les gouvernements étrangers ; c'était de les éclairer, bien ou mal, et, la plupart du temps par des calomnies grossières, sur la pensée, sur les démarches, sur les intentions secrètes du gouvernement français. A cet égard, ce n'est pas nous qui devons dire ce qu'est cette correspondance — on pourrait croire que nous la voyons d'un œil défavorable au prévenu, — non, mais nous allons en trouver la nature et le but indiqués dans une lettre d'un des correspondants de M. de Flers, d'un M. Carenbacher de Vienne. Voici ce qu'il écrit :

« Je reçois régulièrement vos excellentes lettres, et je vous en remercie. Permettez-moi, cependant, de vous proposer quelques changements : je remarque que la Revue hebdomadaire ne correspond pas tout à fait au but que je désirais atteindre. Il est impossible qu'il ne s'y glisse des choses déjà connues et publiées par les journaux. Elles deviennent naturellement un peu longues, et je crois qu'il vaudrait mieux que vous prissiez la peine de m'écrire plusieurs fois par semaine.

» L'important serait d'obtenir des renseignements intéressants sur tout ce qui se passe, mais à mesure que les faits se produisent, faits Paris, faits politiques et diplomatiques, faits quelque menus qu'ils puissent être. Je vous ferai observer, monsieur, que le public de Vienne est très friand de cancans diplomatiques, de causeries de salons, des faits et gestes des principaux personnages, *et de tout ce qui met à nu les ressorts de votre machine politique.* En un mot, il s'agit d'amuser un peu les badauds, ce qui ne doit pas exclure les hautes considérations sur les événements qui se passent en France, *ainsi que les aperçus qu'il vous sera facile de faire du haut de votre observatoire politique.* »

Il lui écrit encore :

« En vous exprimant tous mes remercîments pour vos charmantes lettres, *qui intéressent également le gouvernement et le public,* j'ai l'honneur de vous envoyer ci-joint un mandat de 600 fr., payable chez M. Marcuard et Compagnie. »

Voilà donc bien définis, bien arrêtés, non par nous, mais par ceux-là mêmes qui la recevaient, le but, l'intention, le caractère de cette correspondance. C'est d'abord d'amuser le public par des cancans diplomatiques et par des anecdotes sur les hommes qui composent le gouvernement français. C'est ensuite, c'est la partie la plus sérieuse et la plus grave, « c'est de mettre à nu les » ressorts de notre machine politique. »

Arrêtons-nous un moment ici. Qu'êtes-vous donc, M. de Flers? Quoi ! par vos relations, par votre position officielle, par les fonctions dont vous êtes revêtu, vous avez accès dans tous les salons : vous fréquentez particulièrement, c'est vous qui le dites, les hommes politiques et les diplomates : vous allez tous les soirs dans ces salons, et là, vous dressez votre observatoire : et là, au milieu de ces conversations animées ou intimes, vous prêtez l'oreille, vous provoquez les confidences : « N'y a-t-il pas quelque anecdote piquante? N'y » a-t-il pas quelque secret politique ? N'y a-t-il pas quelque indice qui puisse » faire découvrir les projets cachés du gouvernement ou mettre à nu les res- » sorts secrets de notre machine politique? » Vous écoutez, vous faites parler, et vous avez le crayon à la main, et dès que vous êtes sorti, vous écrivez dans l'antichambre ce que vous venez d'entendre. Tout ce que vous avez pu saisir au passage, tout ce qu'on a cru peut-être vous confier sous le sceau du secret, vous le publiez partout dans les journaux, ou vous en instruisez les gouvernements étrangers, vous les éclairez sur ces desseins cachés, sur ces projets supposés de la politique française ; puis, vous tendez la main et vous recevez... 200 thalers ! Ah ! dans toutes les langues du monde civilisé, on peut traduire une pareille conduite. Partout on sait des mots pour la signaler et la flétrir; et si un homme sous les drapeaux se livrait à de pareilles manœuvres, s'il était saisi, s'il était convaincu, on le fusillerait comme un soldat, mais on le fusillerait par derrière comme un traître !

Voilà une première appréciation de cette conduite, voilà l'impression que nous en avons d'abord ressentie et qu'elle doit faire naître, j'en suis convaincu, dans l'esprit de tous les honnêtes gens, quels que soient leur parti, leurs opinions politiques, et, si vous le voulez, leurs entraînements.

Voyons maintenant quel est le véritable caractère de cette correspondance. Était-ce simplement une correspondance sympathique à tel ou tel parti, mais d'ailleurs impartiale et juste, sans passion et sans haine? Nous ne nous serions pas permis de demander à M. de Flers quelles sont ses opinions politiques. On en a le droit, et on en a le devoir peut-être dans ces sortes de causes, quand il faut juger l'intention, quand il faut savoir si elle est perfide et coupable, et rechercher si l'on a agi dans le but de nuire au gouvernement de l'Empereur ; et si la justice se taisait à cet égard, si elle ne portait pas sur ce point ses investigations et sa lumière, ce serait le prévenu lui-même qui dirait : « Comment ! on m'accuse d'avoir attaqué le gouvernement, mais j'en » suis le partisan déclaré ? » Et ainsi, il trouverait dans ses opinions sa justification, comme dans les opinions de M. de Flers, on pourrait trouver l'explication de son étrange conduite, de l'esprit de sa correspondance, et du but secret qui l'animait.

Mais c'est lui qui l'a dit ; il est hostile au gouvernement de l'Empereur, et il se rattache à un des gouvernements précédents. Nous croyons qu'il se vante et que s'il a une opinion, c'est de calculer ce que rapportent les correspondances politiques.

Sur la portée, l'esprit, le but de ces correspondances, quelques réflexions rapides pourront peut-être vous éclairer, sans même qu'il soit besoin de vous en citer des passages, et de vous fatiguer de lectures inutiles.

M. de Flers est le correspondant d'un grand nombre de journaux étrangers. Quel est leur esprit ? Ils sont tous hostiles à la politique du gouvernement français, tous hostiles à la personne de l'Empereur, tous hostiles à toute espèce de mesures qui sont prises en France par le gouvernement français. Est-ce l'effet du hasard ?

S'il était, d'ailleurs, tenté de dire qu'il ne partage pas les opinions politiques des journaux dans lesquels il écrit des correspondances politiques, ce qui serait assurément la chose la plus singulière, nous lui répondrions par une lettre que lui adressait, le 16 mars 1855, M. Hermann Orges, directeur de la *Gazette d'Augsbourg* :

« Monsieur le marquis,
» J'ai eu beaucoup de plaisir à recevoir votre première lettre, après le grand silence que vous avez gardé. La *Gazette d'Augsbourg* tient beaucoup à cette correspondance. *parce que vos idées sont les mêmes que les nôtres ; et malgré tous les succès momentanés, vous restez convaincu* que jamais un gouvernement basé sur un acte de la plus grande immoralité, représenté dans sa majorité par des hommes suspects, ne peut fonder pour un peuple un avenir assuré, surtout par une corruption systématique. »

Il y a mieux. Nous trouvons dans les documents de la cause quelque chose qui d'abord confond, mais dont on n'est plus surpris quand on a jeté les yeux sur ces correspondances, et qu'on a vu l'esprit de haine, de dénigrement, de mensonge, de perpétuelle calomnie qui l'anime.

Les journaux auxquels il s'adresse, et qui sont hostiles au gouvernement français, se croient néanmoins en droit de le rappeler à la modération. C'est ainsi que M. Wiessner, le conseiller aulique de la cour de Saxe, le représentant du *Journal de Dresde*, l'intermédiaire entre les correspondants étrangers et le ministre des affaires étrangères, M. de Beust, ainsi que vous l'avez vu dans le premier interrogatoire de M. de Flers, — M. Wiessner lui fait remarquer que le *Journal de Dresde* est un journal quasi-officiel, et qu'à raison de son caractère, il ne peut y insérer ses lettres. Il lui fait ailleurs un reproche de ce que sa correspondance entre trop dans le domaine des personnalités. Voilà la leçon de moralité publique et privée qu'il reçoit de Dresde, d'un homme qui ne passe pas pour ami du gouvernement français ni des agents dévoués à sa politique.

Il y a même, dans cette correspondance avec le *Journal de Dresde*, un exemple remarquable de l'esprit dans lequel écrivait M. de Flers. C'était le lendemain du jour où l'archevêque de Paris, monseigneur Sibour, était mort assassiné. Son sang, qui avait rougi le pavé de son église, n'était pas encore lavé. L'église n'avait pas encore, par les cérémonies saintes, été purgée de ce crime et rendue solennellement au culte ; et il y avait, dans la mort de ce prélat, et, je puis dire, de ce martyr, quelque chose de si subit, de si étrange, de si extraordinaire, que le public en était encore saisi d'épouvante et d'horreur. M. de Flers écrit à M. Wiessner, à la *Gazette d'Augsbourg*, pour insulter à la cendre de monseigneur Sibour. M. Wiessner lui répond poliment pour le rappeler à la pudeur, pour l'engager à se calmer, à s'adoucir, à se montrer plus modéré dans les lettres qu'il lui adresse. Il ajoute ces mots significatifs : « C'est dur, je le sais (il connaissait bien la nature et l'esprit de son correspondant), c'est dur, je le sais, mais c'est de rigueur. »

Voulez-vous un autre indice du véritable caractère de ces correspondances ? c'est le mystère dont on les entoure ; ce sont les précautions qu'on prend pour les faire parvenir en ne les remettant qu'à des gens sûrs ; c'est la crainte qu'elles ne tombent en des mains étrangères.

« Je vous remercie de vos communications confidentielles (lui écrit-on à la date du 7 avril 1850), et que vous m'avez fait parvenir par un homme sûr. »

Son correspondant de Vienne s'absente-t-il, il s'empresse de l'en informer et de lui dire :

« J'ai l'honneur de vous prier d'écrire seulement les choses pour les journaux, *et rien de particulier pour moi*, jusqu'à ce qu'une seconde lettre de moi vous informe de mon retour à Vienne. »

Un peu plus tard, ce même correspondant part pour Londres, et comme M. de Flers manifestait des inquiétudes sur le sort de ses lettres, il lui écrit :

« Vous pouvez supposer que l'homme à qui je confie le droit d'ouvrir toutes les lettres qui viennent sous mon adresse, doit être *sûr comme le tombeau* : écrivez donc et ne vous gênez en rien. »

Celui-là ne lui donnait pas des leçons de modération ; il l'encourageait et ajoutait qu'il serait heureux de tout ce qu'il recevrait.

Voulez-vous une preuve nouvelle que nous trouvons dans les pièces? On a saisi chez M. de Flers deux séries de chiffres : l'une pour sa correspondance avec l'*Indépendance belge*, l'autre pour sa correspondance avec la *Gazette d'Augsbourg.* Sous l'ancien régime, cela aurait suffi pour perdre M. de Flers. Nos vieilles ordonnances défendaient d'entretenir avec des puissances étrangères des correspondances en chiffres, et condamnaient, pour ce fait seul, dépourvu d'ailleurs de tout autre caractère punissable. Pour nous, messieurs, de pareils indices ne nous suffisent pas pour condamner un accusé ; mais ils ne nous laissent aucun doute sur sa moralité et sur ses intentions.

Pourquoi, en effet, ces précautions, si les lettres sont innocentes, si M. de Flers sent qu'elles peuvent être hautement avouées, et qu'il n'a rien à craindre?

« Dans un cœur innocent, d'où naît cette terreur ? »

C'est qu'il avait conscience de la culpabilité de ces correspondances, et les précautions de toute nature qu'il prenait en fournissent d'irrécusables preuves.

Faudra-t-il, après avoir fait passer ces présomptions sous vos yeux, entrer dans l'examen détaillé de tous les articles envoyés à tous ces journaux italiens, belges, suisses, allemands? Faudra-t-il salir l'audience de toutes ces révélations mensongères répandues dans toutes les feuilles de l'Europe contre le gouvernement français ? Il suffira sans doute de lire quelques-uns de ces articles. Je les prendrai, si vous voulez le permettre, dans le *Journal de Genève*, parce que M. de Flers, il l'avoue dans son premier interrogatoire, en a été le correspondant en titre jusqu'au mois de décembre 1860. Or, quel est l'esprit du *Journal de Genève?* C'est le plus hostile du monde au gouvernement français et à son chef. Il n'y a pas de jour qu'il ne contienne des attaques violentes sur la marche, l'esprit, les idées et les actes du gouvernement français. En voulez-vous une preuve saisissante?

Nous avons là la collection du *Journal de Genève* depuis le 15 du mois d'août jusqu'au 1er décembre 1860, c'est-à-dire à l'époque où, suivant sa propre déclaration, M. de Flers en était le correspondant. Vous savez peut-être, si vous jetez quelquefois les yeux sur les feuilles étrangères parvenant en France, la tolérance dont use vis-à-vis d'elles le gouvernement français. Cependant, il faut vous le dire, sur quatre-vingts numéros à peu près, dont se compose, depuis le 15 août jusqu'au 1er décembre, la collection d'un journal qui ne paraît pas tous les jours, il y en a eu quarante-neuf arrêtés à la frontière, parce qu'ils étaient d'une telle hostilité, d'une violence telle, qu'il était impossible de les laisser circuler en France. Mais qu'est-ce donc qui y était à ce point hostile ? Vous le comprenez à merveille, c'était la correspondance de Paris ; ce n'étaient pas les nouvelles de Berne, de Vienne ou de Turin. Que disait donc la correspondance de M. de Flers pour être ainsi arrêtée presque chaque jour à la frontière?

Tenez ! j'en ai pris, je ne dirai pas au hasard, quelques passages que je veux signaler à votre attention.

S'il y a une qualité que généralement on accorde à l'Empereur, c'est le courage, c'est la confiance excessive avec laquelle il brave tous les périls, comme s'il ne les voyait pas, ou n'y voulait pas croire. C'est ainsi qu'il va seul, sans escorte, sans compagnon, à pied, dans les rues, dans les promenades publiques, au milieu de la foule, montrant partout et en toute occasion un visage tranquille, une âme à l'abri de la crainte, et une confiance que rien ne peut ébranler. On n'y peut songer sans émotion, et combien de traits ne pourrais-je pas rappeler ici ! C'était, par exemple, au milieu des inondations : une ardoisière tout entière avait été envahie, et l'Empereur, accouru au lieu du danger, voyait, au sein des eaux qui les menaçaient de toutes parts, des malheureux isolés, abandonnés, qu'il fallait consoler et secourir. — On lui disait qu'ils lui étaient hostiles, que c'étaient des ennemis de son gouvernement et de sa personne, que c'étaient des socialistes, et qu'il fallait s'en méfier. Cependant, il commandait une barque ; seul, avec deux rameurs, il allait vers cette foule assemblée, et quand elle le vit, là, au milieu de cet océan subit dont elle était entourée, quand elle vit son Empereur qui venait se confier à elle, alors, comme elle appartenait à une nation généreuse, un cri unanime sortit de tous les cœurs et salua ce trait de courage et de confiance.

Je le répète, c'est là une qualité que ses ennemis eux-mêmes reconnaissent à l'Empereur. Eh bien ! voici ce que contient la correspondance du *Journal de Genève* :

« A propos des fêtes pour la réception de l'Empereur à Nice, les arrestations ont été si nombreuses que la prison de la ville est pleine. On a eu peur d'une manifestation de sifflets, etc. Tout le monde sait que le faubourg de Nice se compose de villas, et que de longs murs enferment les jardins qui donnent sur la route. Il a été défendu aux propriétaires de monter le long de ces murs, même à l'intérieur, et on leur a prescrit de surveiller les personnes qu'ils recevront chez eux. On a, de plus, interdit la circulation sur toute la route parcourue par le cortége. La plus grande surveillance est exercée sur les étrangers, et deux cents d'entre eux, environ, ont reçu l'ordre de quitter la ville. Nice est toute envahie par la police. Il paraît qu'il y a beaucoup de mécontents dans ce pays, et que l'unanimité si vantée par les journaux n'existe pas plus aujourd'hui qu'elle n'existait déjà au mois d'avril. »

Et dans ce même numéro (12 septembre 1860) :

« L'accord le plus complet règne évidemment entre l'Empereur et le Piémont, et tout le monde est convaincu qu'il existe entre eux un arrangement secret. Je vous ai déjà dit de quelle nature pouvait être cet arrangement et par quelles concessions (Ligurie, Sardaigne, île d'Elbe cédées à la France), le Piémont était censé l'acheter. Je n'ai rien à ajouter aux renseignements que je vous ai transmis à ce sujet, et je laisse à votre correspondant de Turin le soin de vous renseigner plus complétement à cet égard. Vous saurez seulement qu'une personne qui revient de l'île d'Elbe me dit que les habitants de Porto-Ferrajo s'attendent à être Français d'ici à la fin de l'année. »

Voilà l'esprit qu'il suppose au gouvernement français, et qu'il signale à l'Europe pour exciter partout contre nous l'inquiétude, la défiance et la haine.

Dans un autre article, il raconte que l'Empereur a dit qu'il entendait protéger le Pape, et que si le Pape quittait Rome, il voulait le sauver malgré lui.

« Encore, ajoute-t-il, s'il ne s'agissait que d'excentricités, si la politique en vigueur n'avait pas de plus terribles conséquences que d'exciter au rire ou de faire hausser les épaules.... »

Voici enfin un article dans lequel il suppose qu'il vient de recevoir une lettre de Milan :

« Telle me paraît être la situation en gros des affaires, au moment où je vous écris (il fait de la situation des affaires la peinture la plus effrayante du monde). Qui sait ce qu'elles seront demain ? Lisez, en effet, ce post-scriptum d'une lettre d'affaires arrivée aujourd'hui de Milan : « Nous sommes à la guerre jusqu'au cou, si les Autrichiens se remuent sur le Pô-Modène, cela n'étonnera personne. Les étrangers qui passent par Milan en revenant d'Allemagne croient que Napoléon est perdu. Les lettres anglaises inquiètent. »

Je ne veux pas, par des citations multipliées, vous faire perdre un temps précieux. L'esprit de cette correspondance est partout le même. Tous ces journaux, d'ailleurs, passeront sous vos yeux : et ce que les présomptions si graves qui se rencontrent dans cette affaire indiquaient d'avance, ce que les passages que je vous ai lus vous ont déjà démontré, deviendra pour vous plus évident encore, et la culpabilité de M. de Flers vous apparaîtra plus claire que la lumière du jour.

A-t-il voulu, en effet, exciter à la haine ou au mépris du gouvernement de l'Empereur ? A-t-il voulu troubler la paix de l'Europe ?

Toujours vous le voyez représenter la politique impériale comme une politique d'envahissement et de conquête. — Ici, il représente l'Empereur convoitant la Ligurie, la Sardaigne, l'île d'Elbe, et préparant leur réunion à la France. — Là, il le montre visitant Saint-Cyr, et s'arrêtant complaisamment devant une carte de France, avec ce qu'on appelle ses frontières naturelles. Chaque jour, il renouvelle ces insinuations, ces fausses nouvelles, ces accusations mensongères, qui n'ont d'autre but que d'agiter l'esprit public, de réveiller en Europe les passions antifrançaises, d'exciter les soupçons, les jalousies, les haines, de provoquer des armements, de jeter, enfin, l'inquiétude et le trouble dans le commerce qui a besoin surtout de paix, de sécurité et de confiance.

Il s'agit de savoir s'il n'a pas voulu troubler la paix publique ? En vertu des ordres réguliers du préfet de police, on a saisi à la poste deux lettres de M. de Flers et un reçu. Pour le besoin de sa cause, M. de Flers dit à l'audience qu'il n'a pas continué la correspondance jusque dans ces derniers temps ; mais, lorsqu'on s'est transporté chez lui, on l'a trouvé debout, dans son cabinet, dictant à son secrétaire une correspondance. Il prétend qu'il a cessé d'écrire depuis le mois de décembre 1860. Mais, ce reçu qu'on a saisi à la poste, de qui est-il signé ? De son fils qui aurait pris sa place, du comte Camille ? Du tout : il est signé du marquis de Flers. Le voici :

« Je reconnais avoir reçu de M. Wiessner, la somme de quatre cent quatre-vingt-trois francs soixante-quinze centimes, pour le prix des correspondances adressées à Dresde pendant le deuxième trimestre qui est écoulé.

» Paris, 20 juillet 1861.

» *Signé* marquis DE FLERS. »

Qui est-ce qui écrit, en effet ? C'est lui. Des deux lettres arrêtées à la poste, l'une qu'il a dictée à son secrétaire, porte un post-scriptum et des annotations de sa main, notamment celle-ci : « Farini doit être déjà arrivé à Munich » l'autre, elle est de sa main tout entière, et vous allez en apprécier le caractère et la portée.

Il s'agit de savoir s'il veut troubler la paix publique ? — Voici ce qu'au moment même de la saisie, il écrit à M. Wiessner :

« Voilà la quittance pour le trimestre échu (c'est celle que je viens de vous lire). Nous sommes dans un vrai gâchis, mais l'Empereur persiste dans sa politique et rêve la réconciliation du Pape et de Victor-Emmanuel. M. Pietri, son bras droit, a établi son quartier général en Corse pour continuer ses intrigues françaises en Sardaigne. Vous avez vu, au surplus, par les discussions du parlement anglais, combien on est inquiet de tout cela en Angleterre. »

Ainsi, c'est là la politique de l'Empereur ; il veut agrandir ses États : il veut refaire la carte de l'Europe et réviser complétement les traités de 1815 : il veut avoir la Sardaigne, et il envoie en Corse M. Pietri, *son bras droit*, qui y noue des intrigues françaises afin de consommer cette annexion. Il pense, (je ne veux pas multiplier les citations), il pense aux îles Baléares, il déclare à la reine Marie-Christine qu'il les lui faut, et qu'en échange, il donnera quittance des cent millions que l'Espagne doit à la France. Il est, je pense, inutile de discuter plus longtemps la culpabilité de ces correspondances.

Il y a cependant une circonstance qui, à notre avis, aggrave, et de beaucoup, la situation de M. de Flers : ce sont les deux avertissements à la fois disciplinaires et politiques que, de son propre aveu, il a reçus.

Avec l'autorité qui lui appartient, le chef de la grande compagnie dont M. de Flers avait l'honneur de faire partie, l'a fait comparaître et lui a fait entendre, en 1859, qu'il ne devait pas continuer ce métier de correspondant. M. de Flers n'en a tenu compte. M. le président Barthe l'a fait comparaître de nouveau à la fin de novembre 1860, et lui a répété qu'il devait cesser d'écrire pour les journaux étrangers. M. de Flers l'a promis, et a continué. Ainsi, double avertissement inutile, persévérance constante, impénitence finale qui devait aboutir enfin à une poursuite judiciaire. Il a beau dire qu'à compter de cette époque, bien qu'il ait fourni les éléments de la correspondance à son fils, bien qu'il ait corrigé les lettres, c'est son fils, qui, depuis décembre 1860, doit en avoir la responsabilité. Vaine assertion, démentie par toutes les pièces du procès. C'est lui qui a écrit les deux lettres saisies à la poste ; c'est lui qui dictait les lettres saisies dans son domicile ; c'est lui qui envoyait la quittance du trimestre échu, parce que c'est lui, en effet, qui recevait le salaire du labeur auquel il s'était livré : et voilà comment il a tenu la promesse qu'il avait faite à M. le président Barthe !

Est-il bien vrai que ce soient, comme il le dit, ses opinions politiques et l'esprit de parti qui l'aient entraîné dans ces excès coupables, et qui l'aient aveuglé sur le véritable caractère de ses correspondances ? — Mon Dieu ! je le voudrais. C'est vrai, dans les fautes, dans les délits qui se commettent sous l'empire d'une foi ardente et sincère, d'une conviction profonde, d'une religion aveugle, mais que rien ne peut ébranler, il y a quelque chose que le mépris n'atteint pas. Quand un homme a poussé la passion politique jusqu'à porter atteinte à l'ordre public, la loi le punit, le magistrat le frappe, mais il le frappe avec regret, avec pitié, avec douleur, et quelquefois, dans ce crime même, commis par une tête égarée et dans l'exaltation d'une pensée qu'on croit salutaire, il y a une sorte de grandeur.

Est-ce sa foi politique, est-ce une passion ardente et désintéressée qui a entraîné M. de Flers, et qui explique cette conduite cachée, pleine de mystères et de mensonges? Non, non, l'esprit de parti n'a pas de pareilles allures. Et tenez il y a au procès un document qui nous paraît étrange.

M. de Flers a été l'ami du comte de Cavour, de cet homme d'État que le Piémont regrette, et qui aura du moins un grand mérite aux yeux de la postérité, — c'est d'avoir été l'apôtre ardent, le défenseur infatigable de la grandeur et de la fortune de son pays, et d'avoir voulu, par tous les moyens, par toutes les voies, l'élever au rang de grande puissance. M. de Flers a été son ami, et en effet, on a saisi chez lui des lettres écrites par M. de Cavour. Eh bien ! il voulait être en même temps l'ami du feld-maréchal comte de Radetzky. Il voulait sacrifier à ces deux autels à la fois, au vrai Dieu et à Baal, et je trouve une lettre ancienne dans laquelle on lui écrit de Vienne:

« Concernant la correspondance de l'Italie, j'écris ce jour même au feld-maréchal comte de Radetzky, sur ce sujet, je lui communique votre adresse, et comme il a plusieurs journalistes à sa disposition, je ne doute pas qu'il ne profite de l'occasion de faire parvenir aux journaux français, et à l'*Indépendance*, des renseignements par votre bienveillante médiation. »

Il était le correspondant de celui-ci et le correspondant de celui-là. I voulait, par la protection de M. de Cavour, alimenter les journaux de Turin, mais il aurait voulu alimenter aussi les journaux français et belges, des communications du maréchal Radetzky. De telle sorte qu'en définitive, pour quiconque veut mesurer M. de Flers à sa juste valeur, et le voir sous son vrai jour, il n'y a pas ici d'esprit de parti, il y a une misérable spécul lation; il n'y a pas de conviction profonde, il y a l'amour de l'argent, le désir du gain, la soif du lucre; et tandis que nous le voyons, dans des documents qu'il est inutile de faire passer sous vos yeux, se jeter dans des entreprises de toute nature, dans des spéculations de toute espèce, demander ici un réseau de chemins de fer, demander là une concession de mines, nous le voyons se livrant, à propos de cette correspondance, dont vous connaissez maintenant le véritable caractère, et dont vous pouvez apprécier le but, nous le voyons se livrant à un déplorable marchandage : ainsi, nous trouvons au dossier, le brouillon d'une lettre autrefois corrigée par lui, et envoyée à la *Gazette d'Augsbourg* :

« Monsieur, j'ai reçu, le 20 juillet (il avait mis : *votre lettre*; il n'a pas osé le maintenir), *la lettre de la librairie*, en date du 1ᵉʳ de ce mois; (il a compris qu'il ne pouvait pas traiter avec son correspondant ordinaire, pour débattre une misérable question de francs et de centimes, et il s'est adressé à la librairie.) « J'ai reçu, le 20 juillet, la lettre de la librairie, en date du 1er de ce mois. Elle ne m'est parvenue qu'avec un retard de dix-neuf jours; le billet de 795 fr. qui s'y trouvait m'a rassuré sur ce retard tout à fait inexplicable.

» Le compte qui accompagne votre lettre contient une erreur.

» La librairie a oublié une lettre du 31 mai (datée de Paris sous le n° 44) et deux lettres des 28 et 30 juin (nos 55 et 56), qui, toutes les trois, ont été insérées dans le journal. Je vous prie de faire contrôler mon assertion, et de vouloir bien établir cette rectification au prochain compte. Je vais continuer, ainsi que je me suis engagé avec M. Kolle, ma correspondance jusqu'à la fin de ce mois de juillet. Je comptais n'écrire que de loin en loin pendant le mois d'août et ne reprendre ma correspondance qu'au mois de septembre; mais, d'après la lettre que vous m'avez fait l'honneur de m'écrire, je cesserai, quoique avec un vif regret, de travailler pour votre journal. J'écrivais dernièrement à MM. de la rédaction, à Augsbourg, que je trouvais le prix de 15 fr. beaucoup trop faible, et que si je ne réclamais pas 20 francs par lettre, c'était par concession.

» La librairie m'a fait l'honneur de m'écrire que vous songiez à l'avenir à réduire le prix à 10 francs, par lettre. Il m'est impossible d'accepter une pareille rémunération qui ne représenterait pas le prix de mon travail.

» Agréez donc, etc.

» Signé marquis DE FLERS. »

Alors, M. Hermann Orges lui répond d'Augsbourg une lettre qu'il est inutile de vous lire tout entière, et dans laquelle il lui dit :

« Soit, on vous donnera, par lettre, les 15 francs que vous demandez, et la librairie ne va pas s'arrêter pour une différence si indifférente. »

Voilà les marchandages dans lesquels il était jeté. Voilà pourquoi il faisait ses correspondances, recevant à Turin 200 fr. par mois; à Vienne, 200 fr. par mois; à Bruxelles, 30 centimes par ligne; à Genève, pour les belles choses que vous savez, 2000 fr. par an, — ce qui vaudrait davantage; — à Hambourg, à Dresde, à Leipzig, de 10 fr., — car il écrivait quelquefois à 10 fr. — de 10 à 15 fr. par lettre. Voilà sa passion politique, voilà ce qui l'anime, voilà ce qui lui met la plume à la main !

Quand on est affligé par un pareil spectacle, on se demande : est-ce la misère, cette grande excuse qui n'est pas légale sans doute, mais que toutes les consciences comprennent, est-ce la misère qui l'entraîne, chargé de famille, à de semblables extrémités, à des trafics si honteux, à des spéculations si basses? La misère? non; vous savez, et c'est ce qu'il y a de plus triste pour nous dans cette affaire, vous savez ce qu'il est, la position qu'il occupe et comment la juste rétribution d'un travail honorable le met au-dessus de toutes les tentations de ce genre. C'est un fonctionnaire d'un ordre élevé, c'est un magistrat de Cour souveraine qui s'est, sans nécessité, livré à des actes qu'aucune nécessité ne saurait justifier.

Un grand écrivain dont l'Angleterre déplore la perte, Macaulay, a écrit la biographie de quelques hommes célèbres de la Grande-Bretagne, celle notamment de l'évêque de Rochester, Atterbury. Il nous montre ce prélat à l'esprit turbulent, fatigué par les factions et les trahisons, il nous le montre infidèle

à la cause qu'il avait promis de servir par un serment solennel, et nouant avec
le Prétendant des intelligences coupables.

« Ce fut, dit Macaulay, à la date de 1717, qu'il commença à correspondre avec
ce Prétendant. La première lettre de cette correspondance existe, et, dans cette
lettre, Atterbury se vante d'avoir, depuis plusieurs années, servi la cause jacobite.
Ma prière de chaque jour, dit-il au Prétendant, est pour le succès de votre
cause. Puissé-je vivre pour voir ce succès, et cesser de vivre, le jour où je devrais
renoncer à y concourir ! »

L'historien trouve là une leçon morale et il dit :

« Il faut se souvenir que celui qui écrivait ainsi était un homme appelé, par
devoir, à donner l'exemple de la plus stricte probité à l'Église dont il était un des
dignitaires ; qu'il avait prêté serment à la maison de Brunswich, et qu'il avait
abjuré Jacques III, « sans équivoque ou réserve morale, » comme le portait alors
le texte du serment. »

L'homme dont il s'agit ici n'a pas envoyé à un Prétendant des témoignages d'estime, d'affection, de dévouement, de sympathie, d'espérance.
Non, il a écrit dans toutes les feuilles de l'Europe, il les a remplies de sa
haine, noircies de ses calomnies, empoisonnées de ses mensonges. Lui aussi,
il a prêté serment ; il est aussi un des dignitaires de cette grande Église et de
ce solennel sacerdoce qu'on appelle la magistrature. Il porte la robe du
magistrat, il est un des prêtres de cette religion sainte, et s'il n'est pas appelé
comme vous, au devoir de rendre la justice au peuple, de rendre à chacun
ce qui lui appartient, il est un des dépositaires de la fortune publique, un
des contrôleurs souverains de son administration. Ainsi, il devait à tous
l'exemple d'une probité plus sévère et d'une plus grande fidélité à la religion
du serment.
  Je le sais, il y a des hommes, malheur à eux ! qui en font bon marché.
Écoutez comme en parle, à l'occasion de la trahison d'Atterbury, un autre
écrivain anglais, lord Stanhope.

« Les exemples de ce genre ne sont que trop communs dans tous les pays. Le
serment prêté au roi Georges n'excluait pas tous les jacobites du parlement. Le
serment prêté au roi Louis-Philippe n'exclut pas tous les carlistes des chambres
françaises. Il y a plus, l'esprit de faction peut dénaturer si bien les vrais principes
qu'une telle violation de la bonne foi n'est pas seulement excusée, mais même louée
par le parti qu'elle sert. Ainsi donc, les jacobites approuvaient leur chef, M. Schip-
pen, ce digne patriarche, disaient-ils probablement, qui a eu le courage de jurer
contre sa conscience, pour servir la bonne cause. »

Il faut que tous ceux qui ont une conscience dans le monde, quels que
soient leur drapeau, leur patrie, leur religion, soient d'accord en ce point qu'il
y a au moins un terrain neutre sur lequel les honnêtes gens doivent se
rencontrer, c'est le respect de la probité, c'est le respect de la loi due au

serment, c'est le mépris de l'homme qui, revêtu par le gouvernement d'une
fonction élevée, qui, appelé à l'honneur de la magistrature, renie son serment, et qui, dans un intérêt d'argent, dans un but mercantile, pour je ne
sais quels misérables profits, s'est jeté dans les manœuvres qui vous sont
déférées et que vous n'hésiterez pas à punir sévèrement!

Nous requérons qu'il plaise à la Cour déclarer M. de Flers coupable du
délit prévu et puni par l'article 2 de la loi du 27 février 1858, et quant à
M. Landwehr, déclarons nous en rapporter à la sagesse de la Cour.

PLAIDOIRIE DE Mᵉ DUFAURE.

Messieurs,

Quelle que soit la gravité de la prévention dirigée contre M. le marquis de
Flers, je dois me féliciter de ce qu'elle a perdu des proportions qu'on
lui donnait à l'époque où, pour la première fois, M. de Flers a été averti de
l'intention qu'on avait de le poursuivre. Les bruits les plus étranges s'étaient
alors répandus. M. de Flers était en communication avec des souverains étrangers et leur avait livré des secrets importants pour la France. Un complot
qu'on appelait complot orléaniste, avait été tramé, et M. de Flers en était
l'âme. Les accusations les plus étranges paraissaient se préparer contre lui.
Grâce au ciel, l'examen de la procédure, des pièces saisies, les interrogatoires
que M. de Flers a subis sous la direction d'un de vous, messieurs, enfin l'attention très particulière que M. le procureur général a apportée à cette affaire,
ont dissipé tout ce qu'il y avait de si grave dans les bruits répandus contre
mon client et dans les menaces qu'il avait entendu prononcer. Il n'y a plus de
correspondance avec des souverains étrangers; il n'y a plus de secret de la
France trahi, il n'y a plus de complot. M. de Flers est seul avec son secrétaire,
poursuivi devant vous.

Néanmoins M. de Flers ne peut pas se dissimuler tout ce qu'il y a de pénible
dans une poursuite de cette nature. Lui, magistrat d'une cour souveraine, il
devient tout d'un coup prévenu. Il descend du siége qu'il a le droit d'occuper,
qu'il occupe tous les jours, pour paraître comme simple accusé à votre barre,
et M. le procureur général le disait très bien tout à l'heure, sans avoir le
droit de se présenter comme la victime d'une cause politique, le martyr de
son dévouement à un parti. Non, dans tous les documents que j'aurai à rappeler, dans tout ce qui est émané de la plume de M. de Flers, vous ne trouverez rien qui signale l'homme de parti. Vous ne trouverez rien non plus
qui autorise à dire que M. de Flers ait manqué à son serment, je m'attacherai
à le démontrer tout à l'heure. Mais auparavant je suis heureux de m'associer

à l'opinion de l'illustre Macaulay et aux paroles de M. le procureur général, pour flétrir avec eux, et pour couvrir de toute la profonde indignation que j'éprouve, quiconque, dans le cours de sa carrière, a manqué au serment qu'il avait prêté. (*Applaudissements.*)

M. LE PREMIER PRÉSIDENT. — Si cette manifestation se reproduit une seconde fois je ferai évacuer l'auditoire.

Mᵉ DUFAURE. — Je ne dis qu'une chose très-simple et sur laquelle je suis heureux d'être d'accord avec M. le procureur général.

J'ai à me demander, comme vient de le faire l'éloquent organe de la prévention, quelle est la loi en vertu de laquelle M de Flers est poursuivi, quel est le sens de cette loi, quelle peut en être la portée, et je rechercherai ensuite si, à un degré quelconque, elle peut lui être applicable.

M. le marquis de Flers a le malheur d'être, si je ne me trompe, le premier contre qui soit demandée aux tribunaux l'application de la loi du 27 février 1858, non pas que les dispositions qui permettent de frapper administrativement les condamnés pour certains délits n'aient été déjà maintes fois appliquées, mais quant à son application directe par la justice, quant à la punition judiciaire des délits que cette loi a créés et qui n'existaient pas avant elle, je dis que c'est contre M. de Flers qu'elle est requise pour la première fois. On invoque contre lui les articles 2, 4 et 5.

Voici les termes de l'article 2 :

« Est puni d'un emprisonnement d'un mois à deux ans, et d'une amende de 100 francs à 2000 francs, tout individu qui, dans le but de troubler la paix publique, et d'exciter à la haine ou au mépris du gouvernement de l'Empereur, a pratiqué des manœuvres, ou entretenu des intelligences, soit à l'intérieur, soit à l'étranger. »

L'article 4 porte que :

« Les individus condamnés par application des articles précédents peuvent être interdits, en tout ou en partie, des droits mentionnés en l'article 42 du Code pénal, pendant un temps égal à la durée de l'emprisonnement prononcé. »

Article 5 :

« Tout individu condamné pour l'un des délits prévus par la présente loi, peut être, par mesure de sûreté générale, interné dans un des départements de l'empire ou en Algérie, ou expulsé du territoire français. »

Telles sont les dispositions de la loi du 27 février 1858 que l'on invoque contre M. de Flers. Je ne parle pas des peines, la Cour le comprend ; tout le monde peut en apprécier la portée. Je ne m'occupe que du délit ou du caractère que l'article 2 de la loi attribue au délit.

Il consisterait à avoir, soit à l'intérieur, soit à l'extérieur, pratiqué des manœuvres ou entretenu des intelligences dans le but, soit de troubler la paix publique, soit d'exciter à la haine et au mépris du gouvernement de l'Empereur.

Les défenseurs du projet au corps législatif le disaient avec raison, c'est un délit tout nouveau, et un délit complexe. Il se compose à la fois et des moyens employés et du but pour lequel l'emploi de ces moyens a eu lieu. Les adversaires du projet, s'il y en avait, ce que j'ignore, ceux du moins qui l'examinaient, trouvaient qu'il y avait, tant dans l'indication des moyens que dans l'indication du but, un vague, un caractère illimité, indéfini, qui faisait que l'article 2 de la loi du 27 février 1858 sortait tout à fait de la condition des lois pénales ordinaires dont le principal caractère, comme le premier mérite, est d'être parfaitement définies dans leurs termes.

On leur répondait ce que M. le procureur général disait tout à l'heure, que les mots manœuvres ou machinations, intelligences, n'étaient pas nouveaux dans notre législation ; et on rappelait, non pas les ordonnances anciennes, qui me paraissent avoir peu d'autorité en matière pénale, mais la loi de 1791, mais le Code de brumaire an IV et le Code de 1810 ; dans ces lois, disait-on, on parle déjà, quant aux moyens à employer, de manœuvres et d'intelligences pratiquées à l'étranger.

La Cour me permettra, pour montrer jusqu'à quel point on avait tort de justifier les termes de l'article 2 de cette loi par le Code pénal de 1791 ou celui de 1810, de lui rappeler les termes de ces deux Codes qui sont absolument identiques, le législateur de 1810 ayant copié sur ce point celui de 1791.

La loi du 25 septembre 1791 punit :

« Celui qui aurait pratiqué des machinations ou entretenu des intelligences avec les puissances étrangères ou leurs agents, pour les engager à commettre des hostilités, ou pour leur indiquer les moyens d'entreprendre la guerre contre la France. »

Et encore dans un autre article :

« Toute manœuvre, toute intelligence avec les ennemis de la France tendant soit à faciliter leur entrée dans les dépendances de l'empire français, soit à leur livrer des villes, forteresses, ports, vaisseaux, magasins ou arsenaux appartenant à la France, soit à leur fournir des secours en soldats, argent, vivres ou munitions, soit à favoriser d'une manière quelconque le progrès de leurs armées sur le territoire français, ou contre nos forces de terre et de mer, soit à ébranler la fidélité des officiers, soldats et des autres citoyens envers la nation française. »

Ce sont également les termes des articles 76 et 77 du Code pénal.

Eh ! qui ne voit dans l'emploi ainsi fait de ces mots *manœuvres* et *intelligences* quelque chose de parfaitement défini par le but auquel doivent tendre et les intelligences et les manœuvres ? Remarquez d'abord qu'il faut les avoir eues avec les ennemis de la France, et du moment que c'est là une condition de la culpabilité, la portée de ces mots se saisit, ils n'ont pas le sens vague devant lequel on s'arrête, lorsque dans une loi on parle de manœuvres ou d'intelligences à l'intérieur ou à l'extérieur. Que voulez-vous dire par là *à l'inté-*

rieur? Une lettre écrite à l'intérieur à un ami est-elle donc une intelligence? Une lettre écrite à l'extérieur, de même? Vous n'avez pas, comme dans la loi de 1791 et le Code pénal, pour caractériser ce que veut dire la loi pénale en parlant de manœuvres ou d'intelligences, la désignation de la personne avec laquelle elles doivent avoir lieu : « Une puissance ennemie de la France ».

Et puis, quel est le but auquel doivent tendre ces intelligences? Au moins, dans la loi de 1791 ou le Code pénal de 1810, le but est caractérisé et déterminé aussi bien que possible : « ... les engager à commettre des hostilités... leur indiquer les moyens d'entreprendre la guerre contre la France... leur livrer des villes, forteresses, ports, vaisseaux, etc. » Rien n'est plus nettement caractérisé que le but ; de manière que je ne suis pas étonné que, dans la discussion du Code pénal de 1810, on ait trouvé que les deux articles 76 et 77, quoiqu'ils employassent ces expressions indéfinies *manœuvres* et *intelligences*, pouvaient néanmoins former une disposition pénale sur le sens de laquelle il était impossible de se tromper.

En est-il de même de l'article 2 de la loi du 27 février 1858? A quoi doivent tendre ces intelligences, ces manœuvres à l'intérieur ou à l'extérieur? A troubler la paix publique.

Troubler la paix publique! Nous ne connaissons pas ces expressions, que je sache, dans nos lois pénales. Que veulent-elles dire? M. le procureur général vient de les traduire ainsi : inquiéter les souverains étrangers sur leurs trônes, diminuer la sécurité des souverains étrangers! quoi de plus vague et de plus étrange qu'un semblable délit.

Elles doivent tendre encore « à exciter à la haine et au mépris du gouvernement de l'Empereur ».

Je ne dirai pas la même chose de ces expressions ; je sais qu'elles se rencontrent dans nos lois sur la presse ; qu'elles ont été écrites dans la loi de 1822, et maintenues dans quelques-unes des lois postérieures. Mais pourtant, voyez comme le vague du but vient se joindre au vague des moyens à employer. Qu'appelez-vous excitation à la haine et au mépris du gouvernement? Il y a là une limite qu'il est extrêmement difficile de marquer, entre les critiques permises à l'égard d'un gouvernement et l'effort passionné qui excite à le mépriser et à le haïr. On s'y trompe tous les jours, et je pourrais citer des exemples récents où, pour avoir dit de tristes vérités, des écrivains modérés ont été l'objet d'avertissements sévères comme ayant excité au mépris et à la haine du gouvernement, tandis que, très peu de jours après, le gouvernement lui-même devait avouer une situation et des embarras bien autrement graves que ceux que ces écrivains avaient signalés.

La limite est donc difficile à déterminer, et voici comment l'indétermination du but venant se joindre au vague des moyens, fait de l'article 2 de la loi du 27 février 1858, un article menaçant, un article terrible, et qui ne doit être appliqué qu'avec la plus extrême réserve.

En présence des difficultés d'interprétation qui s'élevaient dans le corps législatif, M. le président du conseil d'État a cru nécessaire de calmer les préoccupations dont quelques membres du corps législatif étaient les organes, et voici en quels termes il l'a fait :

« Le projet n'est pas fait contre ceux qui émettent sur le gouvernement une opinion plus ou moins vive, plus ou moins hostile. Le gouvernement qui est représenté comme si rigoureux, comprend bien qu'en France on n'empêchera jamais les épigrammes et les allusions plus ou moins historiques..... »

Ainsi, ce ne sont pas même des attaques hostiles contre le gouvernement que l'article 2 de la loi du 27 février 1858 punit; ce serait exagérer sa rigueur que de soutenir que chacun de nous doit garder le silence sur les fautes du gouvernement; qu'on ne peut en faire l'objet d'une correspondance; qu'on ne pourra pas les signaler *à l'intérieur* ou *à l'extérieur ;* c'est aller au delà de la loi ; c'est surtout oublier ce que ses défenseurs ont présenté comme une garantie contre le vague de ses expressions ; et, à mon avis, c'est jusque-là que la Cour irait si elle adoptait la prévention soutenue devant elle contre M. de Flers.

Maintenant nous connaissons la loi, nous savons jusqu'où elle va ; nous connaissons son caractère, et par là, nous savons que la disposition législative qu'on vous demande d'appliquer, ne peut l'être qu'avec une extrême réserve.

M. le procureur général l'a dit avec raison. Il y a deux choses à considérer dans la poursuite dirigée contre M. de Flers, le fait même d'avoir écrit des lettres, et puis l'intention dans laquelle ces lettres ont été écrites.

Quant au fait en lui-même, je suis d'accord avec M. le procureur général. Seulement je demande à faire une observation à la Cour. On a traduit plusieurs fois, dans les observations qu'elle vient d'entendre, le mot *intelligences* par le mot *correspondances.* Je repousse cette assimilation, cette synonymie qu'on a voulu établir. Je sais bien que les anciennes ordonnances, citées par M. le procureur général, parlent de correspondance avec les puissances étrangères ; je sais encore qu'en 1810, lorsque les deux articles 76 et 77 ont été discutés dans le conseil d'État, l'archichancelier Cambacérès demandait qu'on précisât une autre nature de délit, qu'on punît *toute* correspondance avec les puissances ennemies de la France, mais je sais aussi que la demande de l'archichancelier Cambacérès n'a pas été admise, puisqu'on ne trouve pas dans le Code pénal de 1810 ce qu'il voulait y faire ajouter, et la loi du 27 février 1858, pas plus que le Code de 1810, n'a compris que toute correspondance était une intelligence ou une manœuvre.

C'est l'intention qui seule peut lui donner ce caractère ; la correspondance par elle-même n'est pas coupable, elle n'est interdite par aucune loi, elle n'est pas même mise en suspicion. Il faut y reconnaître l'intention manifeste déclarée, d'exciter à la haine ou au mépris du gouvernement de l'Empereur, pour trouver l'élément de culpabilité.

Où va-t-on trouver cette intention de M. de Flers? Comment a-t-on voulu la prouver? Je ne puis pas me dispenser, quoique je n'en fasse pas l'objet de conclusions précises, de parler des moyens à l'aide desquels on a cherché à surprendre M. de Flers pour le traduire devant vous.

Le premier moyen qui a été employé le 22 juillet 1861 a été de se transporter à la poste. On avait été prévenu, je ne sais comment, je ne le recherche pas... que, dans la matinée, M. de Flers avait écrit une lettre et l'avait confiée à la poste. On s'y est transporté, on l'a saisie ; on l'a portée à la préfecture de police, où on l'a ouverte sans avoir pris la précaution d'appeler M. de Flers pour être présent à l'ouverture de la lettre qu'il avait écrite et qu'on avait saisie.

Le second moyen auquel on a eu recours a été ce que j'appellerai une invasion du domicile de M. de Flers : on s'est présenté chez lui avec un mandat de perquisition décerné par M. le préfet de police. Là, on a saisi tout ce qu'il y avait de papiers, de documents de toute nature. ON A TOUT EMPORTÉ SANS AVOIR DRESSÉ AUCUN PROCÈS-VERBAL, et ce n'est qu'arrivé je ne sais où, à la préfecture de police sans doute, qu'on a rédigé un procès-verbal quelconque des documents qu'on avait saisis.

Je ne puis m'empêcher de m'expliquer sur ces deux manières de procéder. Si je n'en fais pas l'objet de conclusions expresses, c'est parce qu'en dehors même des lettres saisies à la poste, en dehors de ce qu'on a pris chez M. de Flers, on prétend avoir des documents que je suis obligé de discuter. Mais je m'estimerais heureux si je pouvais obtenir par les quelques observations que je vais soumettre à la Cour que dorénavant on procédât avec quelque régularité lorsqu'on voudra se procurer les éléments d'une accusation difficile à se justifier.

Quant à la saisie à la poste, je ne reviens pas sur une contestation que nous avons agitée devant les tribunaux il y a quelques années. Nous avons soutenu que M. le préfet de police n'avait pas le droit de saisir une lettre et de l'ouvrir. Nous avions cru que ce droit n'appartenait qu'à une instruction commencée, et qu'avant l'instruction commencée, il y avait un danger immense à donner à tout officier de police judiciaire, agissant en vertu de mandats ou du préfet de police à Paris, ou des préfets dans les départements, le droit d'aller à la poste, de se faire délivrer toutes les lettres qui y sont, de les ouvrir à son gré. Nous avions eu l'avantage de voir cette doctrine consacrée par un premier arrêt de la Chambre criminelle de la Cour de cassation, sous la présidence de M. Laplagne-Barris. Mais la Cour de renvoi n'a pas adopté l'opinion de la section criminelle, et les chambres réunies ont déclaré que M. le préfet de police avait le droit que nous lui contestions.

Quelle qu'ait été la décision des chambres réunies, je ne puis me rendre, après la lecture la plus attentive de leur arrêt, à la déclaration de principes qu'elles ont entendu faire, et je suis loin de croire qu'elles aient placé la question hors de toute controverse pour l'avenir. La Cour de cassation s'est fondée en premier lieu sur ce que l'article 10 du Code d'instruction criminelle donne au préfet de police à Paris et aux préfets des départements le droit d'employer tous les moyens possibles, « *de faire tous actes nécessaires* » pour constater les crimes, délits, contraventions. Elle en a conclu qu'il y a là une faculté illimitée et que, par conséquent, les préfets peuvent donner à tous officiers de police judiciaire le droit d'aller saisir les lettres qui sont à la poste.

Il me semble que lorsque l'article 10 du Code d'instruction criminelle a dit : *tous actes nécessaires*, il a entendu qu'on s'arrêterait devant les actes qui sont prohibés par la loi, et même devant des priviléges qui sont reconnus par la jurisprudence elle-même. Ainsi, quelque acte nécessaire que puissent faire les officiers de police judiciaire, ils ne peuvent pas venir dans mon cabinet saisir les lettres que mon client m'a confiées.

De même quand l'article 187 du Code pénal a interdit, sous peine de prison et d'amende, à tout fonctionnaire public, car c'est pour les fonctionnaires publics que le Code pénal l'interdit, d'aller saisir et ouvrir les lettres à la poste, il a mis une barrière, une limite, au pouvoir donné aux officiers de police judiciaire par l'article 10 du Code d'instruction criminelle.

La Cour de cassation, chambres réunies, a ajouté ce second motif que le principe incontestable du secret des lettres n'est pas applicable aux correspondances par lesquelles s'ourdissent ou se commettent les atteintes portées à la paix publique, à la propriété, à la sûreté des citoyens.

Je vois bien un mot qui consacre le principe du secret des lettres, mais je le vois aussitôt appliqué de telle manière que je ne reconnais plus le principe lui-même, et qu'il disparaît avec l'exception qu'on y apporte, car, quand on va saisir la lettre à la poste, on ne sait pas encore ce qu'elle contient, ce n'est que l'ouverture de la lettre qui apprendra si elle constate un crime ou si elle ne dit rien. De manière qu'au moment où vous la saisissez, vous ne savez si elle est innocente ou coupable. Elle peut être innocente aussi bien que coupable; on donne en réalité aux préfets le pouvoir illimité d'aller à la poste, quand ils le veulent, et sous prétexte de saisir des documents relatifs à un crime quelconque, commis en un lieu quelconque, de prendre à la poste toutes les lettres qu'ils veulent prendre, sauf ensuite à les rendre s'ils ont eu le malheur de se tromper, et si les lettres ne constatent que les relations les plus innocentes et les plus honorables de la famille ou de l'amitié.

Voilà comment l'arrêt des chambres réunies, par le pouvoir illimité qu'il reconnaît aux préfets, arrive à anéantir le principe incontestable du secret des lettres, tout en ayant l'air de lui rendre hommage. Ce n'est pas tout : lorsqu'on a reconnu au préfet de police le pouvoir de saisir à la poste des lettres, on s'est exposé à voir négliger, fouler aux pieds toutes les précautions, toutes les mesures dont la justice s'entoure quand elle est conduite à ces nécessités. Permettez-moi de vous le montrer par un de vos arrêts mêmes.

En 1836, la Cour devant laquelle j'ai l'honneur de plaider, a eu à statuer sur une instruction qui avait été faite par M. Zangiacomi contre M. Raspail, et dans cette instruction M. Zangiacomi avait été obligé de s'éclairer par des lettres saisies à la poste. La Cour établit d'abord le principe que le juge d'instruction avait le droit de prendre connaissance des lettres, et ensuite elle dit :

« Considérant, au surplus, que l'ouverture des lettres dont il s'agit a eu lieu en présence du sieur Raspail, ainsi qu'il le reconnaît lui-même dans sa requête, *après demande à lui faite de consentir à cette ouverture*; qu'ainsi M. Zangiacomi ne s'est pas rendu coupable, etc..... »

Vous voyez les précautions, les garanties que prend la justice : appeler le prévenu à l'ouverture de la lettre, lui demander même, M. Zangiacomi a été jusque-là, la permission de l'ouvrir. Je veux bien qu'on n'aille pas jusque-là, mais toutefois, doit-on n'ouvrir la lettre qu'en présence de celui qui l'a écrite. Eh bien ! dans la cause que trouvons-nous? Deux agents de la police réunis dans un cabinet; l'un d'eux apporte une lettre saisie à la poste, une lettre devenue sacrée par le cachet dont elle est revêtue, et il ne leur vient pas à la pensée que M. de Flers est à quelques mètres d'eux, dans Paris, et qu'ils doivent, sachant que c'est lui qui a écrit la lettre, faire ce que la justice aurait fait, vous le voyez par la conduite du juge d'instruction dans l'affaire de 1836, appeler M. de Flers, le mettre en mesure d'être présent à l'ouverture de la lettre et de s'assurer qu'elle est ouverte fidèlement!

L'utilité que je trouverais à ce qu'on exigeât de la police ces précautions, c'est qu'alors, dans une instruction ainsi faite, on pourrait être sûr qu'on a toutes les lettres saisies à la poste; qui me garantit, au contraire, que la lettre qui vous est représentée est la seule qui ait été saisie à la poste? Pourquoi n'y en aurait-il pas d'autres? Comment le savoir? Et, dans une instruction comme celle-ci, quand il s'agit d'arriver à une condamnation, est-ce que tous les détails de la procédure, depuis le premier mot, ne doivent pas être connus? Est-il permis au préfet de police à Paris, et aux préfets dans les départements, de communiquer à une instruction, qui ne produit devant vous que ce qu'elle a reçu, une lettre dans laquelle il croit voir des indices de délits, et de retenir celles que, par les mêmes procédés, par les mêmes moyens en l'absence du prévenu, il peut avoir saisies et ouvertes à la poste?

Voilà le premier moyen qui a servi à trouver des preuves de la culpabilité de M. le marquis de Flers.

Voici quel est le second.

Je ne conteste pas que, dans l'intérêt de la répression, on n'ait le droit d'entrer dans le domicile d'un citoyen, de rechercher tous ses papiers et de prendre ceux qui peuvent servir à la démonstration et à la constatation des délits. On donne pour cela des mandats de perquisition; ce qui veut dire que dans les papiers qu'on trouve au domicile d'un prévenu, on recherchera, on prendra ceux qui peuvent servir à la constatation du délit et on laissera de côté tous ceux qui n'ont pas ce caractère. C'est ainsi que fait la justice, et j'aime encore à m'autoriser des règles qu'elle suit et des exemples qu'elle donne, pour signaler les procédés de la police contre M. de Flers.

Voici comment s'exprime M. Faustin-Hélie, et son opinion est celle de M. Dalloz, de Carnot dont on parlait tout à l'heure, et de tous les jurisconsultes qui ont écrit sur le Code d'instruction criminelle :

« Les formes (1) de saisie, dans le cas de flagrant délit et dans les cas ordinaires, sont identiques.

» Une première règle est que le juge doit dresser procès-verbal de toutes les opérations relatives à la saisie; l'art. 35 du Code d'instruction criminelle le prescrit formellement : « Il dressera du tout procès-verbal. » Cette pièce est d'une grande importance : les effets saisis étant des pièces de conviction, c'est-à-dire étant destinés à faire preuve, il importe que toutes les circonstances qui se rattachent à leur existence soient soigneusement relevées.....

» Une autre règle est que le prévenu qui doit être présent à la perquisition, doit, à plus forte raison, être présent à la saisie. Il importe, en effet, qu'il puisse expliquer l'origine des effets saisis, les causes de sa possession, les motifs de l'état de ces objets et leur relation avec les faits. L'art. 35 dispose, en conséquence, que le

(1) M. Faustin-Hélie, *Instruction criminelle*, t. V, p. 519 et suiv.

juge « interpellera le prévenu de s'expliquer sur les choses saisies qui lui seront
représentées » et que le procès verbal sera signé de lui ou que mention sera faite
de son refus.....

» Enfin une troisième règle est, que le juge doit prendre toutes les mesures
propres à assurer l'identité des choses saisies, de manière que toute altération de
ces choses et toute substitution d'un objet à un autre soient impossibles. Tel est
le vœu des art. 38 et 39 que l'art. 89 a rendus communs au juge d'instruction...

» Il suit de là : 1° que tous les objets saisis doivent être exactement décrits et
inventoriés ; la description ne doit pas se borner à les mentionner par la dénomination qui les qualifie ; elle doit constater leur état au moment de la saisie et toutes
les circonstances qui les rattachent à la perpétration de l'action ; 2° que les mêmes
objets doivent être clos et cachetés, soit enfermés dans un vase ou dans un sac
que le juge scelle de son sceau. Cette double précaution a paru nécessaire au
législateur pour que l'identité des pièces de conviction ne puisse être ultérieurement
attaquée par le prévenu.»

Telles sont les formalités auxquelles la justice est assujettie.

Comment a-t-on saisi les papiers de M. de Flers? On est arrivé chez lui ;
on a pris tout confusément ; on n'a fait devant lui aucune description, on n'a
dressé devant lui aucun procès-verbal ; on ne lui a demandé de parapher
aucune pièce, de signer aucun procès-verbal, puisqu'on n'en faisait pas, et
on a emporté tous les papiers qu'on saisissait chez lui.

Je sais bien que M. le conseiller instructeur a demandé à M. de Flers s'il
remarquait quelque lacune dans les papiers qui se trouvaient au dossier de
la poursuite. M. de Flers a examiné ses papiers, comme il pouvait le faire
après un interrogatoire de sept heures ; il a répondu que, pour le moment,
il lui paraissait qu'il manquait quelques lettres de M. de Cavour et
quelques-unes de M. de Montalivet, mais qu'il lui était impossible de
désigner exactement quant à présent tous les papiers qui lui manquaient.
Il les a vus depuis dans une communication que M. le procureur général a
bien voulu m'en faire. M. de Flers déclare que les papiers fournis à l'instruction par la police ne sont pas tous ceux qui étaient chez lui. Par exemple
M. de Flers est intimement lié depuis son enfance avec M. le comte de
Montalivet ; il avait une correspondance très volumineuse de M. de Montalivet. Elle commence, dans les lettres qu'on a produites à l'instruction, en
1848, se continue en 1849, 1850, 1851 ; elle s'arrête ensuite tout d'un coup
pour laisser place à quelques lettres de 1855, et à partir de 1855 on ne trouve
plus qu'une lettre, écrite en 1861. M. de Flers se rappelle parfaitement
qu'il avait conservé chez lui une correspondance qui était, je ne dis pas de
tous les jours, mais de toutes les semaines ou de tous les mois entre M. de
Montalivet et lui. Il demande pourquoi cette correspondance n'a pas été
remise à M. le procureur général.

Quant aux lettres de M. de Cavour, on en a produit TROIS. M. de Flers, qui
était très lié avec M. de Cavour, comme je le dirai tout à l'heure, en avait
gardé CINQ ou SIX. Il est parfaitement sûr qu'il y en avait plus de trois, et, en
particulier, il se rappelle le sujet de quelques-unes des lettres qu'il avait gar-
dées à raison de l'importance et de l'intérêt même du sujet que ces lettres trai-
taient, et ces lettres manquent au dossier. Veuillez, messieurs, vous demander

à vous-mêmes si, lorsqu'on a une correspondance assez étendue qui, chaque année, s'ajoute à celle des années précédentes, on peut avoir la mémoire assez fidèle pour se rappeler toutes les lettres qu'on a reçues depuis dix ou douze ans, et vous ne serez pas étonnés que M. de Flers n'ait pas été plus affirmatif et plus précis dans son interrogatoire. Cependant, dans une affaire comme celle qui vous occupe, il serait important, car c'est le moyen de connaître les véritables sentiments de M. de Flers, d'avoir scrupuleusement toutes les correspondances qui étaient chez lui. Il fallait dans cette affaire, plus que dans toute autre, constater la nature de toutes les pièces qu'on saisissait ; et je ne comprends pas qu'une accusation puisse s'organiser avec des pièces qu'on a emportées hors du domicile du prévenu, QU'ON A CHOISIES HORS DE SA PRÉSENCE, et qu'on a produites selon le caprice ou la passion dont on était animé.

Voilà les deux observations préliminaires que je voulais vous soumettre, observations auxquelles j'attache de l'importance, car vous ne perdez pas de vue que, dans une affaire de cette nature, vous avez à combiner toutes les manifestations de la pensée du prévenu. M. le procureur général l'a dit, ce que vous avez à rechercher, c'est la pensée de M. de Flers. Où la cherche-t-on ? Dans quelques-unes des lettres arrêtées à la poste ou saisies chez lui. Je dis que c'était dans l'ensemble de la correspondance, qu'à l'improviste, sans que le prévenu ait eu le temps de prendre ses précautions, on était venu saisir chez lui, que vous auriez pu trouver toute sa pensée, sa pensée fidèle et complète, et qu'elle vous échappe parce qu'on n'a observé aucune des formalités protectrices prescrites par la loi en faveur du prévenu.

Après avoir soumis à la Cour ces deux observations qu'il était de mon devoir de lui soumettre, et que je crois l'une et l'autre parfaitement solides, je vais aborder l'examen de ce qui peut constituer le délit qu'on impute à M. de Flers, et, puisqu'il le faut, je prends les seuls documents qui aient été produits, réduit à ne pas parler même de ceux que M. de Flers pourrait indiquer à la Cour, mais qu'il ne peut plus rapporter.

On reproche à M. de Flers d'avoir entretenu à l'étranger des correspondances, dans le but d'exciter au mépris et à la haine du gouvernement de l'Empereur.

Qu'il ait eu des correspondances à l'étranger, il l'avoue ; et sur la demande qui lui en a été faite par M. le premier président à cette barre, il l'a formellement déclaré. Je dois dire à quelle époque elles remontent. M. de Flers ne les avait pas eues avant 1848. Dans le courant de cette année, la Cour peut se rappeler que, par une mesure arbitraire et regrettable, M. de Flers fut privé de ses fonctions à la Cour des comptes, en même temps que le premier président de cette Cour, qu'un conseiller maître, que neuf conseillers référendaires, dix autres étant admis à faire valoir leurs droits à la retraite. Je pourrais montrer à la Cour jusqu'à quel point le coup qui avait frappé M. de Flers avait été sensible à tous ses collègues à la Cour des comptes, en mettant sous ses yeux les témoignages de regrets adressés par la Cour des comptes elle-même, à M. de Flers. Un gouvernement plus juste et plus modéré l'a rappelé à reprendre le rang qu'il occupait.

C'est pendant cet intervalle, et après qu'il eut perdu ses fonctions de con-

seiller référendaire à la Cour des comptes que M. de Flers, au milieu de nos
troubles de 1848, engagea une correspondance avec M. de Cavour, avec lequel
il est toujours resté particulièrement lié. M. de Cavour, à cette époque, n'était
pas le grand ministre que l'Europe a connu depuis; il était le rédacteur d'un
journal appelé le *Risorgimento*. Il reçut de M. de Flers quelques lettres, en fit
son profit, demanda une correspondance régulière, et M. de Flers, qui n'avait
pas de fortune, qui avait perdu sa place à la Cour des comptes, consentit à
recevoir, comme tout autre écrivain, la rémunération de son travail. Depuis
cette époque jusqu'à la fin de 1860, M. de Flers a continué ses correspondances et non pas par leur exagération, comme l'a dit M. le procureur général,
mais par leur parfaite modération, elles avaient acquis un tel succès que, peu
à peu, il lui a été demandé de correspondre avec la *Gazette des postes de
Vienne*, avec la *Gazette d'Augsbourg*, avec un journal de Hambourg, et plus
tard avec les journaux l'*Indépendance belge*, le *Journal de Dresde* et le
Journal de Genève.

Sur les premières correspondances de M. de Flers, je veux indiquer à la
Cour le motif des conclusions que j'ai prises devant elle. Dans la citation
donnée à M. de Flers, on indique, avec très juste raison, qu'on ne poursuit
que les faits antérieurs de moins de trois ans aux poursuites dirigées contre
lui. Je fixe le premier acte de procédure à la perquisition faite chez lui, je le
fais remonter aussi loin que possible, la Cour le voit, au 24 juillet 1861. Par
conséquent la citation elle-même ne poursuit que les faits, les intelligences,
et, pour traduire ce mot comme M. le procureur général, les correspondances antérieures au 24 juillet 1858.

Il y a d'ailleurs une autre raison pour qu'on ne puisse pas parler des correspondances antérieures; du moins de celles antérieures au 27 février 1858.
C'est que le délit pour lequel M. de Flers est traduit devant vous, est un délit
créé par la loi du 27 février 1858, et que je n'imagine pas que la loi du 27 février 1858, qui, pour la première fois, a inscrit dans nos lois de répression le
délit prévu dans son article 2, puisse s'appliquer à des manœuvres, à des intelligences et à des correspondances qui auraient eu lieu avant sa date. Donc
à raison, soit de la prescription de trois ans, soit des termes mêmes de la
citation, soit de la date de la loi (en réservant à ce dernier point de vue le
temps écoulé du 27 février au 24 juillet 1858), tout ce qui est antérieur au
24 juillet 1858 ne peut évidemment pas être l'objet de la poursuite dont vous
avez à connaître.

Eh bien ! tout à l'heure, lorsque M. le procureur général cherchait à montrer quel était l'esprit des correspondances que M. de Flers entretenait avec
l'étranger, quels documents invoquait-il? C'étaient des lettres écrites par un
Allemand dont je ne puis pas prononcer le nom, mais qui est propriétaire, à ce
ce qu'il paraît, de la *Gazette des postes* de Vienne; c'étaient des lettres écrites
par le directeur de la *Gazette d'Augsbourg*, et ces lettres comme toutes celles
d'ailleurs que le ministère public a citées au commencement de sa discussion
pour indiquer l'esprit général de la correspondance de M. de Flers, sont
de 1851, de 1852, et les plus récentes de 1855. Je les repousse toutes également. Quand même M. de Flers aurait eu à cette époque le tort qu'on lui
reproche, ce qu'il n'admet pas, cette époque est complétement étrangère à la

poursuite qu'on exerce contre lui. Nous demandons à la Cour de rejeter tous ces documents qui n'auraient pas même dû être saisis, et d'en ordonner la restitution.

S'il fallait les examiner, y trouveriez-vous, comme on l'a dit tout à l'heure, l'indication des sentiments hostiles de M. de Flers ? Il repousse énergiquement tout d'abord l'incrimination d'avoir, après la mort de monseigneur Sibour, écrit une lettre dans laquelle il aurait attaqué ce prélat. Il déclare que jamais il n'est entré dans ses sentiments, et quiconque connaît M. de Flers le croira, d'écrire sur le compte de monseigneur Sibour les paroles qu'on lui impute. Il y a eu une méprise évidente dans le travail de police où M. le procureur général a lu cela. Il ne pouvait venir à la pensée de cet homme d'honneur de venir sur la tombe à peine fermée de monseigneur Sibour, écrire à un journal étranger des insultes contre sa mémoire.

De quoi se prévaut-on encore ? d'une lettre qui a été écrite, je crois en 1855, dans laquelle on dit à M. de Flers, que la cour de Vienne aime les cancans politiques ; d'une lettre dans laquelle on le rappelle à plus de modération ; enfin, d'une lettre dans laquelle on lui écrit qu'il se livre à trop de personnalités. Lettres toutes antérieures de beaucoup à 1858.

Quant aux personnalités, il faudrait que la prévention indiquât ce qu'elles sont. Est-ce envers des individus dont on peut parler, mais dont il vaut mieux ne pas parler ? Est-ce envers le chef du gouvernement ? Vous ne le dites pas, et M. de Flers peut s'être livré à quelques personnalités sur des personnages importants de la finance, de la politique ou de l'armée, sans que, pour cela, il y ait excitation à la haine ou au mépris du gouvernement.

On l'engage à plus de modération ? Sur quoi ? Cherchez, trouvez. Vous êtes accusateur, vous devez produire. Produisez les lettres écrites par M. de Flers lui-même et non pas les lettres qui lui auraient été adressées. Mais, chose étrange, nous avons au procès des écrits de M. de Flers lui-même, je vais avoir l'honneur de les mettre sous les yeux de la Cour, et ce ne sont pas ceux-là qu'on invoque, qu'on incrimine ; mais on va chercher, dans la correspondance de rédacteurs de journaux étrangers, des représentations, des observations, des indications qui tendraient à prouver que M. de Flers se livrait à une violence de langage qu'il n'a jamais connue.

Il proteste, et son caractère proteste, et ses antécédents protestent, et tous ceux qui le connaissent protestent avec lui contre une pareille accusation. Vous verrez tout à l'heure la modération de son caractère constatée par quelques-uns de ses correspondants. Mais je ne m'arrête pas davantage à ses correspondances avec la *Gazette des Postes*, le *Journal de Hambourg*, la *Gazette d'Augsbourg*, elles remontent toutes à une époque de beaucoup antérieure à 1858, car toutes ces relations ont fini en 1856 ; je demande à la Cour la permission de les mettre de côté, non pas arbitrairement, mais pour ces deux raisons qu'elles sont antérieures de plus de deux ans à la loi dont on demande l'application, et antérieures de plus de trois ans au jour où la prescription doit remonter au profit de M. de Flers.

Il reste donc, et c'est là-dessus que doit se concentrer la prévention contre lui, ses correspondances avec l'*Indépendance belge*, avec le *Journal de Dresde* et le *Journal de Genève*, correspondances dont quelques-unes sont postérieures et à la loi du 27 février 1858 et au 24 juillet de la même année. Ce sont les trois correspondances dont j'ai spécialement à vous parler, mais je tiens à vous dire d'abord que ce crime qu'on fait à M. de Flers d'avoir été ainsi en correspondance avec les journaux étrangers et spécialement avec les journaux hostiles a dit M. le procureur général, je tiens à vous dire que ce crime était connu. M. de Flers a la certitude d'avoir envoyé, par exemple, à l'*Indépendance belge* des communications qui lui venaient du gouvernement français lui-même et qu'on le priait d'adresser à ce journal. Malheureusement il n'a plus ces notes, il les a adressées telles qu'elles lui venaient du ministère aux directeurs successifs de l'*Indépendance belge*, d'abord M. Perrot, ensuite M. Berardi, et quand il a prié qu'on en recherchât les traces, voici la réponse qu'il a reçue de M. Berardi à la date du 13 novembre 1861 :

« Mon cher monsieur de Flers,

» Aussitôt mon retour à Bruxelles, je me suis mis à faire, d'après votre demande, des recherches parmi mes papiers dans le but d'y retrouver quelque chose qui pût venir à l'appui de ce que vous désirez établir et de ce que je sais être parfaitement exact.

» Mais, comme je vous l'avais fait pressentir, il m'a été impossible de remettre la main sur rien. Cela n'a rien d'étonnant, puisque je ne conserve ni la copie qui a servi pour le journal, ni les petits mots particuliers, plus ou moins insignifiants, de mes correspondants.

» Vous comprendrez, mon cher monsieur de Flers, que, s'il fallait, en effet, recueillir et amasser tout cela, on en arriverait à se voir obligé de louer des locaux supplémentaires pour loger ces inutilités, aussi tous les journaux font-ils à cet égard, comme l'*Indépendance*, et font-ils très bien.

» Certes, si j'avais pu prévoir que vous viendriez à avoir besoin de quelques-uns de ces mots sans conséquence que vous m'écriviez, j'eusse mis de côté avec soin toutes les parcelles de vos correspondances, mais jamais l'idée ne m'était venue de songer à cela.

» Mais ce que je me rappelle parfaitement, ce que je me rappelle comme si c'était d'hier, c'est qu'à diverses reprises, vous m'avez envoyé des renseignements tout favorables au gouvernement, particulièrement au ministère des finances, et que vous me disiez tenir ces renseignements des membres eux-mêmes du gouvernement.

» Ce sont là pour moi des souvenirs aussi présents que si j'avais sous les yeux toutes vos lettres pour me les remémorer.

» Voilà, mon cher monsieur de Flers, pour ce qui est du temps de ma direction de l'*Indépendance*, quant à ce qui remonte à celle de M. Perrot, il ne me reste de cette époque aucune espèce d'archives, et il est à peu près certain que M. Perrot lui-même n'a conservé du temps aucun papier du genre de ceux que vous voudriez retrouver.

» Je regrette donc, mon cher monsieur de Flers, de ne pouvoir, dans cette circonstance, mettre à votre service, que mon témoignage ; mais ce témoignage, je m'empresse de vous l'offrir, en profitant de l'occasion pour vous renouveler l'assurance de mes meilleurs sentiments.

» *Signé* L. BERARDI. »

J'ai dit que M. de Flers qui envoyait les documents qu'on lui remettai n'en avait pas retrouvé chez lui. En voici un cependant qui lui a été envoyé du ministère des finances :

« Les journaux se trompent en parlant de la disgrâce de M. Bineau. Il abandonne sa position pour cause de santé. Il emporte avec lui l'affection de l'Empereur qui a daigné lui écrire de sa main une lettre fort bienveillante. »

On priait M. de Flers de faire parvenir cela à Bruxelles. L'*Indépendance belge* fait foi qu'en effet elle a eu la nouvelle de la lettre de l'Empereur.

Voici encore une lettre d'un personnage qui n'est pas, il est vrai, dans le gouvernement, mais qui y touche de très près et fait partie du Sénat, M. le prince Joseph Poniatowski :

« Mon cher marquis,

» Rendez-moi un petit service, faites insérer dans l'*Indépendance belge* cette lettre pour prouver que je n'étais pour rien dans les jolies choses qu'on mettait sur mon compte et qui m'ont presque brouillé avec mon ami B.

» Mille remerciments anticipés.

» *Signé* J. PONIATOWSKI. »

Je cite ce peu de documents que M. de Flers a pu retrouver en vous affirmant en son nom, ce que mille personnes pourraient constater, que tout le monde savait que M. de Flers était un des correspondants et de l'*Indépendance belge* et du *Journal de Dresde* et du *Journal de Genève*, et qu'en particulier le gouvernement le savait très bien.

Quoi qu'il en soit, qu'on le sût ou non, M. de Flers a correspondu avec les directeurs de ces trois journaux. M. le procureur général se demandait d'où venait que, depuis quelques années, ces correspondances ont pris une telle activité dans les journaux étrangers ; d'où venait qu'ils ont, non pas un correspondant, mais plusieurs qui leur envoient les nouvelles les plus secrètes que la capitale peut fournir, quelquefois vraies souvent erronées ?

Vous vous en rendez facilement compte. Le premier motif dont nous n'avons qu'à nous féliciter, c'est l'extrême intérêt que le monde entier prête à ce qui se passe en France, et particulièrement dans sa capitale. Le second c'est qu'il n'y a plus un seul journal français qui puisse librement donner les récits de cette vie parisienne si intelligente, si active, si animée, et que l'événement le plus important, je ne dis pas même au point de vue de la politique mais au point de vue de la vie quotidienne de la société, est, à un jour donné, sur un avertissement officieux, effacé sur tous les journaux de France. Voilà pourquoi à l'étranger on demande avec activité les correspondances qui viennent de notre capitale.

On recherchait tout à l'heure quel avait été le motif de M. de Flers. On a trouvé un motif intéressé. L'origine de cette correspondance, le coup qui avait frappé M. de Flers, l'expliqueraient facilement. Si plus tard réintégré à la Cour de comptes, il a continué, c'est qu'une fois lancé dans cette activité intellectuelle des correspondances politiques , on ne s'en retire plus ; c'est que quand on a commencé à écrire, on écrit, on a besoin d'écrire, on veut communiquer sa pensée, on la communique. Il n'y a pas d'autre motif. Blâmez la correspondance même ; nous verrons tout à l'heure ce qu'on peut en dire, mais ne cherchez le motif ni dans l'intérêt pécuniaire, sauf à l'origine, ni dans l'intérêt d'un parti. Ce n'était pas un parti qui s'exprimait par la plume de M. de Flers, et je tiens à montrer qu'il n'avait **aucune** raison pour être inspiré dans sa correspondance par le désir d'exciter à la haine et au mépris du gouvernement de l'Empereur.

(L'audience est suspendue.)

A la reprise de l'audience, Me DUFAURE poursuit en ces termes :

Dans les observations que j'ai eu l'honneur de vous soumettre jusqu'à ce moment, je me suis attaché à rechercher le caractère de la loi, à définir la nature et la régularité des preuves qu'on a recueillies contre M. de Flers. Enfin j'ai cherché à montrer qu'une partie des documents du procès devaient être complétement rejetés et être immédiatement restitués à M. de Flers, car ils auraient dû l'être avant le jour où nous plaidons.

Maintenant j'entre avec M. le procureur général dans l'examen des documents qui incontestablement doivent être maintenus au procès ; j'y recherche si les correspondances de M. de Flers sont, en effet, des intelligences coupables, et je me demande s'il a envoyé ces correspondances dans l'intention de provoquer à la haine et au mépris du gouvernement de l'Empereur, ou de troubler l'ordre public.

Ces documents ont été abordés par M. le procureur général après vous avoir soumis quelques réflexions qui seraient de nature à aggraver, a-t-il dit, la situation de M. de Flers. Il le compare à un soldat qui serait sous les drapeaux, et qui mériterait d'être fusillé s'il venait à trahir la cause sous laquelle il est engagé. Il a prétendu encore que M. de Flers avait trahi M. le comte de Cavour en se faisant le correspondant du maréchal Radetzky. Enfin il a parlé du mystère dont M. de Flers avait enveloppé ses correspondances.

Sous le premier rapport, je demande à la Cour de bien considérer la position de M. de Flers. Dans la correspondance qu'il a envoyée à des journaux étrangers, il n'a été autre chose qu'un homme du monde parcourant les salons de Paris, y recueillant quelques bruits qui, malheureusement pour lui et pour la confiance que ses écrits devaient inspirer, n'étaient pas toujours vrais, et les envoyant de bonne foi. Quant à une position officielle dont il ait profité et abusé pour recueillir des renseignements et les envoyer à l'étranger, jamais il ne l'a eue. De toutes les lettres qu'il a écrites, il n'y en a pas une, et on n'en a pas produit une dans laquelle vous rencontriez des renseignements que M. de Flers ait pu obtenir par suite de la position officielle qu'il avait dans la magistrature française. Je tiens à repousser cette accusation de félonie qu'il n'a jamais méritée. Il a entendu raconter dans Paris, il a répété dans sa correspondance ce qu'il avait entendu raconter. Mais il n'a pas été un fonctionnaire public abusant de sa situation pour livrer les renseignements dont il aurait eu la confidence. J'insiste sur cette situation particulière et je repousse énergiquement le reproche de félonie qui lui serait adressé.

Je ne dis qu'un mot du reproche que M. le procureur général lui a adressé d'avoir trahi M. le comte de Cavour pour le maréchal Radetzky. C'est un reproche bizarre et sans fondement. M. de Flers est resté lié avec M. de Cavour longtemps après la mort du maréchal Radetzky ; *il n'a jamais eu aucune communication avec le maréchal Radetzky ; il n'a jamais écrit pour lui ni contre lui,* surtout à l'époque où le maréchal Radetzky était en lutte avec le Piémont. *Tout ce qu'on a pu dire à cet égard, il le dément formellement;* et c'est par je ne sais quelle erreur d'induction des pièces qu'il a lues, que M. le procureur général en a tiré la conséquence que M. de Flers avait trahi M. de Cavour.

Il est vrai qu'il a employé des chiffres avec deux journaux, le *Journal de Dresde* et l'*Indépendance belge.* Ces chiffres sont au procès; la Cour verra qu'ils sont relatifs uniquement aux noms propres de quelques personnes connues dans Paris par leur grande notabilité financière ou politique. Il aimait mieux employer les chiffres que les noms, dans une correspondance qui pouvait tomber en d'autres mains que les mains des personnes auxquelles il l'adressait. Rien n'était plus facile que de découvrir sous ces chiffres ce qu'il avait écrit; et ce ne sont certainement pas les chiffres qui peuvent empêcher de caractériser par elle-même la correspondance de M. de Flers, au lieu de la caractériser par les indications qu'on prend dans des documents qui lui sont étrangers.

Ainsi, je repousse ces réflexions générales qui ne tiennent pas directement à la prévention, mais qui tendaient à jeter une couleur défavorable sur le caractère et la nature des écrits de M. de Flers.

Je me demande où se trouvent les intelligences coupables que M. de Flers aurait pratiquées pour exciter au mépris du gouvernement de l'Empereur ou pour troubler la paix publique. Je les cherche surtout dans les documents réunis par l'instruction et que M. le procureur général a bien voulu me communiquer, et ces documents se trouvent naturellement classés, puisque j'ai dit qu'il y avait trois journaux en Europe avec lesquels M. de Flers avait gardé des relations après le 24 juillet 1858, l'*Indépendance belge,* le *Journal de Dresde* et le *Journal de Genève.* Je vais parler à la Cour successivement des relations de M. de Flers avec chacun de ces journaux; et c'est dans ces relations, telles que l'instruction les constate, que je chercherai si, en effet, les correspondances étaient coupables.

Je parle d'abord de l'*Indépendance belge;* et le seul nom de ce journal me suffit pour répondre à une autre observation du ministère public. On m'a dit: Pourquoi M. de Flers n'avait-il de correspondance qu'avec des journaux hostiles à l'Empire?

Comment, hostiles à l'Empire? Mais l'*Indépendance belge,* que je sache, n'est pas un journal hostile à l'Empire, et c'est pour cela que l'*Indépendance belge* est un journal auquel on s'abonne en France couramment, tout aussi bien qu'aux journaux français.

M. de Flers écrivait donc à l'*Indépendance belge,* et depuis assez longtemps, puisque vous avez vu tout à l'heure par la lettre du directeur actuel qu'il avait eu des relations avec M. Perrot, le directeur précédent.

Jusqu'à quelle époque lui a-t-il écrit? Il n'est pas inutile de le rechercher. Vous trouverez à la suite du premier interrogatoire de M. le marquis de Flers, des lettres qu'il a déposées et qui constatent qu'en 1861 ce n'était plus lui qui correspondait avec l'*Indépendance belge.* Voici une lettre écrite par M. Berardi au fils de M. de Flers, à la date du 8 janvier 1861 :

« Monsieur le comte,

» J'ai le plaisir de vous adresser ci-joint un mandat de 166 francs qui solden
vos correspondances du mois dernier. Je n'ai rien à ajouter à cet envoi, que l'assurance de mes affectueux sentiments pour vous et pour M. votre père.

» Votre dévoué, etc.

» *Signé* BERARDI. »

En voici une deuxième du 4 mars 1861, dans laquelle M. Berardi annonce
en *post-scriptum* l'envoi d'un mandat de 209 fr. 70 cent., soldant la correspondance de février et adressée également au fils de M. de Flers.

La Cour voit par là que, comme l'a toujours dit M. le marquis de Flers
dans ses interrogatoires, comme il l'a répété devant la Cour, depuis le commencement de janvier 1861 et même dès le mois de décembre 1860, c'était
son fils, et non plus lui, qui correspondait avec l'*Indépendance belge*.

Mais, enfin, il a correspondu avec ce journal depuis le 24 juillet
1858 jusqu'au mois de décembre 1860. Dans cet intervalle qu'a-t-il envoyé
d'hostile au gouvernement? Je le demande, et je m'étonne que, dans le
réquisitoire que la Cour vient d'entendre, on n'ait pas cité un mot hostile
ou agressif qui puisse justifier la prévention. Je dois dire que, dans la
procédure, on a produit et noté au crayon rouge avec grand soin une lettre
de M. Berardi saisie chez M. de Flers. Puisqu'elle est dans la procédure,
et quoiqu'on n'en ait pas parlé dans le réquisitoire, je demande à la Cour de
lui en dire un mot, et elle verra à quoi se réduit le seul document indiqué par
l'instruction comme pouvant justifier, dans les rapports de M. de Flers avec
l'*Indépendance belge*, l'accusation d'hostilité contre le gouvernement français.

Cette lettre est écrite par M. Berardi à M. de Flers à la date du 12 juin 1861.
Pour n'être plus à cette époque le correspondant de l'*Indépendance belge*,
M. de Flers n'avait pas moins gardé des rapports particuliers avec M. Berardi
qui était son ami d'autrefois, avec lequel il avait toujours eu d'excellentes
relations, et voilà comment on a trouvé une lettre de ce dernier dans les
papiers saisis au domicile de M. de Flers. En entendant les termes de cette
lettre, vous verrez ce qui a trompé les commissaires de police qui l'ont
saisie :

« Mon cher monsieur,

» Dieu me garde de vous trouver absurde... J'ai trop d'expérience des choses
politiques pour ne pas savoir que ce qui paraît le plus invraisemblable est précisément ce qui parfois se réalise, et que tous les partis se faisant tour à tour des *illusions* (1), il faut savoir respecter celles de ses adversaires si l'on veut que de leur
côté ils respectent celles que l'on se fait. Donc, je vous le répète, jamais je ne me
permettrai de traiter *vos espérances* d'absurdes et je vous sais gré au contraire de
toujours me communiquer vos impressions, vos opinions, comme je vous communique les miennes. Je crois qu'il y a profit pour nous deux dans cet échange de
nos renseignements presque toujours si opposés. Mais avouez que vous avez mal
pris votre tour hier pour triompher d'une erreur typographique du *Moniteur*, et
tirer un argument si victorieux *pour votre cause*. Le journal officiel a tout simple-

____

(1) Les mots en *italique* sont ceux qui, dans l'instruction, ont été soulignés au crayon
rouge.

ment mis sur le compte de M. de Morny la fin du discours de M. de Latour. Quand je
dis M. de Morny, je me trompe, car ce n'est pas même à lui que le *Moniteur* attribue
cette partie du discours du député ultramontain. C'est au président, car le président était non pas M. de Morny, mais M. Schneider. . . . .
. . . .
Mais permettez-moi de vous le dire, mon cher monsieur de Flers, vous et vos
amis êtes si disposés à vous faire les illusions dont je vous parle plus haut, que
vous n'avez même pas pris la peine de lire attentivement le *Moniteur*. Cette lecture attentive eût fait crouler tout l'échafaudage de commentaires que vous avez
bâtis là-dessus. Non-seulement, en effet, vous attribuez à M. de Morny le langage
d'un député clérical, mais, etc. »

La lettre continue sur le même sujet. L'argument qu'on paraît en tirer est
celui-ci : « Vous et vos amis vous vous faites des illusions...; je ne me permettrai jamais de traiter vos espérances d'absurdes.... Vous avez mal à propos
invoqué le *Moniteur* dans l'intérêt de votre cause. Vos illusions, vos espérances, votre cause, tous ces mots montrent en M. de Flers l'homme de
parti. Et on trouve là la preuve que, dans sa correspondance avec l'*Indépendance belge*, c'était cette autre cause qu'il servait, c'étaient ces illusions qu'il
nourrissait, c'étaient ces espérances d'un chimérique avenir qu'il nourrissait,
sur quoi la police rêve un complot !

Si on avait lu plus attentivement, et j'adresserai à ceux qui y trouvent un
sujet de reproche, précisément les mêmes paroles que M. Berardi adressait à
M. de Flers, si on avait lu plus attentivement on aurait peut-être mieux compris. Tout cela se rapporte à une erreur commise en effet, non pas par M. de
Flers mais par le *Moniteur*. Dans une séance du corps législatif, M. le vi-
comte de Latour était à la tribune.... ou du moins... avait la parole; et le
Moniteur met au compte du président du corps législatif qui avait plusieurs
fois interrompu l'orateur, des paroles qui, en réalité, avaient été prononcées
par M. de Latour lui-même. Si l'on croyait le *Moniteur*, ce serait M. le
président du corps législatif qui aurait dit :

« Notre épée protége à Rome tous ces immenses intérêts sociaux et monarchi-
ques. J'ai la confiance que la France ne les sacrifiera jamais à la coalition de l'ita-
lianisme, de la révolution et du protestantisme.
» L'Italie reconnaîtra bientôt elle-même qu'elle n'aura de repos et de force
qu'en renonçant à son rêve d'unité. Je veux donc espérer que le gouvernement
impérial sera fidèle à sa mission, à ses engagements, aux traditions de la France, et
saura toujours protéger le pouvoir vénéré qu'il défend à Rome. »

C'est probablement, car nous n'avons pas la lettre, sur ces paroles que M. de
Flers écrit immédiatement à M. Berardi pour lui dire : grande victoire ! lisez
le *Moniteur !* voilà le Président du Corps législatif gagné à notre cause. Quelle
était cette cause? C'était l'opinion catholique de M. de Flers. Ses illusions,
ses espérances, quelles étaient-elles ? C'était uniquement que le gouvernement français soutiendrait à Rome le pouvoir temporel du saint-siége.
Illusions, espérances, cause; tout cela se rapportait à la cause et aux espérances catholiques et nullement à un parti politique.
Quant à ce premier journal avec lequel M. le marquis de Flers aurait été

en correspondance, voilà tout ce que l'instruction vous fournit, absolument tout, alors je demande : qu'y a-t-il là qui signale de la part de M. de Flers le mépris et la haine contre le gouvernement de l'Empereur, et qui indique qu'il ait voulu les provoquer à l'étranger ?

Je passe au *Journal de Dresde*. Il était représenté dans ses communications avec M. de Flers par un M. Wiessner. On a produit dans l'instruction des numéros du *Journal de Dresde*, à la date des 1ᵉʳ, 3, 4 juin et 31 juillet 1861. M. de Flers a déclaré que tout ce qui a été écrit dans les mois de juin et juillet 1861 lui était complétement étranger, et il a fait annexer à l'interrogatoire qu'il a subi devant M. le conseiller instructeur une protestation, ou plutôt, ceci est bien plus positif, on a saisi chez M. de Flers une lettre qui lui était écrite par le rédacteur du *Journal de Dresde*, lettre qui va montrer à la Cour quel était, dans le mois que je viens de citer, le correspondant du *Journal de Dresde*. La lettre est du 17 août 1861, datée d'Ems :

« Cher monsieur le marquis,

» Je viens vous demander un petit mot d'éclaircissement. Il était convenu entre M. le comte de Flers et moi que, pendant mon absence de Paris, ce serait vous qui m'enverriez pour lui le reçu d'un mandat émis par M. Michel Kaskel, à Dresde, sur M. de Rothschild et bon pour 183 francs que je lui avais envoyé au mois de juillet. Ledit reçu ne m'est pas parvenu. Or, puisqu'il est d'importance pour moi de savoir si le mandat en question est arrivé à son adresse, je vous prie d'avoir l'obligeance de bien vouloir m'envoyer ici où je compte rester jusqu'au 27 du courant, ou un reçu ou un petit mot d'éclaircissement.

» Agréez, monsieur le marquis, l'assurance réitérée de ma haute considération.

» *Signé* : WIESSNER. »

Vous voyez à quoi se rapporte cette lettre. Dans les papiers saisis à la poste se trouvait une quittance que M. de Flers envoyait au directeur du *Journal de Dresde*. Comme la police possédait cette quittance, M. Wiessner ne pouvait pas la recevoir, et il écrit à M. de Flers pour lui demander le reçu qu'il attendait de lui, puisqu'il était convenu avec M. le comte de Flers que ce serait son père qui l'enverrait en son absence. Cette lettre montre jusqu'à l'évidence que ce n'était plus M. le marquis de Flers qui était en communication avec le *Journal de Dresde* en 1861 ; que c'était M. le comte de Flers, son fils, que c'était celui-ci qui recevait la rémunération des correspondances qu'il envoyait au *Journal de Dresde*.

Ainsi, pour le *Journal de Dresde*, on ne produit pas un numéro dans lequel il y ait une correspondance qu'on puisse imputer à M. de Flers. C'est pour cela que je n'entre pas dans l'examen des numéros des mois de juin et juillet 1861 quoique j'en aie la copie. Je la mettrais sous les yeux de la Cour que la Cour verrait que dans cette copie même il n'y a rien à reprendre, mais elle ne regarde pas le marquis de Flers. Je n'ai pas besoin d'en parler et je ne veux pas inutilement prolonger le débat sur des documents qui y sont absolument étrangers.

Seulement on a produit à l'instruction une liasse de lettres qu'on a prises chez M. de Flers, et qui ont été écrites par M. Wiessner, son correspondant à Dresde. Ces lettres sont au nombre de vingt-deux. Sur ces vingt-deux il y en a vingt qui sont antérieures à l'époque où les poursuites ont pu commencer, et même à l'époque où la correspondance à l'étranger a pu prendre le caractère de criminalité indiqué par la loi du 27 février 1858. De ces vingt, dans lesquelles d'ailleurs il n'y aurait rien à reprendre, je n'ai pas à parler ; je les considère comme en dehors du débat. Il y en a deux seulement qui ont été écrites à une époque postérieure, et à la loi du 27 février 1858 et au jour auquel remonte la prescription. Ces deux lettres sont au dossier. La Cour peut les lire ; elle n'y trouvera rien de répréhensible.

Mais à cela je dois ajouter, parce que cela se rapporte à M. Wiessner, les papiers saisis à la poste le 22 juillet 1861. Ces papiers consistent dans un reçu sur lequel je viens de m'expliquer. Il était envoyé par M. de Flers parce que le comte, son fils, était absent ; mais la traite était au nom de son fils ; elle a été payée à son fils chez M. de Rothschild. La Cour peut le faire vérifier si elle le veut.

A côté de ce reçu s'est trouvée une lettre écrite par M. Landwehr, son secrétaire, et une lettre écrite par M. de Flers lui-même à M. Wiessner. La lettre écrite par M. Landwehr est une lettre très longue. Dans son interrogatoire, M. Landwehr a déclaré où il avait recueilli les renseignements qu'il donnait au correspondant de Dresde. Seulement, sur cette lettre qui, avant d'être envoyée, avait été communiquée au marquis de Flers, M. de Flers a écrit en tête de la lettre les mots suivants, qu'il n'a jamais contestés, dont il accepte la responsabilité :

« M. le baron de Vidil et M. de Pontalba viennent d'être rayés du jockey-club.

» L'Empereur a engagé M. de Grammont à retourner à Rome. »

Puis en marge cette autre nouvelle :

« Farini doit être arrivé à Munich. »

En écrivant ces quelques mots, M. de Flers n'a pas cru manquer à la promesse qu'il avait faite à M. le président de la Cour des comptes, et il n'a certainement pas commis une infraction à l'article 2 de la loi du 27 février 1858.

Voilà pour la première lettre.

Quant à la seconde écrite par M. de Flers lui-même à Wiessner ; c'est une lettre confidentielle, car il y dit :

« On ne peut mettre cela dans un journal ; mais avertissez M. de B...., ce sera connu avant quinze jours. »

Or, je dois mettre cette lettre tout entière sous les yeux de la Cour:

« Voici, cher monsieur, la quittance pour le trimestre échu » cette quittance dont nous avons tant parlé ; « nous sommes dans un grand gâchis » c'était toujours relatif aux affaires d'Italie. Dans la plupart des correspondances de M. de Flers, c'est de l'Italie qu'il s'agissait et on a vu l'intérêt pressant, vif, animé, qu'il prenait aux affaires d'Italie. « Mais l'Empereur persiste dans sa politique et rêve la réconciliation du Pape et de Victor-Emmanuel » jusque-là je ne vois rien de bien injurieux.

« Piétri, son bras droit, a établi son quartier général en Corse pour continuer ses intrigues françaises en Sardaigne. Vous avez vu au surplus, par les discussions du parlement anglais, combien on est inquiet de cela en Angleterre. Je crois savoir que des ouvertures ont été faites à la reine Christine à Vichy pour la cession par l'Espagne à la France, des îles de Minorque et de Majorque. A ce prix la France appuiera l'Espagne dans l'occupation de Tanger et de Tétouan, on la tiendrait quitte de la dette de cent millions qui remonte à 1823.

» On dit que la reine Christine a été bien embarrassée. »

Ce que je crois facilement.

Est-ce là exciter au mépris et à la haine du gouvernement ? Tout à l'heure on a beaucoup parlé des efforts de M. de Flers pour troubler toute l'Europe, pour inquiéter les souverains sur leur trône, pour les animer de sentiments hostiles à l'égard de la France. Pourquoi ? Parce que, dans une lettre, M. de Flers aurait parlé de ce qu'on entreprenait à l'égard de la Sardaigne, et également des projets du gouvernement sur Minorque et Majorque. Est-ce qu'il est le premier qui en ait parlé, de même que de la révision des traités de 1815, ce qui était de nature à émouvoir l'Europe plus que toute autre chose ? Prenez les journaux qui passent pour des représentants officieux des opinions gouvernementales. Rappelez-vous la *Patrie*. La *Patrie* a dit en termes formels les vues que le gouvernement français devait avoir relativement à la Sardaigne.

La révision des traités de 1815 a été proclamée comme une nécessité à la tribune du sénat, dans un discours célèbre qui a été publié et affiché par ordre du gouvernement, dans les 37,000 communes de France, et cela bien avant que M. de Flers écrivît la lettre innocente qu'il adresse à M. Wiessner. Comment ! ce qui peut être dit ailleurs, ce qui a été proclamé par des voix autorisées, ce qui court le monde de temps en temps, ces bruits qui se répandent et sont recueillis par des organes non pas complétement officiels, mais semi-officiels, quasi-officiels, M. de Flers, en recommandant de ne pas le publier, ne pouvait pas écrire à un ami : Je crois savoir… ; j'entends dire… ; voilà un bruit qui court…? Ce serait là la preuve d'une intention, d'un projet manifeste d'exciter à la haine et au mépris du gouvernement de l'Empereur ?

Certainement la Cour ne verra autre chose dans une pareille lettre que l'habitude prise par M. de Flers de recueillir les bruits qui couraient, et dont la source, on le voit, était quelquefois dangereuse, précisément parce qu'elle était très élevée, et puis de les transmettre à M. Wiessner, avec lequel à cette époque, comme avec M. Berardi, il n'avait qu'une correspondance d'amitié, et non pas la correspondance qu'il avait eue autrefois.

On ne rapporte donc rien, quant à l'*Indépendance belge* et au *Journal de Dresde*, qui établisse le caractère hostile que l'accusation reproche aux correspondances émanées de M. de Flers.

Sera-t-on, je ne dis pas plus heureux, mais réussira-t-on mieux relativement au *Journal de Genève*?

M. de Flers, quant au *Journal de Genève*, a également cessé toute correspondance à l'époque où il l'avait promis à M. le premier président Barthe, et vous allez le voir constaté dans une lettre écrite à M. le comte de Flers, par le directeur du *Journal de Genève*, M. Adert. Il est bon de vous dire que le *Journal de Genève* est le journal conservateur de la ville de Genève, et qu'il est rédigé sous l'influence de toutes les grandes maisons de banque de Genève. M. Adert écrivait à la date du 15 juin 1861 :

« Mon cher Camille (M. le comte de Flers),

» L'ami qui vous remettra ce billet, y joindra quelques observations de vive voix. Vous me parlez toujours de la réaction napolitaine ; je vous dirai 1° que j'ai un correspondant à Naples de sorte que vous pourrez vous dispenser de me donner de Paris des nouvelles des Calabres. Veuillez, en outre, ne pas perdre de vue que l'Angleterre est la meilleure amie de notre petite Suisse et que de plus c'est (à mon avis du moins) l'ancre des libertés européennes, et je suis fâché de vous dire que vous me paraissez parfois livré dans vos correspondances à des préventions dont il serait temps (pour des Français sensés) de vous défaire. Votre père y mettait bien autrement de mesure lorsqu'il m'écrivait ; le fils me permettra de regretter cette époque, d'autant plus que votre collègue me paraît battre la campagne un peu plus souvent que son tour, politiquement parlant bien entendu. Nous sommes d'assez vieux amis, mon cher Camille, pour que vous ne preniez pas mes conseils en mauvaise part, n'est-ce pas ?

» Mille choses affectueuses de ma part à votre père. Il m'avait trop inquiété en me parlant de ses hémorrhagies : heureusement que depuis lors, Ernest l'a rencontré et m'a dit qu'il était tout à fait remis. J'en suis bien heureux pour votre excellente mère et pour vous.

» Tout à vous de cœur,

» *Signé* ADERT. »

Il y a un post-scriptum :

« Qu'est-ce que ce voyage du roi de Prusse et du grand-duc de Bade au camp de Châlons ? Vous ne m'en avez rien dit. »

Cette lettre prouve deux choses : c'est qu'en 1861 ce n'était plus M. de Flers qui écrivait au *Journal de Genève*. En outre c'est que M. le directeur regrettait la parfaite mesure que M. le marquis de Flers mettait dans sa correspondance avec lui.

Voilà ce que nous avons à répondre sur les numéros du *Journal de Genève* produits dans l'instruction. Mais à la date d'hier M. le procureur général a bien voulu me communiquer des numéros du même journal publiés depuis le 15 août jusqu'au 1er décembre 1860. On trouve dans ces numéros qui ont été faits à une époque où M. le marquis de Flers, non pas toujours, son fils commençait déjà à le remplacer, mais enfin souvent, écrivait au *Journal de Genève*, on trouve des choses qui paraissent répréhensibles à M. le procureur général, et, si j'ai bonne mémoire, les passages qu'il a cités dans cette correspondance de Paris, se rapportent à la cession à la France, de la Ligurie, de la Sardaigne et de l'île d'Elbe, à la révision des traités de 1815 ; à une lettre dans laquelle on dit qu'à Nice l'Empereur aurait été mal reçu et aurait couru des dangers; et enfin à une lettre écrite de Milan dans laquelle on dit que l'Empereur est perdu.

Je regrette beaucoup que cette liasse de journaux ait été recueillie et adressée si tard à M. le procureur général. Il en résulte qu'ils n'ont pas pu être mis, par M. le conseiller instructeur, sous les yeux du prévenu, qu'on n'a pas pu demander au prévenu s'il reconnaissait être l'auteur des correspondances qu'ils contiennent. Maintenant en son nom, voici les réponses que j'ai à faire.

Quant à ce qui concerne la cession de la Sardaigne et la révision des traités de 1815, il y est complétement étranger.

Quant à ce qui concerne les lettres de Nice et de Milan, vous pouvez examiner toutes les pièces saisies chez lui, vous y verrez qu'il avait des correspondants à Turin et à Naples; mais qu'il n'en avait ni à Nice ni à Milan, et que, par conséquent, ce n'est pas lui qui a pu recevoir ces nouvelles qu'on lui reproche d'avoir transmises au *Journal de Genève*, lequel du reste a des correspondants directs dans les villes d'Italie.

D'une manière générale les explications que j'ai à donner à la Cour sur la participation de M. de Flers au *Journal de Genève* sont celles-ci :

Le *Journal de Genève*, ainsi que la Cour l'a vu tout à l'heure dans la lettre écrite à M. le comte Camille de Flers, a plusieurs correspondants à Paris, c'est là un fait incontestable; j'ai entre les mains une lettre de M. Barmann, ancien ministre plénipotentiaire de Suisse à Paris, dans laquelle il constate qu'il est à sa connaissance parfaite que le *Journal de Genève* a plusieurs correspondants à Paris. Que résulte-t-il de là? Que le directeur du *Journal de Genève*, quand il reçoit ses correspondances de Paris, les prend, les recueille, choisit ce qu'il veut, les relie ensemble, et fait une correspondance unique, puis la met dans son journal. Maintenant comment procède la prévention? Elle prend une correspondance tout entière qui émane de deux ou trois correspondants, et elle rend M. de Flers responsable de tout ce qui s'y trouve. C'est un mode d'accusation que je ne puis accepter à aucun degré. M. de Flers se tient pour responsable et accepte la responsabilité de tout ce qu'il a écrit, rien de plus. Qu'on l'interroge sur les lettres du *Journal de Genève*, il dira à la Cour les passages qui sont de sa plume. Mais il ne peut accepter la responsabilité de tout ce qui se trouve dans le journal sous le titre de *Correspondance parisienne*.

Dites-lui : vous avez été imprudent, vous avez envoyé une correspondance et vous saviez qu'elle allait faire corps avec d'autres correspondances et que vous en deviendriez responsable en quelque mesure. M. de Flers ne croit pas avoir été imprudent; il était admis qu'il ne répondait que de ce qui portait sa signature; IL NE S'EST JAMAIS CONSIDÉRÉ COMME RESPONSABLE DE CE QUI ÉMANAIT D'AUTRUI. Je ne comprends pas qu'une accusation d'intelligences à l'extérieur pour exciter à la haine et au mépris du gouvernement de l'Empereur, se fonde uniquement sur la correspondance de plusieurs personnes, en attribuant à l'une d'elles comme solidaire, tout ce que les autres ont écrit. Cette solidarité est contraire à toutes nos lois, je la repousse énergiquement. A aucun degré M. de Flers ne peut l'accepter. Qu'on signale ce qui émane de lui, qu'on l'interroge, il répondra loyalement, et on ne trouvera rien qui sorte des limites de cette modération, de cette mesure, que M. Adert reconnaissait en lui dans la lettre que je vous ai lue.

J'en aurais fini si je n'avais à vous parler que de ce qui a été rappelé par le réquisitoire de M. le procureur général, mais comme il y a d'autres documents joints au procès, comme M. de Flers a été interrogé sur ces autres documents, comme la Cour, en les parcourant, peut en être préoccupée, je tiens à en dire quelques mots.

Ainsi, il y a une correspondance très volumineuse de Naples. On écrivait de Naples le plus souvent à un ami de M. de Flers, mais quelquefois à lui-même. On a pris chez lui toute cette correspondance; elle est produite à l'instruction, quoiqu'il n'y ait pas un mot de lui. Mais enfin on trouve dans cette correspondance des choses hostiles quelquefois au gouvernement de l'Empereur, et on paraît vouloir les reprocher à M. de Flers.

Nous ne pouvons pas accepter cela, et même je demande à la Cour de lui faire une indication qui servira à montrer que M. de Flers n'était pas ce correspondant haineux et emporté qu'on signalait tout à l'heure. M. de Flers tenait, comme beaucoup de personnes, à savoir exactement ce qui se passait en Italie. Il recevait quelques lettres de Naples et il en est qui remontent à l'époque où il écrivait à *l'Indépendance belge*, au *Journal de Dresde* et au *Journal de Genève*. S'il avait été animé des sentiments hostiles qu'on lui prête à l'égard du gouvernement impérial, il y a une chose qu'il aurait faite inévitablement. Il aurait pris ces renseignements qu'il recevait de Naples et les aurait envoyés immédiatement à Dresde, à Bruxelles ou à Genève et dans les journaux de Genève, de Dresde, de Bruxelles nous verrions le retentissement animé, passionné de ce qui lui était adressé de Naples. Je demande à la Cour de faire cette épreuve et de voir si, en effet, M. de Flers qui avait tous ces renseignements en mains, en a fait l'usage hostile qu'il lui était possible d'en faire. Je ne crains pas de dire que la Cour verra tout le contraire.

Permettez-moi d'en donner un exemple. Dans cette correspondance de Naples on parle beaucoup et on donne des détails infinis, sur les intrigues qui auraient lieu à Naples pour remettre le prince Murat sur le trône qu'a occupé son père. L'occasion était bonne, si M. de Flers avait été animé de sentiments hostiles, s'il avait voulu troubler la paix de l'Europe; eh bien, recherchez dans la correspondance qu'il a envoyée à Dresde, à Genève, à Bruxelles, et vous n'y trouverez rien qui se rapporte aux intrigues du parti Muratiste. Je pourrais citer de nombreux exemples. Je ne veux pas le faire peur éviter de prononcer des noms propres.

Il y a encore au dossier des lettres que M. Montanelli lui écrivait de Florence pour lui demander s'il voudrait correspondre avec un journal appelé *Nuova-Europa*. M. de Flers a répondu qu'il ne correspondait plus. C'était en 1861, après la promesse expresse qu'il avait faite à M. Barthe. Du reste, dans les lettres de M. Montanelli il n'y a rien à relever.

Enfin on a trouvé chez son secrétaire, M. Landwehr, des notes écrites de la main de M. de Flers, et qui évidemment ont servi à rédiger des correspondances envoyées ensuite à l'étranger. Il était naturel, légitime de consulter ces notes, œuvres certaines de M. de Flers pour découvrir les sentiments passionnés qu'il nourrissait contre le gouvernement français. Vous lirez ces notes.

Il y en a une, et c'est la plus coupable, où on parle d'un bruit qui s'était répandu dans Paris, sur la difficulté que la ville de Paris a éprouvée pendant trois jours pour placer des obligations qu'elle voulait émettre.

On y voit encore, des réflexions comme celle-ci, que M. de Flers communiquait à son secrétaire : « Note sur un monument élevé en Bretagne. » Le *Times* accusait l'Empereur à cette occasion, M. de Flers l'en disculpe disant que ce monument a été élevé par une souscription privée.

En voici une autre où, à propos de la conduite de M. de Thouvenel, il dit: « L'Empereur tient à faire preuve de modération de ce côté. » C'est toujours relativement aux affaires d'Italie.

De manière que dans ce qui est bien certainement de M. de Flers, c'est de l'impartialité que vous rencontrez, aucune passion ; vous ne trouverez pas, relativement au chef du gouvernement, ni relativement au gouvernement lui-même, un mot écrit de la main de M. de Flers qui ne soit convenable à sa position. Je ne parle pas de sa position de magistrat, mais de la position d'homme de bonne compagnie qu'il tient dans le monde, et d'homme essentiellement modéré dans ses opinions comme dans son langage.

J'en ai fini sur l'examen des faits dans lesquels on voulait trouver les preuves, les indices, du moins, d'une passion prononcée de M. de Flers tendant à provoquer des troubles en Europe et à exciter la haine contre le gouvernement impérial. Vous le voyez, j'ai passé en revue tous les documents, je n'en ai omis aucun, et si j'ai mis de côté ceux qui sont antérieurs de plus de trois ans à la poursuite, ce n'est pas que je ne pusse en faire un examen aussi satisfaisant que je ne l'ai fait des documents postérieurs, mais c'est que je ne veux pas multiplier sans utilité ces fastidieux détails. En examinant ceux qui doivent y être retenus, je trouve des correspondances dont le caractère n'est pas douteux, ce sont les bruits du monde recueillis dans Paris et envoyés à l'étranger.

Je pourrais m'arrêter là si je n'avais un mot à ajouter.

M. le procureur général a insisté sur deux choses : M. de Flers, a-t-il dit, a demandé des concessions de chemins de fer ; M. de Flers a reçu le prix des lettres qu'il envoyait à l'étranger.

Il y a là je ne sais quelle idée de spéculation qui ne convient pas à un magistrat, et peut-être la Cour serait-elle portée, si, comme je l'espère, elle ne reconnaît rien au procès qui ait le caractère d'un délit, à infliger à M. de Flers un blâme pour les deux actes que je viens de rappeler.

Si j'avais à les justifier, j'entrerais dans quelques détails, je montrerais comment M. de Flers s'est occupé de concessions de chemins de fer non dans son intérêt, mais dans l'intérêt de son fils qui n'avait pas de position officielle, qui voulait suivre une carrière indépendante. J'expliquerais par l'habitude prise dans les premiers moments, et très légitime à cette époque, de recevoir le prix de sa correspondance, la rémunération qu'il a continué à recevoir. Mais je me demande à quoi tout cela conduit ; je me demande si ce n'est pas l'examen d'une question toute disciplinaire, au lieu de l'examen d'une question correctionnelle ou criminelle. Et lorsque nous entrons sur le terrain disciplinaire, je sens moi-même que le terrain devient différent, je n'ai plus de prescription à opposer pour les lettres antérieures de trois ans à la poursuite ; je n'ai plus à me préoccuper de la loi du 27 février 1858, et si la conduite de M. de Flers avait été blâmable sous quelques rapports, peu importerait qu'elle eût été blâmable avant la loi de sûreté générale, ou qu'elle l'eût été depuis ; mais je n'ai pas à traiter ces questions qui sont, je le répète, purement disciplinaires. Je ne dis à la Cour que ce seul mot. Si M. de Flers appartenait à un des corps placés sous sa haute et sage juridiction, je comprendrais que la Cour, tout en l'acquittant d'un délit qu'il n'a pas commis, pût insérer dans son arrêt un blâme. Mais M. de Flers appartient lui-même à une Cour souveraine. A la suite de la prévention portée contre lui, on peut appeler cette Cour souveraine à s'occuper d'une poursuite disciplinaire contre M. de Flers ; je demande à la Cour de ne pas anticiper, dans les motifs de son arrêt, sur la décision disciplinaire que la Cour des comptes peut être appelée à prononcer.

M. LE PROCUREUR GÉNÉRAL. — J'aurais besoin de voir les pièces qu'on vient de lire, il y a des lettres que je n'ai pas, il y a des pièces qui ne m'ont pas été communiquées ; je demande le renvoi à demain.

RÉPLIQUE DE M. LE PROCUREUR GÉNÉRAL
CHAIX D'EST-ANGE.

Messieurs,

Sur la loi dont nous demandons l'application, nous sommes d'accord avec le défenseur de M. de Flers. Il faut matériellement avoir provoqué des *intelligences!* Le mot est parfaitement clair. Depuis longtemps il est compris, usité, employé dans la langue du droit comme dans la langue du monde. Il ne peut par conséquent donner lieu à aucune espèce d'équivoque. Il comprend sans doute, dans son acception légale, des modes d'action divers et variés. Ainsi, la correspondance est un des moyens à l'aide desquels les intelligences peuvent être entretenues ; de même les instructions verbales qui seraient données à des complices ou tout autre signe extérieur à l'aide duquel on conviendrait de s'entendre. Mais quant au sens, quant à la valeur du mot *intelligences*, il n'y a aucune espèce de doute qui puisse un moment vous arrêter.

A côté de ce fait matériel, il faut, comme dans tout délit, l'intention coupable, le but criminel. Comme les moyens d'action, le but est essentiellement variable. Ce peut être, par exemple, de livrer un corps d'armée à l'ennemi, ou de lui livrer un secret d'État dont on aurait eu la révélation par suite de ses fonctions. Crime grave, odieux, qui dans tous les temps, chez tous les peuples, a excité l'animadversion publique au plus haut degré, à ce point que, dans tous les temps et chez tous les peuples, il a été puni de mort. Le but criminel peut être aussi de troubler la paix publique ou d'exciter à la haine et au mépris du gouvernement établi. Sont-ce là aussi des mots insaisissables, qui n'offrent qu'un sens vague et indéterminé? Mais depuis longtemps ils sont acclimatés dans la langue du droit. On les retrouve dans l'ordonnance de 1566, dans la loi de 1822 sur la presse, dans celle de 1849, et leur signification n'a jamais semblé douteuse ni aux jurisconsultes qui ont commenté ces lois, ni aux magistrats qui les ont appliquées.

Il y a deux sortes d'intelligences : celles qui ont un but matériel et saisissable, comme de livrer une place forte, de trahir la marche de l'armée, et celles qui ont pour but de frapper moralement et de porter atteinte à l'honneur et à la considération, comme la diffamation à l'égard des simples citoyens, comme l'excitation à la haine et au mépris contre les gouvernements. On a dit qu'il y avait un abîme entre ces ordres de faits. Oui, sans doute, la criminalité n'est pas la même, et cependant, qu'on me permette de le dire, — que l'honorable défenseur me permette de penser qu'en parlant ainsi, je réponds à ses propres sentiments, à sa propre conscience, — il y a dans l'attaque injurieuse, dans la calomnie contre le gouvernement, sinon un acte plus coupable, du moins un péril aussi grand. Nous sommes dans un pays où hommes et gouvernements vivent d'honneur plus encore que de puissance. Lorsque le gouvernement est systématiquement attaqué, lorsqu'à force de calomnies, d'invectives, d'insultes, de suppositions, de fausses nouvelles, on travestit chaque jour le caractère et la portée de ses actes, le gouvernement tombe dans le mépris public, et il est bien près de sa ruine ; et je trouve qu'une action éclatante de perfidie et de trahison, qui pourrait lui être reprochée, lui ferait assurément plus de mal qu'un fort livré à l'ennemi. Ce n'est pas une bataille perdue qui fait tomber les gouvernements, c'est la désaffection et le mépris ; c'est par là qu'ils succombent bien plus que par les échecs militaires. L'excitation à la haine et au mépris du gouvernement est donc un danger véritable autant qu'un acte odieux ; et quant à moi, si je considère le péril public ou la moralité de l'action, il me semble que, malgré moi, — car je suis attaché à la loi et je veux juger comme elle, — il me semble que malgré moi, entraîné par la grandeur du péril, je trouve que le crime de celui qui livre un fort a des conséquences moins terribles que l'entreprise de celui qui s'est dit : « Je veux saper ce gouvernement, le faire tomber pièce à pièce, le couvrir de boue et le renverser sous le coup de l'animadversion et de la déconsidération publiques. »

Quoi qu'il en soit, messieurs, et laissant ces considérations, M. de Flers a-t-il entretenu matériellement des intelligences, soit au dedans, soit au dehors ? Nous sommes d'accord sur ce point, nous en produisons les preuves, et nous produirions au besoin ses aveux. Il a eu affaire à dix, douze, quinze journaux ; il leur a, pendant des années, adressé des correspondances : nul doute, je le répète, sur ce premier point.

Cependant on a critiqué la procédure à l'aide de laquelle nous nous sommes procuré ces preuves, et on a prétendu qu'elle est irrégulière. En quoi? il faut le rechercher. Est-ce par une question de principe? Est-ce seulement par une considération de fait? Une question de principe? C'est le préfet de police qui a délivré le mandat pour opérer la saisie qui a été faite à la poste le 22 juillet, et le mandat pour faire la perquisition qui a eu lieu au domicile de M. de Flers le 24. Le préfet de police avait-il ce droit? On l'a parfois nié ; mais la question, et je n'y reviendrai pas, a été définitivement tranchée par un arrêt du 21 novembre 1853, rendu par les chambres réunies de la Cour de cassation. Ce serait abuser de vos moments que de rentrer ici dans une pareille controverse. Le mandat a donc été bien lancé, et le préfet de police a régulièrement agi dans la limite de ses pouvoirs.

Mais il y a, dit-on, une question de fait. Le commissaire de police délégué n'a pas exécuté son mandat comme il devait le faire. Ainsi, il a oublié les prescriptions des articles 36, 37, 38 du Code d'instruction criminelle; il aurait fallu que les papiers saisis eussent été mis dans un sac, ficelé et cacheté, tandis qu'ils ont été emportés confusément. C'est là un fait inexact, et qui est démenti par le procès-verbal même de la saisie faite chez M. de Flers.

On a dit encore qu'on n'avait pas fait signer M. de Flers au procès-verbal. C'est vrai, c'est là une omission. Quelle en est la valeur? Vous apprécierez. Mais le défenseur sait à merveille que, si en général on fait signer le prévenu lorsqu'il est présent, l'absence de sa signature n'est pas à peine de nullité, et n'ôte rien à la régularité de la procédure. Seulement, M. de Flers a été amené par là à insinuer, très timidement d'abord, que peut-être on lui avait dérobé des pièces. Lesquelles? Il n'a pas pu le dire. Il y a au dossier une correspondance de M. de Montalivet et quelques lettres de M. de Cavour, qui sont parfaitement étrangères au procès. On aurait pris des lettres de M. de Montalivet, de M. de Cavour? Pourquoi faire? Au reste, lorsque dans son interrogatoire du 6 novembre on le presse sur ce point, lorsque M. le conseiller instructeur l'invite à s'expliquer, M. de Flers se contente de répondre qu'il n'a rien à ajouter. Voici cette partie de son interrogatoire :

INTERROGATOIRE DU MARQUIS DE FLERS.

« *D.* Vous dites à la fin de la lettre dans laquelle vous protestez contre les mesures dont vous avez été l'objet, que celles qui ont été écrites par vous ou qui vous ont été adressées, et qui ont été saisies à la poste, paraissent avoir été tenues en dehors de l'instruction, et vous demandez qu'elles vous soient rendues.

Je dois vous faire remarquer ce qu'il y a d'inexact dans cette assertion; aucune des pièces saisies chez vous n'est restée en dehors de l'instruction qui les a, au contraire, examinées toutes fort scrupuleusement.

Je vous ai même représenté les plus importantes de ces pièces, y compris les lettres, et j'ai recueilli vos explications à leur égard. Elles sont toutes au dossier, et ce sont des documents qu'il est impossible de vous remettre, puisqu'ils forment l'une des bases de la poursuite dirigée contre vous.

Nous recevons néanmoins votre protestation, et après l'avoir contresignée et fait contresigner par vous, nous allons l'annexer au dossier.

R. Je me suis mal exprimé, sans doute : je veux parler des lettres qu'on dit qui ont été saisies, et qui n'ont pas été remises entre les mains de la justice.

D. On vous a trompé, les lettres qui ont été saisies ont été mises sous le scellé, elles ont fait l'objet de procès-verbaux. Toutes celles qui viennent de la perquisition opérée chez vous sont entre nos mains, et quant aux pièces qui ont été saisies à la poste, en vertu d'une délégation judiciaire de l'autorité compétente, je les ai déjà mises sous vos yeux.

R. Je n'ai rien à ajouter. »

Non, la procédure n'a pas été irrégulière, la saisie a été pratiquée par un magistrat parfaitement compétent, on a procédé d'une façon tout à fait légale. On n'a pas demandé la signature de M. de Flers, mais les papiers ont été mis en liasses, sous les scellés, dans le même ordre qu'ils sont encore placés sous nos yeux.

Cependant on a, en ce qui concerne ces papiers saisis, cherché à établir une distinction que nous ne comprenons pas du tout. On a soutenu qu'une partie de ces pièces devait être distraite et absolument rejetée du débat. Pourquoi? Parce que ce sont des lettres ou des articles couverts par la prescription, ces lettres ayant été envoyées, et ces articles publiés avant l'existence même de la loi qui en fait un délit.

Qu'entend-on par là? Veut-on dire qu'il faut les rejeter de la prévention? On a cent fois raison. Mais il était inutile de le rappeler, soit à vous, soit à nous-même. Nous avons eu soin de reconnaître et de dire que M. de Flers n'était prévenu que pour les correspondances écrites par lui depuis moins de trois ans. Mais ces papiers, qui ne sont pas compris dans la poursuite, vont-ils être restitués à M. de Flers comme inutiles aux débats? Sans contredit non! Nous les gardons, non pas comme un élément légal du délit, mais comme un élément essentiel de la discussion; non pas pour le faire condamner, mais pour vous faire mieux apprécier, d'après leur caractère, l'esprit et le but de ceux dont nous demandons la condamnation.

De quoi s'agit-il, en effet? De savoir si M. de Flers a eu l'intention d'attaquer le gouvernement de l'Empereur et d'exciter contre lui le mépris et la haine. Voilà toute la question. Question morale, question d'intention, pour la solution de laquelle il faut scruter sa conscience et descendre dans le secret de son cœur. Eh bien! n'y a-t-il pas dans ces papiers, que personne n'a songé à incriminer, de quoi préparer notre conviction? Est-ce que nous ne pourrons pas les examiner? Est-ce que nous dépasserions les limites de notre droit en vous disant : « Vous savez de quel délit M. de Flers est accusé, eh bien! voici une lettre trouvée chez lui qui démontre qu'il y avait un complot organisé, afin d'établir à Paris un bureau central de correspondances hostiles, qu'il a préparé cette agence par tels moyens, qu'il l'a fondée à telle époque, et qu'elle n'avait qu'un but, l'excitation au mépris et à la haine du gouvernement? » Quand on dit qu'on ne pourrait pas retenir au procès une pareille lettre, parce qu'elle remonterait à plus de trois ans, et serait couverte par la prescription, on dit une chose qui n'est pas sérieuse et qui ne mérite pas de nous arrêter plus longtemps.

J'arrive maintenant au fond même de la cause. Un premier point est incontestablement acquis au procès : c'est que M. de Flers a entretenu des intelligences au dehors. Pourquoi et dans quel but? C'est là ce qu'il nous faut de nouveau rechercher et nettement établir devant vous, sans qu'un doute puisse rester dans vos esprits ni dans vos consciences sur l'intention du prévenu.

Essayerons-nous de démontrer seulement que M. de Flers, magistrat référendaire à la Cour des comptes, ayant prêté serment au gouvernement, est un esprit chagrin, morose, inquiet, troublé de peu, et mécontent du monde entier? Non, non, ce n'est pas là notre conviction, et nous avons plus à faire. Si la correspondance se bornait à être peu bienveillante, peu sympathique, à blâmer telle ou telle mesure, comme le font quelquefois et peuvent le faire les amis les plus dévoués du gouvernement, nous n'aurions rien à en dire, il n'y aurait pas là les éléments d'un procès criminel, et nous n'aurions pas appelé M. de Flers devant votre justice.

Il faut que nous cherchions et que nous trouvions davantage ; il faut que nous vous montrions qu'il y là un esprit, non pas inquiet, mais systématiquement ennemi ; usant, non pas du droit d'exprimer, comme chacun, une opinion plus ou moins libre, mais en abusant pour troubler le repos de l'Europe dans la mesure de ses forces ; ayant le parti pris de tout dénaturer, de tout incriminer, de tout accuser, les caractères publics et privés, les actes solennels comme ceux de la vie intime ; travestissant, insultant, appelant à grands cris, sans équivoque aucune, l'indignation et le mépris public sur le gouvernement, sur ses actes, sur ceux qui le servent, sur le chef de l'État lui-même, qui est infidèle à son devoir, qui trahit son pays, et qui le jette dans tous les hasards et dans toutes les aventures pour satisfaire un insatiable esprit d'envahissement et de conquête. Voilà ce qu'il faut que nous trouvions. Encore une fois, nous sommes tous d'accord sur les principes. Laissons à chacun ses libres et franches allures ; mais ne permettons pas que du fond de son cabinet, du haut de son observatoire stipendié, le fonctionnaire salarié puisse faire signe à toutes les puissances de la terre de venir porter le trouble dans son pays. Vous voyez que je ne marchande pas. J'établis quelle est la base de ma discussion, et quelle preuve j'ai à faire avant de dire au prévenu qu'il est coupable, et d'appeler sur sa tête les sévérités de la loi.

Eh bien ! entrons maintenant dans le débat.

Voyons ses opinions. Nous n'avons pas seulement ses écrits pour les apprécier. Il déclare, dans son interrogatoire et dans des termes qu'il est inutile de remettre sous vos yeux, qu'il est hostile aux principes et aux hommes de ce gouvernement-ci. Ah ! j'ai dit hier une chose dont je me repens, et dont je fais amende honorable. J'ai dit : « Il se vante quand il déclare qu'il est un » homme de parti. » Et quand j'examinais, en effet, les détails mercantiles de la correspondance, quand je lisais ces pièces émanées d'un magistrat, quand je voyais ce vulgaire marchand, ce marchand de mauvaise marchandise, tirant à lui quelques thalers et quelques sous de plus comme prix de ses honteux labeurs, je pensais que ce n'était pas là un homme de parti, un homme ayant des opinions ardentes et passionnées. Mais j'ai lu aussi le recueil de ses pensées, j'ai parcouru ces articles, ces chansons, ces documents immondes entassés au fond de son cabinet de fonctionnaire, et à cette passion insatiable, qui ne peut assez s'enivrer de calomnies et d'insultes, à cet esprit de vengeance, à cette infatigable ardeur, à cette haine que rien ne peut calmer, qu'aucune bonne action, aucun succès, aucune éclatante manifestation ne peuvent désarmer, qui salit tout et jette partout sa bave et son venin, oui, à ces traits, j'ai reconnu l'esprit de parti et ses fureurs !

Vous le connaissez maintenant tout entier. Il est hostile au principe même du gouvernement, il l'a lui-même déclaré. C'est là ce qu'il veut frapper, c'est là ce qu'il veut détruire, et pour y réussir dans la mesure de ses forces, il essaye de flétrir le principe dans l'homme qui le représente, dans le chef même de l'État. Voilà quelles sont ses opinions, et il est impossible qu'elles ne nous servent pas à apprécier ses actes. S'il a écrit sous cette influence, il est impossible que vous disiez seulement : « Ce sont là les écarts d'une plume famélique, » vous direz aussi : « Ce sont là les calculs de la passion, de la haine et de l'esprit de parti. »

Quand vous voyez d'ailleurs le caractère extérieur de cette correspondance, sans même l'interroger encore, quand vous voyez les précautions qui sont prises ; quand vous lisez cette lettre de Vienne, dans laquelle on lui dit : « N'envoyez pas telle pièce, je vais m'absenter, et à l'avenir je changerai de » signe afin qu'il soit impossible de vous reconnaître ; » quand vous le voyez se servir d'un chiffre pour écrire à tel ou tel journal ; quand enfin ces correspondances sont publiées dans les feuilles les plus ouvertement hostiles au gouvernement, il vous est bien difficile de penser que ces correspondances mystérieuses dont l'auteur prend tant de peine pour se cacher et craint tant d'être reconnu, ne sont pas coupables.

Telle est la présomption grave et presque accablante déjà, qui ressort, contre M. de Flers, de ce premier examen de l'affaire. Ah ! nous serions bien aveugles, — le défenseur, le loyal, honnête autant qu'habile défenseur qu'a choisi M. de Flers, le reconnaîtra assurément, — nous serions bien aveugles si nous ne voyions pas que c'est l'esprit de parti, autant que l'amour de l'argent qui lui a mis la plume à la main, qu'il était poussé à la fois par une misérable soif de gain et par la haine la plus ardente, et que son esprit était également livré à ces deux passions !

Examinons donc cette correspondance, jetons un coup d'œil sur ces journaux. Nous allons y voir que tous les jours il y a un travail complet où l'esprit qui les anime se révèle, où le but qu'ils veulent atteindre est clairement indiqué, où l'intention de nuire au gouvernement de l'Empereur est manifeste à chaque ligne. Voici, par exemple, la *Gazette d'Augsbourg*. J'ignore, messieurs, si vous savez quels sont ses sentiments politiques, ses hostilités, ses haines. Si vous ne le saviez pas, il y a au dossier un document qui va vous l'apprendre. Écoutez cette lettre :

« Monsieur le marquis,

» Votre facteur bien *dévoué* et d'une *probité hors d'épreuve*, a néanmoins oublié avant-hier d'apporter une lettre à la poste pour le rédacteur en chef de l'*Indépendance belge*. J'ai un grand intérêt de connaître nom, situation, caractère du sieur Y..... le correspondant officiel du journal.

» M. le baron de B... a été chez nous, au nom de M. X..., notre correspondant officiel. Nous l'avons dit franchement que nous n'aimions pas le gouvernement actuel, *mais nous n'attaquons que son principe*, jamais les personnes. Ce principe est d'une mauvaise influence sur notre patrie..... »

Le baron de B..., qui est-ce ? Pas d'équivoque, c'est M. le baron de Bourgoing. Il s'inquiétait, et il avait raison, des attaques incessantes qui étaient dirigées contre la France, dans la correspondance de Paris de la *Gazette d'Augsbourg*.

Voilà une des lettres, c'est celle du 6 octobre. Il y en a une autre du 16 mars 1855, c'est celle que j'ai eu hier l'honneur de vous lire en partie et

que je vous demande la permission de faire passer en entier sous vos yeux.
Elle est du même M. Herman Orges :

« J'ai eu beaucoup de plaisir à recevoir votre première lettre, après le grand
silence.....

» La *Gazette d'Ausbourg* tient beaucoup à cette correspondance, parce que vos
idées politiques sont les mêmes que les nôtres, et malgré tous les succès momentanés, vous restez convaincu que jamais un gouvernement basé sur un acte de la
plus grande immoralité, représenté dans sa majorité par des hommes suspects, ne
peut fonder pour un peuple un avenir assuré, surtout par une corruption systématique. Notre opposition, dans tout ce qui concerne la France, n'est jamais contre
le peuple, seulement contre le gouvernement.

» Vous pouvez compter, monsieur le marquis, que nous reproduirons toujours
vos pensées promptement et exactes, car nous sommes convaincus que votre jugement n'a d'autre but que l'intérêt du peuple français. »

L'intérêt du peuple français ! C'est ainsi que lui parle un Bavarois hostile
au principe même du gouvernement.

Je continue et je recommande ce passage si grave à toute l'attention de la
Cour :

» SI VOUS POUVEZ NOUS DONNER QUELQUES RENSEIGNEMENTS SUR LA
VÉRITABLE SITUATION DE L'ARMÉE EN CRIMÉE, et des provinces, nous vous
serons très obligés. »

Êtes-vous éclairés maintenant sur ses opinions, sur ses intentions, sur son
caractère? Est-il assez hostile au gouvernement de son pays, le fonctionnaire
public à qui le directeur de la *Gazette d'Augsbourg* écrit : « Vos sentiments
» politiques sont les nôtres? » Est-il assez étranger à tous les sentiments
de délicatesse et d'honneur, le fonctionnaire public auquel on adresse de
pareilles demandes? Ah! il ne s'agit plus de ce travail secret, souterrain,
difficile à saisir, qui consiste à dénigrer le gouvernement aux yeux des honnêtes gens et à le saper par la diffamation. On ose dire maintenant à cet
homme qui a tendu la main pour recevoir le prix de ses libelles : « Si vous
» pouviez nous donner quelques renseignements sur l'armée en Crimée » ! et
on ose le lui dire au plus fort de la guerre, au plus fort du péril, au moment
où nos soldats étaient exposés, dans ces régions lointaines, à l'action d'un
climat aussi redoutable que le feu de l'ennemi ! « Si vous pouviez nous donner
» quelques renseignements sur la situation de votre armée ! »

On vous dira qu'il ne l'a pas fait. J'aime à penser qu'il n'a pas donné ces
renseignements, qu'il ne pouvait pas les donner, qu'il ne pouvait pas
pénétrer, pour les connaître, dans les bureaux du ministère de la guerre.
Je l'espère, je le crois, il n'a pas commis une aussi odieuse lâcheté. Mais,
est-ce que cela nous suffit ? Mais s'est-il révolté contre l'infâme action dont
on l'a cru capable ? A-t-il écrit au directeur de la *Gazette d'Augsbourg* :
« *Vade retro, Satanas?* » Non, non, il est resté le correspondant fidèle, le
correspondant politique de ceux dont il partageait d'ailleurs tous les sentiments.

On vous dira peut-être : « mais la Bavière était alors une puissance neutre, et non une puissance ennemie de la France. Quelle différence ! » Sans doute. Je ne la trouve pourtant pas si grande ni en droit, ni en fait. Je ne la trouve pas si grande en droit, parce que la loi ne la fait pas toujours. Ainsi l'art. 80 du Code pénal parle du fonctionnaire qui aura livré les secrets de l'État et qui est puni de mort. Je ne sais pas si quelqu'un réclamerait contre l'application d'une telle peine ; c'est là, en effet, le plus grand crime social qu'on puisse commettre. Eh bien ! que ces secrets soient livrés à une puissance ennemie qui a déjà déployé ses drapeaux contre nous, ou à une puissance qui ne s'es pas encore déclarée, qui attend l'heure favorable pour nous montrer ouvertement son mauvais vouloir, qui regarde à l'horizon, qui cherche à connaître la vraie situation de l'armée française, pour savoir quand et contre qui elle devra prendre les armes, le législateur n'a pas fait, il n'a pas voulu faire de distinction. Quoi ! vous pactisez avec une puissance étrangère, et vous croyez vous excuser en disant que cette puissance n'est pas ennemie ? Mais elle peut l'être demain, et alors que deviendront les secrets de l'État ? N'en profitera-t-elle pas contre nous ? Ne les fera-t-elle pas tourner contre l'honneur, la gloire et le salut de notre pays ? Vous voyez donc que la différence n'est pas aussi grande qu'il vous plaît de le dire, et que le législateur a été sage quand il n'a pas voulu la sanctionner dans l'article 80.

Après avoir appelé votre attention sur ce qui rattache M. de Flers à la *Gazette d'Augsbourg*, je veux dire quelques mots de sa correspondance du *Journal de Dresde*. Celle-là a un caractère tout particulier. Le *Journal de Dresde*, feuille semi-officielle, est dirigé par un employé du ministère des affaires étrangères, M. Wiessner, et rédigé sous les inspirations du ministre lui-même, M. de Beust. M. de Flers entretient une correspondance avec ce journal. Je vous avais dit hier à quel point elle était hostile. On l'a contesté, je veux l'établir. Je vous avais dit qu'à plusieurs reprises et notamment à l'occasion de la mort de monseigneur Sibour, son correspondant de Dresde avait dû donner à M. de Flers des leçons de modération. On l'a également contesté, je veux vous lire les lettres elles-mêmes, qui rendront, je pense, toute discussion sur ce point superflue.

Lettre de M. Wiessner du 4 décembre 1855.

« Vos correspondances contiennent quelquefois des détails qui entrent un peu trop dans le domaine des personnalités pour être publiées dans les colonnes de l'organe officiel d'un gouvernement qui croit de son devoir d'éviter tout ce qui pourrait blesser un autre gouvernement ou les puissances qui lui sont rapprochées, mais cela n'empêche pas que ce genre de communication ne soit ou instructif pour nous, ou tout au moins d'un intérêt assez grand pour nous faire désirer qu'elles ne soient interrompues. »

Lettre du même, du 21 janvier 1857.

« J'ai eu l'occasion de vous faire remarquer que le caractère du journal de Dresde est celui du *Moniteur officiel* pour la Saxe royale. De ce caractère découle tous les égards que nous devons prendre non-seulement à l'égard des affaires intérieures, mais bien plus encore à l'égard de l'étranger. Pour ce qui est de la

France, je dois vous dire que votre ministre, M. le baron de Forth-Rouen, avec lequel je suis du reste personnellement au mieux, se fait traduire mot par mot tout ce qui se trouve dans le journal sur la France, et qu'il fait des réclamations auprès de M. de Beust contre tout ce qui ne lui convient pas. Or, une de vos correspondances, écrite immédiatement après l'assassinat de M. Sibour, et faisant une critique assez acerbe de celui-ci, de son adulation, de ses antécédents vis-à-vis de l'affaire Mannin, etc., a été l'objet d'une de ses plus vives réclamations, et la suite immédiate a été pour moi ce qu'on n'appellerait pas précisément une approbation.....

» Je vous assure, selon ce que j'ai remarqué l'autre jour, on préférera en haut lieu de ne plus s'exposer à des réclamations, dont une deuxième ou troisième pourrait facilement amener une résolution de se passer de toute correspondance écrite en français.

» .... Veuillez donc, monsieur, je vous prie instamment, écrire vos lettres, à l'avenir, de la sorte, qu'elles répondent strictement à ce que un « *Moniteur* » pourrait imprimer sans crainte de susciter des réclamations, surtout rien contre tout ce qui touche au gouvernement français, point de rapports qui portent ombrage à l'Autriche (ou M. de Hubner), ou à la Prusse ; point d'anecdotes personnelles piquantes. C'est dur, je le sais, mais c'est de rigueur.

» Arrangez donc vos lettres pour qu'elles puissent être traduites et imprimées, sans que je les ai révisées auparavant, car maintes fois je ne pourrai pas le faire. »

Pour vous faire connaître enfin la véritable situation de **M.** de Flers au *Journal de Dresde*, je vous demande la permission de vous citer encore un fragment d'une lettre de Wiessner du 5 avril 1855. M. de Flers s'était absenté ; il avait été remplacé par un de ses amis, ou plutôt par un de ses commis, qui faisait au besoin sa correspondance.

« ..... Je voudrais le prier d'apporter un petit changement à l'ordre de l'envoi de ses lettres si, ce qui va sans dire, cela peut se concilier avec ses arrangements, et m'adresser une lettre vendredi, au lieu de jeudi comme il a fait jusqu'ici, parce que cela répondrait beaucoup mieux aux dispositions à prendre par nous. *Il connaît l'usage double que nous faisons de sa correspondance* et c'est de ce chef-là, que je voudrais le prier *d'employer surtout dans ses lettres qu'il m'adresse les dimanches toute sa sollicitude pour les faire inoffensives*, telles qu'un journal comme le nôtre, qui vient d'être proclamé devant les chambres comme étant le seul organe officiel du gouvernement, puisse les insérer sans s'exposer à des réclamations de quelque part que ce soit. Je n'ai pas besoin d'ajouter qu'en disant ceci, je pense avant tout aux personnages d'une position élevée dans le régime français actuel. »

Qu'est-ce que cela, et que veut-on dire? Vous aviez deux correspondances, celle du dimanche et celle du jeudi, on en faisait un usage double ! « Il faut » que celle-ci soit plus inoffensive que celle-là! » J'ai voulu savoir quelle était la clef de cet *usage double*, et j'en ai trouvé l'explication fort claire dans une lettre du même M. Wiessner, qui est de quelques mois antérieure à celle que je viens de vous lire :

« Voici la combinaison en question. Outre le *Journal de Dresde*, il se publie en Saxe encore un second journal officiel, la *Gazette de Leipzig* (ne pas confondre avec la *Gazette allemande universelle de Leipzig*, citée quelquefois ces jours-ci par le *Moniteur universel*, qui, malgré son caractère officiel, jouit de plus de latitude, et à juste titre ne passe pour l'organe aussi direct des intentions du gouvernement comme notre feuille. Or, je voudrais vous demander votre permission de faire insérer dans la *Gazette de Leipzig* telles de vos correspondances ou telles parties de celles-ci qui par suite d'égards quelquefois dictés par la situation du moment ne sauraient convenablement trouver place dans nos colonnes.

Ainsi, pour le *Journal de Dresde*, ayez soin d'adresser des lettres toujours modérées, qu'on puisse envoyer sur-le-champ et sans les revoir à l'imprimerie, qui n'excitent pas surtout les plaintes du ministre français. Pour le *Journal de Leipzig*, vous avez libre carrière et vous pouvez le fournir d'anecdotes, d'historiettes, de personnalités qui amusent le public, ou de considérations qui mettent à nu les ressorts de votre machine politique.

Voilà les instructions données à M. de Flers : vous savez comment il les a suivies.

Vous vous expliquez maintenant la petite lettre saisie à la poste le 21 juillet 1861. Vous vous rappelez que le paquet saisi contenait un reçu signé de M. de Flers, une lettre politique rédigée par son secrétaire et annotée par lui, et destinée sans doute à être insérée tout entière dans le *Journal de Dresde*, et enfin la petite lettre que voici :

« Voici, cher monsieur, la quittance pour le trimestre échu ; nous sommes dans un grand gâchis. Mais l'Empereur persiste dans sa politique et rêve la réconciliation du Pape et de Victor-Emmanuel. Pietri, son bras droit, a établi son quartier général en Corse pour continuer ses intrigues françaises en Sardaigne. »

On a dit que c'était là une nouvelle bien innocente et qui n'apprenait rien à personne, puisqu'elle était rapportée dans une lettre du 22 juillet, et que c'était le 20 juillet qu'il y avait eu une discussion à ce sujet au parlement anglais. Oui, mais vous en parliez six mois auparavant. C'est vous qui avez jeté la nouvelle dans la circulation, et elle était d'une nature si grave, elle avait si bien fait son chemin par vos soins, réchauffée et renouvelée vingt fois, comme je vous le prouverai tout à l'heure par le *Journal de Genève*, qu'elle avait été l'objet d'interpellations dans le parlement et qu'il avait fallu que le gouvernement français y donnât un démenti. Grâce à cette nouvelle, les amis de leur pays en France et en Angleterre se voyaient à deux doigts de la rupture de l'alliance. Cette nouvelle, répétée obstinément après le 22 juillet, a donné lieu encore à de nouveaux discours, et le gouvernement français s'est vu dans la nécessité, nécessité cruelle, de condescendre à démentir encore la fausse nouvelle inventée, reproduite, propagée partout par le zèle du fonctionnaire public, du référendaire à la Cour des comptes.

Ce n'est pas tout encore :

« Je crois savoir, ajoute la petite lettre, que des ouvertures ont été faites à la reine Christine pour le cession, par l'Espagne à la France, des îles de Minorque et de Majorque. »

Vous jugez si une pareille nouvelle était de nature à troubler la paix publique, à incendier l'Europe, à compromettre l'alliance anglaise.

« A ce prix, la France appuiera l'Espagne dans l'occupation de Tanger et de Tétouan, et on la tiendrait quitte de la dette de 100 millions qui remonte à 1823. On
dit que la reine Christine a été bien embarrassée..... »

J'appelle enfin toute l'attention de la Cour sur ces derniers mots :

« ON NE PEUT METTRE CELA DANS UN JOURNAL, MAIS AVERTISSEZ-EN
M. DE B... (M. de Beust), CECI SERA CONNU AVANT QUINZE JOURS. »

Vous appréciez toute l'importance de cette lettre. Voilà une première nouvelle déjà répandue, reproduite cent fois, propagée d'une façon si habile, si
obstinée, si éclatante, qu'elle a donné lieu à des interpellations à la tribune
anglaise, que le gouvernement français est descendu de ses hauteurs pour la
démentir, que le monde en a été ébranlé. Peut-être tout ce bruit va-t-il
s'apaiser ? Non, car voici une autre nouvelle, et nous verrons ce qui en advien-
dra. Est-elle uniquement faite pour amuser ce public dont la curiosité se joue
autour du tapis vert de la politique ? N'est-ce qu'un cancan politique? Non
pas, c'est une nouvelle sérieuse, importante, non encore divulguée, « qui ne
peut pas être mise dans le journal, mais qui sera connue dans quinze jours. »
Allez chez votre ministre dirigeant, M. de Beust, qui tient tous les fils de la
politique européenne, allez le trouver, instruisez-le sans tarder de ce secret
que je vous communique, non pour le public, mais pour l'homme d'État, et
pour qu'il puisse en profiter aussitôt et prendre en conséquence ses mesures.

Voyons, messieurs, je le demande à tout le monde, à mon honorable et
loyal contradicteur lui-même. Il s'agit de savoir si M. de Flers est engagé
dans des correspondances qui ont pour but de troubler la paix publique.
Mais ne voyez-vous pas qu'il l'a troublée et qu'il la trouble tous les jours?
Ne voyez-vous pas qu'un bruit semblable est de nature à mettre l'Europe en
feu et à allumer l'incendie d'un bout du monde à l'autre? M. de Flers ne
peut pas démentir sa correspondance. Il a beau chercher mille expédients, il
ne peut échapper aux preuves qui l'accablent. Lorsqu'on le voit manifester
ses sentiments de haine à la *Gazette d'Augsbourg*, les produire dans le *Journal de Dresde*, les glisser dans l'oreille de M. de Beust, dont il trouble le
sommeil en lui disant : — « Prenez garde à l'homme qui gouverne la France;
c'est l'ambition insatiable, car la Sardaigne ne lui suffit pas ; il ne se contente
plus de la Ligurie et de l'île d'Elbe ; il veut les Baléares, et il a imposé dans
ce but un traité à l'Espagne ; » est-ce qu'il est au monde un homme raisonnable qui doute que cette correspondance à double face, à double objet, ait un
autre but que celui d'enflammer l'opinion publique, d'exciter la haine contre
cette ambition démesurée, et de soulever l'étranger contre le chef du gouver
nement français ? Je n'ai pas besoin d'insister : voilà le correspondant du
Journal de Dresde et de la *Gazette de Leipzig*.

J'arrive au *Journal de Genève*, et il me reste à vous montrer ce qu'y a fait
cet homme infatigable dans cette lutte de chaque jour et dans ce travail inces-
sant pour troubler et pour égarer l'opinion publique en Europe.

Quel est son rôle dans le *Journal de Genève?* Il l'a dit dans son interro-
gatoire, il en était le correspondant *en titre*. Qu'est-ce que cela veut dire ?
Évidemment, qu'il en était l'unique correspondant, qu'il en était le maître.
S'il y en avait eu un autre, on le connaîtrait. D'ailleurs, permettez-moi de

vous\ e dire, le *Journal de Genève* ne joue pas dans le monde un assez grand rôle pour avoir un correspondant dans toutes les capitales de l'Europe, ni surtout pour en avoir deux. Il faisait un grand effort, quand il donnait une somme de 500 francs par trimestre au marquis de Flers, de telle sorte que quand celui-ci dit qu'il était son correspondant principal, on ne peut pas douter qu'il ne fût le seul.

Quand ont cessé ses correspondances? Il y a eu là-dessus quelques tergiversations de M. de Flers, et vous n'en serez pas étonnés, en vous rappelant les calculs misérables où il s'est jeté dans cette affaire. Dans son premier interrogatoire, il avait dit :

« J'ai cessé parce que le premier président de la cour des comptes m'a fait venir au mois de novembre et m'a donné un avertissement, alors j'ai pris l'engagement de ne plus écrire, *et aujourd'hui je ne suis plus correspondant.* »

Plus tard, c'est au mois de décembre qu'il a fixé la date de cet avertissement. Dans son dernier interrogatoire, il hésite encore et il dit qu'en définitive c'est à la fin de décembre qu'il a été remplacé par son fils qui déjà, à l'occasion, le suppléait.

Ce n'est pas vrai, il n'a jamais cessé d'être le correspondant du *Journal de Genève*, il n'a jamais été remplacé par son fils. En définitive, il avait reçu un avis un an auparavant, en 1859, de la part de M. le premier président qui lui avait déclaré que ses fonctions au sein de la grande compagnie à laquelle il était attaché, étaient incompatibles avec une pareille agence. Il avait promis de cesser de correspondre avec les journaux étrangers. A-t-il continué, oui ou non ? Il a continué. Il a reçu un second avis, en même temps, ô justice ! qu'il obtenait un grade supérieur. A-t-il continué ? Parfaitement, et nous en avons la preuve certaine. Nous en avons la preuve par l'origine même de l'affaire. Il a eu depuis le même secrétaire qu'auparavant. La preuve qu'il n'avait pas renoncé à ce métier, c'est qu'on l'a trouvé debout, dans son cabinet, à côté de son secrétaire, et lui dictant une correspondance politique ; c'est qu'on a saisi ses lettres à la poste. La première est annotée de sa main, et la seconde, celle que je viens de vous lire, démontre que la correspondance était double, que l'une était publique et signée, que l'autre était clandestine et anonyme. Est-ce que ce n'est pas à lui, d'ailleurs, qu'a été envoyé le trimestre ? — Ah ! oui, du mois de mai. C'est par erreur. — Par erreur ! — Oui, et voici une lettre qui l'établit. Cette lettre, messieurs, nous allons vous en donner lecture. Elle est jointe à son interrogatoire, voici comment elle est conçue :

Mᵉ DUFAURE. — De quelle date est cette lettre ?

M. LE PROCUREUR GÉNÉRAL. — Du 17 août 1861... Ainsi, c'est vingt jours après la saisie que vous produisez pour votre justification une lettre, de qui? de M. Wiessner, de votre correspondant du *Journal de Dresde ;* une lettre écrite dans quel but ? Il n'y a pas besoin de commentaires, écoutez, messieurs :

« Ems, le 17 août 1861.

» Cher monsieur le marquis,

» Je viens vous demander un petit mot d'éclaircissement. Il était convenu entre M. le comte de Flers votre fils et moi, que pendant son absence de Paris, ce serait vous qui m'enverriez *pour lui*, le reçu d'un mandat émis par M. Michel Kaskel à Dresde, sur M. de Rothschild, et bon pour 483 francs, que je lui avais envoyé au mois de juillet.

» Ledit reçu ne m'est pas parvenu, or, puisqu'il est d'importance pour moi de savoir si le mandat en question est arrivé à son adresse, je vous prie d'avoir l'obligeance de bien vouloir m'envoyer *ici*, où je compte rester jusqu'au 27 courant, ou un reçu, ou un petit mot d'éclaircissement.

» Signé WIESSNER. »

Qui ne voit que c'est un certificat donné pour le besoin de l'affaire ? On a même eu le soin, de peur sans doute qu'on ne s'y trompât, de souligner ces mots : « *pour lui* ». Voilà la lettre qu'on produit. Je n'en fais pas grand état, et la Cour a déjà apprécié ce qu'elle vaut.

Il continue donc d'écrire à partir de décembre, mais avec des précautions. En 1861, le *Journal de Genève* est censé avoir pris plusieurs correspondants. Ce qu'il n'avait jamais fait auparavant, il met, *correspondances de Paris*, et coupe sa correspondance en plusieurs parties, dont chacune paraît être l'œuvre d'un écrivain différent. A la bonne heure ! c'est un moyen d'être tranquille ; c'est un moyen de se jouer de sa promesse, d'éluder les avertissements qui lui ont été donnés, et de dire, si on l'accuse d'être l'auteur de ces articles haineux, et si on lui prouve qu'il n'est pas devenu étranger au *Journal de Genève* : « C'est vrai, mais j'ai fait les correspondances innocentes, et non les correspondances coupables. » Voilà le moyen qu'on a imaginé ; et je comprends à merveille qu'un M. B... ait pu lui donner un certificat qui constate que le *Journal de Genève* a plus d'un correspondant.

Je trouve une autre lettre qui a été également jointe aux pièces, et qui porte, celle-là, la date du 15 juin 1861, c'est-à-dire une date antérieure au procès. C'est M. Adert, propriétaire du *Journal de Genève*, qui écrit à M. Camille de Flers :

« Mon cher Camille,

» ..... Je suis fâché de vous dire que vous me paraissez, parfois, céder à des passions dont il serait temps, pour des Français sensés, de se défaire. Vous me permettrez de vous dire que votre collègue (en correspondance) me paraît battre la campagne un peu plus souvent qu'à son tour. Eh ! mon cher comte, mon cher Camille, monsieur votre père y mettait bien autrement de mesure lorsqu'il m'écrivait. »

La lettre est merveilleuse. Elle est faite pour prouver que le journal a plus d'un correspondant, que M. de Flers n'y écrivait plus, que lorsqu'il écrivait, il y mettait infiniment de mesure... Malheureusement, elle n'est pas timbrée et n'a aucun caractère d'authenticité.

Voyons, en effet, quelle mesure il y mettait, et parcourons rapidement quelques-uns de ses articles. Je trouve d'abord, dans le journal du 12 septembre 1860, un passage de la correspondance qui se rattache à la lettre si capitale, si décisive, du 22 juillet 1861, sur la cession de la Sardaigne à la France :

« Tout le monde est convaincu qu'il existe entre l'Empereur et le Piémont un arrangement secret. Je vous ai déjà dit de quelle nature pouvait être cet arrangement et par quelles concessions (Ligurie, Sardaigne, île d'Elbe, cédées à la France) le Piémont était censé l'acheter. Je n'ai rien à ajouter aux renseignements que je vous ai transmis à ce sujet, et je laisse à votre correspondant de Turin le soin de vous renseigner plus complétement à cet égard. »

Voilà la nouvelle que le journal donnait le 12 septembre, et c'est le 20 juillet précédent que la tribune anglaise s'en était émue ; c'est dans le courant de juillet et d'août qu'elle avait été deux fois démentie par le *Moniteur*. Eh bien ! la voici reproduite encore dans le numéro du 4 octobre :

« La diplomatie demeure de plus en plus persuadée qu'il existe un traité secret entre la France et le Piémont, par lequel celui-ci nous céderait la Ligurie et l'île de Sardaigne. *Vous devez vous rappeler combien j'ai été affirmatif sur ce point, qui, maintenant, paraît obtenir toute créance.* »

21 août :

« Nous sommes à la guerre jusqu'au cou. Si les Autrichiens se remuaient vers le Pô (Modène), cela n'étonnerait personne. Les étrangers qui passent par Milan, venant d'Allemagne, croient que Napoléon est perdu. Les lettres anglaises inquiètent. »

Le 31 août, il écrit « que l'annexion de Nice et de la Savoie risque de soulever contre nous une coalition des quatre grandes puissances souveraines. »

Le 8 septembre :

« Toujours même torpeur à la Bourse. On y disait que l'Empereur avait ordonné au maréchal Randon, ministre de la guerre, de tout préparer pour pouvoir lancer au premier signal, et sur un point donné, une armée de 250 000 hommes. »

Comment voulez-vous que l'Europe ne soit pas effrayée, inquiète et troublée, quand un fonctionnaire public, un homme qui hante les salons officiels, assure avec une persistance qu'aucun démenti ne peut décourager, que l'Empereur exige du Piémont la Sardaigne et la Ligurie, qu'il demande à l'Espagne les Baléares, qu'il prépare une armée de 250000 hommes pour une expédition dont le but est inconnu ?

Voici maintenant sous quelles couleurs, tous les jours, il peint notre situation à l'intérieur. Ce sont les moins mauvaises, les moins hostiles de ses correspondances. Il faut inquiéter sur la santé de l'Empereur, qui est le centre même du gouvernement, et l'appui sur lequel nous nous reposons tous. Il écrit :

« Il y a des gens qui disent que l'Empereur se porte bien, mais j'ajoute plus de foi à quelques médecins de ma connaissance, qui prétendent que la santé de l'Empereur est réellement altérée, et qu'il s'est récemment produit des symptômes assez fâcheux qu'il s'agit de combattre. »

Le 14 juillet, la veille de nos saisies :

« On ne considère pas les nouvelles de Vichy comme très bonnes. L'Empereu maigrit visiblement, son appétit diminue, et il se décide enfin à suivre scrupuleusement les directions de M. le docteur Rayer. On dit que le vin est à peu près banni de la table impériale. »

Mais il faut surtout outrager le gouvernement ; il faut exciter contre lui la haine et le mépris. J'ai déjà eu occasion de vous citer ce passage sur le voyage de l'Empereur à Nice :

« On a dû prendre des précautions sérieuses pour la réception de l'Empereur à Nice. Les arrestations ont été si nombreuses que la prison de la ville en est pleine, etc. »

Le 3 octobre :

« Quelle étrange chose que le spectacle dont nous sommes les témoins ! Il dépend donc aujourd'hui d'un seul homme de faire tourner l'Europe d'un jour à l'autre sur ses gonds, et de bouleverser à chaque heure, pour ainsi dire, les principes politiques qui semblaient nous guider ! »

Je recommande à toute votre attention le passage que je vais faire passer sous vos yeux. L'Empereur était à Marseille au mois de septembre 1860. Il avait porté un toast à la ville de Marseille, il faut le dire, dans un magnifique langage, et, pour rassurer l'opinion publique, qu'on travaille sans cesse (et ce procès en est un mémorable exemple) à agiter, à égarer, il avait dit :

« Travaillons de toutes nos forces à développer les ressources de notre pays : les travaux de la paix ont à mes yeux des couronnes aussi belles que les lauriers.»

Et le correspondant, interprétant ces paroles au gré de sa passion, s'écrie :

« Tout cela est bien beau, tout cela est plus que rassurant... Eh bien ! comment se fait-il qu'en même temps que le télégraphe répand dans toute l'Europe ces paroles pacifiques, le bruit des armes retentisse plus que jamais, et qu'une guerre géné rale semble prête à éclater ? »

Comment cela se fait ? Cela se fait, parce que vous ne cessez de répandre dans le monde les nouvelles les plus fausses et les plus alarmantes.

« Je préfère laisser aux événements le soin de répondre, et ils parlent assez clairement sans qu'il soit besoin de les commenter... »

Vous le voyez, ce sont partout les mêmes accusations et les mêmes calomnies.
Le 10 octobre :

« Je suis en mesure de vous affirmer deux choses : la première, que M. de Grammont s'était engagé, au nom de l'Empereur, à empêcher, même *par la force* (c'est écrit en toutes lettres) le mouvement des Piémontais ; la seconde, que le gé- néral de Goyon avait réitéré *de vive voix* les mêmes assurances à M. de Lamori- cière. »

Et moi, je puis vous affirmer que les deux choses ont été hautement dé- menties par M. de Grammont et par M. le général de Goyon.
Le 24 septembre :

« Vous avez pu lire dans le *Siècle* la déclaration de M. de Cavour que l'empe- reur Napoléon avait écrit aux puissances pour les détourner d'intervenir contre le Piémont en faveur du pouvoir temporel du Pape, *parce qu'il* (Napoléon) *répondait de la sûreté de Pie IX.* Je ne croyais pas, il faut l'avouer, à cette nouvelle, qui me paraissait fabriquée pour les besoins de la cause, par le journal qui s'en faisait l'éditeur responsable ; mais mon étonnement n'a pas été médiocre lorsque j'ai acquis la conviction de son exactitude parfaite, avec cette seule différence que la communication n'a point été écrite, mais verbale, à peu près comme celle relative à la cession du Chablais et du Faucigny à la Suisse, en date du 4 février, *verba volant, scripta manent*. Il est si facile, en effet, de nier ce dont aucune preuve matérielle n'existe. Au surplus, personne n'a été dupe de cette communication, et toutes les cours savent parfaitement à quoi s'en tenir là-dessus. »

Il est impossible de montrer plus de haine et de mépris pour le chef du gouvernement. On n'a pas écrit, cette fois, parce que *verba volant, scripta manent !* C'est commode, en effet, à supposer ; il est facile alors au calomniateur de pousser loin les accusations de duplicité, de fausseté, de trahison, de manquement à la parole donnée. Il tient le même langage à la date du 6 septembre :

« Quoi qu'il en soit, je vous répète qu'on s'est trompé en haut lieu, lorsqu'on a pensé en imposer à l'Angleterre et au reste de l'Europe par la poudre qu'on leur a jetée aux yeux, passez-moi cette expression trop familière. L'effet produit est nul : toutes les lettres de Londres l'attestent, et, en Allemagne, chacun sait jusqu'à quel point l'irritation est portée contre les tendances ambitieuses qu'on suppose à notre gouvernement. »

Est-il possible de pousser plus loin l'esprit de dénigrement, et le parti pris d'insulter un gouvernement, de le traîner dans la boue, de le jeter en pâture à la déconsidération, à la haine et au mépris ? Voilà le langage, voilà l'esprit qui préside à la correspondance ! Voilà la volonté qui le dirigeait, le but qu'il cherchait à atteindre ! C'en est déjà trop, ce me semble, pour vous démontrer ce qui est plus clair que la lumière du jour.

Permettez-moi de vous rappeler ici un souvenir personnel.

Il y a trente ans, peut-être, un journal avait publié que M. le duc de Broglie, alors président du conseil des ministres, avait, dans la question espagnole, une double politique ; qu'il avait l'air d'appuyer le gouvernement de la reine Christine et qu'il s'entendait avec don Carlos ; qu'il avait même demandé à un général espagnol, qui s'appelait le général Latapie, si je ne me trompe, un mémoire en faveur de don Carlos. A cette assertion reproduite par quelques journaux, M. le duc de Broglie avait donné un démenti formel. On répondit à ce démenti en produisant une lettre du général Latapie, qui déclarait qu'il était bien malheureux d'être dans cette situation, mais enfin que son honneur l'obligeait, malgré lui, à porter ce témoignage qu'en effet le ministre lui avait demandé un mémoire.

M. le duc de Broglie, il faut lui rendre cette justice, n'hésita pas. Il n'écouta pas les conseils timides de ceux qui craignaient de le voir, lui président du conseil des ministres, descendre dans l'arène judiciaire et courir les chances d'un procès politique. Il pensait avec raison qu'il n'y a point d'injure plus intolérable pour un homme qui représente son pays, que d'être accusé de jouer un double rôle, d'avoir une double politique, l'une patente, l'autre occulte ; il pensait que c'était l'atteinte la plus grave à son honneur, à sa considération, et que satisfaction devait lui être donnée. Cette satisfaction, j'eus l'honneur de la demander pour lui, et ses adversaires furent condamnés.

Et l'Empereur... sera-t-il désarmé contre de telles attaques ? Est-ce qu'il sera possible de s'y livrer impunément contre lui soit en France, soit à l'étranger? Si une loi sévère les réprime à l'intérieur, est-ce que la loi de 1858 n'a pas voulu les atteindre à l'extérieur? Est-ce que dans le monde entier, devant l'Europe attentive et inquiète, il sera possible de représenter l'Empereur comme un ambitieux qui veut tout envahir, comme un fourbe qui manque à tous ses serments, comme un politique double qui essaye de tromper la bonne foi de toutes les cours, mais aussi comme un homme démasqué, qui n'inspire plus aucune confiance, qui ne peut plus faire de dupes, auquel on ne peut plus croire, même dans les circonstances les plus solennelles? Est-ce que la satisfaction qu'on a eu raison d'accorder à un ministre serait douteuse, lorsqu'il s'agit du chef de l'État? et, ce qu'on peut contre les outrages commis à l'intérieur, est-ce qu'on ne le pourra pas contre les outrages commis à l'étranger, lorsque ce n'est pas seulement aux yeux de la France, mais du monde entier, que le chef de l'État est systématiquement poursuivi avec une haine incessante, aveugle, sans nom comme sans mesure?

Non, ce n'est pas comme on le disait hier, d'une mesure disciplinaire qu'il s'agit ici. La discipline est faite seulement pour les cas que la loi n'a pu prévoir; elle exige du fonctionnaire, du magistrat, une probité plus grande, une conduite plus sévère, une observation plus rigoureuse de son devoir; mais ici, la discipline n'est pas en question, il s'agit de l'application de la loi. Le délit que nous poursuivons et que la situation du prévenu rend odieux, trouvera auprès de la justice souveraine qui nous écoute, une répression salutaire, et un exemple éclatant, nécessaire, sera fait contre ceux qui, au mépris de toutes les règles de leur profession, au mépris de toutes les obligations des fonctions qu'ils sont appelés à remplir, et après avoir prêté un serment solennel, ne craignent pas de le trahir et de fouler aux pieds tous les devoirs qu'il leur impose.

RÉPLIQUE DE Me DUFAURE.

Messieurs,

Nous sommes bien d'accord, M. le procureur général et moi : il ne s'agit pas d'une poursuite disciplinaire, et l'arrêt de la Cour ne se réduira jamais à un blâme. Ou il y a un délit et il doit y avoir une condamnation, ou M. de Flers doit être complétement renvoyé de la plainte dirigée contre lui. J'avais ainsi posé ma conclusion en terminant ma plaidoirie; M. le Procureur général a ainsi posé la sienne, si je ne me trompe, en terminant son réquisitoire.

M. de Flers a-t-il commis le délit pour lequel il est poursuivi? Sur la nature du délit, nous arriverons encore assez facilement à tomber d'accord, M. le procureur général et moi. J'avais dit, et je veux réparer cette erreur, que la Cour était saisie de la première poursuite judiciaire qui ait été intentée en vertu de la loi du 27 février 1858; déjà une poursuite semblable, intentée en vertu des articles 2, 4 et 5, les mêmes qu'on invoque contre nous, a été portée devant la Cour de Poitiers; elle est venue jusqu'à la Cour de cassation; et relativement au mot *intelligences* qui est un des caractères du délit puni

par l'art. 2 de la loi du 27 février 1858, la Cour de cassation s'est exprimée
ainsi dans son arrêt du 11 décembre 1858 :

« Attendu que l'art. 2 de la loi du 27 février 1858 punit d'un emprisonnement
de un mois à deux ans et d'une amende de 100 à 2000 francs tout individu qui dans
le but de troubler la paix publique ou d'exciter à la haine ou au mépris du gouvernement de l'Empereur, a pratiqué des manœuvres ou entretenu des intelligences
soit à l'intérieur, soit à l'étranger : que le sens de cette disposition est clair ; que
les mots dont se sert le législateur *pratiquer des manœuvres ou entretenir des
intelligences* soit à l'intérieur soit à l'étranger, ont été employés avec la même
signification dans d'autres parties de la loi pénale ; *qu'ils indiquent un ensemble
de faits ou d'actes, un concours ou un accord de volontés et d'intentions* qui demeurent spécifiés par le but coupable auquel ils doivent tendre, soit de troubler la
paix publique, soit d'exciter à la haine ou au mépris du gouvernement de
l'Empereur..... »

Ainsi, la Cour se le rappellera, l'arrêt exige un ensemble de faits ou d'actes,
un concours ou un accord de volontés ou d'intentions, dirigés vers un but coupable. J'avais dit à la Cour qu'on avait tort de se prévaloir de l'assimilation
des articles du Code pénal dans lesquels les même mots de manœuvres et
d'intelligences sont employés ; que le but y était tellement déterminé, qu'on
ne pouvait pas se méprendre sur le caractère des moyens.

On me répond : le but dans les art. 76 et 77 du Code pénal est déterminé
et a pu l'être parce qu'il est matériel : livrer une place forte, un port, engager
l'ennemi à entrer sur le territoire, tout cela est clair, précis, et l'on comprend
très bien que les moyens employés soient déterminés par le but lui-même.
Lorsque le but est purement moral, il n'est pas susceptible de recevoir dans
la loi une détermination aussi précise ; mais est-ce que pour cela il n'est pas
aussi clair qu'un but matériel ? Voyez le délit de diffamation qui porte atteinte
à l'honneur : ce n'est pas un fait matériel auquel on se livre, néanmoins il est
défini et puni. Il en est de même du but déterminé qui doit être, aux termes de
l'art. 2 de la loi de 1858, une condition essentielle du délit que cette loi punit.

Je demande à signaler une différence entre le délit de diffamation et le
délit d'excitation à la haine et au mépris du gouvernement : dans ce dernier
cas on rencontre la difficulté de déterminer la limite où finit le droit du
citoyen, où commence l'abus ; tandis qu'au cas de diffamation, vous n'avez
pas à chercher la ligne qui sépare le droit de l'abus, parce que le plaignant
n'est pas, que je ne sache, soumis à la censure publique de celui qui l'attaque. Relativement au gouvernement les législateurs eux-mêmes ont pris soin
de déclarer qu'il y avait à côté de l'abus possible un droit incontestable.
N'est-ce pas ce que disaient les défenseurs de la loi, lorsqu'ils soutenaient que
le projet n'était pas fait contre ceux qui émettent sur le gouvernement une
opinion plus ou moins vive, plus ou moins hostile ? Il y a donc une limite que
les tribunaux doivent déterminer avec soin, et qui rend difficile l'application
de l'art. 2 de la loi de 1858. Voilà pourquoi il n'y a aucune assimilation possible de cet art. 2, ni avec les articles du Code pénal, qui ont employé les
mêmes expressions appliquées à un but tout matériel, ni même avec la diffamation, délit purement moral, comme l'a dit M. le procureur général, mais
très défini et qu'il assimile mal à propos à l'art. 2 de la loi de 1858.

X.21

Maintenant je me demande d'après quelles règles on recherchera le délit puni par l'article 2 de la loi de 1858, à quels signes on pourra le reconnaître? et plus le délit est vague, plus il me sera permis de demander que la prévention soit précise dans les preuves qu'elle rapporte. De même, plus on accorde de facilité à la prévention pour se procurer ses preuves, et plus elle sera tenue d'en rapporter de positives, d'incontestables. Tous les moyens, d'après **M.** le procureur général, lui sont permis. Elle peut aller à la poste et saisir toutes les lettres qu'elle veut; elle peut aller au domicile des citoyens, prendre tous les papiers qui s'y trouvent, et, à l'aide des lettres saisies à la poste et des papiers pris au domicile des citoyens, justifier l'accusation qu'elle porte.

Soit, pour un moment j'admets que vous ayez tous les moyens à votre disposition, vous devez alors rapporter des preuves qui ne puissent laisser aucun doute dans l'esprit des juges auxquels vous demandez la répression. Nous verrons tout à l'heure si ce sont des preuves de cette nature que vous rapportez; mais je ne puis pas accepter que la prévention ait le droit de se prévaloir des documents recueillis comme l'ont été ceux qu'on invoque. J'avais dit qu'une saisie à la poste peut avoir été précédée de plusieurs; comment le saurons-nous, si l'on permet au préfet de police et à ses agents, alors qu'aucun juge d'instruction n'est commis, alors que la justice ignore complétement ce qui se passe, si on lui permet d'aller à la poste et d'y saisir ce qu'il veut; si on ne l'oblige pas même à appeler l'auteur des lettres saisies pour les ouvrir, au moins faudrait-il, avais-je dit, que nous sachions quelles sont les lettres qui ont été saisies, à quelle époque elles l'ont été, pourquoi on en a choisi une, et si celles que l'on cache ne seraient pas de nature à justifier le prévenu. A cela on me répond, le préfet de police n'a fait qu'user de son droit. Ce droit, il m'est permis de le contester, il n'y a aucune loi qui me l'interdise. On a parlé de l'arrêt des chambres réunies, j'en avais parlé moi-même, il n'a aucune autorité souveraine ; si j'avais trouvé qu'il y eût un intérêt décisif au procès, j'aurais reproduit la question et je me serais permis de demander à la Cour de la juger de nouveau. Mais il ne s'agit que de deux lettres et d'un reçu saisis à la poste; s'il y en a eu davantage je ne puis les produire. Eh bien! pour ces deux lettres et ce reçu, saisis à la poste le 22 juillet, je persiste à soutenir par des raisons qui n'ont pas été attaquées, je persiste à soutenir que ce droit de saisir ne peut être attribué au préfet et à ses agents, en dehors de toute instruction commencée, avec toute la latitude qu'on y met. J'ai montré qu'avec l'arrêt des chambres réunies, il n'y a aucune limite à ce droit; que toutes les lettres confiées à la poste sont à la disposition des préfets dans les départements et du préfet de police à Paris ; que restreindre leur droit à toute lettre servant à constater un délit, c'est établir une limite illusoire; qu'on ne sait, avant l'ouverture d'une lettre, si elle est innocente ou si elle servirait à constater un délit ; que même toute lettre est présumée innocente au moment où on la saisit; qu'en définitive, c'est accorder le droit de saisir toute lettre indistinctement et quand elle est innocente de la faire disparaître. Pouvoir exorbitant et d'autant plus dangereux qu'on n'oblige pas même l'officier de police à appeler l'auteur pour assister à l'ouverture de sa lettre. L'ouverture en est faite en son absence, et par conséquent on constitue l'officier de police maître absolu de la lettre qu'il a saisie ; il la garde s'il veut, il est même obligé de la garder pour ne pas faire connaître la saisie faite mal à propos, et il l'envoie à la justice s'il juge qu'elle puisse servir dans une instruction. Je proteste contre de telles prétentions et je ne suis pas le seul. Dans tous les temps, le principe que je soutiens, ébranlé, je le veux bien, par l'arrêt des chambres réunies, a été proclamé par tous les gouvernements qui ont été soucieux de leur dignité. Voici ce que disait Carnot le ministre de l'intérieur de Napoléon 1ᵉʳ, dans une circulaire du 8 juin 1815 :

« Je suis informé que dans plusieurs parties de l'empire, le secret des correspondances a été violé par des agents de l'administration. Qui peut avoir autorisé de pareilles mesures ? Leurs auteurs diront-ils qu'ils ont voulu servir le gouvernement et chercher sa pensée ? Porter de pareils procédés dans l'administration, ce n'est point servir l'Empereur, c'est calomnier Sa Majesté, elle ne demande point, elle rejette les hommages d'un dévouement désavoué par les lois, or les lois ne se sont-elles pas accordées, depuis 1789, à prononcer que le secret des lettres est inviolable ? Tous nos malheurs aux diverses époques de la révolution sont venus de la violation des principes, il est temps d'y rentrer. Vous voudrez bien faire poursuivre, d'après toute la rigueur des lois, cette infraction d'un des droits les plus sacrés de l'homme en société ; la pensée d'un citoyen doit être libre comme sa personne elle-même. »

Messieurs, je ne considère pas ces réflexions, quoique je n'en aie pas fait l'objet de conclusions précises, comme étrangères à notre contestation. La Cour voudra bien le remarquer, d'après la nature même du délit qui est imputé au marquis de Flers, le seul moyen régulier et légal serait de produire tout ce qu'a écrit le marquis de Flers, de le comparer, d'en rechercher la portée. C'est dans cette comparaison, dans cette confrontation de documents émanés de lui, qu'on pourrait voir si, en effet, il a été poussé par l'esprit de parti à provoquer partout des haines contre le gouvernement de l'Empereur. Eh bien ! s'il y a une autorité en dehors de la justice qui ait le pouvoir d'arrêter des lettres, de les ouvrir, et quand elle les connaît, de les produire si elle les juge coupables, et de ne pas les produire si elles sont innocentes ; je le demande : la condition faite au prévenu par ces détestables pratiques est-elle tolérable ?

Ce que je viens de dire de la saisie des lettres à la poste, je le dis encore de la manière dont la saisie a été opérée chez M. de Flers. Le ministère public me disait tout à l'heure : Mais que demandez-vous de plus que ce qu'on a fait ? Vous voulez un procès-verbal ? J'en présente un. Vous voulez que les lettres et autres documents soient réunis en liasse et mis dans des sacs particuliers sous cachet ? Ils ont été déposés au greffe, où vous avez pu voir classés en liasses particulières et sous scellés, tous les papiers qui ont été saisis chez M. de Flers ; toutes les formalités ont donc été remplies. Vous vous plaignez seulement de ce que, conformément aux habitudes judiciaires constatées si énergiquement par nos anciens jurisconsultes et par M. Faustin-Hélie, on n'ait, ni sur les lettres, ni sur les documents saisis, ni même sur le procès-verbal qui a été rédigé, réclamé la signature de M. de Flers ! Qu'est-ce que cela fait ? Avez-vous la prétention de dire qu'on devait vous la demander sous peine de nullité, et que ne l'ayant pas fait, cette procédure a été irré-gulière et illégale ?

Messieurs, elle l'est, d'autant plus qu'elle n'a pas eu lieu chez M. de Flers. J'avais l'honneur de le dire à la Cour hier, je le lui affirme encore aujourd'hui, il n'y a pas un procès-verbal qui dise le contraire, il n'y a pas une autorité qui puisse me démentir, pas même celle du commissaire de police ; la Cour peut l'entendre, l'interroger, la Cour saura par lui qu'on est descendu chez M. de Flers, QU'ON A SAISI TOUS SES PAPIERS, QU'ON LES A EMPORTÉS, QU'ON A RÉDIGÉ LE PROCÈS-VERBAL JE NE SAIS OU, et que c'est pour cela qu'on n'a pas demandé et qu'on ne pouvait pas demander sa signature, pas plus que son pa-raphe sur les lettres saisies, de manière qu'il y a eu une monstrueuse illégalité dans la façon dont on est descendu chez M. de Flers pour lui enlever ses papiers. On me dira : Quelle méfiance vous anime ? Pourquoi croyez-vous que le com-missaire de police qui a saisi les papiers ne les a pas tous compris dans la liasse qu'il a envoyée au juge instructeur ? Est-ce que c'est moi qui invente cette méfiance ? Toutes les précautions prises par le Code d'instruction criminelle n'en sont-elles pas le produit ? Les formalités qu'il prescrit n'ont-elles pas pour but de mettre le magistrat instructeur à l'abri de tout soupçon ? Lisez Jousse, lisez M. Faustin-Hélie, il énumère toutes les conditions qui doivent être remplies dans des circonstances aussi graves que celles où on envahit le domicile du citoyen, où on enlève tous ses papiers. Lisez, et vous verrez que toute formalité prescrite est une garantie donnée au prévenu, une précaution prise contre le magistrat lui-même. Ce n'est pas moi qui le dis, ce sont les jurisconsultes de tous les temps, c'est la loi ; ce sont les jurisconsultes de tous les temps même d'une époque où la législation criminelle était bien loin d'avoir fait dans le sens de l'humanité les progrès qu'elle a faits de nos jours. Eh bien ! je le répète, pour M. le marquis de Flers, aucune de ces formalités protectrices n'a été observée. ON A FAIT LOIN DE LUI UN TRIAGE DES PAPIERS TROUVÉS CHEZ LUI, ET ON A ENVOYÉ AU JUGE INSTRUCTEUR CEUX QU'ON A JUGÉ A PROPOS D'ENVOYER.

Mais on a dit avec raison que M. de Flers, interrogé par le conseiller instructeur sur la question de savoir s'il lui manquait quelques lettres, a répondu qu'il croyait qu'il lui en manquait quelques-unes de M. de Monta-livet et de M. le comte de Cavour ; puis qu'après une lettre de protestation, interpellé de nouveau, il a répondu qu'il n'avait rien à ajouter. Mais il ne pou-vait pas répondre autrement. Qui peut se souvenir de tous les documents qu'il a entassés chez lui depuis dix années? On invoque contre M. de Flers principalement des lettres qui lui auraient été écrites en 1854 et 1855 par le propriétaire de la *Gazette d'Augsbourg*. Quelle est sa situation ? Il faut se défendre contre les inductions que l'on en tire ; mais pour se défendre, a-t-il chez lui toutes les lettres par lesquelles il pourrait expliquer celles qu'on invoque? S'il les avait, ne trouverait-il pas la clef de toutes les difficultés qu'on soulève, qu'on a réunies à plaisir? Comment pourrait-il avoir gardé le souve-nir de toutes les lettres et documents qu'il a reçus? Depuis 1856, c'est-à-dire depuis cinq ans, il n'a plus eu aucun rapport, aucune relation avec le rédac-teur de la *Gazette d'Augsbourg*. Ce fait, on ne peut pas le contester, il est établi par l'instruction ; et voilà pourquoi ce que M. de Flers a répondu, il le

devait répondre, à moins qu'on nous demande à tous d'avoir un inventaire
permanent de toutes les lettres que nous recevons dans notre carrière politique ou judiciaire, de tenir cet inventaire à jour, de faire chez nous ces
liasses que l'officier de police judiciaire a faites je ne sais où pour les papiers de M. de Flers ; de les tenir en état, de manière que si l'on vient nous
demander ce que nous avons chez nous, nous puissions le dire ; à moins de
cela, la Cour comprendra qu'il est impossible que M. de Flers puisse dire
quels étaient les documents qui se trouvaient dans ses cartons, confusément
emportés par le commissaire de police qui a fait l'invasion du 24 juillet 1861.

J'en ai assez dit sur ce point, la Cour appréciera. Je persiste à soutenir
qu'il y a eu une illégalité, et je la signale principalement parce qu'elle a
dépouillé M. de Flers d'une partie de la défense qu'il aurait pu présenter
pour un délit de cette nature. Et maintenant, j'aborde la preuve qu'on a
essayé de faire pour établir que M. de Flers est coupable du délit prévu par
la loi du 27 février 1858.

On a parlé de ses antécédents. M.°de Flers ne redoute en aucune manière
toutes les recherches qu'on pourrait faire sur sa vie privée. Vous en connaissez tous les traits. Il y en a dont on ne vous parle plus ; on reconnaît
que ce n'est plus à vous qu'on doit en parler. Il y a ces demandes de concessions de chemin de fer ; il y a ces relations pécuniaires qu'il avait avec les
rédacteurs des journaux étrangers. Il y a ces deux choses, mais rien au delà.
Et je laisse cela de côté, parce qu'on a reconnu que ce n'était pas à la Cour à
en connaître. Hors de là, qu'avez-vous à dire de ses antécédents? quels reproches avez-vous à lui faire ? A quelle époque sa carrière n'a-t-elle pas été
parfaitement honorable ? Quelle tache a marqué sa vie?

Vous parlez de lettres saisies chez lui ; vous pouvez les produire. Vous
parlez d'*ordures* saisies chez lui ; je voudrais bien qu'on expliquât une pareille expression. Vous faites une confusion. Dans les différentes saisies qui
ont été faites, il y a quelques malheureux vers qu'on a trouvés ; mais ils n'ont
pas été saisis chez M. de Flers; et je prie que, dans une accusation de cette
nature on soit précis, afin que la Cour ne puisse se laisser impressionner que
par des faits qui soient personnels à celui sur le sort duquel elle est appelée à
prononcer, et non pas par des faits qui lui sont complétement étrangers.

Mais, dit-on, nous connaissons maintenant les mobiles de toutes les correspondances de M. de Flers. Hier nous nous sommes trompés ; nous avons
cru qu'il n'avait qu'un mobile, celui de gagner les quelques sommes qui lui
étaient envoyées par les rédacteurs des journaux étrangers. Nous n'avions pas
voulu lui faire l'honneur de croire qu'il était un homme de parti, et que
c'était sous les impulsions et les ardeurs d'une cause politique qu'il avait
écrit les correspondances incriminées. Mais la nuit porte conseil ! cette nuit
nous nous sommes éclairés. M. de Flers est un homme de parti, pas autre
chose, et c'est là ce qui l'a poussé à cette haine vigoureuse contre l'Empereur,
qui s'exhale dans toutes les correspondances qu'il a écrites.

Je ne crois pas que la découverte faite cette nuit par M. le procureur générale soit heureuse ; l'explication d'aujourd'hui remplace celle d'hier et ne vaut
pas mieux. C'était, disait-on, pour recevoir les honoraires qu'on lui envoyait
qu'il était si agressif, et voyez la contradiction ; on prétendait trouver des

lettres, soit du rédacteur de la *Gazette d'Augsbourg*, soit du rédacteur du *Journal de Dresde*, dans lesquelles on aurait recommandé à M. de Flers d'être plus modéré, et en même temps la prévention soutenait que c'était pour gagner son traitement que M. de Flers avait été si animé. M. le procureur général a reconnu qu'en mettant la cause sur le terrain où il l'avait placée hier, il n'y avait aucun compte à se rendre, aucune raison à se donner pour que M. de Flers eût été aussi vif qu'on le suppose dans les correspondances qu'il aurait envoyées ; c'était un délit sans motif qu'on poursuivait dans l'audience d'hier ; dans l'audience d'aujourd'hui c'est un délit motivé qu'on veut poursuivre, motivé par les emportements de l'esprit de parti.

J'avais dit hier, qu'en effet, dans les notes que le commissaire de police a écrites sur plusieurs des liasses qu'il envoyait à l'instruction, apparaissait l'idée de rattacher l'affaire du marquis de Flers à une cause politique; particulièrement sur la liasse, incomplétement produite, des lettres de M. de Montalivet, on avait écrit que de la lecture de ces lettres il semble résulter une conformité d'opinion et de sentiments politiques entre M. de Flers et M. de Montalivet et son parti.

Toute la vérité est à dire sur ce point. M. de Flers n'a aucun désir de renier ses affections ni ses opinions ; il a été profondément attaché à la famille royale d'Orléans. Cela est vrai, il est resté fidèle à cette famille même malheureuse et exilée, il ne le conteste pas. Mais qu'il ait été poussé par ses sentiments d'affection et de sympathie pour la famille d'Orléans, jusqu'à commettre le délit qu'on lui reproche, non ; voilà contre quoi il proteste. Il a la prétention d'être animé des mêmes sentiments que ceux à qui il a gardé toutes ses sympathies ; d'aimer son pays comme eux et de mettre la même mesure dans l'expression de ses opinions. Mais que cela l'ait conduit à sortir de son caractère, à devenir violent de modéré qu'il est, infidèle au serment qu'il a prêté, lui qui se prosterne devant le respect et la religion du serment !

Ainsi ne parlons pas d'antécédents, il n'y a dans la vie de M. de Flers rien qui vous conduise à croire qu'il ait été coupable du délit qui lui est reproché par la prévention. Il faut qu'on vous rapporte d'autres preuves : nous les avons demandées hier, nous les demandons encore aujourd'hui au ministère public, et nous sommes obligés, avant d'examiner les détails du procès, de revenir sur une observation que nous avions présentée.

J'avais établi une distinction entre les documents qui étaient antérieurs, soit à la loi dont on demande l'application, et qui seule a créé le délit qu'on poursuit, soit au 24 juillet 1858, époque à laquelle remonte le délai de la prescription. M. le procureur général m'accorde qu'on ne peut pas poursuivre M. de Flers, à raison des faits qu'il a commis, des lettres qu'il a écrites avant, soit le 27 février 1858, soit le 24 juillet de la même année ; il ne conteste pas qu'ils ne peuvent pas être des éléments de la poursuite, de la condamnation, ce qui revient simplement à dire que vous ne pouvez le condamner pour ce qu'il a fait avant que les actes qu'on lui reproche fussent des délits, ou pour les actes que la prescription est venue couvrir. Mais on dit : si nous ne pouvons les considérer comme des actes coupables, nous pouvons les considérer du moins comme des éléments du débat ! Des éléments du débat... Comment ! La loi n'a pas d'effet rétroactif; et tous les faits antérieurs au 27 février 1858,

quelle que soit leur nature, ne peuvent pas servir à motiver une condamnation ; tout ce qu'on reproche à M. de Flers, en supposant vraie toute la correspondance qu'on invoque contre lui, ce que je conteste, tout cela ne constitue pas un délit, tout cela pourrait être l'objet d'une poursuite disciplinaire, mais non d'une poursuite criminelle ; et vous prétendez invoquer contre lui, comme éléments du débat, comme moyen direct ou
indirect d'apprécier sa culpabilité, des actes qui n'étaient pas coupables, des
actes qui étaient parfaitement légitimes lorsqu'ils ont été accomplis ! Comment
pouvez-vous donc arriver à ce résultat ? Comment ne sentez-vous pas une
contradiction flagrante dans cette prétention qui, ne pouvant aller jusqu'à
demander une condamnation pour des actes innocents, veut en faire un élément de débat ? Je dis, au point de vue de la prescription : pourquoi, au bout
de trois ans, toute action contre un prévenu est-elle prescrite ? parce que le
législateur a parfaitement compris qu'après trois ans écoulés, la défense n'était
plus libre et entière, que les moyens de défense pouvaient être perdus, que,
par conséquent, il fallait mettre un terme à la faculté de poursuivre. Donc,
lorsque la loi a fixé arbitrairement, je le veux, à dix ans, la prescription des
crimes, et à trois ans celle des délits, c'est pour le prévenu, c'est pour
l'honneur du grand principe de la liberté de la défense qu'elle l'a fait. Que
deviennent alors ces éléments du débat dont vous entendez vous prévaloir, ils
sont incomplets, la défense n'est plus entière. Je me défendrais autrement si
ces documents n'étaient pas si anciens ; à côté d'une lettre que vous invoquez,
j'en aurais quelque autre qui l'expliquerait. Permettez-moi, messieurs, d'en
prendre un exemple dans les faits mêmes qui viennent d'être rappelés par
M. le procureur général.

En 1855, à la date d'octobre, je crois, le rédacteur de la *Gazette d'Augsbourg* écrit à M. de Flers, et lui demande des renseignements sur la situation
de notre armée en Crimée. Quant à moi, je suis convaincu que M. le procureur général a grossi, outre mesure, l'importance de cette demande ; je suis
convaincu qu'elle n'avait pas pour but, comme il le dit, de ruiner l'armée
française et d'assurer le triomphe de nos ennemis. Je suis profondément convaincu de cela, mais enfin j'admets le doute.

Cette lettre a été écrite en 1855. Eh bien ! M. de Flers affirme qu'il n'y a
pas répondu, et qu'à cette époque il a rompu ses relations avec la *Gazette
d'Augsbourg*, non pas pour cette phrase que j'ai citée, mais parce que ces
relations ne lui convenaient plus.

Comment voulez-vous que je prouve cela ? Si nous étions à l'époque,
je trouverais les moyens de preuve ; mais où les prendre après six ans ? Je
montrerais que, dans la lettre qui m'a été écrite, la phrase incriminée n'a
rien de coupable, ou bien que je n'ai jamais donné les renseignements qu'on
me demandait. Comment pourrais-je le faire aujourd'hui. Et ne voyez-vous
pas, par ce seul exemple, que là s'applique précisément le motif sacré pour
lequel le législateur n'a pas voulu qu'après trois ans on pût être poursuivi. Je
n'accepte donc à aucun degré la distinction faite par M. le procureur général ;
je n'admets pas que des lettres qui ne peuvent pas être un des éléments de
la condamnation, puissent être un des éléments du débat. Je demande à la
Cour de rejeter tout ce qui est étranger aux faits sur lesquels elle aura à sta-

tuer. Je maintiens ma proposition, je la tiens dès ce moment pour vraie, et je mets de côté les documents invoqués qui remontent à une époque antérieure au 27 février 1858 et même au 24 juillet.

Quels sont les documents qui restent sous vos yeux, et à l'aide desquels vous pouvez prononcer la très grave condamnation, grave par le caractère de celui que vous devriez frapper, grave par les conséquences qu'elle aurait, la très grave condamnation qu'on vous demande?

On a saisi à la date du 24 juillet, et cette fois je ne parle que des documents qu'on a mis au procès, on a saisi chez le secrétaire de M. de Flers des notes écrites de la main de M. de Flers, et envoyées à son secrétaire à l'époque où il pouvait avoir des correspondances avec les journaux étrangers. Vous avez une collection de ces notes; celles-là nous ne pouvons pas les contester, tandis que les correspondances avec les journaux étrangers, qui nous sont attribuées, nous pouvons dire : elles n'émanent pas de nous. J'avais dit : Consultez-les, au nom du ciel ! M. DE FLERS DEMANDE A ÊTRE JUGÉ SUR SES PROPRES ÉCRITS, NON SUR LES ÉCRITS D'AUTRUI, et je crois que c'est son droit, un droit incontestable, un droit de tous les temps !

Que m'a-t-on dit de tous ces documents que M. le procureur général a dans les mains? Je suis fâché de le dire, mais il n'en a pas même été parlé, ni dans le réquisitoire, ni dans la réplique que vous venez d'entendre; le ministère public a omis de le faire. Vous lirez ces notes, messieurs; vous y trouverez quelquefois des critiques sur la conduite du gouvernement, ou des bruits recueillis dans les salons de Paris, mais vous n'y trouverez jamais rien qui ait le caractère des publications punies par l'article 2 de la loi du 27 février 1858, rien qui indique que M. de Flers eût pour but de troubler la paix publique, et d'exciter à la haine et au mépris du gouvernement de l'Empereur. Je vous prie, messieurs, de lire ces notes, et vous verrez le caractère des correspondances que M. de Flers inspirait à son secrétaire. Elles n'ont pas été faites à une époque suspecte; elles ont été saisies le 24 juillet, dans le domicile de M. Landwehr; elles n'ont donc pas été imaginées postérieurement pour servir de moyens de défense. Si, comme on vous le demande et comme cela est vrai, votre mission est de rechercher quelle a été dans ses écrits la pensée, l'intention intime et profonde de M. de Flers, c'est là que vous devez la saisir. Vous y trouverez, je le répète, quelques critiques inoffensives et encore un esprit d'impartialité évident, dans certaines circonstances et dans des passages que j'ai mis hier sous les yeux de la Cour. Il me semble que c'est là la première de toutes vos preuves, le premier des éléments du débat, puisque c'est ce qui est sorti de la main de M. de Flers. Comment se ferait-il que, dans aucune de ces notes, et elles sont nombreuses, par lesquelles il inspirait la correspondance de M. Landwehr, on ne trouve la moindre trace de cette haine aveugle et furieuse qui, dit-on, l'animait contre le gouvernement français? N'est-il pas évident que nous avons là un type de la correspondance de M. de Flers avec les journaux étrangers, avec les journaux de Bruxelles, avec le *Journal de Dresde*, avec le *Journal de Genève?*

En outre, on a saisi à la poste une lettre de M. de Flers qui porte la date du 22 juillet, et une autre de son secrétaire sur laquelle il y a trois ou quatre mots de la main de M. de Flers; enfin, lors de l'invasion qu'on a faite de son domicile on l'a trouvé, déclare mal à propos le commissaire de police, dictant à M. Landwehr une lettre qui n'a pas été lue au débat et que je mettrai sous les yeux de la Cour. On a eu le droit d'invoquer ces documents, je le reconnais sans difficulté. Ils ont tous un caractère qui les rattache à M. de Flers, puisque l'un est entièrement de lui, que l'autre est revêtu de quelques caractères de sa main, et que le troisième était écrit par son secrétaire en sa présence. De ces trois écrits, le premier que je rappelle sommairement a été lu tout à l'heure; c'est une lettre qui n'était pas destinée aux journaux. M. de Flers commence par parler du rêve de l'Empereur de réconcilier le Pape avec Victor-Emmanuel; certes cela n'est pas coupable; puis il parle d'intrigues tramées pour annexer la Sardaigne, et enfin d'une espèce de transaction qui aurait été proposée à Marie-Christine pour la cession des îles Baléares à la France; et le ministère public s'écrie : Voyez, la lettre n'a été écrite que pour mettre l'Europe en feu. Je ne peux pas reproduire toutes les paroles animées que M. le procureur général a prononcées à l'occasion de cette seule lettre du 22 juillet; on y parle, a-t-on dit, des îles Baléares, de la Sardaigne, de l'île d'Elbe, de la Ligurie; et on a déclaré que c'était à l'occasion de cette lettre que des débats orageux avaient eu lieu au parlement d'Angleterre. Voyez, messieurs, jusqu'où l'accusation elle-même peut se laisser entraîner; la lettre parle précisément des débats qui ont eu lieu au parlement anglais, ces débats sont donc antérieurs à la lettre de M. de Flers, et à quelle occasion ont-ils eu lieu? à l'occasion des articles publiés dans les journaux français : M. Kinglake, l'auteur de la motion, rappelait que lorsque la France avait annexé la Savoie et Nice, c'était par des préludes semblables que l'Europe y avait été préparée, c'était à l'occasion d'articles de la *Patrie* et d'autres journaux même moins rapprochés du gouvernement que l'Europe avait été agitée, et que le parlement anglais s'était ému. M. de Flers n'y était pour rien, et quand il écrivait cela dans la lettre saisie le 22 juillet, on l'avait dit depuis bien longtemps; c'était un bruit qui avait couru en Europe je ne sais combien de fois. Cela est si vrai que je le trouve dans le *Journal de Genève*, à quelle époque? en novembre 1860, à une époque antérieure de dix mois. Donc en écrivant cela le 22 juillet, M. de Flers n'inventait rien, il rapportait un bruit qui circulait autour de lui, un bruit qui avait fait l'objet de beaucoup d'articles de journaux, un bruit déjà commenté dans une partie de la presse française, et particulièrement dans la presse officielle, et discuté au parlement anglais. Quant à la transaction proposée à la reine Marie-Christine, il disait : *je crois savoir* que le gouvernement français a proposé... Je crois savoir... Le fait est-il vrai, est-il exact? Je ne sais si dans cette audience il y aurait personne qui pourrait donner à la Cour une affirmation sur ce point. Ce que je sais, c'est que M. de Flers ne l'affirme même pas, il rapporte un bruit qui avait circulé, *je crois savoir*... Voilà tout ce que vous trouvez dans la lettre du 22 juillet 1861.

Je vous le demande, n'est-ce pas tout exagérer et dans des proportions incroyables, que de voir une intention déterminée chez M. de Flers, de soulever l'Europe entière, d'ébranler tous les rois sur leurs trônes et de mettre l'Empire français au ban du monde, lorsqu'il écrivait ces deux paragraphes en recommandant de ne pas les mettre dans les journaux ! On donne donc à cette lettre isolée une portée excessive.

Mais il y avait une lettre de son secrétaire sur laquelle M. de Flers avait écrit quelques mots : j'ai dit hier à la Cour quels étaient ces mots ; et la Cour se rappelle qu'ils étaient parfaitement innocents ; M. de Flers avait écrit que M. le baron de Vidil et M. de Pontalba avaient été expulsés du Jockey-Club. Il n'y a certainement aucun crime à dire cela. Puis il avait écrit que l'Empereur avait donné l'ordre à M. de Grammont de retourner à Rome et que M. Farini devait être arrivé à Munich ; tout cela était parfaitement innocent ; tout à l'heure on disait : mais la lettre elle-même qu'avait écrite le secrétaire et qui évidemment avait été dictée par M. de Flers ! Eh bien ! je vais vous faire connaître cette lettre et vous allez voir quelle est sa culpabilité. Songez bien qu'elle a été saisie à la poste, que c'était une lettre partant pour aller au correspondant de Dresde, et que cette lettre est encore de nature à montrer l'esprit dans lequel étaient faites les correspondances de M. de Flers. Cette lettre est longue, il y a des passages absolument étrangers à la France, dont la Cour et le ministère public me permettront de ne pas donner lecture. Il y a un passage relatif à la Russie et à l'Autriche, il y en a un autre relatif au départ de M. de Kisselef ; on parle du Monténégro, on parle des affaires d'Allemagne et dans tout cela il n'y a rien qui se rapporte à la France. Mais voici un passage qui la concerne :

« Nous quittons décidément la Chine et nous n'y laissons provisoirement qu'un corps de 2000 hommes, le reste reviendra en France, pas entièrement, une grande partie ira en Cochinchine ; l'amiral Charner vient de réorganiser le pays et se prépare à rentrer en France. On considère l'établissement des Français en Cochinchine comme tout à fait définitif, et quoique personne n'ait encore rien dit, je crois pouvoir vous assurer que la France a les plus vastes projets de ce côté. Comme elle est soutenue par les sympathies des habitants, je puis presque vous dire que la Cochinchine va devenir une province française. L'amiral Charner a fait tout un plan d'organisation, mais l'Empereur a ses idées tout à fait arrêtées et le travail qu'il fait est, dit-on, fort curieux. Je dois vous faire remarquer que la France n'a aucune espèce d'engagement avec l'Angleterre sur cette question, qu'elle a même toujours refusé de s'expliquer à cet égard lorsque le cabinet Palmerston a voulu l'interroger. D'après les plans que j'ai sous les yeux, on s'occuperait à se consolider dans la province nouvellement acquise. Mais peu à peu on gagnerait du terrain, et je crois pouvoir vous annoncer qu'on saisira la première occasion favorable, aussitôt que les chaleurs seront passées, pour s'emparer de Hué, la capitale de Cochinchine. »

Voilà ce qu'il y a dans cette lettre que M. de Flers n'a pas rédigée, mais dont il a accepté dans une certaine mesure la responsabilité en y écrivant quelques mots ; voilà ce qu'il y a dans cette lettre sur la politique française. Eh bien ! quel caractère trouvez-vous à cette correspondance ? Est-elle hostile au gouvernement impérial ? Elle parle de notre entreprise, elle rend hommage au loyal et vaillant amiral qui l'a si bien conduite. Elle parle des sympathies des populations de la Cochinchine pour la France, des améliorations que nous devons introduire dans ce pays, de l'intérêt que l'Empereur porte lui-même à ces projets ; elle annonce les progrès que plus tard nous aurons à faire dans cette nouvelle province française. Je ne crains pas de le dire, il n'y a rien là qui porte atteinte à la dignité de la France, rien qui attaque son gouvernement, rien qui cherche à troubler la paix de l'Europe. Tout au contraire, l'auteur de cette lettre prend la peine de faire remarquer que le gouvernement français n'a aucun engagement avec l'Angleterre sur cette question, qu'il est libre; que l'Angleterre n'a rien à y voir. De manière que dans ces expressions de la pensée, naïves, sincères, qui n'ont pas été préparées pour la cause que vous avez à juger, vous voyez marqué le caractère de toute la correspondance du marquis de Flers, caractère auquel il n'a jamais manqué. Il y a encore un passage tout privé, relatif à M. le chancelier Pasquier. Je le lis, afin qu'on ne m'accuse pas d'avoir omis un seul mot.

« Le chancelier Pasquier va mieux, malgré ses quatre-vingt-quatorze ans il a encore résisté à cette dernière crise. C'est son asthme qui l'étouffait, il s'est cru perdu ; il avait même déjà fait remettre une liasse de papiers qui étaient dans son secrétaire à un ami dans lequel il a la plus grande confiance. Mais cet homme de fer a surmonté la crise et il est mieux..... »

Et puis on parle de la Pologne, il n'est plus question de la France.

Voilà donc cette lettre. Je demande à la Cour de ne pas l'écarter du débat, comme l'a fait le ministère public, ma pensée n'admet pas que l'on refuse à mon client de le juger sur ses propres écrits.

Il y en a encore une dernière que M. de Flers, d'après le commissaire de police, aurait été en train de dicter à son secrétaire au moment où, le 24 juillet, la police a fait sa perquisition domiciliaire. Le fait n'est pas complétement exact; voici comment il s'est passé. M. de Flers était chez lui, son secrétaire était assis à sa table, et si je ne craignais de descendre à des détails trop vulgaires, je dirais que M. de Flers se faisait la barbe. Il venait de recevoir une lettre dans laquelle on lui parlait de la Vénétie; il l'avait lue à son secrétaire, et celui-ci écrivait à côté de lui. Quoi qu'il en soit, ce commencement de lettre saisi est encore un type qui vous permettra d'apprécier le caractère de la correspondance envoyée à l'étranger :

« Monsieur, on me communique des détails assez curieux sur l'organisation révolutionnaire qui existe dans toute l'Europe ; un comité insurrectionnel, on le sait, existe à Londres, il s'appelle le comité insurrectionnel européen: il a des ramifications par toute l'Europe et vient d'adresser ces jours-ci de nouvelles instructions aux sous-comités qui correspondent avec lui. Dans ce moment tous leurs efforts se portent sur Rome et Venise : l'art. 1ᵉʳ de ces instructions dit au comité de Venise : Vous ferez tous vos efforts pour désorganiser l'administration et inquiéter l'armée autrichienne; vous empêcherez toute fête et toute démonstration.... » (La lettre a été interrompue ici par l'arrivée du commissaire.)

Vous le voyez encore, dans cette correspondance qui a été saisie, il n'y a pas un mot, pas un seul mot qui soit animé du double caractère qu'on voulait trouver dans la correspondance de M. de Flers. Ainsi, j'ai passé en revue les lettres, les notes, les écrits de toute nature, qui sont de la main de M. de

Flers, je demande à la justice de la Cour de les prendre comme indice de ses sentiments. Je lui ai montré des correspondances très modérées dans leurs expressions et j'en ai montré dont l'impartialité va, et je ne l'en blâme pas, jusqu'à approuver des actes de l'Empereur, et ce ne sont pas des écrits préparés depuis que la poursuite est intentée, ce sont des notes antérieures à la poursuite et que la police a saisies. Jusqu'ici donc et ce sont là les véritables indices qu'on devrait consulter, nous ne trouvons rien, absolument rien qui justifie l'accusation ni les paroles si vives, si amères que prononçait tout à l'heure M. le procureur général. Où trouverons-nous donc la preuve des sentiments si animés qu'on reproche à **M. de Flers?** Dans les journaux et dans quelques lettres qui ont été saisies chez M. de Flers; les unes sont du directeur de la *Gazette d'Ausbourg*, les autres du directeur du *Journal de Dresde*. Ici se présente et je ne veux que vous le rappeler, l'observation que je faisais tout à l'heure ; ces lettres sont antérieures aux faits incriminés, elles ne peuvent donc pas figurer aux débats et doivent être rendues à M. de Flers. Si d'ailleurs il n'en était pas ainsi, que trouveriez-vous dans ces lettres?

Quels sont les caractères de sa correspondance avec le directeur de la *Gazette d'Augsbourg?* On a parlé d'abord d'une lettre relative à Mgr Sibour. Que voulez-vous, messieurs, à la distance où nous sommes des faits, je ne puis que vous répéter ce que vous a affirmé M. de Flers et ce qu'il est prêt à vous affirmer encore. Il ne s'agit même plus là du vague et insaisissable délit de la loi de 1858, mais d'un acte qui répugne profondément aux convictions de toute sa vie. Il y a eu une confusion relativement à la lettre qu'on cite; elle n'est pas de lui. On a dû tromper la *Gazette d'Augsbourg*. Il est absolument impossible qu'une lettre émanée de lui ait contenu sur Mgr Sibour ce que la correspondance qu'on invoque attribue mal à propos à M. de Flers. Je le répète, cela est étranger au procès, mais serait de nature à jeter sur le caractère de M. de Flers une couleur odieuse qu'il n'a jamais méritée, car elle répugne à toutes ses idées, à tous ses sentiments de foi, de respect, de conviction religieuse ; les sentiments, les convictions religieuses, ne changent point en un jour, et l'on peut s'affirmer à soi-même ce qu'on croyait, ce qu'on pensait il y a six ans, dix ans, vingt ans passés.

On veut que cette *Gazette d'Augsbourg*, à laquelle il a en effet adressé quelques lettres, qu'on ne rapporte pas, lui ait demandé des renseignement sur la politique française et particulièrement sur la situation de notre armée en Crimée. Que veut-on dire par là ? Quels renseignements lui demandait-on? On savait bien qu'il ne pouvait dire que ce que la voix publique répétait en France sur le rôle glorieux de notre armée qui combattait en Crimée; il n'y avait pas deux manières de s'en exprimer. Qu'en Allemagne, on fût incertain à cet égard, que les correspondances qui venaient de Russie élevassent des doutes sur les succès que notre armée obtenait en Orient, cela est possible : je ne serais pas étonné qu'à Augsbourg on connût moins que nous ne les connaissions, tous les périls de notre armée, et en même temps la glorieuse énergie avec laquelle elle les surmontait; je ne serais pas étonné qu'à Augsbourg, sur la foi des correspondances russes, on eût des doutes sur le résultat de la campagne.

Eh bien ! on aurait écrit à M. de Flers : quelle est la situation de votre armée en Crimée? Et de là on induit que M. de Flers s'en va dans les bureaux du ministère de la guerre, saisir les états de notre armée, compter nos morts, marquer ce qu'elle a perdu en matériel, en munitions, et puis l'écrire à la *Gazette d'Augsbourg*, pour entraîner la ruine de notre armée française et pour faciliter le triomphe de nos ennemis!

Vous avez lu, messieurs, vous pouvez apprécier! pour moi, je comprends très bien qu'on se laisse emporter dans l'accusation comme dans la défense; je puis moi-même dans mes appréciations aller trop loin; M. le procureur général est homme, il le peut aussi; à la Cour de nous juger. Que la Cour prenne cette lettre; qu'elle l'interroge et qu'elle dise si c'était une proposition de trahison qu'on adressait à M. de Flers.

De même dans quelques autres lettres on indiquait que le principe du gouvernement français, le suffrage universel, était inquiétant pour la puissance autrichienne et bavaroise, et qu'il les troublait. Que voulez-vous? C'est très certain, nous n'avons pas à nous le dissimuler, et qu'on l'ait dit, ce n'est pas une parole ennemie, mais la parole d'un homme politique. Qui s'étonnera que l'empereur d'Autriche, parlant du gouvernement français, dise: il y a là un principe qui est hostile au mien, qui m'inquiète, qui me tourmente, et qui un jour ou l'autre peut être pour moi une cause de trouble. Que M. de Flers, qui a été partisan d'un autre principe, n'ait pas une profonde sympathie pour le suffrage universel, je veux bien l'accorder, mais ce n'est pas un sujet de condamnation, ni la preuve que M. de Flers n'ait écrit que pour exciter à la haine et au mépris contre le gouvernement de l'Empereur.

Voilà tout ce que je veux dire de la *Gazette d'Augsbourg*. Et n'oubliez pas qu'à raison de la distance où nous sommes de cette correspondance, il nous est impossible de fournir tous les documents contemporains qui auraient pu la justifier, ainsi, par exemple, les notes saisies chez M. Landwehr ne remontent pas à six ans de date, et ne peuvent servir à expliquer la correspondance que l'on avait avec la *Gazette d'Augsbourg*.

J'en viens maintenant aux journaux d'une date plus récente, l'*Indépendance belge*, on n'en a plus parlé, on ne pouvait plus en parler. Hier on disait que M. de Flers n'avait des correspondances qu'avec les journaux ennemis du gouvernement impérial; j'ai rappelé qu'il en avait eu avec l'*Indépendance belge* qui n'est point, que je sache, une feuille ennemie. On n'en parle plus, soit! mais M. de Flers n'avait donc pas des correspondances exclusivement avec les journaux hostiles au gouvernement de l'Empereur.

Le *journal de Dresde....* M. de Flers a eu des correspondances avec ce journal, mais on n'en produit aucune en dehors de la lettre saisie à la poste, et des notes qui ont été saisies chez M. Landwher dont j'ai parlé, trouvées dans son domicile; et la Cour ne peut pas omettre de remarquer qu'on ne produit rien du *Journal de Dresde*, qu'on n'en a pas fait traduire un seul passage, qu'enfin, on n'en a pas cité une ligne qu'on puisse imputer même par solidarité à M. de Flers. On invoque les lettres de M. Wiessner, et toutes les parties qu'on en invoque, sont d'une époque à laquelle on ne peut pas remonter, d'une époque antérieure même à la loi du 27 février 1858.

Que trouve-t-on dans cette correspondance? C'est ici qu'on parle d'un double but dans lequel la correspondance de M. de Flers aurait été écrite, une partie étant destinée au journal officiel appelé le *Journal de Dresde*, et l'autre à une feuille non officielle appelée la *Gazette de Leipzig*. On soutient que cette division de la correspondance, entre journaux officiels et journaux non officiels, avait pour but de mettre les articles modérés, prudents, dans le *Journal de Dresde*, et les articles virulents dans la *Gazette de Leipzig*. Eh bien ! messieurs, la correspondance elle-même, et en particulier la lettre du 14 novembre 1854, qu'on citait, va vous indiquer pourquoi il y avait une partie de la correspondance destinée à la *Gazette de Leipzig* et l'autre au *Journal de Dresde*. Écoutez cette lettre de M. Wiessner :

« 4 novembre 1854.

» Relativement à la substance de vos lettres, les anecdotes et les petits faits seront les bien-venus ; car bien graves que soient les circonstances politiques et menacent de l'être encore pendant bien longtemps, il se peut qu'il y aura mainte mi-semaine qui fournira bien peu de politique proprement dite. Du reste, le feuilleton tant du *Journal de Dresde* que de la *Gazette de Leipzig*, offrira toujours assez d'espace pour de pareilles communications. »

Que demandait-on et quelle était la destination de la *Gazette de Leipzig* « pour recevoir des anecdotes et de petits faits » ? J'admets que la lettre écrite par M. Wiessner prouve que plus tard M. de Flers a envoyé à son correspondant de Dresde des anecdotes et de petits faits. Nous en avons un exemple de la main de M. de Flers sur la lettre de M. Landwher saisie à la poste : mais est-ce que vous avez à prouver contre M. de Flers qu'il est coupable d'avoir envoyé des anecdotes et de petits faits? Non, ce n'est pas ce que nous recherchons. Ce que la Cour demande, c'est la preuve que, soit dans ces anecdotes, soit dans ces petits faits, il y avait des manœuvres employées pour provoquer à la haine et au mépris du gouvernement. Voilà ce que vous ne prouvez pas, ce que vous ne prouverez pas, et ce qu'il faudrait prouver cependant pour justifier votre accusation. Voilà quel était le double but, le partage de la correspondance, correspondance sérieuse pour le journal officiel, correspondance légère pour le journal non officiel, et non pas, comme vous l'avez dit, correspondance prudente pour l'un, correspondance violente pour l'autre. Ce n'est pas moi qui fais la distinction, ce sont les lettres que vous invoquez contre M. de Flers.

Dans ces lettres de Dresde que trouverez-vous encore? Vous trouverez que M. de Flers employait parfois un chiffre, et j'ai dit en quoi il consistait. Il n'était relatif qu'à des noms propres qu'on aimait mieux indiquer par 1, 2, 3, 4 que de les écrire en toutes lettres, parce qu'on ne savait pas en quelles mains la correspondance pourrait tomber. Mais, du reste, dans toute cette correspondance de Dresde pouvez-vous citer un mot de M. de Flers qui constitue un délit pour lequel vous puissiez le faire condamner ?

Je m'explique ici sur la question de savoir si M. de Flers a continué d'écrire en 1861 dans le *Journal de Dresde* et le *Journal de Genève*. M. de Flers écrivait encore de temps en temps à la fin de 1860 : il a été averti de ne le pas faire par

M. le premier président de la Cour des comptes. Il l'a promis, et à partir de ce moment, il n'a plus écrit, ou s'il a écrit quelques mots, c'est en l'absence de son fils, ou plutôt il n'a pas écrit, il s'est borné à donner quelques notes à celui qui écrivait pour son fils, à M. Landwehr, qui était devenu le secrétaire de l'un après avoir été le secrétaire de l'autre. D'ailleurs, nous rentrons ici dans la question disciplinaire que nous avons écartée. M. de Flers eût-il continué d'écrire, cela ne constituerait pas un délit, mais un manquement grave à la promesse faite à M. le premier président de la Cour des comptes, cela n'appellerait pas une condamnation, mais une réprimande disciplinaire. De façon que cette question de savoir si M. de Flers a écrit ou non en 1861, n'intéresse pas le débat actuel. Elle peut être grave dans un autre débat; devant vous et quant à la nature de la poursuite, elle est absolument indifférente. Je rappelle seulement à la Cour que j'ai montré par les pièces annexées à l'interrogatoire de M. de Flers, par les lettres qui ont été écrites, et par les reçus qui ont été donnés, que jamais depuis 1860, M. de Flers n'avait rien touché, que ce n'était pas pour son compte qu'il avait donné le reçu saisi à la poste, mais pour le compte de son fils.

J'arrive au *Journal de Genève*. Je n'ai guère, relativement au *Journal de Genève*, qu'à répéter ce que j'ai eu l'honneur de dire hier à la Cour et à l'affirmer de nouveau. J'avais dit à la Cour que le *Journal de Genève* avait plusieurs correspondants à Paris et que M. de Flers n'acceptait à aucun degré d'être considéré comme l'auteur de toutes les correspondances que le *Journal de Genève* publie. M. le procureur général a répondu : cela n'est pas possible. Le *Journal de Genève* est absolument incapable de payer plusieurs correspondants. Il avait assez à faire de donner la somme de 2000 fr. par an que M. de Flers d'abord, qu'ensuite le comte de Flers, son fils, recevaient de lui ; par conséquent nous repoussons complétement toute idée de correspondance multiple pour le *Journal de Genève*. Et alors prenant toutes les lettres indiquées comme correspondances de Paris, M. le procureur général y a trouvé des passages beaucoup plus nombreux qu'il n'en avait trouvé hier, contre lesquels il a porté les accusations les plus sévères, les plus graves, et, je le dis sans peine pour quelques-uns, les plus méritées. Est-il vrai que le *Journal de Genève* n'ait qu'un correspondant? Si on ne le prouve pas, toute la dernière partie du réquisitoire de M. le procureur général peut être parfaitement vraie, mais elle ne s'applique nullement au prévenu. Il est certain que si l'on ne commence pas par prouver que M. de Flers est l'auteur des lettres que le *Journal de Genève* a publiées, une partie du réquisitoire doit être supprimée, et que M. de Flers a le droit de l'écarter du débat. Eh bien ! il était facile à la prévention de justifier que le *Journal de Genève* n'avait qu'un seul correspondant à Paris, et que ce correspondant était M. de Flers. Vraiment quand on se donne toutes les facilités que la police s'est données pour préparer le débat, on ne peut pas dire qu'il y ait aucune preuve impossible. Comme la poste est complétement à votre disposition, comme vous connaissiez l'écriture de M. de Flers, comme vous saviez quand il avait mis une lettre à la poste, comme enfin vous vous attribuez une sorte de droit de propriété sur ses papiers comme sur tous les nôtres et la faculté de prendre chez lui tout ce qui peut vous convenir ! vous aviez certes tous les moyens de constater quelle était la correspondance que M. de Flers envoyait à Genève. Avec tous ces moyens on aurait dû, et cela seul aurait pu justifier les paroles de M. le procureur général contre le prévenu, on aurait dû se procurer la preuve que le *Journal de Genève* n'avait qu'un correspondant et que le prévenu était ce correspondant. On aurait été légitimement autorisé alors à lui attribuer les lettres de Paris publiées dans le *Journal de Genève*. On ne l'a pas fait, vous le savez ; seulement on a dit : le *Journal de Genève* est aux abois, comment aurait-il pu payer deux ou trois correspondants? Je voudrais bien qu'on me prouvât cela. Le *Journal de Genève* est peut-être de tous les journaux de l'Europe celui qui peut compter sur le plus de ressources. Il est le représentant de toute la haute banque de Genève, et certes il y a peu de journaux appuyés sur des capitaux aussi considérables que celui que soutiennent les banquiers de Genève. Qui ne sait que le *Journal de Genève* représente le parti opposé au parti radical qui a pour organe la *Revue de Genève*; et lorsque cela est de notoriété publique, vous me dites que cette feuille n'avait pas de quoi payer ses correspondants à Paris? M. Barmann, l'ancien représentant de la Suisse à Paris, a assuré que le *Journal de Genève* avait deux correspondants à Paris; je suis convaincu, quant à moi, qu'il en avait plus de deux. Seulement je répète à la Cour une observation : on n'avait produit dans l'instruction que des numéros du *Journal de Genève* de 1861, c'est-à-dire d'une époque où M. de Flers ne correspondait plus avec lui, où c'était son fils M. le comte Camille de Flers. Comptant les écarter du débat par cette seule observation, nous ne nous étions pas occupés de nous procurer la preuve que le *Journal de Genève* avait plusieurs correspondants. Ce n'est qu'à la veille de l'audience que M. le procureur général, qui lui-même venait de les recevoir du ministre de l'intérieur, nous a envoyé des journaux se rapportant à 1860, et nous n'avions plus le temps de faire venir de Genève la preuve que le journal dont il s'agit avait plusieurs correspondants. Mais la Cour me permettra de lui donner lecture d'une lettre fort inattendue que l'un de mes jeunes confrères, secrétaire de la conférence des avocats, m'a fait l'honneur de m'écrire hier, après avoir entendu le débat dont la Cour est le juge.

« Monsieur, m'écrit-il, parmi les charges qui pèsent sur M. le marquis de Flers se trouve en première ligne ce fait : qu'il a écrit pendant un temps plus ou moins long la correspondance de Paris du *Journal de Genève*. Pour que cette correspondance pût être un délit personnel il faudrait avant tout qu'elle ne fût pas une œuvre collective. Or, il est à ma connaissance (et j'ai acquis cette connaissance durant le séjour que j'ai fait cette année même à Genève) que le *Journal de Genève*, feuille essentiellement dévouée aux intérêts du parti conservateur dans cette ville, procède à l'égard de ses correspondances, comme est amené à le faire tout journal qui veut conserver une unité de direction et de politique. Il reçoit des renseignements de *sources différentes*, les repousse ou les accepte suivant qu'ils lui paraissent devoir servir ou ne pas servir la ligne politique qui est la sienne, et le plus souvent il confond dans un même article intitulé: *Correspondance de Paris*, ce qui en d'autres occasions fournit deux articles sous ce même intitulé. Il arrive même quelquefois que les renseignements reçus de la France ne convenant pas à la direction, on annonce simplement que la correspondance de Paris n'est pas arrivée au jour où elle n'agrée pas à la rédaction en chef. Ces divers faits sont notoires à Genève : ils m'ont été affirmés par des hommes bien connus dans le parti conservateur, mêlés même à la rédaction du journal, comme est M. le pasteur Borel, qui, interrogé par moi sur les conditions de l'existence de la presse de Genève, me donna en passant ces différentes indications que je regrette de ne m'être pas fait préciser davantage, ignorant comme je l'étais alors qu'elles pussent jamais servir d'indications dans un procès pareil à celui qu'on intente à M. de Flers.

» Si ce témoignage pouvait, monsieur, avoir pour vous la moindre utilité, j'en serais fort heureux, car je vous avoue que, présent à l'audience d'aujourd'hui, j'ai éprouvé un sentiment singulier d'étonnement en entendant M. le procureur général supposer que M. de Flers pouvait être fait responsable d'une correspondance que je savais et que je puis affirmer être réputée à Genève : *collective et multiple.*

» Agréez, monsieur, l'hommage de mon sincère respect.

» *Signé* LÉON RENAULT,

» avocat à la Cour impériale. »

Messieurs, y a-t-il rien de plus précis que cette lettre, dont je remercie mon jeune et honorable confrère ; ne montre-t-elle pas à la Cour le véritable caractère des correspondances de Paris, imprimées dans le *Journal de Genève*, caractère collectif et non pas individuel, correspondances qui sont faites par le directeur du journal, pour maintenir l'unité de sa feuille, correspondances qui ne sont pas insérées pures et intactes, telles qu'elles émanent de celui qui les a envoyées ? Il y avait une raison pour que les correspondances de M. de Flers ne fussent pas insérées intactes dans le *Journal de Genève ;* et la raison, je vous l'ai indiquée déjà, c'est que la plus grande partie des correspondances de M. de Flers étaient relatives aux affaires d'Italie, à la question de la souveraineté du Pape, à la question de la lutte du Piémont avec le saint-siége, et que le *Journal de Genève*, qui est le représentant du protestantisme le plus puritain, ne pouvait pas admettre, telles quelles, toutes les correspondances que M. de Flers lui envoyait.

Je dis à la Cour, et c'est un point important, qu'il n'y a qu'une seule personne responsable de la correspondance du *Journal de Genève*, c'est le rédacteur en chef de cette feuille. Il reçoit de sources nombreuses de France les renseignements qui lui sont donnés ; il les prend, il les réunit, il les combine, il en cite une opinion, il en cite une autre, et il fait avec tout cela une correspondance de Paris où se trouvent des choses de toute nature. Mais M. de Flers ne peut pas être évidemment responsable de tout ce qu'on pourra y trouver, à moins, je m'étais empressé de le reconnaître, que dans les faits que signale la correspondance de Genève, on n'en trouve quelqu'un qui, rapproché des documents de la cause, puisse montrer qu'il émane, celui-là, de M. de Flers. C'était un travail que j'avais demandé qu'on fît. On a trouvé chez M. Landwehr des notes dont quelques-unes se rapportent à la correspondance de Genève, par exemple pour des obligations que la ville de Paris voulait émettre. M. de Flers doit être responsable de ce passage de la correspondance, soit. Mais quand vous ne trouvez rien de pareil dans tous les autres passages, et que vous voulez l'en rendre responsable, cela me paraît impossible ; c'est vouloir attribuer à chacun individuellement une œuvre de compilation qui n'appar-

X.

22

tient qu'à son auteur ; c'est établir une solidarité que jamais aucune loi n'a établie et que la Cour ne voudra pas établir par son arrêt.

On a cherché un rapprochement entre la correspondance du *Journal de Genève* et une des lettres de M. de Flers. Le 4 septembre 1860, le *Journal de Genève* parlait de la Sardaigne, et le 22 juillet suivant, le marquis de Flers écrivait une lettre où il parlait aussi de la Sardaigne. Vous avez fait le rapprochement des mots, et vous avez dit : M. le marquis de Flers est l'auteur de la correspondance du *Journal de Genève* du 4 septembre 1860. Oh ! permettez, si la lettre était contemporaine de la correspondance du *Journal de Genève*, vous seriez autorisés à conclure de l'insertion au journal, que M. de Flers a fourni les matériaux, mais la lettre est postérieure de dix mois à la correspondance du *Journal de Genève*, et depuis cette époque, et même auparavant, le bruit courait en Europe, et ce bruit avait été répété par la *Patrie* et par le *Siècle*, que le gouvernement de l'Empereur avait des vues sur la Sardaigne.

On a cité différents articles, on a montré que, dans ces articles, il y avait des intentions coupables. Je le répète à la Cour, je ne cherche pas à les justifier ; mais je dois dire que dans ceux qui ont été rappelés par M. le procureur général, il y en a qui vraiment ne m'ont pas paru coupables, qui m'ont paru se renfermer dans les limites d'une légitime critique ou d'un récit parfaitement impartial. D'autres, au contraire, pourraient montrer une ardeur passionnée, exprimer des intentions hostiles au gouvernement français, mais je répète à la Cour que M. de Flers n'en accepte, en aucune manière, la responsabilité, et je demande que l'on consulte les écrits de M. de Flers, pour voir s'il est capable d'écrire les articles qu'on a cherchés avec tant de soin dans la correspondance du *Journal de Genève*. On a parlé d'un extrait de lettre de Milan, on a dit : M. de Flers avait un correspondant à Milan, donc c'est lui qui a envoyé cet extrait.

Messieurs, je suis obligé de me répéter, je le regrette, mais je ne puis pas ne pas le faire. Nous avions des correspondants à Turin, à Naples, à Rome, mais non pas à Milan : vous avez saisi toutes nos lettres ; prenez-les, trouvez-y quelque chose qui se rapporte à une correspondance du *Journal de Genève*, et s'il s'agit d'un bruit qui ne soit pas trop communément répandu en Europe pour qu'il soit vraisemblable qu'il ait eu son origine dans les lettres écrites à M. de Flers et saisies chez lui, attribuez-lui-en la responsabilité. Or, ce fait de Milan que vous imputez à M. de Flers, est-il dans une seule des lettres qui lui ont été écrites d'Italie, soit de Turin, soit de Naples ? Il n'est dans aucune, par conséquent il n'en a pas eu la confidence, le fait n'a jamais été en ses mains, si je puis m'exprimer ainsi, et il n'y a aucune raison de croire que, ne l'ayant jamais eu en ses mains, il l'ait transmis au *Journal de Genève*.

Vous le voyez, je dois me dispenser d'examiner, article par article, toutes les correspondances qui ont été lues.

Voilà donc tout, messieurs : des journaux étrangers dans lesquels on peut trouver des choses blâmables, mais sans pouvoir les appliquer à M. de Flers, par conséquent des journaux absolument hors de notre débat, incapables de servir de base à une accusation, à une condamnation ; et en dehors de ces journaux étrangers, une lettre écrite par le secrétaire de M. de Flers, lettre dans laquelle se trouve l'exposé le plus impartial et le moins offensif de la politique française, sur le point seul dont on parle, je veux dire sur notre expédition en Cochinchine ; une lettre de M. de Flers, dans laquelle il répète des bruits répandus en Europe, et qui avaient été l'objet de discussions publiques au parlement d'Angleterre. Puis des notes émanées de lui saisies chez M. Landwelir, notes dans lesquelles on ne trouve pas un mot qui démontre cette ardeur hostile que M. de Flers aurait gardée pendant dix ans contre le gouvernement français. Dans toutes ces correspondances, au contraire, on trouve le caractère de la plus complète impartialité, à ce point que par deux fois, j'ai pu vous lire des éloges adressés au gouvernement français, et presque jamais des critiques, ou s'il y a des critiques, elles se renferment dans des bornes parfaitement légitimes, suivant les défenseurs mêmes de la loi du 27 février 1858. Voilà les éléments que vous avez. Je demande que votre délibération porte sur les éléments sincères et réguliers de notre débat. Je dis réguliers, quoiqu'ils ne soient pas complets, ils seraient plus concluants s'ils étaient plus complets, mais nous les produisons tels qu'il nous a été possible de les produire, et je supplie la Cour de n'attribuer à M. de Flers que ce qu'il a écrit, et non ce que d'autres ont écrit.

Et maintenant, à quoi se réduit pour vous ce débat ? Je ne parle plus de l'interprétation à donner au mot *intelligences ;* je ne m'arrête même plus à discuter le point de savoir si une simple correspondance constitue ce concert, ce concours de volontés dont parle la Cour de cassation ; je parle du but. Quel a été le but de M. de Flers, de cet homme modéré, honorable, que, dans le cours de sa vie, l'esprit de parti n'a jamais emporté, qui a eu des affections, des sympathies profondes, qui les a encore, mais qui n'a pas de haine et qui n'a pu la provoquer ? A quels motifs attribuer ses correspondances ? Il peut y en avoir deux, messieurs. Ou bien M. de Flers a été un de ces hommes répandus, recueillant des nouvelles, charmé de les apprendre, charmé aussi de les transmettre ; ce n'est pas une espèce d'hommes nouvelle parmi nous. Il y en a eu de tout temps, surtout aux époques où les propos dits à l'oreille sont les seuls moyens de savoir la vérité. Il y en avait sous Louis XIV, la Bruyère et Montesquieu en ont parlé. Plus tard, *Barbier*, dans son *Journal du parlement*, en parlait aussi en ajoutant avec grande raison :

> « La véritable cause de toutes les fausses nouvelles qui se débitent provient de ce qu'il n'en transpire aucune. Le vivacité de la nation semble exiger qu'au lieu de la vérité, le ministère lui en présente au moins l'ombre.... »

Voilà ce qu'on disait au dernier siècle, sous le règne de Louis XV, et c'est un avocat au parlement qui disait cela. La même chose se produit de nos jours. On ne sait rien de la vérité ; on la cherche et des nouvelles transpirent ; chacun est d'autant plus avide de les recueillir qu'il n'a pas la vérité même, et à notre époque, comme en d'autres temps, il se trouve des hommes qui aiment à recueillir ces nouvelles et à se donner l'honneur de les communiquer.

Voilà un premier motif qui peut expliquer comment M. de Flers, depuis dix ans, a été un correspondant des journaux étrangers, leur envoyant des bruits qui n'étaient pas toujours vrais, puisque dans une des lettres citées on lui reproche d'avoir par quatre fois annoncé que l'Empereur ne reconnaîtrait pas le gouvernement d'Italie, mais qui étaient toujours recueillis et répétés de bonne foi.

Il y a un autre motif que vous pouvez supposer ; vous pouvez dire que M. de Flers s'inquiétait peu de ce qui se passe dans le monde ; qu'il n'a obéi qu'à une haine systématique et profonde ; qu'il a cherché par tous les moyens à troubler l'Europe et à propager la haine et le mépris du gouvernement impérial. Vous pouvez faire ces deux suppositions. Je ne sais vraiment ce qu'on gagne entre ces deux motifs également possibles, à supposer que le fonctionnaire public, membre d'une Cour souveraine, a été infidèle à son serment ; que l'homme aux mœurs polies et modérées a été violent et passionné ; enfin, que l'homme d'esprit et de goût s'est cru obligé de répandre les critiques les plus amères sur le gouvernement de son pays.

J'ai dit que vous pourriez choisir entre ces deux interprétations ; que vous pourriez prendre l'une ou l'autre, quoique cependant je ne veuille pas les assimiler : l'une laissera M. de Flers soumis peut-être à la décision disciplinaire de la Cour à laquelle il appartient, tandis que l'autre conduirait la Cour à prononcer une condamnation terrible et à faire descendre un fonctionnaire de la Cour des comptes jusqu'à l'application de l'art. 2 de la loi du 27 février 1858 et de ses conséquences.

———

ARRÊT.

La Cour, après une heure trois quarts de délibération, a rendu l'arrêt suivant :

« La Cour,

» Considérant en droit que l'article 2 de la loi du 27 février 1858, en punissant les manœuvres et intelligences à l'étranger, dans le but de troubler la paix publique, ou d'exciter à la haine ou au mépris du gouvernement, a eu nécessairement en vue les correspondances et intelligences qui alimentent la presse étrangère de calomnies contre le gouvernement de l'Empereur ; qu'il serait même assez difficile de trouver un autre moyen de propager hors de France la haine ou le mépris du gouvernement ;

» Que par la nature de la peine, par la similitude des expressions employées, il est évident que la loi de 1858 a voulu réprimer l'habitude de venir en aide aux attaques injurieuses de la presse étrangère, comme la législation ordinaire punit celles de la presse intérieure ;

» Considérant, en fait, que le marquis de Flers a, pendant plusieurs années, servi la correspondance de journaux dont l'animosité contre la France est notoire ;

» Que les documents antérieurs au 22 juillet 1858, s'ils ne peuvent donner lieu à des poursuites, constituent un élément d'appréciation morale de

l'esprit politique et de la direction générale des correspondances du prévenu,
qu'ils doivent être, à ce titre, maintenus dans la cause ;

» Considérant que les faits non prescrits et relatifs aux journaux de Dresde
et de Genève attestent une intention formelle et suivie de propager la haine
et le mépris du gouvernement impérial ; que la seule connaissance de l'hostilité
systématique des journaux dont il s'agit révélait au marquis de Flers qu'il
concourait à une œuvre d'inimitié et de dénigrement entreprise contre le
gouvernement de son pays ;

» Que les articles qui font partie de la correspondance qu'il leur a adressée,
et notamment les lettres saisies au début de la poursuite, démontrent que le
prévenu s'est complétement associé à l'entreprise de ces journaux ;

» Considérant qu'il a entretenu ainsi avec eux des intelligences pour appeler sur le gouvernement de l'Empereur la haine et le mépris ;

» Considérant que la position officielle du marquis de Flers aggrave ses
torts, car elle lui assurait à la fois plus de confiance à l'intérieur et à l'extérieur
plus d'autorité ;

» Considérant que s'il a partagé, pendant les derniers temps, le travail de
sa correspondance avec son fils, il a continué d'y coopérer jusqu'au moment
de la poursuite ;

» Considérant, quant à Landwehr, que le concours matériel de son travail à l'œuvre du marquis de Flers ne démontre pas qu'il y ait eu de sa part
l'intention délictueuse qui peut seule motiver une condamnation ;

» Vu l'article 2 de la loi du 27 février 1858 ;

» Et faisant l'application dudit article ;

» Condamne le marquis de Flers à deux mois d'emprisonnement, 2000 fr.
d'amende et aux trois quarts des frais envers l'État ;

» Renvoie Landwehr de la plainte, sans dépens ;

» Dit que les pièces étrangères aux correspondances avec les journaux, et
qui ont été saisies, seront, par les soins de M. le procureur général, restituées
à de Flers ;

» Rejette le surplus des conclusions quant à ce ; fixe la durée de la contrainte par corps à un an. »

———

MM. MÜLLER et Cⁱᵉ contre THIRY.

Galvanisation du fil de fer. — Plainte en contrefaçon.

Le fil de fer galvanisé qui n'avait, il y a quelques années, qu'un emploi restreint, est très employé depuis l'établissement du télégraphe électrique. L'ancien procédé de galvanisation consistait à faire un paquet d'une certaine quantité de fil, à tremper ce paquet dans un bain de zinc ou d'étain, et à le secouer en le retirant pour faire tomber l'excédant de métal en fusion. Ce système laissait à désirer. Le fil inégalement recouvert était rugueux, et blessait souvent l'ouvrier qui l'employait. Depuis quelques années on procède autrement. Plusieurs bobines autour desquelles le fil se déroule sont placées au-dessus du creuset où le métal est en fusion. Chaque bout de fil descend isolément dans le creuset, en passant entre les dents d'une fourchette qui empêchent les différents bouts de se mêler. Ces fils sont forcés, par un diaphragme fixé au milieu du bain, de descendre jusqu'au fond du creuset d'où ils remontent et rencontrent à leur sortie du niveau du bain une plaque de tôle métallique percée de trous. En passant par ces trous, ils sont dépouillés de l'excédant de métal dont ils étaient couverts, et reviennent parfaitement nettoyés et lisses s'enrouler autour d'une bobine du côté opposé.

MM. Müller et Cⁱᵉ ont pris un brevet pour la plaque de tôle percée de trous ; M. Thiry soutient que l'emploi de cette plaque de tôle est antérieur au brevet de MM. Müller et Cⁱᵉ. Tel est l'objet du procès.

MM. Müller et Cⁱᵉ ont pour défenseur Mᵉ Étienne BLANC.

M. Thiry est défendu par Mᵉ SENARD.

M. THOMAS, substitut du procureur impérial, occupe le siége du ministère public.

M. LE PRÉSIDENT. — Müller, vos nom, prénoms, âge, profession e demeure ?

M. MULLER. — Adrien Müller, trente-six ans, ingénieur, Paris, rue d'Amsterdam, 18. — *D.* Vos associés sont-ils présents ? — *R.* Non, monsieur le président. — *D.* Vous avez porté plainte en contrefaçon contre Thiry, persistez-vous ? — *R.* Je persiste.

M. LE PRÉSIDENT. — Nous allons procéder à l'audition des témoins.

AUDITION DES TÉMOINS.

CUNY (Adam), soixante-trois ans, actuellement sans profession, Paris, avenue Saint-Ouen, 62, premier témoin.

M. LE PRÉSIDENT (à Mᵉ Philbert, substituant Mᵉ Senard, retenu à la première chambre de la Cour). — Sur quels faits voulez-vous faire entendre le témoin ?

Mᵉ PHILBERT. — Notre prétention est que le procédé dont M. Müller revendique le monopole, est primé par des antériorités. Voudriez-vous, monsieur le Président, demander au témoin en quoi consistaient les appareils dont il se servait ?

M. LE PRÉSIDENT (au témoin). — Est-ce que vous avez étamé des fils de fer ?

CUNY. — J'ai galvanisé des fils de fer. — *D.* Par l'étain ou par le zinc ? — *R.* Par le zinc. — *D.* A quelle époque ? — *R.* J'ai eu une concession de la Compagnie de galvanisation de la ville de Paris ; je ne me rappelle pas précisément à quelle époque, mais j'ai travaillé jusqu'en 1851. — *D.* Qu'est-ce que c'était que cette Compagnie de galvanisation de la ville de Paris ? — *R.* C'était une Compagnie qui avait un procédé à elle et qui cédait le droit de l'exploiter. Elle m'avait fait une cession de ce genre. — *D.* Est-ce que vous aviez un traité avec elle ? — *R.* Oui, monsieur le Président. — *D.* Où résidiez-vous ? — *R.* Dans le département de la Moselle, près de Metz. — *D.* Quel était le procédé dont vous faisiez usage ? — *R.* C'était le procédé de ces messieurs. — *D.* En quoi consistait-il ? Au moment où le fil de fer sortait du bain de zinc, comment les choses se passaient-elles ? comment était disposé l'appareil ? — *R.* Quand j'ai pris la concession, on galvanisait à la botte. On trempait dans le bain de zinc une botte de fils de fer roulés, on la retirait et elle était galvanisée. Mais il arrivait qu'au moyen de ce procédé on obtenait des résultats qui n'étaient pas très beaux, aussi était-on à la recherche de quelque chose de mieux. M. Carpentier, qui était le gérant de la Société de galvanisation de Paris, s'était engagé à me faire part de toutes les innovations qui pourraient être introduites dans cette industrie. Il m'avait écrit qu'il allait se servir d'un nouveau procédé pour galvaniser au fil courant, au lieu de le galvaniser à la botte, et qu'aussitôt qu'il serait arrivé à un résultat convenable, il m'en ferait jouir. Je saisis cette idée et j'attendis; mais j'avais besoin que mes fils de fer fussent beaux. Dans le département de la Moselle on avait trouvé un procédé pour faire l'*échalassement* des vignes au moyen de fils de fer, de sorte que je tenais beaucoup à ce que les miens fussent bien accueillis, et je cherchais, autant que possible, à substituer le système de la galvanisation au fil au système de la galvanisation à la botte qui le rendait rugueux; en sorte que l'idée que ces messieurs m'avaient donnée de galvaniser au fil, me donna à moi aussi l'idée de chercher, en attendant que ces messieurs me fissent part de leur moyen qu'ils me devaient du reste. J'ai essayé bien des choses. A la fin, je me suis arrêté à une plaque que j'ai placée à la sortie des fils de fer du bain, et cette plaque je l'ai percée de trous par lesquels les fils de fer sortent et s'essuient : voilà ce que j'ai fait. — *D.* Votre plaque était fixe, et les trous ne se trouvaient pas engorgés? — *R.* Ils ne pouvaient pas s'engorger. Les fils de fer, en arrivant dans ces trous-là (je ne sais pas trop comment dire cela) étaient coulants comme quelque chose qui est graisseux, huileux. — *D.* Parce que le zinc n'était pas encore refroidi?— *R.* Sans doute, et il n'était pas possible qu'il fût refroidi, les trous se trouvant juste à la sortie du bain. — *D.* Combien aviez-vous de trous dans une plaque ? — *R.* Six ou huit, autant que je puisse me rappeler. Je ne puis pas m'en souvenir bien au juste; j'ai cessé en 1851, et depuis cette époque je n'ai plus travaillé dans cette partie. Je crois que j'avais six trous dans la plaque. — *D.* En quoi consistait l'invention de la Compagnie de galvanisation ? — *R.* Je n'ai jamais connu cette invention, mais l'idée dont elle m'avait fait part avait pour but d'appliquer le zinc sur le fil de fer isolé, au lieu de l'appliquer sur la botte. — *D.* D'où il résulte qu'elle aurait fait breveter l'idée de couvrir le fil de fer de zinc; mais que quant à un appareil pour réaliser cette idée, elle ne l'avait pas trouvé?— *R.* Je n'en sais rien, ces messieurs ne m'ont pas donné leur moyen. S'ils en avaient eu un, ils devaient me le donner. En attendant qu'ils me le donnassent, j'ai trouvé celui que je viens de vous décrire, qui est une des choses les plus simples du monde. Je ne veux pas m'en faire un mérite.

Me **PHILBERT**. — D'après les indications qui nous ont été fournies par M. Cuny, nous avons fait construire un appareil que nous croyons être l'expression exacte de sa pensée. Voudriez-vous, monsieur le Président, demander au témoin si cet appareil, qui est sous les yeux du tribunal, correspond à celui qui a été employé chez lui?

Le Témoin. — Il y correspond très exactement.

M. le Président. — Pour la filière, par exemple? — *R.* Je n'ai jamais su ce qu'on appelle *filière;* je me suis toujours servi des mots *plaque de tôle,* laquelle plaque j'ai percée de trous. Je ne sais pas si c'est cela qu'on appelle une filière.

Me **Philbert** (présentant le modèle au tribunal). — Voici la bobine de laquelle les fils se déroulent, passent à travers le peigne, descendent au fond du creuset au moyen du diaphragme qui fait l'office de plongeur, puis après avoir plongé dans le bain, viennent ressortir par cette filière, passent sur deux poulies et s'enroulent de nouveau sur une autre bobine.

M. LE PRÉSIDENT (au témoin). — Est-ce ainsi qu'était disposé votre appareil? — *R.* C'est ainsi.

Mᵉ PHILBERT. — Il importe de constater que le témoin reconnaît de quels éléments se constituait l'appareil, parce qu'on pourrait discuter sur son identité; mais, les éléments constatés, il n'y a pas de difficulté possible. Ainsi, il est bien entendu, dans le système du témoin, que les fils, partant d'une bobine et tenus séparés par un peigne ou une fourchette, étaient plongés dans le bain au moyen d'un plongeur qui était un morceau de plaque de fonte; puisque les fils, sortant au delà du plongeur, passaient à travers une filière, laquelle consistait en une plaque métallique percée de trous.

LE TÉMOIN. — Parfaitement, et c'était là une chose si simple que nous n'avons jamais songé à la considérer comme une invention.

M. LE PRÉSIDENT. — Votre plaque de tôle avait des trous comme ceux que je vois pratiqués sur ce modèle en bois?

LE TÉMOIN. — Oui, monsieur le Président. — *D.* Et le zinc qui enveloppait le fil ne se figeait pas en sortant? — *R.* Il ne le pouvait pas, parce qu'il était très chaud. Le bain que j'employais avait six pieds de long; je ne me rappelle pas au juste sa largeur, mais elle était proportionnée à la longueur. Des ouvriers que j'ai employés et qu'on a fait assigner, pourront avoir là-dessus la mémoire plus fraîche que moi. — *D.* Enfin les trous étaient percés comme ceux-là? — *R.* Oui, monsieur. Ils étaient plus grands du côté par lequel les fils entraient, et plus petits du côté par lequel ils sortaient. Ils étaient fraisés d'un côté.

Mᵉ ÉTIENNE BLANC. — Le témoin a-t-il tenu ce procédé secret ou n'y a-t-il attaché aucune importance?

LE TÉMOIN. — Je n'y ai jamais attaché la moindre importance. — *D.* Enfin l'avez-vous caché? — *R.* Du tout, je n'ai rien caché.

M. LE PRÉSIDENT. — D'autres personnes s'occupant de la galvanisation des fils de fer vous ont-elles vu opérer?

LE TÉMOIN. — Certainement, car me voyait opérer qui voulait. Indépendamment des ouvriers qui travaillaient pour moi et de mes parents qui venaient dans l'usine, je pourrais citer les personnes qui m'ont fait assigner, MM. Thiry et Cᵉ. D'ailleurs, je le répète, ce que je faisais était si simple que ni moi, ni personne ne songions à la considérer comme une merveille. — *D.* MM. Thiry et Cᵉ vous ont vu opérer? — *R.* Ils ont dû me voir. Je travaillais avec ces messieurs, c'est-à-dire que je leur fournissais des fils de fer. — *D.* Ils étaient établis à cette époque? — *R.* Oui, ils étaient établis. — *D.* C'était en 1851? — *R.* C'est en 1851 que j'ai fini, j'avais commencé bien antérieurement, vers 1846 ou 1847, à peu près à l'époque où ces messieurs de la Compagnie m'ont dit qu'ils allaient galvaniser le fil au lieu de galvaniser le paquet ou la botte, et m'ont promis de me donner leur moyen d'opérer, moyen qu'ils ne m'ont pas donné; ils ne m'ont jamais fourni le moindre renseignement. Avaient-ils un procédé à eux? Je l'ignore. La révolution de février est arrivée, je n'ai plus rien fait.

Me ÉTIENNE BLANC (examinant le modèle en bois). — Est-ce que cette partie dans laquelle se trouvait la filière n'était pas assujettie autrement que je ne la vois ici?

LE TÉMOIN. — Je vous demande pardon, elle se maintenait au moyen de cette barre, de cette espèce de câble que vous voyez là. Nous avons essayé de bien des façons; nous ne sommes pas arrivés du premier coup. Nous avons essayé d'abord avec du bois. Comme je ne pouvais pas toujours faire les essais moi-même, je les faisais faire par mes ouvriers; ce sont eux qui ont placé cette plaque comme vous la voyez ici, ou c'est l'un d'eux. Mes ouvriers ont peut-être plus fait que moi.

CUNY (Charles-Auguste), cinquante-deux ans, frère et associé du précédent témoin, deuxième témoin.

Lorsque j'étais associé avec mon frère pour le magasin de quincaillerie que nous possédions à Metz, nous avions obtenu de la Compagnie de Paris une concession pour la galvanisation des fils de fer. Mon frère s'occupait de la galvanisation, et moi j'étais chargé de la vente des produits qu'il faisait.

A cette époque, il y avait des personnes qui se plaignaient de ce que les fils n'étaient pas réguliers, de ce qu'ils présentaient des aspérités, de ce qu'ils n'étaient pas unis en un mot. Je transmettais ces plaintes à mon frère, qui me dit un jour : Je tâcherai d'obvier à cet inconvénient. Dans l'intervalle, il avait fait faire une plaque de tôle percée de trous dans lesquels passaient les fils en sortant du creuset où ils avaient été plongés, et ils arrivaient unis à la poupée autour de laquelle ils s'enroulaient. Voilà ce que je sais, mais je ne l'ai jamais vu faire, n'ayant le temps d'aller à l'établissement, qui était à environ 2 kilomètres de Metz, que le dimanche, et le dimanche on ne travaillait pas. Je profitais de ce jour pour aller voir ma mère qui habitait dans la même localité. — *D.* Et le dimanche, lorsque vous alliez à l'usine, vous n'avez jamais examiné l'appareil? — *R.* J'ai vu la plaque, mais je ne l'ai pas vue fonctionner. — *D.* Mais votre frère vous a dit que cette plaque lui donnait un bon résultat? — *R.* Oui, parce que le fil passant par les trous, le métal était uni et je n'avais plus de plaintes de la part du commerce. — *D.* Votre frère ne vous a jamais dit qu'il se produisît des engorgements dans les trous de la plaque? — Il ne pouvait pas s'en produire, parce que l'excédant de zinc était chaud, et que le fil débarrassé de cet excédant venait s'enrouler sur une bobine à l'état *chaud*. — *D.* Il se refroidissait en s'enroulant sur la bobine? — *R.* Évidemment.

CUNY (Jean-Baptiste-Joseph), ancien capitaine en retraite, à Paris, avenue Saint-Ouen, 62, troisième témoin.

M. LE PRÉSIDENT. — Faites votre déposition.

LE TÉMOIN. — J'habitais avec ma mère, tout près de l'usine. Nous n'en étions séparés que par un jardin. Je pouvais y aller presque journellement. Mon frère me dit un jour qu'il avait une invention pour unir son fil de fer dont on lui faisait des reproches. Souvent il était rugueux. Mon frère employa donc un nouveau système pour l'obtenir lisse.

D. En quoi consistait-il ce nouveau système ? — *R*. Il y avait une plaque de fer percée de trous qu'on plaçait sur le creuset ; le fil de fer passait en dedans des trous ; puis il y avait des bobines et je ne sais plus quoi. Deux hommes enroulaient le fil sur une espèce de tortillon. De sorte que le fil de fer, en passant là, laissait son excédant de zinc qui aurait amené des rugosités. — *D*. On se plaignait du fil de fer préparé par l'ancien système qui consistait à plonger un paquet dans le bain de zinc ? — *R*. Oui, monsieur, on avait reçu des reproches. Ce fil qui n'était pas lisse, qui était rempli de rugosités, d'aspérités, blessait la main. — *D*. A quelle époque votre frère préparait-il son fil d'après le nouveau système ? — *R*. Il a fini en 1851, il a dû commencer en 1848 ou en 1849.

HESSE (Pierre), cinquante-deux ans, blanchisseur, à Metz, rue de la Monnaie, 8, quatrième témoin.

M. LE PRÉSIDENT. — Est-ce que vous étiez employé chez MM. Cuny ?

LE TÉMOIN. — Oui, monsieur. — *D*. A quelle époque ? — *R*. Je ne me rappelle plus à quelle époque je suis entré chez ces messieurs, mais j'y suis resté dix ans. Il y a sept à huit ans que j'en suis sorti. — *D*. Etiez-vous employé à la galvanisation des fils de fer ? — *R*. Oui, monsieur ? — *D*. Savez-vous quels moyens on employait ? Est-ce que M. Cuny a amélioré le procédé ? — *R*. Il nous a donné son plan, et nous avons fait la chose comme elle devait être faite, d'après ce plan. — *D*. Quel est ce plan qu'il vous a donné ? — *R*. Je vais vous raconter comment était la chose.

La chaudière avait six pieds de long, je ne me rappelle pas la largeur. Ici il y avait plusieurs poupées entourées de fil de fer ; ces poupées se déroulaient, et le fil de fer entrait dans la chaudière où était le zinc fondu. Il y avait une espèce de force pour le tenir dans le bain. Le fil de fer sortait ensuite par ici, et passait dans un morceau de tôle qui était percée ; le fil de fer sortait ainsi nettoyé.

D. Il traversait les trous de cette plaque et sortait nettoyé ? — *R*. Oui, et après avoir passé par les trous il était blanc et net. — *D*. Est-ce que c'est M. Cuny qui a trouvé cela ? — *R*. Oui, M. Cuny nous a donné le plan et nous l'avons exécuté. — *D*. Est-ce que vous faisiez les trous plus grands d'un côté que de l'autre ? — *R*. Oui, en-dedans ; en entrant ils étaient plus larges qu'en dehors, qu'en sortant. — *D*. Et cela vous a paru bien réussir ? — *R*. Oui, monsieur. — *D*. A quelle époque cela se passait-il ? — *R*. J'ai resté dix ans chez M. Cuny, il y a sept à huit ans que j'en suis sorti, nous avons dû commencer en 1846 ou 1847. — *D*. Y avait-il, à Metz, d'autres usines où on se servait de la même plaque ? — *R*. Non, il n'y avait que M. Cuny autour de Metz ; je ne sais pas ce qui se passait dans les autres pays. — *D*. Lorsque M. Cuny a inventé ce procédé, d'autres fabricants venaient-ils chez lui le voir fonctionner ? — *R*. Ma foi, monsieur, le monde entrait et regardait comme nous faisons tous ; on n'empêchait personne d'entrer et de voir. — *D*. N'avez-vous pas remarqué que des bavures de zinc bouchassent les trous de cette plaque de tôle? — *R.* Non, monsieur; la plaque est hors du bain, on peut la mettre droite ou inclinée, cela ne fait rien; mais elle est hors du bain. — *D.* Les fils de fer qui allaient traverser cette plaque étaient chargés de zinc; cet excédant de zinc restait-il collé contre les parois des trous? — *R.* Non, parce que le bain était très chaud; mais cela serait arrivé si le bain n'eût pas été très chaud. L'excédant de métal qui couvrait le fil retombait dans le bain.

GUSSEMBERT (Pierre), quarante-huit ans, ferblantier à Ars-sur-Moselle, cinquième témoin.

D. Est-ce que vous avez été employé autrefois par M. Cuny?

Le Témoin. — Oui, monsieur le Président.

D. A quelle époque? — *R.* De 1845 à 1851. — *D.* Vous avez été employé par lui à galvaniser le fil de fer? — *R.* Oui, monsieur. — *D.* Est-ce que M. Cuny a indiqué un nouveau moyen? — *R.* Oui, il l'a trouvé vers 1847 ou 1848. — *D.* En quoi consistait ce moyen? — *R.* C'est un moyen... Je ne sais pas bien l'expliquer... Il y avait une plaque trouée pour les fils de fer, et dans le bain une autre plaque de tôle, et puis il y avait de petites poulies. — *D.* Il y avait au milieu du bain une plaque de fonte, et puis, à la sortie du bain, une autre plaque en tôle percée de trous? — *R.* C'est cela; cette dernière plaque était en tôle forte et percée de trous plus grands en dedans qu'en dehors pour que les fils pussent plus parfaitement entrer. Les fils de fer arrivaient dans le bain comme ça, ils y descendaient comme ça, puis ils remontaient comme ça, et puis ils arrivaient sur des poulies et s'enroulaient sur des poulies. — *D.* Et ces fils de fer en sortant étaient bien nettoyés? — *R.* Oui, ils étaient très bien nettoyés. — *D.* Est-ce qu'ils n'étaient jamais arrêtés dans les trous? — *R.* Ils ne pouvaient pas l'être.

BARBEAU (Jean), quarante-neuf ans, manœuvre à Wœppy, près Metz, sixième témoin.

D. Est-ce que vous avez été employé autrefois chez M. Cuny?

Le Témoin. — Oui.

D. A quelle époque? — *R.* Je ne me rappelle pas à quelle époque précisément; ce doit être en 1846 ou 1847. — *D.* Est-ce que vous avez su que M. Cuny avait modifié les moyens de galvanisation? — *R.* Oui. — *D.* Veuillez nous expliquer cela. En quoi consistait le moyen qu'il avait trouvé? — *R.* On trempait par un bout le fil de fer dans le bain au moyen d'une petite fourchette, et puis pour arriver à sortir ce fil on était obligé de le passer par une plaque percée de trous. — *D.* Ainsi du côté où les fils devaient sortir du bain il y avait une plaque de tôle percée de trous et chaque fil devait passer par un trou? — *R.* Oui, monsieur, et les trous étaient plus grands en dedans qu'en dehors. — *D.* Ces trous étaient-ils tous de la même grandeur? — *R.* Non; cela dépendait de la grosseur du fil. Quand on changeait de numéro de fil on changeait de plaque; il y avait des plaques correspondant aux divers numéros de fils.

CARPENTIER, cinquante-six ans, négociant en métaux, rue des Marais-Saint-Germain, 40.

M° ÉTIENNE BLANC. — Ce témoin a été cité à la requête de M. Müller.

M. LE PRÉSIDENT. — Il aurait dû être entendu le premier, mais enfin cela ne fait rien.

M° ÉTIENNE BLANC. — Je vous prie, monsieur le Président, de vouloir bien demander au témoin si M. Thiry, le prévenu d'aujourd'hui, n'était pas en relation d'affaires avec lui.

CARPENTIER. — Il était en relation d'affaires avec moi, en ma qualité de gérant de la Société de galvanisation. M. Thiry faisait de la galvanisation chez nous en 1850.

M. LE PRÉSIDENT. — Quels étaient les moyens de galvanisation à cette époque ?

LE TÉMOIN. — A cette époque le procédé consistait dans le passage des fils dans le sel appelé muriate d'ammoniaque. Nous n'avions aucun engin mécanique par lequel nous fissions passer le fer sortant du bain, soit isolément, soit en bottes. Nous n'employions absolument que le muriate d'ammoniaque.

D. Ainsi vous n'aviez aucun procédé pour décharger le fil de fer de son excédant de zinc ? — R. Nous n'avions pas autre chose que le bain lui-même. Le procédé n'était pas le même qu'aujourd'hui, mais il arrivait au même résultat.

M° ÉTIENNE BLANC. — M. Cuny n'était-il pas aussi en relations d'affaires avec M. Carpentier, comme gérant de la Société de galvanisation ?

LE TÉMOIN. — M. Cuny était concessionnaire de la Société dont j'étais le gérant, il était concessionnaire pour le département de la Moselle. J'ai vu M. Cuny, si je ne me trompe, en 1848 ou 1849, dans l'usine qu'il avait à Metz ; nous avons causé fabrication, et je n'ai rien vu dans son usine que ce que nous avions déjà, que ce dont nous nous servions déjà.

M. LE PRÉSIDENT. — Est-ce que vous n'aviez pas dit à M. Cuny que vous cherchiez un moyen de décharger le fil de fer de son excédant de zinc qui produisait des rugosités en sortant du bain, et qu'aussitôt que vous auriez trouvé ce moyen, vous le lui feriez connaître ?

LE TÉMOIN. — Non. — D. Lors de votre visite dans l'usine de M. Cuny, est-ce que vous y avez remarqué une plaque de tôle percée de trous ? — R. Rien qui ressemblât en quoi que ce soit à la galvanisation du fil de fer, rien qui se rattachât en quoi que ce soit à un procédé particulier. Je ne sais pas si M. Cuny faisait usage à cette époque d'un procédé particulier, mais je n'ai rien vu chez lui qui me l'indiquât. En tout cas, si M. Cuny avait fait quelque chose à cette époque, je ne vois pas pourquoi il ne me l'aurait pas dit, car, d'après notre traité, toutes espèces d'améliorations étaient communes des deux côtés, et il était naturel qu'il me fît part de ce qu'il aurait trouvé. Il ne m'a fait part de rien ; d'où je conclus qu'il n'avait rien. Quant à moi, je n'ai rien vu dans son établissement qui ressemblât à un procédé nouveau. Mais je répète qu'il était convenu entre les deux parties que celle qui réaliserait une amélioration dans la fabrication en ferait part à l'autre, ainsi que cela se pratique. — D. Et aucune communication ne vous a été faite par M. Cuny ni verbalement, ni par écrit? — *R.* Non. A l'époque où j'ai vu M. Cuny, son usine marchait très peu ; c'était en 1848. Les affaires d'alors ne permettaient pas une grande exploitation.

Me ÉTIENNE BLANC. — Le témoin n'a-t-il pas eu des difficultés, relativement à l'emploi de ses filières, avec M. Müller, et ces difficultés n'ont-elles pas été jugées par un arbitrage?

LE TÉMOIN. — C'est une question jugée.

Me ÉTIENNE BLANC. — Voici l'objet de ma question. M. Carpentier a-t-il fait mention d'un procédé appartenant au domaine public?

LE TÉMOIN. — Non, car très certainement, si je l'avais connu, je l'aurais opposé à M. Müller. Si un procédé avait été indiqué et expérimenté en 1851, j'aurais certainement tenté d'en faire usage. J'ai assez l'habitude de ces choses-là pour n'avoir pas négligé de m'emparer d'un procédé nouveau, s'il eût été trouvé.

Me SENARD. — M. Carpentier est un usinier lui-même. N'a-t-il pas employé le procédé du dévidage, du plongement du fil substitué à l'ancien plongement du paquet?

LE TÉMOIN. — Je l'ai employé avant M. Cuny.

M. LE PRÉSIDENT. — A quelle époque?

LE TÉMOIN. — En 1851. — *D.* En quittant la bobine autour de laquelle il était enroulé, comment le fil était-il fixé ; était-ce par une fourchette? — *R.* Par une fourchette ou un autre engin plongeant dans le bain.

Me SENARD. — Ainsi, en 1851, le fil de fer venant de la bobine était tiré, passait dans le bain ; dans le bain, il plongeait sous la pression d'un rouleau ou d'une fourchette ; c'est bien cela que vous voulez dire?

LE TÉMOIN. — C'est parfaitement cela.

Me SENARD. — Et quand ce fil sortait du bain, que devenait-il?

LE TÉMOIN. — Il s'enroulait autour d'une autre bobine.

Me SENARD. — Comment était-il nettoyé. — *R.* Par le sel de muriate d'ammoniaque. Il était tiré perpendiculairement ; s'il l'eût été horizontalement, cela n'eût pas été possible ; l'excédant de zinc serait retombé en gouttelettes au lieu de descendre en glissant.

Me SENARD. — Je prie le tribunal de retenir ce détail et de demander à M. Carpentier si, lorsque le fil sort du bain dans lequel le métal est en fusion, il n'est pas quelque chose de tellement léger que le moindre obstacle que le fil rencontre l'en dégage d'une manière complète?

M. LE PRÉSIDENT. — Témoin, répondez à la question.

LE TÉMOIN. — Non, le fil de fer sortant du bain de zinc s'oxyderait, et le zinc se figerait d'une manière trop prompte ; il faut que le fil soit dépouillé de l'excédant de métal ou par un engin mécanique, ou par le muriate de zinc.

Me SENARD. — A quel moment peut-il être nettoyé? Évidemment au moment où il quitte le bain?

A ce moment, le métal opposerait-il de la résistance?

LE TÉMOIN. — Le métal n'opposerait pas de résistance, mais il se répandrait d'une manière inégale ; il faut qu'il s'écoule le long du fil placé perpendiculairement, soit à l'aide d'un agent mécanique, soit à l'aide d'un agent chimique.

Mᵉ SÉNARD. — Au moment même de sa sortie du bain, soit par le sel muriatique, soit par un essuyage mécanique quelconque, y aurait-il de la résistance ?

LE TÉMOIN. — Il n'y aurait pas d'autre résistance que celle que peut offrir un métal liquide, quand il quitte un milieu liquide.

M. LE PRÉSIDENT. — Et se fige-t-il tout de suite ?

LE TÉMOIN. — Il se fige quand il est essuyé et même avant qu'il soit essuyé. Sous une couche de sel muriatique ou de sable, le zinc conserve assez sa fluidité pour qu'on puisse essuyer le fil de fer.

Mᵉ SÉNARD. — Une simple couche de sable suffit.

M. LE PRÉSIDENT. — Je désirerais savoir si, quand le fer arrive chargé de zinc à travers ces trous, le zinc ne fige pas immédiatement de manière à boucher les trous ?

LE TÉMOIN. — Les trous ne seront pas bouchés s'ils sont dans des proportions exagérées avec le fil de fer ; mais s'ils sont justes avec le diamètre du fil de fer, évidemment ils seront bouchés.

Mᵉ SÉNARD. — Il en serait ainsi, si le bain était refroidi.

M. LE PRÉSIDENT. — Mais quand le fil de fer sort du bain et qu'il arrive à la plaque, il n'est pas refroidi ?

LE TÉMOIN. — Le fil alors n'est pas refroidi, le zinc n'est pas figé.

Mᵉ SÉNARD. — C'est là seulement ce que je voulais établir. J'ai vu dans ces usines divers procédés, et je me suis convaincu qu'au moment où le fil sort du bain, le moindre essuiement suffit.

Mᵉ ÉTIENNE BLANC. — Je prie le tribunal de me permettre encore une observation. Votre prétention à vous est d'avoir inventé une filière qui s'ouvre en entonnoir.

Je demanderai à M. Carpentier, qui a l'expérience de ces choses, si une filière dont l'ouverture est plus large du côté où arrive le fil de fer que du côté où il sort, n'est pas impossible en ce sens que, quand le fil de fer arrivera, il y aura bientôt une telle agglomération de zinc dans l'entonnoir, qu'il y aura impossibilité pour le fil de passer.

LE TÉMOIN. — Ceci est évident. Mais pour que la filière produise son effet, il faut qu'elle soit continuellement en contact avec le fil de fer, si vous avez un trou de 4 millimètres pour donner passage à un fil de 2 millimètres, le passage donnera zéro, le fil ne sera pas dépouillé de son excédant de zinc.

Mᵉ ÉTIENNE BLANC. — En d'autres termes, pour atteindre le but dont ces messieurs se vantent, au lieu de faire arriver le fil dans le trou le plus grand, il faudrait faire précisément le contraire de ce qu'ils font, le faire arriver par le trou le plus petit pour qu'il y eût frottement, et non agglomération de métal.

LE TÉMOIN. — C'est évident. Tout dépend de l'ouverture.

D. Et le fil couvert de métal, arrivant par l'ouverture la plus large, il y aura bientôt dans ce cône une agglomération de zinc telle que le cône sera bouché.
— R. Parfaitement.

M. THIRY. — Certainement cela arriverait si la filière était placée loin du bain et que le fer couvert de zinc eût le temps de se refroidir, mais la filière touche à la surface du bain.

LE TÉMOIN. — Le rapprochement de la filière du bain ou son plongement dans le bain sont, en effet, autant de moyens qu'on peut employer, suivant la nature du fil qu'on veut galvaniser.

M. THIRY. — Il est très certain que le zinc s'agglomérerait et se consoliderait s'il n'était pas chaud, mais ici la chaleur du métal est de principe.

Me SENARD. — Le tribunal peut se rappeler le petit tortillon de fils de fer. Eh bien! il se forme dans le petit tortillon une sorte de petit manchon de zinc qui couvre le fil qui traverse, et qui sert lui-même de manchon essuyeur. Jamais de la vie cela ne s'est aggloméré de façon à empêcher le fil de fer de passer. Si cela ne l'empêche pas de passer dans le tortillon, comment cela l'empêcherait-il de passer dans une ouverture comme celle-ci?

M. LE PRÉSIDENT. — Il n'y a plus de témoins à entendre. Me Blanc a la parole.

PLAIDOIRIE DE Me ÉTIENNE BLANC.

Messieurs,

Le jour où vous avez consacré le droit de MM. Müller, nous avons prévu ce qui se passe aujourd'hui. La décision que vous avez rendue a jeté un grand trouble parmi les contrefacteurs. En effet, au moment où vous jugiez, de nombreuses fournitures étaient adjugées, il fallait à tout prix qu'on eût sa part de ces adjudications. Il n'y avait qu'un moyen, pour les contrefacteurs, de sortir des difficultés de la situation; bien entendu ce n'était pas de se présenter devant les juges dans les conditions de la discussion première où la défense avait dit tout ce qu'elle pouvait dire, en opposant la filière Delacroix; cette filière avait été la base de toute discussion; il fallait donc faire autre chose sinon mieux, il fallait se présenter devant vous avec les apparences d'une antériorité nouvelle et essayer de faire décider le contraire de ce qui a été jugé par vous. Alors il est arrivé ceci : les premiers contrefacteurs condamnés ont tenu conseil, il a été décidé qu'ils feraient à l'avocat de MM. Müller le périlleux honneur de lui donner deux adversaires au lieu d'un, c'est ainsi que devant la cour nous nous sommes présentés Mes Senard et Nicolet pour M. Ménans, et moi pour MM. Müller. Je ne rencontre ici que l'un de nos deux contradicteurs. Néanmoins sa présence me suffit pour prouver au tribunal que les contrefacteurs se sont parfaitement entendus, que nous n'avons plus aujourd'hui qu'un seul adversaire, et que c'est pour faire triompher les intérêts de cet adversaire unique, quoiqu'il porte plusieurs noms, qu'on a organisé les débats dont vous venez d'être les témoins. Je n'en suis pas inquiet, parce que, si quelque apparence de vérité est ressortie de ce débat, il me sera facile de démontrer que ce n'est qu'une apparence, qu'il n'y a rien de vrai dans les prétentions des adversaires et qu'il ne s'est pas accompli, depuis la première fois que nous avons plaidé jusqu'à aujourd'hui, un seul fait qui n'ait donné le plus éclatant, le plus brutal démenti aux prétentions qu'on soutient en ce moment.

Avant d'arriver à cette démonstration, permettez-moi de vous rappeler, en peu de mots, ce que vous n'avez pas probablement oublié, c'est l'historique de cette industrie.

Vous savez que dans l'origine on galvanisait en paquets, c'est-à-dire que, après avoir enroulé les fils de fer, qui quelquefois sont de la finesse d'un cheveu, on les galvanisait ainsi, on les trempait dans le bain, puis on les retirait et on les secouait, afin que les fils se déchargeassent du surcroît de zinc dont ils étaient couverts. Vous comprenez que ce procédé était tout ce qu'il y avait de plus imparfait, de plus éloigné d'une manipulation satisfaisante : vous en voyez la raison. Vous savez que le zinc ne fond qu'à 400 degrés et plus. Or, on comprend que, quand on opérait sur ces fils capillaires dont je vous présente ici un spécimen, et qu'on les plongeait dans le bain, il ne fallait pas les y laisser séjourner, car ils auraient bientôt été atteints par le zinc. L'ancien système présentait donc ce premier inconvénient ; il y en avait un second : c'est que, quand on opérait sur des fils de fer de cette ténuité, quelque effort qu'on fît pour secouer la botte, comme le zinc se coagule très promptement, on arrivait à un résultat à peu près anti-industriel. Si j'insiste sur ces détails, c'est qu'ils sont féconds en conséquences ; c'est que le jour où pour la première fois M. Müller a fait emploi de la filière, a été un grand jour pour l'industrie de la galvanisation du fil de fer, et qu'il est impossible d'admettre que cette voie nouvelle, que cette amélioration essentielle se soit produite auparavant, sans faire dans l'industrie le bruit qu'elle a fait lorsque MM. Müller ont pris leur brevet.

Quoi qu'il en soit, c'est ainsi qu'on opérait : on immergeait la botte dans le bain de zinc, on la secouait et l'opération était faite tant bien que mal. A cela on a fait succéder un système qui consistait à essuyer le fil de fer, afin de le couvrir d'une couche uniforme et lisse ; mais ce résultat était imparfaitement obtenu. Les choses se trouvaient dans cet état, entendez bien, et l'on était obligé de subir les inconvénients des procédés imparfaits que je viens de décrire ; on était obligé de les subir parce qu'on n'avait pas eu l'idée qui a été réalisée par MM. Müller et que personne alors ne soupçonnait. On a galvanisé par les procédés rudimentaires jusqu'à ce que MM. Müller se soient fait breveter. Que dit-on dans leur brevet ?

Mᵉ Étienne Blanc cite la partie du brevet dans laquelle M. Müller revendique le monopole du nouveau procédé de galvanisation. Il poursuit ainsi :

Vous savez, messieurs, que ce premier brevet, dont la date est du 27 juillet 1854, a été suivi de divers certificats d'addition, il en est un entre autres que je vous signale, qui a pris une grande place dans le procès jugé et qui a aussi sa place marquée dans le procès actuel : c'est celui dans lequel il est question de la filière brisée. Quand on emploie la filière dans les conditions du premier brevet, au bout de quelque temps il en résulte que le fil de fer, en passant dans le trou, frotte surtout sur la partie inférieure. Ce frottement joint à l'élévation de température du zinc agrandit bientôt le trou de la filière qui n'est plus alors d'un calibre suffisamment exact pour que le fil soit essuyé dans tout son pourtour. C'est alors que MM. Müller ont eu l'idée de la filière brisée, le témoin Cuny croit que ce sont là des idées qui peuvent venir à tout le monde ; nous savons ce que cela veut

<table><tr><td>X.</td><td></td><td>23</td></tr></table>

dire en matière d'invention, cette filière brisée est composée de demi-filières juxta-superposées, de sorte que la demi-filière supérieure portant un demi-trou, et la demi-filière inférieure un autre demi-trou, le fil de fer a beau user la paroi sur laquelle il frotte, l'ouverture est toujours la même parce que les deux demi-filières se rapprochent à mesure qu'il y a usure.

Permettez-moi de rappeler ici quel a été le grand retentissement qu'a eu cette invention, et à côté de ce retentissement, l'immense succès qu'elle a obtenu ; c'est-à-dire que, après avoir fourni des fils de fer défectueux, qu'après avoir été réduit à l'impuissance de galvaniser des fils de fer d'une certaine finesse, on est arrivé de plain-pied, pour ainsi dire, à des produits merveilleux de perfection.

Cette invention était-elle de MM. Müller ? Non, elle était de M. Lassance, un homme des plus honorables, puisque les deux parties invoquaient son témoignage. M. Lassance a déclaré que ce procédé qu'il avait vendu à M. Müller, avait été employé secrètement avec un très grand succès, et que par conséquent, quand il l'avait vendu, il était légalement nouveau, c'est-à-dire qu'il n'avait pas été divulgué. MM. Müller l'ont perfectionné, et y ont ajouté ce que les adversaires appellent les tortillons, et puis la filière brisée.

Après cela qu'est-il arrivé ? Il est arrivé un fait qui donne le démenti le plus complet aux prétentions que vous venez de voir s'élever : c'est que les directeurs de la Compagnie des forges de la Franche-Comté ont acheté le brevet de MM. Müller, et l'ont payé moyennant une prime annuelle dont le chiffre vous a été donné lors du premier procès, et ce chiffre, pour le dire en passant, démontrait éloquemment la valeur industrielle du procédé. Voilà donc le procédé de MM. Müller qui sort de leurs mains, qui est monopolisé par les hommes les plus haut placés dans cette industrie. Ces hommes l'exploitent un certain temps, ils payent la redevance, puis un jour, l'un d'eux, dans une assemblée générale d'actionnaires, laisse percer cette pensée que, si productive que soit la cession faite par MM. Müller, elle serait bien plus avantageuse encore si on ne leur payait rien ; et en effet, bientôt après MM. Müller sont obligés de résilier avec les acquéreurs, MM. Ménans et Cie, qui déclarent ne vouloir plus se servir du procédé breveté.

Le lendemain de cette rétrocession nous faisons constater la contrefaçon la plus complète du procédé prétendu abandonné ; nous nous présentons devant vous et vous décidez qu'il n'y a rien de commun entre la filière de MM. Müller et l'antériorité opposée ; vous validez le brevet de MM. Müller et vous condamnez MM. Ménans et autres comme contrefacteurs. Nous sommes en appel sur ce jugement. Depuis ce jour nous avons su, heure par heure, tout ce qui se faisait dans le camp de nos adversaires. Les contrefacteurs ont leur police, c'est bien le moins que les brevetés aient la leur. Nous avons su qu'on travaillait ardemment à réunir des témoignages dans l'intérêt commun de la contrefaçon et qu'on arriverait devant vous afin d'établir par ces témoignages que le procédé de la filière était antérieur à M. Lassance et par conséquent à MM. Müller, acquéreurs de M. Lassance. Nous avons fait pratiquer une saisie chez le sieur Thiry parce que nous avons su que ce M. Thiry était un de nos contrefacteurs et un des organisateurs de la lutte qui allait s'engager devant la Cour. Voici ce que le procès-verbal de saisie constate :

« Étant arrivé à ladite usine et ayant demandé à un ouvrier où se trouvait
l'atelier de galvanisation, cet ouvrier nous a introduit dans ledit atelier, au fond de
la cour à gauche, où nous avons trouvé un bain de galvanisation en fusion. Les fils,
après avoir été préalablement décapés sont placés, en botte sur six bobines, de là
ils passent ou se dévident à travers une plaque percée de six trous, et faisant l'office de peignes pour empêcher les fils de s'emmêler. »

Vous retrouvez dans cette description exactement les détails que nous
signalions à votre attention dans les procès-verbaux de saisie du premier
procès :

« Les fils pénètrent alors dans une cuve en fonte revêtue de maçonnerie et contenant le métal en fusion, lequel est recouvert d'une couche de sel ammoniac,
et ils sont maintenus dans le bain au moyen d'une fourchette de fer, et passent, en
sortant du bain, à travers six filières composées par un petit carré de tôle, percé d'un
trou, lequel carré vient butter contre la paroi supérieure de la plaque, percée elle-
même au-dessus du niveau du bain de métal, de six trous ; enfin les fils vont se
dévider sur six bobines. Les fils, en passant dans la filière, laissent un résidu de
métal qui forme devant cette filière une espèce de fourreau, et alors, sortis de la
filière, ils sont débarrassés de leur excédant de métal et de toute aspérité. »

C'est par suite de cette nouvelle saisie que nous nous présentons devant
vous. Comme la première fois, la question est de savoir si le procédé est nouveau, et si ce procédé a été contrefait par M. Thiry.

La deuxième question tiendra peu de place, car la contrefaçon est patente,
complète, servile ; les modifications apportées sont des modifications comme
vous en rencontrez dans tous les procès en contrefaçon, c'est-à-dire qu'elles
déguisent mal, si même elles déguisent l'intention d'imiter le procédé
breveté.

Mais la question qui préoccupe les adversaires, c'est la question de savoir si,
à l'aide des témoignages que vous avez entendus, ils arriveront à démontrer
que l'invention de MM. Müller est une invention précédée d'antériorités qui
anéantissent le brevet.

Vous avez entendu six témoins pour M. Thiry et un pour MM. Müller. Le
premier témoin entendu pour M. Thiry est un sieur Cuny. Ce témoin, messieurs, était concessionnaire de la Société de galvanisation de Paris, laquelle
avait pour gérant M. Carpentier. Nous avons donc fait appeler M. Carpentier
comme témoin, parce que nous savions qu'on devait soutenir devant vous
l'emploi d'une filière antérieurement à notre brevet.

M. Cuny, cessionnaire de M. Carpentier pour la galvanisation, avait avec
lui un traité, et une clause importante de ce traité portait que, si le cessionnaire ou le cédant, ce qui veut dire dans l'espèce, si M. Cuny ou M. Carpentier, trouvaient un procédé pour améliorer la galvanisation, ils devaient se le
communiquer réciproquement ; ce devait être une propriété commune,
entendez bien ceci.

M. Cuny a déposé qu'en 1851 il a cessé de galvaniser, par conséquent tous
les faits qui se rapportent à sa galvanisation sont antérieurs à 1851. Il a ajouté
que la Compagnie lui avait promis un procédé nouveau pour la galvanisation

des fils de fer ; or M. Carpentier déclare que jamais il n'a rien promis, et qu'il ne pouvait rien promettre. En effet, comment voulez-vous qu'on promette une invention future ? Est-ce qu'il y a un homme au monde assez insensé pour promettre un procédé qui n'est pas réalisé ? Ce souvenir de M. Cuny est bien ce qu'il y a au monde de plus inexact ; le bon sens repousse son allégation, indépendamment de la dénégation de M. Carpentier. Quoi qu'il en soit, M. Cuny imagine un procédé qui serait venu, dit-il, à l'idée de tout le monde.

Voilà la première partie de sa déclaration. Examinons ! Voilà un procédé qui rend pratique ce qui était impraticable, voilà un procédé qui apporte un perfectionnement considérable à ce qui était pratiqué pour la galvanisation du gros fil de fer ; voilà un procédé qui a été acheté par les forges de Franche-Comté, qui a été acclamé par tous, que ceux-là qui l'ont acheté ont reconnu comme la propriété du vendeur ; voilà enfin un procédé que M. Cuny a trouvé avant 1851, et contrairement au traité qui le lie avec M. Carpentier, il n'en donne pas connaissance à ce dernier ; n'est-il pas manifeste qu'il y a là des souvenirs erronés ? Telle est la première conséquence à tirer de la déposition de M. Cuny. Elle est démentie, je le répète, non-seulement par son traité, mais encore par les acclamations de toute l'industrie au moment où paraît le brevet Müller.

Le témoin Cuny continue ; il dit : Ce procédé n'était rien, tout le monde aurait pu en avoir l'idée. Vous savez ce que vous devez penser d'une pareille appréciation quand vous vous rappelez que les gens les plus avancés dans cette industrie ont acheté le procédé, l'ont trouvé une chose éminemment utile et ont cru qu'il n'y avait pas de lutte possible avec le monopole de MM. Müller ; qu'il fallait de toute nécessité traiter avec eux, et c'est ce qu'ils ont fait.

M. Cuny continue. Il n'a, dit-il, caché son procédé à personne ; entendez bien ceci, à personne ; M. Thiry lui-même a pu le voir, il a dû le voir, c'est M. Cuny qui l'affirme. Or, n'oubliez pas que M. Thiry a été lié par un traité avec la maison Müller et qu'il a été pendant longtemps le client de cette maison, comme il avait été précédemment le client de la maison Carpentier. Que faisait-il donc chez M. Carpentier ? que faisait-il chez M. Müller ? Il leur apportait ses produits à galvaniser. Est-ce que M. Thiry serait allé, s'il avait connu le procédé Cuny, soit chez M. Carpentier d'abord, soit ensuite chez M. Müller ? Est-ce qu'il serait allé leur porter son fil de fer à galvaniser ? Est-ce qu'il ne l'aurait pas galvanisé par le procédé de la filière vue chez Cuny, au lieu de subir le monopole du brevet Müller ? Je dis, messieurs, qu'il n'y a pas, dans cette déposition de Cuny, un seul mot, une seule réflexion contre lesquels la vraisemblance ne vienne protester.

Il faut, dans les questions de ce genre, qu'on sache bien, une fois pour toutes, qu'il ne suffit pas pour faire tomber un brevet, d'arriver ici avec un certain nombre de témoins décidés à déclarer que la chose brevetée était connue ; il faut plus que cela, il faut que le témoin apporte la preuve de la vérité de ses déclarations, il faut que le témoin soit bien convaincu que sa parole devant la justice ne suffit pas, car ses souvenirs peuvent le tromper. Eh bien, nous dirons à M. Cuny : Voilà un procédé qui a fait passer la galvanisation du fil de fer rudimentaire à l'état parfait, indiquez-nous donc à qui vous avez vendu des fils signalant l'emploi du nouveau procédé, à qui vous avez vendu des produits d'une perfection égale à ceux de MM. Müller. Dites-nous cela. Voilà où commencerait la preuve. Mais venir ici, avec le dédain des contrefacteurs, affirmer, sans preuve, qu'on a trouvé cette filière et qu'on s'en est servi, c'est ce que le bon sens ne permet pas plus d'admettre que la vraisemblance. Si M. Cuny a trouvé ce qu'il prétend, il n'est pas possible qu'il n'indique pas à qui il a vendu des fils de fer ainsi galvanisés, il n'est pas possible que M. Carpentier qui était en relation avec lui, puisqu'il était son cédant, n'ait pas appris que son cessionnaire avait un procédé plus parfait conduisant à une perfection complète. Il n'aurait pas pu l'ignorer. Il est allé dans son usine; veut-on qu'il ait vu, en effet, l'appareil, le produit? Mais de deux choses l'une, ou cela était de beaucoup antérieur à l'époque où M. Cuny a cessé de galvaniser, ou c'était postérieur. Si c'était antérieur, raison de plus pour que cela ait reçu une grande publicité, par conséquent tout le monde a pu le savoir; si c'était postérieur, il n'en faut pas parler. Comment! il aurait existé dans un coin de la France un système de galvanisation de fil de fer à un état de perfection que personne n'avait pu atteindre, et M. Carpentier ne l'aurait pas su? MM. Mévans et Vautherin ne l'auraient pas su? M. Thiry l'aurait ignoré? Je dis, messieurs, qu'il y a là une invraisemblance contraire aux prétentions de nos adversaires, une invraisemblance contre laquelle la lutte n'est pas possible.

La déposition de M. Cuny est, à mon sens, la meilleure preuve de la nouveauté du procédé; en effet, il affirme n'avoir pas caché son système, et que M. Thiry a dû, dans tous les cas, le voir. Eh bien! c'est longtemps après, c'est-à-dire après le brevet de M. Müller qui est de 1854, que M. Thiry est devenu volontairement le tributaire de ce brevet.

On a demandé à M. Carpentier s'il ne se servait pas de bobines, si son fil de fer ne trempait pas dans le bain de zinc, et s'il n'était pas maintenu par une fourchette. Je ne sais si vous avez conservé le souvenir du premier procès. Nous avons bien expliqué notre procédé, nous avons parfaitement établi qu'il ne consistait pas dans la bobine ou dans la fourchette, mais dans un ensemble qui commence au dévidage de la première bobine, et finit à l'enroulement sur la deuxième; nous avons nettement démontré que ce système était composé des éléments déterminés que nous avons définis. Par conséquent, quand il serait vrai que M. Carpentier employait la bobine qui livre le fil de fer, qu'il eût fait remonter le fil verticalement, il n'en résulterait pas que notre procédé n'était pas nouveau, car là n'est pas notre invention.

En voulez-vous la preuve? M. Carpentier avait adopté nos filières, croyant apparemment que les filières n'étaient pas notre invention, et que M. Lassance, de qui nous les avons achetées, les avait livrées à la publicité. On a engagé une instance avec M. Carpentier, on est allé, avec lui, devant arbitres, et les arbitres ont décidé en notre faveur. Or, si M. Carpentier avait connu le précédent Cuny, il l'aurait opposé assurément. Je tenais à donner ces détails pour qu'il n'y eût pas de confusion sur la situation de M. Carpentier, et sur la portée des réponses qu'il a faites aux questions de mon contradicteur.

Voilà ce que j'avais à dire sur la déposition du premier témoin entendu.

Le second est le frère du précédent, qui n'a rien vu; puis un troisième frère est venu déclarer qu'on avait pour essuyer le fil une plaque percée de trous. Ce que j'ai dit pour le premier témoin s'applique à celui-ci.

Pierre Hesse a été ouvrier pendant dix ans chez Cuny ; il a travaillé à l'appareil présenté à la justice, et qui remonterait, selon lui, à 1845. Quand on lui a demandé s'il y avait d'autres usines l'employant, il a répondu oui, sans pouvoir les indiquer. Il a terminé, comme M. Cuny, en disant qu'on n'empêchait personne de venir visiter l'usine. Il attestait donc la plus grande publicité donnée à la filière.

A cette déposition, on oppose celle de M. Carpentier, avec qui M. Cuny avait traité du droit de galvaniser. Aux termes de ce traité, je le rappelle, M. Cuny était obligé de donner tous les procédés qu'il trouverait, et que lui, Carpentier, en échange, était tenu de donner à M. Cuny tout ce qu'il pourrait réaliser de son côté. Or, il n'y a pas eu d'échange. Je comprends que M. Cuny, trouvant un procédé sans importance sérieuse, ait dit ou pu dire : Cela n'en vaut pas la peine, ce n'est pas là un procédé que je doive communiquer à M. Carpentier ; n'en parlons plus. Mais ayant eu le bonheur de réaliser un procédé aussi important que celui dont il s'agit, que M. Cuny ait refusé de le communiquer, qu'il l'ait gardé pour lui sans en faire part à M. Carpentier, je dis que cela n'est pas admissible ; car, d'une part, ç'eût été la violation du traité, et, d'autre part, jamais M. Cuny ne nous fera croire qu'il ait regardé ce procédé comme une chose très simple, dont l'idée aurait pu venir à tout le monde. J'ajoute qu'en supposant que M. Cuny eût réalisé le procédé de la filière, ce qui est démenti par toutes les circonstances du procès, il est bien évident que ce procédé n'aurait reçu aucune publicité, et qu'il aurait été tenu secret, contrairement à ses allégations. En effet, s'il avait été divulgué, son apparition par le brevet Müller n'aurait pas produit cette sensation que vous savez. Donc les témoignages sont repoussés par les faits mêmes qu'ils prétendent révéler.

Maintenant que je crois avoir démontré, par la discussion sur les témoignages, que le brevet restait entier, permettez-moi d'aborder en deux mots un autre ordre d'idées.

D'abord, quelle est l'importance de l'invention consignée dans le premier brevet et dans les perfectionnements qui y ont été apportés? Ceci est très sérieux à apprécier, car s'il arrivait que, par impossible, l'idée de la filière simple tombât dans le domaine public, notre brevet ne serait pas nul pour cela, car il se compose de beaucoup d'autres éléments qui suffiraient pour le maintenir. Alors nous nous armons de notre certificat d'addition relatif à la filière brisée. La nouveauté de ce perfectionnement n'a été, jusqu'à présent, attaquée par personne ; aucun des témoignages n'y a touché. Par conséquent, la filière brisée reste notre procédé incontesté, et comme le procédé que nous avons saisi chez M. Thiry est la filière brisée, il y aurait contrefaçon. En effet, la description de la saisie ne laisse aucun doute. L'objet saisi consiste dans des trous percés au-dessus du niveau du métal en fusion, et puis, contre ces trous, sont des plaques qui pèsent de tout leur poids sur le fil de fer, et qui réalisent bien exactement, bien servilement la filière brisée, c'est-à-dire le frottement simultané et constant sur la partie supérieure et sur la partie inférieure de l'ouverture dans laquelle le fil passe.

Je termine ces observations en disant au tribunal que toutes les preuves qu'on a accumulées devant lui ne tendent à établir qu'une seule chose, à savoir l'importance du procédé que nous revendiquons, importance que le tribunal a déjà jugée, et qui serait aujourd'hui démontrée jusqu'à l'évidence par les témoignages rendus à mes clients, sur l'excellence de leurs produits, importance que les adversaires n'ont attaquée que le jour où ils ont été décidés à faire de la contrefaçon.

Vous vous rappellerez que jamais invention n'a reçu une consécration plus complète en dehors de la justice; que cette invention a été acclamée par nos adversaires eux-mêmes, qu'ils ont fait plus que l'acclamer, qu'ils l'ont achetée et qu'on nous a payé le tribut, jusqu'au moment où l'on nous a annoncé qu'on s'en affranchirait. On a cherché, en effet, à s'en affranchir. Est-ce en attaquant notre brevet? Pas le moins du monde, mais en cherchant à en tourner la difficulté, en montant un appareil qu'on avait la prétention de faire déclarer différent du nôtre, pendant qu'il en était, au contraire, la contre-façon servile.

Ai-je à vous parler d'une antériorité qui a été discutée dans le premier procès, je veux dire la filière de Delacroix, qui fut la base de la discussion, le pivot unique de la défense? Vous vous rappelez, en effet, ces filières ménagées dans les parois de la cuvette; ces filières impossibles placées dans l'intérieur du métal en fusion; enfin ces filières impraticables et impratiquées, dont tous les inconvénients avaient été reconnus à ce point qu'on ne s'en était pas occupé, qu'elles n'avaient pas été considérées comme un procédé sérieux, et que ceux qui argumentaient de cet appareil Delacroix et à qui celui-ci l'avait offert, étaient venus traiter avec mes clients. Je ne crois pas que cette antériorité puisse trouver une place utile dans ce procès; je crois qu'elle est jugée, irrévocablement jugée. On n'en parlera plus, je l'espère. C'est ainsi qu'on procède dans les procès de ce genre : on commence par des antériorités qu'on dit décisives, et puis, quand ces arguments sont détruits et qu'un second ou un troisième procès commence, on laisse les arguments vaincus dans la poussière et on s'appuie sur d'autres qui n'ont pas plus de portée, et qu'on présente avec autant d'assurance.

De tout ceci il résulte, malgré les témoignages entendus, qu'il y a lieu de déclarer, comme vous l'avez fait, que le procédé de Lassance, dont nous sommes les acquéreurs, n'a été primé par aucune antériorité.

Maintenant que me reste-t-il à examiner? La réparation du préjudice causé. Cette réparation est une appréciation difficile dans l'état de choses ; aussi nous ne pouvons, quant à présent, fixer un chiffre, ne connaissant pas l'importance de la contrefaçon. Nous nous bornons donc à dire que nous demandons des dommages-intérêts à fixer par état et l'affiche du jugement à intervenir. Voilà les points sur lesquels nous avions à nous expliquer aujourd'hui. Je crois que le tribunal, en présence des souvenirs qui lui restent du premier procès, en présence de toutes les contradictions qui ont été signalées entre les témoignages et les faits démontrés, n'hésitera pas à prononcer la validité de notre brevet.

Vous n'oublierez pas, messieurs, que notre brevet contient différents éléments qui suffiraient à la validité en dehors même de la filière ; donc ce brevet est valable quoi qu'on décide sur les antériorités de la filière simple. Après ce premier brevet arrive le certificat d'addition qui ne pourrait pas tenir sans le brevet principal, mais qui, le brevet principal maintenu, consacre à notre profit la filière brisée. Cette filière est tout ce que nous avons saisi à la charge du prévenu, par conséquent pas de difficultés, il y aurait contrefaçon, quel que soit le sort de la filière simple.

Je crois devoir prémunir le tribunal contre une objection qu'on nous a fait pressentir ; elle a été, du reste, présentée dans le premier procès. On vous dira qu'on rencontre dans notre brevet cette phrase : « Ce qui constitue notre brevet, c'est le refroidissement instantané du fil de fer. »

Et, en effet, dans notre brevet il y a un appareil indiqué pour le refroidissement subit. Or on a dit, dans le premier procès : Vous voyez bien que ce qui constitue l'invention de Müller ce n'est pas la filière, à laquelle on n'attache pas une grande importance, mais le procédé pour arriver au refroidissement instantané du fil de fer. A cela nous avons répondu, et je réponds encore aujourd'hui pour n'y plus revenir, qu'il y a dans notre brevet deux choses : l'étamage du fil de fer par le zinc et l'étamage par l'étain. Le refroidissement instantané de l'étain ne peut arriver que par un procédé artificiel, car l'étain conserve son état de fusion beaucoup plus longtemps que le zinc. Or, comme si cet état de fusion de l'étain durait trop longtemps, il nuirait à la bonté des produits, mes clients avaient eu l'idée d'indiquer dans leur brevet un moyen d'arriver à un refroidissement instantané ; mais ce moyen ne s'applique pas au zinc, par conséquent il n'appartient pas au procès actuel. J'ai voulu vous signaler cette objection parce que dans le premier procès on a paru compter sur son succès.

Je n'ai plus rien à dire sur le fond du procès, tant que mon adversaire n'aura pas fait connaître ses moyens de défense auxquels je me réserve de répondre s'il y a lieu.

PLAIDOIRIE DE Mᵉ SENARD.

Messieurs,

On vous a dit qu'il se passait dans cette affaire quelque chose d'étrange. Permettez-moi de vous dire que ce qui se passe dans cette affaire, c'est ce qui a lieu toutes les fois qu'un individu est porteur d'un brevet qui ne s'applique pas à une invention tout entière, mais à quelque détail d'une fabrication, détail dans lequel il introduit une amélioration, quelque chose qui ne se pratiquait pas dans l'usine voisine. Quand avec ce quelque chose qu'il a apporté, ce détail de fabrication qu'il a introduit, il prend un brevet, il ne s'amuse pas à le prendre, par exemple, pour une forme de filière, comme dans l'espèce, cela n'en vaudrait pas la peine, il le prend pour l'industrie tout entière. C'est ce qui est arrivé à MM. Müller et Cᵉ, lesquels n'ont rien inventé du tout, absolument rien. Mais dans un voyage qu'ils ont fait en Belgique, ils ont trouvé chez un maître de forge, M. Lassance, une usine de galvanisation bien installée, et ils ont traité avec celui-ci pour qu'il vînt installer chez eux les mêmes appareils. M. Lassance est venu, et MM. Müller ne s'en sont pas tenus là ; ils sont allés au ministère des travaux publics, et se sont mis à faire un grand plan, une grande image représentant toutes les opérations de la galvanisation, depuis le moment où le fil sort de la bobine, passe dans la cuve où il se décape, descend dans le creuset où le métal est en fusion, et puis sortant de là, passe à travers une filière, se nettoie, se refroidit en route et arrive à s'enrouler sur une autre bobine.

Avec ce brevet, ils sont allés trouver MM. Ménans et Cⁱᵉ, et ils leur ont vendu comme nouveaux des procédés antérieurement employés. Cela va bien pendant quelque temps, et puis, leurs acquéreurs apprennent que de toutes parts il y a des gens qui procèdent de la même manière ; ils apprennent notamment par M. Carpentier dont MM. Müller se font un témoin, après avoir fait régler par une sentence arbitrale leurs démêlés avec lui, ils apprennent que M. Carpentier galvanise comme eux. MM. Ménans font tout pour faire cesser cette concurrence. M. Carpentier répond : J'emploie le procédé du domaine public, poursuivez-moi, si vous l'osez. MM. Ménans font constater que M. Carpentier emploie le même procédé, et alors MM. Müller disent : Eh bien ! résilions, ils n'osent pas s'aventurer dans un procès. Et il y avait une bonne raison, c'est que M. Carpentier avait un brevet qui contient les deux tiers du brevet de MM. Müller, notamment les appareils du dévidage, du plongement, de la sortie du fil et de l'enroulement. Ces messieurs s'arrangent avec M. Carpentier et règlent avec lui leurs affaires comme ils l'entendent. Ils les règlent bien, à ce qu'il paraît, car voilà Carpentier devenu leur homme, qui se tient à l'affût de tout ce qui se passe, et les met en état de dire : Nous savions, jour par jour, ce que M. Thiry faisait. Qui les informait si bien ? Carpentier. Carpentier, leur ancien ennemi, pouvait surveiller, espionner, les tenir au courant de tout sans paraître suspect.

Maintenant, qu'ont-ils fait après leur rupture avec leurs concessionnaires ? MM. Ménans ont conservé leur usine, ils ont supprimé tout ce qui pouvait appartenir comme procédés à MM. Müller et Cᵉ, et n'ont gardé que ce qui appartenait au domaine public. Mais cela ne faisait pas l'affaire de MM. Müller, ils ont su qu'on employait dans l'usine de Grenelle un petit tortillon de fil de fer, et à l'occasion de ce modeste engin ils ont fait un procès à MM. Ménans. Pourquoi ? Parce que le contrat qui avait existé pour l'exploitation des brevets créait à ces derniers une position défavorable.

MM. Ménans et Cᵉ, se débattant contre eux, disaient : Savez-vous ce que veulent ces gens-là ? Ils abusent des éléments du traité, en soutenant qu'il est resté chez nous quelque chose qui ressemble à ce qu'ils prétendent être une invention. Mais s'ils gagnent leur procès, vous verrez qu'ils ne travailleront à rien moins qu'à la confiscation de l'industrie. C'est ce qui n'a pas tardé à se produire. Ils ont obtenu un jugement au mois de mars 1862 ; à peine ce jugement obtenu, ils ont fait une razzia. Il n'y a pas beaucoup de ces usines où l'on galvanise le fer ; il y a quelques années, il n'y en avait presque pas, on ne galvanisait guère le fer que pour maintenir les échalas des vignes et divers travaux de jardinage ; c'est le télégraphe électrique qui a donné des développements à cette industrie qui jusque-là avait été très restreinte. MM. Müller et Cie se sont trop hâtés ; ils sont venus s'abattre chez M. Thiry, et ils ont dit : Qu'est-ce que c'est que M. Thiry ? il était notre tributaire. Est-ce qu'il aurait traité avec nous s'il avait connu le procédé de M. Cuny? C'est à n'y rien comprendre, c'est l'argumentation désespérée d'une cause qui périt, et vous allez voir comment devant les faits constatés par M. Cuny. Est-ce que M. Thiry jeune avait été fabricant? Est-ce qu'il a jamais été tributaire des fameux brevets Müller et Lassance? M. Thiry, jusqu'à la fin de 1859, avait été marchand de fils, il n'en avait jamais galvanisé ; il achetait du fil galvanisé dans le très petit nombre d'usines où on en galvanisait. Il avait acheté du fil galvanisé en 1846, 1847, 1848, chez MM. Cuny, il en avait acheté chez M. Carpentier. C'est en 1859 que, pour la première fois, il a créé une usine de galvanisation, jusque-là il avait acheté son fil galvanisé chez l'un, chez l'autre.

Mais qu'est-il arrivé? Le voici : MM. Müller triomphant trop vite, et abusant de leurs succès contre MM. Ménans, ont voulu confisquer l'industrie à leur profit. Ils sont arrivés chez M. Thiry et M. Thiry a dit : Mais qu'est-ce qu'ils veulent donc ces gens-là ? Je serais leur contrefacteur ! Allons donc ! De quelle date est leur brevet? De 1854. Et je ne fais chez moi que ce qu'on faisait chez MM. Cuny dès 1846. En effet, M. Thiry, qui habite le même pays, connaissait parfaitement l'usine de M. Cuny, et quand il a installé sa propre usine, comment a-t-il procédé? Il a reproduit ce qu'il avait vu fonctionner chez MM. Cuny.

On est venu soutenir que MM. Cuny n'avaient jamais parlé de leur procédé : qu'est-ce à dire? L'usine de M. Cuny était ouverte à tout le monde. Ils n'en ont jamais parlé? Non, ils n'ont jamais parlé de leur procédé comme d'une invention et l'on ne pensait plus à eux ni à leur procédé, lorsque le retentissement qu'a eu votre jugement a réveillé les souvenirs.

J'ai ici une lettre timbrée de la poste et qui a été écrite avant le jugement Ménans à M. Thiry et au vu de laquelle j'ai dit à M. Thiry, quand il est venu me consulter : Il faudrait rechercher MM. Cuny, les trois frères Cuny. Vous savez, messieurs, que l'un était à la tête de l'usine, qu'il la dirigeait ; que l'autre était chargé de la partie commerciale, mais connaissait les engins de l'usine. Le troisième que vous avez entendu est un honorable officier qui ne s'est jamais occupé d'industrie, mais qui, il vous l'a déclaré tout à l'heure, savait ce qui se passait dans l'établissement de ses frères, et le savait assez bien pour qu'à la représentation de ce qui se faisait chez eux, il n'ait pas hésité à le reconnaître.

Et puis, j'ai dit à M. Thiry : Il doit y avoir encore des ouvriers qui ont travaillé dans l'usine de MM. Cuny. Il en a cherché, il en a trouvé, et parmi ces ouvriers on en a assigné trois que vous avez entendus tout à l'heure. Vous avez entendu d'abord le directeur de l'usine, M. Adam Cuny, puis

M. Charles-Auguste Cuny, son frère, qui s'occupait du commerce avec lui ; et enfin vous avez entendu leur frère, le capitaine en retraite, qui ne travaillait pas avec eux, mais qui connaissait leur établissement et qui vous a expliqué comment les choses se passaient. Nous avons fait faire un modèle précisément sur les indications qu'ils ont bien voulu nous fournir par la lettre à laquelle je viens de faire allusion, et que je vais vous lire. Les trois frères Cuny viennent, sous la foi du serment, attester au tribunal que tel était leur système de fabrication ; quand les trois ouvriers qu'on a retrouvés et qu'on a fait entendre à l'audience viennent, sous la foi du serment, vous donner les explications que vous avez entendues, l'adversaire en est réduit pour soutenir une cause perdue à trouver que cela ne peut pas être vrai. Comment, cela ne peut pas être vrai ?

Voilà six témoins les plus honorables, sur la moralité et la sincérité desquels il ne peut pas y avoir un doute possible, dont les souvenirs ne peuvent pas être incertains et dont les déclarations sont si précises, si nettes, si conformes ; six témoins dont l'accent, l'attitude, la physionomie ont tout de suite porté la conviction dans vos consciences. Ajoutez à cela la lettre d'un homme qui a créé une usine et l'a dirigée, et tout cela pourra ne pas être vrai ! Et l'adversaire en sera réduit à le contester sans pouvoir fournir de preuves contraires. Voici l'appareil saisi chez mon client. Le fil qui est enroulé autour de cette bobine entre par ici dans le creuset, il est retenu par les dents de ce peigne, il est forcé par cette plaque de fonte de descendre au fond du bain, puis il remonte, passe par un des trous de cette planchette de tôle, s'essuie ainsi, et vient ensuite s'enrouler sur la bobine que voici.

M. MULLER. — Cette tôle est si légère qu'elle ne peut pas remplir le but que vous indiquez.

Mᵉ SENARD. — Quand le métal est en fusion, il est tellement léger, si je puis ainsi dire, tellement fluide que, pour l'essuyer, il suffit de la moindre des choses. Au lieu d'un trou fraisé, ayant la forme conique, comme MM. Cuny, nous avons ici une rondelle de tôle. Vous comprenez à merveille que cela essuie parfaitement. Nous n'avons ni filière élastique, ni filière à hélice, ni filière brisée, mais tout simplement un fil qui plonge dans le trou, qui y est retenu par un diaphragme et qui ressort en passant par ce trou qui l'essuie.

Dans l'usine de MM. Ménans, où je me suis transporté, il n'y a même plus de filières, il y a un système qui consiste à jeter tout simplement du sable sur le métal en fusion. Il se passe là quelque chose qui m'a surpris au dernier point. Je n'imaginais pas qu'on pût prendre du sable et le jeter à la surface du métal en fusion sans qu'il pénétrât ; il ne pénètre pas du tout. MM. Ménans ont supprimé toutes leurs filières parce qu'ils ne veulent pas de procès avec MM. Müller. Ils procèdent avec ce bain de sable ; les fils passent à travers ce bain, et ils en sortent parfaitement essuyés.

Voilà donc ce qu'on a saisi chez MM. Thiry. Ceux-ci saisis, qu'ont-ils fait ? Ils se sont rappelés leurs souvenirs, et ils se sont dit : « Comment, on prétend que ce que nous faisons là ne serait pas dans le domaine public ? Mais c'est ce qu'ont fait Delacroix et Carpentier ! » Dans le procès Müller le tribunal ne s'est pas arrêté à Delacroix, parce que MM. Ménans avaient une des filières en hélice, en tortillon, ce qui lui a semblé constituer une chose nouvelle, une invention. Mais quant à toutes ces généralités, quant à toutes ces questions de plongement, quant au fait de faire entrer le fil, de le faire sortir, de l'essuyer, tout cela était connu. Delacroix avait introduit le fil dans le métal en fusion, il l'avait fait sortir en le faisant passer par une filière sans déterminer la filière. Vous comprenez que s'il y avait là un engin meilleur qu'un autre, il devrait appartenir à celui qui en serait l'inventeur, mais que le brevet de Delacroix empêcherait d'élever une prétention à un droit privatif sur l'ensemble de l'appareil.

Mes clients écrivent à M. Cuny, et reçoivent de lui une lettre à la date du 1er février 1862. Ils avaient dans leur dossier cette lettre à l'époque où on plaidait devant vous, mais ils n'avaient aucune espèce de relations avec MM. Ménans. Il arrive dans cette affaire ce qui arrive pour bien des brevets : un breveté poursuit un premier industriel ; dans cette première poursuite l'industriel poursuivi a certaines connaissances d'antériorité, mais elles ne paraissent pas suffisantes ; le breveté gagne son procès contre celui-là. Puis il poursuit un deuxième industriel. Ce deuxième industriel a d'autres relations, d'autres renseignements, il les apporte devant le tribunal. Savez-vous ce qui m'est arrivé l'année dernière, dans une affaire qui a un rapport immense avec celle-ci, une de ces terribles affaires où les gens n'ont rien inventé qu'un détail de fabrication, détail qu'ils n'ont pas même inventé, car ce sont toujours les ouvriers qui trouvent ces choses, rarement les maîtres ? Un homme avait imaginé un certain bain de teinture ; il poursuit un nommé Gillotin devant le tribunal de Lisieux ; c'était un travail d'atelier, un de ces détails que les ouvriers trouvent. Le tribunal, après avoir entendu les témoins, relaxe Gillotin. On vient devant la cour de Caen. La cour de Caen dit : « C'est un procédé nouveau ; » en conséquence, elle condamne Gillotin. Savez-vous ce que fait ensuite le breveté ? Le lendemain il fait une razzia chez vingt et quelques teinturiers de l'arrondissement de Lisieux ; tous les autres sont également menacés. Le tribunal rejuge ce qu'il avait jugé, et trouve cette fois encore que la chose n'était pas brevetable. Mais il y avait un arrêt de la cour de Caen qui était redoutable. Ces messieurs viennent me prier de les défendre. Il y avait à lutter contre l'arrêt de la cour de Caen. Qu'est-ce que nous avons fait ? Comme ici, dans la première affaire, on avait apporté quelques certificats, nous avons fait une enquête, nous avons cherché et trouvé dans deux teintureries ce procédé comme chez le breveté, et puis nous sommes venus devant la cour de Caen. Qu'est-ce que la cour de Caen a jugé la deuxième fois ? Que tout bien examiné, bien pesé, le procédé breveté trouvait des analogues, des choses presque identiques dans telle ou telle teinturerie, et elle a relaxé tout le monde. Mais Gillotin avait été condamné à quelques dommages-intérêts.

Qu'est-ce qui nous arrive ici ? Exactement la même chose. Nos adversaires étaient très modestes la première fois : ils nous apportaient des engins, certaines choses particulières ; c'est ce que vous avez déclaré dans votre jugement. Ils obtiennent gain de cause et tout de suite ils poursuivent d'autres prétendus contrefacteurs. Notez qu'il n'y a pas beaucoup d'usines. Ils ont composé avec Carpentier, qui est devenu, sinon leur associé, du moins un de leurs cointéressés. Croyez-vous que cette fois il s'agisse de petits engins ? Non. Qui-

conque déroule le fil en le faisant passer dans le bain et l'enroule de nouveau est leur tributaire. Ils poursuivent tout. Voilà le second poursuivi.
M. Thiry prend des renseignements chez MM. Cuny, qui avaient dans leurs
mains les documents que je vais lire, à l'époque où MM. Ménans se défendaient devant vous. Il n'y a pas quinze jours que MM. Ménans s'étant ren-
contrés avec M. Thiry ont eu connaissance de ces documents de MM. Cuny.
C'est alors que M. Thiry est venu me prier de le défendre, de vous dire ce
qui s'était passé à l'usine de M. Cuny, et de provoquer une enquête pour
constater ce qui lui avait été dit. Vous allez voir que, dans cette lettre, M. Cuny
semble avoir prévu tous les arguments qui viennent d'être présentés par
Me Blanc; que si Me Blanc avait eu connaissance de cette lettre, il ne serait pas
entré dans cette série d'arguments. La voici; elle porte la date du 1er février 1862.

« Paris, le 1er février 1862.

« Mon cher monsieur,

» Lorsque j'eus le plaisir de vous rencontrer, vous me demandâtes quelques renseignements sur le mode de galvanisation que j'employais pour les fils de fer. Je
m'empresse de vous adresser tous ceux qui sont restés dans ma mémoire.

» Lors de la concession que nous avions obtenue vers 1840, sous la raison sociale Cuny frères, pour le département de la Moselle, de la Société Ledru et compagnie de Paris, nous galvanisions les fils de fer au crochet, c'est-à-dire la botte ou
partie de botte d'un seul coup. »

On avait commencé comme on commence, on avait jeté du fil en botte, on
l'avait retiré et secoué; mais on avait trouvé que le paquet se recouvrait
d'une manière inégale, que certains fils étaient trop chargés, d'autres pas
assez, d'autres collés, etc., et alors on avait eu l'idée du tirage du fil; mais, je
le répète, en 1840 on avait commencé par immerger la botte.

« Quelque temps après il nous fut annoncé par la Société de Paris, qui devait
nous faire jouir de toutes les améliorations qu'elle pouvait apporter dans la galvanisation des fers, qu'elle étudiait un système de galvaniser les fils de fer au fil, et
qu'aussitôt qu'elle serait arrivée à un résultat satisfaisant, elle s'empresserait de
nous le communiquer. »

Voilà la Compagnie de Paris qui écrit à M. Cuny, de Metz, qu'elle étudie
un système pour galvaniser le fil courant, et qu'aussitôt qu'elle sera arrivée
à un résultat, elle s'empressera de le lui communiquer.

« Vers cette époque, en 1846 ou 1847, nous avions de nombreuses commandes
de fil de fer, par suite du système d'échalassement des vignes au moyen du fil de
fer, qui avait pris naissance dans le département de la Moselle, où nous exploi-
tions. Les fils de fer galvanisés suivant la manière ordinaire, c'est-à-dire au crochet, laissaient beaucoup à désirer, ils étaient rugueux et ne satisfaisaient point les
personnes qui s'en servaient. Nous saisîmes alors avec grand empressement l'idée
de la Société de Paris, et nous n'attendîmes pas qu'elle nous fît part du nouveau

procédé, nous nous mîmes immédiatement à l'œuvre : nous nous ingéniâmes d'un système au moyen duquel nous sommes parvenus à obtenir des fils de fer très beaux, très bons et n'offrant aucun des inconvénients des premiers. »

Voulez-vous me permettre de vous le dire, messieurs, à nous qui ne sommes pas du tout industriels, il nous serait arrivé ce qui est arrivé à M. Cuny? Si l'on nous avait dit : Votre galvanisation à la botte ne vaut rien, elle a fait son temps, il faut étirer le fil, nous étudions un système que nous vous ferons connaître ; si on nous avait dit cela, qu'aurions-nous fait? Du moment qu'il était reconnu que la galvanisation au paquet était mauvaise, qu'il ne fallait plus travailler à la botte, mais au fil courant, nous aurions essayé la botte qui vient de la tréfilière, nous l'aurions mise sur la bobine tournante, nous aurions étiré le fil, nous l'aurions fait passer dans le bain, nous l'aurions enroulé de l'autre côté. Et puis, comme il y avait encore là des rugosités que la moindre chose enlève, nous aurions mis cette chose. Tout ce que nous aurions fait, c'est précisément ce qu'ont fait MM. Cuny ; du moment qu'on leur a dit : Nous étudions un système pour substituer le fil étiré à la botte plongée ; et comme on leur avait annoncé qu'on leur enverrait le procédé et qu'on ne leur envoyait rien, ils se sont ingéniés ; voilà ce qu'ils ont fait. Je continue la lecture de la lettre.

« Voici ce que nous fîmes :
» En avant de nos fourneaux nous établîmes plusieurs poupées autour desquelles les bottes de fil de fer préparées étaient enroulées ; de chaque poupée partait un fil qui venait s'introduire dans le bain en traversant un peigne pour maintenir la séparation de chaque fil. Dans le milieu du bain, qui avait 2 mètres de longueur, nous avions placé une barre de fer ronde mobile qui maintenait le fil à la profondeur voulue.
» Quant à la sortie, qui était pour nous la chose essentielle, puisqu'il fallait que le fil de fer sortît propre et bien uni, nous y établîmes une plaque de tôle d'un centimètre environ d'épaisseur, sur pivots ; cette plaque était percée dans la partie opposée aux pivots d'autant de trous ronds que de fils à galvaniser ; ces trous étaient fraisés en dessous ; à la partie supérieure ils offraient la grosseur du fil de fer. Par son propre poids cette plaque forçait les fils de fer qui sortaient à s'essuyer et leur enlevait la matière épaisse qui parfois s'y attachait ; ils sortaient dans un bel état de propreté et de netteté.
» Un peu plus loin que la sortie nous avions un peigne assez large qui maintenait les fils écartés l'un de l'autre, et à une distance assez éloignée ils venaient se placer sur leurs rouleaux respectifs. En avant de ces rouleaux il y avait un autre peigne qui les dirigeait exactement sur ceux-ci. A la distance où ces derniers se trouvaient placés, les fils y arrivaient encore tièdes et ne pouvaient plus se coller.
» Lorsque les bobines ne fournissaient plus rien, on ôtait les rouleaux et chaque botte était liée, l'opération était ainsi terminée.
» Nous avons toujours été très satisfaits de cette manière d'opérer qui nous a donné d'excellents résultats. »

M. Carpentier est avec nos adversaires, mais les indications qui nous sont données nous permettant d'arriver à la preuve, nous poursuivrons l'enquête si cela est nécessaire. Nous avons trouvé des ouvriers de l'ancienne usine Cuny, nous en chercherons d'autres.

Il est arrivé à M. Cuny ce qui était arrivé à M. Carpentier. Vous avez entendu comment M. Carpentier a déclaré qu'il n'avait pas vu ce qui se passait chez M. Cuny. Il est vrai que, quand on lui a demandé dans quel état il avait vu l'usine, il a dit : C'était en 1848, elle ne fonctionnait pas.

« Plus tard, en 1848, l'un de nous vint à Paris ; pendant son séjour il ne put voir fonctionner le système employé à l'usine de la rue d'Angoulême-du-Temple ; il n'y avait pas alors de travail de fil de fer, mais il vit ce système qui était composé de poulies et dont le gérant se disait très content ; à son retour nous l'adoptâmes dans ce qu'il avait pu en voir, nous en fûmes également satisfaits, quoiqu'il ne nous donnât pas de résultats plus satisfaisants quant à la netteté des fils de fer, que celui que nous avions employé. Le seul avantage qu'il nous offrit, fut qu'il amoindrissait la résistance.

» C'est à cette même époque que nous devions recevoir de la Société le détail par écrit de la manipulation et de tous les objets nécessaires pour galvaniser comme elle ; nous n'avons rien reçu. »

Me Blanc vous a fait une véritable plaisanterie quand il a dit : M. Cuny a fait une mauvaise action en ne nous communiquant pas ce qu'il avait fait. Qu'est-ce que c'est que cela ? En attendant qu'on lui envoyât le système, il avait commencé par essayer de faire passer le fil, et il avait réussi sans avoir cru faire un bien grand effort d'imagination.

« La révolution, sans doute, avait fait oublier la promesse qui nous avait été faite.

» Voilà, mon cher monsieur, toute l'histoire de notre galvanisation que nous avons cessée en 1851 ; elle remonte, comme vous le voyez, à une date déjà bien éloignée, et depuis ce temps on a dû certainement apporter dans cette industrie des améliorations auxquelles je suis resté étranger et que je regrette de ne point connaître pour vous les communiquer.

» Signé CUNY. »

Moi, quand j'ai connu cette lettre d'un de MM. Cuny, j'ai dit : Il faut faire venir ces messieurs, et chercher aussi des ouvriers, et nous établirons devant le tribunal ce qui se faisait en 1846.

Voilà les faits. Est-ce que vous pourrez détruire les dépositions de six personnes, contre aucune desquelles, pas plus que contre les ouvriers, vous n'avez aucune objection à faire ? Quel intérêt avaient-ils à ne pas venir dire la vérité ? quel intérêt ont MM. Cuny dans le procès actuel ? Ils sont en dehors de l'industrie. Vous avez remarqué que les ouvriers qui ont déposé sont, si j'ai bien entendu, l'un blanchisseur, l'autre je ne sais plus quoi ; ces gens travaillaient dans l'usine Cuny. Quel intérêt auraient-ils à trahir la vérité ? connaissent-ils M. Thiry ? connaissent-ils M. Müller ? Et quant à leur sincérité, vous venez de les entendre, vous avez vu s'ils sont sincères ; et en ce qui concerne l'exactitude de leurs souvenirs, le doute n'est pas possible. Ils vous ont dit ce que M. Cuny avait imaginé. Voilà donc une enquête irrécusable. Ce n'est pas ici ce qu'on appelle testis unus.

Si ce fait n'est pas tenu pour prouvé, dans quel cas une enquête pourra-t-elle mieux établir un fait ?

On vous disait que nous ne parlerions pas du brevet Delacroix, mais, au contraire, il faut que nous en parlions; car il ne s'agit pas aujourd'hui, comme dans le procès Ménans, d'une espèce particulière de filière que Müller voulait revendiquer, mais du principe même de la filière. Le brevet Delacroix, qui est bien antérieur à celui de M. Müller, va vous montrer si la filière est dans le domaine public. En 1844 et 1845, vous allez voir ce que Delacroix avait fait breveter :

« Brevet d'invention de Delacroix, docteur-médecin à Besançon, *Filière étameuse. — 2 novembre 1844.* »

Voilà le titre du brevet. Vous comprenez tout de suite que ce brevet, ayant été délivré en 1844, la filière, c'est-à-dire un instrument quelconque avec lequel on essuyera le fil qui sort du bain, était dans le domaine public en 1844. Cela ne peut pas faire de doute, puisque le brevet est pris pour une filière d'étamage destinée à l'étamage à chaud du fil de fer. Si donc, après 1844, il y a quelqu'un qui se prétende breveté pour une filière, ce sera pour une espèce particulière qu'il aura imaginée, mais non pas pour la filière elle-même qui, étant déjà brevetée, ne pouvait plus l'être.

Voici le brevet de M. Delacroix, du 2 novembre 1844 :

« Une caisse carrée en fer ou en fonte, contenant un bain de métal en fusion et percé sur ses deux flancs opposés de deux trous correspondants de filière destinés au passage de chaque fil, compose tout l'appareil.

» Le fil, préalablement enduit de suif, après décapage traverse le bain et sort étamé.

» Le passage se fait un peu librement à la filière d'entrée, et avec plus ou moins de frottement à la sortie.

» Les trous ont un évasement oblique dirigé en sens inverse de la marche du fil.

» La même disposition se répète autant de fois que l'on veut faire passer de fil dans l'appareil.

» Des cloisons placées dans l'intervalle des fils et aboutissant au cône de sortie, servent à assurer le rétablissement du passage des fils, en cas de rupture, et la continuité de la fabrication qui devient indéfinie si l'on ajoute du métal dans le bain au fur et à mesure de la consommation.

» Dans cet appareil si simple, et qui laisse tout mécanisme en dehors, un passage rapide (environ 0ᵐ,30 par seconde) suffit pour l'étamage.

» Ce procédé n'est plus à l'état de théorie. Des expériences faites m'ont démontré la certitude de mon appréciation. L'échantillon de fil étamé qui a été déposé à l'appui de la demande du brevet en est la preuve.

» Quoique sorti d'un appareil d'essai grossièrement fabriqué, il est à peine défectueux et fait voir tout ce que l'on obtiendra d'une marche régulière et d'un appareil mieux confectionné.

» En résumé, ce procédé permet un étamage rapide, peu dispendieux. La couche varie à volonté suivant la température du bain, la longueur de la caisse, la vitesse du passage et le degré d'exactitude de la filière de sortie. »

Il y a une différence entre ce brevet de 1844 et le certificat d'addition de 1845. Dans le brevet de 1844, M. Delacroix, qui avait indiqué la filière étameuse, plaçait ses trous dans le bain. Il y avait cet inconvénient que la filière, étant ainsi dans le bain même, il pouvait quelquefoisse rencontrer un peu de métal à la sortie. Il a remédié à cet inconvénient par le certificat d'addition que voici, à la date du 31 octobre 1845 :

« L'idée fondamentale de l'appareil breveté consiste dans une filière destinée à essuyer le fil étamé à sa sortie du bain. Cet appareil est simplement traversé par le fil engagé dans les filières d'entrée et de sortie, mais on conçoit que l'on arrive sûrement au même résultat à l'aide d'une filière de sortie seulement, la botte étant plongée et étamée en masse dans ce bain métallique. Je demande donc à ajouter à mon brevet l'immersion de la botte en masse et son tirage par une filière adaptée à l'appareil. »

Il a été bien étonné M. Delacroix quand on lui a dit qu'on était venu plaider devant vous qu'une filière adaptée à l'appareil, cela ne voulait pas dire une filière indépendante et extérieure à l'appareil. Qu'a-t-il fait alors? Il a écrit à M. Thiry une lettre que je vais mettre sous vos yeux, et dans laquelle vous aurez à apprécier ce qui vous a été dit plusieurs fois et qui est l'évidence même. Voici, en effet, ce que M. Delacroix a écrit à M. Thiry, lorsque M. Thiry lui a rendu compte de cette singulière objection. M. Delacroix explique que, quand il a remarqué les inconvénients de la filière placée sous le niveau du métal en fusion, il a voulu relever sa filière au-dessus de ce niveau; c'est le seul but de son addition, mais il n'a pas déterminé autrement la place de la filière, pour la laisser au choix, à la convenance, à la commodité de l'ouvrier. Il était resté dans cette généralité précisément pour écarter ses droits d'inventeur sur la filière quelconque adaptée à l'appareil.

« Monsieur,

» Ayant pris connaissance de votre lettre du 8 mai courant, je m'empresse d'y répondre. J'ai été tout autant que vous, si ce n'est plus, étonné de lire dans un compte rendu de la *Propriété industrielle* (n° du 13 mars 1862), envoyé un peu partout, excepté à moi. C'est M. Convert, ancien maire de Besançon, qui m'a remis son exemplaire, sachant combien l'affaire m'intéressait au point de vue de la justice et de la morale publique, de lire, dis-je, la singulière prétention affichée par M. Müller de condamner les industriels à employer *une filière étameuse* placée *dans le bain*, c'est-à-dire au-dessous du niveau du bain, et dans les parois mêmes du creuset. Mon premier brevet portait sur deux perfectionnements considérables, selon moi, et de l'avis de toutes les personnes compétentes, ou plutôt reposait sur deux principes qui sont à eux seuls toute l'invention.

» 1° L'étamage en fil à la course, substitué à l'étamage en bloc ou au crochet, le passage, en un mot, du fil dans le bain, remplaçant le plongement de la botte en masse; 2° l'essuyage du fil au moyen de la *filière étameuse*, nom que je donnais à l'appareil.

» Ayant eu en vue surtout de poser ces deux principes nouveaux, j'avais réduit l'appareil qui devait en réaliser l'application à son expression la plus simple, en figurant deux filières, l'une à l'entrée, et l'autre à la sortie. L'essai qui fut fait de cet appareil dans l'usine de Châtillon, donna des résultats inconnus jusqu'alors, et

qui laissaient bien en arrière ceux qu'on obtenait auparavant par le trempage de
la botte; néanmoins, je n'hésite pas à l'avouer, la sortie du fil par une filière pratiquée dans les parois du creuset, laissait encore à désirer dans l'exécution. Pour
y remédier et pour éloigner les contrefacteurs, si prompts à s'emparer du moyen
d'un perfectionnement ou d'une modification accessoire quelconque de l'invention
principale, j'ai pris un brevet d'addition où je supprimais la filière d'entrée; je la
supprimais, parce que l'entrée du fil au-dessous du niveau du bain en A amenait
comme conséquence sa sortie de ce même bain en B.

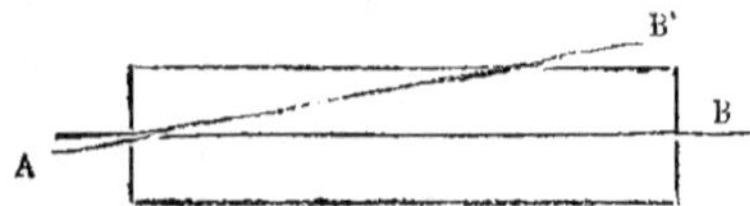

D'autre part, la direction diagonale AB' aurait eu pour résultat de rendre insuffisant
le parcours dans le métal fondu, supprimant la filière d'entrée et faisant une immersion
de la botte en masse pour la dérouler à travers l'appareil, j'évitais ainsi une sorte
de contrefaçon, et je disais d'une manière générale que, dans ce cas, le tirage du
fil se ferait par une filière *adaptée à l'appareil*. Avec cette disposition, s'échappant
tangentiellement à la botte, le fil rencontre nécessairement la filière en dehors du bain.
C'est ainsi que nous opérions à Châtillon. Il y aurait eu, en effet, plus que de la
naïveté, alors que le bout du fil se trouve naturellement hors du bain, et quand
déjà la botte entière est étamée ou zinguée, à faire rentrer ce bout dans le bain
pour l'engager, non sans peine, dans une filière comprise dans la paroi du creuset.
Dans mon premier brevet, il s'agissait, il est vrai, de filière appliquée à la paroi
même; mais lorsque, dans mon deuxième brevet, je me suis servi des mots *filière
adaptée à la paroi*, j'étais loin de supposer que l'emploi de ce mot nouveau *adapter*, ne serait pas compris dans sa véritable signification, qu'il n'indiquerait pas aux
yeux de tous, l'extension donnée à ma première idée, qu'il ne m'assurait pas une
disposition plus large et nouvelle, forcément indiquée d'ailleurs par la mise en
pratique de l'appareil, que je brevetais sous une autre forme. Si je n'ai pas fait de
figure pour représenter la position relative de la filière, c'est que j'entendais, à
l'aide de l'expression générale *adaptée* à l'appareil, rester libre de prolonger mon
creuset, de l'armer, au besoin, d'un bras, d'une console pour porter ma filière,
et, maître de mon brevet, je ne vois pas qui aurait eu la hardiesse de m'empêcher
de m'en servir, à moins que notre législation ne soit tellement impuissante qu'il
suffise à des plagiaires de préciser une disposition indiquée d'une manière générale pour obtenir tous les bénéfices de l'invention. En résumé, les droits du domaine public, en ce qui concerne la *filière étameuse*, me paraissent aisés à déterminer; le bain métallique n'est pas nouveau, la filière ne l'est pas davantage. Ce
qui est nouveau, c'est l'étamage du fil au moyen du simple *passage dans le métal;*
c'est l'association de la filière au bain, c'est en deux mots la *filière étameuse* dont
nul n'a le droit de m'enlever la propriété depuis qu'elle est décrite dans mes deux
brevets. Ceux-ci étant tombés dans le domaine public, tout le monde peut se servir de la filière, sans être obligé de déterminer la distance à observer pour sa
position. Que MM. Müller et C⁰ aient imaginé et fait breveter des formes de filières
ou des mécanismes ou engins accessoires plus ou moins ingénieux, c'est peut-être
leur droit, mais les modifications de détail de la filière étameuse ne peuvent, selon
moi, constituer pour personne un privilége qui entrave l'industrie.

» Recevez, monsieur, l'assurance de mes sentiments dévoués.

» E. DELACROIX. »

Voilà la lettre de M. Delacroix. Vous savez ce qu'en 1845, 1846, 1847, avaient fait MM. Cuny. Dès 1843, ces messieurs étaient des galvanisateurs, industriels distingués, récompensés par une médaille qui leur a été décernée par l'Académie royale de Metz. Eh bien! en 1846 ce ne sont pas même eux qui ont eu l'idée d'étirer le fil; c'est M. Delacroix qui a eu cette idée. Maintenant, comment est-il possible que MM. Müller aient osé saisir cela? Ils se sont mis dans l'esprit qu'ils avaient droit à toute l'industrie. Qu'avaient-ils fait? voici leur brevet : c'est quelque chose de superbe que leur brevet, c'est la représentation de tout ce qui se fait dans une usine de galvanisation. Ils commencent par la bobine qui se dévide, ils vous montrent le fil qui passe dans un bain de décapage, qui vient ensuite dans un bain de métal en fusion, d'où il sort pour aller s'embobiner à l'autre bout; et puis les voilà qui disent: A nous tout!

Et M. Carpentier, leur associé de date si récente, qu'a-t-il fait? Il a pris aussi un brevet en février 1851 pour la galvanisation du fer. M. Carpentier décrit le tirage du fil; son brevet est du 3 février 1851, trois ans avant le brevet Müller. En voici les termes :

« Les fils sont disposés dans un appareil où, obéissant, par un moyen mécanique, à un mouvement de poulies de déroulage et d'enroulage, ils parcourent dans le sens de sa longueur un creuset de forme rectangulaire.

» Leur passage dans le parcours sera aidé :

» 1° Par un rouleau soit à jour, en petit fer rond, soit en terre réfractaire, roulant sur un arbre maintenu entre deux montants, lesquels font plonger le rouleau, les fils en dessous, vers le milieu et le centre du creuset, à la profondeur voulue;

» 2° Ou par une série d'anneaux montés sur une tringle, s'adaptant à charnières des deux côtés du creuset, de sorte que leur jeu puisse avoir lieu indépendamment et isolément, soit en dedans, soit en dehors du zinc. »

Maintenant, qu'est-ce qu'il doit rester des brevets de ces gens-là? De petites filières, comme dit M. Delacroix, d'une forme ou d'une autre. Qu'est-ce qu'ils ont fait breveter? Une filière que le tribunal a qualifiée de filière à hélice. Je lis seulement ce considérant du jugement :

« Attendu qu'aux dates des 5, 22 juillet 1855, 8 juin et 9 septembre 1859, il a été délivré à Boucher et à Müller un brevet d'invention et trois certificats d'addition à ce titre, pour des procédés mécaniques d'étamage et de zingage.

» Attendu que parmi ces procédés les brevetés ont, dans leurs mémoires descriptifs et dessins, revendiqué notamment l'invention de plusieurs systèmes de filières destinées à donner passage aux fils de fer à leur sortie du bain métallique, à enlever l'excédant d'étain, ou de zinc dont les fils sont chargés, à en détruire les inégalités sur toute leur surface, et à leur donner ainsi la régularité et le poli nécessaires;

» Attendu que des diverses filières décrites et employées par les brevetés, la filière dite à *hélice* a été particulièrement signalée par eux comme réunissant les meilleures conditions de simplicité et d'efficacité, etc. »

Si le jugement n'avait pas été rendu par le tribunal, je le lirais tout en entier, mais cela devient inutile. Ces messieurs décrivent la filière à hélice et une foule d'autres petits engins, voilà toute leur description; puis ils disent que MM. Ménans et Cᵉ ont employé la filière à hélice, et que par conséquent ils les ont contrefaits. Le brevet Delacroix de 1844 suffisait pour empêcher toute espèce de débat, car, comme le dit Delacroix, après lui, que restait-il à inventer? Une forme de filière.

Alors, ne voyant plus pourquoi ils ont pris leur brevet, car ils l'ont pris pour toute espèce de choses, ils voudraient prendre au domaine public cette toute espèce de choses, notamment la filière, par cela seul qu'ils ont indiqué des formes de la filière : la filière élastique, la filière à mâchoire, la filière superposée, etc.

Qu'est-ce que M. Thiry a pris de tout cela? Rien du tout. Il a pris la filière de Delacroix ou la filière Cuny, si vous voulez; seulement il met un petit morceau de tôle, comme dans les tréfileries on met un obstacle; un rien suffit pour l'essuiement au moment où le fil sort du creuset. En quoi ce morceau de tôle ressemble-t-il à tous les engins dont je vous ai lu la description? En rien; qu'est-ce qui reste donc de ce procès? Rien. Dans le premier, ils revendiquaient la filière à hélice, le tortillon, comme leur invention; il n'y a rien ici de tout cela. Ils ont fait cette saisie uniquement pour répondre à l'argument qu'on leur opposait dans le procès Ménans. Auraient-ils, par hasard, la prétention de mettre la main sur tout?

Voilà, messieurs, toute l'affaire; je n'ai rien à vous dire de plus.

RÉQUISITOIRE DE M. L'AVOCAT IMPÉRIAL THOMAS.

Messieurs ,

Je n'aurais pas hésité, immédiatement après les plaidoiries, à conclure au rejet de la demande de MM. Müller. Mais j'entendais répéter autour de moi que cette affaire n'était que la seconde partie d'une affaire identique à laquelle je n'avais pas assisté et que vous aviez jugée dans un sens différent de mon appréciation. On invoquait ce premier jugement comme une jurisprudence dont vous ne pourriez vous départir. C'était là un motif bien sérieux pour me mettre en garde contre mon opinion qui paraissait condamnée à l'avance. C'est pourquoi je vous ai demandé une remise, afin de m'édifier sur des éléments qui m'étaient inconnus.

L'examen de ce premier procès n'a pas changé mon opinion, mais j'y ai au moins trouvé la satisfaction de voir qu'en concluant aujourd'hui contre MM. Müller, je ne me place en contradiction avec aucun des principes que vous avez posés dans votre premier jugement; il y a entre ces deux affaires des différences importantes ; les situations respectives des parties d'abord, ensuite les questions qui y sont soulevées, enfin les moyens de preuve qu'on y invoque.

Dans ce premier procès, c'est un concessionnaire du brevet Müller, exploitant ce brevet avec tout l'outillage qui y est décrit, lorsque par la rétrocession qui en est faite, il n'y a plus aucun droit, continuant encore à employer ce même outillage. Pas d'équivoque possible sur la nature des appareils saisis. Ce sont bien ceux du brevet. Les prévenus n'ont plus qu'un moyen de défense : c'est d'établir la nullité du brevet lui-même. Vous avez jugé que les antériorités invoquées dans ce but n'étaient pas suffisamment établies.

Mais ici, le prévenu répond à MM. Müller : Mon outillage n'est pas le vôtre. Ce qui dans le mien ressemble au vôtre est depuis longtemps dans le domaine public, et j'ai le droit de m'en servir; ce que vous avez fait notablement breveter, je ne vous l'ai pas pris; et l'on arrive devant vous avec un faisceau de preuves que je ne rencontre pas dans le premier procès.

Cessons donc de nous préoccuper de cette affaire qui ne préjuge en rien votre décision dans le procès actuel.

Que reproche-t-on à Thiry? Il aurait, d'après la citation, employé un système d'étamage pour lequel MM. Müller sont seuls brevetés.

Vous savez en quoi l'appareil dont se sert Thiry ressemble à celui de Müller. L'un et l'autre sont fondés sur un principe commun : la substitution de l'étamage *par fil*, au procédé grossier de l'étamage à *la botte*. Dans l'un et l'autre appareil on trouve un système de bobines d'où se déroule le fil métallique; un bain de métal en fusion que le fil vient traverser; une filière pour l'essuyer à la sortie de ce bain et lui ôter l'excédant de zinc; d'autres bobines pour l'enrouler. Voilà ce qu'on trouve également dans les deux appareils.

Voici maintenant en quoi ils diffèrent. Dans le système Müller, la filière est placée au dehors du bain sur un support dont la forme varie. Cette filière est *brisée*, ou en *spirale*, ou à *poids*, ou à *mâchoire*, engins pour lesquels M. Müller a pris des brevets d'invention et qui sont décrits dans ces brevets que vous connaissez.

Dans le système Thiry, au contraire, c'est une filière simple, un petit morceau de tôle carré, percé d'un trou par lequel glisse le fil et qui n'a pas d'autre support que le fil lui-même. Cette filière est placée à l'intérieur de la cuve et vient se butter contre la paroi qui la retient.

Il est un point, messieurs, qu'il faut immédiatement dégager du procès et qui paraît aujourd'hui incontestable, même aux yeux de MM. Müller; les conclusions subsidiaires que semblait prendre leur avocat à la fin de sa plaidoirie en sont la preuve. C'est que, malgré les termes fort larges de la citation, MM. Müller ne sauraient sérieusement réclamer un monopole pour le système complet d'étamage employé chez eux ou chez Thiry. MM. Müller ont introduit dans ce système des perfectionnements incontestables, mais il faut reconnaître qu'ils n'ont pu faire valablement breveter en 1855, l'idée génératrice de ce procédé pas plus que l'appareil complet décrit dans leurs brevets; cette idée ne leur appartient pas.

En effet, sans parler encore de ce qui paraît s'être passé dans les ateliers de M. Cuny de 1847 à 1851, nous trouvons qu'en 1844, le docteur Delacroix se faisait breveter pour un appareil fondé précisément sur la substitution du bain par *fil* au bain par botte. Dans cet appareil, nous trouvons également le fil métallique qui vient passer dans une cuve remplie de métal en fusion et en ressort étamé pour aller s'enrouler sur un système de bobines qui n'est pas décrit au brevet, mais dont l'invention est depuis longtemps tombée dans le domaine public.

En 1851, un sieur Carpentier se faisait également breveter pour un appareil d'étamage au fil, au moyen d'un système de bobines qui fonctionna jusqu'en 1858. Et ce système d'étamage est si bien le même qu'employa depuis M. Müller, que je trouve dans la sentence arbitrale intervenue entre M. Müller et M. Carpentier, un passage établissant en fait que MM. Müller en se faisant breveter pour ce procédé et en l'employant depuis 1855 n'ont fait autre chose qu'une contrefaçon du système Carpentier, et que les délais de la prescription ont pu seuls les mettre à l'abri de toutes poursuites.

Ainsi cela est bien établi : MM. Müller n'ont pas inventé le système d'étamage au fil, si complaisamment décrit dans leur brevet ; d'autres l'avaient déjà pratiqué avant eux.

Où commence donc la prétention de MM. Müller ? A l'usage exclusif de la filière nettoyeuse qui donne au fil étamé sa régularité. Et sur ce point encore entendons-nous bien.

MM. Müller ne prétendent même plus à l'invention de la filière en elle-même pas plus que de son application à l'étamage du fil de fer. Le pourraient-ils, en effet, quand vous avez devant les yeux le brevet de Delacroix de 1844 qui place aux deux extrémités de sa cuve des filières, l'une d'entrée, pour séparer les fils, l'autre, de sortie, pour les nettoyer ?

Ce que revendiquent aujourd'hui MM. Müller, et ce à quoi il faut désormais réduire leurs prétentions, c'est l'invention d'une filière, non plus adhérente à la cuve et percée dans ses parois comme dans le système Delacroix, mais séparée de cette cuve et entièrement indépendante. C'est là, messieurs, que commence véritablement le procès.

Toute filière, en tant qu'elle se trouvera séparée du bain, est-elle du domaine exclusif de MM. Müller ?

Ou bien la filière séparée du bain n'est-elle pas elle-même antérieure au brevet Müller, leur véritable invention ne doit-elle pas se restreindre à certaines filières spéciales, décrites dans le brevet d'addition qu'ils ont pris à partir de 1855 ?

La filière saisie chez M. Thiry est-elle une de ces filières particulières inventées par Müller ?

C'est là ce que nous allons examiner en quelques mots.

Que MM. Müller aient monté des filières spéciales, personne ne le conteste. Nous sommes même tout prêt à admettre, bien que le fait n'ait pas été démontré, que l'emploi de ces engins a pu être un progrès pour la galvanisation ; mais avant eux à leur insu, dans quelque fabrique éloignée, un inventeur obscur et modeste n'avait-il pas fait faire à cette industrie un pas intermédiaire ? quelque fabricant n'avait-il pas mis à exécution l'idée indiquée par Delacroix dans son brevet d'addition, c'est-à-dire séparé la filière du bain ? Delacroix pensait qu'au lieu de la percer dans les parois mêmes de la cuve, on pouvait l'y *adapter*, ce qui, quoi qu'on en ait dit, signifie à mes yeux que la filière pouvait cesser d'en faire partie, car on n'*adapte* à une chose *qu'une autre chose* qui n'en fait pas partie. Cet inventeur allant un peu plus loin que Delacroix, sans arriver cependant jusqu'aux inventions de MM. Müller, n'avait-il pas au moins cherché à isoler entièrement sa filière des parois de la cuve, n'avait-il pas, en un mot, inventé la filière *séparée* ?

Cet inventeur, vous le connaissez, c'est M. Cuny, qui a déposé à votre audience.

Messieurs, ou bien il faut renoncer en pareille matière à la preuve testimoniale, ou bien il faut tenir pour vrai ce que M. Cuny et les cinq témoins qui l'ont suivi sont venus vous déclarer. On s'est étonné que le prévenu ait été si loin chercher ses témoins. On a dit pour MM. Müller que cette enquête était prévue et que depuis longtemps ils étaient au courant des démarches que faisait Thiry pour amener ces témoins à l'audience. C'est pour vous, messieurs, une grande garantie de leur sincérité, puisque MM. Müller connaissant d'avance ces témoins, ayant pu facilement se renseigner sur eux, n'ont pu, à l'audience, alléguer le moindre prétexte de suspicion, indiquer un intérêt quelconque qui pousserait ces témoins à déguiser la vérité. Dans la précédente affaire, le magistrat qui siégeait à cette place s'expliquant sur les antériorités invoquées contre Müller, se demandait comment on les avait prouvées. A-t-on, disait-il, produit des ouvriers venant, par leur déclaration, établir les faits qu'on allègue ? Ces paroles, qu'on adressait au prévenu d'alors, ont été recueillies par le prévenu d'aujourd'hui, et Thiry, plus heureux, est venu devant vous avec des témoins.

Que vous ont-ils dit ? que de 1847 à 1851 on fabriquait chez M. Cuny avec le système de bobines, de cuves et de peignes que vous connaissez, et au moyen d'une filière, ou plaque de tôle percée de trous et qui se trouvait placée sur deux pivots *au-dessus du bain*, elle était *mobile* et pouvait être fixée par deux barres de fer. Ceux qui vous l'ont affirmé sous serment, sont M. Cuny pour l'avoir inventée, son frère et son associé pour l'avoir vue, et des ouvriers de son usine pour l'avoir fait fonctionner.

Et ce n'a pas été seulement un essai comme on voudrait le faire entendre, M. Cuny a pendant trois ans fabriqué par ce procédé, il a vendu ses produits, la fabrique a été ouverte à tous, et M. Thiry, l'un de ses clients, qui achetait alors le fil de fer étamé pour le revendre, a pu voir fonctionner cet appareil et y puiser l'idée que depuis il a mise à exécution, lorsque de simple marchand il est devenu fabricant.

On a dit : C'est impossible, les témoins se trompent, une pareille découverte eût fait plus de bruit, c'eût été un événement dans le monde industriel ; or on n'a rien dit à cette époque. Il s'est fait au contraire un immense retentissement autour du nom de MM. Müller lorsqu'en 1854 ils ont publié la découverte qu'on leur vendait et ont fait breveter leur procédé.

D'abord, le bruit qui se fait autour d'une découverte n'est pas toujours en raison directe de la nouveauté et du mérite de cette découverte ; il y a une certaine manière de faire, que je ne blâme pas aveuglément, qui peut être loyale, nécessaire souvent, mais que tout le monde ne possède pas au même degré. La même découverte eût pu faire beaucoup de bruit autour du nom de MM. Müller et laisser M. Cuny très ignoré dans sa province. Mais ensuite, pourquoi donc tout ce bruit s'est-il fait autour de MM. Müller ? est-ce parce qu'ils ont inventé le bain au fil? Mais avant eux, Delacroix avait fait breveter cette découverte importante, avant eux Carpentier l'avait appliquée, et avait fabriqué par le même procédé que M. Cuny a trouvé à son tour. Si la découverte de ce procédé devait faire tant de bruit, ce n'est pas autour du nom de M. Cuny qui n'arrivait qu'en 1847, c'est autour du nom de Delacroix qui se faisait breveter en 1844. Le nom de Carpentier, en 1851, aurait-dû recevoir aussi les honneurs de cette immense publicité. Si tout ce bruit s'est fait en 1855 autour du nom de Müller, ce n'est pas à cause du procédé en lui-même qui était connu et pratiqué depuis longtemps ; c'est parce qu'en même temps qu'il se faisait breveter pour cette fabrication, il annonçait un nouveau système de refroidissement immédiat du fil au sortir du bain, qui devait lui laisser tout son éclat métallique ; c'est parce qu'en même temps il annonçait l'invention d'une série d'engins, de filières combinées pour obvier aux inconvénients signalés dans les filières employées jusqu'alors. Voilà pourquoi tout ce bruit s'est fait autour de MM. Müller. Mais M. Cuny n'avait rien inventé de tout cela, il avait une filière qui s'usait et se déformait par le frottement. Son procédé ne fit pas événement, rien de plus naturel, mais ce qu'il faut retenir pour ce procès, c'est que, pour être encore imparfaite, la filière de M. Cuny n'en était pas moins un progrès, en ce sens qu'elle n'était plus adhérente à la cuve, percée dans ses parois, elle était *séparée du bain, elle était mobile.*

Le principe de la filière indépendante et mobile n'est donc pas dû à Müller. Ce qu'il a inventé, ce qu'il a pu valablement faire breveter, c'est sa filière brisée, c'est sa filière à hélice, non pas en tant que séparée, mais en tant que brisée et à hélice.

Et cela est si vrai, qu'il n'a pas le monopole des filières séparées et mobiles, que lui-même l'a reconnu.

Quand il invente une nouvelle filière séparée, il prend un brevet, pourquoi? Parce qu'il pense que s'il ne prenait pas de brevet, un autre pourrait s'emparer de sa découverte ; mais alors il n'a donc pas le monopole des filières séparées, puisque, s'il l'avait, le seul fait que la nouvelle filière est séparée la ferait rentrer dans son premier brevet et lui en assurerait l'usage exclusif.

Ainsi, MM. Müller n'ont pas le privilége des filières séparées, elles ont été pratiquées avant eux, ils n'ont de privilége que sur les filières à hélice, à mâchoire et autres, spécialement décrites dans leurs brevets et joignant à leur tête de filière séparée des qualités particulières dues à l'invention de MM. Müller et dont, à ce titre seul, ils acquéraient le monopole.

Voyons donc, messieurs, et c'est la dernière question qu'il nous reste à examiner, si la filière de M. Thiry rentre dans la classe de ces filières particulières brevetées par MM. Müller.

Je ne puis admettre que parce que, deux engins répondent aux mêmes besoins, ont le même but, les mêmes avantages, ils soient, par cela seul, la contrefaçon l'un de l'autre, qu'en conséquence l'inventeur du premier ait exactement le monopole du second. Assurément rien ne ressemble plus à la filière brisée de Müller, que sa filière à mâchoire ou à poids ; c'est le même but atteint : la régularité de l'orifice conservée malgré l'usure produite par le frottement. C'est le même moyen : la filière séparée en deux parties qui se rapprochent au fur et à mesure qu'elles sont usées. La forme et la position du poids qui tend à les rapprocher varient seules dans ces différentes filières, et cependant Müller n'a pas cru que le brevet qu'il a pris pour le premier de ces engins lui garantît suffisamment un privilége sur les seconds et à chaque nouvelle filière qu'il a inventée il a pris un brevet nouveau.

Quand la loi exige, à peine de nullité du brevet, que l'inventeur décrive exactement l'appareil qu'il veut faire breveter, son but est de limiter les droits de cet inventeur à la chose spéciale qu'il a inventée ; il ne peut pas, à la faveur d'une description vague, indiquant, par exemple, le but de son engin, se créer un privilége sur tous les engins qui pourraient, dans le même but, être inventés autour de lui. L'invention tombant dans le domaine public, voilà le droit commun ; le brevet et le monopole, c'est l'exception créée par la loi. En matière d'exception, il n'y a pas d'analogie à invoquer. Avez-vous décrit dans votre brevet une filière à hélice ? c'est pour une filière à hélice seulement que vous êtes breveté, toute autre échappe à votre monopole. La loi a eu pour but de protéger et d'exciter l'esprit d'invention. L'interprétation que Müller vous demande de consacrer, irait évidemment contre le but de la loi.

Eh bien ! je vous le demande, ce petit morceau de tôle, ce petit carré isolé, percé d'un trou, soutenu dans la cuve par le fil métallique lui-même, cette filière, réduite à sa plus simple expression, la filière de Thiry, ressemble-t-elle aux filières brisée, à hélice, ou à mâchoire décrites par Müller ? Ni par sa position dans l'appareil, ni par sa forme, la filière Thiry ne peut être assimilée aux filières pour lesquelles Müller est breveté.

En résumé, il ne s'agit pas ici de la contrefaçon du système complet d'étamage. MM. Müller ni leurs cédants n'ont inventé le système du bain *au fil ;* Delacroix, Cuny, Carpentier le pratiquaient avant eux. Delacroix avait une filière ; Cuny une filière séparée et mobile ; MM. Müller n'ont donc pas le monopole des filières séparées : ce qu'ils ont inventé, c'est une série de filières particulières décrites dans leurs brevets. Or, la filière de Thiry ne ressemble ni par sa position, ni par sa forme, à ces filières brevetées de MM. Müller. Il n'a donc pas, en se servant de cette filière, commis le délit de contrefaçon que ceux-ci lui reprochent; je conclus à ce qu'il soit renvoyé des fins de la citation.

JUGEMENT.

« Le tribunal ;

» Attendu que MM. Müller et Boucher ont pris, le 27 juin 1854, un brevet d'invention de quinze années, ayant pour principal objet la disposition nouvelle d'un appareil mécanique propre à opérer l'étamage et le zingage des fils de fer avec régularité, et sans laisser de rugosités sur leurs surfaces ;

» Attendu qu'aux termes du mémoire descriptif annexé audit brevet, ce procédé consistait à fixer en dehors de la cuve contenant le métal en fusion au point de sortie des fils de fer, deux rangs de filières en acier, dont la fonction était de dépouiller à leur passage les fils étamés de tout excédant de zinc et d'étain;

» Attendu que plus tard Müller et Boucher ont reconnu, ainsi qu'il est expliqué en leur autre mémoire descriptif, que le passage rapide du fer dans ces filières fixes et formées d'une seule pièce, avait pour effet d'agrandir par le frottement, le diamètre des trous, et de les rendre bientôt ovales, de telle sorte que si, par le bas, la filière continuait à être en contact avec le fil et à l'essuyer, elle n'avait plus d'action par en haut, un vide s'étant formé au-dessus du fil par suite de l'abaissement des trous;

» Attendu qu'afin de remédier à cet inconvénient, Müller et Boucher ont pris, les 13 avril et 27 juillet 1859, deux certificats d'addition à leur brevet et pour une nouvelle invention consistant à établir désormais des filières en deux pièces, de manière qu'elles soient toujours et exactement en rapport avec la grosseur des fils et que leur action ne soit plus diminuée par l'agran-dissement des trous à leur partie inférieure;

» Attendu que des divers systèmes de filières que Müller et Boucher ont ainsi fait breveter, il faut distinguer particulièrement savoir : 1° la nouvelle filière composée de deux plaques de tôle, qui sont percées chacune d'une demi-ouverture circulaire dans laquelle passent les fils de fer et qui sont juxtaposées dans un châssis, l'une au-dessus et en arrière de l'autre, afin que la plaque supérieure qui reste mobile puisse toujours s'abaisser sur le fil au fur et à mesure que le frottement use l'ouverture demi-circulaire de la plaque inférieure ; 2° et la filière plus simple et plus efficace encore qui est formée d'un fil enroulé en trois ou quatre spirales autour du fil étamé ; cette sorte de filière, entièrement mobile, va et vient librement sur les fils au-devant d'une filière fixe où il s'engage ensuite, de telle sorte que, si par le frottement le trou de cette seconde filière est agrandi, la filière en spirale suffit toujours, en raison de son élasticité, à essuyer les fils en les couvrant à leur partie supé-rieure;

» Attendu qu'il résulte des débats et des pièces produites, et particulière-ment du procès-verbal dressé le 4 avril dernier par l'huissier Gillet à la re-quête des deux brevetés et de Haentjeus, leur associé, la preuve que les filières dont se sert le prévenu Thiry pour l'étamage et le zingage des fils de fer présentent les mêmes dispositions et le même système que celles qui viennent d'être ci-dessus décrites;

» Attendu, en effet, que dans l'usine de Thiry, le fil de fer, en sortant du bain métallique, traverse une petite plaque de tôle mince, d'une surface de 2 centimètres carrés et qu'elle est percée d'un trou d'une dimension appro-priée et vient butter librement contre la paroi supérieure de la cuve, au point où le fil s'engage dans une filière fixe ;

» Attendu que ce petit CARRÉ DE TÔLE, qui va et vient sur le fil étamé, roule avec lui, et pèse toujours dessus, remplit exactement les mêmes fonc-tions que la partie supérieure de la filière avec deux plaques juxtaposées qui est décrite au certificat d'addition susénoncé du 13 avril 1859, et se rappro-che mieux encore de la filière en spirale, qui fait l'objet capital du certificat d'addition du 27 juillet, même année ;

» Attendu que Thiry soutient que les inventions dont les plaignants veulent se prévaloir, ne sont pas nouvelles, et que les procédés revendiqués par eux auraient fait, en 1844 et 1845, l'objet d'un brevet d'invention délivré à un sieur Delacroix, et que même ils auraient été mis en pratique à la même époque, ou antérieurement par un sieur Cuny, alors qu'il dirigeait une usine de fer dans le département de la Moselle ;

» Mais attendu, en premier lieu, que les témoignages dudit Cuny, de ses frères et de ses anciens ouvriers font simplement connaître, en rapportant pour la première fois des faits qui remontent à quinze ou à dix-huit ans, que pour essuyer les fils de fer à leur sortie du bain métallique, Cuny les faisait passer sur une plaque de tôle qu'il fixait à demeure au-dessus de ce bain ;

» Attendu, en second lieu, que d'après le mémoire descriptif annexé au brevet et au certificat d'addition pris par Delacroix, celui-ci faisait passer le fil, une fois chargé de métal, par des trous pratiqués, soit dans la paroi même de la cuve, soit peut-être dans une plaque adaptée ;

» Attendu que ces filières fixes, résistantes, soumises sans allégement au frottement des fils de fer, présentaient précisément à un plus haut degré les inconvénients que Müller et Boucher sont parvenus à éviter par l'emploi du procédé qu'ils ont fait en dernier lieu breveter ;

» Qu'en effet, il est manifeste que des filières comme celles de Cuny et de Delacroix devaient être promptement usées par le passage rapide du fil de fer, et que ce fil, s'abaissant au fur et à mesure qu'il mordait sur la filière, cessait bientôt d'être en contact avec elle par le haut, que par suite il n'était plus qu'imparfaitement essuyé et purifié ;

» Attendu qu'il est parfaitement établi que Thiry ne s'est point borné à employer cette filière fixe de Cuny et de Delacroix, mais qu'il y a ajouté la filière mobile inventée par les plaignants, qu'il a ainsi porté atteinte à leurs droits, et leur a causé un préjudice qu'il doit réparer ;

» Attendu que l'huissier Gillet a, par le procès-verbal susdaté, saisi, après description, dans l'usine de Thiry 12 000 kilogr. de fil de fer qui venaient d'être galvanisés à l'aide de cette contrefaçon, et dont la valeur a été reconnue être de 80 francs les 100 kilogr. ;

» Attendu que l'allocation d'une somme de 1000 francs à titre de dommages-intérêts, jointe à la confiscation et à la remise aux mains des plaignants des 12 000 kilogr. saisis sera une réparation équitable du tort qu'ils ont éprouvé ;

» Faisant application à Thiry des dispositions des articles 40 et 49 de la loi du 5 juillet 1844,

» Condamne Thiry à 100 francs d'amende, le condamne par corps à payer à Müller, Boucher et Haentjens une somme de 1000 francs, à titre de dommages-intérêts ;

» Déclare confisquée la quantité de 12 000 kilogr. de fil de fer galvanisé, qui a été saisi par description dans l'usine de Thiry, aux termes du procès-verbal susénoncé ;

» Ordonne que ces fils de fer seront remis au même titre de dommages-intérêts à Müller, Boucher et Haentjens par Thiry, qui en est resté dépositaire, sinon, faute par lui de le faire dans la huitaine de la signification du présent jugement, condamne par corps ledit Thiry à leur en payer la valeur sur le taux de 80 francs les 100 kilogr. ;

» Ordonne que le présent jugement sera inséré et publié, aux frais de Thiry, dans deux journaux de Paris, et un journal de département choisis par les parties civiles ;

» Condamne Thiry en tous les dépens ;

» Fixe à deux années la durée de l'exercice de la contrainte par corps ;

» Et attendu que la condamnation qui précède rend sans objet et sans fondement la demande reconventionnelle en dommages-intérêts qui avait été éventuellement formée par Thiry contre les parties civiles, renvoie celles-ci des fins de cette demande. »

TRIBUNAL CIVIL DE LA SEINE.

(4ᵉ CHAMBRE.)

PRÉSIDENCE DE M. PERRIN.

Audience du 8 février 1862.

LE TESTAMENT D'UN ORNITHOPHILE.

Ce procès, si modestement retenu au premier appel, pour recevoir jugement sur un incident sans gravité, a pris à l'audience un tel relief, qu'il y a plaisir à le reproduire ; seulement nous regrettons d'avoir été pris au dépourvu pour sténographier Mᵉ Nicolet, l'élégant avocat des héritiers Machado, qui au surplus ne s'attendait pas plus que nous au bouquet que Mᵉ Léon Duval a servi au public en cette occurrence.

—————

Mᵉ LÉON DUVAL, avocat de la demoiselle Élisabeth Perrot, expose les faits suivants :

Le commandeur de Gama Machado, gentilhomme de la chambre de S. M. le roi de Portugal et conseiller de l'ambassade portugaise, est mort à Paris, le 9 juin 1861, laissant une grande fortune. Il laissait aussi un testament enrichi de soixante-dix codicilles, des héritiers du sang, des légataires de toutes sortes, et, parmi ceux-ci, la demoiselle Élisabeth Perrot, pour qui je parle, et à laquelle il a légué 30 000 fr. de rente viagère. Mademoiselle Élisabeth est entrée au service du commandeur à l'âge de vingt ans ; elle en a aujourd'hui soixante-six, et, pendant ce demi-siècle, elle a donné de tels soins à son maître, que les plus respectables amis du commandeur sont devenus les siens ; des personnages qui comptent aux premiers rangs de la noblesse portugaise, sont entrés en correspondance avec elle, et enfin, M. Machado lui a légué une place à côté de lui dans sa sépulture.

Malheureusement la santé de mademoiselle Élisabeth s'est détruite au service du commandeur, elle a aujourd'hui le privilége d'une maladie bien rare en Europe, l'éléphantiasis, des souffrances, des infirmités, une vieillesse qui tient à un fil. Parmi les devoirs qu'elle remplissait avec le plus intelligent dévouement, il faut mettre l'entretien d'une collection d'oiseaux des plus rares, une centaine d'oiseaux vivants, pris dans les ravins inconnus des Indes orientales, dans les roseaux du Gange, et les fourrés de l'Himalaya.

Le commandeur avait étudié toute sa vie les oiseaux ; il avait une passion pour les volatiles. Il disait qu'ils échappaient au grand signe d'infériorité que Dieu a infligé aux autres animaux,

Pronaque quum spectent animalia cœtera terras...

tandis que les oiseaux ont le regard dans le bleu du ciel et vivent librement dans l'espace. Il aimait à observer les oiseaux-parleurs (il y en a qui imitent la voix humaine d'une façon humiliante pour nous), les oiseaux-tisserands, les oiseaux-maçons ; les oiseaux-géographes, car il en est qui, dans les déserts de sable ou dans l'infini des mers, s'orientent avec une précision que la boussole ne nous permet pas au même degré.

Il éprouvait un vrai bonheur à voir des chardonnerets puiser de l'eau avec la régularité d'une machine. Il cherchait surtout à constater avec certitude jusqu'à quel point il est vrai que :

Brevior est hominum quam cornicum vita.

Et à cet effet, il avait constaté par des procès-verbaux l'âge de divers oiseaux doués de longévité , en prenant des mesures pour les transmettre de mains en mains, de générations en générations jusqu'à la fin de leur vie. Un merle bleu légué par lui à M. Geoffroy Saint-Hilaire, avait déjà des miracles de vie bien prouvée.

M. Machado aimait profondément la nature ; il trouvait Descartes injuste envers les animaux. Il leur soupçonnait une âme, il attribuait même aux oiseaux la prééminence sur l'humanité. C'est lui qui a écrit, dans ses dispositions testamentaires, ce mot si convaincu : « On propagera ma doctrine et on l'enseignera, mais en ayant soin de retrancher ce qui pourrait froisser l'amour-propre des hommes. »

Digne testament de celui qui ne voulut à son enterrement que son sansonnet, porté dans une cage par un valet de chambre ! On raille ses vues sur la couleur, c'est qu'on ignore le triomphe qu'il eut sur ce point à la face du monde savant. Il avait dans ses volières des oiseaux qui, tenant de Dieu le génie de Jacquard, tissaient avant lui des pièces de soie... J'entends de petites pièces, assez grandes néanmoins pour qu'on en fût confondu.

Il essaya hardiment sur ce point sa théorie des couleurs, il prit ses mesures pour se procurer d'autres oiseaux appartenant à d'autres espèces, mais offrant avec les oiseaux tisseurs identité de plumage et de nuances. Y chercha-t-il aussi des ressemblances d'organisation ? C'est son secret. Ce qu'il y a de certain, c'est qu'on mit des flocons de soie à la portée des nouveaux venus, et qu'ils se mirent à tisser ! Ce fut son plus beau jour, sa plus grande joie, sa croix de Saint-Louis. Et comment douter de l'intelligence des animaux, quand tant de peuplades nègres ne savent pas compter jusqu'à dix, tandis que les buffles de l'Égypte attelés à la meule, et se sachant condamnés à poursuivre leur pénible traction jusqu'au centième tour, s'arrêtent d'eux-mêmes au centième !

Le dernier trait de sagacité du commandeur fut d'inviter les corbeaux du Louvre à ses funérailles, et de les y faire venir. Voici comment il s'y prit. Il demeurait quai Voltaire depuis plusieurs années ; il faisait exposer sur son balcon, à trois heures précises, des assiettes chargées de viandes en menus morceaux, et les corbeaux étaient exacts à la curée. Il lui suffit donc de prescrire à ses héritiers qu'on fît ses obsèques à trois heures ; les corbeaux du Louvre n'y manquèrent pas ; et même, s'il y voulait des êtres véritablement affligés, il y réussit à merveille, car le repas des corbeaux n'ayant pas été servi ce jour-là, il y eut un vacarme tout à fait de circonstance.... *Ovantes gutture corvi.* J'ai vu des hommes sérieux, des savants, qui croyaient en savoir sur les oiseaux à en remontrer, revenir de ces funérailles avec la stupeur d'un prodige inexpliqué.

Ils ruminaient ce souvenir de Tacite :

Abeunti in funus tantum fœdarum volucrum supervolitavit, ut nube atra diem obtenderent. (*Historiarum*, liv. III.)

M. Machado a laissé un ouvrage magnifiquement édité sur les travaux qui ont rempli sa longue vie ; il y expose ses idées sur les oiseaux et sur les grands problèmes de l'âme et de la physiologie. La *Revue d'Edimbourg* le citait récemment avec respect, pour sa théorie sur l'hérédité des caractères, particulièrement sur cette étrange hérédité du suicide dans certaines familles.

C'était en présence de ses oiseaux, chefs-d'œuvre d'une splendide nature, que le commandeur étudiait, observait, composait ses systèmes. Il était en rapport avec tous les savants de son temps, Russes, Anglais, Allemands. S. M. le roi de Portugal a bien voulu visiter ses volières, et les princes de la science y venaient aussi curieusement. Mais quels soins de tous les jours, quelle sollicitude il y fallait ! Il y a là des oiseaux qui ne s'accommoderaient pas de notre température glacée ; il est indispensable de leur ménager une chaleur graduée sur leur organisation, un air pur et vif leur est nécessaire ; ils ne vivraient pas huit jours dans la rue du Bac. Mademoiselle Élisabeth les connaît et ils la connaissent ; ils s'aiment, ils se le disent et ils se le prouvent. Elle donne à chacun ce qui lui convient : l'air du pays natal autant qu'on puisse l'imiter, la vue des marronniers des Tuileries, à défaut des jungles de l'Inde,

..... *simulataque magnis Pergama.*

Quand M. Machado a vu la mort de près, il s'est demandé à qui léguer ses chers oiseaux. Il n'y avait qu'un légataire possible, mademoiselle Élisabeth, qui est leur mère depuis si longtemps, qui sait seule la qualité, les secrets, les proportions de leur nourriture. Le commandeur les lui a légués.

Mais ici une difficulté ardue a surgi.

Les héritiers du sang sont en Portugal. Madame Valpole a un legs important, et elle est Anglaise. Qui sait si le testament ne sera pas attaqué ? Les demandes en délivrance sont faites, mais il a fallu observer les délais de distance, qui sont considérables. En attendant, que faire des oiseaux ? On a bien nommé M. Trépagne administrateur provisoire ; mais si ce notaire était obligé de gouverner et de nourrir les oiseaux, soit dit sans l'offenser, il serait bien embarrassé. Dans cette perplexité, ne voulant pas délivrer à mademoiselle Elisabeth les créatures ailées qui lui ont été léguées, de peur d'engager sa responsabilité par l'exécution du testament ; ne pouvant non plus s'en rapporter à personne du soin de nourrir ses petites bêtes, vu la difficulté de la tâche, M. Trépagne a mis les volières en séquestre et en a confié la garde à mademoiselle Élisabeth. Mais alors elle ne possède pas, *animo domini*, les oiseaux ne sont que ses locataires, il faut payer leur entretien et leur nourriture. Là se placent des détails nécessaires. Il ne s'agit pas ici de vulgaires canaris qui vivent de colifichets, il y va d'oiseaux pour qui la Providence fait mûrir l'ananas, le limon, la grenade, les fruits qui ne donnent leur maturité qu'au soleil de l'Orient. Il y a tel de ces pensionnaires à qui il faut du chasselas toute l'année ; tel qui requiert une nourriture animale, des vers enfarinés de safran et des insectes tout vifs ; tel qui se nourrit de baba et d'œufs sucrés, tel qui a contracté l'habitude du pain Cressini, et tel des dragées. Il faut être matinal, car qui l'est plus que les oiseaux ? Il faut verser abondamment l'eau fraîche dans les baignoires, car le bain n'est pas seulement un plaisir, pour certains oiseaux raisonneurs c'est une médication, et ils se l'administrent toujours avec une attention judicieuse. C'est surtout à l'époque de l'émigration que leur naturel contenu produit en eux des crises fatales; il y en a qui se saignent eux-mêmes comme ferait Nélaton , et tout aussi adroitement, il y en a qui domptent le mal :

Studio gestire lavandi.

L'instinct médical des oiseaux a de quoi nous faire honte. Voyez chez nous les vieillards, et même beaucoup d'adultes ; ils attendent les rigueurs de l'hiver occidental, ils les subissent en fatalistes, et ils meurent presque tous d'un rhume. Si nous avions le bon sens des hirondelles, nous chercherions, comme elles, des climats plus propices :

..... melioraque sidera cœli.

Et la durée de la vie humaine en serait doublée. Mais c'est encore Elisabeth qui est la meilleure infirmière de ses oiseaux ; je vais plus loin, elle connaît leur caractère, et eux le sien ; elle sait les amitiés qui se sont formées dans le logis, et le voisinage qu'il faut à chacun, sous peine de mort; oui, sous peine de mort, car qui ne sait que l'oiseau est trop frêle pour le chagrin et que les amants ne survivent jamais à leurs maîtresses ?

Je demande donc que le tribunal accorde une large et généreuse provision à Elisabeth; il faut conserver ses oiseaux à la science, ils portent presque tous un problème.

Mᵉ NICOLET, pour M. Trépagne, administrateur des biens dépendants de la succession de M. le commandeur de Gama Machado, a répondu :

L'inventaire auquel il a été procédé après le décès de M. le commandeur de Gama Machado, a été clos le 25 octobre 1861. Mademoiselle Elisabeth Perrot ne doit en conséquence s'en prendre qu'à elle-même si elle a attendu jusqu'au 18 janvier pour former sa demande en délivrance de legs.

Son legs a d'ailleurs été contesté dans l'inventaire. L'administrateur a remis à mademoiselle Élisabeth Perrot 600 fr. le 27 juillet, 1000 fr. le 26 novembre, il ne peut faire davantage.

Il faut un peu rabattre du merveilleux récit qu'on vient de faire de ces oiseaux, qui auraient été, au dire de l'adversaire, en quelque sorte l'unique préoccupation de M. le commandeur Machado. Il semble qu'il faille un lieu choisi pour abriter la volière de M. Machado. Vous le représentez installant sur le quai Voltaire ses oiseaux bien-aimés, afin de retracer à deux pas du jardin des Tuileries, à leurs intelligences naïves, quelques images des forêts vierges du nouveau monde. Le quai Voltaire n'est pourtant rien moins, ce me semble, que l'endroit le plus triste et le plus glacial de tout Paris. Le commandeur avait là, comme il eût pu l'avoir ailleurs, sa chambre, sa volière, ses oiseaux. Aujourd'hui, mademoiselle Elisabeth Perrot a tout cela aux Thernes, où elle habite. Les oiseaux causeurs, les oiseaux chanteurs y font vacarme, mais les voisins les supportent et le propriétaire ne se plaint pas.

C'est pour cela qu'on demande 1500 francs par mois? Sans doute, mademoiselle Elisabeth est séquestrée pour les soins journaliers, et l'administrateur ne le conteste pas. Mais calculons, évaluons, comptons ce qu'il faut pour l'entretien des oiseaux, faisons l'état

> Du foin que peut manger une poule en un jour.

A combien se montera cette dépense? voulez-vous 2 fr., 2 fr. 50 c., voulez-vous 3 fr.? C'est accordé. Mais voici mademoiselle Perrot qui se pose en artiste, en professeur, il faut payer ses talents. Voulez-vous 100 fr., 150 fr., par mois? C'est trop, c'est insensé; c'est sacrifier à la folie du défunt, nous le voulons pourtant. Mais demander 4000, 5000, 10 000 francs de provision et 1500 par mois de pension alimentaire pour toute la famille, en vérité cela est déraisonnable. Le chiffre que nous offrons, le chiffre que l'administrateur ne peut dépasser sans excéder ses pouvoirs est bien suffisant, et nous ne doutons pas que le tribunal ne le déclare tel.

Le tribunal, après avoir entendu M. le substitut LAPLAGNE - BARRIS en ses conclusions, condamne M. Trépagne, en sa qualité d'administrateur, à payer à la demoiselle Elisabeth Perrot, une provision de 3000 fr. et une pension de 500 fr. par mois pour faire face à la mission qui lui a été confiée par le testament.

VARIÉTÉS.

DISCOURS PRONONCÉ PAR Me JULES FAVRE,

BATONNIER DE L'ORDRE DES AVOCATS,

à l'ouverture de la conférence, le 3 décembre 1860.

L'ouverture de la conférence a eu lieu sous la présidence de M. le bâtonnier. La salle est de bonne heure envahie par une foule nombreuse d'avocats en robe.

A deux heures, Me Jules Favre, bâtonnier, prend place au fauteuil ; il est entouré des anciens bâtonniers et des membres du Conseil de l'ordre.

Me JULES FAVRE s'exprime en ces termes :

MES CHERS CONFRÈRES,

Cette solennité, qui chaque année inaugure la reprise de nos conférences, nous offre l'attrait particulier qui s'attache aux fortes études de la jeunesse. Deux d'entre vous, choisis par nos anciens entre les plus dignes, vont vous rappeler, l'un les règles difficiles de l'art de bien dire, l'autre les nobles leçons puisées dans la vie d'un grand ministre. Mais, avant de leur donner la parole, permettez-moi d'user de mon privilége en vous ouvrant mon cœur pour vous y laisser voir les sentiments d'affection profonde et de dévouement sans bornes qui le remplissent. C'est à eux seuls, je n'en doute pas, que je dois l'insigne honneur qui m'a été conféré par le Conseil de notre ordre.

Comment n'en serais-je pas vivement touché ? il n'en est pas de plus éminent pour l'avocat qui a consacré son existence au culte de sa profession. Il n'en est pas qui lui soit plus précieux, puisqu'il est la plus haute expression de l'estime et de la confiance de ses confrères. Mais en même temps, il n'en est pas qui oblige davantage. Maintenir d'une main ferme les règles salutaires de notre discipline, diriger vers un but élevé les utiles travaux du stage, prévenir les difficultés et les conflits par un esprit de conciliante modération, suivre d'un œil vigilant les moindres faits qui intéressent notre dignité, défendre nos franchises contre de funestes empiètements, porter résolûment partout où il doit paraître le drapeau de notre ordre et savoir le faire respecter, telle est la tâche que nos traditions imposent à votre bâtonnier. Tâche considérable et de nature à intimider les volontés les plus courageuses. Nul ne saurait se flatter de la remplir dignement ; mais le devoir ordonne de s'y

appliquer sans hésitation ni réserve, le regard fixé sur les exemples des devanciers. Et lequel mérita de servir de modèle, mieux que celui auquel je
succède, et dont l'exercice a été marqué par de, si rudes épreuves ?

Vous tous qui l'avez vu à l'œuvre, tantôt menant ces deuils illustres sous
les coups répétés desquels le palais a été comme accablé, tantôt revendiquant
avec éclat le patrimoine inaltérable de nos vieilles libertés ; vous tous encore
qui, dans les relations privées, avez apprécié son indulgence éclairée, son
zèle infatigable, son noble penchant pour les lettres dont il a été dans cette
enceinte le brillant apologiste, vous ne me démentirez pas, lorsque, interprète
du barreau tout entier, j'affirme que jamais chef de notre ordre n'a servi nos
intérêts avec un cœur plus dévoué et n'a conquis des droits moins contestés à
notre affectueuse reconnaissance !

Mais ce n'est point assez de ces inspirations : j'ai besoin du concours de
tous mes confrères, et particulièrement du vôtre, mes chers stagiaires, vous,
notre espérance, notre orgueil, vous à qui le temps appartient, vous que doit
à chaque heure harceler le désir de bien faire et de dépasser ceux qui vous
montrent la route. C'est de vous que dépendent nos destinées, et pour qu'elles
répondent aux vœux de ma vie entière, il faut que je vous dise comment je
comprends cette profession que nous ne saurions trop aimer, puisqu'elle établit entre nous de si forts et de si doux liens.

On nous accuse quelquefois de lui prêter une feinte grandeur. Combien
nous serions coupables, si nous la faisions descendre au niveau de l'opinion
commune ; sa force est précisément dans la hauteur à laquelle nous la plaçons,
et l'exagération même qu'on nous reproche n'a d'autre résultat que de multiplier et d'épurer nos devoirs.

Au surplus, sa grandeur se justifie et s'établit par son origine, son essence
et son but. S'il est vrai que, chez les nations civilisées, le sentiment le plus
élevé soit celui du droit, le premier besoin, celui d'une législation éclairée et
d'une justice impartiale, l'institution qui répond à ces nécessités occupe dans
l'État un rang dont nul ne méconnaîtra l'importance. Aussi, partout où elle
est indépendante, la magistrature a droit à de légitimes respects. Nulle mission n'est plus sainte, ni plus difficile que la sienne. Mêlée aux faiblesses et
aux passions humaines, elle doit s'y montrer supérieure ; vouée à des travaux
obscurs, elle trouve la récompense de ses efforts non dans le bruit de la renommée, mais dans les calmes satisfactions de la conscience ; elle est l'interprétation vivante de la loi, et dans ce commentaire puissant qui ressort de ses
arrêts, elle ne peut obéir à d'autres mobiles que ceux d'une raison ferme et
libre ; enfin, vigilante protectrice de tous les intérêts menacés, ennemie infatigable de la fraude, de la violence, de l'oppression, étendant sa sollicitude
jusqu'aux plus humbles, elle est, dans nos sociétés modernes, le plus auguste
et le plus redoutable des pouvoirs ; elle en est le bienfait et la gloire, comme
elle en serait le déshonneur et le fléau, si elle pouvait, oubliant ses devoirs,
abuser de l'immense autorité qui lui est confiée.

A côté d'elle est le barreau qui, à un point de vue différent, concourt à
l'accomplissement de la même tâche. A elle la décision et la souveraineté, à
lui la discussion et la liberté. Il est le champion du droit individuel, le refuge
des persécutés, le patron et le consolateur de toutes les infortunes. Pour ser-

vir· dignement cette noble cause, toutes les ressources de la science et de l'art lui sont nécessaires. Il explique la loi et s'efforce d'en fixer les incertitudes; il faut donc qu'il en connaisse les sources dans l'histoire, dans la philosophie, qu'il en devine l'esprit en étudiant les besoins sociaux auxquels elle correspond. Il doit aussi porter la lumière au milieu des ténèbres dont l'ignorance et la mauvaise foi entourent trop souvent les questions litigieuses. Il faut alors qu'il pénètre les plus secrets replis des cœurs, qu'il y surprenne le jeu des passions, qu'il sache, en les dominant par la pensée, démêler et traduire leurs entraînements. Enfin, et dans tous les temps, il s'enorgueillit de ce précieux privilége, il se porte résolûment au secours du droit partout où il est menacé par la force triomphante.

Dédaigneux de plaire, insoucieux du péril, il met sa gloire à se dévouer et sa plus haute fortune à sacrifier les avantages dont les hommes se montrent ordinairement le plus jaloux.

Tel est notre rôle, mes chers confrères; j'ai raison de le trouver grand, et ceux-là qui seraient tentés de me contredire seraient bien vite de mon avis, si quelques revers les forçaient à recourir à notre ministère. C'est alors qu'ils comprendraient l'erreur de ces esprits qui, dans un fol amour de l'autorité à tout prix, s'alarment de nos franchises; pour nous juger, il faut avoir souffert, et dans un temps où la fortune a de si brusques retours, où la prison et le trône se touchent de près, nous pouvons invoquer ce témoignage de la conscience publique, que nous restons fidèles au malheur, quel que soit son drapeau.

Mais à une tâche pareille la vie suffit à peine. Notre profession est de celles qui exigent une passion exclusive et un entier dévouement. Que ceux-là s'en éloignent qui ne veulent renoncer ni aux plaisirs du monde, ni au tumulte des affaires. D'Aguesseau, écrivant pour son fils des conseils que nous ne saurions trop relire, lui enseigne qu'il n'y a pas de succès possible sans une claustration volontaire de plusieurs années. Le choix des lectures qu'il lui recommande comme indispensables constitue une véritable encyclopédie. Loin d'y rien retrancher, j'y ajouterais toutes les conquêtes de l'esprit nouveau auxquelles l'avocat ne peut demeurer étranger. Lui demander de tout savoir ne serait en rien dépasser les limites de son domaine. Il peut s'appliquer les vers dont Juvénal fait la préface de ses satires:

> Quidquid agunt homines, votum, timor, ira, voluptas,
> Gaudia, discursus, nostri est farrago libelli.

« Toutes les actions des hommes, leurs désirs, leurs craintes, leurs colères, leurs passions, leurs plaisirs, leurs disputes, tout rentre dans le sujet de notre livre. »

N'est-ce pas en effet la vie humaine avec ses accidents infinis, ses grandeurs et ses misères, ses clartés et ses ténèbres, qui se développe sans cesse dans ces drames variés qu'on appelle les procès! Ne touchent-ils pas à la morale, à l'histoire, aux lettres, à la science, à l'industrie, à la politique, et, pour n'être point au-dessous de leur intelligence, l'avocat ne doit-il pas s'initier à toutes les connaissances! Plus large sera son horizon, plus ferme sera son regard, plus féconde sera sa pensée, plus puissante son action sur ceux qu'il a mission d'éclairer et de convaincre.

Éclairer et convaincre! tel est le double but que se propose l'orateur. C'est aux vives lueurs de son esprit rayonnant sur chaque partie de son discours que s'avancent rangés avec une savante méthode les arguments destinés à subjuguer ses auditeurs; c'est par la noble chaleur de son âme que sa parole répand autour de lui ces insaisissables et mystérieuses attractions qui le rendent maître des volontés et des cœurs, et assurent ainsi son triomphe par la plus pure des conquêtes, celle qu'établit l'union intime des sentiments et des pensées!

Mais cette victoire exige un effort opiniâtre. Tacite l'indique dans son *Dialogue sur les orateurs*, par quelques lignes utiles à méditer (1) : « Le véritable orateur est celui qui, sur toutes matières, peut parler avec une élocution pure, ornée, persuasive, en ayant égard à la dignité du sujet, à la convenance du temps, au plaisir des auditeurs. »

Avant lui, Cicéron avait écrit les mêmes choses en les appliquant plus particulièrement à l'éloquence du barreau (2) :

« L'orateur ne doit pas se borner à satisfaire le client qui a besoin de lui, il doit se faire admirer de ceux qui le jugent indépendamment de tout intérêt. »

Et moi, mes chers confrères, s'il m'est permis de parler après ces grands génies, j'ajouterai que l'orateur ne doit pas se contenter d'instruire, de persuader, de charmer ceux qui l'écoutent; l'admiration dont les murmures mal contenus l'enivrent ne saurait être sa plus belle récompense : c'est à réaliser le type idéal du vrai et du beau mis en germe dans son sein que doit s'épuiser tout son être! Noble et vaillant labeur qui élève la créature bornée aux limites mêmes des régions infinies où sa nature se transforme; puissantes et fécondes méditations dans lesquelles, poursuivant avec une ardeur infatigable le rêve qu'elle entrevoit malgré sa faiblesse, la pensée s'agrandit et s'échauffe et comble l'âme de joies presque célestes! Voluptés ineffables! dont nulle langue humaine ne saurait peindre la force et la douceur, car elles sont la plus haute expression du pouvoir de notre essence immatérielle. La poésie leur a donné un symbole en immortalisant le sublime délire de l'artiste qui sent palpiter le cœur de la femme sous le marbre que tourmente son ciseau, et se prosterne, éperdu d'amour, devant cette œuvre sans nom, pour l'enfantement de laquelle sa main s'est rencontrée avec celle de Dieu!

Et ne croyez pas que ce soit de ma part une téméraire exigence que de vous convier à ces aspirations; elles sont la source de tout ce qui est véritablement puissant. C'est par le cœur que se mènent les hommes, et c'est le beau qui le pénètre et le captive. La beauté morale exerce sur lui un empire bien plus irrésistible que la beauté physique qui n'est que le reflet et le signe visible de la première. Dès lors, comment celui qui est chargé de persuader dédaignerait-il les séductions de la pensée? Comment renoncerait-il au secours décisif que lui apportent la pureté du langage, la grâce du tour, la noblesse de l'expres-

(1) « Id est orator qui de omni quæstione pulchre et ad persuadendum apte dicere » pro dignitate rerum et ad utilitatem temporum, cum voluptate audientium possit. »

(2) « Est igitur oratori diligenter providendum, non ut ullis satisfaciat quibus necesse » est, sed ut iis admirabilis esse videatur quibus libere liceat judicare. »

sion, la vivacité du trait, l'éclat des images, le rapprochement ingénieux des aperçus? C'est de la forme, dit-on, et notre siècle positif ne s'y arrête plus, il demande avant tout des idées pratiques et précises qui peuvent se rendre sans phrases.

Mes chers confrères, tenez ces maximes trop répétées pour un sophisme à l'usage des impuissants. Je suis loin de méconnaître la tendance de beaucoup d'esprits à tout rappetisser; les médiocrités trouvent leur compte à cet abaissement. Certains politiques en font la base de leur fortune. J'en vois aussi les traces funestes dans la littérature et dans les arts, et c'est pourquoi je vous conjure de réagir avec courage contre cet amoindrissement progressif de nous-mêmes. Autant il est nécessaire de fuir l'enflure et le mauvais goût, autant il faut s'attacher avec un pieux respect à nos vieilles traditions d'élégance et de distinction qui forment l'un des plus précieux patrimoines de notre nationalité. Cette belle langue française, la langue de Descartes, de Bossuet, de Pascal, de Racine, de Molière, de Voltaire, est un si admirable instrument, que ceux qui sont appelés à l'insigne honneur de s'en servir pour une fonction publique, et quelle fonction? la libre défense du droit! seraient coupables au premier chef de la laisser se dégrader et se fausser entre leurs mains.

Cicéron disait avec une extrême justesse « que le plus grand vice d'un discours, c'est de s'éloigner trop de la manière ordinaire de parler. » Mais il a prouvé par son exemple que la trivialité doit être évitée aussi soigneusement que le néologisme, et que la première force de l'orateur est dans la correction de son style et la noblesse de son langage (1). Et comment n'en serait-il pas ainsi? La beauté de la forme attirera toujours par d'irrésistibles enchantements; à elle seule elle impose.

Et vera incessu patuit dea,

dit le poëte : les plus rebelles subissent son charme. Ils voudraient se révolter, les voilà pris et captifs. On peut dès lors leur faire tout entendre : les hardiesses ne les choquent plus. Entraînés par la magie de la séduction, ils oublient leur passion pour se livrer à celui qui sait les éblouir, et quand ils reviennent à eux-mêmes, il n'est plus temps de comprimer l'essor de la pensée dont l'art a brisé les entraves.

Cette préoccupation de bien dire que je vous conseille de toutes mes forces, cette habitude scrupuleuse de rechercher soigneusement le signe le mieux approprié à la pensée, ne vous serviront pas seulement dans les circonstances difficiles où l'habileté est une condition de salut, elles donneront à chacun de vos discours, même les plus ordinaires, deux qualités rares et dont vous tirerez le plus grand fruit : la propriété de l'expression et la sobriété des développements. Nous nous plaignons quelquefois d'être mal écoutés; au lieu d'en accuser le juge, prenons-nous-en à nous-mêmes. Commandons son attention en l'intéressant et en le charmant. Lorsque Périclès montait à la tribune, il se

____

(1) Dans son livre *De l'Orateur*, il conseille aux jeunes gens de se former par de nombreuses compositions écrites. « La plume, dit-il, nous forme à bien dire, c'est le premier et le plus habile des maîtres : *Stylus optimus ac præstantissimus dicendi effector ac magister.* »

disait : « Souviens-toi que tu vas parler à des hommes libres, à des Grecs, à des Athéniens. »

Il croyait ainsi nécessaire d'élever son esprit par le sentiment de la dignité de son auditoire. Nous, qui nous adressons à des magistrats rompus aux affaires, n'oublions jamais que le premier tribut du respect que nous devons à la justice, c'est un examen approfondi de notre cause.

Cicéron insiste sur ce précepte banal en apparence, et cependant fort utile à rappeler (1).

« Ce que je recommande d'abord à mon élève, c'est, quelque cause qu'il ait à traiter, de l'étudier avec soin et de la connaître à fond,... car on ne peut que fort mal parler de ce qu'on ne connaît pas. »

Mais ce n'est point assez de pénétrer toutes les parties de son procès; le choix réfléchi des moyens, la combinaison logique des idées et la recherche sévère de la forme la plus parfaite vous permettront d'être clairs, simples et brefs dans l'explication de ce qui ne soulève aucune difficulté sérieuse, substantiels dans la discussion, éloquents et pathétiques quand la passion devra naturellement prendre place dans votre discours. Par ces efforts assidus vous deviendrez maîtres de vous-mêmes et souvent aussi de ceux dont vous aurez ainsi mérité la confiance et l'estime.

Vous entendrez répéter que les dissertations de droit ne sont plus tolérées dans nos plaidoiries. S'il en était ainsi, j'en accuserais le barreau. Une bonne discussion est toujours écoutée. Elle ne le sera pas moins pour être belle. Mais condamner la magistrature à des lieux communs, à des doctrines hasardées, à des thèses jetées dans le débat sans préparation, c'est tenter une entreprise où celui qui perd le plus est l'imprudent qui se brise contre l'inattention dont sa légèreté est la seule cause.

Vous vous défierez donc, mes chers confrères, de ces conseillers, trop communs aujourd'hui, qui vous enseigneront les commodes préceptes du sans-gêne oratoire. Vous ne croirez pas que l'art de bien dire soit inconciliable avec la logique et la science, et vous vous appliquerez avec une intelligente persévérance à rehausser l'éclat du barreau par l'alliance naturelle du droit, de la philosophie et de l'éloquence ! Les conférences, qu'un usage immémorial a établies parmi nous, celles que vous formerez vous-mêmes, vous seront, à cet égard, une excellente préparation. Plutarque nous apprend l'ardeur avec laquelle Cicéron s'y consacra : « Il se remit de reschef à estudier en rhétorique et à cultiver son éloquence comme un util nécessaire à qui se veut entremettre du gouvernement de la chose publique, en s'exercitant continuellement à faire des harengues sur des subjects supposez et en s'approchant des orateurs et maistres d'éloquence qui lors estoient le plus renommez. »

Ces luttes, où vos généreux instincts se donneront libre carrière, où vos succès auront d'autant plus de prix qu'ils ne seront achetés par aucune défaite, vous initieront peu à peu aux combats plus sérieux qui rempliront votre vie. Vous les affronterez avec la force que donnent de consciencieuses études, l'amour du travail et la noble ambition de bien faire, et votre jeune gloire

____

(1) « Hoc et primum præcipiemus, quascumque causas erit acturus, ut eas diligenter » penitusque cognoscat... quod nemo potest de ea re quam non novit turpissime dicere. »

rayonnant sur nos dernières années, sera la plus douce récompense des efforts que nous aurons tentés pour faire fructifier et grandir au sein de votre génération les leçons que nos anciens nous ont transmises!

D'ailleurs, mes chers confrères, en vous façonnant aux rudes labeurs de notre profession, vous vous disposez à servir la patrie sur d'autres théâtres, si jamais elle en appelle à votre dévouement. On ne saurait être un homme d'Etat sans une connaissance approfondie du droit, et tous ceux qui ont exercé une décisive influence sur leur époque ont été habiles dans le maniement de la parole.

Je sais que l'heure présente semble peu favorable à l'éloquence politique. Si je voulais en rechercher les causes, je les trouverais sans peine. Tacite, dans son *Dialogue sur les orateurs*, se posait la même question, et y répondait ainsi (1) : « La gloire de l'orateur s'affaiblit et s'obscurcit au milieu des bonnes mœurs et d'une sage subordination. Qu'est-il besoin de longues discussions dans le sénat, lorsque les bons esprits sont si vite d'accord! Que deviennent toutes ces harangues au peuple lorsque l'administration publique n'est plus confiée à l'ignorance de la multitude, mais à la sagesse d'un seul? »

Pour moi, mes chers confrères, j'estime que dans les jours les plus difficiles le courage et l'éloquence peuvent beaucoup encore, et que pour une nation condamnée à de pénibles épreuves, c'est un honneur, une consolation et une espérance que d'entendre, ne fût-ce que de loin en loin, des voix aimées s'élever pour la défense des causes perdues et la revendication des droits imprescriptibles de l'avenir.

Sachons donc tenir nos âmes aussi bien au-dessus des lâches défaillances que des aspirations inconsidérées. Accomplissons notre tâche quotidienne avec modération et fermeté, et soyons prêts, si les temps l'exigent ou le permettent, à paraître dignement sur cette grande scène publique, que les malheurs et l'éloquence de nos pères ont fait briller d'un lustre si éclatant.

Et quelle que soit la destinée que Dieu nous réserve, soyons heureux et fiers de nous vouer à une profession qui se distingue entre toutes par la sévère obligation d'un travail opiniâtre. Honorons-la en demeurant fidèles au culte de la science et de l'art, à la plus scrupuleuse pratique de nos devoirs. Respectueux vis-à-vis de la magistrature, obtenons d'elle, sans faiblir, le maintien de nos priviléges, qui ne sont, après tout, que les droits sacrés de la libre défense. Bannissons avec soin des débats judiciaires les personnalités inutiles et les violences du langage, conservons religieusement entre nous ces règles si précieuses de la confraternité, qui nous imposent la douce nécessité de nous aimer les uns les autres, et ne perdons jamais de vue que notre plus grande force consiste à garder, au milieu de la société qui nous entoure, des traditions d'un autre âge, des principes et des scrupules qu'on chercherait vainement ailleurs que parmi nous.

Ainsi la loi commune fait de la rémunération la condition naturelle du travail. Notre vie n'est qu'un long et rude labeur. C'est à peine si l'avocat occupé

(1) « Minor oratorum obscuriorque gloria est inter bonos mores et in obsequium » regentis paratos. Quid enim opus est longis in senatu sententiis quum optimi cito con- » sentiunt? Quid multis apud populum concionibus quum de republica non imperiti et » multi deliberent, sed sapientissimus et unus? »

peut goûter les saintes joies de la famille. Ses veilles ne lui appartiennent point. Courbé sous un joug que la conscience d'être utile seule allége, incessamment agité par le sentiment d'une responsabilité d'autant plus lourde qu'elle n'a pas de sanction, prodigue de son repos et de sa santé, jetant sans ménagement son esprit et son cœur dans cette lutte dévorante où tout son être se consume, usé souvent avant l'heure, tombant glorieusement à la barre comme Paillet, où s'éteignant dans sa vigoureuse maturité comme les confrères bien-aimés dont la perte récente vous paraît encore impossible, après tant d'efforts, tant de sacrifices, tant d'abnégation volontaire, il arrive rarement à la conquête d'un modeste patrimoine. Qu'ils s'éloignent donc de cette noble carrière ceux qu'aiguillonne le désir du gain et qui ne comptent les succès que par les richesses ! L'industrie la plus méprisée leur sera plus profitable ; qu'ils prêtent l'oreille à la sanglante ironie du grand satirique écrivant à propos des orateurs de Rome :

> Veram deprendere messem
> Si libet : hinc centum patrimonia causidicorum
> Parte alia solum russati pone Lacernæ.

« Veux-tu au juste apprécier le fruit de leur métier ? mets d'un côté la fortune de cent avocats réunis, et de l'autre celle du cocher Lacerna.

Les temps ne sont point changés, et les avocats peuvent encore se glorifier de leur médiocrité, car elle n'a d'autre cause que le désintéressement, qui est leur règle fondamentale. A eux appartient la noble prérogative de tendre au pauvre et à l'opprimé une main qui repousse tout salaire. A eux cette délicate pudeur qui leur fait, sans débat, trancher contre eux-mêmes toute question d'intérêt personnel. Que ces principes vous soient particulièrement sacrés, mes chers confrères ; mettez votre honneur à les maintenir dans leur pureté, et plus le monde au milieu duquel vous vivez semble violemment entraîné vers le culte aveugle des jouissances matérielles que donne l'opulence, plus vous vous élèverez en lui offrant le contraste de la simplicité, de la modération et du désintéressement que nos traditions vous enseignent.

Et si jamais vous étiez disposés à vous en écarter, jetez les yeux sur les exemples de ceux qui ont été nos modèles et demeureront la gloire de notre ordre. Hélas ! pourquoi faut-il que, pour mieux vous rappeler leurs éminentes qualités, je sois condamné à interroger deux tombes à peine fermées, dans la nuit desquelles sont venus se glacer deux grands cœurs, s'éteindre deux nobles intelligences ? Le palais n'avait-il pas été assez cruellement éprouvé ? Ne pleurait-il pas encore Landrin, auquel vous me pardonnerez de rendre ce dernier hommage, triste et douloureux tribut de l'étroite amitié qui nous unissait ? Non, ce n'était point assez de deuil, et, dans une même semaine, deux de nos confrères les plus considérables, deux anciens bâtonniers, et tous ceux qui les ont approchés pourront dire deux amis, nous étaient enlevés dans la force de l'âge, quand il semblait que de nombreuses et fécondes années leur fussent encore réservées. Frappés l'un et l'autre dans des conditions différentes, l'un par une catastrophe soudaine, l'autre par une lente désorganisation, ils mouraient comme deux sages, nous laissant à la fois consternés par leur perte, édifiés par leurs vertus, et prenant place dans l'histoire de notre ordre parmi les plus illustres dont la vie fut sans tache, dont la mémoire est une pure et complète leçon.

Bethmont et Liouville! votre vie a commencé et fini à quelques jours de distance; elle s'est écoulée ici, dans les travaux et les devoirs de notre profession sur laquelle vous avez jeté tant d'éclat! Vous avez été notre orgueil et notre joie! vous nous avez ardemment aimés! nos cœurs vous cherchent et vous appellent encore! ils seront l'asile sacré où, jusqu'à ce qu'ils aient cessé de battre, votre souvenir recevra un culte pieux. Aujourd'hui souffrez que, échappant au recueillement de mes regrets, pour l'instruction de cette jeunesse que vous ne pouvez plus charmer ni guider, j'essaye, non de vous louer, mais de dire simplement ce que vous étiez, afin que nous apprenions tous ce que nous devons être !

Le jour funeste où, après les cruelles alternatives qui nous tenaient suspendus entre la crainte et l'espoir, la grande âme de Bethmont retournait à Dieu, Paris fut comme voilé de tristesse. Autour de son cercueil, la désolation était sans bornes, mais plus loin il se produisait de proche en proche une sorte de commotion douloureuse dont les plus indifférents ne pouvaient se défendre.

Jamais hommage public ne fut mieux mérité, car celui qui venait de nous être ravi était une de ces rares natures sur lesquelles tous les dons semblent accumulés. Ses nobles qualités éclairaient son beau visage tout rayonnant de grâce et de douceur. Son organe, à la fois caressant et grave, se prêtait merveilleusement à une diction toujours élégante, originale, et dont la fréquente nonchalance renfermait d'incroyables séductions. Doué d'une intelligence vaste et féconde, d'une imagination inépuisable, d'une puissante faculté de saisir et de créer les rapports des choses, de deviner les sciences, de combiner les systèmes et d'atteindre sans efforts aux plus hautes généralisations, il s'était fait de bonne heure, par de fortes et profondes études, une langue pure, souple, harmonieuse, colorée, riche d'ornements solides et d'un goût constamment irréprochable malgré ses adorables mollesses, et qui aurait suffi à elle seule à lui assurer une des premières places parmi les orateurs les plus éminents. Mais ce mérite si élevé n'était que l'instrument qui faisait valoir les autres plus précieux. Il avait en lui-même l'instinct de l'ordre et du beau. Partout où il dirigeait son esprit, la lumière naissait d'elle-même et comme par le jeu naturel de son entendement capable d'exceller dans tous les sujets, il avait l'art merveilleux de dissiper l'obscurité et de triompher de l'aridité. Les causes les plus ingrates et les plus épineuses paraissaient faciles quand il les expliquait, et les hommes spéciaux étaient éblouis de son aptitude à pénétrer et divulguer leurs secrets.

Mais là où éclatait la supériorité de son inimitable talent, là où il est demeuré sans rival, c'est dans la discussion des thèses juridiques, dans la peinture des passions, des douleurs, des sentiments que ses causes mettaient en relief. Jurisconsulte consommé, il ne s'était pas borné à fouiller les sources du droit; il les avait éclairées par la philosophie, et ses commentaires de la loi montraient à la fois et le lien primordial qui la rattache aux règles éternelles et les nécessités sociales auxquelles elle satisfait.

Quand il touchait aux théories, ses plaidoiries étaient un lumineux enseignement, toujours noble, toujours inspiré par les idées les plus élevées.

Quand il discutait les faits, elles devenaient un modèle de grâce, d'atticisme, de pathétique. Nul ne poussa plus loin le pouvoir de remuer les cœurs, parce que nul n'eut en partage une sensibilité plus vraie ; son âme débordait par tout son être, et son émotion qui semblait le dominer, alors qu'il la gouvernait avec le plus d'habileté, avait des accents si victorieux, que, pour lui résister, il eût fallu cesser de l'entendre.

Aussi, que de triomphes ! Dès ses débuts, il fut accueilli par une admiration unanime.

Pour raconter ses succès, il faudrait citer toutes les grandes affaires qu'il a plaidées.

Un jour, il était encore au stage, un président d'assises l'envoie chercher pour remplacer un jeune confrère éloigné de la barre par un mal subit. Il s'agissait de défendre un Anglais qui, entraîné dans une maison de jeu, après avoir tout perdu, égaré par la pensée de la détresse de sa femme et de ses petits enfants dont il venait de dévorer la dernière ressource, s'était élancé par une croisée en emportant un paquet de billets de banque. Bethmont demande une demi-heure de recueillement.

Dans cette courte méditation son cœur s'est pénétré de toutes les misères morales qui ont rendu le crime possible. Il les traduit dans un langage si éloquent, il peint avec un art si magique la fièvre insensée qui a troublé la raison de son client que le jury le récompense de sa bonne action par un acquittement. Une autre fois, soutenant une prévention d'adultère, il donne à sa démonstration une forme si pressante, sa parole a des flammes si vives, qu'éblouie et vaincue, l'épouse coupable se prosterne et confesse sa faute.

Ceux qui ont eu, comme moi, le bonheur d'assister aux débats de l'affaire de l'accident du 8 mai 1842, reconnaissent que jamais cause plus difficile ne fut traitée avec une plus admirable habileté ; lorsqu'en terminant son magnifique discours, il traça l'histoire de l'industrie, transformant le monde par ses miraculeuses conquêtes et marquant chacun de ses progrès par des souffrances et des sacrifices, immolant la vie de l'homme dont le sang, par un impénétrable mystère, semble le ciment de toutes les grandes entreprises ; l'auditoire se leva tout entier dans un transport d'enthousiasme auquel les magistrats s'associèrent ouvertement. Que de fois j'ai été le témoin du charme et de la puissance indicible de son action oratoire !

Hélas ! lorsque l'année dernière, après des vacances qui nous avaient permis de goûter quelques jours d'une douce intimité, je le rencontrais ici, souriant, affectueux, tout paré de cette fine bienveillance qui était l'une de ses plus grandes séductions, qui m'eût dit qu'au lieu de se préparer à de nouvelles victoires, il penchait déjà vers l'éternité, et que moi, qui l'ai tant aimé, je serais appelé au douloureux honneur de lui adresser dans cette solennité des paroles d'adieu qu'il ne peut plus entendre, et des regrets malheureusement stériles ?

Et pour comprendre l'étendue de notre irréparable perte, ce n'est pas assez d'avoir connu l'avocat, il faut avoir pu juger l'homme. L'âme de Bethmont ne se révélait vraiment que dans la familiarité des conversations privées. La grâce exquise qui semblait être sa nature était née tout enveloppée de pudeur; il lui fallait le mystère de l'amitié pour se livrer sans réserve. Cherchant plus à être aimé que loué, l'affection le mettait plus à l'aise que l'admiration.

Alors son esprit étincelait, mille coquetteries charmantes en voilaient et en montraient tour à tour les ingénieuses surprises; puis sa parole si onctueuse s'échauffait, sa verve s'allumait. Il s'abandonnait librement à ses enthousiasmes, à ses indignations. Son cœur si noble, si grand et si tendre paraissait à nu. Il ne songeait pas, comme en public, à en retenir les trésors. Avec quelle ardeur il aiguisait la controverse, avec quelle merveilleuse facilité il sondait les plus vastes problèmes ! Quelle ironie toujours empreinte de bonté il savait jeter dans la discussion au secours de sa dialectique! Vous, mes confrères, mes amis, qui avez pu jouir de ses entretiens, vous savez combien la parole est impuissante à en retracer le charme ; vous avez pu mesurer la grandeur et l'harmonie de cette intelligence, la bonté infinie de ce cœur fait pour toutes les vertus, et vous pouvez dire avec le poëte pleurant la mort de Quintilius :

> Quis desiderio sit pudor aut modus
> Tam cari capitis. . . . .
> Multis ille bonis flebilis occidit.
>
> . . . .
> Cui pudor et justitiæ soror,
> Incorrupta fides et nuda veritas
> Quando ullum inveniunt parem ?

Laissez-moi vous dire encore ce que beaucoup d'entre vous ne savent point et ce qu'il est utile de leur apprendre, que Bethmont eut à surmonter de considérables obstacles pour atteindre le rang qu'il a occupé. Il était né dans une famille peu aisée.

Son père, boulanger-meunier au faubourg Saint-Antoine, élevait péniblement sa famille. Sa mère, douée d'un esprit juste et droit, d'une volonté forte, d'une âme tendre, distingua les heureuses dispositions de son fils et s'imposa mille privations pour lui faire donner une éducation dont elle sentait le prix. Il fut placé, par elle, au lycée Charlemagne. En 1814, pour le soustraire aux dangers et à l'agitation qui menaçaient Paris, elle le confia aux pères de l'Oratoire qui dirigeaient le collége de Juilly. Il y devint bientôt l'idole de ses maîtres dont lui-même conserva toujours le plus affectueux souvenir. Mais les temps étaient mauvais. La famille assemblée décida que les dépenses du collége ne pouvaient plus être supportées. L'écolier, la mort dans l'âme, quitta ses professeurs, non moins désolés que lui, et vint garde-moulin chez son père. Il avait quatorze ans. Les dignes prêtres qui l'avaient apprécié n'y tinrent point. Ils ne pouvaient oublier leur élève, ils conspirèrent avec sa mère, et l'enfant, pleurant de joie, retourna à son Virgile délaissé, promettant d'indemniser ses généreux protecteurs par deux années de professorat. Il tint fidèlement sa parole, puis il vint faire son droit à Paris. Il trouva la gêne dans la maison paternelle. Sa digne mère, déjà malade, s'en inquiétait. Le jeune homme séchait ses larmes en lui cachant les siennes, et lui apportait fièrement l'argent des leçons qu'il donnait.

Dieu récompensa son courage. Les dettes furent payées et sa mère put s'éteindre en paix en bénissant son fils. Quant à lui, il grandit rapidement dans cette carrière où la renommée venait au-devant de lui, et malgré les malheurs cruels qui l'éprouvèrent, malgré les assauts répétés d'un mal qui plus d'une fois mit sa vie en danger, il eut bien vite conquis au barreau l'une des premières places. L'éclat de son talent lui ouvrit, en 1842, les portes du palais Bourbon, où l'envoyèrent les électeurs de son faubourg. Il y siégea sur les bancs de l'opposition, et bien que défenseur inébranlable des principes libéraux, il eut l'art de rallier tous les suffrages par son inimitable parole, sa connaissance des affaires, sa constante modération.

Député de la Rochelle en 1846, vous savez quelle fut sa conduite au mois de février 1848. Oubliant le soin de sa santé gravement compromise, il accourut à la voix de son ami, notre illustre et digne confrère Marie; il accepta le poste difficile de ministre du commerce et y montra les éminentes qualités de son intelligence et de son cœur. Plus tard, successivement ministre de la justice et président de section au conseil d'Etat, il étonna les hommes les plus consommés dans le maniement des affaires par sa merveilleuse aptitude à comprendre et à élever toutes les questions. Le coup d'Etat nous le rendit et, depuis, il résista à toutes les tentatives essayées pour le ramener à des fonctions qu'il aimait, mais que sa conscience ne lui permettait plus d'accepter. Son retour parmi nous fut une fête. Le conseil s'empressa de lui ouvrir ses rangs, et, deux ans après, il recevait le bâtonnat des mains du grand orateur qui est notre maître à tous, au barreau comme à la tribune. Dans l'exercice de ces hautes dignités il fut toujours le même. Esclave de son devoir, indulgent et ferme à la fois, bon d'une bonté pour laquelle il faudrait créer un mot dont il a emporté le secret, fidèle à ses convictions comme à ses amitiés, le plus adorable des hommes et le plus éminent des avocats. Sa place est vide, et nul ne la remplira.

Mais en écoutant ce récit, mes jeunes confrères, avec l'émotion qui vous pénétrait, n'avez-vous pas senti s'agiter, au fond de vos âmes, la noble ambition d'imiter cette vertu? n'avez-vous pas rougi intérieurement de vos défaillances et de vos murmures? Les rudes souffrances de cette nature d'élite ne vous sont-elles pas un profitable enseignement? Voyez ce que peut une volonté ferme animée par un grand cœur!... Ah! que chacun de vous ait devant les yeux la touchante abnégation de cet enfant qui renonce à ses chères études pour servir son père, et qui, rendu au travail qu'il aime, s'y dévoue sans relâche, veille et s'épuise pour obtenir un succès, qui console et honore sa mère; et n'oubliez jamais que la gloire et la réputation appartiennent à quiconque sait comprendre le prix, et cherche dans le sacrifice de lui-même les moyens de les conquérir.

Ces vérités salutaires ne ressortent pas avec moins d'éclat des exemples laissés par notre cher Liouville. Vous pouvez le suivre du commencement à la fin de sa laborieuse carrière, et vous le trouverez toujours digne de vous servir de modèle par son infatigable ardeur au travail, sa scrupuleuse délicatesse, son amour enthousiaste de sa profession.

Né à Lille, le 11 décembre 1805, il se fit remarquer de bonne heure par des dispositions peu ordinaires. Après de brillantes études, il fit son droit à

Paris et fut en 1825 l'un des cinq docteurs reçus par la Faculté. Il n'avait alors que vingt et un ans, et il faisait marcher de front la préparation à ses examens et les travaux de la cléricature. En même temps il était inscrit au stage. Il avait cru possible de concilier tous ses devoirs ; son zèle y eût suffi, mais nos règles s'y opposaient.

Vous connaissez tous l'incident qui révéla leur infraction. Liouville était maître-clerc chez M. Oger, avoué de première instance, auquel il n'a cessé de témoigner les sentiments de la plus respectueuse amitié ; Me Dupin l'aîné, chargé d'un grave et difficile procès de l'étude, est tout à coup forcé de partir. Le client va demeurer sans défenseur. Le temps pressait. Liouville cède aux instances de son patron et paraît à la barre à la place de l'illustre avocat que les juges attendaient. Le palais tout entier applaudit à sa plaidoirie ; mais le Conseil s'en émut. Le prix de ce premier triomphe fut la perte de son stage, qu'il aima mieux sacrifier que d'abandonner M. Oger, comme on le lui avait offert.

Cependant cette épreuve ne devait être que passagère. Liouville n'avait d'autre ambition que d'être avocat, et il n'avait donné cinq années de sa jeunesse à la procédure que pour aborder la barre, couvert d'une solide armure. On put la deviner à ses premiers coups, et les praticiens en l'entendant comprirent que les affaires avaient en lui un interprète consommé qui saurait ne rester au-dessous d'aucune difficulté.

C'est qu'en effet son esprit vigoureux, méthodique et sain était merveilleusement apte aux discussions juridiques. Il saisissait la vérité avec une sagacité rapide et sûre, et savait prévoir à l'avance les obstacles que sa manifestation devait rencontrer.

C'était un homme d'affaires dans le sens le plus élevé du mot. Les ignorants seuls peuvent considérer cette dénomination comme un amoindrissement de l'avocat ; elle en est, à vrai dire, le plus bel éloge. L'homme d'affaires tel que je le comprends, tel que l'était Liouville, est celui qui, sans hésitation, devine la raison d'être d'une contestation. Ecartant d'une main expérimentée les détails accessoires, il touche et fait sentir le point décisif ; il montre le piége, indique le remède et conduit au milieu du dédale des procédures et des actes le fil lumineux qui permet de ne jamais s'égarer. Faut-il protéger un droit menacé, il choisit les moyens qui convaincront le mieux les juges. S'agit-il de régler une situation compliquée, d'asseoir des garanties, d'éviter des procès, il trace la route, éclaire les écueils, défend la bonne foi, décourage la ruse. Enfin, à l'audience comme dans le cabinet, il est le droit en action, et l'autorité légitime qu'il inspire n'est que la naturelle consécration des services de tous les instants que les magistrats et les justiciables reçoivent de lui.

Liouville possédait au plus haut degré ces qualités précieuses. Il les fécondait incessamment par un travail opiniâtre, par des études chaque jour renouvelées, par les inspirations d'une âme généreuse et pure. Sa vie a été un holocauste au devoir. Nul ne s'en fit une idée plus austère, nul n'y dépensa plus d'efforts. Ses préparations étaient toujours minutieuses et complètes, et souvent il y ajoutait des publications qui en étaient le résumé. On est épouvanté en considérant l'immensité du labeur qu'il a accompli. Surchargé et constamment prêt, maître de ses causes dont aucune particularité ne lui était étrangère, abordant résolûment son argumentation, renversant par la puissance de sa logique les obstacles qui lui étaient opposés, il était à la barre le bon sens, l'honnêteté, la science légale. Sa parole incisive frappait juste et ferme, et l'on sentait en l'entendant que, n'oubliant ni ne hasardant rien, il était pour le juge un guide aussi sûr qu'il avait été pour le client un utile conseil.

J'ai toujours admiré combien légèrement il portait ce fardeau, sous le poids duquel tout autre aurait succombé. Bien que le plus occupé d'entre nous, il avait l'art de se créer des loisirs qu'il consacrait aux lettres. Il était attiré vers elles par un goût éclairé et délicat. Il connaissait à fond le XVIIIe siècle, dont les libres tendances allaient à sa nature indépendante. Il n'avait cependant pas négligé les autres. Il savait presque par cœur Molière et Racine, et citait fort à propos Horace et Virgile. Mais c'était seulement dans l'intimité qu'il s'abandonnait ainsi; à l'audience, il sacrifiait ses charmants souvenirs aux sévères nécessités de la dialectique, et nul ne pouvait deviner son culte secret pour la poésie.

A ses amis il a été donné de lire des vers signés de lui, et que plus d'un écrivain en renom n'aurait pas désavoués. D'autres ont pu priser la rare finesse de ses avis en matière littéraire. C'est que, sous une écorce un peu rude, il cachait une âme toute pénétrée de nobles sentiments, un cœur affectueux, tendre, dévoué. Vous le savez mieux que je ne le puis dire, vous tous auxquels il a tendu une main secourable; si divulguer un bienfait n'était pas le profaner, vous raconteriez son ingénieuse délicatesse, son respect pour le faible, et la vigilante sollicitude avec laquelle il allait au-devant du malheur. Aussi, nul avocat n'a été plus aimé de ses confrères et ne les a plus sincèrement aimés. Le barreau était sa famille. Il lui avait donné toutes ses affections, et s'il en gardait à ses dignes enfants la part la plus excellente, c'était pour puiser dans ces pures et profondes satisfactions une plus énergique aptitude à remplir les sévères devoirs de sa profession.

Le bâtonnat était la couronne méritée d'une si vaillante existence. Il le désirait avec la sainte et naïve ardeur de celui qui sent tout le bien qu'il peut faire. Déjà depuis seize années membre du Conseil, il avait conquis une vaste clientèle. Le nombre et la variété de ses affaires avaient mis sa valeur en relief. On peut rappeler ce grand débat de l'accident de la rive gauche, dans lequel il eut l'honneur de lutter contre Bethmont; le procès Servient, plaidé par lui à la Cour d'assises de Rouen, l'une de ses rares causes criminelles, et pour laquelle il déploya une sensibilité profonde et une véritable éloquence; une quantité considérable de procès de contrefaçon, qu'il traitait avec une science achevée et une remarquable lucidité. Les avoués eux-mêmes le consultaient dans les cas difficiles. Cette autorité si bien établie, et que rehaussait son généreux désintéressement, le désignait comme notre chef. Le palais tout entier l'acclamait; et cependant, Bethmont nous étant brusquement revenu par suite d'événements politiques fort imprévus, Liouville s'effaça devant lui. Ce sacrifice de ses plus chères espérances fut d'autant plus grand qu'il mettait un pieux orgueil à faire rayonner la dignité à laquelle il aspirait sur le front vénérable de son vieux père.

La modestie et la confraternité l'emportèrent, et je rapporte ce trait si honorable de sa vie comme un enseignement pour nous tous, comme une preuve nouvelle de la noblesse de cette âme dont l'abnégation et l'amour du devoir étaient la vraie substance.

Enfin, au mois d'août 1856, il fut placé à la tête de l'ordre. Vous avez tous présent à la mémoire le discours par lequel il inaugura la reprise des conférences. Liouville y respire tout entier; c'est bien son amour exclusif pour notre chère profession, sa mâle indépendance, son esprit d'ordre, de discipline et de logique, son soin minutieux à tout prévoir, son désir ardent de maintenir les traditions, la dignité, l'éclat du barreau. En parlant de Paillet et de sa fin glorieuse, il sut trouver des accents élevés et pathétiques dont l'effet fut immense. Ce n'était là pour lui qu'un programme. Son œuvre, ce fut son enseignement quotidien, son zèle infatigable, son dévouement de toutes les heures à nos intérêts.

Hélas! il y a épuisé sa vie. C'est dans ces travaux excessifs qu'il a contracté le germe de la maladie terrible qui a miné lentement sa puissante organisation. Martyr volontaire, il s'est immolé au culte de cette profession pour laquelle il croyait n'avoir jamais assez fait.

Déjà la souffrance avait brisé le lien qui l'unissait à la barre et le condamnait à cette mort anticipée qu'on appelle le repos, toutes ses préoccupations nous appartenaient encore.

En Italie, où les médecins l'avaient exilé, il recevait les hommages des avocats, et, prenant la plume pour défendre les droits d'un compatriote menacé par l'arbitraire d'un pouvoir heureusement disparu, il répondait ainsi à des invectives contenues dans un écrit ministériel : « L'auteur des observations ne sait pas encore que l'insulte et la calomnie ne sont qu'un aveu d'impuissance. Il ignore que, lorsqu'un avocat, digne de ce nom, a embrassé une juste cause, l'intimidation n'arrive pas jusqu'à son cœur ; enfin il lui reste à apprendre que cet avocat, succombât-il, d'autres prendraient sa place immédiatement, parce qu'il en est de ces courageux défenseurs du droit et de la vérité comme du rameau d'or toujours renaissant qu'a chanté le poëte immortel dont Naples garde le tombeau. » Jusqu'au dernier jour, il a songé à nous. Ses mains affaiblies ont corrigé les trois discours dans lesquels, sans en omettre aucun, il a tracé le lumineux tableau de nos droits et de nos devoirs. Pour leur exposé fidèle, il n'avait qu'à se souvenir de ce qu'il avait été.

Ces écrits, que nous ne saurions assez méditer, forment son véritable testament; il y a déposé son cœur, et cependant ni lui, ni Bethmont ne se sont crus quittes envers l'ordre par de si éminents services et un si rare dévouement. L'un et l'autre, suivant l'exemple de Paillet, nous ont fait un legs de 10 000 francs dont le revenu doit être employé à un prix décerné au plus digne des stagiaires. Ces prix, qui conserveront chacun leur spécialité, perpétueront leur mémoire et deviendront pour ceux qui nous suivront le plus puissant des encouragements à imiter leurs vertus! Pour nous, leurs contemporains et leurs amis, nous n'avions pas besoin de ce touchant témoignage de leur inaltérable attachement. La mort a pu nous les ravir ; elle ne nous a pas séparés. Si nous ne pouvons plus serrer leurs loyales mains, nous n'en sommes pas moins avec eux, et nous leur demeurerons fidèles jusqu'à la fin.

Nous les retrouverons parmi vous, mes jeunes et chers confrères, où

Bethmont et Liouville ont laissé des fils qu'ils ont trop aimés pour qu'ils ne soient pas dignes d'eux. Leur image est si avant dans nos cœurs, nous sommes si pleins de leurs exemples, si fiers de leur renommée, que nous continuerons leur vie en prolongeant la nôtre ! Non, vous ne vous éloignerez pas, douces et chères ombres, vous serez toujours l'âme de nos travaux, le souffle de notre inspiration, notre force comme notre gloire ! Vous serez associées à nos épreuves, et si jamais Dieu récompense nos efforts par le succès, c'est à vous que notre amitié en reportera l'honneur !

J'aurais fini, mes chers confrères, si la mort qui nous frappe sans relâche ne m'obligeait à reprendre la plume. Pendant ce doux loisir des vacances, plus particulièrement doux pour moi, puisqu'il m'a permis de m'occuper de vous, s'éteignait paisiblement, dans sa soixante-seizième année, un avocat que peu d'entre vous ont connu et dont les hommes mêmes de notre génération n'ont pu apprécier à la barre les éminentes qualités. Né à Lauzun, en 1785, M. Charrié, par ses goûts, ses études, ses traditions, appartenait à cette famille élégante et polie de beaux esprits qui projetèrent sur le commencement de ce siècle les brillantes clartés que reflétait encore celui qui venait de finir.

Élève de Bellart, il fut salué à ses débuts comme le continuateur du grand art de Gerbier ; il le rappelle, en effet : la noblesse de son langage, la distinction de sa personne, la grâce de ses conceptions, la richesse de son imagination le placent de suite au rang des orateurs. Quelques-uns de ses plaidoyers resteront des modèles. Paris entier s'émut en l'entendant défendre, avec une éloquence véritable, les droits de madame la baronne Lesparda revendiquant les manuscrits de Chénier ; et si la cause de l'amitié et des lettres ne triompha point des rigueurs de la loi, l'avocat sut lui donner à la fois le charme et la grandeur qui vengent suffisamment d'une défaite.

Plus heureux en dénonçant à la justice l'audace des loteries étrangères, il eut le courage et l'habileté de s'élever au-dessus des intérêts de l'administration qu'il représentait et d'obtenir au nom de la morale publique une répression qui profitait à une institution par lui hautement condamnée. Je pourrais citer plusieurs autres grandes affaires dans lesquelles il parut avec autant d'éclat. Cependant ses qualités mêmes lui permettaient peu de suivre le mouvement rapide qui déjà transformait les habitudes judiciaires. Il exigeait trop de son style et de sa pensée pour ne pas travailler avec lenteur. Enfin sa modestie lui était un obstacle.

Plus désireux de bien faire que de paraître, simple comme un sage, cherchant ses plaisirs dans le commerce d'esprits cultivés, l'étude des lettres et les délicates distractions du monde, il s'éloigna du tumulte qui, de nos jours, est peut-être un peu trop une condition de la vie, et se fit, de bonne heure, une existence calme, intelligente et douce, qui semblait exactement appropriée à sa nature honnête et réservée. Il nous appartenait pourtant par des liens étroits.

Il fut longtemps membre du Conseil de l'ordre, et, jusqu'à la fin de sa carrière, il eut à cœur de conserver avec ses confrères des rapports affectueux. Conseil de plusieurs administrations, et notamment de celle de la Comédie-Française, il s'y fit remarquer non-seulement par son aimable bienveillance, mais encore par une sagacité pleine de finesse, par une connaissance approfondie de tous les détails spéciaux mis en discussion, il était parmi nous comme un des derniers représentants des formes et des mœurs d'un autre âge. Son exquise urbanité n'avait rien de banal. On sentait qu'elle avait traversé son cœur, et que la bonté l'inspirait autant que l'instinct des belles manières. Charme rare et précieux ! aujourd'hui trop dédaigné ! La haine prétendue de l'afféterie nous pousse vers une rudesse inculte qui bannit des relations ordinaires la science des ménagements et des égards ! Craignons, mes chers confrères, de faire dans cette voie facile des progrès trop rapides, et pour nous y arrêter à propos, recueillons pieusement les souvenirs et les exemples de ces anciens vénérables qui ont su, comme M. Charrié, concilier l'accomplissement des plus austères devoirs avec la constante aménité qui, en étant la plus haute expression du respect des droits d'autrui, est aussi la meilleure sauvegarde de la dignité personnelle.

Avant de nous séparer de M. Charrié, la mort avait atteint dans nos rangs deux confrères auxquels est dû un mot d'hommage mérité par leurs vertus. M. Charles Favier de Coulomb, qui nous a été enlevé dans un âge avancé, n'a pour ainsi dire jamais paru à la barre. Exclusivement voué aux travaux du cabinet, il a attaché son nom à de remarquables études juridiques qui lui survivront.

Né à Montpellier d'une ancienne famille de magistrats, il eut l'honneur de concourir à la rédaction de nos Codes comme auxiliaire éminemment utile dans le sein des commissions. Successivement juge à Soissons et sous-chef de bureau à la direction des affaires civiles, il prépara plusieurs projets de lois et d'ordonnances, et s'occupa spécialement des offices ministériels.

Aussi, lorsqu'il quitta la Chancellerie pour rentrer au barreau, fut-il associé aux travaux des jurisconsultes qui consacraient leurs veilles à ces questions spéciales. Collaborateur de M. Rolland de Villargues, l'un des principaux rédacteurs du *Journal du notariat*, arbitre et conseil de presque toutes les chambres de discipline, il fit briller dans un grand nombre d'articles de jurisprudence toutes les richesses de son profond savoir. Ses consultations sobres, claires et savantes ont souvent contribué à d'éclatantes victoires dont d'autres que lui avaient l'honneur. Par un hasard singulier il a signé les deux dernières qu'aient données nos confrères bien-aimés Bethmont et Liouville ! comme si la mort qui allait les confondre dans une commune délivrance voulût s'en prendre à ce rapprochement fortuit qui, un instant, avait arrêté sur une même pensée ces intelligences prêtes à briser leurs entraves !

Moins heureux que M. Favier de Coulomb, qui a pu vieillir dans les douces et fortes pratiques de l'étude, notre confrère Hacquin est tombé avant le temps, épuisé par la maladie qui avait brisé ses forces en laissant son courage debout. Fils d'un avocat estimé de Châlons, orphelin à dix ans, livré sans fortune aux difficultés de la vie, il lutta vaillamment et put un instant se croire assuré du succès. Des miracles d'énergie lui avaient permis d'arriver à la licence. Reçu avocat, il trouva un utile secours dans la rédaction des journaux judiciaires, où l'accueillirent de généreuses et fidèles amitiés. Son caractère inoffensif et doux, son esprit ingénieux, son amour du travail devaient le soutenir et le faire avancer. En 1848, il fut appelé au poste de substitut près le tribunal de la Seine ; cet honneur lui fut fatal.

Le pouvoir que donnent les brusques changements politiques est nécessairement précaire. Il est plus digne de le perdre que de le conserver quand
tout change autour de soi. Ainsi le comprit M. Hacquin, qui aurait pu,
comme bien d'autres, concilier son origine avec les exigences de ses nouveaux
chefs. Il aima mieux la disgrâce. Mais les relations étaient brisées. Qui pourrait peindre l'amertume de ces longues heures de loisir forcé qu'impose au
jeune avocat la dispersion de sa clientèle ?

Vous qui avez été les témoins de sa résignation et de sa constance, les conso-
lateurs de ses chagrins, vous ses dévoués camarades, vous pourriez mieux que
moi raconter les douloureuses péripéties de ce long sacrifice dont, par un
pieux mensonge, vous lui cachiez le dénouement trop prévu ! Vous avez jeté
un dernier sourire sur les ombres de cette nuit mystérieuse qui s'avançait
pour l'envelopper ! Vous l'avez sauvé de la défaillance en faisant luire à ses
yeux affaiblis un espoir que vous n'aviez plus. Vous garderez sa mémoire
comme un symbole de malheur et de vertu, et vous puiserez dans cette noble
et touchante leçon le secret du courage et de la fidélité aux devoirs que trace
la conscience !

Une perte plus considérable nous était réservée. Il y a quelques jours,
M. de Vatimesnil succombait à de cruelles souffrances supportées avec la fermeté stoïque d'un chrétien. Il touchait à sa soixante-onzième année, et si Dieu
ne l'eût frappé au cœur en retirant à son amour une compagne chérie, sa
vigoureuse nature aurait longtemps encore résisté au mal et à l'âge. C'est qu'il
avait pour soutien une âme forte, une intelligence saine et droite, une volonté
puissante. Ces biens inestimables étaient la noble hérédité qu'il tenait de sa
famille.

Son père, conseiller au parlement de Normandie, lui fit donner dans sa
maison, par les soins d'un vénérable ecclésiastique, une éducation austère
qui imprima à toute sa vie un caractère particulier de sévérité. A peine
connut-il l'adolescence. Son talent, empreint d'une saveur virile peu ordinaire, lui ouvrait les rangs de la magistrature ; à vingt-deux ans, il était
nommé conseiller-auditeur à Paris ; à vingt-cinq, substitut du procureur du
roi ; à vingt-sept, il reparaissait à la Cour comme substitut du procureur
général ; à trente-deux, il était appelé par M. de Peyronnet au secrétariat
général du ministère de la justice, qu'il quittait deux ans après pour occuper
le siége d'avocat général à la Cour de cassation. La chute du ministère de Villèle
lui préparait les plus hautes et les plus périlleuses destinées.

Le portefeuille de l'instruction publique, qu'il reçut le 10 février 1828, le
fit asseoir dans le conseil qui, sous l'inspiration de M. de Martignac, essaya
loyalement de conjurer la tempête qu'un fol entêtement allait déchaîner sur
la royauté. M. de Vatimesnil mit au service de cette entreprise une ardeur,
une décision qui purent surprendre quelques-uns de ses anciens amis, mais
dont nul ne suspecta la franchise. Il fut le promoteur des ordonnances célèbres
qui plaçaient l'enseignement des petits séminaires sous le contrôle de l'État.

Les attaques factieuses dont cet acte d'autorité nécessaire fut l'objet n'ébran-
lèrent pas sa résolution ; mais elles furent une des causes de l'avènement du
ministère Polignac. M. de Vatimesnil abandonna le pouvoir avec le double
regret de laisser d'utiles réformes inachevées et de n'avoir pu sauver le trône.

Déjà l'abîme s'entr'ouvrait. La chambre des députés déclara fièrement une guerre que le monarque accepta. M. de Vatimesnil, élu après sa retraite par deux colléges à la fois, signa l'adresse des 221, qu'on peut justement appeler l'arrêt de déchéance de la branche aînée.

Pour se faire une idée des passions qui embrasaient les âmes à cette heure suprême, il faut lire les discussions qui précédèrent ce vote mémorable. Un orateur, nouveau dans cette assemblée, célèbre déjà par ses triomphes judiciaires, rivalisa vainement d'éloquence, de courage et de foi. L'incomparable athlète ne pouvait pas par son prodigieux effort faire reculer le destin qui marquait de mort le principe du droit divin. Ce jour-là son adversaire, M. de Vatimesnil, défendait la cause de l'avenir, et si son cœur souffrit des conséquences de sa victoire, sa raison et sa conscience le consolèrent par la certitude que la vérité était avec lui.

Il conserva son siége à la chambre jusqu'en 1834. Rendu à cette époque à sa vie privée, il revint au barreau, où l'appelaient les souvenirs et les études de sa jeunesse. Il y parut avec éclat. L'autorité de son nom, la vigueur de son talent lui conquirent bientôt une vaste clientèle. Il prit place dans le Conseil de l'ordre, et quand il renonça à la plaidoirie à la suite d'un incident où il montra une véritable grandeur d'âme, peut-être mal appréciée, il consacra ses loisirs à des consultations qui toutes portent l'empreinte de son vaste savoir et des merveilleuses qualités de son esprit. En 1849, il reparut sur la scène politique comme représentant à l'Assemblée législative, et l'on put se convaincre que l'âge, sans rien diminuer de son ardeur, n'avait fait qu'accroître son éminente aptitude.

Le coup d'État de 1851 termina sa carrière publique, car, cédant à des convictions auxquelles il est demeuré fidèle jusqu'à la fin, il se retira même du conseil général, dont son père et lui avaient toujours fait partie, et retourna, sans regret, à ses travaux judiciaires, à ses champs qu'il aimait, à sa famille dont il était justement vénéré.

C'est dans ce milieu paisible que la mort est venue à lui. Il l'a envisagée avec un front serein, illuminé déjà des célestes clartés, et de sa bouche défaillante sont tombées sans apprêt et sans effort de touchantes et sublimes paroles que ses enfants ont recueillies avec un pieux respect. M. le curé de Saint-Thomas-d'Aquin, qui l'assistait, lui ayant demandé s'il pardonnait à ceux qui l'avaient offensé, il répondit :

« Oui, si quelqu'un m'a offensé, je lui pardonne de tout mon cœur, et moi aussi je demande pardon à tous ceux que j'aurai pu offenser. Si j'ai commis quelque erreur dans ma vie privée ou publique, j'en demande pardon à Dieu, et ici je veux parler d'une circonstance solennelle que je n'ai pas besoin de rappeler ; elle est présente à la mémoire de chacun. Si alors j'ai pu agir contre les intérêts de l'Église, je ne l'ai pas voulu ; j'ai consulté, j'ai éclairé ma conscience ; si je me suis trompé, j'en demande pardon à Dieu et aux hommes ; *mais je ne le crois pas*, et je n'ai voulu, en cela, que sauver les intérêts de la religion et de mon vieux roi, le bon et loyal Charles X. »

N'estimerez-vous pas comme moi, mes chères confrères, que la persévérance de cette âme d'élite en face de l'éternité est à la fois un grand spectacle et un utile enseignement? L'humilité du chrétien n'affaiblit pas la conviction de l'homme politique, et sa main à moitié glacée signerait encore les actes qui ont marqué sa vie. Qu'ils méditent ces paroles ceux qui rêvent le retour d'une suprématie à jamais condamnée, et qu'ils cessent de considérer comme une œuvre de passagère ambition la pensée réfléchie et convaincue de l'homme éminent qui, sans le savoir peut-être, préparait l'événement des destinées nouvelles que notre siècle verra s'accomplir.

Pour nous, en face de ces tombes où sont venus se perdre tant de rares trésors de l'intelligence et du cœur, loin de nous abandonner au découragement, apprenons à élever nos âmes et à nous rendre dignes des exemples que nous ont laissés nos illustres devanciers.

La mort qui brise nos périssables organes n'est qu'une initiation à une vie supérieure, et l'immortalité dont elle nous couronne se révèle à notre esprit sans le secours d'aucune fiction. Ne vivent-ils pas en nous ceux que nous avons aimés et admirés? ne sommes-nous pas leurs continuateurs? ne devons-nous pas transmettre à ceux qui nous suivront, accru par notre labeur, l'héritage de science, de moralité, de civilisation qu'ils nous ont laissé? Tâche sublime à laquelle concourent les efforts les plus ignorés! Dévouons-nous-y, chacun à la mesure de nos forces, et soyons sûrs que cette sainte coalition de généreuses et libres aspirations ne sera pas sans profit pour le triomphe définitif du droit et de la grandeur de notre chère patrie.

ALLOCUTION PRONONCÉE PAR Mᵉ JULES FAVRE,

BATONNIER DE L'ORDRE DES AVOCATS,

Dans la séance de clôture des conférences du stage du 5 août 1861.

MES CHERS CONFRÈRES,

Voici l'heure du repos, heure douce entre toutes et à tous les âges de la vie, lorsqu'elle n'est qu'une halte dans le travail. Heure des rêves, où l'homme de lutte et d'étude dépose sa chaîne et jouit du bien le plus précieux en ce monde, de la liberté. Cette inflexible loi du devoir, qui chaque jour le tient en haleine en lui montrant la tâche du lendemain, l'arrête et lui décrète des loisirs. Heureuse et charmante contrainte que la sagesse de nos pères nous a imposée comme pour retremper nos esprits dans le recueillement de la méditation, les rafraîchir par de saines distractions, les élever par le commerce trop négligé de la nature. C'est le calme, c'est la fantaisie, c'est l'infini qui s'ouvrent devant nous pendant cette trêve bénie, et plus justement que le poëte de Rome, nous pouvons nous écrier :

> Nunc pede libero,
> Pulsanda tellus... sodales.

Oui, en secouant pour deux mois ce joug nécessaire d'un rude labeur, chacun de nous se sent léger et comme transfiguré. Tout nous sourit et nous enchante. Loin du tumulte des affaires, nous allons savourer les ineffables voluptés d'une vie dont nous disposerons seuls. Nous aimerons, nous penserons, nous admirerons à notre aise, sans mesurer d'un œil inquiet la marche de l'aiguille qui ne marquera plus que nos plaisirs. Nous reprendrons les livres aimés et les sentiers pleins de souvenirs, et soit que nous interrogions les enseignements du passé, soit que, penchés sur le mystérieux abîme de l'avenir, nous cherchions à deviner ses secrets, nous pourrons nous abandonner au caprice de notre imagination et au libre mouvement de notre cœur.

Autrefois quand, pour me servir du vieux langage, Thémis fermait les portes de son temple, tous ses ministres couraient aux champs. Chacun y avait sa retraite préférée, où il retrouvait l'indépendance et la paix. C'est qu'il existe entre la terre et l'homme une forte et naturelle attraction, source de jouissances pures et profondes qui, à la différence de presque toutes les autres, défient et charment la vieillesse. C'est le calme bienfaisant qui apaise, l'intérêt de chaque détail, l'illusion de la puissance créatrice qui s'attribue le mérite de résultats souvent contrariés par elle ; enfin, et par-dessus tout, ce bonheur intime, doux, pénétrant, que donne la contemplation de la campagne sur laquelle la main libérale de l'auteur de toutes choses a répandu à profusion la prodigalité de ses merveilles.

> ..... Secura quies, et nescia fallere vita,
> Dives opum variarum ; at latis otia fundis,
> Speluncæ, vivique lacus ; at frigida Tempe,
> Mugitusque boum, mollesque sub arbore somni.

Aussi le comprenaient ces vaillants athlètes qui s'empressaient de quitter l'arène pour se cacher sous leurs ombrages. Ils s'y livraient aux nobles et délicates joies de la famille, de l'amitié, de l'étude. Car, dans leurs délassements virils, ils faisaient à l'esprit une large part. Leurs promenades et leurs exercices étaient une préparation à la lecture, et, par elle, ils revenaient au commerce des beaux génies qui demeureront toujours nos modèles. Doucement agitée par ces paisibles émotions, leur âme se fortifiait aux enseignements élevés de la philosophie, en même temps que tout leur être captivé subissait les irrésistibles séductions de la nature à laquelle ils s'abandonnaient. Sans doute, c'est pour l'homme une grande et légitime satisfaction de concevoir et d'accomplir de vastes desseins, de dominer et de conduire par sa pensée la foule confiante et subjuguée, de soulever des tempêtes à la tribun aux harangues, et d'y arracher à un frémissant auditoire des applaudissements passionnés.

> Hic stupet attonitus rostris : nunc plausus hiantem,
> Per cuneos geminatus, enim plebisque patrumque,
> Corripuit. . . . .

Mais ne sentons-nous pas tous, comme le chantre divin auquel j'emprunte cette incomparable peinture d'éternelles vérités, qu'il est en nous un besoin plus impérieux encore? L'effort de notre puissance si misérable et si limitée ne nous ramène-t-il pas sans cesse à nous replier sur nous-mêmes, à nous réfugier au sein du grand tout qui nous absorbe et substitue à notre individualité la perception de l'infini? Oui, la science nous appelle, le monde s'ouvre à nos investigations, l'histoire nous éclaire; dans notre folle ardeur, nous croyons pouvoir tout connaître, et, dès les premiers pas, nous nous heurtons à d'insondables mystères; et pour nous arracher au découragement, à la défaillance, la poésie et la nature viennent à notre aide et nous consolent par leurs enchantements tout pleins de graves leçons. Écoutez: il y a deux mille ans, ces sentiments remuaient un grand cœur, il les traduisait par cette inimitable harmonie, qui, jusqu'à la fin des intelligences, retentira au milieu du recueillement attendri des générations:

> Sin, has ne possim naturæ accedere partes,
> Frigidus obstiterit circum præcordia sanguis ;
> Rura mihi et rigui placeant in vallibus amnes ;
> Flumina amem silvasque inglorius. O ubi campi,
> Spercheosque, et virginibus bacchata Lacænis
> Taygeta ! o qui me gelidis in vallibus Hœmi
> Sistat, et ingenti ramorum protegat umbra !

Ah! mes chers confrères, mes élèves bien-aimés, en relisant pour vous, hier, ces pages adorables, mes yeux se mouillaient de douces larmes. Je reconnaissais, à travers les âges, la voie du maître que nous ne saurions jamais assez écouter! Que rien ne vous soit étranger, que vous ne repoussiez point les richesses de la littérature moderne, j'y consens; mais si vous vous souvenez un peu de moi, toujours vous reviendrez aux anciens; là est la forte substance, le miel divin, le généreux et puissant breuvage, la vraie nourriture des âmes d'élite. Je ne veux rabaisser aucun siècle, mais à mon avis nul n'a su rendre le beau, le vrai, l'éternel avec la grandeur et la simplicité qui éclatent dans les œuvres que je recommande à votre étude et à votre admiration.

Elles me remettent en mémoire une touchante anecdote, qui peint mieux que je ne pourrais le faire l'influence souveraine exercée sur nous par les lettres. Un jeune fils de famille, entraîné par la fougue d'une imagination ardente, s'était, au sortir du collége, jeté dans les aventures d'une vie dissipée. Elle le conduisit bientôt sous les drapeaux où, un instant, il sembla braver les rigueurs de la discipline militaire. Cette lutte brisa ses forces et le mit aux portes du tombeau. Il résista cependant, et, convalescent dans un lit d'hôpital, il se laissait aller un jour à de mortelles tristesses, lorsqu'un prêtre, homme de tact et qui avait deviné cette généreuse nature, mit dans sa main un exemplaire de Virgile. Le malade ouvrit ce livre et, à la vue de cette poésie, aliment et charme de sa jeunesse, il éclata en sanglots. Le ministre de Dieu lui ouvrit les bras. Cette forte commotion l'avait sauvé, en lui rappelant ses études abandonnées, ses devoirs délaissés. Rendu à la santé, il déposa son épée, se consacra courageusement au travail et prit au barreau, dans une de nos villes de province, une place considérable où il put faire briller les nobles qualités de son esprit et de son cœur.

Demeurez donc fidèles à ces illustres compagnons de vos premières années. Vous leur devez beaucoup, ils vous récompenseront de votre constance en vous rendant meilleurs et plus forts. Ils peuvent vous suivre, même dans vos courses lointaines, et c'est à vous particulièrement que je m'adresse, intrépides voyageurs attirés par la nouveauté de lieux inconnus, dévorant déjà par le désir les espaces qui vont s'ouvrir devant vous. Grâce aux prodiges de la science et de l'industrie, le monde est à vous, et vous pouvez dire, sans témérité, comme le sublime orgueilleux de la Fable :

Quousque non ascendam?

Les montagnes abaissées, les vallées comblées, les fleuves franchis, le globe entier assoupli sous un ruban de fer qui sillonne ses flancs, l'océan dompté, toutes ces merveilles vous sollicitent ; la vapeur bouillonne et frémit jusqu'à ce que, docile à la main de l'homme, elle vous enlève sur des ailes de feu. En quelques heures, vous serez loin de nous : les uns gravissant les sauvages solitudes des Alpes, admirant la silencieuse majesté de leurs forêts de sapins et de leurs glaciers gigantesques, les autres trouvant avec moins de peine, près de nous, dans notre France si belle et si variée, des paysages aussi splendides, ceux-ci cherchant de grands souvenirs et de fortes émotions au berceau même de notre civilisation dans ce jeune royaume d'Italie, où le magique éclat des arts se mêle à la gloire de nos armes, au rayonnement de la liberté qui, je l'espère, achèvera bientôt son œuvre ; ceux-là interrogeant d'un œil attentif les mœurs naïves de la vieille Allemagne, qui s'agite aussi pour secouer le linceul usé de la diplomatie et devenir une puissante et libre nation ; tous enfin entraînés par la soif de connaître, et se livrant sans contrainte aux honnêtes plaisirs d'une vie de mouvement et de rapide observation. Eh bien ! si pleine qu'elle soit, cette vie aura des loisirs, sur lesquels Horace ou Virgile, cachés dans le havre-sac du voyageur, répandront un charme d'autant plus vif que vous converserez avec eux dans les grands bois d'olivier de Tibur, au pied d'un château fort suspendu au-dessus du Rhin, ou sur les grèves désertes où la mer vient se briser en mugissant. Partout aussi où le hasard vous conduira, vous remarquerez à quel point les institutions sociales d'un peuple impriment un caractère particulier à la nature au milieu de laquelle il vit. Souvent emporté à travers nos campagnes, autrefois par le galop des chevaux, aujourd'hui par le tourbillon de la vapeur, j'ai reconnu l'empreinte du Code civil à la bigarrure de nos champs, témoignant, par la variété de culture de chaque parcelle, la puissance du principe sur lequel repose notre égalité civile. C'est qu'il est vrai de dire que le droit est partout, même dans le paysage, quand la main de l'homme y a touché. Les sérieuses pensées s'uniront ainsi à vos innocentes joies de voyage. Vous nous reviendrez riches d'impressions nouvelles, dispos au travail, préparés à de puissants et féconds efforts auxquels j'applaudirai avec bonheur. Allez donc et recevez ces adieux que me fournit encore notre poëte aimé :

> Te fratres Helenæ lucida sidera
> Ventorumque regat pater;
> Obstrictis aliis præter Iapyga.

Que les destins vous soient propices, qu'ils vous donnent un repos profitable et doux, qu'ils tiennent enchaîné le souffle pernicieux de la douleur et des soucis, mais qu'ils laissent quelquefois à vos heures de solitude et de recueillement glisser jusqu'à vos cœurs le souvenir d'un ancien qui vous aime et dont les loisirs vous seront consacrés.

FIN DU TOME DIXIÈME.

TABLE DES MATIÈRES

CONTENUES DANS LE TOME X.